Nikolaus Pevsner *Europäische Architektur*

Nikolaus Pevsner

Europäische Architektur

von den Anfängen bis zur Gegenwart

Prestel-Verlag München

Aus dem Englischen übersetzt von Kurd Windels.
Vom Autor in den deutschen Teilen erweitert, im Schlußkapitel ergänzt.

Die Originalausgabe erschien bei Penguin Books Ltd.,
Harmondsworth, Middlesex, England.

7. Auflage der Studien-Ausgabe 1989
Gesamtherstellung R. Oldenbourg Graphische Betriebe GmbH, München

ISBN 3-7913-0137-3. Paperback

Die erste Auflage dieses Buches war meinen drei Kindern gewidmet. Widmungen sollten wie Bücher auf dem laufenden gehalten werden, und so widme ich diese Auflage meinen drei Kindern, drei Schwiegerkindern und neun Enkelkindern.

Vorwort

Eine Geschichte der Europäischen Architektur in einem Band kann nur ihr Ziel erreichen, wenn der Leser bereit ist, die folgenden Zugeständnisse zu machen.

Er darf zunächst nicht erwarten, jedes bedeutende Werk, jeden berühmten Architekten erwähnt zu finden. Wäre dies versucht worden, so wäre der ganze zur Verfügung stehende Raum allein mit Namen von Architekten, Bauwerken und Daten ausgefüllt worden. Oft muß ein einziges Bauwerk ausreichen, um einen besonderen Stil oder Gesichtspunkt augenfällig zu machen. Das bedeutet, daß in den Abbildungen feinere Abstufungen unberücksichtigt bleiben mußten, Farbe ist gegen Farbe gesetzt. Dies mag vom Leser als Nachteil angesehen werden, dennoch – so hoffe ich – wird er einsehen, daß das Eingehen auf feinere Unterschiede den an sich schon beträchtlichen Umfang des Buches verdoppelt oder sogar verdreifacht hätte. So wird das Langhaus des Domes von Speyer erörtert werden, nicht aber das des Domes von Worms, S. Spirito in Florenz, nicht aber S. Lorenzo. Ob St. Michael in Coventry ein sprechenderes und geeigneteres Beispiel für den Typus einer spätgotischen englischen Pfarrkirche ist als Holy Trinity in Hull, ob der Palazzo Rucellai typischer für die italienische Renaissance ist als der Palazzo Strozzi, darüber läßt sich natürlich streiten. In Fragen dieser Art kann keine völlige Übereinstimmung erreicht werden. Da aber architektonische Wertungen nur in detaillierten Beschreibungen einzelner Bauten vorgenommen werden können, war es notwendig, eine Auswahl zu treffen, damit für die Analyse dieser letztlich ausgewählten Bauten soviel Raum wie möglich zur Verfügung steht.

Abgesehen von dieser ersten Einschränkung wurden zwei weitere notwendig. Es besteht wohl kein Zweifel darüber, daß weder die europäische Architektur aller Zeiten von Stonehenge bis zur Mitte des 20. Jahrhunderts noch die Architektur aller Länder, die das heutige Europa bilden, hier behandelt werden konnten. Weder das eine noch das andere würde man von einem Buch, das »Europäische Architektur« betitelt ist, erwarten. Der griechische Tempel sowie das Römische Forum gehören – die meisten Leser werden dem vermutlich zustimmen – zur Kultur der Antike, nicht zur europäischen Kultur im herkömmlichen Sinne. Auf der anderen Seite aber muß gesagt werden, daß eine Kenntnis von Griechenland und Rom für ein Verständnis der europäischen Kultur unerläßlich ist. Daher werden sie im ersten Kapitel des vorliegenden Buches behandelt, wenn auch nur sehr kurz. Dasselbe gilt für die Kultur des Mittelmeerraumes in den ersten Jahrzehnten der christlichen Ära, die in den frühchristlichen Kirchen von Rom, Ravenna, Byzanz und dem Nahen Osten ihren Ausdruck fand. Sie alle gehören einer Kultur an, die sich von der unsrigen unterscheidet, mit der unsrigen aber auf eine gemeinsame Quelle zurückgeht. Das gibt wiederum den Ausschlag für die Art und Weise, wie sie in diesem Buche behandelt werden. Ein anderer Fall sind die osteuropäischen Länder, zum Beispiel Bulgarien. Wenn es hier nicht erwähnt wird, so liegt der Grund darin, daß Bulgarien in der Vergangenheit erst dem byzantinischen, dann dem russischen Kulturkreis angehörte. Bis heute ist es für den Fortgang der europäischen Architektur nur von beiläufiger Bedeutung, so daß man es wohl verzeihen kann, wenn es hier weggelassen wurde. So ist alles, was nicht von entscheidendem Einfluß auf die Entwicklung der europäischen Architektur war, und alles, was seinem Wesen nach nicht europäisch oder – so wie ich in diesem Zusammenhang vorschlage, den Terminus »europäisch« zu benutzen – abendländisch ist, weggelassen worden. Abendländische Kultur ist eine festumrissene Einheit, man möchte sagen eine biologische – nicht aus rassischen Gründen, das anzunehmen wäre platter Materialismus, sondern aus geistigen und kulturellen Gründen. Welche Nationen zu einem gegebenen Zeitpunkt die abendländische Kultur bilden, in welchem Augenblick ein Volk in diesen Kulturkreis eintritt, wann es aufhört dazuzugehören, das alles sind Fragen, die der einzelne Historiker zu entscheiden hat. Und auch er darf nicht erwarten, daß seine Entscheidung allgemein anerkannt wird. Der Grund für seine Unsicherheit, historische Abschnitte zu erfassen und sie räumlich zu gliedern, ist offenkundig genug. Obwohl uns eine Kultur, wenn wir an ihre höchsten Leistungen denken, in ihren wesentlichen Charakterzügen völlig klar erscheinen mag, so werden wir doch unsicher, sobald wir versuchen, ihre Umrisse in Zeit und Raum festzulegen.

Wenn wir von abendländischer Kultur sprechen, so beziehen wir die Vorgeschichte nicht mit ein, denn Vorgeschichte einer jeden Kultur – das Wort sagt es selbst – ist ein Stadium ›vor‹, d. h. vor jener Stufe, in der die eigentliche Kultur geboren wird. Die Geburtsstunde einer Kultur fällt mit dem Augenblick zusammen, in dem eine führende Idee, ein Leitmotiv, zum erstenmal auftaucht. Diese Idee, die durch Jahrhunderte hindurch formbildend eine Kultur durchwirkt, bestimmt ihre Kraft, Ausbreitung, Höhe und Reife, bis sie – und das ist Schicksal und muß als solches erkannt werden – die Kultur verläßt, deren Seele sie war. Wenn sich dieses Ereignis vollzieht, stirbt eine Kultur ab, und eine andere tritt an ihre Stelle, irgendwo oder auf demselben Boden. Aus der Geschichtslosigkeit ihrer eigenen Vorzeit heraustretend, entwickelt sie fortschreitend eine ihrem Wesen eigene, neue Ideenwelt. Das geschah, um das bekannteste Beispiel anzuführen, als das Römische Kaiserreich zu Ende ging und aus dem vorgeschichtlichen Dunkel die abendländische Kultur geboren wurde, die unter den Merowingern ihre Kindheit durchlebte und unter Karl dem Großen Gestalt anzunehmen begann.

Soviel zu den zeitlichen Begrenzungen. Zu den Begrenzungen des Raumes werden wenige Worte genügen. Wer immer eine kurze Geschichte, sei es der europäischen Architektur, der Kunst, der Philosophie, des Dramas oder der Wirtschaft schreibt. muß sich entscheiden, in welchem Teil Europas und zu welcher Zeit jene Ereignisse stattfanden, die nach seiner Ansicht den Lebenswillen und das Lebensgefühl Europas am stärksten zum Ausdruck brachten. Aus diesem Grunde ist zum Beispiel Deutschland mit seinen Bauten des 16. Jahrhunderts nur gering, mit denen des 18. Jahrhunderts dagegen stark vertreten, ist die italienische Gotik kaum berührt, ist die ältere skandinavische Architektur überhaupt nicht erwähnt. Auch Spanien konnte nicht der Platz eingeräumt werden, der der überragenden Qualität so vieler seiner Bauten gebührte; denn zu keiner Zeit hat Spanien die Entwicklung der europäischen Architektur als ein Ganzes entscheidend beeinflußt. Lediglich England nimmt einen etwas breiteren Raum ein, da dieses Buch in England und in seiner ersten Fassung – dies ist die siebte überarbeitete und für den deutschen Leser erweiterte Ausgabe – für Engländer geschrieben wurde. Der eigentliche Ausgangspunkt aber ist, ich möchte es noch einmal sagen, die abendländische Architektur als Ausdruck abendländischer Kultur. Sie wird hier in ihrem Wachsen vom 9. bis zum 20. Jahrhundert beschrieben.

N. P.

1 Athen, Parthenon, begonnen 447 v. Chr.

Griechen und Römer

Der griechische Tempel ist der nie wieder erreichte Gipfelpunkt aller Architektur, soweit sie je ihre Erfüllung in der Richtung plastisch-körperhafter Schönheit gesucht hat. Sein Inneres ist von weit geringerer Bedeutung als der Außenbau. Der ringsumlaufende Säulenkranz läßt den Betrachter nicht einmal erkennen, wo der Eingang zur Cella liegt. Die gläubigen Griechen betraten ihre Tempel nicht wie die christliche Gemeinde ihre Kirchen, um Stunden engster Verbindung mit dem Göttlichen zu verbringen. Ebenso wie unsere Religion, so wäre auch das Raumerlebnis des christlichen Abendlandes einem Zeitgenossen des Perikles unverständlich gewesen. Nicht der Raum, sondern die plastische Gestalt war es, die das Wesen der griechischen Architektur bestimmt, und eben dies ist es, was wir noch heute im Anblick der hellenischen Tempel empfinden: eine Intensität des Körperhaften, die in so lebendig-unmittelbarer Gegenwärtigkeit kein Bauwerk späterer Zeit mehr erreicht hat. So stehen sie vor uns, der Parthenon oder die Tempelruinen von Paestum, mit dem entschieden gegen das Erdreich abgesetzten Unterbau des Stylobates, mit den in leichter Kurvatur sich verjüngenden Säulen, die kräftig genug gebildet sind, um mit scheinbar geringer Mühe die Last der Architrave zu tragen, mit den Skulpturen ihrer Friese und Giebelfelder. Aus all dem, aus den einzelnen Gliedern wie aus dem in sich abgeschlossenen Gesamtbau, spricht eine vollendete Menschlichkeit, eine freie Humanität im hellsten Licht von Natur und Geist, die nichts weiß von gestaltlos quälender Dumpfheit, nichts von dunkel bohrender Problematik.

Auch die Römer sahen ihre Bauwerke in erster Linie als plastisch-körperhafte Gebilde an, indessen zeigen die Leistungen ihrer Architektur nicht mehr im gleichen Maße jene herrliche Unabhängigkeit, nicht mehr jene freiplastische Struktur wie die der Griechen. So werden nun mit einer Bewußtheit, die dem alten Hellas unbekannt war, mehrere Gebäude einer Gesamtkomposition unterworfen, und ähnlich sind die einzelnen Bauglieder weniger selbständig und fester dem Verband des Ganzen eingeordnet. So ersetzen die römischen Architekten die vollrunde, freistehende Säule und den von ihr getragenen

Architrav durch das vereinheitlichte Motiv des Pfeilerbogens mit wuchtigen viereckigen Stützen. Die Massigkeit und Schwere der Mauern wird betont, etwa durch tief in das Gestein gehöhlte Nischen. Wenn Säulen hinzutreten, so bediente man sich gern der Halbsäule, die mit der Wand fest verbunden, ja mit ihr zu einer untrennbaren Einheit verschmolzen ist. Wir erkennen die gleiche Tendenz zu fester Bindung der Teile und zum Verzicht auf die Selbständigkeit der einzelnen Glieder, wenn die Römer anstelle der flachen Decke des griechischen Tempels, die sich als reine Horizontale klar gegen die reine Vertikale des Säulenumganges absetzte, ihre Räume mit mächtigen Tonnen- und Kreuzgewölben überdeckten, so daß Waagerechte und Senkrechte, Stütze und Last sich zu einer in ihren verschiedenen Komponenten nicht mehr unterscheidbaren Einheit durchdrangen. Bogen und Gewölbe von so gewaltigen Ausmaßen, wie sie die römischen Aquädukte, Thermen, Theater, Paläste und Basiliken (öffentliche Versammlungshallen) noch heute zeigen, übertreffen, als technische Leistungen gewertet, alles, was die Griechen geschaffen haben. Und es sind in erster Linie diese Bauwerke profanen Gebrauchs, nicht aber, wie im Falle der griechischen Architektur, die Tempel, an welche wir denken, wenn wir von römischer Baukunst sprechen.

Die großartigsten dieser Schöpfungen römischen Machtgefühls, römischen Verständnisses für Masse und Plastizität sind allerdings fast ausnahmslos nicht während der Epoche der Republik und des frühen Kaiserreiches, sondern erst in der Spätzeit des Imperiums entstanden. Das Kolosseum wurde gegen Ende des ersten Jahrhunderts n. Chr. erbaut. Die Thermen des Caracalla stammen aus dem Anfang des dritten, die Porta Nigra zu Trier und die Maxentiusbasilika in Rom aus dem Anfang des vierten Jahrhunderts.

Während dieser Zeit hatte sich innerhalb des Römischen Reiches nicht nur ein tiefgreifender Wandel der künstlerischen Form, sondern auch eine entscheidende Veränderung der geistigen Struktur vollzogen. Nach dem Tode Marc Aurels im Jahre 180 wurde die bis dahin einigermaßen aufrechterhaltene Stabilität des Staates völlig erschüttert. Von nun an lösten die Kaiser einander in so rascher Folge ab, wie man es zuvor nur in den kurzen Perioden der Bürgerkriege gekannt hatte. In den 125 Jahren zwischen Marc Aurel und Konstantin hatte das Reich 47 Herrscher, deren durchschnittliche Regierungszeit nicht einmal vier Jahre betrug. Gewählt wurden sie nicht mehr vom römischen Senat, diesem erlauchten Gremium politisch bewährter Staatsbürger, sondern es waren barbarische Söldner irgendeiner Provinzarmee, welche die Kaiser ausriefen. Diese waren oft selbst Barbaren, ungeschliffene Soldaten bäuerlicher Abkunft, ohne Bildung und ohne Verständnis für die höheren Werte der römischen Kultur. Unablässig wütete nun im Innern der Bürgerkrieg, und immer wieder galt es, an den Grenzen die Einfälle barbarischer Stämme abzuwehren. Die Städte verfielen und wurden schließlich von der Bevölkerung verlassen; ihre Markthallen, Badeanlagen und Miethäuser stürzten ein. Soldaten der römischen Armee plünderten römische Städte. Goten, Alemannen, Franken und Parther brandschatzten ganze Provinzen. Land- und Seehandel kamen zum Stillstand; Güter, Bauernhöfe und Dörfer sanken zu den primitiven Verhältnissen des Selbstversorgertums herab. Tauschhandel trat an die Stelle des Geldumlaufes, und Steuern wurden mehr und mehr in Gestalt von Sachleistungen entrichtet. Das gebildete Bürgertum mit seiner ständig absinkenden Geburtenzahl, dezimiert durch Mord, Hinrichtungen und militärische Verluste, verlor in zunehmendem Maße seinen Einfluß auf die Leitung der öffentlichen Geschäfte. An seiner Stelle hielten Ausländer, die aus Syrien, Kleinasien, Ägypten, aus Spanien, Gallien und Germanien herbeiströmten, alle leitenden Stellen besetzt. Das Prinzip des politischen Gleichgewichtes, wie es in der frühen Kaiserzeit die Grundlage der Staatsführung gewesen war, wurde nicht mehr verstanden, geschweige denn aufrecht erhalten.

Die Neuordnung und Stabilisierung des Imperiums, welche schließlich um 300 Diokletian und Konstantin durchsetzten, erfolgte im Sinne einer orientalischen Autokratie. Die Regierung beruhte auf dem starren Hofzeremoniell des Ostens, auf einer skrupellosen Militärpolitik und einer fast unumschränkten Staatskontrolle. Bald verlor Rom seine Stellung als Hauptstadt des Weltreiches, und Konstantinopel trat an seine Stelle. Endlich brach das Imperium in zwei Teile auseinander; den östlichen, welcher seine Macht jahrhundertelang erfolgreich behaupten sollte, und den westlichen, der schon bald fremden Eroberern, den Ost- und Westgoten, Wandalen und Langobarden anheimfiel, um dann zeitweilig dem oströmisch-byzantinischen Reich einverleibt zu werden.

Während dieser Jahrhunderte entstanden in allen Provinzen des Imperiums Paläste und öffentliche Gebäude mit gewaltigen Mauern, Bogen, Gewölben, mit Nischen und Apsiden und umhüllt von dem Prunkgewand eines überreichen Dekors. Dieser neue Stil hinterließ seine Spuren in Trier ebenso wie in Mailand. Sein Zentrum indessen lag in den Randgebieten des östlichen Mittelmeeres, in Syrien, Palmyra, Ägypten, d. h. in eben jenen Ländern, in welchen im letzten vorchristlichen Jahrhundert die Kultur des Hellenismus geblüht hatte. Und in der Tat ist der spätrömische Stil die unmittelbare Fortsetzung der spätgriechischen, beziehungsweise der hellenistischen Kunst.

Für den spätrömischen Stil der Zeit um 300 sind zwei Bauwerke besonders bezeichnend: der Diokletianspalast in Spalato an der dalmatinischen Küste und die Maxentiusbasilika in Rom, die Kaiser Konstantin vollendet hat.

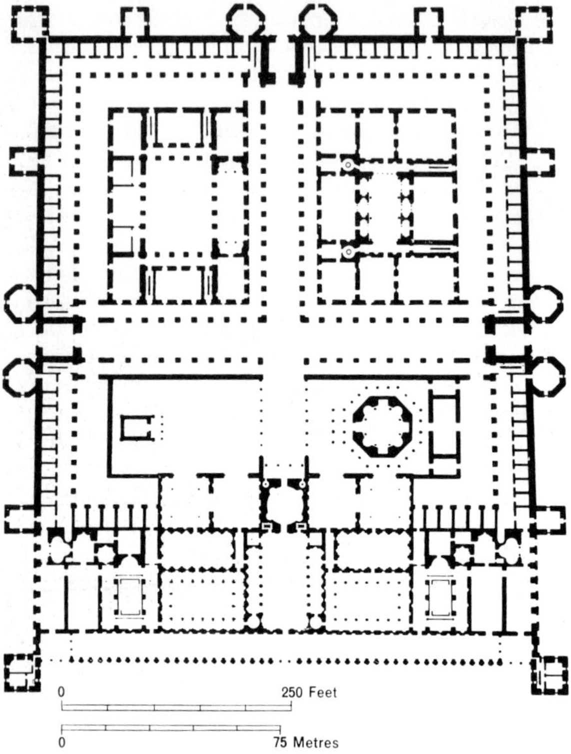

2 Spalato, Diokletianspalast, um 300 n. Chr.

Der Kaiserpalast von Spalato bildete ein Rechteck von 215 m zu 175 m. Er war von einer Mauer mit quadratischen und polygonalen Türmen umgeben wie ein römisches Feldlager. Nach der See zu war die ganze Front zwischen zwei quadratischen Türmen in eine lange Säulengalerie aufgelöst. Die Säulen wurden von Bögen überspannt, die früheste Säulengalerie dieser Art, die wir kennen. Durch diese Form wurde eine ganz unrömische Leichtigkeit erzielt. Im Inneren des Palastes kreuzten sich zwei durch Säulenreihen begrenzte Hauptstraßen, und auch diese Säulen trugen Bögen. Der Haupteingang lag auf der Nordseite, die See nach Süden. Die Straße, die von Norden nach Süden führte, durchlief zuerst die Festungsbezirke, dann die Arbeitsstätten und die Kaufhallen. Hinter der Kreuzung lagen rechts und links zwei weiträumige Höfe, im rechten befand sich ein kleiner Tempel, im linken das kaiserliche Mausoleum, ein gewölbtes Acht-

3 Spalato, Diokletianspalast, Inneres, um 300 n. Chr.

eck. Es hatte im Inneren Nischen und außen einen Säulenumgang. Zwischen diesen beiden Höfen befand sich der Zugang zur Eingangshalle in den eigentlichen Palast: ein gewölbter Rundbau mit vier Nischen in den Diagonalen. Einige der kleineren Räume hatten Apsiden oder waren in Kleeblattform angelegt. Eine große Vielfalt der Raumformen ordnete sich einem einheitlichen Gesamtplan unter, und durch das Mittel einer strengen Axialität kam die Macht des Kaisers in stärkster Weise zum Ausdruck.

Die Maxentiusbasilika war als Raumeindruck noch mächtiger und geschlossener. Es handelte sich um eine rechteckige Halle von 80 m Länge und 36 m Höhe. Sie wurde durch drei kühne Bögen überwölbt und von je sechs Strebepfeilern getragen. Jedes der Joche überspannte ein Wölbung von 23 m. Das Ganze war auf das reichste ausgeschmückt, wie die tiefen Kassetten der erhaltenen Seitenge-

4 Rom, Maxentius-Basilika, um 300 n. Chr. Kupferstich von Piranesi, 1756

wölbe noch zeigen. Kreuzgewölbe (Gratgewölbe) waren in Rom schon im ersten Jahrhundert v. Chr. verwandt worden, Tonnengewölbe in dem Partherpalast von Hatra in Persien um die Zeit der Geburt Christi. Beim Bauen des Kolosseums verwandte man beide Formen gleichzeitig, wenn auch nicht auf eine so gewagte Weise. Wie schon erwähnt, hat Konstantin die Basilika vollendet, nachdem er den Maxentius an der Milvischen Brücke geschlagen und das Christentum im Edikt von Mailand (313) offiziell als Religion innerhalb des Imperiums anerkannt hatte.

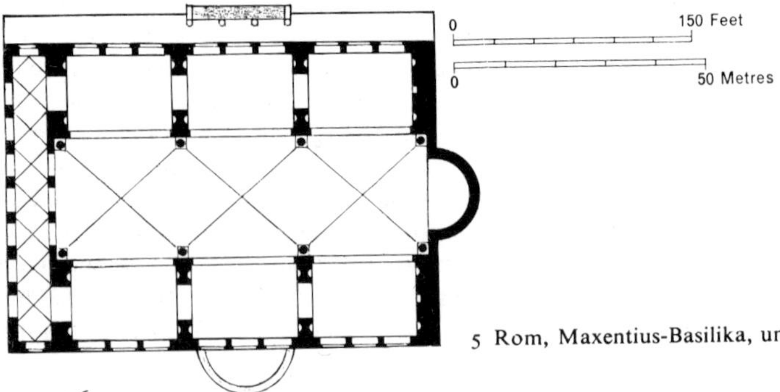

5 Rom, Maxentius-Basilika, um 300 n.

Zwielicht und Dämmerung
Vom 6. bis zum 10. Jahrhundert

Konstantin errichtete viele große Kirchen, von denen jedoch keine in ihrer ursprünglichen Form auf uns gekommen ist. Doch lassen sich ihre Formen aus den noch erhaltenen Dokumenten mit ziemlicher Sicherheit erschließen. Die bekanntesten waren die Kirche des Heiligen Grabes in Jerusalem, die Kirche der Geburt Christi in Bethlehem, in ihrer ursprünglichen Form die Hagia Irene, die Hagia Sophia und St. Aposteln in der neugeschaffenen Hauptstadt Konstantinopel, in Rom Alt-St. Peter, St. Paul vor den Mauern und S. Giovanni in Laterano. Nicht eine einzige dieser Kirchen hatte Gewölbe, und es ist wichtig dies festzustellen; denn es bedeutet, daß das frühe Christentum die mächtigen Gewölbe der Römer als etwas allzu Irdisches ansah. Es war wohl der gewalttätige Anspruch solcher Bauwerke, der dieser neuen Religion der Verinnerlichung und des Geistes widerstrebte.

Soweit wir es überblicken können, gab es unter diesen konstantinischen Kirchen eine große Vielfalt von Bauformen, aber der Grundtypus war – die Basilika. Als diese Form einmal entwickelt war, blieb sie, wie wir auch weiterhin sehen werden, der Standardtypus des frühchristlichen Kirchengebäudes des Abendlandes, aber auch großer Teile des Morgenlandes.

Schon lange vor Konstantin hatten die orientalischen Provinzen des Imperiums begonnen, die geistige Führung zu übernehmen. Von Osten her kam ein neuartiges Verhältnis zur Religion. Das späte Rom war der Herrschaft des Intellektes und des streng rationalen Denkens müde geworden. Auf das Unsichtbare, auf die geheimnisvolle Welt des Irrationalen richtete sich die Sehnsucht einer Bevölkerung, deren Substanz längst von orientalischen und barbarischen Elementen durchsetzt war. Die verschiedenen Sekten der Gnostiker, der persische Mithraskult, Judaismus und Manichäismus fanden allenthalben ihre Anhänger. Als die stärkste von allen diesen Religionen erwies sich das Christentum, das zu einer festen und bleibenden Organisation gelangte, und das unter Konstantin die Gefahr einer allzu engen staatlichen Bindung überdauerte. In seinem Kern blieb es von östlichem Denken bestimmt. Tertullians »credo quia absurdum« (ich glaube weil ich nicht begreife) wäre für einen seiner

6 Ravenna, S. Apollinare Nuovo, frühes 6. Jahrhundert

eigenen Kultur bewußten Römer ein unerträglicher Grundsatz gewesen, und nicht minder dem Geist der Antike widersprechend ist das Wort des Augustinus: »Schönheit kann nie im Körperlichen erkannt werden.«

Von Plotin, dem größten Philosophen des späten Heidentums, berichtet sein Schüler und Biograph, daß er einhergegangen sei wie jemand, der sich seiner körperlichen Existenz schäme. Plotin, Athanasius und Origines waren Ägypter; Augustin kam aus Libyen, Basilius lehrte in seinem Geburtsland Kleinasien, Diokletian war in Dalmatien beheimatet, Konstantin und Hieronymus stammten aus der ungarischen Tiefebene. Nach dem Recht der augusteischen Ära hätte keiner von ihnen als römischer Bürger gegolten.

In der zeitgenössischen Architektur erkennen wir den Geist dieser Männer und dieser Epoche wieder, ihren Fanatismus, ihr leidenschaftliches Forschen nach dem Unsichtbaren, nach dem Magischen und dem Überwirklichen. S. Apollinare Nuovo in Ravenna wurde

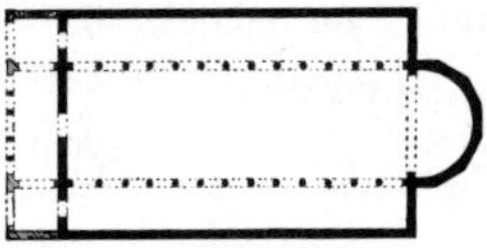

7 Ravenna, S. Apollinare Nuovo, frühes 6. Jahrhundert

zu Beginn des sechsten Jahrhunderts von Theoderich, König des italienischen Ostgotenreiches, errichtet. Indessen weist der Bau keinerlei spezifisch germanische Merkmale auf, er zeigt sich vielmehr als völlig jenem universalen, aber in seinem Kern östlichen Stil zugehörig, für den sich die Bezeichnung *frühchristliche Kunst* durchgesetzt hat. Die spezifischen Funktionen des christlichen Gotteshauses haben in dieser Epoche bereits einen so adäquaten und endgültigen architektonischen Ausdruck gefunden, daß keine gotische Kathedrale, kein Kirchenbau der Gegenwart daneben wesentlich Neues aufzuweisen hat. Die frühchristliche Kirche in der Form der Basilika ist das Symbol des Weges, auf dem die Gläubigen dem Wunder der Transsubstantiation entgegenschreiten. Das Ziel dieses Weges ist die Apsis mit dem Altar, auf dem sich das Mysterium der Fleischwerdung Gottes vollzieht. Eine solche Basilika bestand aus einem Hauptschiff und zwei Seitenschiffen, die von diesem durch Säulenreihen abgetrennt sind. An der Westseite befand sich in der Regel eine Vorhalle, die man als Narthex bezeichnete, oder ein offener Hof mit Säulengang (Atrium), oder beides. Gelegentlich gab es auch zwei turmartige Erhöhungen links und rechts vom Narthex. An der Ostseite war eine Apsis. Mehr war nicht notwendig. Es galt einen Raum zu schaffen, in dem die Gläubigen sich versammeln konnten und in dem der heilige Weg zum Altar kenntlich gemacht war.

In einigen konstantinischen Kirchen, z. B. in Alt-St. Peter und in St. Paul vor den Mauern, hatte man die Seitenschiffe verdoppelt, in einigen Kirchen schob sich ein Querschiff als Intervall zwischen Langhaus und Apsis. Indessen ist dieses Motiv selten und bleibt in der Hauptsache auf einige große Bauten Konstantins und seiner unmittelbaren Nachfolger beschränkt. Zu diesem Typus gehören bzw. gehörten die römischen Kirchen Alt-St. Peter, St. Paul vor den Mauern, S. Giovanni in Laterano, S. Maria Maggiore, die Menasbasilika in Ägypten aus dem frühen fünften Jahrhundert und die Demetriusbasilika in Saloniki um 410, ebenso auch der erste Dom von Trier und die benachbarte Marienkirche (Anm. 1), beides Bauten, die die außerordentliche Bedeutung dieser Stadt innerhalb der nördlichen Provinzen des Römischen Reiches erkennen lassen. Andere Kirchen wiederum hatten eine Frauenempore über den Seitenschiffen, so z. B. die Basilika des Hl. Grabes in Jerusalem, die bereits erwähnte Kirche des Hl. Demetrius in Saloniki, die zugleich darin eine Ausnahme bildet, daß hier Säulen mit Pfeilergruppen abwechseln. Manchmal war auch, wie in Nordafrika, eine zweite Apsis an der Westseite angefügt (Orléansville, ca. 325 und 475). Es gab sowohl runde wie polygonale Apsiden. Diese letztere Form wurde im Orient bevorzugt. Es scheint, daß nach dem syrischen Muster die Ostapsis meist von zwei gesonderten Räumen flankiert wurde, vom Diakonikum oder der Sakristei und der Prothesis, in welcher die Geschenke angenommen wurden. Anstelle dieser beiden Räume konnten die Seitenschiffe aber auch Apsiden haben, wie z. B. in Kalat Seman in Syrien (ca. 480–490). Ganz selten und nur in einem Teile von Kleinasien waren ganze Kirchen mit Tonnengewölben ausgestattet, wie etwa in Bimbirkilisse (Südostkleinasien, 5. Jahrhundert). Von allen Varianten des basilikalen Schemas hat diese Form den Charakter des Bauwerkes am stärksten verändert.

Doch selbst wenn man dies alles in Erwägung zieht, die Hauptrichtung wird in allen diesen Kirchen vom Mittelschiff und stets im Sinne einer vorwärtsstrebenden Bewegung bestimmt. Unter dem Eindruck des gleichmäßigen Ablaufes der die Seitenschiffe abtrennenden Säulenreihen fühlt sich der Betrachter unwiderstehlich nach Osten und zum Altar hin gedrängt. In dem ununterbrochenen Fluß der Arkaden, in den beständig wiederkehrenden Intervallen der Obergadenfenster wird dem Auge kein Ort des Verweilens gewährt. In S. Apollinare Nuovo schreiten, in Mosaik gebildet (Anm. 1a), die Gestalten von Märtyrern und heiligen Jungfrauen in ihren starren Gewändern neben uns her, unbewegten Antlitzes, schweigend und feierlich. Ein Rhythmus, dessen Monotonie unser Bewußtsein magisch gefangen hält, erfüllt den gesamten Raum, und nirgends erklingt ein zweites Thema, das die strenge Geradlinigkeit des Leitmotives beeinträchtigen könnte. Grundriß und Raumgestaltung dieser Kirchen fügen sich so vollkommen zusammen, daß man versucht ist, diesen Bautypus in seiner Gesamtheit als eine Schöpfung des Christentums zu betrachten. Jedoch die Tatsachen widersprechen solcher Deutung. Bis auf den heutigen Tag bezeichnen wir die hier beschriebenen Bauten, d. h. Kirchen mit Lichtgaden im Hochschiff, mit niedrigeren Seitenschiffen und einer Apsis im Osten als Basilika, ein Ausdruck, der in der Bedeutung einer öffentlichen Versammlungshalle bereits in Rom und im Römischen Reich gebräuchlich war. Das Wort ist griechischer Herkunft und bedeutet »königlich«. Jedoch läßt sich keine der erhaltenen römischen Basiliken als unmittelbare Vorstufe des frühchristlichen Kirchenbaus in Anspruch nehmen. Fast alle haben Säulen nicht nur zwischen »Mittelschiff« und »Seitenschiffen«, sondern auch entlang den Schmalseiten, d. h. sie besitzen einen vollständigen Säulenumgang, gleichsam als ob die Außenseite eines griechischen Tempels mit ihrem ringsumlaufenden

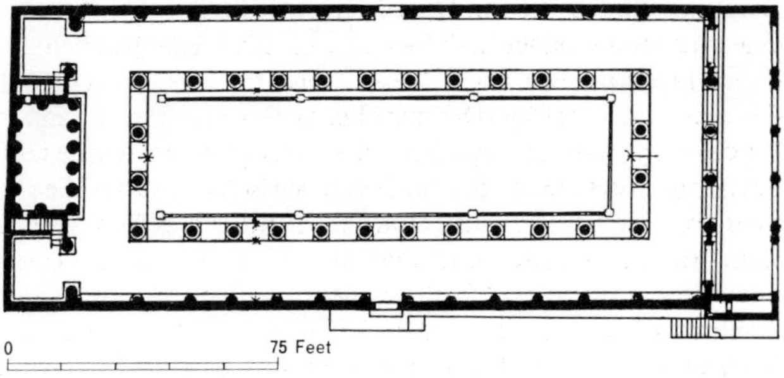

8 Pompeji, Basilika, um 100 v. Chr.

Säulenkranz nach innen gekehrt wäre. Vielfach findet sich eine Apsis, manchmal sogar zwei, jedoch sind sie in der Regel durch Säulenstellungen vom Hauptraum abgetrennt. Es ist nach alledem wohl möglich, daß der Name »Basilika« als allgemeine Bezeichnung für eine weiträumige Halle mit Seitenschiffen von der Antike in die christliche Kultur übernommen wurde. Jedoch für den Bautypus selber ist eine solche Übertragung kaum anzunehmen. Andere Vermutungen sind ausgesprochen worden: man hat an die sogenannten *scholae* gedacht, die Hallen in den Häusern reicher Bürger oder in Palästen, z. B. im Flavierpalast auf dem Palatin. Es handelte sich hier um kleinere Räume mit Apsiden, die allerdings für den privaten Gottesdienst der Christen benutzt worden sein mögen.

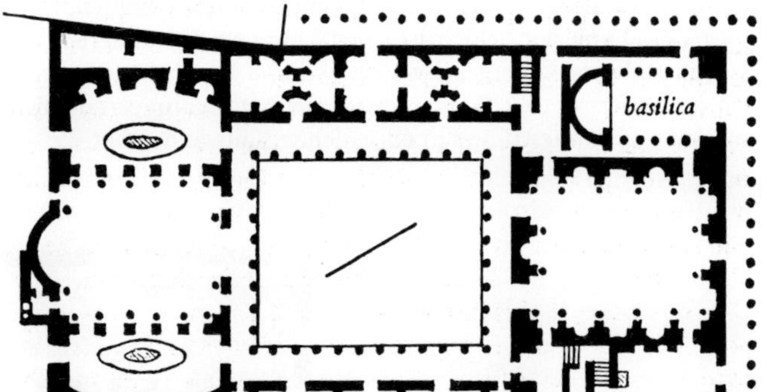

9 Rom, Palast der flavischen Kaiser, spätes 1. Jahrhundert n. Chr.

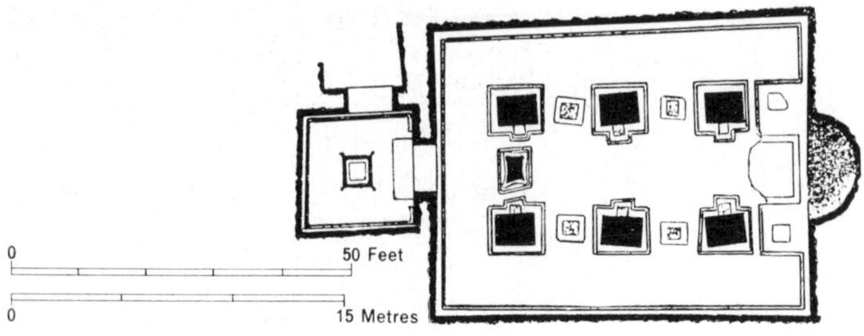

10 Rom, »Basilika« von Porta Maggiore, 1. Jahrhundert n. Chr.

Viel direkter und zutreffender als man bisher angenommen hat, scheint jedoch die Verbindung zwischen frühchristlicher Basilika und den Kultbauten heidnischer Sekten gewesen zu sein. Die sogenannte Basilika von Porta Maggiore in Rom ist ein kleiner unterirdischer Raum von nicht mehr als 12 m Länge, der mit Haupt- und Seitenschiffen, mit Pfeilern und Apsis völlig das Aussehen einer christlichen Kapelle hat. Stuckreliefs verraten, daß hier der Versammlungsraum einer solchen mystischen Sekte war, wie sie vor und nach dem Auftreten des Christentums aus dem Orient nach Rom gelangt waren. Das Gebäude stammt wahrscheinlich aus dem ersten nachchristlichen Jahrhundert. In der Innenstadt von London wurde vor kurzem bei Ausgrabungen ein etwas größerer Mithrastempel (ca. $18 \times 7\frac{1}{2}$ m) ungefähr aus der Mitte des zweiten Jahrhunderts entdeckt. Er besitzt ebenfalls ein Hauptschiff, Seitenschiffe und eine Apsis. Der Mithraskult war diejenige Religion, die damals im stärksten Rangstreit mit dem jungen Christentum stand, und die im ganzen Imperium große Verbreitung gefunden hatte. Wenn man sich die enge Beziehung der frühchristlichen Lehre zu den anderen orientalischen Religionen vergegenwärtigt, welche ebenfalls an einen Erlöser, an Opfertod und Wiedergeburt glaubten, kann es uns nicht erstaunen, wenn die frühesten christlichen Kulträume fast die gleiche

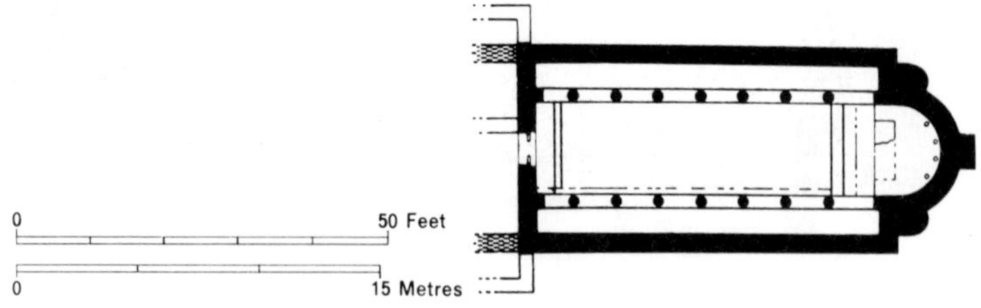

11 London, Mithrastempel, wahrscheinlich Mitte 2. Jahrhundert n. Chr.

12 Rom, »Basilika« von Porta Maggiore, 1. Jahrhundert n. Chr.

Form aufweisen wie die Räume, die diesen heidnischen Kulten dienten. Nach allem, was wir heute über diese Dinge wissen, scheint die Basilika von Porta Maggiore mit mehr Wahrscheinlichkeit als irgendein anderer bis dahin bekannter Bau der Ausgangspunkt der frühchristlichen Architektur zu sein.

Während des vierten Jahrhunderts bauten Konstantins Nachfolger mächtige Kirchen überall im Osten und Westen des Reiches. Im fünften Jahrhundert gab es deren bereits Hunderte und Hunderte. »Wer«, rief Eusebius aus, »könnte die zahllosen Kirchen in jeder Stadt zählen?« Die meisten halten sich an das basilikale Schema. Aber es gab auch eine beträchtliche Anzahl zentralgeplanter Kirchentypen. Der Zentralbau hatte sich aus der Rundform des römischen Grabmals entwickelt. Man errichtete, sich an das römische Vorbild anlehnend, Kapellen zum Gedächtnis eines Märtyrers. Zugleich verwandte man die Zentralform, aus praktischen Gründen, auch für Taufkapellen. Die Taufe, daran sei hier erinnert, geschah ja damals nicht wie heute durch einfaches Besprengen, sondern durch Eintauchen des ganzen Menschen, oft wurde auch an vielen Täuflingen zur gleichen Zeit die Taufe vollzogen.

Im ganzen lassen sich folgende Typen des Zentralbaus unterscheiden: Einfache Rundbauten mit schweren Mauern und ausgehöhlten Nischen nach römischem Muster, wie z. B. das Mausoleum der Theodosia neben Alt-St. Peter in Rom und St. Georg in Saloniki; solche mit einem einfachen Umgang wie S. Costanza (ca. 320) und solche mit doppeltem Umgang wie S. Stefano Rotondo (ca. 475), beide in Rom. Ferner die Achteckform (Oktogon) mit Umgang, wie das Baptisterium von S. Giovanni in Laterano (ca. 325, 435 und 465) und die beiden Baptisterien in Ravenna aus dem fünften und sechsten Jahrhundert. Außerdem gab es Rundbauten in Kleeblattform, die hier erwähnt werden müssen, obgleich sie nicht als ausgesprochene Zentralbauten gelten können. Beispiele hiervon finden sich in den Katakomben des hl. Calixtus in Rom und in Tigzirt in Nordafrika, in großem Maßstab in den riesigen ägyptischen Klöstern von Sohag aus dem fünften Jahrhundert, die unter dem Namen das Weiße und das Rote Kloster bekannt geworden sind.

Ein besonderer Typus des Zentralbaus ist die Form des griechischen Kreuzes, eine Kreuzform, bei der die Kreuzarme die gleiche Länge haben (Mausoleum der Galla Placidia in Ravenna). Man unterscheidet davon zwei Typen, das in ein Viereck eingeschriebene und das freistehende. Der Kreuzmittelpunkt, d. h. die Vierung, hat im allgemeinen eine Überwölbung, und auch die Ecken sind von niedrigeren Kuppeln überwölbt. So entstehen fünf Kuppelwölbungen, angeordnet wie die fünf Punkte auf einem Würfel (quincunx). Dieses Schema, das schon den Römern bekannt war (Tychäum von Mismieh, Syrien), scheint im fünften Jahrhundert gebräuchlicher

13 Mismieh, Tychäum

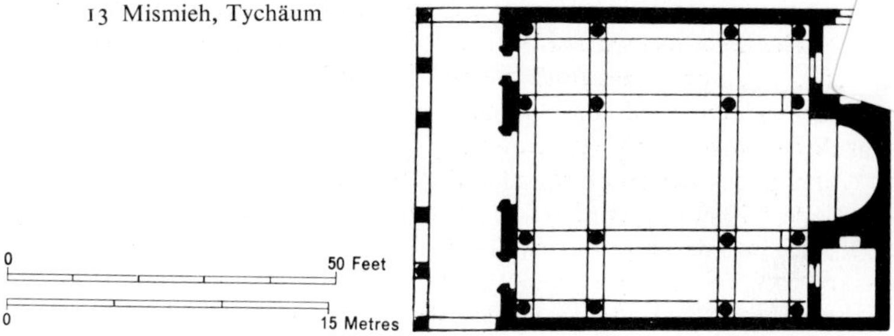

geworden zu sein. Beispiele sind Gerasa in Syrien (um 464 mit geschlossenen Eckräumen) und wahrscheinlich ganz ähnlich die Kathedrale von Trier, die um 370 umgebaut wurde. Seine Entwicklung zu größten Ausmaßen erfuhr der Zentralbau in Byzanz, dort wurde er der Standardtypus bis ins vierzehnte Jahrhundert. Seine Wiederaufnahme im Abendland in der Zeit der Renaissance und später wird in anderen Kapiteln behandelt werden.

Kuppeln über Vierecken zu errichten (das Pantheon in Rom hat eine runde Außenmauer), war eine Erfindung des Orients. Die Rundung der Kuppel wurde erzielt, indem man kleine, nach der Mitte des Raumes und nach der Höhe zunehmende Bögen, sogenannte Trompen, über die Ecken setzte, bis eine fast achteckige Form erreicht war, auf der man dann leicht eine Kuppel errichten konnte. Eleganter war es noch, die Kuppel auf sphärische Dreiecke zu setzen (Pendentifkuppel). Dies war die byzantinische Methode.

Den Höhepunkt der byzantinischen Entwicklung bezeichnen die gewaltigen Gründungen Justinians. So die ehemalige Kirche St. Aposteln, mit fünf Kuppeln über einem griechischen Kreuz; die Hagia Sophia, eine komplizierte Durchdringung von Zentral- und Längsraum, und SS. Sergius und Bacchus, ein Bau, der auf italienischem Boden mit S. Vitale in Ravenna eine großartige Parallele gefunden hat.

Die Verbindung von Zentral- und Längsraum in Konstantins Kirche des Hl. Grabes in Jerusalem (ca. 335), von deren ursprünglicher Form fast nichts mehr erhalten ist, war nichts anderes als ein Nebeneinanderstellen gewesen: ein Langhaus, dem ein Atrium und ein Rundbau mit Apsis angegliedert war. Bei der Geburtskirche in Bethlehem, die entweder in der konstantinischen Zeit oder um 530 entstanden ist, besteht der Plan aus einer Basilika mit einer kleeblattförmigen Ostseite. Eines der ersten bekannten Beispiele dieser Art ist eine Kirche in Koja-Kalessi im Süden von Kleinasien aus dem 5. Jahrhundert. Hier ist ein kurzes zweijochiges Hauptschiff mit Seitenschiffen von einer Kuppel überwölbt, die von Querschiffen flankiert wird, welche jedoch nicht über die Seitenschiffswände hinaus-

14 Konstantinopel, Hagia Sophia, 532–37. Die türkischen Minarette sind vom Fotografen entfernt worden

gehen. Im Osten der Kuppel befindet sich ein höherer Chor und eine Apsis mit Seitenräumen. Das Ganze ist einem Parallelogramm eingeschrieben. Von den vielen anderen Beispielen für die Durchdringung von Längs- und Zentralraum aus dem fünften und sechsten Jahrhundert übertrifft keines an Monumentalität die Ruinen der Johanneskirche in Ephesos, welche vollkommen überkuppelt war. Die Kirche hängt von der Apostelkirche in Byzanz ab, verfügt jedoch über ein längeres Schiff, so daß die Vorherrschaft der Längsstreckung betont wird.

Dasselbe gilt für die Hagia Sophia. Die Maßverhältnisse betragen hier 96 zu 66 m; der Bau wurde in der unglaublich kurzen Zeit von fünf Jahren zwischen 532 und 537 errichtet. Nach 558 erhöhte man die Kuppel um 6 m, umfangreiche Erneuerungsarbeiten wurden nach 989 vorgenommen. Die ursprünglichen Architekten, Anthemius von Thralles und Isidor von Milet, kamen aus Kleinasien. Wirkte in Koja Kalessi die Kuppel, als wäre sie der Basilika eingefügt worden, so hat die Hagia Sophia überhaupt keinen basilikalen Charakter, obgleich auch ihr eine gewisse Längsbetonung eigentümlich ist. Alles beherrschend erhebt sich die Zentralkuppel, sie ruht nicht auf einem Tambour auf, sondern schwebt, zart und majestätisch zugleich, über dem

15 Konstantinopel, Hagia Sophia, 532–37. Lithographie von Gasparo Fossati

Quadrat des Zentralraumes. Der Kuppeldurchmesser beträgt 32 m. An die Hauptkuppel schließen im Osten und Westen überaus schön und geistreich gebildete Halbkuppeln an, so daß der dadurch geschaffene, riesige offene Raum Längenwirkung erhält: er mißt 66 zu 32 m und betont im Sinne der Liturgie die Ost-West-Richtung. An jede der Halbkuppeln schließen sich zwei Nischen, bzw. Apsiden oder Exedren an, die an S. Vitale erinnern. Auf diese Weise wird die Kuppel strukturell vorzüglich gestützt, wobei es sich die Baumeister angelegen sein ließen, die Mechanik ihres Verfahrens dem Auge zu

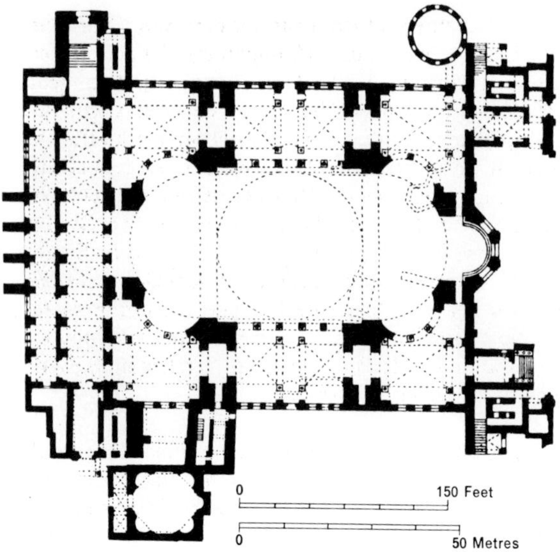

16 Konstantinopel, Hagia Sophia. Aufriß und Grundriß

verbergen, wie dies ähnlich später den gotischen Baumeistern im Innern ihrer Kirchen gelang, indem sie das konstruktive System der Strebepfeiler nach außen verlegten. Doch nichts ist von gotischen Gestaltungszielen weiter entfernt als die ruhigen, gleichsam fließenden Wölbungen dieser Kuppeln und Apsiden. Der von ihnen eingeschlossene Raum ist ungeheuer, doch er überwältigt nicht. Es stand den Architekten frei, im Norden und Süden dieselbe Anlage zu wiederholen. Sie haben es nicht getan, denn vollkommener Zentralismus hätte die Kirche um ihren komplexen und geheimnisvollen Charakter gebracht. So fügten sie an die Zentralanlage Seitenräume an, die mit Galerien versehen sind, im Erdbodengeschoß fünf und im Obergeschoß sieben Bogenöffnungen. Was hinter diesen Arkaden liegt, wirkt als geheimnisvolle dunkle Folie im Kontrast zu den lichten, vielfenstrigen Zentralräumen.

Das Äußere dieser byzantinischen Kirchen war sehr einfach; gelegentlich kommt Marmorbelag vor, doch selten ein Dekor, das darüber hinausgeht. Auch Türme besaßen diese Kirchen nicht, es ist noch immer unklar, wann diese zum erstenmal auftauchen. Die kleinen Erhöhungen links und rechts von der Vorhalle (Narthex) oder den Portalen der Westfront, die sich bei syrischen Kirchen finden,

z. B. in Turmanin, können eigentlich nicht mit dem Wort Turm bezeichnet werden. Einen Glockenturm (Campanile), der mit Sicherheit vor dem neunten Jahrhundert zu datieren wäre, gibt es nicht. Die Kuppeln der Hagia Sophia sind heute von den vier Vertikalen ihrer Minarette begleitet, aber diese sind türkischer Herkunft. Die aus der Zeit des Justinian stammenden Teile der Kirche, die anschließende Hagia Irene und die ein wenig entfernter gelegene Kirche von St. Aposteln beherrschten die ihnen ähnlichen Hügel von Byzanz mit den sanften Kurven ihrer Kuppeln. Der Anblick von Justinians Hauptstadt aus der Ferne muß außerordentlich verschieden von allem gewesen sein, was wir kennen. Der wellenförmige Rhythmus dieser Kuppeln sprach die gleiche Sprache wie die Geheimnisse ihres Innern. Wie schon erwähnt, hat das Vorbild dieser Kirchen in S. Vitale in Ravenna eine großartige Nachfolge gefunden.

Ravenna war nach dem Untergang der Ostgoten die Hauptstadt des von Ostrom beherrschten Italien geworden. S. Vitale wurde unmittelbar im Auftrage Justinians errichtet. 547, zehn Jahre nach der Sophienkirche und etwa zehn oder zwölf Jahre nach SS. Sergius und Bacchus, war der Bau vollendet. S. Vitale ist ein Oktogon mit zweigeschossigem achtseitigem Umgang und ausladendem Altarraum mit Apsis auf der Ostseite, der von den Rundräumen der Prothesis und des Diakonikums begrenzt wird. In dem auf der Westseite gelegenen Narthex oder Vorraum versammelte sich die Gemeinde, bevor sie das Gotteshaus betrat. Für den Raumeindruck bestimmend ist ein Kranz von Nischen, in den das zentrale Achteck ausschwingt.

17 Turmanin, Basilika (zum größten Teil zerstört), 6. Jahrhundert

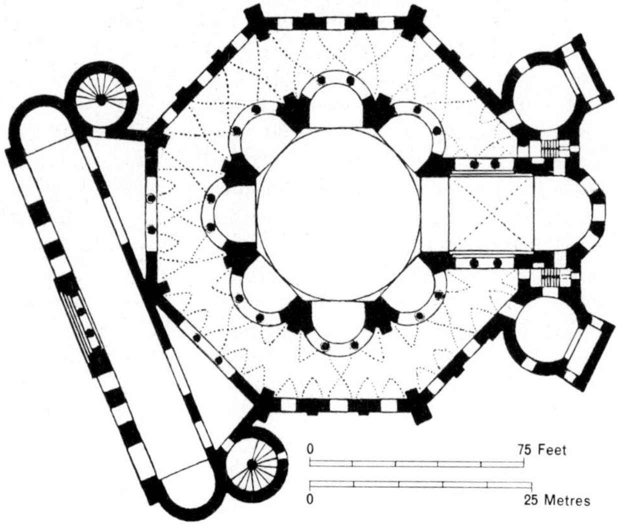

18 Ravenna, S. Vitale, vollendet 547

Es ist ein rein künstlerisches Motiv ohne eigentlich statische Funktion. In beiden Geschossen werden die Nischen nicht von massiven Wänden begrenzt, sondern sie weiten sich in leichten Arkaden auf den Umgang hin aus, so daß zwischen den beiden Hauptteilen des Gebäudes jede klare Abgrenzung fehlt. Das zentrale Oktogon fließt frei in den Umgang hinüber, und der letztere würde unverständlich sein, wollte man ihn als eine selbständige Raumeinheit betrachten. Auch wo geschlossenes Mauerwerk vorhanden ist, wird durch die Verkleidung mit Mosaiken die gleiche Atmosphäre des Unbestimmten, des traumhaft Verschwimmenden hervorgerufen; diese goldschimmernden Bildgründe mit den dunklen ausgezehrten Gestalten der Heiligen in ihrer strengen Gebärde scheinen ebenso körperlos, ebenso unwirklich und geheimnisvoll wie die fallenden und steigenden Kurven des Oktogons. In der meisterlichen Ausführung der Kapitelle bestätigt sich die Absicht, die der Architekt im Räumlichen und im Geistigen erreichen wollte. Das üppige Akanthus-Blattwerk, das man in Rom findet, ist hier ersetzt durch flachere verschlungene Muster, die oft spitzenartig durchbrochen auf die gerade ansteigende Oberfläche der Kapitelle aufgesetzt ist, so daß ein unbegrenzter Hintergrund überall dunkel hindurchschimmert. Es ist im Bereich der Dekoration das genaue Gegenstück zu dem Raumeindruck des Nischenkranzes, der sich gegen den dunkleren Hintergrund des Rundganges öffnet. Gleichartige Kapitelle kann man in fast allen Haupt-

19 Ravenna, S. Vitale, Blick in das Oktogon, vollendet 547

kirchen Justinians in Byzanz wiederfinden. Die Quellen, aus denen diese verfeinerten Raumvorstellungen stammen, sind ungewiß, aber sie sind eher in Italien als im Orient zu suchen. Eine damit vergleichbare Wirkung wurde schon sehr frühzeitig, nämlich um 125 n. Chr., in der Villa des Kaisers Hadrian bei Tivoli erreicht, und die Kirche von S. Lorenzo in Mailand (ca. 450 bis 475, im sechzehnten Jahrhundert vollständig renoviert) kann als direkter Vorläufer von S. Vitale bezeichnet werden.

Einundzwanzig Jahre nach der Einweihung von S. Vitale eroberten die Langobarden Italien. Zwar wurden noch weiterhin Kirchen nach dem Typus von S. Apollinare gebaut, aber das große Zeitalter der frühchristlichen Architektur war vorüber, und das, was sich im Ostreich vom siebenten Jahrhundert an ereignete, ist in unserem Zusammenhang nicht mehr von Bedeutung. Um das Jahr 635 überfluteten die Mohammedaner Syrien, um 639 eroberten sie Ägypten, um 711 fielen sie in Spanien ein. Sie wären wahrscheinlich bis zum Rhein vorgedrungen, wenn die Franken sie nicht nördlich der Loire unter der Führung von Karl Martell in der Schlacht von Tours und Poitiers im Jahre 732 zurückgeworfen hätten.

Die Franken in Gallien, die Angeln und Sachsen in Britannien, die Westgoten in Spanien konnten unmöglich für die delikate, ja überfeinerte Schönheit solcher Kirchen viel Verständnis haben. Ihre Welt war noch in den Bindungen primitiven Volkstums befangen, wenn auch Chlodwig im Jahre 496 das Christentum angenommen hatte oder zum mindesten das, was er als Christentum verstand. Der Geist dieser orientalischen Religion blieb den Barbaren fremd, obgleich viel dafür spricht, daß eine unmittelbare Verbindung zwischen dem fränkischen Königreich und dem Orient bestand. Die Syrier hatten bis nach Tours, Trier und Paris hinauf blühende Kolonialorte gegründet, im Jahre 591 war sogar ein Syrier Bischof von Paris. Doch ist nicht anzunehmen, daß die gallische Urbevölkerung viel Verständnis für die Mentalität und den Zivilisationsgrad dieser Siedler und ihrer mutmaßlichen Bauten aufbrachte. In England zerstörten angelsächsische Kriegerscharen die letzten Reste der auf der Insel noch erhaltenen Kulturgüter, von dem gleichen, schrankenlosen Vernichtungswillen erfüllt, mit dem auf dem Kontinent die Merowinger bestrebt waren, ihre Feinde und zugleich deren gesamte Familie auszurotten. Die Berichte Gregors von Tours, in der zweiten Hälfte des sechsten Jahrhunderts verfaßt, sind voll von Mord, Notzucht und Meineid. Und doch lag hier der Beginn unserer Kultur, wie denn jede höhere Kultur in den dunklen Wirren barbarischer Stämme ihren Anfang hat.

Zwischen der unruhigen Welt dieser im beständigen Wechsel aufsteigenden und wieder zerfallenden Königreiche und der großen Tradition mittelmeerisch-antiker Vergangenheit gab es nur eine ein-

20 Ravenna, S. Vitale, Kapitell

zige Vermittlung: die Kirche. Mit ihrer Hilfe wurde das Angelsachsentum in Britannien zivilisiert, im Norden durch das irische Mönchstum, das unmittelbar der koptischen Kirche Ägyptens verbunden ist, im Süden durch römische Missionare. Die Zeugnisse, die aus dieser Zeit auf uns gekommen sind, sprechen eine großartige Sprache. Einige der großen Kreuze, die man zum Gedächtnis der Verstorbenen errichtete, oder solche, die einen heiligen Ort bezeichneten oder eine Abgrenzung (Grenzkreuze), weisen Steinskulpturen mit Blattwerk auf, mit Vögeln, Tieren und sogar menschlichen Figuren von großer Anmut und höchst kunstvoller Ausführung. Beispiele hierfür sind unter anderem das Ruthwell-Kreuz, das Bewcastle-Kreuz und das Reculver-Kreuz. Sie sind etwa um das Jahr 700 entstanden. Um diese Zeit war das angelsächsische England zweifellos das zivilisierteste Land des Nordens. Die Angeln und Sachsen, die das Land eroberten, waren zwar nicht weniger grausam und barbarisch als jene Horden, welche sich, seit dem Ende des vierten Jahrhunderts, ihren Weg in die spätrömischen Provinzen erzwungen hatten. Aber das Christentum gelangte schon frühzeitig auf die Insel, und zwar aus ganz anderen Quellen als auf dem Festland. Das christliche Mönchstum war in Ägypten entstanden, und die frühesten Mönche waren Eremiten, die in Hütten oder Höhlen hausten. Bald schlossen sie sich einander an, doch ohne ihre Einzelklausen aufzugeben. Nur die Kirchen oder Kapellen und einige dazugehörige Gebäude wurden gemeinsam benützt, in ähnlicher Weise, wie dies auch heute noch zum Beispiel in den Klöstern von Athos der Fall ist. Mönche dieser Art bezeichnet man als Zönobiten. Zwei solche Klöster, das Weiße und das Rote Kloster, haben wir schon erwähnt. Um dieselbe Zeit fand das christliche Mönchstum in dieser Form auf der Insel Lérins unweit von Marseille seine erste Heimstatt. Von dort gelangte es nach Irland (St. Patrick, um das Jahr 461). Die irischen Klöster hatten ihre Blüte im sechsten und siebenten Jahrhundert. Von Irland aus zogen die Missionare nach Schottland (St. Columba zu Iona, um 563), nach Frankreich (St. Columbanus, Luxueil, um 615), nach Italien (S. Columbanus, Bobbio), nach Deutschland (St. Kilian, Würzburg, um 690) und in die Schweiz (St. Gallen, um 613). Spuren und Überreste von derartigen Klöstern mit den Steinhütten und Gemeinschaftsgebäuden der Mönche gibt es heute noch an der Westküste von England und in Irland, in Skellig Michael und bei Nendrum in County Down sowie an einigen anderen Orten, wie in Tintagel in Cornwall. England wurde im siebenten Jahrhundert von Aidan und Cuthbert aus Lindisfarne und Durham christianisiert. Zur selben Zeit wären aus Rom kommende Missionare ebenfalls sehr aktiv und verbreiteten das Christentum sowie eine neue Form des Mönchstums, die sich von der ägyptisch-irischen wesentlich unterschied. Im Jahre 530 hatte der heilige Benedikt in Monte Cassino sein Kloster gegründet, und die Form des heutigen abendländischen Mönchstums nahm von hier aus ihren Ursprung. Der Konflikt zwischen den irischen Mönchen und den Benediktinern, zwischen orientalisch-keltischen und römischen Idealen wurde im Jahre 664 durch die Synode von Whitby beigelegt. Ziele und Persönlichkeiten der beiden Formen waren nicht so gegensätzlich, wie es anfänglich geschienen hatte. Der größte Vorkämpfer der römischen Form war Theodor, Erzbischof von Canterbury, der aus Tarsus in Syrien kam, und Hadrian, sein Amanuensis, der aus Nordafrika stammte.

Die Frühzeit des achten Jahrhunderts brachte für England mit Beda Venerabilis und seiner Schule eine im damaligen Europa einzigartige Kulturblüte. Die aus jener Epoche des Angelsachsentums erhaltenen Bauwerke sind primitiv, aber schriftliche Überlieferungen deuten auf Kirchen größeren Ausmaßes hin, die den frühchristlichen Prachtbauten Italiens ungleich näherstanden. In seinem Leben Wilfrids beschreibt Eddius die Kathedrale von Hexham in Nordengland als ein Gebäude »columnis variis et porticibus multis suffultum, mirabili longitudine et altitudine«. Ähnlich bezeichnet er Ripon als »variis columnis et porticibus suffultam«. In Hexham existiert noch die Krypta der alten Kirche, die aus engen gewölbten Korridoren und Kammern besteht und den römischen Katakomben wie der ersten Krypta von Alt-St. Peter in Rom sehr ähnlich ist. Letztere war im sechsten Jahrhundert als ein enger Halbkreis in Korridorform gebaut worden. Alkuin erwähnt, daß York dreißig Altäre gehabt habe, viele Säulen und Bögen, prächtige Decken und zahlreiche *porticus*, ein Wort, das offen läßt, ob den Außenwänden vorgelegte Kolonnaden, Emporen, Seitenschiffe, geschlossene Seitenräume oder alle diese Bauglieder zugleich gemeint sind.

Indessen vermögen weder die erhaltenen Denkmäler noch die neueren Ausgrabungen solche zeitgenössischen Verherrlichungen der angelsächsischen Baukunst zu rechtfertigen. Die erhaltenen oder rekonstruierten Kirchen sind klein, im Süden stärker der mittelmeerischen Tradition verpflichtet, im Norden von selbständiger Prägung. In Canterbury und überhaupt in Kent waren offenbar Apsiden

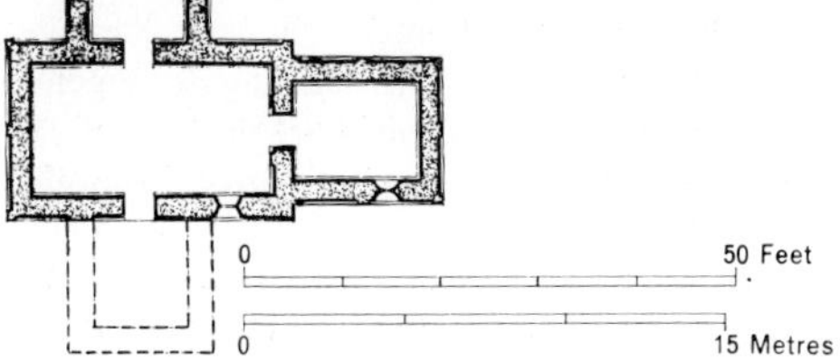

21 Bradford-on-Avon, Kirche, um 700

üblich. In Northumberland und den benachbarten Grafschaften finden wir lange, schmale gerade endende Räume ohne Seitenschiffe. So z. B. in den Kirchen von Monkwearmouth (674) und Jarrow (685); die Chöre sind hier vom Mittelschiff durch einen engen Bogen getrennt. Im ganzen wirken diese Räume wie hohe, enge Korridore, die zu einer kleinen Kammer führen. Das Mauerwerk ist einfach und urtümlich. Brixworth in Northamptonshire, zwischen den beiden oben genannten Gebieten gelegen, ist die einzige wenigstens teilweise erhaltene Kirche mit basilikalem System. Sie ist mit Benutzung römischer Ziegel gebaut und stammt wahrscheinlich aus dem späten siebenten Jahrhundert.

Ausgrabungen in Deutschland nach dem zweiten Weltkrieg haben gezeigt, daß es auch hier ähnliche Bauten gab. Beispiele von langen, querschifflosen Kirchen mit eingezogenem rechteckigem Chor sind u. a. Echternach (um 700), St. Salvator in Paderborn (um 770) und die erste Kathedrale von Minden; Beispiele von *porticus* sind St. German in Speyer aus dem fünften Jahrhundert und der schon lange bekannte erste Bau von Romainmôtier in der Schweiz (ca. 630 und 750).

Bei den Franken, deren Siedlungsgebiet im heutigen Frankreich und im Westen Deutschlands lag, war die Situation ganz ähnlich. Es gibt genug Überreste aus merowingischer Zeit, kleine Bauten, die sich unbeholfen an das römische und frühchristliche Vorbild halten (St. Jean in Poitiers, das Baptisterium von Venasque, Fréjus, Marseille usw.), aber Kirchen größeren Ausmaßes sind nicht erhalten geblieben, wenn auch, wie in England, aus übernommenen Berichten auf ihr Vorhandensein geschlossen werden muß. So war die Kirche von Tours (um 475) ungefähr 85 m lang und hatte 120 Säulen, die fast gleichzeitig entstandene Kirche von Clermont war 45 m lang und hatte Seitenschiffe und Querhaus. Als Quelle hierfür ist die »Historia Francorum« von Gregor von Tours aus dem sechsten Jahrhundert zu erwähnen.

Neben den schon erwähnten Bauten gehören in Deutschland die ältesten erhaltenen Kirchen dem achten Jahrhundert an. Sie sind einfach in der Ausführung und von beschränktem Umfang. An Grundrißformen begegnen wir dem Rechteck mit anschließender halbkreisförmiger Apsis (Fulda 744), dem Rechteck mit eingezogenem rechteckigem Chor (Abdinghofkirche, Paderborn 777) und dem Rundbau (die in das Jahr 706 datierte und noch erhaltene Kapelle auf der Feste von Würzburg. Anm. 2). Die Entwicklung der eigentlichen Monumentalarchitektur beginnt erst mit Karl dem Großen, wenn auch schon einige bedeutende Bauten seines Vaters, Pippins des Kurzen, in diese Richtung weisen. Karl der Große war als Analphabet aufgewachsen, aber er verfolgte bewußt das Ziel, seine Völker zu römischer Gesittung und Größe, zur Erneuerung der Antike aus

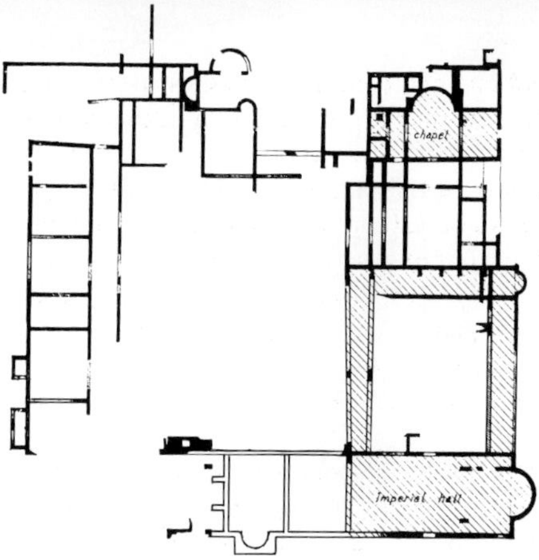

22 Ingelheim, Pfalz Karls des Großen, um 800

dem Geist des Christentums zu erziehen. Darum versammelte er die Blüte europäischer Bildung um sich, Dichter und Gelehrte aus England, Spanien und Italien. Im Jahre 781 verließ Alkuin Northumberland und wurde Leiter der Hofschule, später Abt von St. Martin in Tours und Reorganisator der dortigen Schulen. Er berief Peter von Pisa und Paul den Diakon aus Italien, Theodulf aus Spanien und Einhard den Deutschen, der später sein Biograph wurde. Alle diese Berufungen waren Teil eines umfassenden und ganz bewußt auf eine römische Renaissance abgestellten Programms. Sie waren bemerkenswert für einen Mann, der noch in seinen späteren Lebensjahren hart daran arbeitete, um selbst schreiben und lesen zu lernen, und dessen Privatleben sich hinsichtlich seiner Ausschweifungen wohl nur wenig von dem seiner merowingischen Vorgänger unterschied. Seiner Herkunft und Veranlagung nach war Karl in viel stärkerem Maße ein Krieger und Politiker als ein Gelehrter oder Kunstliebhaber.

Die Bauwerke, die für ihn und seine Nachfolger errichtet wurden, sind ein deutlicher Beweis dieser Kulturpolitik, sie stellen in Stil und Charakter ein Programm sichtbar zur Schau. Seine Paläste – eine feste Hauptstadt gab es nicht – mit Hallen, Bögen, Kapellen und zahlreichen Wohnräumen zeigen in der Vielfalt ihrer einzelnen Gebäude die gleiche klare Gesamtkomposition wie die Paläste der römischen Kaiser auf dem Palatin. Die verschiedenen Bauteile sind durch lange Säulengänge von offensichtlich oströmischer Herkunft untereinander verbunden. Unsere Kenntnis der karolingischen Pfalzen beruht lediglich auf Ausgrabungen und Beschreibungen. Nur ein einziges Beispiel ist, wenigstens teilweise, erhalten: die Pfalzkapelle in Aachen, der Hauptresidenz des Kaisers. Ursprünglich bildeten

PERFECTA AUCTOR

Kolonnaden in einer Länge von fast 120 m die Verbindung zwischen der noch bestehenden Palastkapelle und einer großen Halle, von welcher jetzt nur noch Mauern vorhanden sind. Eine aus Ravenna entführte Reiterstatue des Theoderich stand – in bewußter Beziehung auf Karl selbst – in dem von Säulen umgebenen Vorhof. Ebenso stammen auch viele von den in der Kapelle angebrachten Säulen aus Italien; italienischer Herkunft war zweifellos auch die Gesamtkomposition des Gotteshauses. Man kann kaum daran zweifeln, daß der Baumeister durch S. Vitale in Ravenna angeregt war. Aber er verstand den Sinn der dort für den Raumeindruck so wesentlichen halbrunden Nischen nicht und ließ seine Arkaden geradlinig von Pfeiler zu Pfeiler laufen, so daß die in Ravenna bewußt verschleierte Trennung von zentralem Oktogon und Umgang in Aachen unverhüllt hervortritt. Auch die Säulen des Erdgeschosses von S. Vitale sind in Aachen aufgegeben. Einfache, weite Öffnungen wechseln mit gedrungenen Pfeilern. Der Eindruck des Erdgeschosses und auch der mächtigen Fassaden-Nische ist in seiner wuchtigen Monumentalität grundverschieden von den geistvollen Harmonien der Raumbildung in S. Vitale. Aber in den oberen Geschossen mit ihren Gruppen in Doppelreihe übereinandergestellter antiker Porphyrsäulen spüren wir noch einen Nachklang dessen, was die Schönheit der Kirchen Justinians ausgemacht hatte, eine Erinnerung an ihre geheimnisvolle Transparenz und die fließenden Übergänge von Raum zu Raum.

Aachen ist ein typisches Beispiel für die historische Stellung der karolingischen Architektur am Ende der frühchristlichen und zu Beginn der mittelalterlichen Entwicklung. Am Weihnachtstage des Jahres 800 ließ sich Karl der Große vom Papst zum Kaiser eines neuen Imperiums, des Heiligen Römischen Reiches, krönen. Ähnliche Erneuerungen römischer Tradition aus dem Geiste des Christentums lassen sich überall in der karolingischen Epoche erkennen. Oft handelt es sich nur um verzerrte, unbeholfene Nachbildungen der Antike; manchmal aber wurde das römische Kulturgut auch durch das naive Kraftbewußtsein einer unerfahrenen, in mancher Beziehung noch barbarischen, dafür aber umso tatkräftigeren Epoche zu neuer jugendlicher Schönheit erweckt. Von den uns bekannten größeren Kirchenbauten haben einige die frühchristliche Anlage in erstaunlich reiner Form bewahrt. Der erste Bau von St. Denis, der zweite in Fulda gehen in gerader Linie auf die alte Peterskirche und die übrigen römischen Querschiff-Basiliken zurück (Anm. 3). Fulda II wurde 802 begonnen, St. Denis sogar schon 760, also noch vor der Thronbesteigung Karls des Großen.

Dagegen zeigte Centula (das heutige St. Riquier bei Abbeville in der Normandie) viele bis dahin völlig unbekannte Elemente. Wir können die Kirche, die zwischen 790 und 799 von Karls Schwiegersohn, Abt Angilbert, erbaut wurde, nur nach alten Stichen, die nach

Aachen, Pfalzkapelle Karls des Großen, geweiht 805

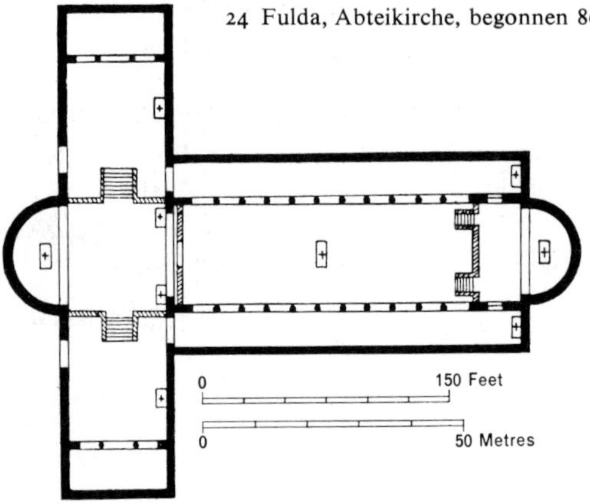

24 Fulda, Abteikirche, begonnen 802

einer Zeichnung des zwölften Jahrhunderts angefertigt wurden, rekonstruieren. Bemerkenswert ist vor allem, daß der Außenbau durch mehrgeschossige Vierungstürme und außerdem durch je zwei kleinere Treppentürme auf der Ost- und Westseite gleichmäßig stark betont war. So entstand eine interessante und reiche Gruppierung, völlig verschieden von dem schlichten Umriß frühchristlicher Kirchen, denen höchstens ein einfacher freistehender Campanile zugeordnet war. Weiterhin besaß Centula zwei Querschiffe, je eines im Ost- und Westabschnitt. Auf der Ostseite war zwischen Apsis und Querschiff

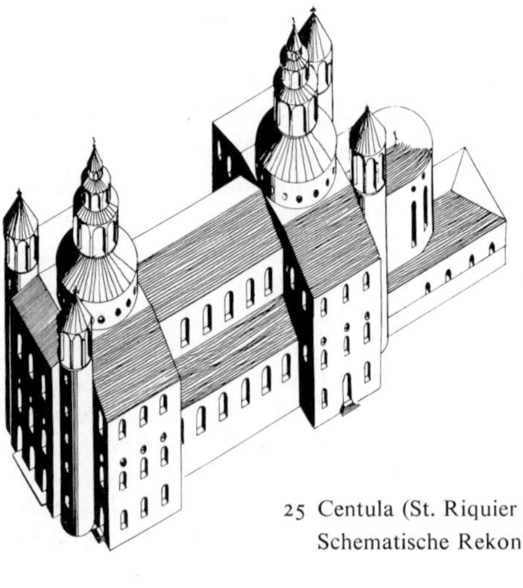

25 Centula (St. Riquier bei Abbeville), ca. 790–99
Schematische Rekonstruktion

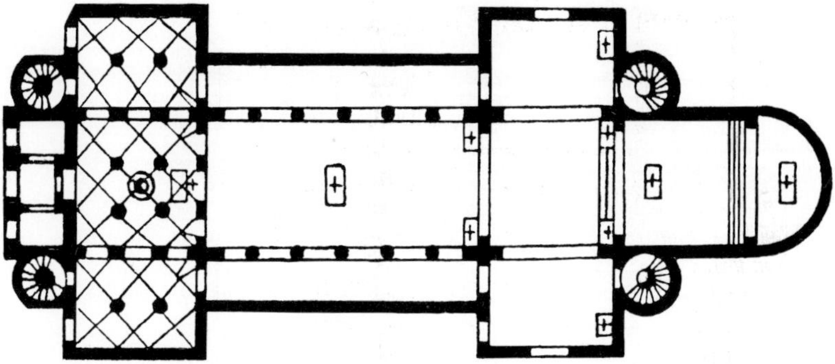

26 Centula (St. Riquier bei Abbeville), ca. 790–99. Grundriß

ein besonderer Chorraum eingeschoben, eine Neuerung, die in den kommenden Jahrhunderten beinahe zur Selbstverständlichkeit werden sollte. Der Westtrakt hatte eine komplizierte Raumgestaltung. Über der niedrigen, wahrscheinlich überwölbten Eingangshalle lag eine nach dem Mittelschiff sich öffnende Kapelle. In der Stiftskirche von Corvey an der Weser hat sich ein solches »Westwerk« in verhältnismäßig gutem Zustand erhalten. Es wurde zwischen 873–85 erbaut. Corvey war eine Töchtergründung des französischen Klosters Corbie. Die schriftliche Überlieferung läßt erkennen, daß auch andere bedeutende Kirchen des neunten und zehnten Jahrhunderts Westwerke gehabt haben, so die damalige Kathedrale von Reims.

Die bereits erwähnte Abdinghofkirche in Paderborn wurde von Karl 799 als Kathedrale geweiht. Die Kirche hatte eine Westapsis, die von zwei gleichen Treppentürmen flankiert wurde, ein westliches Querschiff wie Fulda und einen Ostchor mit Apsis wie Centula. Das Ganze bildete zweifellos eine eindrucksvolle und lebendige Baugruppe. Ähnliches finden wir in einer hochinteressanten, um 820 entstandenen Bauzeichnung wieder. Es handelt sich um einen Originalentwurf auf Pergament, den ein Bischof oder Abt aus der nächsten Umgebung des Kaisers dem Abt von St. Gallen als Idealplan (»exemplum«) für den Wiederaufbau seines Klosters zugesandt hatte. Die nach dem zweiten Weltkrieg in Köln vorgenommenen Grabungen lassen es als möglich erscheinen, daß der dortige Dombau der Karolingerzeit (geweiht 870) die Grundlage für den St. Galler Plan gewesen ist. Auf dem Plan von St. Gallen ordnen sich die Gebäude

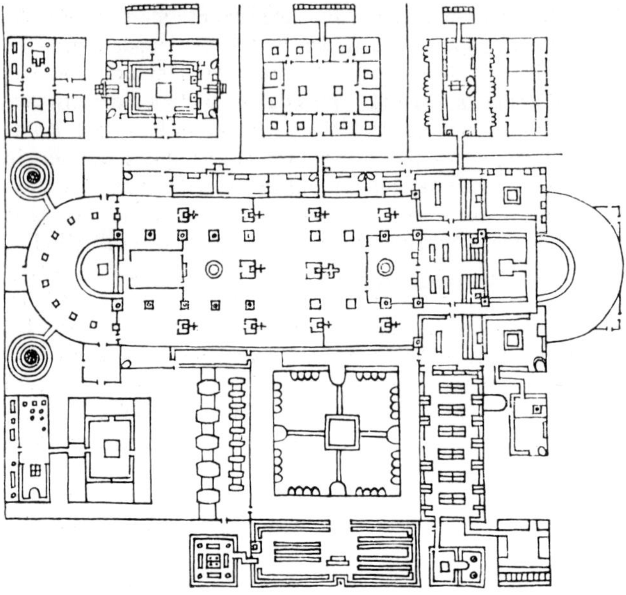

27 St. Gallen, Idealplan für den Neuaufbau des Klosters, um 820

des Klosters um die Kirche, die Lage des Refektoriums, des Schlafsaales und der Vorratsräume zeigt eine Ordnung, die den Prinzipien der benediktinischen Regel folgt und die sich in allen späteren Jahrhunderten kaum geändert hat. Vergleicht man mit diesem Plan die gewachsene Zufälligkeit der Baukomplexe der ägyptischen und irischen Mönche, so tritt uns deutlich der Wesensunterschied zwischen westlicher und östlicher Bauplanung vor Augen.

Ganz anders als diese eben erwähnten Bauten war die gleichfalls aus der Karolingerzeit stammende Kirche von Germigny-des-Prés bei Orléans, geweiht 806. Diese Kirche hatte den byzantinischen Grundriß des eingeschriebenen griechischen Kreuzes mit einer hohen Mittelkuppel, tonnengewölbten Kreuzarmen und vier niedrigeren Eckbögen. Zu der Ostapsis trat noch eine Nord- und Südapsis, und alle diese Apsiden waren hufeisenförmig wie auch die Innenbögen. Die Kirche ist heute schlecht restauriert, aber die erwähnten Motive sind echt, und man kann sie weder auf romanische noch auf germanische Quellen zurückführen. Doch wenn man bedenkt, daß Germigny für Theodulf von Orléans gebaut worden war, der, wie oben schon erwähnt wurde, aus Spanien kam, so darf man wohl annehmen, daß diese erstaunlichen Formen von dort stammen. Vom An-

fang des fünften bis zum Anfang des achten Jahrhunderts beherrschten die Westgoten Spanien, erst der Einfall der Mohammedaner machte ihrer Herrschaft ein Ende. Von ihrer Architektur wissen wir nur wenig, aber ein kostbares Zeugnis davon sind die noch erhaltenen Teile einer Gruppe von drei kleinen Kirchen in Tarrasa in Katalonien. Die dortige Anordnung von zwei langschiffigen Kirchen, in deren Mitte eine zentralräumige stand, war Überlieferung der frühchristlichen Kirche und kommt immer wieder vor. Doch sind ganz wenige solcher Baugruppen erhalten geblieben. Neben den Kirchen von Tarrasa ist das beste Beispiel Grado an der Nordküste der Adria. Auf einen viel größeren Raum ausgedehnt und bis ins vierte Jahrhundert zurückreichend, findet sich dieses Schema auch bei den kürzlich ausgegrabenen Kirchen von Trier. Die mittlere der drei Kirchen in Tarrasa mag etwa aus der Mitte des fünften und dem Ende des siebenten Jahrhunderts stammen. Sie hat denselben Grundriß wie Germigny, aber nur eine einzige, hufeisenförmige Apsis. Ihre Gurtbögen sind ebenfalls hufeisenförmig. Obwohl die meisten spanischen Kirchen aus dieser frühen Zeit sehr verschieden hiervon sind und eher an Beispiele der angelsächsischen Architektur erinnern, so dürfen wir doch wohl den spanischen Ursprung dieser Motive in der karolingischen Kirche von Germigny-des-Prés annehmen.
Aber die vorzeitige Blüte der karolingischen Kultur verkümmerte schnell in dem rauhen Klima der folgenden Jahrhunderte. 843, nicht einmal dreißig Jahre nach Karls des Großen Tode, wurde das fränkische Kaiserreich aufgeteilt; seitdem sind Frankreich und Deutschland getrennte Wege gegangen. Endlose Zwistigkeiten, in denen Herzöge und Grafen einander befehdeten, erschütterten die beiden Länder im Inneren. Von außen drohten im Nordwesten die Wikinger (Normannen hießen sie in Frankreich, Dänen in England), die Ungarn brandschatzten den Osten, die Sarazenen (mohammeda-

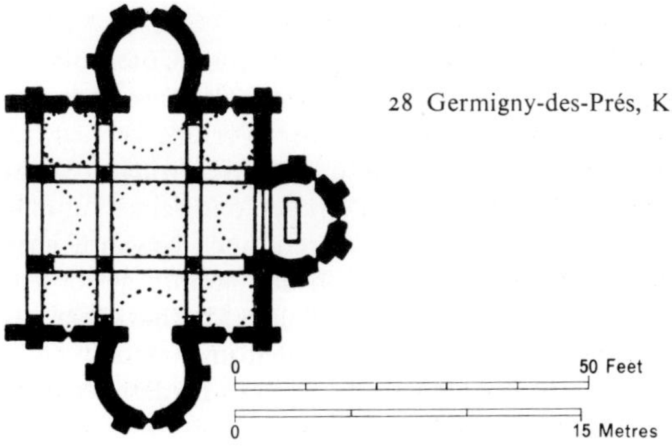

28 Germigny-des-Prés, Kirche, geweiht 806

29 Lorsch, Torhalle des Klosters, spätes 8. Jahrhundert

nische Araber) plünderten in den südlichen Provinzen. Unter solchen Bedingungen konnte es in den Künsten keine fruchtbare Entwicklung geben. Was wir an Bauwerken aus jener Periode kennen, ist kaum weniger primitiv als die Architektur der Merowinger. Wohl blieben die Formen, die unter Karl dem Großen und seinem unmittelbaren Nachfolger entwickelt worden waren, noch bewahrt, aber der Geist, der sich ihrer bediente, war roh und stumpf geworden. Der Zeitraum zwischen 850 und 950 erscheint um so barbarischer, als erst jetzt die Verbindung zur römischen Architektur, welche auch in der vorkarolingischen Epoche niemals ganz ihren fördernden Einfluß verloren hatte, völlig abriß.

In Deutschland und Frankreich haben nur wenige Bauten aus diesem dunklen Jahrhundert die Gefahren der Kriege und den Eifer späterer Baumeister überdauert. Östlich des Rheines ist ein besonders charakteristisches Beispiel die enge und finstere Wiperti-Krypta in Quedlinburg mit ihrem engen Tonnengewölbe und plumpen Pilzkapitellen. Der Bau wurde von Heinrich I. gegen 930 gegründet. Um eine größere Zahl von Kirchen des neunten und zehnten Jahrhunderts in auch nur annähernd originalem Zustand zu finden, müssen wir wieder in die Grenzländer westlicher Kultur, nach Spanien und England, gehen.

In Spanien vertreten die meisten den basilikalen Typus in einer eigentümlich reduzierten und abgewandelten Form. So hat San Juan de Baños (661 geweiht) ein kurzes Langhaus, dessen Seitenschiffe durch Arkaden mit hufeisenförmigen Bögen abgeteilt sind. Das über die Langhauswände sehr weit vorspringende Querschiff hatte zwei rechtwinklige Ostkapellen oder Sakristeien, die in unorganischer Absonderung von der rechtwinkeligen Hauptapsis angelegt waren. Unorganisch und gleichsam dem eigentlichen Baukörper angehängt erscheint auch die rechteckige Vorhalle der Westseite. In dieser winzigen Kirche zeigt sich keinerlei Gefühl für Raumverbindung oder für die einheitliche Durchführung eines Gesamtplanes. Die Kolonnaden, die ursprünglich im Norden, Süden und Westen den Außenmauern vorgelagert waren, sind von der spätantiken Architektur des Orients abgeleitet, wie übrigens auch die Hufeisenbögen. Dieses letztere Motiv haben dann die Araber, nachdem sie im achten Jahr-

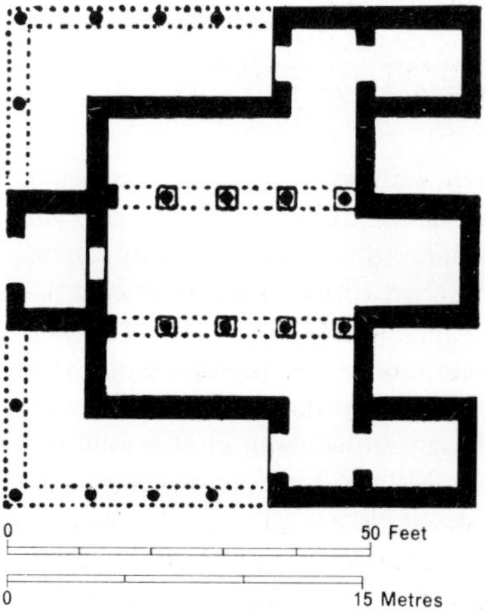

30 S. Juan de Baños, geweiht 661 (Die östlichen Teile wurden später verändert.)

31 Santa Maria de Naranco bei Oviedo, ca. 842–48

hundert Südspanien erobert hatten, sich so vollständig angeeignet, daß es Jahrhunderte hindurch geradezu als Wahrzeichen der von arabischem Einfluß geprägten Architektur – sowohl der mohammedanischen als auch der mozarabischen (d. i. christlich-spanisch) – bleiben sollte.

Die Araber waren keineswegs wie Wikinger und Ungarn ohne höhere Kultur. Im Gegenteil, in den Äußerungen ihres religiösen Lebens, in den Wissenschaften und der Entwicklung ihrer Städte (besonders Cordoba mit einer halben Million Einwohnern) waren sie den Franken oder Nordspaniern des achten Jahrhunderts weit überlegen. Die Moschee von Cordoba (786–990), mit elf Schiffen von je zwölf Jochen, mit sich überschneidenden Arkadenbögen und komplizierten Sterngewölben, steht in ihrer filigranhaften Zartheit und Eleganz der durchsichtigen Raumbildung von S. Vitale ungleich

32 Santa Maria de Naranco bei Oviedo, ca. 842–48. Inneres

näher als den derben und schwerfälligen Kirchen des nördlichen Europa.

Dank der engen Nachbarschaft zu der verfeinerten Architektur der Araber besitzen die Bauten des christlichen Asturien oft eine Leichtigkeit und Gelöstheit, die in der damaligen Baukunst des Abendlandes kaum ihresgleichen hat. In Santa Maria de Naranco bei Oviedo, erbaut ca. 842–48, stehen die kannelierten Strebepfeiler, die in ihrer konstruktiven und dekorativen Funktion noch von fern an römische Bauten erinnern, und ebenso die schlanken Arkaden, welche heute den Hauptraum vom Chor trennen, in merkwürdigem Kontrast zu dem schweren Tonnengewölbe, den seltsamen schild- oder siegelförmigen Medaillons, aus denen die Gurtbogen des Gewölbes aufsteigen, und zu den unbeholfenen Spiralsäulen mit rohem Würfelkapitell, die den Wänden vorgeblendet sind. Der Bau ist übrigens noch dadurch von besonderem Interesse, daß er allem Anschein nach ursprünglich als Königshalle für Ramiro I. von Asturien gebaut wurde. Er ist damit das einzige erhaltene Beispiel einer frühmittelalterlichen Königshalle. Santa Maria de Naranco hat ein niedriges Untergeschoß mit gewölbter Decke. Darüber liegt die eigentliche Halle. Den Zugang zu ihr, d. h. zu der heutigen Kirche, bilden Freitreppen, die zu den beiden in der Mitte der Nord- und Südwand angebrachten Vorhallen hinaufführen. An der Ost- und Westseite befanden sich ursprünglich offene Loggien, die mit dem Hauptraum durch Arkaden verbunden waren, von denen die eine, wie schon erwähnt, erhalten ist. Der jetzige Chor ist nichts anderes als eine dieser Loggien, deren Außenwand für den neuen Zweck zugemauert wurde.

In der englischen Architektur des neunten und zehnten Jahrhunderts würde man vergeblich nach derartigen Feinheiten suchen. Diejenigen Denkmäler, die vollkommen oder zum mindesten annähernd vollständig erhalten sind, zeigen eine sehr primitive Anlage. Bradford-on-Avon z. B. hat keine Seitenschiffe. Der Chor ist vom Schiff aus nur durch eine enge Öffnung zugänglich. Ebenfalls vom Hauptraum getrennt sind die Vorhallen der Nord- und Südseite. Die einzelnen Bauteile werden genau so beziehungslos aneinandergereiht wie in den westgotischen Kirchen Spaniens. Die angelsächsischen Schmuckformen dieser Jahrhunderte sind gleichfalls äußerst primitiv; die Handwerker, die eine oder zwei Generationen vor dem Normanneneinfall den Turm von Earl's Barton dekorierten, waren denen, die zur Zeit Bedas das Ruthwell-Kreuz gearbeitet hatten, weit unterlegen. Funktionell gerechtfertigt ist in Earl's Barton nur die Unterscheidung der drei Geschosse durch einfache Gurtgesimse. Alles übrige – die hölzern wirkenden Streifen, die wie Bohnenstangen in vertikaler Reihung angeordnet sind, oder weiter oben das barbarische Rautenmuster – entbehrt jeglicher strukturellen Begründung. Und doch ist dieses Schmuckwerk letzten Endes ebenso von karolingischer Architektur abhängig (vgl. z. B. die Lorscher Torhalle) wie die Dekoration Asturiens vom arabischen Stil. Aber während die enge und dauernde Beziehung zwischen arabischer und spanischer Kultur die Mischformen von Naranco und den mozarabischen Stil des zehnten Jahrhunderts erzeugte, haben die damaligen angelsächsischen Baumeister die antikisierenden Motive karolingischer Dekorationskunst zu einer groben und bäuerischen Formensprache reduziert. Der Turm von Earl's Barton mit dem sogenannten *long-and-short-work* an seinen Kanten bezeugt neben vielen anderen Türmen jener Epoche die geistige und handwerkliche Unbeholfenheit der spätangelsächsischen Architekten, wenn man diesen Werkleuten überhaupt einen solchen Titel zuerkennen will.

33 Earl's Barton, Northamptonshire, 10. oder frühes 11. Jahrhundert

Der romanische Stil
1000–1200

Trotz aller ihrer Barbarei und Primitivität haben diese dunklen und unruhigen Jahrhunderte dennoch die Grundlagen der mittelalterlichen Kultur gelegt. Damals entstand aus Ursprüngen, die wir wohl nie ganz erkennen können, das Lehnswesen, welches sich zur beherrschenden Gesellschaftsordnung des Mittelalters entfaltete. In seiner Eigenart ebenso kennzeichnend wie mittelalterliche Religion und Kunst, unbedingt bindend für den Lehnsherrn wie für den Gefolgsmann, bleibt es für uns in seinen Umrissen so unbestimmt, in seinen symbolischen Ausdrucksformen so schwer zugänglich, daß wir Heutigen es kaum in seiner eigentlichen Gesetzlichkeit erfassen, geschweige denn definieren können. Gegen Ende des zehnten Jahrhunderts war das Lehnswesen jedenfalls fertig ausgebildet und zum entscheidenden Element der sozialen Struktur geworden. Inzwischen war im Heiligen Römischen Reich auch die politische Ordnung wieder gesichert. 962 empfing Otto der Große in Rom die Kaiserkrone. Drei Jahre später wurde der große Majolus Abt von Cluny in Burgund; bald darauf begann von dorther die erste der großen monastischen Reformbewegungen sich auszubreiten. Gleichzeitig mit diesen sozialen, politischen und religiösen Neubildungen zeigte sich auch in der Kunst und nicht zuletzt in der Architektur ein neuer, der *romanische* Stil.

Um einen Baustil zu definieren, ist man genötigt, seine spezifischen Formelemente zu beschreiben. Aber nicht aus ihnen allein, sondern erst aus ihrem Zusammenwirken im Sinne einer einheitlichen Idee wird das eigentliche Wesen eines Stiles erkennbar, ja das Sichtbarwerden einer solchen Grundidee ist geradezu die Voraussetzung eines jeden Stiles. So lassen sich in unserem besonderen Falle eine Reihe einzelner frühromanischer Motive schon in der karolingischen Architektur nachweisen. Ihre Verbindung aber war etwas Neues und gab zugleich jedem einzelnen Thema eine bis dahin unbekannte Bedeutung.

Die wichtigsten Errungenschaften des späten zehnten Jahrhunderts betreffen den Grundriß. Vor allem drei Motive sind in dieser Hinsicht bedeutsam; sie alle sind von einem neuen Willen zu Raumklarheit bestimmt, und diese Tatsache ist für die gesamte spätere Entwicklung überaus bezeichnend. Die mittelalterliche Kultur des Abendlandes war eben erst dabei, ihren eigenen Ausdruck zu finden. Aber schon jetzt zeigte sich die Baukunst, im Gegensatz zu dem plastischen Geist griechischer und römischer Kunst, vom Raum her bestimmt, und zwar vom Raum als einer klar gegliederten Ordnung im Unterschied zu der magischen Unbestimmtheit des frühchristlichen und byzantinischen Raumgefühls.

Von den drei Haupterneuerungen des Grundrisses wurden die beiden für den Ostabschluß mustergültigen in Frankreich geschaffen: der Chor mit Umgang und Kapellenkranz und der Ostabschluß mit stufenförmig gestaffelten Parallelapsiden. Die frühesten erhaltenen Beispiele des Typus mit Kapellenkranz finden sich in Tournus und Le Mans (Notre Dame de la Couture), beide aus dem frühen 11. Jahrhundert. Das System hat seine Wurzel wahrscheinlich in der Kirche St. Martin in Tours. Der nach dem Brand von 997 errichtete Neubau zählte zu den bedeutendsten Kirchen der Christenheit (geweiht 1014 und 1020, Anm. 4). Die stufenförmige Choranlage erscheint zum ersten Male in Cluny II, dem 981 geweihten Neubau des Abtes Majolus in Cluny. Die Ursache für beide Neuerungen war einerseits der wachsende Heiligenkult, andererseits der aufkommende Brauch, daß jeder Priester täglich die Messe liest. Immer mehr Altäre wurden aus solchen Gründen benötigt. Um sie unterbringen zu können, war die beste Lösung, in dem östlichen, d. h. für die Geistlichkeit reservierten Teil der Kirche, neben der Hauptapsis noch weitere Kapellenräume zu schaffen. Man kann sich vorstellen, wie ungeschickt angelsächsische oder asturische Baumeister sich dieser Aufgabe entledigt hätten. Für die Meister der französischen Frühromanik wurde

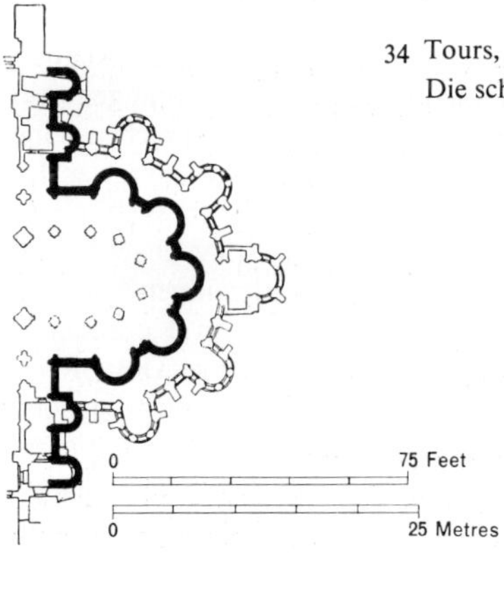

34 Tours, St. Martin.
Die schwarzen Teile wurden 997 begonnen

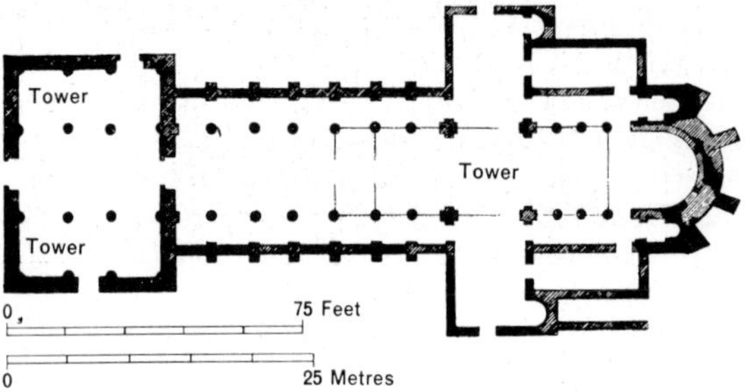

35 Cluny II, Abteikirche, geweiht 981

dagegen die praktische Forderung zum ästhetisch fruchtbaren Anlaß, der zu einer ganz neuen, einheitlichen Gestaltung des Raumes führte. Sie umgaben die Hauptapsis mit einem Umgang, an den sich ein Kranz von halbrunden, radial ausgerichteten Kapellen anschloß, oder sie führten die Seitenschiffe über das Querschiff hinweg und schlossen sie durch kleinere Neben-Apsiden ab, deren Basis in gleicher oder annähernd gleicher Höhe mit der Hauptapsis lag. Nicht selten kamen dann noch weitere Apsiden hinzu, die an der Ostmauer der beiden Querschiff-Flügel angebracht wurden, so daß sich die schon erwähnte mehrfach gestaffelte Folge von Kapellenräumen ergab.

Zur gleichen Zeit wie in Frankreich setzte auch in Deutschland der neue Stil ein. Führend war zunächst Sachsen, das Kernland des ottonischen Reiches. Auch hier ist die Organisation des Grundrisses die Hauptsache. Der früheste Bauabschnitt des von Otto I. im Jahre 955 gegründeten Magdeburger Domes ist uns nur unzureichend bekannt. Ausgrabungen lassen auf einen Plan im Sinne frühchristlich-karolingischer Tradition schließen. Dagegen verspricht der Neubau von Gernrode (seit 961) schon einen neuen und selbständigen Stil. In der Michaelskirche von Hildesheim fand dieses Versprechen seine großartige Erfüllung. Kurz nach dem Jahre 1000 begonnen, war der Bau bis zu dem schweren Bombardement des zweiten Weltkrieges relativ wohlerhalten geblieben. Der Meister von St. Michael hat an einem System gearbeitet, welches die in den gleichzeitigen französischen Chören erzielte rhythmische Gruppierung an Konsequenz noch übertraf und welches nun den Baukörper in seiner Gesamtheit bestimmte. Es ist ein System, das während der beiden folgenden Jahrhunderte für die deutsche Architektur beispielhafte Gültigkeit haben sollte. Mit ihren zwei Chören, zwei Querschiffen und zwei Apsiden bedeutet St. Michael die logische Weiterentwicklung jener

36 Hildesheim, St. Michael, 1001–1033

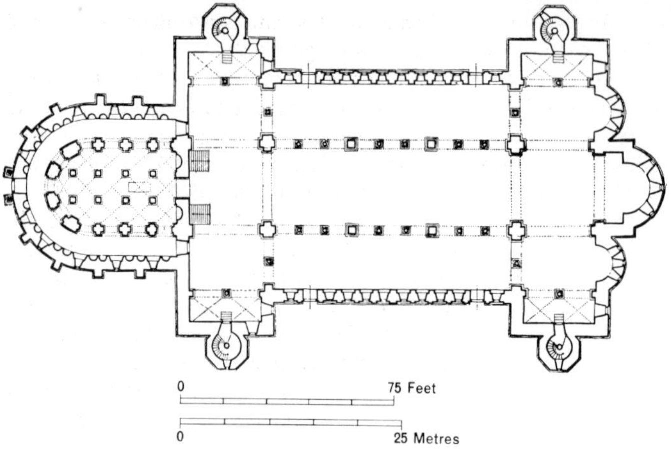

37 Hildesheim, St. Michael, um 1000

Baugedanken, mit denen erstmalig und mit noch unvollkommenem Ergebnis in Centula experimentiert worden war (Anm. 5). In Frankreich wie in Deutschland tritt hinsichtlich des Außenbaues an die Stelle der Einförmigkeit frühchristlicher Baukörper eine vielfältige und rhythmisch gegliederte Gruppierung. St. Michael geht insofern noch entscheidend über Centula hinaus, als hier das Mittelschiff in drei annähernd quadratische Rechtecke aufgeteilt wurde und ferner, indem in den Erdgeschoßarkaden das rhythmische Motiv des Stützenwechsels durchgeführt wurde und zwar in der Weise, daß die Eckpunkte eines jeden Quadrates durch Pfeiler hervorgehoben werden, während die Zwischenstützen säulenförmig gebildet sind. Beide Querschiffe bestehen aus einer quadratischen Vierung, deren Abmessung den Mittelschiffjochen entspricht und die von zwei rechteckigen Jochen flankiert werden. Die Vierung war »ausgeschieden«, d. h. gegen Chor, Langhaus und Querschiff durch eingestellte Triumphbogen abgegrenzt. Während in Hildesheim die Flügel des östlichen und westlichen Querschiffes noch oblong gebildet sind, wurden in späteren Kirchen auch diese Bauteile der quadratischen Maßeinheit von Mittelschiff und Vierung angeglichen. In konsequenter Fortführung dieses, des sogenannten »gebundenen Systems«, wurden auch die Seitenschiffe zu einer Aufeinanderfolge von quadratischen Jochen, von denen jedes die halbe Seitenlänge des Vierungsquadrates hat, ausgestaltet. Zwischen Vierung und Apsis ist in Hildesheim ein Westchor eingefügt. Das östliche Querschiff dagegen hat nur ein kurzes Chorstück vor der Apsis, dagegen aber zwei apsidenartige Kapellen an der Ostseite der Außenwand, so daß sich hier ein gestaffelter Rhythmus ergibt. Das Ganze ist kompliziert, aber klar durchdacht und folgerichtig entwickelt. Den Erfinder des »gebundenen Systems«, auf das Hildesheim so energisch hinweist, kennen wir nicht. Was wir aber wissen und was wir zu bezweifeln keinen Anlaß haben, ist die in der Biographie des Bischofs Bernward von Hildesheim überlieferte und überaus aufschlußreiche Tatsache, daß Bernward, den wir als verantwortlichen Bauherrn von St. Michael kennen, »ein glänzender Schriftsteller und Maler war, hervorragend in der Kunst und Wissenschaft des Bronzegusses und in allen Werken der Baukunst«. Ähnlich ist von dem großen englischen Bischof Aethelwold überliefert, daß er ein »theoreticus architectus« war, »wohl erfahren im Bau und der Wiederherstellung von Klöstern«, und von Benno, Bischof von Osnabrück im elften Jahrhundert, lesen wir, daß er ein »bedeutender Architekt und tüchtig im Entwerfen (dispositor) von Gebäuden« gewesen sei. Endlich wissen wir, daß der bereits erwähnte Grundriß für St. Gallen von dem Absender, d. h. also von einem Bischof oder Abt selbst entworfen worden ist. Diese und zahlreiche andere Zeugnisse rechtfertigen die Annahme, daß, wenn auch die Ausführung der Kirchen- und Klosterbauten des frühen Mittelalters Handwerkern überlassen blieb, die eigentliche Planung oft auf Geistliche zurückgeht und daß diese jedenfalls in nicht geringerem Maße für die damaligen Kirchen verantwortlich waren als etwa Friedrich der Große für Sanssouci. Schließlich gehörten im Mittelalter ja fast alle Bewahrer und Schöpfer kultureller Werte dem Klerus an.

Das Bemühen um elementare Gliederung, welches uns die neuen Grundrißformen enthüllten, zeigt sich auch im Aufriß der Kirchen im elften Jahrhundert. In St. Michael zu Hildesheim dient der schon erwähnte Stützenwechsel nach dem Schema a b b a b b a (wobei a einen quadratischen Pfeiler, b eine Säule bezeichnet) zur Aufteilung der Mittelschiffswände und zur Rhythmisierung des Langhauses in eine Folge von differenzierten Raumabschnitten. Das gleiche Streben nach einer klaren und reich gegliederten Ordnung bestimmt auch den Außenbau mit seinen beiden Vierungstürmen und vier Treppentürmen. Es ist eine Anlage, die nicht etwa auf malerische Wirkung zielte, sondern die aus dem Willen zu kräftiger, klar geordneter Komposition zu verstehen ist. Das besterhaltene Beispiel dieses ottonischen Willens zur Gruppierung ist das noch heute erhaltene Westwerk von St. Pantaleon in Köln. Der 980 geweihte Bau geht auf Otto I. Bruder, Erzbischof Bruno, zurück. Mit dem Beginn der salischen Dynastie wurde das Rheinland zum Zentrum deutscher Baukunst. Trotz allem Reichtum und Zauber der Stauferzeit darf wohl die Epoche der Salier als der Höhepunkt der deutschen Kaiserzeit bezeichnet werden. Unter Konrad II. hatte der Herrscher des deutsch-römischen Reiches noch keinen ebenbürtigen Rivalen; die Trennung der Gewalten zwischen Kaisertum und kluniazensischen Päpsten erfolgte erst später. Die salische Kunst ist massig und von ernster Majestät, dem Zierlichen und Elegant-Dekorativen abhold. Die bedeutendsten Bauten dieser Periode sind: der Dom von Speyer in seiner ursprünglichen Gestalt, der Dom von Trier, St. Maria im Kapitol zu Köln sowie die Klosterkirchen von Limburg a. d. Haardt und Hersfeld. Limburg und Hersfeld sind schon seit Jahrhunderten Ruinen. Maria im Kapitol und der Dom von Trier wurden während des letzten Weltkrieges schwer beschädigt.

Einzig der Dom von Speyer, der gewaltigste von allen diesen Bauten, hat bis in die Gegenwart gedauert. In seiner jetzigen Gestalt gehört er allerdings nicht mehr der Salierzeit an. Von der ersten Anlage, wie sie Konrad II. (1024–39) und Heinrich III. (1039–56) geschaffen haben, ist nur die dreischiffige Krypta erhalten, ein Raum, der mit seinen untersetzten Säulen, die von klotzigen Würfelkapitellen gekrönt werden, den Geist der deutschen Frühromanik besonders eindrucksvoll veranschaulicht. Das ursprüngliche Langhaus können wir zumindest in seinen wesentlichen Merkmalen rekonstruieren. In ihm hat das Prinzip der architektonischen Wandgliederung eine großartige Lösung gefunden. Die Mauern waren im Innern durch ein System von Blendbogen und Diensten, welche letztere, 13 an der Zahl, ohne Unterbrechung bis zur Decke aufstiegen, in eine gedrängte Folge schmaler Joche aufgeteilt. Es ist eine Komposition, die bei der Höhe des Mittelschiffes dem Raum einen ungemein kühnen Rhythmus verlieh. Vorbildlich war vermutlich die spätrömische Basilika von Trier. Die Vermittlung zwischen ihr und Speyer ist wohl das Verdienst Poppos von Stablo gewesen. Im Mittelschiff des Speyerer Domes bildete eine Flachdecke den oberen Abschluß. Für den Außenbau war wohl von Anfang an eine gleichmäßige Akzentuierung von Ost- und Westseite beabsichtigt, im Westen jedoch nicht, wie in Hildesheim, durch einen zweiten Chor, sondern durch eine Portalanlage, d. h. man griff auf eine Tradition zurück, welche schon die frühchristliche Architektur entwickelt hatte, und die, unter Hinzufügung von zwei Fassadentürmen, in der französischen Baukunst glanzvoll erneuert werden sollte.

Ihrem Ursprung nach scheint allerdings die Zweiturmfassade ebenfalls Deutschland anzugehören. Das früheste nachweisbare Beispiel ist das Straßburger Münster in dem Bau von 1015. Unmittelbar danach erscheint das Motiv in Burgund (Tournus) und in der zweiten großen Kirche der salischen Zeit, der Klosterkirche von Limburg a. d. Haardt (1025–45). Hier und auch in Hersfeld hatte übrigens das Mittelschiff keinen Stützenwechsel, sondern nach frühchristlich-karolingischer Tradition gleichmäßig durchgeführte Säulenarkaden mit Würfelkapitellen. Limburg und Hersfeld, letzteres nach 1037

38 Dom zu Speyer, Rekonstruktion des Hauptschiffes der Salierzeit

und offenbar über einem karolingischen Fundament errichtet, bezeugen, gerade, weil sie Ruinen sind – unverhüllt von malerischer und plastischer Zutat späterer Zeiten –, die ursprüngliche, besonders eindrucksvolle architektonische Struktur des salischen Stiles.

39 Dom zu Speyer, gegründet 1030. Krypta

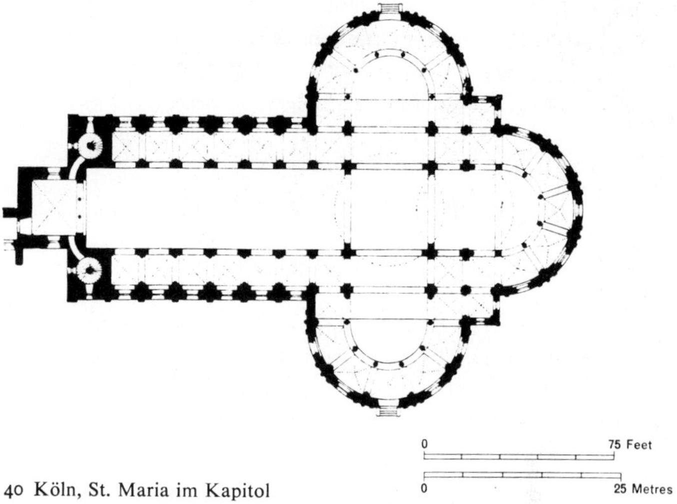

40 Köln, St. Maria im Kapitol

St. Maria im Kapitol hat wie Speyer Pfeilerarkaden. Im Langhaus gibt es keinen Stützenwechsel und folglich keine klare Raumgliederung. Dagegen ist im Ostteil das Problem einheitlicher Raumkomposition in epochemachender Weise gelöst. Beide Querschiffarme enden in völliger Entsprechung zum Ostchor in breiten Apsiden mit Umgang. Es ergibt sich so ein großartiges zentrales Raumgefüge. Neben St. Maria im Kapitol erscheint ein Bau wie Centula als eine noch unsichere und willkürliche Komposition. Man fühlt sich in dieser um 1040 begonnenen und 1065 geweihten Kirche ebenso an byzantinische Architektur wie an die noch ferne Renaissance gemahnt, um so mehr, als Querschiff und Chor wohl von Anfang an Tonnengewölbe gehabt haben, eine Konstruktion von außerordentlicher Kühnheit und von wahrhaft europäischer Bedeutung.

Kühnheit und Originalität kennzeichnen auch die fünfte der führenden salischen Kirchen, den Dom von Trier, den Erzbischof Poppo von Stablo etwa 1030-50 neu gestaltete. Er fand den unmittelbaren Nachfolger der oben erwähnten Basilika des vierten Jahrhunderts, einen auch noch spätrömischen Zentralbau nach dem Schema des griechischen Kreuzes vor, mit vier die Winkel der Kreuzarme ausfüllenden quadratischen Eckjochen. Vier hohe Granitsäulen hatten zur Unterteilung des Raumes gedient. Sie waren später in Pfeiler verwandelt worden. Poppo fügte zwei Westjoche hinzu, deren Proportionen denen des römischen Baukernes entsprachen. Es entstand ein Langhaus mit alternierender Reihung von rechteckigen und quadratischen Jochen. Wenn wir für ein quadratisches Joch den Buchstaben

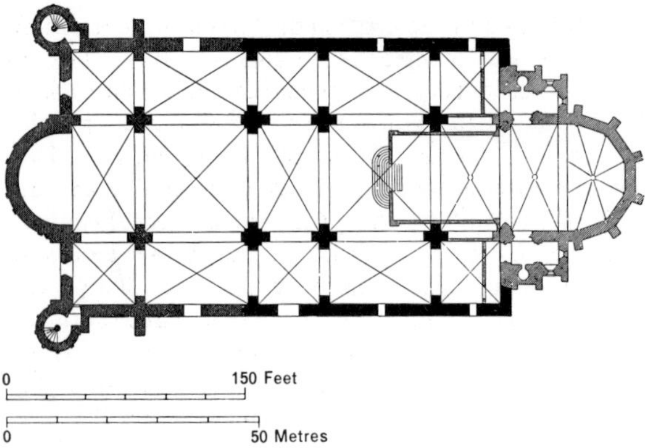

41 Trier, Dom, ca. 1030–50. Schwarze Teile um 370

a, für ein rechteckiges ein b setzen, so ergibt sich für die Raumfolge von Mittel- und Seitenschiffen das rhythmische Schema b a b a b bzw. a b a b a. Im Osten und Westen wurden dem Mittelschiff Apsiden angegliedert. In Poppos Trierer Dombau ist Stützenwechsel zum Raumwechsel geworden. Nicht minder bedeutend als das Innere ist die Westfront, die mit Lisenen, flachen Rundbogenfriesen und Andeutungen von Zwerggalerien dekoriert ist. Bei allen drei Motiven handelt es sich um Schmuckformen, die seit dem neunten Jahrhundert in Italien entwickelt worden waren. In Trier sind sie mit großer Zurückhaltung behandelt, so daß außen wie innen die Wucht gewaltiger Mauermassen für den Gesamteindruck bestimmend bleibt. Angesichts des Trierer Domes offenbart sich uns auf das deutlichste die Grundlage, aus der die salische Baukunst erwachsen ist: nicht lebendiger Reichtum und nicht der Mensch als körperliches Maß, sondern die schweigende Macht und Größe des Kaisertums.

Der gleiche Geist kennzeichnet im elften Jahrhundert auch die Architektur eines anderen mächtigen Reiches, des Normannenstaates. Seit hundert Jahren hatten die Normannen im nordwestlichen Frankreich gelebt. Aus Seefahrern und Abenteurern waren sie zu zielbewußten und fortschrittlichen Herrschern über ein weites Gebiet geworden. Wo immer sie die Entwicklungsmöglichkeiten der überlegenen französischen Kultur erkannten, hatten sie – von klarem Verstand und rascher Auffassungsgabe – sich dieselbe zu eigen gemacht und sie mit ihrer unverbrauchten Aktivität erfüllt. Dies gilt sowohl für die französische Sprache, die biegsamer und entwickelter war als die eigene, als auch für das Lehnswesen und die kluniazensische Reformbewegung. Im elften und zwölften Jahrhundert unterwarfen sie Sizilien und Teile von Süditalien und schufen dort eine hochinteressante Mischkultur, in der sich die fortschrittlichen Ideen normannischer Staatsführung mit den Gebräuchen und dem Gedankengut der Sarazenen verbanden. Inzwischen hatten sie auch England erobert, und bald verdrängte normannische Gesittung die primitivere Kultur der angelsächsischen Untertanen. Ihr mächtigster, halb architektonischer, halb politischer Ausdruck war der *Donjon* oder der *Keep*, eine französische Schöpfung (das früheste erhaltene Beispiel, der Donjon von Langeais an der Loire, stammt aus dem Jahre 992). Die Normannen in England haben die größten Keeps von Europa gebaut: Colchester in Essex, auf römischen Substruktionen ca. 45 × 33 m, White Tower im Tower in London ca. 35 × 31 m. Beide stammen aus dem letzten Drittel des elften Jahrhunderts. Ihre völlig ungeschmückte Geschlossenheit ist natürlich zum Teil von fortifikatorischen Rücksichten bestimmt. Sie ist aber auch ohne Zweifel der Ausdruck eines ästhetischen Willens. Das beweist der gleichzeitige normannische Sakralbau. In seiner Wucht und Klarheit ist er wohl die konsequenteste Formulierung der frühromanischen Architektur. Während des zwölften Jahrhunderts hat er das französische Kernland auf das stärkste beeinflußt. Für England war seine Wirkung noch bedeutsamer: hier wurde schon seit etwa 1050–60 der normannische Kirchenbau zur Wurzel romanischer Architektur

42 Hedingham, Essex, Castle, um 1140

überhaupt. Allgemein kann man wohl sagen, daß es unmöglich ist, die Entwicklung der romanischen Baukunst zu veranschaulichen, ohne die normannischen Kathedralen und Abteikirchen Englands in Betracht zu ziehen. Deutsche und französische Gelehrte vergessen das nur zu oft. Was in Jumièges seit 1040 und in Caen (St. Trinité, begonnen ca. 1062, und St. Etienne, begonnen 1067) in den 60er Jahren begann, hat in Ely, in Winchester und in Durham, um nur einige der wichtigsten Bauten zu nennen, seine Vollendung gefunden.

Im Außenbau haben die Normannen mit Entschiedenheit das Prinzip der Zweiturmfassade akzeptiert und zu seiner logischen Vollendung entwickelt. Im Innenbau ist das normannische Prinzip der Wand- und damit der Raumgliederung, obwohl anscheinend später entwickelt als das der deutschen Romanik, nicht minder bedeutsam. Es verfolgt Absichten, die denen von Speyer durchaus vergleichbar sind. Grundlegend ist die Aufteilung des Schiffes in einzelne Joche. Jeder Pfeiler, bzw. wenn Stützenwechsel vorliegt, jeder zweite Pfeiler (Jumièges), erhält einen Dienst, der vom Boden ungebrochen bis zu der (stets flachen) Decke ansteigt. Es ist dieses System, das in erster Linie jenen Eindruck der Klarheit und Festigkeit hervorruft, der für die normannischen Bauten so bezeichnend ist. Hier gibt es ebenso wenig etwas Unentschiedenes und Schwankendes wie in der rücksichtslosen Gewaltpolitik, mit der Wilhelm der Eroberer die unterworfenen Angelsachsen botmäßig machte. Derb, massig und kraftvoll sind auch die Einzelformen.

In England ist der eindrucksvollste Innenraum der frühromanischen Jahrzehnte das Querschiff von Winchester (ca. 1080–90). Die Gesamtwirkung wird durch die kompakte Gesteinsmasse der Wände bestimmt. Obwohl die Mauern in allen Geschossen von Arkaden durchbrochen und damit viel offener sind als z. B. in Speyer und St. Maria im Kapitol, stehen wir dennoch ganz unter dem Eindruck ihrer lastenden Gegenwart. Die hohen Dienste bleiben der Wand fest verbunden und sind selbst derb und massig wie gewaltige Baumstämme. Die Säulen der Emporen sind kurz und untersetzt wie in der Krypta von Speyer, und wie dort sind die Kapitelle würfelförmig gebildet und veranschaulichen so auf die elementarste Weise ihre funktionelle Bedeutung, nämlich die Verbindung eines runden Baugliedes, d. h. der Säule, mit dem Quadrat des Bogenansatzes. Wo die Würfelform aufgegeben wird, tritt das Faltenkapitell in Erscheinung, welches dann in zahlreichen Variationen ein Lieblingsmotiv der anglo-normannischen Baukunst geworden ist.

Strenge Geschlossenheit, Klarheit und Wucht des Gesamtbaues wie der Einzelformen sind nach alledem die Stilkriterien der Architektur des elften Jahrhunderts; das gilt in gleicher Weise wie für den normannischen Bereich und Deutschland auch für das Innere Frankreichs (St. Etienne in Nevers, begonnen 1063).

43 Winchester, Kathedrale, Querschiff, ca. 1080–1090

Gegen Ende des Jahrhunderts macht sich jedoch ein Stilwandel bemerkbar, der in zahlreichen Symptomen das Streben nach einer neuen Differenzierung und Verfeinerung erkennen läßt. Überall zeigen sich reichere, kompliziertere und lebendigere Formen. Sie sind vielleicht weniger kraftvoll, aber dafür haben sie eine gesteigerte individuelle Ausdrucksfähigkeit. Es beginnt das Zeitalter des heiligen Bernhard von Clairvaux (gest. 1153), der als einer der größten Prediger des Mittelalters sich zur Aufgabe setzte, die Herzen zu rühren, nicht nur die heiligen Schriften auszulegen. Bernhards Epoche ist auch die Abaelards (gest. 1142), des ersten mittelalterlichen Menschen, der eine Beschreibung seines individuellen Lebens, als Liebender wie als Gelehrter, verfaßt hat. In England beginnt nun die Epoche Heinrich II. und des Thomas Becket (ermordet 1170). Alle diese Männer sind uns in ihrer individuellen Menschlichkeit erfaßbar, während Wilhelm der Eroberer uns Heutigen wie eine mythische Gestalt, ja wie ein Naturereignis erscheint, unwiderstehlich und unabwendbar. Kurz vor 1100, als die Christenheit des Abendlandes sich zum ersten Kreuzzug sammelte, vollzog sich auf dem Gebiete der Architektur der bedeutsame Schritt vom frühromanischen zum hochromanischen Stil.

In England ist es die Kathedrale von Durham, welche diese Wende bezeichnet (begonnen 1093; Einwölbung der östlichen Teile 1104, des Langhauses ca. 1130). Das Mittelschiff von Durham wirkt höher als es wirklich ist. Der Grund für diese Erscheinung liegt darin, daß nicht eine Flachdecke – wie sie bis dahin und auch in der Folge noch für viele Jahre in England üblich war –, sondern ein Kreuzrippengewölbe den Abschluß bildet, so daß unser Blick, wenn wir den steigenden Linien der Dienste folgen, nicht mehr am oberen Abschluß der Seitenwände innehält, sondern von den Kreuzrippen bis in den Scheitel des Gewölbes hinaufgeführt wird. Die (später veränderten) Rippengewölbe des Chores von Durham waren die frühesten von voller Schiffsweite in Europa. Auf dieser Tatsache beruht die hervorragende Stellung, welche Durham in der Geschichte der Architektur einnimmt.

Im Verlauf des elften Jahrhunderts hatte sich das technische Können beträchtlich weiterentwickelt. Wegen der ständigen Gefahr von Dachstuhlbränden und auch aus künstlerischen Gründen wurde es der Ehrgeiz der romanischen Meister, dem Hochschiff der Basilika ein steinernes Gewölbe zu geben.

Die Kunst, weite Räume zu überwölben, hatten schon die Römer beherrscht, aber im nachantiken Abendland gab es bis zur Mitte des elften Jahrhunderts nur gewölbte Apsiden, tonnen- oder kreuzgewölbte Seitenschiffe (Umgang Aachen), oder enge, tonnengewölbte Hallen ohne Seitenschiffe (Naranco). Nur bei kleinen Gebäuden gab es tonnengewölbte Mittel- und Seitenschiffe; etwa in den französi-

44 Durham, Kathedrale, Hauptschiff, 1093– ca. 1130

schen Kapellen und Krypten von Ste. Irénée in Lyon aus dem fünften Jahrhundert, Glanfeuil aus dem sechsten Jahrhundert und St. Germain in Auxerre um 850. Beispiele außerhalb Frankreichs sind die Ostteile von S. Maria della Valle in Cividale aus dem achten und neunten Jahrhundert, die S. Zeno-Kapelle an S. Prassede in Rom von 820 und die Wiperti-Krypta in Quedlinburg von 930.

Erst um die Mitte des elften Jahrhunderts ging man daran, auch in großen Kirchen das Mittelschiff einzuwölben, und wie immer, wenn eine künstlerische Neuerung den Geist einer ganzen Epoche zum Ausdruck bringt, so wurde auch die Aufgabe des monumentalen Gewölbes von verschiedenen genialen Baumeistern und in verschiedenen Kunstlandschaften fast gleichzeitig, aber durchaus unabhängig voneinander gelöst.

Die Tonne ist die technisch einfachste, aber auch die schwerfälligste Form der Wölbung, da hier die Last der Decke auf der gesamten Länge der Seitenwände Unterstützung findet. Burgund besitzt das früheste erhaltene Beispiel großen Ausmaßes, das Obergeschoß der Vorkirche von Tournus. Ihm folgt im *massif central*, auch unter burgundischem Einfluß, Conques (ca. 1060). Besonders kühn ist das Tonnengewölbe von St. Etienne in Nevers (1063–97), das in großer Höhe über Emporen und Lichtgaden ansetzt. Für die größten und höchsten Tonnengewölbe muß man sich nach Burgund wenden. Der Neubau von Cluny (Cluny III, auch begonnen im späten elften Jahrhundert), der gewaltigsten Klosterkirche des damaligen Europa, hatte die kühnsten Gewölbe seiner Zeit: mit einer Spanne von 12,20 m bei einer Höhe von 29,85 m. Die frühesten und größten Kreuzgewölbe entstanden im Rheinland; in den achtziger Jahren des elften Jahrhunderts erhielt der von Heinrich IV. veranlaßte Umbau des Kaiserdoms von Speyer seine ersten Kreuzgratgewölbe, die mit 13,70 m Weite und 29,85 m Höhe alle vorher genannten Beispiele an Größe übertreffen. Anscheinend ist Speyer in der Baugeschichte des mittelalterlichen Europas die erste Kirche mit einer kreuzgewölbten Decke von wirklich monumentalen Ausmaßen. Wenige Jahre später folgen die frühesten Kreuzrippengewölbe, diejenigen von Durham, die wir schon erwähnt haben (Anm. 6). Mit diesen Neuerungen von Burgund, Speyer und Durham beginnt der hochromanische Stil. Er ist von einer neuen, machtvoll vorandrängenden Aktivität erfüllt. Zu den Kreuzrippengewölben von Durham muß aber noch ein anderer bedeutsamer Punkt hervorgehoben werden. Das Motiv der Kreuzrippengewölbe im Unterschied vom rippenlosen Kreuzgewölbe ist bekanntlich ein Leitmotiv des gotischen Stils. Sein wesentlichster technischer Vorteil ist, daß die Rippen unabhängig von den Kappen konstruiert werden können und dann die Kappen nur wie Membrane zwischen sie eingespannt werden. John Bilson hat bewiesen, daß der Meister von Durham diese für das gotische System so bedeutsamen Vorteile schon vollkommen erfaßt hatte (Anm. 7). Dennoch gehört Durham keineswegs dem gotischen Stil an, denn technische Neuerungen allein vermögen niemals einen Stil hervorzubringen, wenngleich sie seine Entwicklung fördern und zu seinen unentbehrlichen Attributen zählen mögen. Wenn so für Durham der Ruhm bestehen bleibt, die für die weitere Entwicklung der Architektur zukunftreichste Gewölbeform erfunden zu haben, so ist die Kathedrale dennoch ein echtes Zeugnis hochromanischer Baukunst. Der entscheidende Beweggrund, der den Meister veranlaßt hatte, eine so eindrucksvolle Neuerung wie das Rippengewölbe einzuführen, muß die Tatsache gewesen sein, daß gerade dieses Motiv die letzte Erfüllung eben jener Tendenz zu klarer Gliederung des Baukörpers darstellt, welche seit über hundert Jahren die Entwicklung des romanischen Stils bestimmt hatte.

Hier war endlich das einzelne Joch vollkommen zur Einheit geworden; das gleiche Streben hatte, wenn auch weniger konsequent, in den Gurtbögen der französischen Tonnengewölbe und in den Kreuzgewölben von Speyer seinen Ausdruck gefunden. In Durham wird der Schnittpunkt der beiden Rippen aufs klarste als Zentrum einer räumlich selbständigen Einheit verstanden. Die Bewegung, die uns nun durch die Kathedrale führt, ist nicht mehr das gleichmäßige ununterbrochene Drängen zum Altar wie in den frühchristlichen Kirchen, sondern ein Voranschreiten von Joch zu Joch in einem klar bemessenen Rhythmus. Zugleich mit dieser Rhythmisierung des Raumes verleihen die Rippengewölbe von Durham dem ganzen Bau eher auch eine Beweglichkeit und Leichtigkeit, die der lastenden Schwere unbewegter Mauermassen, wie sie die frühromanischen Kirchen kennzeichnete, durchaus entgegengesetzt ist. Dieser neuen Beweglichkeit entspricht die lebendigere Zeichnung der Arkaden und Profile sowie die Verwendung einiger scharfgeprägter Ornamente, des Zackenbandes in erster Linie. Aber trotz solcher gesteigerten Lebhaftigkeit ist der Stil von Durham keineswegs kleinteilig oder verspielt. Die Rundpfeiler der Arkaden sind immer noch von gewaltiger Stärke, und ihre kompakte Schwere wird durch die geometrische Dekoration, durch Rautenmuster, Zickzacklinien und Kannelierungen, die mit bewundernswerter Präzision in die Oberfläche eingemeißelt sind, nur noch stärker hervorgehoben. Übrigens ist der abstrakte Charakter dieser Ornamentik nur für die normannischen Bauten Englands und Nordfrankreichs charakteristisch, nicht aber für die romanische Architektur in ihrer Gesamtheit. In Frankreich und Italien gab es zahlreiche Variationen einer gegenständlichen Blattornamentik, besonders an Kapitellen, wo auch bald figurale Motive verwendet wurden. Auch hier läßt sich die gesteigerte Lebendigkeit, die energischere Handhabung des Meißels verfolgen. Besonders deutlich ist der Gegensatz zwischen früh- und hochromanischer Dekoration in Deutschland. Hier erschienen gegen Ende des elften Jahrhunderts Steinmetzen aus Oberitalien, die eine Fülle ganz neuer, vorwiegend naturalistischer Motive mitbrachten (Speyer, Chor- und Querschiff). In England finden wir das wichtigste Beispiel dieses kontinentalen Dekorationsstils bezeichnenderweise im Südosten in Canterbury (Krypta ca. 1110–30). Ist doch hier das Eingangstor, durch welches schon einmal um 600 die Kunst des Festlandes Zugang gefunden hatte. Die Kapitelle der Krypta haben Blattdekoration, einige sogar Tierplastik.

Die neuen Pflanzen- und Tierformen scheinen zunächst auf ein allenthalben erwachendes Naturgefühl hinzudeuten, indessen muß man sich stets vergegenwärtigen, daß es keineswegs die Natur selber, sondern in erster Linie die Meisterbücher der mittelalterlichen Bauhütten waren, aus denen diese Dekorationskunst ihre Motive ableitete. Der in ihnen enthaltene und unermüdlich wiederholte Formenschatz entstammte vor allem der Überlieferung von Miniaturmalerei und Elfenbeinschnitzerei, aber auch den in der jeweiligen Hütte selbständig entwickelten Traditionen. Originalität war ebenso wie Naturbeobachtung eine unbekannte Vorstellung. Stil im Sinne einer beschränkenden und allgemein verpflichtenden Autorität herrschte ebenso unbestritten in der Kunst, wie das hierarchische Prinzip in der Kirche. Und doch erscheint uns, verglichen mit Winchester, die Kathedrale von Durham von einem humaneren Geist beseelt, ähnlich wie uns die Predigten des heiligen Bernhard menschlicher und persönlicher berühren als die seiner Vorgänger.

Auch dem Außenbau von Durham muß schließlich noch ein Wort gewidmet werden. Neben dem bischöflichen Palais, auf dem Gipfel eines steilen, bewaldeten Hügels liegend, erhebt sich die Kathedrale mit ihrem mächtigen Vierungsturm, dem zwei schlankere Westtürme das Gegengewicht halten. Die drei Türme gehören in ihrer heutigen Form nicht mehr der normannischen Epoche an. Die der Westseite stammen aus dem dreizehnten Jahrhundert, der Vierungsturm ist erst im fünfzehnten Jahrhundert errichtet worden. Aber die Anlage von Türmen war auch im ursprünglichen Plan schon vorgesehen, und, wo sie zur Ausführung kamen, trugen sie Helme mit nur mäßig steiler Dachschräge. Die ursprüngliche Form war wohl konsequenter; daß die heutige malerischer ist, darüber kann kein Zweifel bestehen. Wäre Durham in Frankreich statt in England gelegen, so würde es gewiß ein ebenso viel besuchtes Ziel künstlerischer Wallfahrten geworden sein wie Vézelay oder Albi; aber Englands Ruf als Kunstlandschaft wird nun einmal durch denjenigen Frankreichs in den Schatten gestellt.

Die Bezeichnung »Frankreich« sollte man, soweit es sich um das elfte und zwölfte Jahrhundert handelt, streng genommen nicht verwenden. Das Land bestand vorerst noch aus einer Vielzahl von selbständigen, einander endlos befehdenden Teilstaaten. Entsprechend dem Mangel einer einheitlichen politischen Ordnung gab es auch in der Architektur keinen allgemein gültigen Stil, wie ihn das unter den normannischen Königen geeinte England damals schon ausgebildet hatte. Statt dessen waren in den einzelnen Landschaften in jeweils gesonderter Entwicklung relativ selbständige Regionalstile entstanden. Die bedeutendsten *Schulen* der französischen Baukunst sind die der Normandie, Burgund, der Auvergne, Aquitaniens (d. h. verallgemeinernd gesagt des ganzen südwestlichen Frankreich), der Provence und des Poitou.

Neben diesen Schulen, mit den vergleichsweise starren und isolier-

45 Santiago de Compostela, begonnen 1077

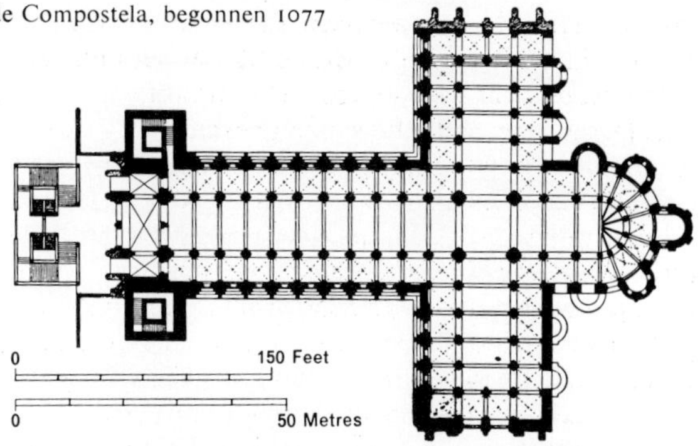

ten Typen ihrer jeweiligen Bauformen, gab es eine starke und einheitliche Stilströmung, die – in Gestalt der großen Pilgerstraßen – ganz Frankreich von seinen nördlichen und östlichen Grenzen bis herab zu den Pyrenäen durchfloß, und die somit die Gebiete der einzelnen Schulen überkreuzte, bzw. ein Bindeglied zwischen den verschiedenen Kunstlandschaften darstellte. Die Wallfahrten waren im Mittelalter einer der bedeutsamsten Faktoren kultureller Beziehungen. Gerade auf dem Gebiet der Sakralarchitektur ist ihre Bedeutung unverkennbar. Eine der wichtigsten Wallfahrtsstraßen führte über Chartres, Orléans, Tours, Poitiers, Saintes bis nach Spanien. Ein anderer Weg lief von Vézelay über Le Puy und Conques oder über Périgueux nach Moissac und von dort ebenfalls nach Spanien. Das Ziel war in beiden Fällen Santiago de Compostela, eine Stätte, die nicht minder verehrt wurde als Jerusalem oder Rom. Dorthin führte auch ein dritter Weg über Arles, St. Gilles und Toulouse. Für die Entwicklung und Organisation des Pilgerwesens war im besonderen der Kluniazenserorden von Bedeutung, und zahlreiche, an den wichtigsten Wallfahrtsstraßen errichtete Klöster zeigen noch heute die Merkmale des kluniazensischen Stils. Nach der Berechnung von Joan Evans besaß der Orden in seiner Blütezeit etwa 1450 Niederlassungen. Jedoch haben merkwürdigerweise gerade die wichtigsten Wallfahrtskirchen, St. Martial in Limoges (1095 fast vollendet, heute zerstört), St. Sernin in Toulouse (um 1080 begonnen, im Außenbau die großartigste von allen) und Santiago selber (begonnen 1077) bestimmte gemeinsame Kennzeichen, die der Hauptbau des Ordens in Cluny nicht aufweist (Anm. 8). Sie sind hochräumig und dunkel; über den Erdgeschoßarkaden öffnen sich Emporen, über welchen unmittelbar die gewaltigen Tonnengewölbe ansetzen, so daß ein Obergadengeschoß fehlt. Die Ostseite folgt mit Umgang und Kapellenkranz dem System von Tours, und in der Tat wird Tours als

der gemeinsame Ausgangspunkt dieses Stils bezeichnet. Ob diese Vermutung zutrifft oder nicht, die Klosterkirche in Cluny III – um es noch einmal zu sagen – war jedenfalls nicht das Vorbild dieser großartigsten Wallfahrtskirchen der romanischen Epoche. Die Mutterkirche des Kluniazenserordens war in ihrer letzten und gewaltigsten Fassung gegen Ende des elften Jahrhunderts begonnen worden (Weihe des Hochaltars 1095). Der Bau wurde bis in die Frühzeit des zwölften Jahrhunderts fortgeführt; 1810 ist er von den Franzosen selber zerstört worden. Die Kirche hatte, wie es später in den englischen Kathedralen zur Regel wurde, zwei im Ostteil gelegene Querschiffe, jedes mit einem achteckigen Turm über der Vierung. Der westliche

47 Toulouse, St. Sernin, Chor, geweiht 1096

48 Cluny III, Abteikirche, spätes 11. bis Anfang 12. Jahrhundert. Rekonstruktion nach Kenneth John Conant

und größere Vierungsturm wurde von zwei weiteren achteckigen Türmen flankiert, von denen einer erhalten ist. Beide Querschiffe hatten vier nach Osten gerichtete Apsiden. Die Hauptapsis schließlich wurde, den Reichtum der Anlage noch erhöhend, mit einem Chorumgang und fünf strahlenförmig ausgerichteten Kapellen versehen. Wer also von Osten her die Kirche betrachtete, hatte eine in sorgfältig abgewogener Steigerung sich entfaltende Komposition vor Augen: von dem Kapellenkranz als niedrigster Stufe über den Umgang, die Hauptapsis und das Dach des Chores erhob sich der Bau bis zu dem östlichen Vierungsturm, um endlich mit dem Hauptvierungsturm den höchsten Gipfel zu erreichen. Es war eine Gruppierung von einem Reichtum und einer polyphonischen Rhythmik, wie sie die christliche Baukunst der früheren Jahrhunderte nie hätte ersinnen können, und wie die Griechen sie verabscheut hätten. Zweifellos war Cluny der Ausdruck jenes stolzesten Augenblickes der mittelalterlichen Christenheit, da die monastische Reformbewegung den Stuhl Petri erobert, da die päpstliche Tiara den Sieg über die Kaiserkrone errungen hatte, und da zum ersten Male die Ritterschaft Europas sich versammelte, um im Kreuzzug das Heilige Land zu befreien (1095).

Die Unterschiede zwischen Cluny und den großen Wallfahrtskirchen betreffen aber vor allem die Gestaltung des Innenraumes. Das System des Mittelschiffes mit einem Obergadengeschoß, mit einem Blendtriforium an Stelle von Emporen und mit Spitzbogen in den Erdgeschoßarkaden entspricht dem Regionalstil der burgundischen Schule. Die Gurtbogen des Tonnengewölbes waren ebenfalls zugespitzt, wahrscheinlich zum ersten Male in Europa. Das Detail, besonders im Triforium, hält sich erstaunlich nahe an römische Formen, und in der Tat hatte man ja in Burgund damals zahlreiche antike Ruinen vor Augen. Römische Motive, wie kannelierte Pilaster, und dazu Tonnengewölbe, und ähnlich wie in Cluny Spitzbogen und ein Triforium an Stelle der Emporen kennzeichnen auch die Kirche von Autun aus dem frühen zwölften Jahrhundert. Die herrliche Kirche von Vézelay, ungefähr gleichzeitig entstanden, hatte kein Triforium, sondern nur Arkaden und einen hohen Lichtgaden. Das Mittelschiff ist hier aber von Kreuzgewölben abgeschlossen, eine Lösung, für die wir nirgends im damaligen Frankreich, sondern allein in Speyer die Parallele finden. Dort waren die Gewölbe, wie schon erwähnt, in den achtziger Jahren entstanden, Vézelay wurde 1096 begonnen. Hier zeigt sich die besondere Situation der burgundischen Schule, ihre Lage zwischen der kluniazensisch-französischen Einflußsphäre und der des Rheinlandes. Vézelay war im Besitz ehrwürdiger Reliquien der heiligen Magdalena. Es war daher ein bevorzugtes Ziel der Pilgerzüge. Der Bau ist höchst eindrucksvoll auf einem Hügel über der kleinen Stadt gelegen. Der Haupteingang führt durch eine dreijochige Vorhalle mit Seitenschiffen (ein kluniazensisches Motiv, Vézelay gehörte ebenfalls dem Orden an) und dann durch ein romanisches Portal mit wildbewegtem Figurenschmuck. Das Langhaus-Innere hat nichts von dieser stürmischen Erregtheit. Mit der ungewöhnlich hohen Wölbung des Mittelschiffes, dessen Längenausdehnung von 60 m (zwischen Vorhalle und Vierung gemessen) den jüngeren und lichteren Chor in weite Entfernung rückt, mit seinen Bogen aus abwechselnd grauen und rosa Quadern und der unerschöpflichen Vielfalt seiner Heiligenlegenden darstellenden Kapitelle ist Vézelay ein Bau von edelsten Proportionen und stolzer Pracht.

Gegenüber der bedeutenden und überraschend vielfältigen Architektur Burgunds erscheinen die anderen Schulen Frankreichs konsequenter und beständiger in ihrer regionalen Eigenart. Die Kirchen

49 Autun, Kathedrale, frühes 12. Jahrhundert

50 Vézelay, La Madeleine, frühes 12. Jahrhundert

51 Jumièges, Stiftskirche, begonnen um 1040, geweiht 1067

der Auvergne ähneln stark den Pilgerkirchen, obgleich der dunkle Lavastein sie dunkler erscheinen läßt. Ihre regional unterscheidbare Gestalt – vier ausstrahlende Kapellen anstelle von drei oder fünf, und ein merkwürdiges Ansteigen der inneren Querschiffjoche, so als ob die nördlichen und südlichen Widerlager für die Vierungstürme verstärkt werden sollen – ist für die allgemeine Entwicklung unbedeutend.

Die Provence, auch sie getreu ihrem reichen römischen Erbe, verwendete gern antikisierendes Detail. Auch hier sind Spitzbogen und Tonnengewölbe gebräuchliche Motive. Die provenzalischen Kirchen haben entweder keine Seitenschiffe oder Seitenschiffe ohne Emporen. Die Räume sind zumeist hoch und eng. Der Obergaden wird nicht zugunsten einer besseren Gewölbelagerung aufgegeben.

52 St. Savin-sur-Gartempe, frühes 12. Jahrhundert

Im Poitou hatte sich ein völlig anderes System entwickelt. Hier sind die Seitenschiffe schmal und ebenso hoch wie das Mittelschiff, d. h. es gibt weder Emporen noch Obergaden. Dieses Hallen-Schema machte die Kirchen im Poitou dunkel und karg, aber es gab ihnen eine lapidare Einfachheit, die keine der anderen Schulen erreicht. Die eindrucksvollste von allen ist St. Savin. Das tonnengewölbte Mittelschiff ist von den Seitenschiffen, die Rippengewölbe besitzen, durch sehr hohe und mächtige Säulen geschieden. St. Savin ist ins zwölfte Jahrhundert zu datieren, das ist später als jene westenglischen Kirchen, die ebenfalls Arkaden mit hohen, massiven Rundpfeilern bevorzugen, wie zum Beispiel Tewkesbury (1087), Gloucester usw. Es wäre wünschenswert, den Ursprung dieses außerordentlich eindrucksvollen Motivs zu ermitteln.

53 Angoulême, Kathedrale, frühes 12. Jahrhundert

Schließlich muß noch einer sehr wichtigen französischen Schule regionaler Eigenart gedacht werden, nämlich Aquitanien. Aquitanien mit Périgueux und Angoulême als wichtigsten Städten unterschied sich stark von allen anderen Schulen der französischen Architektur. Der dominierende Typus ist hier, trotz gelegentlicher Hallenkirchen, der der Kuppelkirche. Diese sind seitenschifflos, mit Kuppeln über dem Schiff und, wo ein solches eingefügt wird, auch über dem Querschiff. Apsis und Kapellenkranz werden nicht selten verwendet, während das Motiv des Chorumganges nirgends begegnet. Für die ernste Majestät der aquitanischen Kuppelkirchen gibt es keine Parallelen. Die zentralisierende Tendenz, die überall wirksam ist, wo Kuppeln verwendet werden, erreicht ihren Höhepunkt in St. Front in Périgueux. Hier hatte man sich im zweiten Viertel des zwölften Jahrhunderts zur Anwendung eines konsequenten Zentralplanes entschlossen, eine Komposition, die im Mittelalter äußerst selten ist. Die Ausführung geschah, indem man den üblichen aquitanischen Längsbau um ein westliches Joch verkürzte, so daß der Grundriß die Form des griechischen Kreuzes erhielt, mit vier um ein mittleres Quadrat gelagerten und gleichfalls quadratischen Kreuzarmen. Jedes Quadrat hat seinerseits kurze rechteckige Kreuzarme und ist von einer mächtigen Kuppel überwölbt. Der Außenbau ist durch ungeschickte Restaurierung entstellt, der Innenraum aber, der, abgesehen von den Blendarkaden im Sockelgeschoß, auf jegliche Schmuckformen verzichtet, ist der klassische Ausdruck romanischer Klarheit und Monumentalität. Das Planschema von St. Front geht auf die ehemalige Apostelkirche in Konstantinopel zurück, welche Justinian als kaiserliches Mausoleum hatte erbauen lassen. Die Apostelkirche war auch das Vorbild des 1063 begonnenen Neubaus der Markuskirche in Venedig. Ob Périgueux unmittelbar von Byzanz oder erst durch Venedig angeregt wurde, läßt sich heute nicht mehr entscheiden. Die Raumauffassung der Markuskirche ist allerdings völlig verschieden von der in St. Front. Venedig, die orientalischste und romantischste aller europäischen Städte, war im Mittelalter das stärkste Bindeglied zum Osten. In S. Marco mit seinen Mosaiken und üppigen Kapitellen, seinen durchsichtigen Arkaturen und seinen verschleierten Raumbeziehungen lebt jene Magie des Ostens fort, die einst in Ravenna ihren Ausdruck gefunden hatte. Périgueux dagegen hat diesen schwelgerischen Glanz wie ein allzu üppiges Gewand abgeworfen und beschränkt sich in seiner Wirkung ausschließlich auf die edle Klarheit der architektonischen Struktur. Während S. Marco zur Baukunst des Ostens gehört, ist Périgueux ein Zeugnis

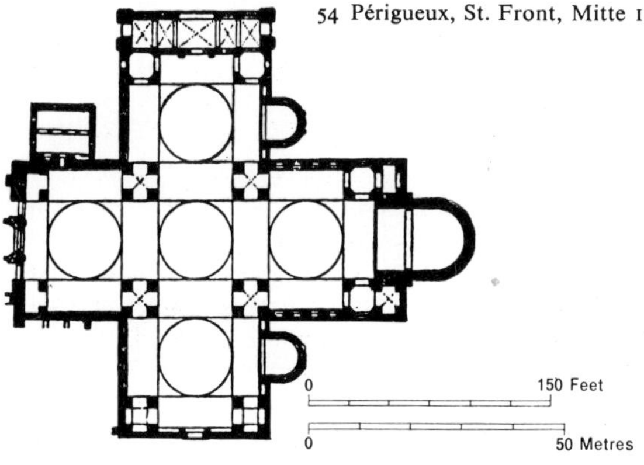

54 Périgueux, St. Front, Mitte 12. Jahrhundert

55 Périgueux, St. Front, 2. Viertel 12. Jahrhundert

westlicher Architektur. In seiner herben Schmucklosigkeit zeigt sich ein Stilwille von überraschend römischem Gepräge. Kein Wunder, daß in der italienischen Renaissance der Grundriß von St. Front in fast identischer Form noch einmal erfunden wurde. Nach St. Maria im Kapitol und dem Trierer Dom ist Périgueux das dritte Beispiel romanischer Vorwegnahme von Ideen der Renaissance.

In Deutschland war das zwölfte Jahrhundert mehr eine Zeit der Vollendung als der Neuschöpfung. St. Maria im Kapitol und Speyer waren die Gründungsbauten der Kölner bzw. der mittelrheinischen Schule. Köln, das bis zu den Zerstörungen des zweiten Weltkrieges einen unvergleichlichen Reichtum von Kirchen aus dem zehnten, elften und zwölften und aus dem Anfang des dreizehnten Jahrhunderts besaß, und ebenso das mittelrheinische Gebiet blieben bis ins dreizehnte Jahrhundert die beiden fruchtbarsten Zentren der deutschen Baukunst. Schwaben und Bayern waren von weit geringerer Bedeutung, obwohl Bayern einige romanische Hallenkirchen geschaffen hat, die wie etwa Walderbach und Prüll bei Regensburg für die Zukunft der deutschen Architektur wegweisend werden sollten. Doch davon, ebenso wie von den niedrigen, schwerfälligen Dorfkirchen in Hallenform, die seit dem Ende des zwölften Jahrhunderts in Westfalen entstanden, wird später die Rede sein. Vielleicht sollte man die frühstaufische Architektur überhaupt als konservativ bezeichnen. Die Wölbung des Mittelschiffs – während des zwölften Jahrhunderts die Hauptaufgabe der europäischen Architektur – wurde nur gelegentlich durchgeführt: nach dem kühnen Beginnen in Speyer, vor allem in Maria Laach und Mainz und dann, als erstes sächsisches Beispiel, in Königslutter (seit 1135). Zumeist hielt man an der Flachdecke fest, teilweise wohl unter dem Einfluß des Kluniazenserordens, welcher über Hirsau sich in Deutschland ausbreitete. Derjenige Hirsauer Abt, auf den der Anschluß des Klosters an die französische Reformbewegung zurückgeht, war leider schon nach Cluny gekommen, ehe dort der großartige Neubau des späten elften Jahrhunderts (Cluny III) angefangen wurde. So brachte er für seine Kirche St. Peter und Paul (begonnen 1082) nur die Erinnerung an den in Frankreich schon veralteten Majolus-Bau (Cluny II) mit. Der Hirsauer Einfluß, gekennzeichnet unter anderem auch durch das Festhalten an der Säulenarkade ohne Stützenwechsel (z. B. Alpirsbach in Schwaben 1095, Paulinzella in Thüringen, begonnen 1110), bedeutete daher eine reaktionäre Tendenz gegenüber den stolzen Domen und Klosterkirchen des Rheinlandes. Dort hatte man am entschiedensten jene Ideen bewahrt und fortentwickelt, die seit der Hildesheimer Michaelskirche zu typischen Merkmalen der deutschen Architektur geworden waren: basilikales Langhaus, gebundenes System und Doppelchöre. Die Hauptbeispiele sind jedem vertraut. Großartig in ihren Dimensionen sind die schon erwähnten Kirchen

56 Worms, Dom, ca. 1170–ca. 1230

von Mainz und Maria Laach, die letztere vor allem eindrucksvoll durch ihre Lage und die Reinheit des Stiles (begonnen 1093, Weihe 1156, Westtürme Ende des zwölften Jahrhunderts). Dazu kommt, erheblich später, aber doch noch völlig im Geist von Maria Laach, der Wormser Dom. Er wurde über ottonischen Fundamenten seit etwa 1170 neu errichtet (Weihe des Ostbaus 1181) und erst um 1230 vollendet. Dennoch ist er noch ganz romanisch in seinem kompakten, steil aufragenden Umriß, dem labilen Gleichgewicht zwischen Ost- und Westakzenten sowie in allen Detailformen. Nur erscheinen jetzt im Innern Rippengewölbe. Ihre Aufnahme in Deutschland (zuerst im Elsaß, z. B. Murbach) war nicht etwa dem romanischen Durham, sondern der französischen Frühgotik zu verdanken. In Köln fand das zentralisierende Dreikonchen-System von St. Maria im Kapitol zahlreiche Nachfolge. Gegen Ende des zwölften Jahrhunderts macht sich eine gesteigerte Höhentendenz bemerkbar. So St. Aposteln nach 1192, Groß-St.-Martin nach 1185 und eine ganze Reihe anderer unvergeßlicher, heute zerstörter Kirchen. Ihr Äußeres ist nicht minder großartig und vielfältig als das der mittelrheinischen Dome.

In Italien gibt es ein Bauwerk, das dem Typus der Kölner Dreikonchen-Kirche, vor allem St. Maria im Kapitol, auffallend nahesteht, S. Fedele in Como. Man hat versucht, eine Abhängigkeit Kölns von Como nachzuweisen, jedoch scheint es sehr viel wahrscheinlicher, daß – vorausgesetzt, daß überhaupt eine Verbindung besteht – ein umgekehrtes Verhältnis vorliegt. Die Beziehungen zwischen der Lombardei und dem Rheinland sind sehr umstritten. Niemand leugnet sie aber die Priorität der verschiedenen Typen und Motive wird sich wohl niemals eindeutig feststellen lassen. Die wahrscheinlichste Lösung ist die, daß auf den Straßen der kaiserlichen Italienzüge ein ständiger Austausch von Ideen und Baumeistern stattgefunden hat. Bis zum Ende des elften Jahrhunderts waren anscheinend Sachsen und das Rheinland tonangebend, während im zwölften Jahrhundert Norditalien die Führung übernahm. Zu dieser Zeit gab es Gruppen lombardischer Steinmetzen, die an den verschiedensten und oft sehr entfernten Baustellen beschäftigt waren; eine Erscheinung, die sich im Barock wiederholen sollte. Wir finden die Spuren dieser Werkleute im Elsaß sowohl wie in Schweden; im Jahre 1133 erscheint ein wandernder Bauarbeiter aus Como in Bayern. Das

57 Mailand, S. Ambrogio, 2. Viertel 12. Jahrhundert

Leitmotiv dieses lombardisch-rheinischen Steinmetzstiles ist die Zwerggalerie, d. h. die Verzierung der Wand mit kleinen, in die Tiefe der Mauer eingelassenen Säulenarkaden, welche gewöhnlich dicht unter den Dachtraufen besonders an der Außenmauer der Apsiden angebracht sind. Auf deutschem Boden erscheint die Zwerggalerie zum erstenmal, wie schon erwähnt, am Trierer Dom. In der Grundrißgestaltung war Norditalien weit weniger fortschrittlich als in der Erfindung dekorativer Formen. Einige der berühmtesten Kirchen haben nicht einmal ein vorspringendes Querschiff, das heißt sie halten sich noch eng an die frühchristliche Tradition. Dies gilt zum Beispiel für die Kathedrale von Modena und für S. Ambrogio in Mailand. Mit seinem Säulenvorhof, den großartig strengen Arkaden der Westfassade und den mächtigen Pfeilern, mit seinem breitgelagerten Mittelschiff und den weiten, von derben Kreuzrippen verstärkten Kuppelgewölben ist S. Ambrogio die eindrucksvollste romanische Kirche Norditaliens. Die wesentlichen Merkmale der lombardischen Schule sind Emporen, polygonale Vierungskuppeln und Kreuzgrat- bzw. Kreuzrippengewölbe. Der Außenbau wird durch den vom Hauptbau getrennten Kampanile und Zwerggalerien gekennzeichnet. Eine überaus reiche Entfaltung dieses Dekorationsmotives zeigen die Fassade und der schiefe Turm der Kathedrale von Pisa aus dem dreizehnten Jahrhundert.

Pisa hat überhaupt einen erstaunlich fremdländischen Charakter. In der Toskana gelegen, scheint es eher von orientalischem als von spezifisch italienischem Geist geprägt. Einen fremdländischen Akzent hat auch die Architektur Venedigs. Während hier die schon erwähnte enge Beziehung zu Byzanz sich auswirkte, wurde die sizilianische Schule stark durch arabischen Einfluß bestimmt. Wenn man nach einem Beispiel romanischer Baukunst im reinsten italienischen, d. h. im reinsten toskanischen Stil sucht, muß man eine Kirche wie S. Miniato al Monte in Florenz betrachten. Das Erdgeschoß ist wahrscheinlich nicht später gebaut als die Krypten von Speyer und St. Maria im Kapitol und als das Querschiff von Winchester. Aber trotz dieser frühen Entstehung ist die Ausführung von größter Zartheit, die plastische Dekoration von fein empfundener Zurückhaltung. Überall zeigt sich ein Verständnis für den Geist antiker Architektur wie es in der zeitgenössischen Baukunst des Nordens ohne Gegenbeispiel ist. S. Miniato verkörpert die früheste Verbindung toskanischen Intellekts und toskanischer Anmut mit dem Maß und der Würde des antiken Rom.

Etwas grundsätzlich anderes als diese toskanische *romanità* ist das – bildlich gesprochen – Zitieren römischer Worte und Satzfügungen, wie es der romanischen Architektur Burgunds und der Provence eigen ist. Hier in Frankreich war es ein selbständiges und autochthones Streben nach kräftigerer und reicherer Durchbildung

58 Florenz, S. Miniato al Monte, 11.–12. Jahrhundert

der plastischen Elemente, das die bereitwillige Übernahme der antiken Motive begründete. Die korinthischen Kapitelle, die kannelierten Pilaster und üppigen Rosetten sind frühe Symptome jener umfassenden Stilentwicklung, welche zum zweiten Mal in der europäischen Kunstgeschichte die Monumentalplastik hervorbringen sollte. Die Skulptur in Lebensgröße war die bedeutendste Leistung der Antike. Zur Zeit von S. Apollinare Nuovo in Ravenna war sie bereits verloren. Ebenso gibt es in der karolingischen Kunst keine Monumentalskulptur. Erst während des elften Jahrhunderts, als in der Sakralarchitektur sich wieder plastisches Empfinden zu regen begann, erwachte auch die Kunst der Monumentalplastik zu neuem Leben, und erst gegen Ende des Jahrhunderts und im frühen zwölften finden wir in Moissac, St. Gilles, Autun und Vézelay Statuen, die in künstlerischer Qualität den spezifisch architektonischen Leistungen der genannten Kirchen ebenbürtig sind.

59 St. Gilles du Gard, Abteikirche, um 1135

Früh- und Hochgotik

Mitte 12. bis Mitte 13. Jahrhundert

Im Jahre 1140 wurde der Grundstein für den Chor der Abteikirche von St. Denis bei Paris gelegt. Der Bau wurde 1144 geweiht. Abt Suger, der mächtige Kanzler zweier Könige von Frankreich, war die Seele des Unternehmens. Es gibt in Europa nur wenige Bauwerke von ähnlich epochemachender Bedeutung und nur wenige, die so schnell und entschlossen fertiggestellt wurden; denn im zwölften Jahrhundert bedeuten vier Jahre für die Ausführung eines großen Chores eine ganz ungewöhnlich kurze Bauzeit. Der unbekannte Meister von St. Denis darf ohne Zögern als Schöpfer der *Gotik* bezeichnet werden, wenn auch gewisse Elemente des gotischen Stiles schon früher aufgetreten und im Kernland Frankreichs, den Provinzen rund um St. Denis, sogar mit einer gewissen Konsequenz entwickelt worden waren.

Die einzelnen Merkmale der gotischen Architektur sind hinreichend bekannt, sogar allzu gut, denn oft genug wird ihretwegen übersehen, daß ein Stil nicht die Summe bestimmter Einzelformen, sondern ein einheitliches Ganzes darstellt. Immerhin erscheint es angebracht, die charakteristischen Motive der Gotik noch einmal aufzuführen und ihre Bedeutung darzulegen. Diese sind der Spitzbogen, der Strebepfeiler bzw. Strebebogen und das Rippengewölbe. Keines von diesen Motiven ist eine Erfindung der Gotik. Spitzbogen gab es – wie bereits erwähnt – gelegentlich schon in der romanischen Baukunst, sowie in Burgund, der Provence und Durham. Der Gebrauch von Strebepfeilern zur Verstärkung der Mauern war schon den Römern bekannt und wurde, wenn auch in weniger konsequenter Form, in den Jahrhunderten des frühchristlichen und romanischen Stils beibehalten. Ebenso waren Strebebogen in einigen Teilen Frankreichs und wiederum in Durham verwendet worden. Allerdings können sie leicht verkannt werden, denn sie liegen unter den Dächern der Seitenschiffe und treten somit außen nicht in Erscheinung. Auf die Rippengewölbe von Durham und in Norditalien hatten wir schon im vorhergehenden Kapitel hingewiesen. Aber erst die Gotik war es, die diese Motive zusammengefaßt und sie in den Dienst einer bestimmten und durchaus neuen ästhetischen Idee gestellt hat. Diese neue Idee

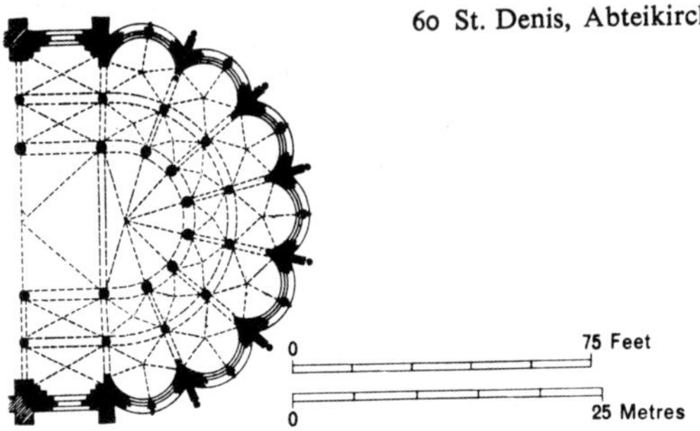

60 St. Denis, Abteikirche, Ostchor, 1140–44

erkennen wir in dem Bestreben, die trägen Mauermassen zu beleben, die Spannung des Raumes zu steigern und den Bau als ein System starker Bewegungsenergien zu veranschaulichen. Für das Verständnis der Gotik sind solche ästhetischen Gesichtspunkte bei weitem bezeichnender als alle technischen Verbesserungen, wie sie – von Viollet le Duc und seinen zahlreichen Nachfolgern bedeutend überschätzt – die Verwendung des Strebesystems, von Rippen und Spitzbogen gewährt. Immerhin sind die technischen Vorteile unverkennbar.

Sie sind dreifacher Art: Ein Tonnengewölbe belastet die beiden überwölbten Mauern in ihrer ganzen Ausdehnung. Dagegen ist bei den romanischen Gratgewölben in Deutschland und Vézelay der Druck auf nur vier Angriffspunkte konzentriert. Aber da das romanische Gratgewölbe prinzipiell den Rundbogen verwendet, ist eine korrekte Ausführung nur über quadratischem Grundriß möglich. Will man diese Wölbform über einem oblongen Joch errichten, so ist man gezwungen, für die Schmalseite, die Langseite und die Diagonalen des Rechtecks jeweils Bogen mit verschiedenen Durchmessern zu verwenden. Nur einer dieser drei Bogen kann halbkreisförmig sein, während die übrigen gestelzt oder gedrückt werden müssen. Wenn der Querbogen, der am meisten ins Blickfeld rückt, halbkreisförmig gebildet wird, so muß der Diagonalbogen gedrückt werden. Solche Konstruktionen sind jedoch statisch bedenklich, da die Sicherheit eines Bogens im gleichen Maße abnimmt, wie die Richtung seines Druckes sich der Horizontale annähert, während auf der anderen Seite die Stabilität gewinnt, je mehr die Belastungsenergie in senkrechter Richtung wirkt. Absoluter Vertikalismus würde vollkommene Sicherheit bedeuten; bei absolutem Horizontalismus der Schubenergie würden dagegen beide Mauern sofort auseinanderbrechen.

Weit mehr als der Halbkreisbogen erlaubt es der Spitzbogen dem idealen Vertikaldruck nahezukommen; gleichzeitig gibt er die Möglichkeit, Gewölbe auch über nicht-quadratischen Jochen zu errichten. Anstatt der Kombination gestelzter, halbrunder und gedrückter Bogen ergibt sich hier die klarere Lösung einer einheitlichen Bogenform mit lediglich drei verschiedenen Graden der Zuspitzung. Die Möglichkeit freier Verwendung oblonger Joche, wie sie hier gegeben wird, erweist sich als überaus zweckmäßig: bei einem quadratischen Grundriß sind die vier Stützpunkte des Gewölbes weit voneinander entfernt; und da auf sie die ganze Belastung konzentriert ist, wird ihnen hinsichtlich der Stabilität des Gebäudes eine unverhältnismäßig große Aufgabe zugeteilt. Das Prinzip des längs-rechteckigen Joches dagegen ermöglicht es, die Zahl der Stützpunkte zu vermehren, d. h. die Beanspruchung jedes einzelnen zu vermindern.

Zur Verstärkung der Grate wurde endlich das oblonge gotische Gewölbe mit Rippen versehen, auch dies ein technischer Fortschritt; erforderten doch während des Bauprozesses Tonnengewölbe wie romanisches Gratgewölbe in ihrer ganzen Ausdehnung ein Lehrgerüst. Das Kreuzrippengewölbe dagegen braucht nur entlang den Gurten und Diagonalrippen gestützt werden. Die dazwischen liegenden Gewölbekappen lassen sich nachträglich vermittels eines leichten, beweglichen Hängegerüstes – des sogenannten *Lehrbogens* – aufmauern. Die Einsparung an Bauholz bei diesem Verfahren ist offensichtlich. Ob auch nach der Fertigstellung des Gebäudes die Rippen statisch unabhängig blieben, oder ob sie wirklich den Gewölbeflächen nur die Funktion bloßer Füllwände übrigließen, bleibt ungewiß. Es gibt allerdings Fälle, wo nach einem Bombardement die Rippen unversehrt geblieben sind, während die Gewölbefelder einstürzten; aber ebenso gibt es Beispiele, wo das Gewölbe standhielt, obwohl Teile der Rippen herabgefallen waren. Hieraus wird ersichtlich, daß der Sinn des gotischen Gewölbes mehr darin lag, den Anschein immaterieller Leichtigkeit zu erwecken als in der tatsächlichen Leichtigkeit selbst, daß also nicht so sehr technische als vielmehr ästhetische Beweggründe maßgeblich waren.

Erst in St. Denis verbanden sich die verschiedenen technischen und ästhetischen Neuerungen zu der Einheit des gotischen Systems. Rippengewölbe überdecken die unterschiedlich geformten Joche, Strebepfeiler ersetzen die massive Mauerfläche zwischen den radial angelegten Chorkapellen, welche sich nun in dichter Reihung wie ein wellenförmiger Saum um das Halbrund des Chorumganges legen. Im Innern sind die trennenden Seitenwände zwischen den einzelnen Kapellenräumen vollkommen weggefallen und, ließen nicht ihre fünfrippigen Gewölbe die Struktur des Kapellenkranzes erkennen, so würde man glauben, durch einen zweiten Umgang mit angrenzenden flachen Nischen zu schreiten. Im ganzen ist der Chor von St. Denis geprägt durch eine neue Unbeschwertheit, durch den Fluß geschmeidiger und doch straffer Kurven, durch eine kraftvolle Konzentration und zugleich ein freies, ungehindertes Strömen des Raumes. Die einzelnen Bauteile werden nicht mehr so nachdrücklich voneinander geschieden wie in der romanischen Architektur. So lassen z. B. die neuesten Ausgrabungen erkennen, daß das Querschiff von St. Denis nicht mehr wie es bis dahin die Regel war, um ein beträchtliches über die Außenmauern von Chor und Langhaus hervortreten sollte (Anm. 9). Eine klare Gliederung des Gesamtbaus ist auch hier bewahrt, aber gegenüber den Kirchen der romanischen Epoche ist es eine verfeinerte und nuanciertere Gliederung, die der Meister von St. Denis erstrebte.

Wer war das Genie, dem wir den Entwurf für diesen Bau verdanken? War es Abt Suger selbst, der mit so viel Stolz ein kleines Buch über die Entstehung und Einweihung seiner Kirche verfaßte? Kaum, denn anders als die romanische Baukunst beruht die der Gotik so wesentlich auf der Zusammenarbeit zwischen Künstler und Ingenieur und auf einer Synthese ästhetischer und statischer Faktoren, daß nur ein Mann, dem gründliche technische Kenntnisse zur Verfügung standen, als Schöpfer des neuen Systems in Betracht kommt. Wir stehen hier am Beginn jener noch in der Gegenwart fortschreitenden Entwicklung, die als beständig zunehmende Spezialisierung unser Leben in immer engere Kategorien und Sachgebiete

61 St. Denis, Abteikirche, Chorumgang, 1140–44

aufgespalten hat, so daß heute der Bauherr nicht mehr mit dem Architekten, der Architekt nicht mit dem beauftragten Unternehmer und der Unternehmer nicht mit dem ausführenden Handwerker identisch ist, ganz abgesehen von den verschiedenen Zuständigkeiten der Spezialisten für Heizung, Lüftung, Elektro-Installation und sanitäre Anlagen.

Der neue Typus des Architekten, derjenige, dem wir St. Denis und die späteren Kathedralen verdanken, ist der Hüttenmeister, der über den Bereich des Handwerklichen hinaus das Ansehen eines schöpferischen Künstlers genießt und dem damit eine ungleich größere Achtung entgegengebracht wird als den Steinmetzen der vorhergehenden Jahrhunderte. Freilich hatte es auch früher schon Handwerker mit künstlerischem Vermögen, schöpferische Planer und Gestalter gegeben. Nun aber begann sich die Bedeutung solcher Männer auch in ihrer sozialen Stellung auszuprägen. Der Weg vom Meister-Steinmetzen zum anerkannten und seiner hervorragenden Fähigkeiten bewußten Künstler wurde, allerdings in langsamer, jedoch in einer stetig fortschreitenden Entwicklung ausgeschritten. Suger erwähnt in seiner Schrift den Urheber des Entwurfs von St. Denis mit keinem Wort. Das erscheint merkwürdig, denn zweifellos war ihm bewußt, daß dieser Bau ein außerordentlich kühnes Unternehmen bedeutete. Um sein Schweigen zu erklären, muß auf die oft zitierte und ebenso falsch verstandene Anonymität der mittelalterlichen Kunst hingewiesen werden. Sie bedeutet nicht, daß Kathedralen vom Zeitgeist selbst hervorgebracht wurden, nicht, daß sie gleichsam wie Bäume aus dem Boden aufwuchsen. Irgend jemand mußte sie entwerfen. Aber in den frühen Jahrhunderten des Mittelalters zählten die Namen dieser Männer nicht, wenn auch ihr Werk als unsterblich angesehen wurde. Sie waren es zufrieden, für eine Sache zu arbeiten, die größer war als sie selbst und als der Ruhm ihres Namens. Im Laufe des zwölften Jahrhunderts jedoch und besonders im dreizehnten wuchs das Selbstvertrauen des Einzelnen, und man begann den Wert der individuellen Persönlichkeit zu schätzen. In den Kathedralen von Reims und Amiens wurden die Namen der Baumeister in Verbindung mit den Labyrinthdarstellungen der Fußbodenmosaiken verewigt. Damals klagte Nicolas de Briart, ein Priester, daß die Hüttenmeister höhere Löhne bezögen als die Steinmetzen, obwohl sie nur mit dem Stab in der Hand umhergingen und Anordnungen gäben. »Et nihil laborant«, fügt er hinzu – »und arbeiten tun sie nichts«. Ein Jahrhundert später stand bei dem Sohn eines dieser Männer der König von Frankreich Pate und gab als Taufgeschenk eine beträchtliche Summe in Gold, um dem Neugeborenen das Universitätsstudium zu ermöglichen. Aber zweihundert Jahre mußten nach der Zeit Sugers noch vergehen, bevor ein so enges persönliches Verhältnis möglich wurde.

Einer der ersten Fälle, in denen wir eine lebendige Vorstellung von der Persönlichkeit eines bedeutenden Hüttenmeisters der Frühgotik gewinnen können, ist der des Wilhelm von Sens. Ihm verdanken wir den Chor der Kathedrale von Canterbury, ein Bauwerk, welches für die englische Architektur von ebenso revolutionärer Bedeutung war, wie St. Denis für Frankreich. Gervasius, der zeitgenössische Chronist von Canterbury, berichtet, daß im Jahre 1174 eine Feuersbrunst den alten Chor zerstörte. Zunächst herrschte unter den Mönchen große Verzweiflung, bis man nach einiger Zeit zu beraten begann, »auf welche Weise man die zerstörte Kirche wieder herstellen könne«. Gervasius fährt fort: »Französische und englische Meister wurden zugezogen, konnten sich aber nicht einigen. Einige hielten die Wiederherstellung für möglich, während andere darauf bestanden, daß die ganze Kirche abgerissen werden müsse, wenn man nicht die Sicherheit der Mönche gefährden wolle. Kummer erfaßte die Brüder, als sie das hörten. Aber unter den Sachverständigen war ein Mann von ungewöhnlichem Können, Wilhelm von Sens, gleich befähigt für den Bau in Holz wie in Stein. Man verabschiedete alle übrigen Meister und machte ihn zum Leiter des Unternehmens. Er hielt sich viele Tage bei den Mönchen auf und untersuchte sorgfältig die vom Feuer versehrten Mauern,... verschwieg aber vorerst, was er für unvermeidbar hielt, denn er fürchtete, daß die volle Wahrheit uns in unserer Hoffnungslosigkeit überwältigen werde. Inzwischen jedoch bereitete er entweder selbst oder mit Hilfe von anderen alles Erforderliche vor, und erst als er merkte, daß die Mönche sich ein wenig zu trösten begannen, gab er zu, daß die beschädigten Pfeiler und alles von diesen gestützte Mauerwerk niedergelegt werden müsse, wenn den Mönchen an der Sicherheit und Vollkommenheit der Kirche gelegen sei. Schließlich gaben sie die Erlaubnis, den zerstörten Chor abzureißen. Wilhelm ließ Steine aus dem Ausland kommen. Er erfand die erstaunlichsten Maschinen für das Beladen und Ausladen der Schiffe und zum Abschleppen von Mörteln und Steinen. Ferner gab er den Steinmetzen holzgeschnitzte Schablonen als Modell für ihre Meißelarbeit...« Der Chronist berichtet dann eingehend, was in jedem der vier folgenden Jahre vollbracht wurde. Zu Beginn des fünften Jahres fiel Wilhelm von einem 50 Fuß hohen Gerüst. Er trug schwere Verletzungen davon und mußte »die Vollendung seines Werkes einem geschickten Mönch anvertrauen, der bis dahin Aufseher der Maurer gewesen war...« Obwohl er im Bett lag, ordnete er an, »was zuerst und was zuletzt getan werden sollte... Schließlich, da die Ärzte ihn nicht zu heilen vermochten, kehrte er nach Frankreich zurück, um in der Heimat zu sterben«, und ein Engländer wurde zu seinem Nachfolger ernannt (Anm. 10). Hier haben wir das aufschlußreiche Bild eines Hüttenmeisters jener Zeit, fähig sowohl als Steinmetz wie als Ingenieur, war er zugleich diplomatisch

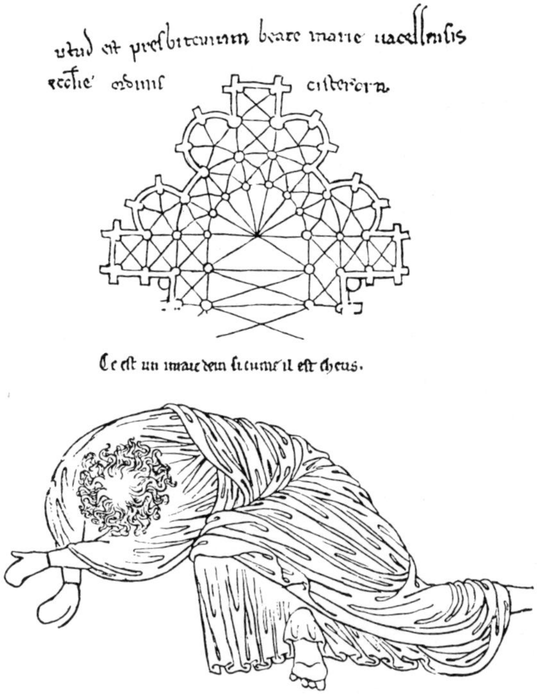

62 Grundriß zu einer Zisterzienserkirche und ein Jünger auf dem Ölberg. Aus Villard de Honnecourt's Skizzenbuch, um 1235

geschickt in der Behandlung seiner Auftraggeber und von ihnen hochgeschätzt. Während er Aufgaben übernahm, die ihn im Ausland festhielten, vergaß er niemals das Land seiner Kindheit. Etwa dreißig Jahre bevor er nach England ging, war in seiner Heimatstadt Sens der Bau einer neuen Kathedrale begonnen worden, und unverkennbar ist diese Kirche in wesentlichen Einzelheiten das Vorbild seines Planes für Canterbury gewesen.

Neben Wilhelm kennen wir zum mindesten noch einen Hüttenmeister der Gotik: Villard de Honnecourt, und in seinem Falle vermittelt uns glücklicherweise die Überlieferung eine noch weit deutlichere Vorstellung. Villard kam aus der Gegend von Cambrai in Nordfrankreich. Um 1235 hat er sein Skizzenbuch, besser gesagt ein Lehrbuch für die Angehörigen seiner Hütte, zusammengestellt. Es wird heute in der Pariser Nationalbibliothek aufbewahrt. Es handelt sich um eine höchst persönliche Schrift, in welcher der Autor sich unmittelbar an seine Schüler wendet. Er verspricht ihnen Unterricht im Steinmetz- und Zimmermanns-Handwerk, Belehrung in der Geometrie und im Zeichnen von Bauwerken und Figuren. Das Buch ent-

63 Eine der Kranzkapellen der Kathedrale zu Reims.
Aus Villard de Honnecourt's Skizzenbuch, um 1235

hält Beispiele all dieser Fertigkeiten in Form von Skizzen mit kurzen Texterläuterungen. Es ist eine Quelle, die uns außerordentlich wertvolle Aufschlüsse über die Arbeitsmethode und Denkweise der Künstler des dreizehnten Jahrhunderts gibt. Villard war Architekt, aber er zeichnet auch ein Kruzifix, eine Madonna und die schlafenden Jünger der Ölbergszene. All dies war offensichtlich als Muster für die Ausführung in Stein bestimmt. Er zeichnete die Gestalten der Superbia und Humilitas, die Triumphierende Kirche und das Rad der Fortuna. Daneben gibt es weltliche Themen, z. B. Ringkämpfer, einen Reiter, einen König mit seinem Gefolge und weiterhin viele Tiere, manche erstaunlich realistisch gesehen, andere völlig phantastisch. Wir finden einfache geometrische Hilfskonstruktionen für den Entwurf von Menschen- und Tierköpfen, Nachzeichnungen von Gebäudeteilen, Grundrisse von Kirchenchören, und einen Turm der Kathedrale von Laon mit dem Hinweis: »Ich bin, wie ihr aus diesem Buch sehen könnt, in vielen Ländern gewesen, aber nirgends habe ich einen zweiten solchen Turm gefunden.« Zu einer Skizze der Chorfenster von Reims heißt es: »Auf dem Weg nach Ungarn habe ich dieses gezeichnet, weil es mir am besten gefiel.« Er zeichnet Blattwerk, kopiert ein Labyrinth, ein Radfenster in Lausanne, entwirft eine Chorgestühlwange mit Blattornament und ein Lesepult mit drei Evangelisten. Er zeigt Profile, hölzerne Baugerüste und zahlreiche Maschinen, z. B. eine Sägemühle und eine Vorrichtung zum Heben schwerer Gegenstände. Er demonstriert Erfindungen, wie ein Lesepult mit einem Adler, welcher seinen Kopf bewegen kann, oder einen heizbaren metallenen Apfel, welcher bestimmt ist, dem zelebrierenden Bischof die Hände zu wärmen; schließlich finden wir sogar ein Rezept zur Befreiung von überflüssigem Haarwuchs.

So vielseitig waren die Kenntnisse und die Tätigkeit der Meister, welche die großen Kathedralen erbauten! Als Bringer des neuen gotischen Stils waren sie gesucht und überall willkommen. So berichtet uns die Wimpfener Chronik von 1258 von einem Prior, der einen jüngst aus Paris gekommenen Steinmetz (»noviter de villa Parisiensis venerat«) berufen hatte, da er über große Erfahrung als Baumeister verfügte. Der Prior befahl ihm, die Kirche »more francigeno« aus Quadersteinen zu errichten. Zweifellos hielten die reisenden Meister ihre Augen offen und zeichneten Bauwerke, Skulpturen und Malereien mit stets wacher Umsicht in ihren Werkbüchern auf. Sie verstanden ebensoviel von Figurenplastik und Ornamentik wie von architektonischer Konstruktion, wenn auch ihre Zeichenkunst noch primitiv war.

St. Denis verdankt ohne Frage seine Originalität einem Mann von solchen Fähigkeiten. Und mancher Bischof und Baumeister brannte damals vor Ehrgeiz, mit Suger und seiner Kirche zu wetteifern. Zwischen 1140 und 1250 wurden überall in Frankreich Kathedralen von ständig wachsenden Ausmaßen gebaut, so in Sens, Noyon Senlis, dann in Paris (Notre Dame seit 1163), Laon (seit etwa 1170), Chartres (seit 1195), Reims (seit 1211), Amiens (seit 1220) und Beauvais (seit 1247). Und über die hier genannten Kirchen hinaus gab es in allen Gegenden Frankreichs eine Fülle von Neubauten großen Stils. Indessen müssen wir unsere Betrachtung zunächst auf die Ile-de-France und ihre Umgebung beschränken, d. h. auf dasjenige Gebiet, welches eben jetzt zum Mittelpunkt eines national-französischen Königreichs wurde. Hier finden wir eine Baukunst, deren Entwicklung ebenso konsequent und bündig verläuft wie die des griechischen Tempels.

In St. Denis ist von Sugers Bau neben dem Chor nur die stark restaurierte Westfront erhalten. Sie folgt dem Typus der Zweiturmfassaden von Caen, welcher von nun an für die nordfranzösischen Kathedralen vorbildlich wurde; jedoch ist gegenüber Caen das Portal von St. Denis um zwei seitliche und noch rundbogig geschlossene Eingänge erweitert. Unmittelbar nach St. Denis wurde die Kathedrale von Chartres errichtet. Von dem ersten Bau, der etwa 1145 begonnen wurde, steht nur noch das großartige Westportal, welches in der edlen Verhaltenheit seiner Skulpturen und in der überzeugenden Intensität des Menschlichen die gesamte übrige zeitgenössische

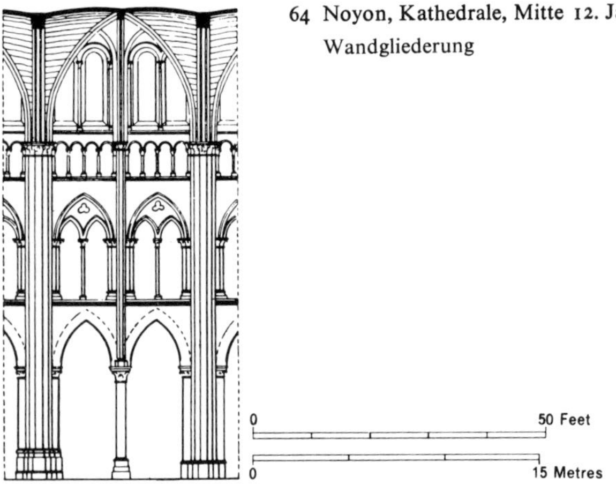

64 Noyon, Kathedrale, Mitte 12. Jahrhundert. Wandgliederung

Plastik Frankreichs übertrifft. Wie das Langhaus von St. Denis und das von Chartres ursprünglich aussahen, läßt sich aus den in St. Denis erhaltenen Fragmenten und im Vergleich zu der in den gleichen Jahren entstandenen Kathedrale von Sens erschließen. Wie in den romanischen Kirchen der Normandie, welche in erster Linie für die Meister der Frühgotik wegweisend waren, gab es in beiden Kathedralen Emporen, d. h. es bestand ein dreistöckiger Wandaufbau in der Folge: Arkaden, Emporen, Obergaden. Die Decke hatte ohne Zweifel Kreuzrippengewölbe. Etwa 15 Jahre später wurde in Noyon eine wichtige Neuerung im Aufriß eingeführt: die Gliederung der Wand wird hier durch ein Triforium bereichert, d. h. durch einen niedrigen, in der Tiefe des Mauerwerks und zwischen Emporen und Fenstergeschoß angebrachten Laufgang, welcher in Arkaden zum Mittelschiff geöffnet ist. Diese Aufteilung der Wand in vier statt wie bisher in drei Zonen beseitigt viel von dem, was zuvor noch an unbelebter Mauermasse geblieben war. Die Erdgeschoßarkaden haben Stützenwechsel mit Bündelpfeilern an den Eckpunkten der Mittelschiffsjoche und Rundpfeilern als Zwischenstützen. Entsprechend sind die Gewölbe sechsteilig gebildet wie früher schon in einigen romanischen Kirchen, besonders in der Normandie. Das bedeutet, daß zwischen den Gurtbogen des Mittelschiffs nicht nur zwei diagonale Rippen von Bündelpfeiler zu Bündelpfeiler hinüberlaufen, sondern daß auch die Dienste der Rundpfeiler durch eine Rippe weitergeführt werden, welche parallel mit den Gurtbogen ansteigend das Gewölbe halbiert und die beiden Diagonalrippen im Zentrum eines jeden Joches durchschneidet. Die hier erzielte Wirkung ist um vieles lebendiger als die der romanischen Gewölbe.

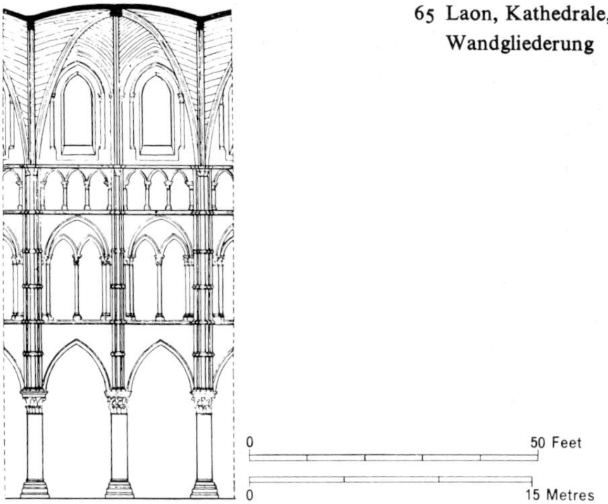

65 Laon, Kathedrale, nach 1170.
Wandgliederung

Die Meister der unmittelbar darauffolgenden Kathedralen von Laon und Paris müssen das Empfinden gehabt haben, daß die Wände, Pfeiler und Gewölbe von Noyon immer noch zu viel von der Schwere und Massigkeit romanischer Kirchen bewahrt hatten. Besonders der Stützenwechsel und die aus ihm entwickelte sechsfache Unterteilung der Gewölbe waren Faktoren, welche die Beibehaltung der quadratischen, d. h. der statischen Jochform der Vergangenheit begünstigt hatten. In den Erdgeschoß-Arkaden von Laon ist nach einigem Experimentieren der Stützenwechsel preisgegeben und statt dessen durchgehend der Rundpfeiler verwendet worden, obwohl in den oberen Geschossen die Dienste noch abwechselnd zu dreien und zu fünfen gebündelt sind, und obwohl die Gewölbe noch sechsteilig bleiben. Die vielen dünnen Schaftringe der Dienste betonen noch immer die Horizontale. Trotzdem hat man nicht mehr das Empfinden, als würde am Ende eines jeden Joches der Fluß des Raumes gehemmt. Diese bedeutsame Entwicklung ist in Notre Dame zu Paris noch weiter vorangetrieben worden. Die von den Säulenkapitellen des Erdgeschosses ansteigenden Dienstbündel sind hier nicht mehr wie in Laon differenziert, und die Schaftringe fehlen. Aber anscheinend war auch hier die Wand ursprünglich noch in vier Zonen geteilt, d. h. über dem Erdgeschoß und der Emporenzone gab es darüber eine Reihe von Rundfenstern, welche, unter dem Lichtgaden angebracht, die Funktion des Triforiums vertreten. Die Proportionen aber haben sich in Notre Dame in einer Weise gewandelt, welche die bestimmende Entwicklungsrichtung, die in den zuvor erwähnten Kirchen sich noch zögernd aussprach, deutlich erkennen läßt. Während im Chor die Emporen noch die Doppelöffnung der

66 Laon, Kathedrale, Mittelschiffswand, nach 1170

normannischen Tradition bewahrt haben, finden wir in den Emporen des etwas später entstandenen Langhauses dreigeteilte und dementsprechend schlankere Öffnungen und dünne Arkadensäulchen.

Kühner noch als der Aufbau der Wand ist in Notre Dame der Grundriß. Schon in Sens und Noyon läßt sich eine gewisse zentralisierende Tendenz feststellen; in Sens äußert sie sich in der Verlängerung des Chorabschnittes zwischen Querschiff und Umgang, in Noyon durch halbkreisförmigen Abschluß der Querschiffarme. Der Meister von Notre Dame hat sein Querschiff fast genau in die Mitte zwischen Fassadentürme und Ostapsis gelegt. Für das Langhaus und den Chor verwendet er einen höchst anspruchsvollen Grundriß mit doppelten Seitenschiffen, ein Schema, das schon in der ältesten Peterskirche und in Cluny III verwirklicht worden war. Das Querschiff

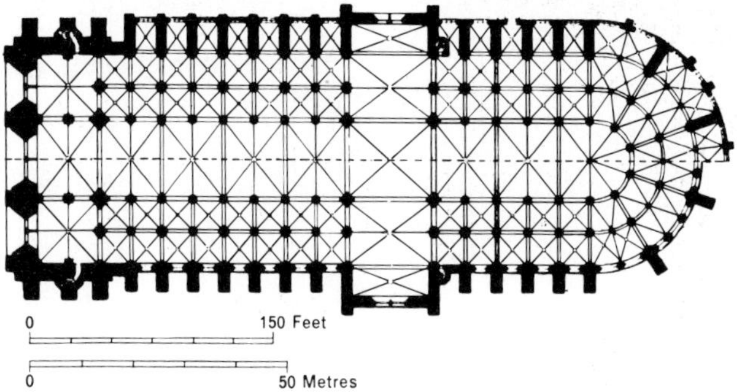

67 Paris, Notre Dame, begonnen um 1163

von Notre Dame tritt nur wenig über die äußeren Mauern der Seitenschiffe hervor. Ursprünglich waren an dem Chorumgang keine Kapellen angefügt. Die heute dort befindlichen sind spätere Zutat, ebenso wie die zwischen die Strebepfeiler eingelassenen Kapellen des Langhauses und der nördlichen und südlichen Chorwände. Gegenüber den romanischen Kirchen oder noch der Kathedrale von

68 Paris, Notre Dame, begonnen um 1163. Ursprüngliche Wandgliederung

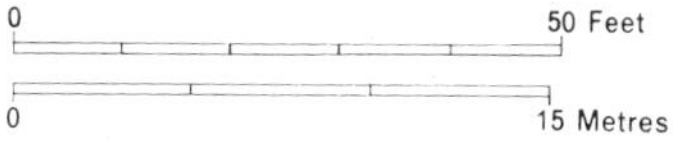

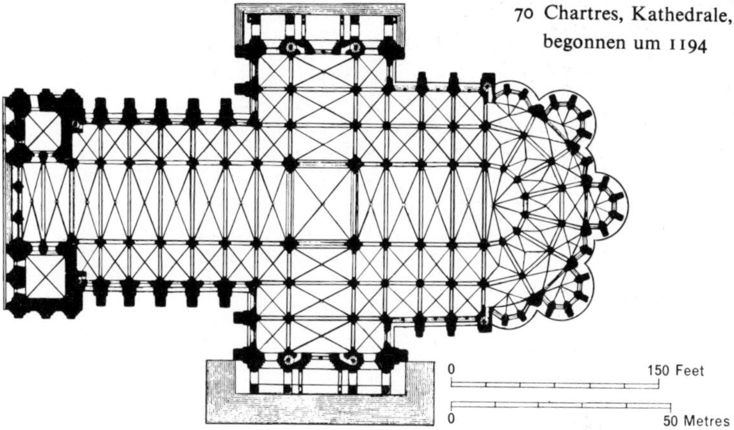

70 Chartres, Kathedrale, begonnen um 1194

Noyon ergibt sich hier eine viel konzentriertere und weniger differenzierte Raumstruktur. Der Bau ist nicht mehr in zahlreiche isolierte Einheiten aufgeteilt, die man sozusagen im Geist addieren muß, um einen Gesamteindruck zu gewinnen, sondern er ist in wenige, eigentlich nur in drei Abschnitte zusammengefaßt: Westteil, Mitte und Ostteil. Die ganze Komposition läßt sich mit einer Waage vergleichen, in der das Querschiff das Zünglein bildet und die Fassade und der doppelte Chorumgang die beiden gleichgewichtigen Schalen. Der Rhythmus des Raumes wird bestimmt durch die gleichmäßige Abfolge der spitzbogigen Arkaden und die gedrängte Reihung ihrer Rundpfeiler. Sie führen den Betrachter ebenso nachdrücklich auf den Altar zu wie die Säulenreihen der frühchristlichen Basilika.

Die Stilentwicklung, deren Wachstum wir von St. Denis nach Noyon und von Noyon bis Paris verfolgt haben, erreichte ihren Höhepunkt in den Kirchen, die vom Ende des zwölften Jahrhunderts an begonnen wurden. Das ist die Zeit der Wandlung von der Frühgotik zur klassischen Hochgotik. Die Kathedrale von Chartres wurde nach dem Brand des Jahres 1194 neu errichtet. Hier ist nun in Chor und Langhaus die sechsteilige Wölbung aufgegeben. An ihre Stelle tritt wieder die ältere Form des vierteiligen Kreuzrippengewölbes. Aber während dieses im romanischen Stil meistens einen annähernd quadratischen Grundriß zur Voraussetzung gehabt hatte, werden jetzt die Mittelschiffsjoche bedeutend schmaler angelegt, und zwar ungefähr doppelt so breit als tief. Durch die hier sich ergebende raschere Abfolge der Raumeinheiten wird die Bewegung nach Osten wesentlich beschleunigt. Die Stützen bleiben rund, aber an jeder Seite ist dem Pfeilerkern ein Dienst vorgelagert. Im Mittelschiff von

69 Paris, Notre Dame, Langhaus, Ende 12. Jahrhundert

Chartres sind diese Dienste bis zum Gewölbeansatz hinaufgeführt, eine Lösung, der wir schon in romanischen Kirchen wie Jumièges, Toulouse, Speyer und Winchester begegnet sind. Die Isolierung des Rundpfeilers von den oberen Stockwerken ist damit überwunden, und die Arkadenzone schließt sich von dem allgemeinen Höhendrang nicht mehr aus. An die Stelle der breiten Emporenzone ist ein niedriges Triforium getreten, welches die hohen Erdgeschoßarkaden von den kühn aufwachsenden Fenstern trennt. Die hier hervorgehobenen Veränderungen kennzeichnen im wesentlichen den Unterschied zwischen früh- und hochgotischem Stil. Der Grundriß von Chartres weicht weniger von der traditionellen Formgebung ab als der von Paris, aber auch hier liegt das Querschiff in der Mitte zwischen der Westfassade und dem Chorabschluß.

Nachdem in Chartres einmal die neue Pfeilerform, der dreigeschossige Aufbau und das vierteilige Gewölbe eingeführt oder wiedereingeführt waren, haben die Meister von Reims, Amiens und Beauvais sich damit begnügt, diese Neuerungen auszuwerten und sie zu ihrer letzten und kühnsten Konsequenz weiterzubilden. Das Ergebnis dieser Entwicklung ist eine den Grundriß und das Raumbild bestimmende Harmonie der Verhältnisse; aber es ist nicht das

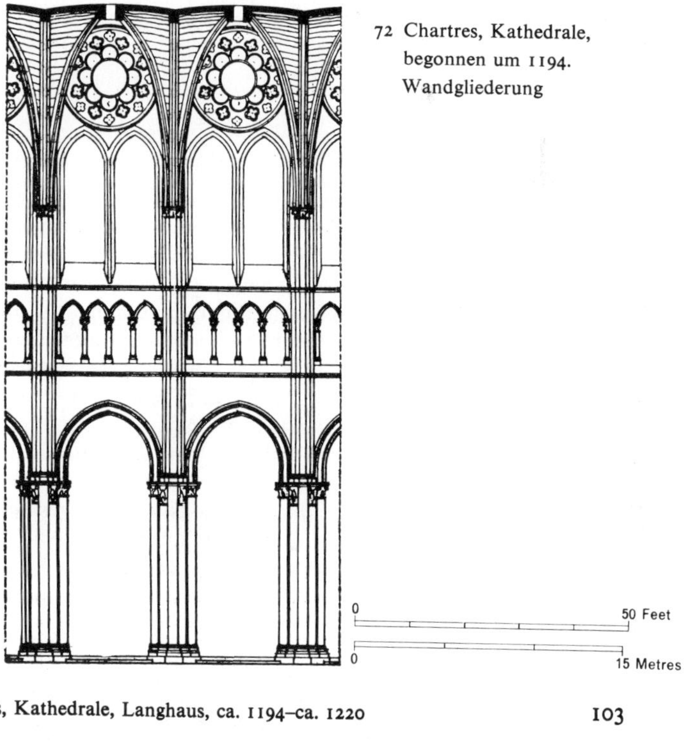

72 Chartres, Kathedrale, begonnen um 1194. Wandgliederung

73 Reims, Kathedrale, begonnen 1211. Wandgliederung

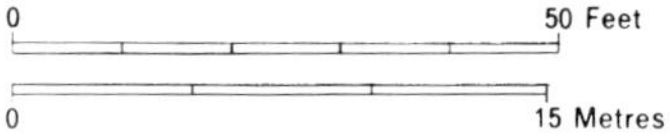

spannungs- und mühelose, nicht das glücklich in sich selbst beruhende und unverrückbare Gleichgewicht des griechischen Tempels, was hier erreicht und erstrebt wurde. Die Harmonie der reifen Gotik beruht auf dem Gleichgewicht zweier in entgegengesetzter Richtung wirkender Bewegungsenergien. Der erste Eindruck, den man beim Betreten einer hochgotischen Kathedrale gewinnt, ist der einer atemberaubenden Höhe. In Sens hatte sich die Breite des Mittelschiffes zu seiner Höhe wie 1 : 1,4 verhalten, in Noyon wie 1 : 2, in Chartres wie 1 : 2,6, in Paris wie 1 : 2,75. Amiens hat ein Verhältnis von 1 : 3, Beauvais schließlich von 1 : 3,4 erreicht. Sogar Beauvais wird von dem 1248 begonnenen Kölner Dom übertroffen, wo die Verhältnisse 1 : 3,8 betragen. Es sei darüber jedoch nicht vergessen, daß dieses Bestreben nach Steilheit nicht allen Schulen der Romanik fremd gewesen war: In Arles (Provence) ist das Verhältnis 1 : 3,5, in Ely 1 : 3,2. In Noyon hatte die absolute Höhe des Mittelschiffes etwa 26 m betragen; in Paris sind es schon 35 m, in Reims 38 m, in Amiens 42,5 m, in Beauvais sogar 48 m!

74 Amiens, Kathedrale, begonnen 1220. Wandgliederung

0 50 Feet
0 15 Metres

Der Höhentrieb, durch die Schlankheit aller Bauglieder noch besonders hervorgehoben, ist mindestens ebenso zwingend, wie einst in den frühchristlichen Kirchen der in der Horizontale sich entfaltende Drang nach Osten gewesen war. Aber auch diese Tendenz ist in den gotischen Kathedralen keineswegs abgeschwächt. Der gedrängte Ablauf der Arkaden und die rasche Folge der Pfeiler, die in gleichmäßiger Säulenform in zwingendem Rhythmus den Weg durch das Mittelschiff begleiten, erlauben auch nicht einen Augenblick von der angegebenen Ostrichtung abzuweichen, noch auch, Umschau haltend, sich zu verweilen. Erst wenn man das Querschiff erreicht hat, hält man inne und fühlt sich aufgefordert, den Blick nach beiden Seiten hin abschweifen zu lassen. Nun erst wird man versuchen, den Raum als ein Ganzes in sich aufzunehmen. Im Innern des frühchristlichen Gotteshauses war kein solcher Haltepunkt vorgesehen; in den romanischen Kirchen dagegen gab es deren so viele, daß die Bewegung zum Altar nur langsam von Joch zu Joch und von Raumeinheit zu Raumeinheit voranschritt. Eine hochgotische Kirche wie

75 Amiens, Kathedrale, Blick ins Langhaus, begonnen 1220

Amiens hat nur einen einzigen Ort des Verweilens, die Vierung. Aber auch hier hält man nur für kurze Zeit inne. Bald schließen sich, nunmehr im Chorabschnitt, Mittelschiffe und Seitenschiffe aufs neue zur Straße zusammen, und wir kommen erst dann wirklich zur Ruhe, wenn wir die Apsis und den Umgang erreicht haben, in deren kraftvoller Umarmung die Parallelströme der nach Osten drängenden Raumenergie aufgefangen werden, um in einer letzten steil nach oben gewendeten Bewegung über die zusammengedrängten Pfeiler und schmalen Fenster der Apsis bis zu der schwindelnden Höhe der Gewölberippen und endlich zum Gipfelpunkt des Schlußsteines anzusteigen.

Bei diesem Versuch, die gotische Kathedrale als ein Raumerlebnis zu analysieren, ist unberücksichtigt geblieben, daß im dreizehnten

76 Köln, Dom, Blick ins Langhaus, begonnen 1248

Jahrhundert der einfache Laie niemals den Chor hätte betreten dürfen. Gleichviel – die Tatsache bleibt bestehen, daß Reims, Amiens und Beauvais die letzte und großartige Erfüllung jener Entwicklung verkörpern, die während des elften Jahrhunderts in der Normandie und in Durham begonnen hatte und die über St. Denis, Noyon, Laon, Paris und Chartres mit kleinen, im Zusammenhang des Ganzen jedoch sinnvollen und bedeutsamen Veränderungen ihren Weg Schritt für Schritt vollendet hatte. Das endlich Erreichte, die hochgotische Kathedrale, ist – um es noch einmal zu sagen – keineswegs ein Bau von gelassener Ruhe. Die Polarität der beiden gegeneinander wirkenden Raumenergien erzeugt vielmehr eine Spannung, die nur durch einen kühnen schöpferischen Akt gebändigt in ein labiles und stets gefährdetes Gleichgewicht gebracht werden konnte.

Wer dieses Prinzip einmal erfaßt hat, wird es noch im letzten Detail gotischer Kirchen wiedererkennen. Schlank und gestreckt nehmen die Pfeiler an der großen Aufwärtsbewegung teil: und doch sind sie gerundet, fest und wohlgeformt. Ihr naturalistisches Blattornament ist voller Leben. Die Profilierung der Arkadenbogen mit scharf geschnittenen Rundstäben und starken und präzise gesetzten Kontrasten von Licht und Schatten ist abwechslungsreich und bewegt. Der Lichtgaden ist eine einzige große Glasfläche. Zugleich aber sind die Fenster unterteilt durch kräftig profilierte steinerne Pfosten und durch Maßwerk.

Das Maßwerk ist besonders aufschlußreich für das Verständnis des gotischen Stils. Seine Entwicklung läßt sich von Chartres nach Reims und von Reims nach Amiens verfolgen. Vor Reims bedeutete Maßwerk – soweit die Bezeichnung hier überhaupt schon verwendet werden darf – nichts anderes als das Einschneiden eines Kreises in das Bogenfeld zwischen zwei schlanken, separaten Fenstern. Die Wand als solche, d. h. in ihrer Funktion als einheitliche Mauerfläche, blieb dabei also noch erhalten. Erst in Reims findet sich Maßwerk im eigentlichen Sinne. Die Struktur der Wand ist preisgegeben und die zu plastischen Gliedern gewordenen Linien des Ornamentes steigen in kraftvollem Wachstum mit dem zweigeteilten Fenster hinauf, um schließlich in den bekrönenden Kreis mit eingeschriebenem Sechspaß einzumünden. Amiens bedeutet eine Bereicherung und Weiterbildung des in Reims Begonnenen. Anstelle der zweifachen finden wir hier eine vierfache Vertikalteilung des Fensters, während das Kreismotiv verdreifacht ist. Dieselbe Innervation wie sie durch das Maßwerk dem Fenster zuteil wurde, zeigt sich auch in der Bildung der Gewölbe. Jeder Schlußstein versinnbildlicht im kleinen jene Dynamik, die den hochgotischen Bau in seiner Gesamtheit bestimmt. In ihm finden die vier Bewegungsströme, die in den Diensten und den Diagonalrippen eines jeden Joches emporschießen, ihre Vereinigung und feste Verknüpfung.

Äußeres und Inneres stehen bei den gotischen Kathedralen des späten zwölften und des frühen dreizehnten Jahrhunderts in einem vollkommenen Harmonieverhältnis, wenigstens im geplanten Entwurf, denn kaum eine von ihnen gelangte vollkommen zur Ausführung. Wenige Besucher und selbst wenige Forscher bedenken diesen Umstand. Sieht man von Tournai in Südbelgien ab, so ist die Kathedrale von Laon die einzige, welche eine getreue Vorstellung von den ursprünglichen Absichten ihrer Baumeister zu geben vermag. Sie besitzt fünf hohe Türme, sollte aber sieben aufweisen, nämlich zwei an der Westfassade, einen mächtigeren über der Vierung und je zwei an jeder der beiden Fassaden des Querschiffes. Für Chartres waren acht Türme vorgesehen, für Reims zehn. Eher den Rheinlanden als der Tradition der französischen Romanik angemessen, fand sich die-

77 Laon, Kathedrale, Fassade, vollendet um 1225

ser heftige Höhendrang scheinbar erst nach 1220 bei Notre Dame in Paris in Frage gestellt. Zudem weist diese berühmte Fassade flach gedeckte Türme auf, während wir bei den anderen eben genannten Kathedralen allen Grund zu der Annahme haben, daß ihr Entwurf Spitztürme vorsah. In diesen versammelt sich der gotische Himmelsdrang zu seinem stärksten Ausdruckssymbol. Der Spitzturm ist eine Schöpfung des gotischen Geistes. In der Romanik sind die Spitztürme mehr bloße Pyramiden oder konische Dachkonstruktionen. Der Spitzturm von Chartres ist der erste Frankreichs, jener der Kathedrale von Oxford der erste auf dem Inselreich. Wie verständlich ist darum Villard de Honnecourts Bewunderung für die Türme von Laon, wovon bereits an früherer Stelle die Rede war. Was Reims betrifft, so muß man Wiedergaben der nach der Revolution abgetragenen Pfarrkirche St. Nicaise heranziehen, um wahrzunehmen, in welchem Maße Spitztürme die Erscheinung der Kathedrale verändert hätten. Erwägungen dieser Art bestätigt die uns erhaltene Zeichnung mit dem Original-Entwurf der Straßburger Fassade. Wer zur Kathedrale von Laon die beiden fehlenden Türme fügt und dieses Vorstellungsexperiment durch die weitere Ergänzung der spitzen Turmenden vervollständigt, wird ein Bild erlangen, das dem Idealbild gotischer Fassadenpracht nicht allzu fern ist und in seiner Gesamtheit dem Eindruck des Innenraumes die Waage hält.

Man hat oft die Meinung vertreten, daß die Elemente des Außenbaues, also die Strebepfeiler und Strebebögen, nur strukturellen Notwendigkeiten dienen und den mystischen Aufschwung des Innenraumes ermöglichen sollen. Dem ist jedoch nicht so. Sie enthalten vielmehr einen faszinierenden Formcharakter, den man nicht als phantastisch und willkürlich bezeichnen kann, sondern der einer inneren Logik unterworfen ist, in welcher sich die gleiche hohe Spannung ausdrückt, welche auch die Innenräume beherrscht.

Dieses Gleichgewicht höchster Spannungen ist der klassische Ausdruck des abendländisch-christlichen Geistes, ebenso wie der Tempel des fünften Jahrhunderts v. Chr. der klassische Ausdruck des griechischen Geistes war. Gegenüber seiner Ruhe und gelassenen Harmonie erscheint die Architektur der Gotik wie eine leidenschaftlich bewegte Handlung, die gleichsam nur für einen einzigen Augenblick in der Schwebe eines vollkommenen Ausgleichs von Kraft und Gegenkraft verharrt. Für den Beschauer bedarf es einer äußersten Konzentration, um an dem Ausgleich der Kontraste und an dem Triumph des endlich erreichten Gleichgewichtes teilzunehmen. Wie eine Bach'sche Fuge verlangt die gotische Kathedrale die Beteiligung unseres Verstandes wie unserer Empfindung, denn wenn uns einerseits die rubinrote und azurne Glut der Fenster zu mystischer Versenkung ruft, so wird andererseits die präzise Zeichnung der zarten und dennoch kraftvollen Linien unsere hellwache Vernunft in Anspruch nehmen. Worin liegt das Geheimnis dieser gewaltigen Dome? Liegt es in dem Wunder der Innenräume mit ihren weiten, zu überwältigender Höhe ansteigenden Steingewölben, den Arkaden, die viel zu schlank und zu hoch sind, um sie zu tragen, den Wänden aus farbig-durchsichtigem Glas? Die griechische Architektur hat eine Harmonie der tragenden und lastenden Glieder erreicht, die für alle Zeiten überzeugend geblieben ist. Die Meister der Gotik, getrieben von dem unstillbaren Verlangen, zu entdecken und zu erfinden, angezogen von dem Zauber des Unbekannten und nie Gewagten, waren weit kühner in ihren Konstruktionen. Sie zielten bewußt auf den Gegensatz zwischen einem Innenraum, der ganz von gläubigem

78 Reims, Kathedrale, Westfront, um 1235 und 2. Hälfte 13. Jahrhunde[rt]
Obere Galerie und Türme 15. Jahrhundert

Empfinden, und einem Außenbau, der ganz vom logischen Intellekt geprägt ist. Im Inneren der Kathedralen können und sollen wir das strukturelle Gesetz nicht verstehen, welches dem Gesamtbau zugrunde liegt. Um so nachdrücklicher dagegen und um so freimütiger wird im Außenbau der ganze komplizierte Apparat des konstruktiven Gerüstes demonstriert. Wenngleich auch die Strebepfeiler und -bogen mit reichem Zierat versehen sind, so liegt dennoch ihre eigentliche Bedeutung nicht im Bereich des Ästhetischen, sondern in der bestechenden Logik, mit der ein schwieriges statisches Problem gelöst wird. Das überaus sinnreiche und folgerichtige System der Verstrebungen vermittelt ein Erlebnis, wie es etwa einem Theaterbesucher zuteil wird, dem hinter den Kulissen und im Augenblick der raffinierten szenischen Maschinerie sich plötzlich die Wunder der Bühne enthüllen.

Es bedarf kaum vieler Worte, um deutlich zu machen, daß die gotische Kathedrale in den zuvor geschilderten Eigenschaften der adäquate Ausdruck des abendländischen Geistes jener Epoche ist, genauer gesagt, daß sie aufs engste der klassischen Scholastik verbunden ist. Unter der Bezeichnung Scholastik versteht man die typisch mittelalterliche Synthese von Theologie und Philosophie. Die Ausbildung dieser Denkweise erfolgte etwa gleichzeitig mit der Entwicklung des romanischen Stils. Vor dem elften Jahrhundert hatte sich das wissenschaftlich-religiöse Denken im wesentlichen auf Vereinfachung, Kompilation und dann auf Modifikation der Lehren beschränkt, welche die Kirchenväter und die antiken Philosophen und Dichter aufgestellt hatten. Während des zwölften Jahrhunderts, d. h. während der Zeit der Entstehung und Ausbreitung der Gotik, erreichte die Scholastik ihre Reife und damit eben jene Kühnheit und Verfeinerung, jene logische Konsequenz des Systems, wie wir sie entsprechend in den großen Kathedralen dieser Zeit erkannt haben. Die erste Hälfte des dreizehnten Jahrhunderts brachte Kompendien allen weltlichen und geistlichen Wissens, so die »Summa« des heiligen Thomas von Aquino, die Werke des Albertus Magnus und des heiligen Bonaventura, das »Speculum Majus« des Vincent von Beauvais und auf dem Gebiete der Dichtkunst den »Parsifal« Wolfram von Eschenbachs.

Eines der enzyklopädischen Werke dieser Art, »De proprietatibus rerum«, verfaßt um 1240 von dem englischen Franziskaner Bartholomeus Anglicus, beginnt mit einem Kapitel über das Wesen, die Einheit und die Dreifaltigkeit Gottes. Das nächste Kapitel behandelt die Engel, das dritte den Menschen, seine Seele und seine Sinne. Dann folgen Kapitel über die Elemente und Temperamente, über Anatomie und Physiologie, über die verschiedenen Lebensalter des Menschen, über Krankheiten, Nahrung, Schlaf und ähnliche physische Bedürfnisse, über die Gestirne und den Tierkreis, über die Zeit und ihre Einteilung. Des weiteren gibt es Abhandlungen über die Materie, über Feuer, Luft und Wasser, über die Vögel in der Luft, die Fische im Wasser und die Tiere des festen Landes, über Geographie, Gesteine, Bäume, Farben und Werkzeuge. Das um 1250 entstandene Werk des Vincent von Beauvais gliedert sich in die Specula der Natur, der christlichen Lehre und der Geschichte. Wie der Spiegel der Natur von Gott und der Schöpfung ausgeht, so beginnt der Spiegel der Geschichte mit dem Sündenfall und endet mit dem Jüngsten Gericht. Die Kathedralen der Gotik waren nicht nur im allgemeinen und übertragenen Sinne der architektonische Ausdruck des scholastischen Geistes, sondern sie sind darüber hinaus die unmittelbare Bilderschrift der großen Enzyklopädien, steinerne Specula der irdischen und himmlischen Welt. Im Haupteingang der Kathedrale von Reims steht vor dem Türpfosten die Statue der Jungfrau Maria, eine Vielzahl von Figuren schmückt die Gewände, darunter die Gruppen der Verkündigung, der Heimsuchung und der Darstellung im Tempel. Hoch oben in den Wimpergen der drei Portale erscheint die Kreuzigung, die Krönung Mariä und das Jüngste Gericht. Aber nicht nur in der Großplastik der Portale, sondern auch in den Glasmalereien der Fenster, in den Reliefs von Sockeln, Friesen und Archivolten bis hinauf zu den Verzierungen von Strebepfeilern und Schlußsteinen veranschaulicht die gotische Kathedrale immer von neuem das Leben Christi, Marias und der Heiligen, wobei die Letzteren stets mit dem ihre Person kennzeichnenden Attribut dargestellt werden, Petrus mit dem Schlüssel, Nikolaus mit drei goldenen Kugeln, St. Barbara mit dem Turm und St. Margarete mit dem Drachen; ferner finden wir Szenen und Gestalten aus dem Alten Testament, z. B. die Erschaffung Adams, Jonas mit dem Walfisch, Abraham und Melchisedek, und darüber hinaus solche Szenen christlicher Allegorie wie die Klugen und Törichten Jungfrauen und die der Sibyllen, die als Ankündigerinnen Christi galten. Dazu treten Themen weltlichen Inhaltes, etwa die Sieben Freien Künste und die Zeichen des Tierkreises mit den Arbeiten, die zu den betreffenden Monaten gehören, etwa das Pfropfen der Bäume, Schafschur, Ernte und Schweineschlachten. Das Profane verbindet sich mit dem Heiligen zu einem Kompendium des gesamten damaligen Wissens. Alles aber ist, wie St. Thomas es ausgedrückt hat, »auf Gott hin geordnet«. So wird Jonas nicht nur um dessentwillen dargestellt, was das Alte Testament von ihm überliefert, sondern vor allem, weil die drei Tage im Bauch des Walfisches den Tod und die Wiederauferstehung Christi versinnbildlichen, ähnlich wie man Melchisedek, der Abraham Brot und Wein anbietet, als einen Hinweis auf die Austeilung des Abendmahles verstand. Für die mittelalterlichen Menschen war alles von symbolischem Gehalt erfüllt. Die letzte und tiefste Bedeutung der Dinge und Ereignisse lag hinter der materiellen Erscheinung. Man denke nur an das Bild der zwei Schwerter, des kaiserlichen und des päpstlichen, ein Gleichnis politischer Theorien. Für Guglielmus Durandus ist der kreuzförmige Grundriß der Kirche ein Symbol des Kreuzes Christi; der Wetterhahn auf der Turmspitze ist der Prediger, der die Schläfer aus der Nacht der Sünde erweckt. Der Mörtel setzt sich zusammen aus Kalk, der die Liebe versinnbildlicht, aus Sand, d. h. der Bürde der Welt, welche die Liebe auf sich genommen hat, und aus Wasser, das himmlische Liebe und die irdische Mühsal vereint. Wer sich diese Esoterik der mittelalterlichen Bildwelt vergegenwärtigt, wird begreifen, wie fern und wie im letzten unzugänglich uns Heutigen das Zeitalter der Gotik gegenübersteht, trotz all unserer Begeisterung für die Kathedralen und ihre Bildwerke. Der Eindruck, der uns vor diesen gewaltigen Denkmälern zuteil wird, bleibt bis zu einem gewissen Grade immer willkürlich, und was wir in ihrer Betrachtung erleben, ist viel zu romantisch gefärbt, viel zu sentimental und unbestimmt. Für den Menschen des dreizehnten Jahrhunderts, insbesondere für die Gebildeten, war die Kathedrale ein Gebilde von durchsichtiger Klarheit, in dem das Licht der Vernunft, darüber hinaus aber auch das des Transzendentalen sich manifestierte. In dieser Einheit von Wissen und Glauben, von Irdischem und Himmlischem liegt für unsere Zeit der Glaubenslosigkeit ein Widerspruch, den wir nicht bewältigen können. Im dreizehnten Jahrhundert dagegen waren alle Stände und Schichten, waren Bischof und Mönch, waren Ritter und Handwerker – wenngleich ein jeder nach seinem besonderen geistigen Vermögen – aufs tiefste davon überzeugt, daß der Sinn und die letzte Wahrheit aller Schöpfung allein in Gott zu finden sei. So war die Auffassung von Wahrheit völlig verschieden von der unsrigen. Wahrheit war im Mittelalter nicht das, was eines besonderen Beweises bedarf und sich als beweisbar zeigt, sondern was einer unbedingt anerkannten und aller menschlichen Vernunft vorausgehenden Offenbarung entsprach. Wissenschaftliche Untersuchungen unternahm man nicht, um Wahrheit zu finden, sondern um die Erkenntnis einer prästabilierten Wahrheit, d. h. um die Erkenntnis der von Gott bedingten Kausalität allen Daseins zu vertiefen. Daher bedeutete für den mittelalterlichen Gelehrten der Begriff der Autorität unendlich mehr als für die Menschen der Gegenwart. Daher erklärt sich auch das Vertrauen des mittelalterlichen Künstlers auf sein »exemplum«, das Musterbuch, das es zu kopieren galt. Originalität der Erfindung hatte ebenso wie das Studium der Natur nur sehr geringe Bedeutung. Selbst Villard de Honnecourts Zeichnungen sind in neun von zehn Fällen Kopien nach anderen Werken. Neuschöpfungen in unserem Sinne entstanden im Mittelalter nur in langsamer Entwicklung und weit weniger absichtlich als wir uns gewöhnlich vorstellen.

Und doch war der gotische Stil sicherlich eine bewußte Neuerung und zweifellos eine Schöpfung starker selbstbewußter Persönlichkeiten. Das Zeugnis der Kathedralen berechtigt uns zu dieser Annahme, aber wir finden eine Bestätigung auch in entsprechenden Erscheinungen der Scholastik. Dort zeigt sich als bedeutsamste Errungenschaft des dreizehnten Jahrhunderts eine entschiedene Abkehr von der rein transzendentalen Haltung der romanischen und vorromanischen Jahrhunderte. »Die Welt ist so von Sünden beschmutzt, daß ein frommer Christ sich besudelt, sobald er auch nur an sie denkt«, hatte Petrus Damianus in der ersten Hälfte des elften Jahrhunderts geschrieben. Jetzt dagegen im dreizehnten Jahrhundert ruft Vincent von Beauvais aus: »Wie großartig ist selbst die geringste Schönheit dieser Erde! Wenn ich den Reichtum, die Schönheit und Beständigkeit der Schöpfung betrachte, fühle ich eine innige Andacht zu dem Schöpfer und Herrscher dieser Welt.« Und nach Thomas von Aquino (oder einem seiner Schüler) besteht Schönheit »aus einer Konsonanz auseinanderstrebender Elemente«.

Aber noch niemals wird die Welt um ihrer selbst, d. h. um ihres immanenten Seins willen gepriesen. Immer ist es die Schönheit der göttlichen Schöpfung, die man in ihr verehrt. Wir dürfen sie mit ganzem Herzen genießen, denn Gott selbst »hat Freude an allen Dingen, weil jedes seiner Werke in Übereinstimmung ist mit seiner höchsten Wesenheit« (Thomas von Aquino). Es war solche von religiösem Empfinden geprägte Anschauung, aus der die Steinmetzen jetzt daran gingen, die Blattformen der Natur nachzubilden, das Laub von Eiche und Ahorn, von Weißdorn und Rebstock. Zur Zeit des Petrus Damianus gab es nur geometrische oder streng abstrahierende Ornamente. Jetzt sind die Zierformen ebenso wie die Pfeilerbündel, die Dienste und Rippen erfüllt von jugendlich pulsierendem Leben. Dabei ist die Ornamentik des dreizehnten Jahrhunderts, auch wo sie sich naturalistischer Motive bedient, stets frei von Kleinlichkeit und Pedanterie; fern davon, sich übermäßig in den Vordergrund zu drängen, bleibt sie stets ihrer höheren Bindung verpflichtet, der des christlichen Gotteshauses als Idee wie als architektonische Konzeption.

Der neue Dekorationsstil wäre nicht denkbar gewesen vor der Zeit, in der der heilige Franziskus seinen Gesang an Bruder Sonne, Schwester Erde und Bruder Wind anstimmte, nicht vor der Epoche des *dolce stil nuovo* und der französischen Ritterepen. Die ersten Kreuzritter waren aufgerufen worden, das Heilige Land zu befreien; der vierte Kreuzzug im Jahre 1203 wurde von den Venezianern nach Konstantinopel abgelenkt, weil der Besitz dieser Stadt für den Handel der Republik einen enormen Vorteil bedeutete. Und doch begegnen wir noch im fünften Kreuzzug in der Gestalt des französischen Königs Ludwig IX. (Ludwig der Heilige) dem Typus des echten christlichen Ritters, dem Helden, der in gleicher Inbrunst für die Ideale der Religion wie für die Tugenden weltlicher Ritterschaft entflammt war. Wolfram von Eschenbachs Parsifal, der ungefähr gleichzeitig mit der Kathedrale von Reims entstand, ist das bedeutendste europäische Epos des dreizehnten Jahrhunderts. In ihm wird der junge Ritter ermahnt, seine Seele Gott zu weihen, ohne den Halt an der Welt zu verlieren. Er wird belehrt, daß: »in Lust und Leid das rechte Maß immer sein Leitspruch bleiben solle«. Das klingt wie das griechische »nichts im Übermaß«. Aber der Sinn ist ein anderer. Gemeint ist eine Harmonie, die jenem dynamischen Gleichgewicht entspricht, welches wir als das Wesen der Kathedrale erkannten, d. h. eine Harmonie, welche nur derjenige als höchsten Preis erringt, der ohne Ermüden und unter Einsatz all seiner Kräfte nach Erlösung gestrebt hat. Ein kühnes und wahrhaft adeliges Ideal, würdig der stolzen Kathedralen und der edlen Skulpturen ihrer Portale. In Chartres kann man ihn sehen, den Ritter der Parsifaltugenden: in der Vorhalle des südlichen Querschiffes erkennen wir ihn in der Figur des heiligen Theodor; in Reims steht er als namenloser König unter dem Baldachin eines der Strebepfeiler; wir erblicken ihn in der Gestalt des Bamberger Reiters und noch einmal im Naumburger Domchor neben den unvergleichlich schönen Statuen junger Edelfrauen.

Die Gotik des dreizehnten Jahrhunderts hat in Frankreich, wie auch in Deutschland und Italien, vollendete Leistungen der Bildhauerkunst hervorgebracht. Nur in England, selbst vor den verheerenden Bilderstürmen, die Heinrich VIII. und Thomas Cromwell verursachten, hat es anscheinend nur wenige Skulpturen von höchstem künstlerischem Rang gegeben. Die Engländer sind kein Bildhauer-Volk. Auch in der Spätgotik und im Barock haben sie keinen Bildhauer von europäischer Geltung aufzuweisen.

Ganz anders steht es dagegen um die Leistungen Englands auf dem Gebiete der Architektur. Die englische Früh- und Hochgotik verdient gesammelte Aufmerksamkeit, selbst wenn sie vom französischen Standpunkt, ebenso wie die Architektur der deutschen und spanischen Gotik, als provinziell bezeichnet werden mag. Es gibt ja in der Tat in der Epoche zwischen 1150 und 1250 – gleichviel unter welchem Aspekt man sie betrachtet – keine Landschaft, die an künstlerischer Bedeutung der französischen Domaine royal und den Kathedralen von Paris, Reims oder Amiens ebenbürtig wäre. Die gesamte Früh- und Hochgotik der Frankreich umgebenden Länder bleibt letztlich von französischen Anregungen abhängig.

Das gilt ganz besonders für die Bauten der internationalsten aller gotischen Schulen, für die Kirchen der Zisterzienser. Als seit dem zweiten Viertel des zwölften Jahrhunderts dieser Orden sich mächtig auszubreiten begann, wurden zunächst noch die romanischen Bauformen der jeweiligen Gegend angewendet. Bald aber siegte der Regionalstil eben jener Landschaft, in der Cîteaux, das Mutterkloster der Zisterzienser, gelegen war; d.h. die burgundische Gotik erhielt für alle Bauten des Ordens, gleichgültig in welchem Lande sie entstanden, normative Bedeutung. So finden sich seit der Mitte des zwölften Jahrhunderts in England, seit dem späten zwölften Jahrhundert in Spanien, seit dem frühen dreizehnten Jahrhundert in Deutschland und Italien Zisterzienser-Kirchen und -Klosteranlagen in den schlichten Formen der burgundischen Schule, mit gotischen Spitzbogen und Rippengewölben.

Der Stil der französischen Kathedralen fand überall etwas später Eingang: in England um 1175 (Canterbury), in Spanien um 1220 (Burgos, Toledo, León). In Italien ist er so gut wie gar nicht anzutreffen. Und Deutschland? Hier waren die Vorbedingungen für die klassische Gotik durchaus ungünstig. Die nationale Neigung galt einer üppigen, barocken Spätromanik mit vielfältiger Gruppierung im Außenbau, massigen Mauern, kräftigen Säulenbündeln und phantastischen Schmuckfenstern in Rosen-, Vielpaß- und anderen noch ausschweifenderen Formen. Von der französischen Gotik übernahm man zunächst nur solche Einzelmotive, die zur plastischen Belebung beitragen konnten; so finden wir Dienste mit Schaftringen und einfach profilierte Gewölberippen. Noch um 1230, während in Frankreich Amiens entstand, hat die Marienkirche in Gelnhausen außer den bereits erwähnten Motiven lediglich das Spitzbogenfenster akzeptiert. Der Außenbau mit seinen kompakt und gewichtig aufgetürmten Mauermassen ist von französischen Einflüssen unberührt und noch völlig romanisch. Im Paradies des Klosters Maulbronn finden wir Dienste mit frühgotischen Kapitellen und Schaftringen, die letzteren in vielfach abgestufter Höhenlage angebracht. Im Zusammenhang mit den derben Gewölberippen ergibt sich ein Gesamtbild von solcher Breite und Fülle, daß man die Herkunft der Einzelformen aus Laon völlig vergißt. Limburg an der Lahn ist ebenfalls und in noch stärkerem Maße der Kathedrale von Laon verpflichtet, die offenbar der von den Deutschen am meisten bewunderte Bau der französischen Gotik gewesen ist. Aber wie sehr unterscheidet sich trotz der engen Beziehung das Raumgefühl des Limburger Meisters von dem des Meisters von Laon! Fast nichts ist geblieben von der Präzision und dem straffen Auftrieb des französischen Vorbildes und gar nichts von der logischen Durchführung des gotischen Systems. Dafür fehlten offenbar in Deutschland noch die Voraussetzungen. Das Verhältnis zur Gotik der Ile-de-France war hier ungefähr das gleiche wie im sechzehnten Jahrhundert dasjenige zur italienischen Renaissance: was im Ursprungsgebiet ein Stil ist, wird im Lande der Rezeption zunächst lediglich als ein Mittel der dekorativen Bereicherung aufgefaßt.

Der Ruhm, zum erstenmal das System der französischen Gotik in seiner Gesamtheit auf deutschen Boden verpflanzt zu haben, gebührt wohl dem Erzbischof Albrecht von Magdeburg, der in Paris studiert

79 Magdeburg, Domchor, begonnen 1209

hatte. 1209 begann er den Neubau des Doms, dessen Chor mit Umgang und Kapellenkranz ganz dem Vorbild der französischen Kathedralen folgt. Indessen blieb der französische Einfluß vorwiegend auf den Grundriß beschränkt. Im Aufbau des Magdeburger Domes hat sich sehr bald wieder das Stilgefühl der deutschen Spätromanik durchgesetzt, und der Gesamteindruck ist am Ende zwar reich, aber verworren. Deutschland mußte noch eine Generation warten, ehe Bauten im reinen gotischen Stil möglich wurden, und auch dann gab es deren nur sehr wenige. Die Elisabethkirche in Marburg (begonnen 1236) und die Liebfrauenkirche in Trier (begonnen etwa 1240) sind die frühesten Beispiele, beide von Kirchen der Champagne abhängig. In Marburg allerdings trat eine Wendung ein, wie sie uns ähnlich schon in der Baugeschichte des Magdeburger Domes begegnete. Während der Bautätigkeit, wahrscheinlich im Jahre 1249, wurde der ursprüngliche Plan entscheidend geändert. Unter Preisgabe des basilikalen Systems der französischen Gotik wurde das Langhaus, spezifisch deutschem Stilgefühl entsprechend, als Halle weitergebaut (Anm. 11).

Wenn wir bei unserer Betrachtung der deutschen Baukunst des dreizehnten Jahrhunderts den Einfluß der Domaine royal, dieser Kernlandschaft der französischen Hochgotik, ins Auge fassen (die übrigen Provinzialschulen Frankreichs können hier nicht behandelt werden), dann bleibt außer Trier eigentlich nur das Langhaus des Straßburger Münsters und der Kölner Domchor (begonnen 1248), ein Bau von rein französischer Prägung, für den das Vorbild von Beauvais, Amiens, Paris und St. Denis maßgeblich war. Die Baugeschichte von Köln und Straßburg führt uns in die zweite Hälfte des dreizehnten Jahrhunderts und damit in eine Epoche, in welcher Deutschland sich von dem Kanon der französischen Gotik abwenden sollte. Das Interregnum veränderte die politische und soziale Lage in jeder Beziehung. Was seitdem in Deutschland an bedeutenden Bauten geschaffen wurde, gehört nicht mehr der klassischen, sondern einer nationalen Spätgotik an.

In England war die Entwicklung ähnlich, nur daß sie – das muß mit Bestimmtheit betont werden – auf allen Stufen früher einsetzte. In der englischen Gotik, die schon um 1175 beginnt, handelte es sich nicht wie in Deutschland um die zögernde Auseinandersetzung eines im Grunde romanisch gebliebenen Stilgefühls mit den aus Frankreich eindringenden Neuerungen, sondern um ein durchaus eigenes und im Gegensatz zu Deutschland auch dem Geiste nach wahrhaft gotisches Gepräge. Schon 1901 schrieb Dehio: »Die englische Gotik ist nicht nur ein Ableger der französischen, wie alle kontinentalen Schulen es waren, sondern ein aus derselben Wurzel kommender Seitenschoß. England... hat von vornherein ein gut Teil von seinem eigenen Geist in die Entwicklung hineinlegen können.« (Anm. 12).

Die Richtigkeit dieses Urteils beweisen schon die frühesten gotischen Dome Englands. Die bereits erwähnte Kathedrale von Canterbury (Ostteile neu erbaut seit 1175) ist das früheste Beispiel des neuen Stils. Die meisten Einzelheiten dieses Bauwerkes zeigen zwar noch unverkennbar ihre französische Herkunft, aber der Grundriß ist, gemessen an der Norm der französischen Gotik, bereits durchaus ungewöhnlich. Er enthält nicht ein, sondern zwei Querschiffe, davon das zweite kürzere weiter ostwärts gelegen. Eine ähnliche Anlage hatte es allerdings auch in Cluny III gegeben, d. h. nicht in der Kirche des zehnten Jahrhunderts, die über Hirsau für Deutschland so bedeutsam geworden war, sondern in dem Neubau aus dem Ende des elften Jahrhunderts. Während jedoch die Verdoppelung des Querschiffs in Frankreich ein Sonderfall blieb, für den es unter den großen Kathedralen keine Entsprechung gibt, hat gerade dieses Motiv in England weite Verbreitung gefunden (Lincoln, Wells, Salisbury etc.). In der Tat ist das doppelte Querschiff ein für die unterschiedliche Raumauffassung beider Länder überaus bezeichnendes Symptom. Der französischen Gotik war – wie wir bereits gesehen haben – eine Tendenz zur Klärung und Konzentration des Raumes eigen. Die Frühgotik Englands, der Stil des *Early English*, läßt fast nichts von diesem Bestreben erkennen. Der Unterschied zwischen englischer und französischer Auffassung wird besonders deutlich, wenn man die Kathedrale von Lincoln mit der von Reims vergleicht. Reims scheint durch einen energischen Willen kraftvoll zusammengedrängt, während Lincoln sich gelöst nach allen Seiten hin ausbreitet. Der gleiche Kontrast macht sich in der Fassadenbildung bemerkbar. In England kommt der Westfront vergleichsweise geringe Bedeutung zu. Anstelle des zentralen Mittelportals der französischen Gotik dienen Vorhallen, die den Seitenschiffen nach Norden oder Süden angefügt sind, als Haupteingänge. Sie werden manchmal zu prachtvollen Beispielen einer reinen Schmuckarchitektur entwickelt. Selbst wo eine eigentliche Westfront durchgebildet ist, wie in Wells und in Lincoln, fehlt die logische Verbindung zu dem dahinterliegenden Raumgefüge. Es sind Schauwände, die ohne organische Beziehung der eigentlichen Kirche gleichsam nur vorgeblendet werden, nicht aber konsequenter Ausdruck der basilikalen Raumstruktur wie die französischen Fassaden. Man hat diese scheinbar konservative Haltung der englischen Baumeister mit der Tatsache zu begründen versucht, daß so viele große normannische Kirchen erhalten waren, deren Grundmauern und Wände für die gotischen Neubauten verwendet wurden. Aber wie so viele andere materialistische Erklärungen hält auch diese nicht stand. Salisbury war eine Neugründung. Als im Jahre 1220, dem Jahre des Baubeginns der Kathedrale von Amiens, der Grundstein gelegt wurde, gab es an dieser Stelle keinerlei Reste eines älteren Baus. Und doch vertritt der Grundriß von Salisbury den gleichen

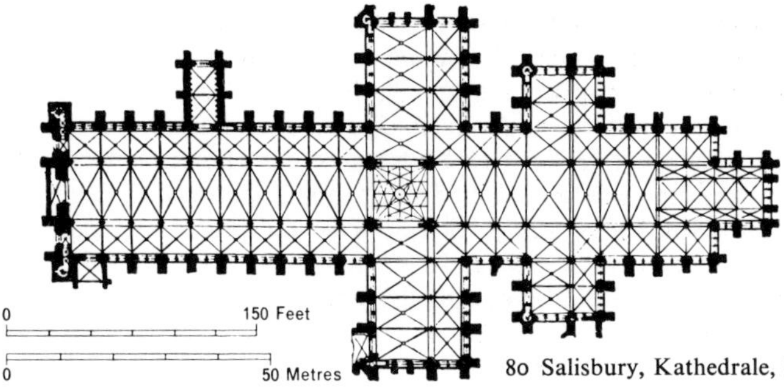

80 Salisbury, Kathedrale, begonnen 1220

Typus wie derjenige von Lincoln. Der rechteckige Chorschluß und die rechteckigen Enden der beiden Querschiffpaare bleiben gesonderte Raumeinheiten, die gleichsam Teil um Teil zusammengefügt sind. Die Vorliebe für das »additive System« muß als eine spezifisch englische Neigung anerkannt werden; wer sich das einmal klargemacht hat, wird erkennen, daß es sich hier im Grunde um die gleiche Haltung handelt, welche schon die Grundrisse angelsächsischer Kirchen wie Bradford-on-Avon gekennzeichnet hatte, ja er wird erkennen, daß diese national bedingte Tendenz nicht nur für den Grundriß, sondern auch für den Aufbau der gotischen Kirchen Englands bestimmend ist.

Canterbury kann man nur bedingt, Wells und Lincoln dagegen ohne Einschränkungen als Zeugnisse englischer Baukunst bezeichnen. Wells wurde kurz vor 1191, Lincoln im Jahre 1192 begonnen. Wenn man das im Jahre 1233 gedeckte Mittelschiff von Lincoln mit dem von Amiens vergleicht, so zeigt sich noch einmal in aller Deutlichkeit der Gegensatz zwischen französischer und englischer Gotik. Und dennoch lebt in beiden Kathedralen der gleiche aristokratische Geist, jugendlich und zugleich diszipliniert, kraftvoll und zugleich anmutig: der Geist des dreizehnten Jahrhunderts. Die Joche in Amiens sind schmal, die von Lincoln dagegen weit. Die Pfeiler der englischen Kirche sind nicht übermäßig gestreckt und keiner der Dienste reicht vom Boden bis zum Gewölbeansatz hinauf; diejenigen Dienste, welche die Rippen des Gewölbes tragen, ruhen auf Konsolen, die unmittelbar über den Kapitellen der Erdgeschoßarkaden angebracht sind, vom Standpunkt der französischen Hochgotik eine gänzlich widersinnige Anordnung. Die Empore hat weite niedrige Arkaden mit Spitzbogen, die so abgeflacht sind, daß sie fast rund erscheinen, auch das nach französischen Kriterien eine Inkonsequenz der Komposition (Anm. 13). Besonders merkwürdig ist, wenn man sich Amiens oder Beauvais vergegenwärtigt, die Bildung der Gewölbe. Denn während das Gewölbe der französischen Kathedralen in strenger Logik aus dem Joch-System entwickelt war, finden wir in Lincoln neben den der Struktur der einzelnen Joche entsprechenden Gurtbögen und Diagonalrippen noch eine Scheitelrippe, die parallel zu den Arkaden und über der Mittelachse des Hauptschiffs das Langhausgewölbe in seiner ganzen Ausdehnung durchläuft, ferner eine weitere Scheitelrippe, rechtwinklig zu der anderen, d. h. parallel zu den Gurtbögen und überdies sogenannte Tiercerons, d. h. Sekundärrippen, die von denselben Kapitellen ausgehen wie die Kreuzrippen, ohne jedoch den Schlußstein zu erreichen. Sie münden vielmehr in Paaren in die Scheitelrippen ein. Wenn man diese neuartige Formation im Plan studiert, so bildet sie eine Reihe von Sternen anstatt der einfachen französischen langestreckten Diagonalkränze. Wenn man aber in die Gewölbe hinaufblickt, ist der Eindruck ein ganz anderer; denn da die Gurtbögen weder durch Breite noch durch Relief gegenüber den anderen Rippen hervorgehoben sind, so liest man das Gewölbe überhaupt nicht in Jochen, sondern von den Kämpfern her, an denen die Gurtbögen, zwei Rippen und vier Tiercerons aufsteigen, ein Bündel sich emporstreckender Formen, das dem Palmblatt ähnlich ist. Was den Eindruck der Gewölbe von Lincoln und späterer englischer Gewölbe des dreizehnten Jahrhunderts bestimmt, sind diese Palmwedel, die von den Seiten her sich nach der Mitte ausbreiten und an der Scheitelrippe treffen. Der Effekt ist reicher und üppiger als in Frankreich und läßt die Betonung der Höhe auf Kosten der Breite zurücktreten. Es ist kaum nötig, dem noch hinzuzufügen, daß das englische System nichts von der funktionellen Klarheit und strengen Logik des französischen besitzt. In allen bisher erwähnten Eigenschaften ist das Early English der unverfälschte Ausdruck des englischen Nationalcharakters, wie er sich mit nur geringen Veränderungen bis in die Gegenwart erhalten hat. Noch heute steht der Engländer allem, was bedingungslos konsequent und logisch, was extrem und kompromißlos ist, mit Mißtrauen gegenüber. In der normannischen Architektur hat man keine Symptome dieser spezifisch englischen Haltung nachweisen können. Es scheint daher an dieser Stelle in diesem Zusammenhang angebracht, darauf hinzuweisen, daß gerade um die Mitte des dreizehnten Jahrhunderts auch in anderen Bereichen der englischen Kultur sich Anzeichen eines erwachenden Nationalbewußtseins bemerkbar machen. Die »Oxforder Provisionen« vom Jahre 1259 sind das erste offizielle Dokument, das nicht nur in französisch oder lateinisch, sondern auch in englischer Sprache abgefaßt ist. Der Text bestimmt, daß in Zukunft königliche Lehen nicht an Ausländer vergeben werden dürfen und daß die Kommandanten der königlichen Festungen und Häfen englischer Abstammung sein müssen. Es ist bekannt, daß der Aufstand Simons von Montfort eine nationale Bewegung war und daß Eduard I.

81 Lincoln, Kathedrale, Langhaus, ca. 1215–35

in erheblichem Maße von Simons Ideen beeinflußt wurde. Eine ähnliche Tendenz zu nationaler Differenzierung läßt sich gleichzeitig auch in anderen europäischen Ländern feststellen. Man vergleiche in diesem Zusammenhang nur das Deutschland nach dem Interregnum mit dem Friedrichs II. Die Entwicklung des völkischen Bewußtseins mag mit den Erfahrungen der Kreuzzüge zusammenhängen. Damals müssen sich den Rittern, obwohl sie der Dienst an einer gemeinsamen Sache verband, doch zum erstenmal die Unterschiede vergegenwärtigt haben, welche die Völker Europas in Lebensweise und Denkungsart voneinander scheiden.

Darüber hinaus haben die Kreuzzüge noch eine unmittelbare Bedeutung für die Architektur gehabt, indem sie eine durchgreifende Wandlung des Burgenbaus hervorbrachten. Anstelle der romanischen Befestigungsanlagen mit dem Bergfried oder Donjon als Schwerpunkt der Verteidigung wurde ein System konzentrischer Mauern, die in bestimmten Abständen durch Türme verstärkt sind, eingeführt. Dieser Typus der Burg geht auf die mächtigen Mauerwälle Konstantinopels zurück, die bereits um etwa 400 errichtet wurden und deren innerer, höherer Mauerkranz mehr als 12 m hoch war. Später hatten die Mohammedaner dieses Schema übernommen, von welchen es die Kreuzfahrer in Syrien und im Heiligen Land entlehnen sollten. Die mächtigste dieser Burgen war der Crak des Chevaliers, er fiel unbezwungen in die Hände der Heiden. Der von Richard Löwenherz, Heinrich III. und ihren Nachfolgern vergrößerte Tower in London ist ein Beispiel dieses konzentrischen Befestigungssystems. Von be-

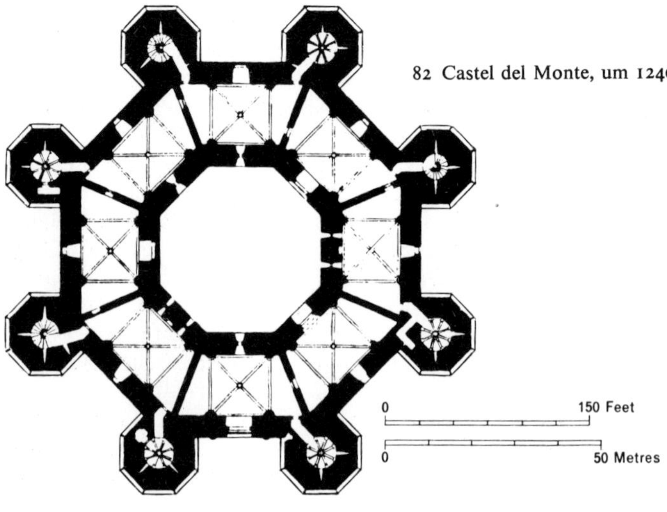

82 Castel del Monte, um 1240

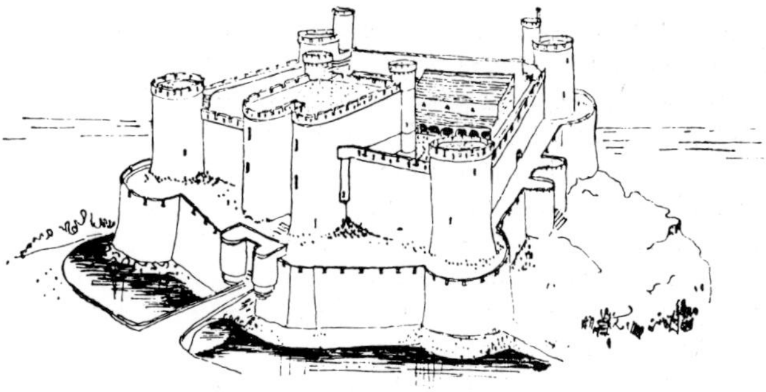

83 Harlech Castle, 1286–90

sonderer Bedeutung für uns ist die Tatsache, daß, wenigstens in einer Anzahl von Fällen, der Wandel des Befestigungsbaus nicht allein von praktischen Erkenntnissen, sondern auch von neuartigen ästhetischen Ansprüchen bedingt war. Den Baumeistern, welche die Kastelle Eduard I. in Wales errichteten, erschienen die Burgen der normannischen Epoche mit ihren unregelmäßigen Höfen und dem Bergfried in einer Ecke als willkürliche und unbefriedigende Lösungen. Statt dessen entdeckten sie aufs neue die Symmetrie als ein für den Burgenbau anwendbares und mustergültiges Kompositionsgesetz. Wir sprechen ausdrücklich von Neu-Entdeckung, da es sich hier um ein Prinzip handelt, welches schon die Römer in ihren Festungen angewendet hatten. Ebenso wie man jetzt neugegründeten Städten mit Vorliebe einen regelmäßigen schachbrettförmigen Plan zugrunde legte (z. B. die Bastiden in Südfrankreich, New Winchelsea in England und die Siedlungen des deutschen Ritterordens in den Ostseeprovinzen), so erbaute man nun auch die walisischen Burgen Harlech und Beaumaris ganz nach den Regeln der Symmetrie. Die Wirkung, besonders in Harlech, ist von überwältigender Monumentalität. Leider ist es nur wenig bekannt, daß in Wales Meisterwerke der abendländischen Festungsbaukunst zu finden sind, mit deren Kühnheit und Majestät sich einzig die etwa fünfzig Jahre früher entstandenen Burgen Friedrichs II. in Unteritalien und Sizilien messen können. Die Mehrzahl dieser Burgen ist quadratisch oder rechteckig, und hier mag wohl das Vorbild für Harlech liegen. Den Höhepunkt aber bildet das einsam gelegene, wahrlich kaiserliche Castel del Monte, ein völlig symmetrischer achteckiger Bau. Auch diese Burg war eine Synthese gotischer, römischer und orientalischer Baukunst (Anm. 14).

Auf dem Gebiet der englischen Sakralarchitektur sind es die Kapitelhäuser des dreizehnten Jahrhunderts, die sich an künstlerischer Bedeutung am ehesten mit Harlech und Beaumaris vergleichen las-

84 Salisbury, Kathedrale, Kapitelhaus, um 1275

sen. Auch hier handelt es sich um einen spezifisch englischen Bautypus, auch hier um Meisterwerke, die fast unbekannt geblieben sind und deren Bedeutung auf dem Kontinent nicht genügend gewürdigt wird. Das Kapitelhaus von Salisbury, um 1275 erbaut, ist ein achteckiger Zentralbau mit einem Mittelpfeiler und großen Fenstern, welche – abgesehen von einer Blendarkatur über den Steinsitzen der Domherren – die Wand in ihrer gesamten Ausdehnung einnehmen. Aber während in Frankreich solche verglasten Räume das Gefühl einer mystischen Erhebung in die himmlische Sphäre hervorrufen, halten in Salisbury die abgewogenen Proportionen der Fenster und das großzügig klare Muster des Maßwerkes den Betrachter in

85 Southwell, Kathedrale, Ende 13. Jahrhundert. Blattkapitell

fester und glücklicher Verbindung mit der irdischen Welt. Ein wohliges Gefühl durchsonnter Weite wird hier erreicht, so daß neben Salisbury ein Raumerlebnis, wie es etwa Amiens vermittelt, übersteigert, ja exaltiert erscheinen mag.

Dabei besitzt die englische Frühgotik in allen ihren Einzelmotiven die gleiche Feinheit und Frische, den gleichen Adel der Formgebung wie der französische Kathedralstil. Tatsächlich ist es vor allem die Ähnlichkeit der Details, die ständig daran erinnert, daß jenseits aller nationalen Unterschiede die englische und französische Architektur des dreizehnten Jahrhunderts aus einer gemeinsamen geistig-ästhetischen Grundlage erwachsen ist. Um uns diese enge Beziehung überzeugend zu vergegenwärtigen, brauchen wir nur den Mittelpfeiler in Salisbury oder die Arkadenpfeiler von Lincoln zu betrachten, mit ihren schlanken, vom Säulenkern sich ablösenden Diensten und mit den biegsamen Knospenkapitellen, die in der Zeit um 1200 für die englische wie für die französische Baukunst in gleicher Weise charakteristisch sind. Oder man denke an die klare Zeichnung und den entschiedenen Vertikalismus der sogenannten Lanzettfenster (die freilich auch eine sehr bezeichnende Prägung des englischen Nationalstils sind, indem sie das Fortbestehen eines festen Mauergrundes zur Voraussetzung haben, während die gewaltigen Fenster der französischen Kathedralen die Wand fast völlig negieren); oder aber man betrachte im Kapitelhaus von Southwell die meisterhaft gearbeiteten Blattkapitelle. Ein Ausdruck pulsierenden Lebens, bleiben sie dennoch den Gesetzen der Architektur verpflichtet, bleiben Bauplastik im wahren Sinne des Wortes. Sparsam in der Ausführung, niemals aufdringlich oder verspielt, bezeugen sie eine so vollendete Präzision in der Behandlung des Steins, wie sie ähnlich nur in der klassischen Kunst des Parthenon zu finden ist. Aber die Klassik währt in der Lebenskurve der Kulturen stets nur einen Augenblick. Die fortschrittlichsten Geister wurden bald der Bindung an den Formenkanon der Hochgotik müde, und schon kurz nach der Mitte des dreizehnten Jahrhunderts begann die Baukunst sich neuen Zielen und neuen Wagnissen zuzuwenden. In der Sainte Chapelle, der Kapelle der französischen Könige, entstand zwischen 1243 und 48 ein Einheitsraum von großer Höhe, dessen Wände bis auf eine niedrige Sockelzone ganz von farbigen Fenstern gebildet werden. Noch früher war in den oberen Teilen von St. Denis (seit 1231) bereits das Triforium verglast worden, so daß nirgends mehr eine geschlossene dunkle Mauerfläche übrigblieb und der Aufbau im Gegensatz zum System der klassischen Gotik nicht mehr dreistöckig, sondern in Wahrheit nur noch zweistöckig war. Eine ähnliche Gestaltung, d. h. die Auflösung des Triforiums und die Begrenzung der Höhengliederung auf Arkaden- und Fensterzone finden wir nur wenig später in Beauvais (begonnen 1247). Am Ende dieser Entwicklung steht die herrliche Kirche von St. Urbain in Troyes (1261–75), wo das System der Sainte Chapelle auf einen größeren Bau angewendet wurde; die strukturellen Glieder erhielten hier eine äußerste und nicht mehr überbietbare Durchsichtigkeit und Zerbrechlichkeit. Dann aber erlahmte die gewaltige schöpferische Kraft, die bis dahin in Frankreich wirksam gewesen war. Um 1275 etwa beginnt in der Geschichte der französischen Architektur ein Stadium der Erschöpfung und des Atemholens. Zwar wurden auch jetzt noch in den von den Königen neu erworbenen Landesteilen große Kathedralen erbaut, aber sie brachten keinerlei Fortschritt und folgten im wesentlichen dem in St. Denis und Beauvais festgelegten System.

86 Beauvais, Kathedrale, begonnen 1247. Wandgliederung im Chor.

Die Spätgotik
1250–1500

Gewiß ist die Spätgotik, indem sie vorwiegend an der Verwendung des Spitzbogens festhält, noch als ein Teil der gotischen Entwicklung anzusehen. Dennoch unterscheidet sich diese Stilphase grundlegend von derjenigen, welche die Kathedralen von Paris, Reims und Amiens, von Salisbury und Lincoln vertreten. Wir stehen hier vor einem Phänomen der europäischen Architekturgeschichte, dessen Kompliziertheit es angebracht erscheinen läßt, eine Klärung zunächst von den Veränderungen der Dekorationsformen her in Angriff zu nehmen, und dann erst zu untersuchen, inwiefern darüber hinaus ein Wandel des gesamten Raumgefüges sich geltend macht. Der Unterschied zwischen dem Dekorationsstil des frühen und dem des späten dreizehnten Jahrhunderts zeigt sich auf das deutlichste im Innern der Kathedrale von Lincoln. Der Ostteil des Chores, der sogenannte Engelchor, wurde im Jahre 1256 begonnen. Er ist von großer Schönheit, aber die schwelgerische und üppig reife Dekoration besitzt nicht mehr die Frische des Frühlings oder des beginnenden Sommers, wie sie den älteren Bauteilen von Lincoln eigen war, sondern hier herrscht die Fülle und Süße von August und September, von Kornernte und Weinlese. Wie vollendet ist das prangende Laubwerk der Konsolen, sind die Dienste und Kapitelle der Empore, wie schwellend und kraftvoll ihr Maßwerk und ihre Arkaden! Welch ein verschwenderischer Reichtum herrscht vor allem in dem Maßwerk des Obergadens mit den zwei durch einen schmalen Laufgang getrennten Filigranschichten, von denen die eine in der Tiefe der Fenster selbst, die andere weiter nach innen in der Flucht der Mittelschiffswand angebracht ist.

Während hier noch Fülle und Weite herrscht, macht sich in anderen gleich fortschrittlichen Bauten dieser Zeit eine Wendung zum Raffinierten und Überspitzten bemerkbar. Diese Tendenz entspricht der vorherrschenden Richtung in der zeitgenössischen Philosophie, dem verwickelten Sophismus des Duns Scotus (geboren 1270) und seines Schülers Wilhelm v. Occam (gestorben 1349). Eine ähnliche Entwicklung läßt sich in der französischen Baukunst aufzeigen. Aber während in Frankreich die Architektur in mehr oder minder un-

87 Lincoln, Kathedrale, Engelchor, begonnen 1256

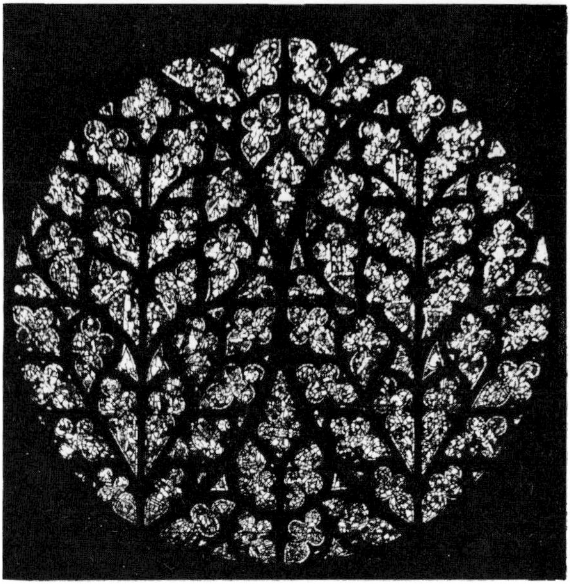

88 Lincoln, Kathedrale, das »Bischofsauge«, um 1325

fruchtbarer Stagnation verharrt, war in England immer noch die reichste Produktionskraft lebendig. Freilich, es waren zunächst nur dekorative und kaum eigentlich architektonische Motive, die hier in erstaunlicher Vielfalt entstanden. Der charakteristische Ausdruck dieses neuen Geistes der englischen Baukunst ist ein Maßwerk-Stil, den man als »fließend« bezeichnet, im Unterschied zu der statisch-geometrischen Struktur des Maßwerkes zwischen 1240 und 1300. Die Sparsamkeit des Early English (ein Symptom nicht nur dieser, sondern aller klassischen Phasen der Kunst) steht in entschiedenem Gegensatz zu der überreichen Vielfalt des neuen Stiles, für den die Engländer den in der Tat treffenden Namen *Decorated* geprägt haben. Während bis zum Ende des dreizehnten Jahrhunderts das Maßwerk ausschließlich Kreise mit eingeschriebenen Dreipässen und Vierpässen zeigte, finden wir jetzt Dreipässe mit lanzettförmiger Zuspitzung, Kielbögen, Dolch- und Fischblasenformen und komplizierte netzartige Verflechtungen.

Bald begann sich der neue Stil nicht nur im Ornamentalen, sondern auch in der Raumbildung auszusprechen. Die wichtigsten Beispiele dieser Entwicklung sind die Kathedralen von Bristol und Ely, die erstere im Südwesten, die zweite im Südosten Englands gelegen. In

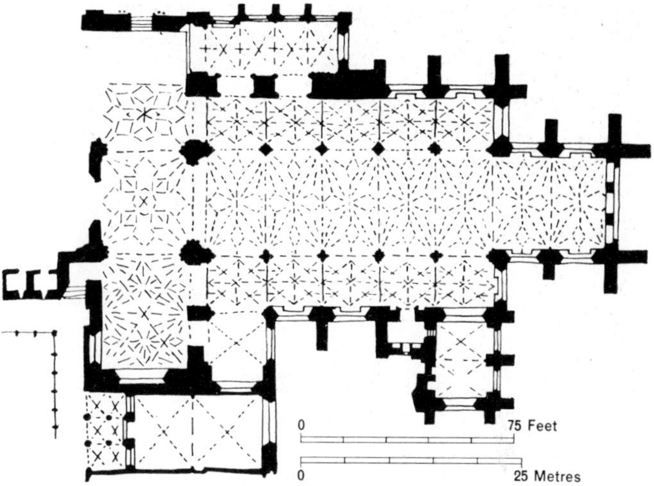

89 Bristol. Kathedrale, Chor, begonnen 1298

Bristol (damals noch Abteikirche und erst im sechzehnten Jahrhundert zur Kathedrale erhoben) begann man im Jahre 1298 den Neubau des Chores. Er wurde in der Hauptsache im ersten Viertel des vierzehnten Jahrhunderts fertiggestellt. In vier wichtigen Punkten unterscheidet sich der Chor von Bristol von allen früheren englischen Kathedralen. Zunächst entspricht er nicht dem basilikalen Schema, sondern demjenigen der Hallenkirche. Diesen Raumtypus hatte es bereits in der romanischen Architektur Südwestfrankreichs und Deutschlands gegeben (vgl. Seite 77). Aber damals war noch nirgends ein Resultat angestrebt worden, wie es jetzt in Bristol erreicht wurde: die Ausbildung eines vereinheitlichten Raumes mit Pfeilern, die wie eingestellt wirken. Es ist eine Lösung, die sich aufs deutlichste unterscheidet von dem hochgotischen Prinzip der von den Seitenschiffen zum Mittelschiff dynamisch sich entfaltenden Höhenentwicklung. Die Wendung zum Einheitsraum, wie sie Bristol verkörpert, hat ihren Ursprung in den Refektorien und Dormitorien der Klosterarchitektur und daneben in einigen englischen Retro-Chören z. B. denen von Salisbury und Winchester. Für den Meister von Bristol wurde die Übernahme des Hallenschemas zur Veranlassung, auch für die Pfeiler und Gewölbe des Chores neue Formen zu verwenden, eine Konsequenz, die in so früher Zeit eine bemerkenswerte selbständige Entscheidung bedeutet. Die Bündelpfeiler, eine Neubildung, welche zu dieser Zeit auch in Frankreich, Deutschland und Holland auftritt, haben nur an einigen Diensten Kapitelle, während

90 Exeter, Kathedrale, Gewölbe des Mittelschiffs, frühes 14. Jahrhundert

gerade die wichtigeren Dienste ohne Unterbrechung in das Gewölbe übergehen. Auch sind in Bristol die Gurtbögen, die von Pfeiler zu Pfeiler das Mittelschiff überqueren und eigentlich die einzelnen Joche gegeneinander absetzen, nicht mehr wie in der Hochgotik besonders hervorgehoben Die Gewölbejoche sind zu sternförmigen Gebilden geworden, die sich aus Primär-, Sekundär- und Tertiärrippen bzw. aus Diagonalrippen, Tiercerons und Liernes zusammensetzen. Die Liernes, die weder von einem Punkt der Seitenwände noch vom Schlußstein ausgehen, erfüllen keinerlei strukturelle, sondern lediglich eine dekorative Funktion. Sie sind ein für die Spätgotik außerordentlich wichtiges Motiv. Ebenso neuartig und von noch größerer Bedeutung ist in Bristol das System der Gewölbeverstrebungen. In der früh- und hochgotischen Basilika wurde der Druck der Mittelschiffswölbung durch Strebebögen auf das Dach der Seitenschiffe und von dort über die Strebepfeiler auf den Erd-

91 Bristol, Kathedrale, Seitenchor, begonnen 1298

boden abgeleitet. Zur Erfüllung der gleichen Aufgabe finden wir in den Seitenschiffen von Bristol horizontale Verstrebungen in Form von Schwibbögen, welche, unter den Gurtbögen und in Höhe des Gewölbeansatzes verlaufend, den Raum frei überbrücken. Aus ihrem Scheitelpunkt steigen Rippen auf, die sich fächerförmig entfalten und zu der Polyphonie der Gewölbedekoration beitragen. Die Unbefangenheit, mit der auf diese Weise das statische Gerüst im Innenraum enthüllt wird, zeugt ebenso für die Frische wie für den technischen Scharfsinn der Erbauer. Obwohl, wie aus dem Vorhergesagten erhellt, diese Form der Gewölbeverstrebung allem Anschein nach aus statischen Gründen geschaffen wurde, so ist sie doch auch als ästhetisches Motiv außerordentlich eindrucksvoll. Im Kirchenraum der klassischen Gotik wurde unsere Aufmerksamkeit in zwei Blickrichtungen festgelegt: zunächst vom Westportal zum Altar und weiterhin im rechten Winkel zu dieser West-Ost-Achse, wo wir die

92 Wells, Kathedrale, Vierung, 1338

Seitenwände von den Erdgeschoßarkaden bis hinauf zu den farbigen Scheiben und dem Maßwerk des Obergaden betrachten sollen. In Bristol dagegen werden wir beständig verlockt, unseren Blick in allen Richtungen diagonal durch die verschiedenen Schiffe und schräg hinauf zu dem Gewölbe frei durch den Raum schweifen zu lassen.

Eine verwandte Raumgestaltung zeigt ein Bauglied in der Kathedrale von Wells, das zu den größten Überraschungen englischer Kathedralbaukunst gehört. Zur Stützung des Vierungsturmes wurden hier im Jahre 1338 zwei sich überkreuzende riesige Strebebögen, die in ihrer Form und Funktion den Schwibbögen von Bristol entsprechen, zwischen das Mittelschiff und die Vierung eingezogen. Obwohl diese Komposition zunächst gewaltsam erscheint, so ist ihre starke künstlerische Wirkung nicht zu leugnen. Wenn wir uns dann wieder nach Bristol zurückwenden, so finden wir in dem schmalen Vorraum der Berkeley-Kapelle eine etwas spielerische Abwandlung des gleichen Raummotives. Eine steinerne Flachdecke wird von fliegenden Gurtbogen und fliegenden Rippen gestützt, zwischen denen alle Gewölbekappen unausgefüllt geblieben sind, so daß man durch ein kompliziertes Geflecht frei im Raum aufwachsender Linien zur Decke hinaufschaut. Für diese Konstruktion waren keinerlei statische Gründe maßgebend. Der Meister erfand sie einzig um des faszinierenden Reizes einer kunstvoll absichtlichen Verwirrung willen. Die Bogen- und Gewölberippen der klassischen Gotik hielten sich streng innerhalb einer bestimmten Raumschicht. Nie war es wie jetzt möglich, daß sie in andere Dimensionen abschweiften.

Diese neue Einstellung zum Raum hat in der Kathedrale von Ely ihren konsequentesten Ausdruck gefunden. Zwischen 1322 und ca. 1335 wurde hier die Vierung neu errichtet. Sie erhielt die Form eines Achtecks, dessen Breite der des normannischen Mittelschiffs einschließlich der Seitenschiffe entspricht. Dies steinerne Achteck wird von einem hölzernen gekrönt, das die Stelle des üblichen quadratischen Vierungsturmes einnimmt. Der Entwurf hierfür stammt von William Herle, dem Zimmermann des Königs, den man als Berater berufen hatte. Sobald man bemerkt, daß das hölzerne Achteck gegenüber dem steinernen um 22½ Grad gedreht ist, entdeckt man ein weiteres der dieser Kirche eigentümlichen Überraschungsmomente. Wahrscheinlich hat Allan von Walsingham, einer der leitenden Beamten des Klosters, das der Kathedrale angeschlossen war, diesen Bau entworfen. Seine Entscheidung für eine achteckige Grundform kann nur dem Wunsch entsprungen sein, mit dem streng rechtwinkligen Kanon des dreizehnten Jahrhunderts zu brechen. In der Tat bedeutet der Vierungsturm von Ely mit seinen diagonalen Achsen und seiner von weiten Fenstern und fließendem Maßwerk durchbrochenen polygonalen Umwandung die Preisgabe jener klaren Trennungslinien zwischen Mittelschiff, Seitenschiffen, Querhaus und Chor, wie sie der hochgotischen Kathedrale in Grundriß und Aufbau zugrunde lagen. Man hat eingewendet, daß auch die Glasfenster von Amiens oder die der Sainte Chapelle bereits das feste Raumgefüge des frühen Mittelalters aufgelöst hätten und daß durch ihre farbigen Scheiben der Zugang zu einer mystischen und nicht mehr erfaßbaren Welt der Transzendenz außerhalb der Kirchenmauern eröffnet worden sei. Indessen trifft dieser Einwand nicht zu. Mögen auch die gewaltigen Glasflächen der hochgotischen Kathedrale eine gewisse Transparenz verleihen (eine »diaphane Struktur«, wie Hans Jantzen dieses Phänomen bezeichnet), so bleibt dennoch der Charakter eines geschlossenen Raumes gewahrt. Es ist dem Auge nicht freigestellt, in unbestimmte Ferne zu schweifen. Das Oktogon von Ely aber hat genau diese Wirkung. Hier ist der Raum in der Tat vieldeutig und voll von Überraschungen geworden. Eine ähnliche Lösung wie in Ely hatte es übrigens schon in der 1264 fast vollendeten Kathedrale von Siena gegeben, wo Mittel- und Querschiff in ihrer Kreuzung ein Sechseck formieren. Die Wirkung ist ebenso überwältigend wie in Ely, obwohl wegen der unregelmäßigen Anlage der Vierung und der angrenzenden Joche der Raum eine letzte Entschiedenheit vermissen läßt.

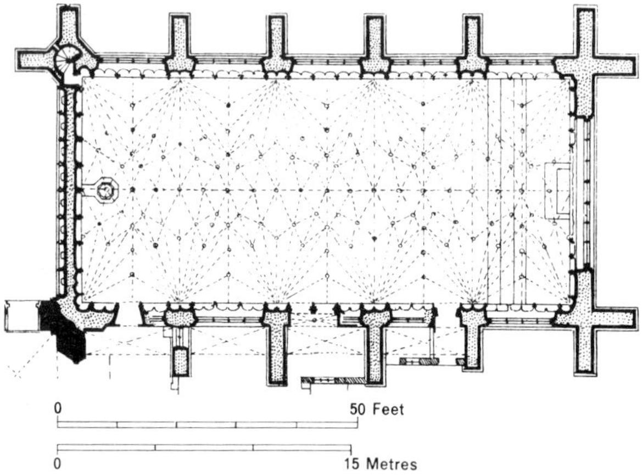

93 Ely, Kathedrale, Marienkapelle, 1321, ca. 1335–49

Die Marienkapelle in Ely (1321, 1335–49) erreichte dasselbe Ziel mit feineren und zarteren Mitteln. Sie ist ein kleiner rechteckiger Bau, von der Kathedrale getrennt, d. h. eine Anlage, wie sie gewöhnlich für Kapitelhäuser verwendet wurde. Ringsum ziehen sich zierliche Blendarkaden mit geschneppten Kielbogen, von denen jeweils zwei durch einen aus der Wand hervorschwingenden Eselsrücken zusammengefaßt werden. Geschweifte Vierpässe mit kleinen Sitzfiguren füllen die Zwickel aus. Die Bogen sind überwuchert von Krabben und üppigem Laubwerk, das nun aber nicht mehr die Frische und Lebendigkeit des dreizehnten Jahrhunderts besitzt; mit seinen wogenden Blättermassen, in der dichten Verflechtung kleinster Detailformen erscheint es ausgeklügelter und dennoch einförmiger. Entscheidend ist für diese Wirkung eine Behandlung des Steins, die es

94 Ely, Kathedrale, Marienkapelle, 1335–49. Detail

dem Beschauer unmöglich macht, die einzelnen Teile voneinander zu sondern, wie man etwa an den Laubkapitellen von Southwell Blatt für Blatt als selbständige Organismen identifizieren konnte. In Ely dagegen gewahrt man nur noch ein Kräuseln und Fließen, ein Spiel von Licht und Schatten, die in raschem Wechsel über die gebuckelten Flächen dahinhuschen. Das alles gewährt einen ungemein reizvollen Anblick, der jedoch von der Klarheit der hochgotischen Ornamentik weit entfernt ist.

Der dreidimensionale, d. h. der von einem Flächengrund sich ablösende und in den Raum ausschwingende Eselsrücken ist ein Motiv von größter Bedeutung. Er vertritt letztlich die gleiche Tendenz wie das Oktogon von Ely und wie der Hallenchor von Bristol mit seinen Pfeilern ohne Kapitelle, mit den Gewölben ohne betonte Gurtbogen und den Schwibbögen der Seitenschiffe. Alle diese Motive tragen dazu bei, den Raum in Bewegung zu versetzen, in eine kompliziertere und vieldeutigere Bewegung, als sie irgendeine Kirche des Early English aufweist. Ein frühes Beispiel dieser Raumdynamik ist das etwa 1280 erbaute Kapitelhaus der Kathedrale von York. Hier werden die ringsum an den Wänden angebrachten Sitze nicht von den bis dahin üblichen Blendarkaden eingerahmt wie in dem fünfzehn Jahre früheren Salisbury, sondern sie sind in kleine polygonale Nischen eingelassen, welche als ein Mittel der dreidimensionalen Durchbildung der Wand unmittelbar auf den ausschwingenden Eselsrücken vorausweisen. Dieses sich in 44 Nischen wiederholende Vor- und Zurückspringen der Mauer ruft im Kapitelhaus von York eine vielfach undulierende Raumbewegung hervor, die zwar noch zu zart ist, um die Kontinuität der Wand wirklich aufzuheben, die aber doch als Ankündigung des spätgotischen Raumgefühls, wie wir es oben kennen lernten, nicht zu verkennen ist.

Während in England die neue Konzeption des von vielfältiger Bewegung durchpulsten Raumes in so komplizierter Weise verwirklicht wurde, versuchte der Kontinent, von ganz wenigen Ausnahmen abgesehen, zwar ein ähnliches Resultat, jedoch mit ganz entgegengesetzten Mitteln zu erreichen. Um die Ausnahmen vorwegzunehmen, so ist das wichtigste Beispiel die bereits erwähnte Kirche St. Urbain in Troyes, die auf Kosten des Papstes Urban IV. errichtet wurde. Hier finden wir schlanke Rundpfeiler ohne Kapitelle und ein filigranartiges Maßwerk, das in zwei Schichten vor die Fensteröffnungen gelegt ist. Der Meister von Bristol wird diese Kirche gekannt haben, aber im Zusammenhang der französischen Baukunst bedeutet Troyes mehr das Ende als den Anfang einer Stilentwicklung. Die eigentlich neue und für die Zukunft maßgebliche Tendenz der kontinentalen Architektur war nicht wie in England auf den Raum als Resultat einer komplizierten Anordnung plastischer Formelemente gerichtet, sondern sie strebte nach der luftigen Weite eines von schlichten Mauerflächen ummantelten und ungehindert sich entfaltenden Einheitsraumes. Die von solchem Stilwillen getragene Entwicklung war überall auf dem Kontinent entscheidend mit dem Aufkommen der Bettelmönche verbunden.

1209 und 1215 waren die Orden der Franziskaner und Dominikaner bzw. der Barfüßer- und Predigermönche gegründet worden. Sie breiteten sich seit 1225 mit ähnlicher Geschwindigkeit aus wie einst die Kongregationen der Kluniazenser und Zisterzienser. Gemäß den Ordensregeln, die in jeder Hinsicht auf strenge Einfachheit abzielten, war allen diesen Kirchen, ungeachtet nationaler und regionaler Unterschiede, der Charakter reiner Zweckbauten gemeinsam. Es sind große schlichte Räume, in denen eine spezifisch religiöse Atmosphäre nicht erstrebt wird. Da viele Bettelmönche nicht die

Priesterweihe besaßen, bestand nur wenig Anreiz zur Anlage eines Kapellenkranzes. Umso dringender war das Bedürfnis nach sehr geräumigen Schiffen, die den gewaltigen Menschenmassen, welche sich zu den volkstümlichen Predigten der Fratres einfanden, ausreichend Platz bieten konnten.

Dominikaner und Franziskaner waren bekanntlich die ersten Orden, die ihre Tätigkeit rückhaltlos der breiten Bevölkerung widmeten. Sie verachteten das umfriedete und kontemplative Dasein der Mönche anderer Kongregationen, und während jene in der Abgeschiedenheit ihrer ausgedehnten Besitzungen auf dem Lande lebten, standen die Klöster der Bettelmönche mitten im Getriebe der Städte. Hier entwickelten die Mönche ihren aufrüttelnden Predigtstil und setzten ihn als Mittel religiöser Propaganda ein, ein Weg, der mit solcher Entschlossenheit seit den Tagen der Kreuzzüge nicht mehr beschritten worden war. Die Forderungen, die man für solche Zwecke an die Ausgestaltung einer Kirche stellen mußte, beschränkten sich in erster Linie auf einen großen Zuhörerraum, auf Kanzel und Altar. Abgesehen von diesen elementaren Prinzipien weist die Baukunst der Bettelorden in den verschiedenen Ländern nicht unbeträchtliche Unterschiede auf. So klagte schon 1252 der niederländische Frater Humbertus de Romans: »Nos autem quot domus tot varias formas et dispositiones officinarum et ecclesiorum habemus.«

Italien hat mit S. Francesco in Assisi (gegründet 1228) die erste Franziskanerkirche geschaffen. Es handelt sich um einen einschiffigen, rippengewölbten Raum mit ebenfalls gewölbtem Querschiff und polygonalem Chorabschluß, eine Anlage, die sich eng an die gleichzeitige Sakralarchitektur von Anjou anlehnt. Späterhin wurden für die italienischen Franziskaner- und Dominikanerkirchen folgende Typen gebräuchlich: Saalkirche mit offenem Dachstuhl und zisterziensischem Chor-Schema (speziell in Siena), mehrschiffige Kirchen mit flacher Decke (S. Croce in Florenz, 1294) und endlich solche mit mehreren und gewölbten Schiffen (S. Maria Novella, Florenz, 1278; SS. Giovanni e Paolo, Venedig, Ende dreizehntes Jahrhundert; Frari, Venedig, 1340).

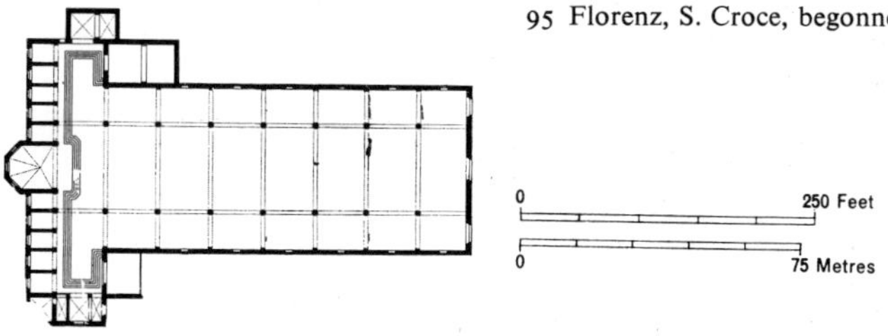

95 Florenz, S. Croce, begonnen 1294

Aber ob ein- oder mehrschiffig, gewölbt oder ungewölbt, alle diese Kirchen sind als Einheitsraum verstanden, so daß den dünnen, meist rund oder polygonal gebildeten Stützen nur die Rolle einer sekundären Unterteilung zukommt.

Das gleiche Prinzip führte in Frankreich zu der zweischiffigen Jakobinerkirche von Toulouse (ca. 1260–1304 und später), in Spanien zu Bettelordenskirchen mit einem breiten Mittelschiff, das nicht mehr von Seitenschiffen, sondern von Seitenkapellen flankiert wird, die zwischen die Strebepfeiler eingelassen sind (Anm. 15). Santa Catalina in Barcelona (begonnen 1243) ist anscheinend das erste spanische Beispiel dieses Typus. Er wurde in der Folge für die gesamte katalanische Kirchenarchitektur (d. h. nicht nur für die der Ordensbauten) maßgeblich. Auch dort liegt das System zugrunde, durch schlanke Pfeiler Seitenschiffe anzudeuten (Kathedrale von Barcelona, begonnen 1298). Der katalanische Kirchentypus hat schließlich auch nach Frankreich übergegriffen, wie die Kathedrale von Albi, der eindrucksvollste französische Bau des späten dreizehnten Jahrhunderts, bezeugt (begonnen 1282). Von außen ist sie ein mächtiger kompakter, festungsartiger Ziegelblock ganz ohne jene komplizierte Gliederung von Strebepfeilern und Bögen, welche in der Hochgotik den Außenbau als logische Konsequenz des Innenraumes veranschaulicht hatten.

Eine solche herbe Geschlossenheit des Außenbaus kennzeichnet auch die Bettelordenskirchen Englands und Deutschlands. In England wurde sie oft durch einen Turm über dem Schnittpunkt von Chor- und Langhaus etwas gelockert. Aber die großen und ehemals zahlreichen Kirchen der englischen Franziskaner und Dominikaner sind fast alle im sechzehnten Jahrhundert zerstört worden. Vermutlich ist das der Grund, warum ihre Bedeutung für die Stilentwicklung des vierzehnten Jahrhunderts nicht genügend gewürdigt wird.

In Deutschland waren ebenso wie in Italien die Innenräume zunächst einschiffig. Späterhin, vor allem seit 1300, setzte sich die Hallenkirche durch. Die deutschen Bettelordenskirchen mit ihren schlichten, auf jede Verzierung verzichtenden Wänden, ihren einfachen achteckigen oder runden Pfeilern und mit ihrer langgestreckten turmlosen Außenansicht sind oft überaus eindrucksvoll. Als Beispiele seien die Barfüßer- und die Predigerkirche in Erfurt genannt. Beide wurden zwischen ca. 1290 und 1360 erbaut. Zunächst scheint die asketische Kargheit solcher Kirchen in scharfem Kontrast zu dem »Waldweben« des gleichzeitigen Hallenchores von Bristol zu stehen. Indessen kommt man bei gründlicherer Betrachtung zu einem anderen Urteil. Es handelt sich hier keineswegs um polare Gegensätze, sondern um zwei Tendenzen, die innerhalb der spätgotischen Entwicklung nebeneinander herlaufen und die sich oft wechselweise ergänzt haben. Die deutschen Pfarrkirchen des vier-

96 Nürnberg, St. Lorenz, Chor, begonnen 1439 von Konrad Heinzelmann, vollendet von Konrad Roritzer

zehnten und fünfzehnten Jahrhunderts können dieses Verhältnis am besten bezeugen. Es sind Hallenanlagen von Ausmaßen, die weder in England noch in Frankreich oder Italien ihresgleichen haben. Mit Recht hat Kurt Gerstenberg für die Baukunst Deutschlands seit 1350 den Namen *Deutsche Sondergotik* geprägt. Das Hallenschema ist das wichtigste Motiv dieses Stiles (Anm. 16). Im Laufe des vierzehnten Jahrhunderts wurde es mehr und mehr zur nationalen Raumform Deutschlands. Sie geht hier auf eine lange Tradition zurück, zu der die verschiedensten Landschaften beigetragen haben: in Westfalen war, wie schon kurz erwähnt, die Hallenanlage zunächst für die Dorfkirchen üblich. In der Gotik wurde sie auch für den Dombau (Paderborn) und die Pfarrkirche (Herford) akzeptiert. Wir finden sie weiterhin im Backsteinbau der hanseatischen Küstenstädte, ebenso in Hessen seit der Marburger Elisabethkirche, d. h. seit 1250 (Anm. 17), und im Südosten schon seit der romanischen Zisterzienserkirche von Walderbach in Bayern (nach 1140). In Österreich war aus solchen Anregungen im Laufe des dreizehnten Jahrhunderts etwas Neues entstanden: die Zisterzienserchöre von Lilienfeld (1206–30), Heiligenkreuz (vor 1295) und Zwettl (1344–48) vermitteln das uns schon aus Bristol vertraute Erlebnis eines zwischen hohen und schlanken Pfeilern sich nach allen Richtungen fließend ausbreitenden Raumes. Die hier wirksame Tendenz scheint um 1350 nach Schwaben übergegriffen zu haben. Der entscheidende Bau ist der Chor der Heiligkreuzkirche in Gmünd (begonnen 1351). Mit ihm haben wir die Zeit und den Raum erreicht, aus dem die Familie der Parler hervorging, deren Werk für die weitere Entwicklung der deutschen Spätgotik von großer Bedeutung gewesen ist. Die Parler übertrugen das neue Raumgefühl nach Nürnberg, Ulm und – als Peter Parler, Sohn eines »Henricus de Gemunden in Suevia«, 1353 Dombaumeister in Prag wurde – auch nach Böhmen, ja schließlich sogar bis nach Mailand. Wie Peter Parler ausgesehen hat, ist uns genau bekannt. Sein Brustbild, von ihm selbst gemeißelt, findet sich hoch oben im Triforium des Prager Domes. Hier handelt es sich um ein wirkliches Bildnis im heutigen Sinne, und zwar um eines der ersten, wie denn die eigentliche Porträtkunst in Deutschland wie in Frankreich gerade zu dieser Zeit, d. h. um die Mitte des vierzehnten Jahrhunderts, einsetzt. Parlers Büste erscheint bezeichnenderweise auf gleichem Niveau (im wörtlichen wie im übertragenen Sinne) mit denjenigen der Mitglieder des kaiserlichen Hauses. Für uns ist dieses Künstlerselbstporträt ein bedeutsames Zeugnis für die wachsende Geltung des Individuums und insbesondere für eine neue soziale Stellung der Baumeister. Schon früher haben wir uns kurz mit der sogenannten Anonymität der mittelalterlichen Architektur auseinandergesetzt. Nun, hundert Jahre nach Reims und Naumburg, beginnt die Gestalt des Baumeisters als eine individuelle Persönlichkeit deutlich zu werden. Seit dem späten vierzehnten Jahrhundert mehren sich die Fälle, in denen uns Urkunden ein authentisches Bild von dem Leben, den privaten Verhältnissen, den Einkommen etc. dieser Männer vermitteln. Ein charakteristisches Beispiel ist der engliche Hofarchitekt Henry Yevele (gest. 1400), ein Zeitgenosse und Bekannter Chaucers. Yevele war zugleich Zunftmeister in London, Bauunternehmer und königlicher Beamter. Nach den zeitgenössischen Berichten können wir uns die Gestalt dieses Mannes in seiner privaten Umgebung vergegenwärtigen, etwa in dem Haus bei der Magnuskirche oder in einem seiner beiden Landhäuser in Kent, angetan mit einem prächtigen pelzverbrämten Rock, der ein Teil des ihm vom König gezahlten Lohnes war. Von Yeveles Arbeiten ist die 1394–1402 erbaute Königshalle im alten Westminsterpalast (heute Parlament) erhalten. Eine sehr große helle und schlichte Halle mit einer jener Stichbalkendecken, vielleicht der frühesten in größerem Ausmaße, für die England mit Recht berühmt ist. Natürlich war für die Holzarbeiten nicht der Baumeister Yevele, sondern der Hofzimmermeister verantwortlich.

Peter Parler (1330–99), obwohl für den Kaiser tätig, hatte nicht den offiziellen Rang eines Hof- oder Staatsbeamten. Seine Stellung war die des Leiters der Prager Dombauhütte. An den französischen und englichen Domen gab es Meister in entsprechender Position. So kennen wir, wie erwähnt, die Namen der Männer, die im dreizehnten Jahrhundert den Bau der Kathedrale von Reims geleitet haben. Aber nirgends war der Hüttenverband so fest organisiert wie in Deutschland. Um die Mitte des fünfzehnten Jahrhunderts wurde sogar eine Bruderschaft aller deutschen Hütten gegründet, eine Maßnahme, die angesichts der politischen Zersplitterung des Reiches wahrscheinlich nötiger war als in Frankreich und England, die sich längst zu zentral verwalteten Monarchien entwickelt hatten. Straßburg war die oberste aller deutschen Hütten, Köln, Bonn und Zürich die zunächst folgenden.

Es ist nicht zuletzt diese weitreichende Organisation der deutschen Bauhütten, welche die rasche Verbreitung des Parlerstils begünstigte. Dazu kam an vielen Orten die Tätigkeit der zahlreichen Mitglieder der Parler-Familie selbst. Die Ausbreitung der deutschen Hallenkirche im vierzehnten Jahrhundert muß somit als eine Familien- und zugleich als eine Hüttenangelegenheit betrachtet werden, abgesehen davon, daß – wie bereits gesagt – das Hallenschema in Deutschland seit langem heimisch war und offensichtlich dem Volksempfinden besonders entsprach.

In England war das letztere nicht der Fall, und Bristol blieb eine Ausnahmeerscheinung, wenn auch eine ungemein bedeutsame. Es ist fast unbegreiflich, daß hier im Westen Englands zwischen den Jahren 1300 und 1330 bereits Motive verwendet wurden, die Deutschland so viel später von sich aus neu zu entwickeln hatte. Fliegende Rippen zum Beispiel hat Peter Parler zum ersten Male im Prager Dom um 1352 benutzt; Bristol kennt sie schon eine Generation vorher. Im Bezug auf das Sterngewölbe braucht die Priorität Englands nicht besonders hervorgehoben zu werden. Wir haben es schon vor

1250 in Lincoln angetroffen; um 1300 war es in England ein allgemein gebräuchliches Motiv. In Deutschland dagegen ist das Sterngewölbe nicht vor dem Ende des dreizehnten Jahrhunderts anzutreffen und nicht vor der Mitte des vierzehnten Jahrhunderts heimisch geworden. Die rascheste Verbreitung fand es in den Backsteinkirchen des Nordostens, besonders im Herrschaftsbereich des Deutschen Ritterordens. Hier lag vielleicht englischer Einfluß vor. In den anderen Teilen Deutschlands dagegen war das Sterngewölbe eine selbständige Neuschöpfung, deren Unabhängigkeit übrigens auch aus dem chronologischen Tatbestand deutlich wird. Denn um 1350, als die Sondergotik (und mit ihr auch das Sterngewölbe) in Deutschland einsetzte, war man in England bereits dieses phantastischen »Waldwebens« müde geworden und hatte aus der ersten eine zweite nationale Spätgotik entwickelt, die derjenigen Deutschlands in vielen Punkten diametral entgegengesetzt ist, wenn auch – wie sich bald zeigen wird – nicht in allen. Ein Versuch, die deutsche Sondergotik gegenüber dieser zweiten Spätgotik Englands abzugrenzen, muß davon ausgehen, daß in Deutschland seit 1350 ein Kontrast zwischen dem freien Fluß des Innenraumes und der harten Begrenzung des Mauermantels erstrebt wird. Die strenge und fast völlig schmucklose Geschlossenheit des Außenbaues, dessen hohe Fenster viel zu schmal sind, um die Kontinuität der Mauerflächen zu beeinträchtigen, finden wir in Deutschland schon seit den frühen Bettelordenskirchen. Im übrigen Europa gibt es ähnliches nur noch in Katalonien und gelegentlich in Südfrankreich. Der Gegensatz zwischen Außenansicht und Innenraum ist das künstlerische Thema der schönsten deutschen Kirchen des fünfzehnten Jahrhunderts, in denen die Spätgotik ihren Gipfel erreichte. Wir können hier nur wenige Beispiele anführen, je eines aus Bayern, aus Franken und aus Sachsen.

In Bayern war der führende Meister Hans Stethaimer von Burghausen, der 1423 im Alter von etwa siebzig Jahren gestorben ist. Sieben Kirchen, ausnahmslos Hallenanlagen, sind uns als seine Arbeiten bekannt. Die Heiligkreuzkirche von Schwäbisch-Gmünd dürfte der Ausgangspunkt seines Schaffens gewesen sein. In dem schon erwähnten Parler-Chor finden wir zahlreiche Motive, die später Stethaimers Bauten kennzeichnen: ungemein hohe, schlanke Rundpfeiler, einen polygonalen Plan mit Umgang und schlichten Umfassungsmauern. Stethaimer hat alle diese Anregungen aufgenommen und konsequent weiterentwickelt. Die Spitalkirche in Landshut, begonnen 1407, hat einstöckige anstatt der zweistöckigen Fenster von Gmünd. Sie steigen ohne Unterbrechung bis zum Gewölbeansatz auf und verleihen den schmucklosen Ziegelmauern des Außenbaues dieselbe steile Gestrafftheit, welche im Innenraum die hohen und schlanken Rundpfeiler bewirken, die, nirgends von Kapitellen unterbrochen (vgl. St. Urbain in Troyes etc., siehe oben), in

97 Landshut, Spitalkirche zum Hl. Geist, begonnen 1407 von Hans Stethaimer

das sternförmige Gewölbe übergehen. Hier sind die Gurtbögen völlig aufgegeben, und damit ist die in den Gewölben der klassischen Gotik selbstverständliche Abgrenzung der Joche aufgehoben. Statt dessen weitet sich der Raum in freiem Fluß nach allen Seiten hin aus: nicht nur von Westen nach Osten, sondern ebenso vom Mittelschiff nach den Seitenschiffen und dem Chorumgang, dessen Grundriß aus fünf

Seiten eines Zwölfecks besteht. Das Chorinnere dagegen wird von zwei Seiten eines Sechsecks gebildet, so daß ein einzelner Pfeiler in die Mittelachse des Raumes zu stehen kommt (Anm. 18). Vor dem hellen Hintergrund des mittleren Chorfensters scheint er vom Licht wie verklärt. Es ist eine ebenso ungewöhnliche wie für das Raumideal Stethaimers und vieler anderer Meister der deutschen Spätgotik bezeichnende Komposition.

Ebenfalls bayrischer Abstammung war Konrad Roritzer von Regensburg, der Meister, der den von Konrad Heinzelmann 1439 begonnenen Chor von St. Lorenz in Nürnberg bewußt in scharfen Kontrast zu dem noch aus dem vierzehnten Jahrhundert stammenden Langhaus gestellt hat. Wer durch das Mittelschiff auf den Hochaltar zugeht, ein Weg, dessen Richtung ebenso eindeutig festgelegt und der ebenso klar umgrenzt ist wie in einer romanischen oder frühgotischen Basilika, dem wird der Eintritt in den Chor zu einem überraschenden und bezaubernden Erlebnis. Hier sind die Joche weiter, die Pfeiler schlanker, die Gewölbe unendlich viel reicher dekoriert. Der ganze Raum ist gegenüber dem älteren Bau bedeutend höher und weiter. Das Mittelschiff und die Seitenschiffe sind in ihren Maßen nicht mehr unterschieden. Dazu kommt noch, daß die plastische Ausstattung des Chores den freien Fluß des Raumes unterstreicht: Adam Kraffts wundervolles Sakramentshäuschen, ein steinerner Helm, der bis ins Gewölbe hinaufreicht, ist asymmetrisch an die Seite des Mittelschiffes gerückt. Vor dem Hauptaltar und vor dem hellen Grund des östlichen Chorfensters aber schwebt das mächtige holzgeschnitzte Medaillon des Englischen Grußes von Veit Stoß, durchsichtig und lichtumflossen, im Raum. Die Wände öffnen sich in zwei übereinander gestellten Fensterreihen, ein Motiv, welches ebenso wie das dichte Geflecht des Netzgewölbes die Horizontale gegenüber den zahlreichen Vertikalen zur Geltung bringt. Solche Fälle sind extreme Gegensätze zum Münster von Beverley und zur Abtei von Westminster in England, in welchen die Arbeiten des dreizehnten Jahrhunderts ohne wesentliche Veränderungen von Baumeistern des vierzehnten Jahrhunderts fortgesetzt wurden. Obzwar diese Meister ihren eigenen Stil besaßen, der auch der Stil ihres Zeitalters war, zogen sie es in diesen besonderen Fällen vor, diesen beiseite zu lassen, um die Übereinstimmung mit einem bereits konzipierten Stil zu bewahren. Dieser ausgesprochen englische Wesenszug ist der deutschen Bauweise vollkommen fremd.

Der Reichtum der Gewölbedekoration ist in der um ein halbes Jahrhundert später entstandenen Annenkirche zu Annaberg im Erzgebirge noch gesteigert (begonnen 1499). Die breiten Seitenschiffe haben wiederum zweistöckigen Fensteraufbau; zwischen die nach innen eingezogenen Strebepfeiler sind Emporen eingelassen, auch dies eine Akzentuierung der Horizontale (Anm. 19). Das Gewölbe-

98 Annaberg, St. Annenkirche, begonnen 1499

system wird von kurvig geschwungenen Rippen bestimmt, welche im Gegensatz zu den früh- und hochgotischen Kreuzrippen die strukturelle Logik des Gewölbes völlig außer acht lassen. Annaberg liegt an der Grenze nach Böhmen, und dort finden wir die gewundenen Rippen als eine besonders beliebte Zierform. So hat zum Beispiel

Benedikt Rieth aus Piesting (gestorben 1534) dieses Motiv im Gewölbe (begonnen 1512) der Parler-Kirche St. Barbara in Kuttenberg verwendet, aber auch schon früher in dem riesigen Wladislav-Saal des Prager Hradschin (1487–1502) (Anm. 20). Die geschwungene Gewölberippe läßt mit besonderer Deutlichkeit das spätgotische Ideal der Raumverflechtung erkennen. Dehio vergleicht sie mit den Flechtruten der Weide, und in der Tat haben die sächsischen und böhmischen Steinmetzen gelegentlich auf pflanzliche Formen zurückgegriffen und haben Stäben und Diensten das Aussehen von Baumstämmen und Ästen gegeben. Das bekannteste Beispiel ist das um 1525 entstandene Seitenportal der Chemnitzer Schloßkirche.

Mit diesen sächsischen Werken sind wir bis in das Zeitalter der Reformation vorgerückt. Man hat oft darauf hingewiesen, daß sich in dem die deutschen Kirchen des fünfzehnten und frühen sechzehnten Jahrhunderts charakterisierenden Gegensatz zwischen der verträumten Romantik der Innenräume und der knappen Klarheit der Außenansicht bereits der Geist der Lutherzeit ankündige: ihr Zwiespalt zwischen mystischer Selbstversenkung und einem neuen beherzten Vorstoß in die Welt der Realität. Abgesehen von diesem geistesgeschichtlichen Zusammenhang waren für die Stilbildung der deutschen Spätgotik, genauer gesagt für das System der Hallenkirche, offensichtlich auch praktische Erwägungen maßgeblich. Wie die Saalkirchen der italienischen Bettelorden gibt auch der Hallenraum für den Predigtgottesdienst ein ungleich besseres Auditorium ab als die Kirchen der Vergangenheit mit ihren engen und nachdrücklich voneinander getrennten Schiffen.

Indessen ist der Hinweis auf diesen praktischen Vorteil allein nicht ausreichend, um das Phänomen der deutschen Spätgotik zu erklären. Ebenso wenig kann man sie ausschließlich aus der geistigen Struktur des beginnenden Zeitalters der Reformation ableiten. Denn wir finden eine überaus verwandte Entwicklung in der Architektur des von jeder reformatorischen Bewegung unberührten Spanien. Allerdings war die spanische Baukunst des fünfzehnten Jahrhunderts nicht unwesentlich von deutschem Einfluß geprägt. Meister und Steinmetzen aus Köln und Nürnberg wurden nach Burgos gerufen und führten dort heimische Motive ein, wie zum Beispiel das Stern- und Netzgewölbe (Anm. 21). Aber diese Deutschen hätten kaum so viel Erfolg haben können, wenn ihnen nicht eine in Spanien selbst erwachsene Neigung zu den Ausdrucksmöglichkeiten der Spätgotik den Boden bereitet hätte. Für die Spanier bedeuteten Sterngewölbe und geschwungene Rippen nur die Variation eines lang vertrauten Themas, das in den Bauten der Mauren mannigfaltige und reiche Verwirklichung gefunden hatte. Die herbe Klarheit des klassisch-französischen Kreuzgewölbes und die Ideale der französischen Hochgotik überhaupt hatten in Spanien niemals wirklich Anklang gefun-

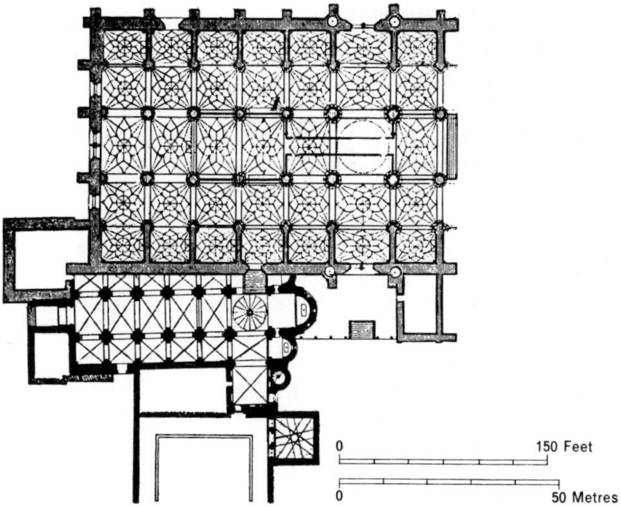

99 Salamanca, Kathedrale, begonnen 1512 von Juan Gil de Hontañon

den, und wie in Deutschland, so wurde auch hier der französische Kathedralstil nur selten rückhaltlos übernommen. Ebenso wie in Deutschland liebte man auch weiträumige Seitenschiffe (wobei man in Spanien freilich an der basilikalen Überhöhung des Mittelschiffes festhielt) und eingezogene Strebepfeiler mit dazwischen liegenden Seitenkapellen, eine Anordnung, die – wie bereits erwähnt – auf die Kirchen der Bettelorden zurückgeht und gegenüber dem hochgotischen System den Außenbau schwer und wuchtig erscheinen läßt. Beide Charakteristika sind deutliche Symptome für die Entwicklung zum Einheitsraum. Nirgends macht sich diese Tendenz stärker bemerkbar als in Katalonien, das erst 1479 mit Mittel- und Nordspanien vereinigt wurde. Vom katalonischen dreizehnten und frühen vierzehnten Jahrhundert ist schon die Rede gewesen. Der Höhepunkt des katalonischen Stils ist die Kathedrale von Gerona, deren Chor 1312 im Stil der französischen Hochgotik, d. h. mit Umgang und Kapellenkranz, begonnen wurde. Als der Ostabschnitt vollendet war, wurde die Arbeit eingestellt, und erst im Jahre 1416 nahm der Dombaumeister Guillermo Boffiy die Vollendung der Kirche in Angriff. Er schlug vor, die Seitenschiffe fortzulassen und das Langhaus zu einem einzigen gewaltigen Raum zusammenzufassen, der ebenso breit sein sollte wie Apsis und Umgang zusammen. Gegen diesen Plan erhob sich eine Opposition in der Kirchenbehörde. Schließlich wurde – ein durchaus nicht unübliches Verfahren – eine Kommission

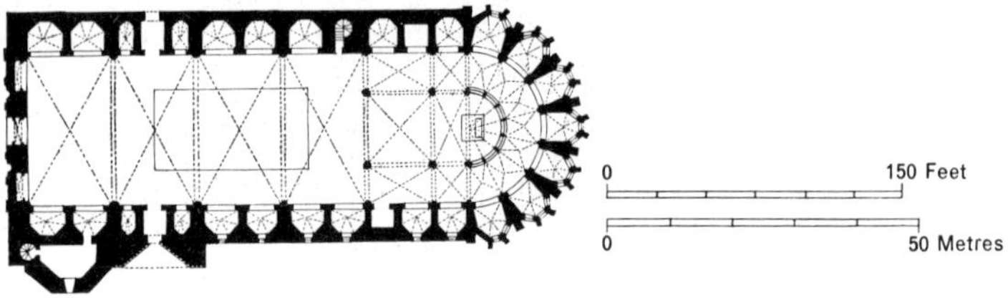

100 Gerona, Kathedrale

aus zwölf führenden Architekten gebildet, welche die endgültige Entscheidung über die künftige Ausgestaltung der Kirche fällen sollte. Sieben Bevollmächtigte stimmten für eine Fortführung des basilikalen Systems, wie es im Ostteil angelegt war; fünf befürworteten Boffiys Entwurf. Am Ende erhielt Boffiy im Jahre 1417 den Auftrag, seinen Plan auszuführen. Der Bau ist ein technisches Meisterwerk geworden. Mit einer lichten Spannweite von über 25 Metern ist das Gewölbe eines der weitesten und kühnsten, die das europäische Mittelalter hervorgebracht hat. Im ganzen macht das schmucklose Innere einen verhältnismäßig nüchternen, aber außerordentlich kraftvollen Eindruck. Mit dem gewaltigen Einheitsraum des Langhauses, dem in scharfem Kontrast der in Grundriß und Aufriß dreifach gegliederte Chorraum gegenübersteht, ist die Kathedrale von Gerona ein ebenso überzeugendes Beispiel des Stilwechsels von der Hochgotik zur Spätgotik wie die Lorenzkirche in Nürnberg.

Wir haben im Vorhergehenden die Spätgotik von ihrem frühen Auftreten in der englischen Architektur des vierzehnten Jahrhunderts bis zu ihrer Entfaltung und Blüte in Deutschland und Spanien und damit bis in die Frühzeit des sechzehnten Jahrhunderts verfolgt. Es ist nunmehr unsere Aufgabe, uns noch einmal England zuzuwenden, wo die Baukunst vom späten dreizehnten bis zum frühen sechzehnten Jahrhundert deutlich in eine erste und eine zweite Spätgotik zerfällt. Bisher haben wir nur von der ersten gesprochen. Wie war nun in der Zwischenzeit die Entwicklung in England verlaufen? Wenn man sich mit dieser Frage befaßt, steht man vor einem erstaunlichen Phänomen. Zu dem Zeitpunkt, als man sich in Deutschland mit den Problemen zu beschäftigen begann, die die Engländer in Bristol und in Ely bedeutend früher aufgegriffen hatten, zu eben diesem Zeitpunkt wendete England selbst sich auf das entschiedenste von allen Raumverflechtungen des *Decorated* ab und schuf in seiner zweiten Spätgotik, dem *Perpendicular*, einen völlig neuen Stil, der durch Härte, großen Maßstab und gleichmäßige Durchlichtung gekennzeichnet wird. Dem Perpendicular fehlt die schwelgerische Phantasie

101 Gerona, Kathedrale, Blick in Chor und Langhaus. Chor begonnen 131
Langhaus begonnen 1417 von Guillermo Boffiy

der deutschen Sondergotik vollkommen, wenn auch andererseits die Vereinheitlichung des Raumes und der klare und schlichte Außenbau die deutsche und englische Baukunst des fünfzehnten Jahrhunderts verbinden.

Man hat versucht, die Wendung vom Decorated zum Perpendicular von der fürchterlichen Pest und dem Massensterben im Jahre 1349 herzuleiten. Diese Beziehung ist jedoch unrichtig; denn der neue Stil war schon bedeutend früher voll ausgebildet, wie das südliche Querschiff (1331–37) und der Chor (1337–77) der Kathedrale von Gloucester bezeugen. Die massigen Rundpfeiler und die weit geöffneten Emporen des alten normannischen Chores wurden bei dem Neubau nicht abgebrochen, sondern man verbarg sie hinter Schauwänden, die aus einem Gitter dünner horizontaler und vertikaler Stäbe bestehen, welche zu einer Folge rechteckiger Felder mit eingeschriebenen Spitzbögen geordnet sind. Die Ostmauer von Gloucester wird in ihrer ganzen Ausdehnung von einem einzigen riesigen Fenster eingenommen. In ihm findet – von den wenigen strukturellen Gliedern abgesehen – das gleiche Prinzip der endlosen Reihung rechteckiger (hier freilich verglaster) Felder seine Fortsetzung, welches schon für die Ausgestaltung der Innenwände des Chores bestimmend war. Die große Zahl der horizontalen Unterteilungen macht alles unwirksam, was etwa noch von dem steilen Höhendrang der hochgotischen Architektur übrig geblieben war. Die gleiche Tendenz der Betonung der horizontalen Linien hatte sich in der zweistöckigen Anordnung der deutschen Kirchenfenster ausgesprochen. Aber während auf dem Festland die Wand – ungeachtet der Fensteröffnungen – als massive Mauerfläche verstanden wurde, hat das Perpendicular an dem hochgotischen Ideal der vollkommen verglasten Wand festgehalten. Wenn somit England hinsichtlich des Wandaufbaus dem Vorbild der klassischen Gotik ungleich näher verbunden blieb als Deutschland oder Spanien, so gilt das gleiche auch für die Auffassung des Raumes. Nur äußerst selten gab man das basilikale System zugunsten der räumlich freieren Hallenanlage auf, die in Deutschland so entschieden bevorzugt wurde und die auf englischem Boden in Bristol eine frühe Verwirklichung gefunden hatte. Allein in den Gewölben durfte sich in Gloucester und vielen anderen Kathedralen und Klosterkirchen des Perpendicular die Phantasie frei entfalten. Sie sind zu dieser Zeit in England ebenso kompliziert und einfallsreich wie in Deutschland und Spanien, ja keines dieser beiden Länder, geschweige denn Frankreich, hat schon frühzeitig derartig komplizierte Gewölbesysteme hervorgebracht wie England in Bristol und Gloucester. Aber die Formen sind hölzerner und eckiger als in den Gewölben der kontinentalen Spätgotik. In Gloucester rufen sie geradezu eine Erinnerung an die Streichholzornamentik des dreihundert Jahre älteren Turmes von Earls Barton hervor. Ebenso ist

102 Gloucester, Kathedrale, Chor, 1337– ca. 77

übrigens das Maßwerk des Perpendicular steifer und trockener als in Deutschland, Spanien und Frankreich und auch als englisches Maßwerk um 1320. Überall geben nun die Vertikalen, d. h. die perpendicularen Linien den Ton an, die unvermittelt gegen die Kurven des Spitzbogens stoßen. In anderen Beziehungen aber sind die Horizontalen für die zweite englische Spätgotik ebenso wichtig. Die Dächer zum Beispiel steigen nicht mehr steil an, sondern sind flacher und oft von einer Brustwehr oder von innen völlig verdeckt.

Unter den englischen Kathedralen ist Gloucester das bedeutendste Zeugnis des Perpendicular. Die Langschiffe von Winchester und Canterbury, in der Hauptsache aus dem späten vierzehnten Jahrhundert stammend, sind spätere Beispiele dieses Stiles. In den anderen Kathedralen finden sich nur gelegentlich größere Bauteile, welche in dieser Spätzeit des Mittelalters entstanden sind. Wer die englische Architektur zwischen 1350 und 1525 in ihren besten Leistungen kennenlernen will, sollte nicht die Kathedralen und Klosterkirchen besuchen, sondern einerseits Herrenhäuser und andererseits Pfarrkirchen – wo das Perpendicular die glücklichsten Gesamtwirkungen erzielt hat – und dazu drittens die im Auftrag des Königs errichteten Kapellen, wo die Stilstufe das höchste künstlerische Niveau erreichte. Dieser Verschiebung in der Bedeutung der einzelnen Bauaufgaben entspricht auch in Deutschland die Wendung vom Dom zur Pfarrkirche als der nunmehr fruchtbarsten Aufgabe der Architektur. In Deutschland wie in England waren dabei soziale und historische Veränderungen ausschlaggebend.

In der Tat, zwischen der Epoche, in der Harlech und derjenigen, in der beispielsweise Penshurst in Kent (ca. 1341) erbaut wurde, hatte sich in England eine tiefgreifende Veränderung der allgemeinen Lebensverhältnisse vollzogen, eine Veränderung, deren Folgen wohl am unmittelbarsten den Wohnbau betroffen haben. Nach einem halben Jahrhundert inneren Friedens konnten die adligen Grundbesitzer bei der Ausgestaltung ihrer Schlösser die Rücksichten auf militärische Verteidigung fallen lassen. Anstelle der unbequemen Wohnverhältnisse der Burgen durften sie sich den Komfort geräumiger Herrenhäuser bzw. nicht mehr befestigter Bauten gestatten. Doch haben diese englischen Herrschaftssitze des späten Mittelalters, obwohl von der drückenden Enge der Burgen befreit, noch die wesentlichen Elemente der alten Raumanordnung beibehalten: die Halle als Mittelpunkt des häuslichen Lebens, an deren einem Ende eine Estrade für die herrschaftliche Tafel angebracht war; daran anschließend ein Wohnraum, oft mit einem Söller darüber. Auf der entgegengesetzten Seite der Halle lag der Haupteingang; er führte zu einem durch eine hölzerne Scheidewand abgetrennten Korridor. Von diesem öffneten sich nach der der Halle entgegengesetzten Seite die Türen zu Küche, Vorratsräumen, Speisekammern und anderen Wirtschaftsräumen. Diesem traditionellen Schema fügte man nun allmählich weitere Räume hinzu. Die Halle erhielt größere Fenster, vor allem ein hohes Erkerfenster auf der Seite der herrschaftlichen Tafel. Unter den aus dem vierzehnten Jahrhundert erhaltenen Hallen finden wir die eindrucksvollste in John of Gaunt's Schloss Kenilworth; sie ist 28 Meter lang und 14 Meter breit. In einigen Herrenhäusern dieser Zeit muß bereits ein besonderer Speiseraum vorhanden gewesen sein, wie eine diesbezügliche Stelle in »Piers Plowman« bezeugt. Diese Neuerung bedeutet den Beginn einer Entwicklung, die schließlich dazu führte, daß die Halle ihrer Bedeutung als Wohn- und Eßraum für Herrschaft und Gesinde ganz verlustig ging. Aber mehr als zwei Jahrhunderte mußten nach dem Bau von Penshurst noch vergehen, ehe sie schließlich zur bloßen Eingangshalle wurde.

Beinahe ebenso lange dauerte es, bis das Prinzip der Symmetrie, das in den Festungen Harlech und Beaumaris zu so großartiger Wirkung gebracht war, auch im Wohnbau zur Anwendung kam. Im vierzehnten und fünfzehnten Jahrhundert war ein englisches Herrenhaus nichts als eine malerische Anhäufung verschiedener Gebäude. Es unterschied sich in diesem Punkt nicht von den Burgen des damaligen Deutschland, wobei allerdings zu bemerken ist, daß es in diesem von politischen Unruhen zerrissenen Heiligen Römischen Reich

103 Penshurst, Kent, Herrenhaus, vermutlich 1341 begonnen

noch lange dauerte, bis Fürsten und Ritter wie ihre englischen Standesgenossen es wagen konnten, in offenen oder nur leicht befestigten Herrenhäusern ihren Wohnsitz zu nehmen. Weder in Deutschland noch in England ging im fünfzehnten und frühen sechzehnten Jahrhundert die Symmetrie über eine axiale Ausrichtung von Torhaus und Halleneingang hinaus. Die Halle selbst indessen bildete nicht das Zentrum des Wohnhauses, ebenso wie der Halleneingang nicht in der Mitte einer ihrer Wände angebracht war. Und selbst wenn das Torhaus vor der Mitte des Hauptgebäudes stand, wurde die Fassade des letzteren keineswegs symmetrisch angelegt. Solche frei zusammengewachsenen Baugruppen sind in England ebenso wie in Frankreich und Deutschland zweifellos von großem Reiz. Hinsichtlich ihrer architektonisch-künstlerischen Qualität können sie sich jedoch niemals mit Harlech messen.

Auch im englischen Kirchenbau vollzogen sich in diesem Zeitraum bedeutsame Veränderungen. Und auch sie haben ihre Wurzeln in der sozialen Entwicklung. Eine neue Klasse war in England an die Macht gekommen, die gleiche Gesellschaftsschicht, welche die unzähligen Pfarrkirchen Deutschlands und der Niederlande gebaut hat und zu deren glänzendsten Repräsentanten in Frankreich die geschäftstüchtigen Hofbeamten Wilhelm von Nogaret und Jacques Coeur gehörten, in Italien die Medici samt ihren Freunden und Rivalen und in Deutschland die mächtigen Kaufherren der Hanse. Richard Löwenherz war König von England gewesen, als die Kathedralen von Lincoln und Wells entstanden; als Salisbury und die neue Westminsterabtei errichtet wurden, regierte Heinrich III., der Heilige, wie Rom ihn nannte. Gegen die allzu freundliche Politik dieses Königs erhob sich der englische Nationalheld Simon von Montfort, zu der Zeit, da der Engelchor von Lincoln erbaut wurde. Weniger als hundert Jahre später nahm Edward III. die Aufnahme in die Londoner Tuchhändlergilde als ehrenvolles Angebot entgegen, ein außerordentlich bezeichnendes Ereignis, wenn wir es im Zusammenhang mit dem wirtschaftlichen Aufschwung betrachten, der sich damals in den Niederlanden, in Deutschland, der Toskana und Katalonien vollzog. In der Tat brachte die Regierungszeit Edwards III. (1327–77) auch für England eine rasche Entfaltung von Industrie und Handel und damit verbunden die Entstehung dessen, was man Frühkapitalismus genannt hat. Flämische Weber wurden ins Land gerufen, Handelsinteressen spielten eine bedeutende Rolle in den Wirren des hundertjährigen Krieges. Männer wie Dick Whittington und John Poulteney, dessen Landsitz das schon erwähnte Penshurst war, häuften riesige Vermögen an. Die Herrenhäuser des späten Mittelalters sind viel öfter von Kaufleuten oder ihren Nachkommen erbaut, als man sich im allgemeinen vorstellt. Nachdem die Rosenkriege des fünfzehnten Jahrhunderts die alten Adelsfamilien grau-

104 Windsor Castle, St.-Georg-Kapelle, begonnen 1481

sam dezimiert hatten, wurde die englische Aristokratie in steigendem Maße von einem neuen Geldadel gebildet, so daß in dem sechzehn Mitglieder umfassenden Kronrat, dem Heinrich VIII. die Regentschaft für seinen minderjährigen Sohn übertrug, sich nicht ein einziger Würdenträger befand, dessen Adelspatent älter als zwölf Jahre war.

So kam es, daß um 1500 der König und die Städte die wichtigsten Auftraggeber der Kunst waren. Die Krone hatte in der ersten Hälfte des vierzehnten Jahrhunderts die St. Stephanskapelle im Westminsterpalast, die Sainte Chapelle von England, gebaut. 1834 ist sie einem Brand zum Opfer gefallen. Nach den erhaltenen Zeichnungen zu urteilen, muß es ein Bau von großer geschichtlicher Bedeutung gewesen sein. Im fünfzehnten Jahrhundert bauten dann Heinrich VI. und Heinrich VII. die Eton College Kapelle (begonnen 1441) und die King's College Kapelle in Cambridge (1446–1515). Heinrich VII. und Heinrich VIII. errichteten die Georgskapelle in Schloß Windsor

105 Cambridge, King's College Kapelle, Blick gegen den Chor, 1446–1515

(begonnen 1481) und schließlich Heinrich VIII. die Kapelle Heinrichs VII. am Ostende der Westminsterabtei (1503–19). Alle diese Kapellen haben sehr einfachen Außenbau und Grundriß, aber reich und meisterhaft dekorierte Innenräume. In Cambridge tritt dieser Gegensatz besonders hervor. Um diesen hohen, engen kastenförmigen Bau zu entwerfen, brauchte man gewiß keinen genialen Raumkünstler. Zwischen Schiff und Chor gibt es keinerlei Differenzierung. Die Dekoration wiederholt sich überall. Für die Oberfenster ist das gleiche Maßwerkmuster vierundzwanzigmal verwendet, und die Fächergewölbe zeigen stets dieselbe aus kleinen rechteckigen Feldern bestehende Dekoration. Die Männer, die diese Gebäude entwarfen und an ihnen ihre Freude hatten, waren Rationalisten, Ingenieure von einer Kühnheit, die der der katalanischen Architekten um nichts nachsteht. Und doch erreichten sie – und hier begegnen wir demselben Phänomen wie in den gleichzeitigen Kirchen Deutschlands –, daß in ihren Bauten die Sachlichkeit der technischen Leistung sich mit der Stimmung des Geheimnisvollen und mit dem Reiz einer fast orientalisch üppigen Dekoration verbindet. Wenn man diese Räume betritt, so fällt es schwer sich zu vergegenwärtigen, wie dieser Eindruck schwelgerischer Fülle bei einem so beschränkten Formenschatz hat erzielt werden können. Besonders das Fächergewölbe schafft, wo immer es angewendet wird, eine Atmosphäre überschwenglicher Pracht, obwohl es eine höchst rational entwickelte Konstruktion ist, deren Erfindung man gern einem Ingenieur und Techniker zuschreiben möchte. Die Entwicklung dieses Motivs beginnt bei den Gewölbeformen der Kapitelhäuser und setzte sich im Chor (Anfang vierzehntes Jahrhundert) und später im Langhaus von Exeter fort, wo die Rippenbündel sich wie Palmzweige gegen die mit schweren Schlußsteinen verzierte Scheitelrippe ausbreiten. In Exeter findet die Raumphantasie des Decorated vollgültigen Ausdruck. Das Perpendicular hat in der Folge solche Anregungen rationalisiert und zu einem verbindlichen Typus systematisiert. Das erste Beispiel findet sich wiederum in der so oft erwähnten Kathedrale von Gloucester, in diesem Falle im Ostflügel des Kreuzganges (nach 1357). Indem man allen Rippen die gleiche Länge gab, den gleichen Abstand voneinander und die gleiche Kurvatur, und indem man das charakteristische Perpendicular-Motiv der Blendbogenvertäfelung auf die so entstehenden kurvigen Kegel anwandte, entstand aus dem Palmengewölbe von Exeter das Fächergewölbe von Gloucester. Die Übertragung des Fächergewölbes von den relativ kleinen Ausmaßen eines Kreuzganges auf die Breite und die Höhe eines Mittelschiffes hat man anscheinend erst im letzten Viertel des fünfzehnten Jahrhunderts gewagt. Anfang des sechzehnten Jahrhunderts hat der Hofbaumeister John Wastell das Fächergewölbe in der Kapelle des King's College zur Anwendung gebracht.

106 Swaffham, Norfolk, Dachstuhl, 1454 oder später

Wir müssen uns nun den Pfarrkirchen zuwenden. Eine der bezeichnendsten Eigenheiten der englischen Pfarrkirche ist die Abneigung gegen steinerne Gewölbe und die Bevorzugung hölzerner Dachstühle. Das ist keineswegs ein Zeichen von Ängstlichkeit oder Sparsamkeit. Die Gründe liegen tiefer. Die Bewohner des englischen Inselreiches waren seit Jahrhunderten ein Volk der Schiffbauer gewesen, und so hatte sich hier die Technik der Holzverarbeitung in allen ihren Anwendungsgebieten zu einer beispiellosen Kühnheit und Verfeinerung entwickelt. Die englischen Zimmerleute zeigen sich in ihren Deckenkonstruktionen als ebenso wagemutige Ingenieure und ebenso phantasievolle Künstler wie die Meister der spätgotischen

Stern- und Netzgewölbe Deutschlands. Es gibt eine Reihe verschiedener Typen, von denen die eindrucksvollsten die Stichbalkendecke und die Doppelstichbalkendecke sind. Der genialste aller Dachstühle aber ist der von Needham Market. Hier scheint ein ganzes dreischiffiges Gebäude ohne irgendwelche Stützen über unseren Köpfen zu schweben. Auf dem Kontinent gibt es nichts, was man mit diesen Leistungen vergleichen könnte. Daneben sind es hölzerne Schranken von Chor und Seitenkapellen, in denen die dekorative Phantasie des Perpendicular ihren üppigsten Ausdruck gefunden hat. Die prunkvollsten Beispiele finden sich in Devonshire und East Anglia. Abgesehen von der ehemals überreichen Ausstattung mit diesen Schnitzwänden und abgesehen von den oben erwähnten Balkendecken sind jedoch die Pfarrkirchen des Perpendicular eher sparsam als üppig, eher nüchtern als phantasievoll. Das gilt natürlich nur von Fällen, wo es sich um völlige Neubauten dieser letzten Phase der englischen Spätgotik handelt. Sehr oft jedoch beschränkten sich die Architekten des Perpendicular darauf, einen älteren Bauplan zu erweitern, etwa durch zusätzliche Seitenschiffe oder Kapellen. Das Resultat ist jene unbefangene Mischung verschiedenster Stile, jene malerische Regellosigkeit von Grundriß und Aufbau, die für die Mehrzahl der englischen Pfarrkirchen so bezeichnend ist. Solche Gebäude sind eindrucksvolle Denkmale für die wechselvolle Geschichte der betreffenden Städte von der angelsächsischen Epoche bis zur Tudorzeit. Von dem künstlerischen Ideal des Perpendicular jedoch vermögen sie uns keine überzeugende Vorstellung zu geben. Um zu erkennen, wie die Hauptpfarrkirche einer wohlhabenden englischen Stadt im fünfzehnten Jahrhundert ursprünglich gedacht war, dazu müssen wir einen Bau wie St. Nicholas in King's Lynn (1414–1419) betrachten. Die Anlage ist ebenso unkompliziert wie die

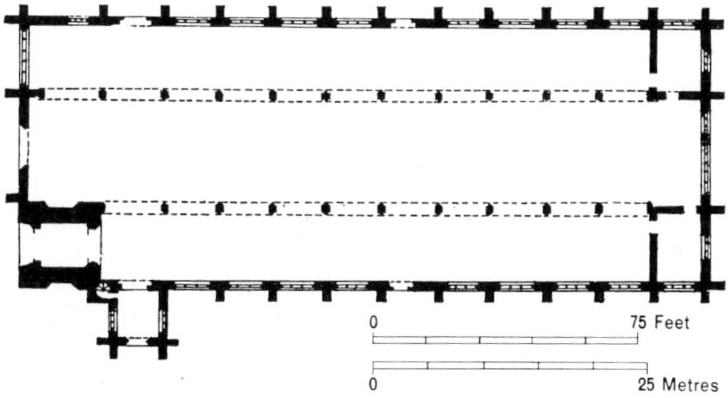

107 King's Lynn, St. Nicholas, 1414–19

der gleichzeitigen königlichen Kapellen. Der Grundriß besteht aus einem Rechteck von 50 Meter Länge und 20 Meter Breite, welches in Mittelschiff, Seitenschiffe und den ebenfalls mit Seitenschiffen versehenen Chor unterteilt ist. Zwischen Langhaus und Chor gibt es keinerlei strukturelle Abgrenzung. Der einfache Umriß des Außenbaus wird lediglich durch den Turm, der von einem älteren Bau übernommen wurde, durch die südliche Vorhalle und die ein wenig vorspringende Ostapsis unterbrochen. Diese schlichte und zugleich kraftvolle Formgebung ist zweifellos die Folge des Geschmackwandels, den die Architektur der Bettelorden bewirkt hatte. Es bedarf kaum eines besonderen Hinweises, um die Wesensähnlichkeit vor Augen zu führen, welche den schmucklosen Außenbau dieser und vieler anderer Pfarrkirchen in England mit der gleichzeitigen Sakralarchitektur Deutschlands verbindet. Im Inneren aber haben Bauten wie St. Nicholas in King's Lynn, die beiden Pfarrkirchen von Coventry oder die Dreifaltigkeitskirche in Hull nichts von jener Romantik, die in den Kirchenräumen der deutschen Spätgotik lebendig ist. Sie halten nach wie vor an dem traditionellen Basilikaschema fest. Die Pfeiler sind dünn, die Profile mager, und das Maßwerk zeigt die eckigen Formen des Perpendicular. Hier gibt es keine in geheimnisvolles Halbdunkel getauchten Winkel, keine überraschend sich öffnenden Durchblicke. Der Stolz der englischen Pfarrkirchen ist vor allem ihre Größe.

Nirgends hat das Bürgertum der emporstrebenden Städte seine naive Vorliebe für das Große schlechthin so deutlich ausgesprochen wie in den Kirchtürmen. In England finden wir die höchsten in Louth (91,40 m) und in Boston (etwa 90 m hoch). Der höchste deutsche Kirchturm ist der des Ulmer Münsters (161 m); allerdings wurde er erst im neunzehnten Jahrhundert zu Ende geführt. Auch hier handelt es sich übrigens um eine Pfarrkirche. Daß unter dem beherrschenden Einfluß des Bürgertums das späte Mittelalter selbst im Kathedralbau die Zweiturmfront aufgab, zeigt am eindrucksvollsten und beispielhaft für den ganzen Bereich der europäischen Spätgotik das Straßburger Münster. Die Entwürfe des dreizehnten Jahrhunderts hatten eine Fassade im Sinne der französischen Kathedrale vorgesehen; in der zweiten Hälfte des vierzehnten Jahrhunderts wurde jedoch der Raum zwischen den beiden unvollendeten Turmstümpfen ausgefüllt, um eine Plattform für einen einzigen, dafür aber um so höheren Westturm zu schaffen. Die Ausführung (1399–1439) geschah durch Ulrich von Ensingen und Johannes Hültz. Es ist ein Wunderwerk spätgotischen Steinfiligrans, wenn auch, der späten Entstehungszeit entsprechend, die Ornamentik komplizierter und verschlungener ist als die des bereits vor 1350 fertiggestellten Turmhelmes von Freiburg i. B., der ebenfalls völlig in durchsichtiges Maßwerk aufgelöst ist (Anm. 22).

108 Coventry, St. Michael, 15. Jahrhundert, zerstört im 2. Weltkrieg

109 Ypern, Tuchhalle, ca. 1260–1380

Daß es nicht so sehr ein Streben nach himmlischer Entrücktheit als vielmehr weltlicher Bürgerstolz war, der die ragenden Kirchtürme des vierzehnten und fünfzehnten Jahrhunderts hat entstehen lassen, dafür spricht am deutlichsten die Tatsache, daß nun auch die öffentlichen Gebäude der städtischen Kommunen, ihrer gesteigerten Bedeutung entsprechend, einen Turm als weithin sichtbaren Geltungsbeweis erhielten. Man denke nur an das Rathaus von Brügge mit seinem schlanken Belfried (vollendet 1482, 80 m hoch) oder an den Rathausturm von Thorn, der 1385 fertiggestellt wurde; ungefähr

110 Venedig, Dogenpalast, ca. 1340–1438

zu der gleichen Zeit (seit 1393) fand eine umfassende Vergrößerung und Neugestaltung des gesamten Gebäudes statt, die Thorn zu dem imposantesten mittelalterlichen Rathaus des ganzen deutschen Sprachgebietes gemacht hat. Die großartig kraftvolle Kargheit der von hohen Blendbogen verkleideten Backsteinmauern ist charakteristisch für die Architektur und den Geist der Ordensleute. Ähnlich ist der Dogenpalast in Venedig, mit seinen beiden nach außen reich dekorierten, im Innern dunkel verschatteten Arkadengeschossen, mit der zarten Farbigkeit des rosa und weiß gerauteten Mauerwerks, ein ungemein bezeichnender Ausdruck für den künstlerischen Stil und die Atmosphäre der Republik von San Marco. Auch der Dogenpalast war ja in erster Linie ein öffentliches Gebäude der Bürgerschaft, ein Rathaus, in dem sich die Amts- und Repräsentationsräume des Stadtstaates befanden. Die Wasserfront wurde 1340–1419 erbaut; bald darauf begann man den nach der Piazzetta gelegenen Trakt (seit 1424). Nicht minder großartig ist das Rathaus von Siena (1288–1309) – wiederum mit hohem Turm – und vor allem der riesige Palazzo della Ragione in Padua (1306 ff.). Die im Ersten Weltkrieg fast völlig zerstörte Tuchhalle von Ypern (ca. 1260–1380) war mit einer Fassadenlänge von 132 Metern das größte öffentliche Gebäude der Niederlande. Weder England noch Frankreich besitzen Rathäuser oder Zunfthallen von solchem Ausmaß.

In Frankreich hat die Spätgotik – nach französischer Terminologie das *Flamboyant* – erst relativ spät Eingang gefunden. Eselsrücken und Fischblasenornament erscheinen kaum vor 1400 (Herzogsäle in Poitiers und in Dijon). Einige der bezauberndsten Meisterwerke des Flamboyant befinden sich in der Normandie, z. B. das Bibliotheksportal, der Butterturm und das Hauptportal der Kathedrale von Rouen. In der gleichen Stadt steht auch die in ihrer Raumgestaltung noch interessantere Kirche St. Maclou. Der Bau wurde 1434

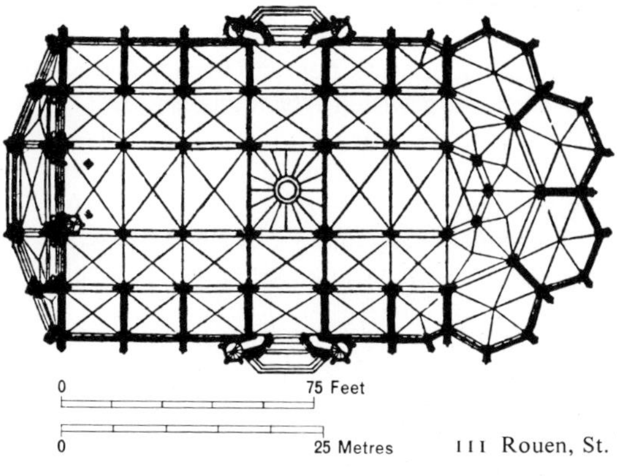

111 Rouen, St. Maclou, begonnen 1434

112 Straßburg, Laurentiusportal, um 1495

begonnen. Auch zu diesem Zeitpunkt hielt man im Ostteil noch an dem hochgotischen System, d. h. dem Chor mit Umgang und Kapellenkranz, fest, wenngleich mit gewissen Abänderungen. Der Westabschluß ist jedoch eine ganz neuartige Konzeption. Im Gegensatz zu der geraden Front der klassischen Kathedrale mit ihren drei in einer Fluchtlinie aufgereihten Portalen, zeigt die Fassade von St. Maclou eine leichte polygonale Brechung. Es ist eine Lösung, die in ihrer räumlichen Wirkung beispielhaft den Geist der spätgotischen Architektur verkörpert.

Schließlich die letzte Phase der spanischen Spätgotik: Die Gegenüberstellung einer englischen Pfarrkirche des fünfzehnten Jahrhunderts oder auch der King's College Kapelle in Cambridge und eines ungefähr gleichzeitigen spanischen Bauwerkes wie beispielsweise der

113 Valladolid, San Pablo, Westfassade, begonnen nach 1486 von Simon von Köln (?)

Prunkfassade von St. Paul in Valladolid genügt, um den Kontrast zwischen englischer Zurückhaltung und spanischem Überschwang zu veranschaulichen. Wenn wir anstelle von Valladolid das Laurentiusportal des Straßburger Münsters (1495) zum Vergleich heranziehen, so erscheint der englisch-deutsche Gegensatz kaum minder ausgeprägt als derjenige zwischen England und Spanien. In der Tat kann man wohl sagen, daß die Bauornamentik des deutschen Spätmittelalters ebenso ausschweifend ist wie diejenige Spaniens. Beide Länder vertreten ja im Zusammenhang der europäischen Kultur und gegenüber England, Frankreich und Italien den Geist des Überschwanges, ja der Übersteigerung. Ungeachtet solcher Beziehung machen sich jedoch bei näherer Betrachtung der deutschen und spanischen Architektur wesentliche Unterschiede in der Behandlung des dekorativen Elementes bemerkbar. Seit der Zeit der Araberherrschaft hat in Spanien stets eine Vorliebe dafür geherrscht, große Flächen mit engmaschiger zweidimensionaler Ornamentik zu überziehen. Die Deutschen teilen zwar diesen horror vacui, jedoch zeigen hier die Zierformen im Gegensatz zu dem spanischen Flächenstil einen entschiedenen Drang zu dreidimensionaler Entfaltung. Diese Tendenz zu räumlicher Wirkung verbindet deutsche Spätgotik mit deutschem Rokoko, während andererseits die Fassade von Valladolid bereits den flächigen und hektisch bewegten Dekorationsstil des spanischen Barock, beispielsweise der Sakristei in der Kartause von Granada (1727–64), anzukündigen scheint. In Valladolid (begonnen kurz nach 1486, vermutlich von Simon von Köln) ist eine Vielzahl von Schmuckformen nebeneinandergestellt, ohne daß ein bestimmtes Motiv die Vorherrschaft erhält. Die Figurenplastik hält sich in kleinen Ausmaßen. Kielbogen und Tudorbogen wechseln miteinander ab. Die gesamte Fläche ist von unten bis oben mit Ornamenten bedeckt, die mit jedem Gurtgesims wechseln. Das Ganze erinnert an dornig verschlungenes Unterholz; englisches Perpendicular erscheint daneben klar und rational. Hier kann kein Zweifel sein, welches der beiden Länder in Zukunft sich dem Puritanismus zuwenden und welches die Hochburg des barocken Katholizismus werden sollte.

Ihren Höhepunkt aber erreichte die spätgotische Phantastik in Portugal während der großen Zeit des Königs Manuel I. (1495–1521). Der manuelische Stil, wie ihn etwa die Klöster Batalha und Tomar vertreten, ist von einer geradezu maßlosen Prachtentfaltung bestimmt. Diese üppig wuchernden Formen scheinen zuweilen der Fauna des Meeresgrundes entnommen, zuweilen von tropischer Vegetation herzustammen. Gewiß ist die portugiesische Ornamentik von Frankreich und Spanien beeinflußt worden. Hier aber kommt einem als Beziehung nur die Architektur Indiens – wo damals die Portugiesen Fuß gefaßt hatten – in den Sinn. Falls es sich um eine wirkliche Abhängigkeit handelt, so hätten wir hier innerhalb der europäischen Architektur das erste Beispiel einer Beeinflussung durch außereuropäische Vorbilder.

Ein Einfluß kann aber nur dann wirksam werden, wenn der aufnehmende Teil von sich aus die Bereitschaft zur Rezeption mitbringt. Wäre in den Ländern der Pyrenäenhalbinsel nicht längst eine Leidenschaft für überreiche Dekoration vorhanden gewesen, so hätte die Kunst der Kolonien kaum ein Echo gefunden. Als Westindien holländisch wurde, begann nach einiger Zeit der Stil der überseeischen Besitzungen auf die Schreinerkunst des Mutterlandes einzuwirken; während aber die exotische Anregung den spezifischen Reichtum der niederländischen Barockmöbel hervorbringen half, hielt sich die

114 Tomar, Fenster des Kapitelhauses, um 1520 von Diego da Arruda

Architektur wohlweislich von solchem Einfluß zurück. Nie hätten sich die holländischen Baumeister des siebzehnten Jahrhunderts so rückhaltlos dem indischen Stil ergeben, wie es die Portugiesen konnten, in jenem letzten Augenblick des sinkenden Mittelalters, da die ungebundene Formenphantasie der Spätgotik noch nicht in das strenge Joch der aufkommenden Renaissance gespannt war.

Die Renaissance andererseits hätte nie in einem Lande entstehen können, das so leidenschaftlich einer derartig schweifenden Flächenornamentik frönte wie Spanien und Portugal, oder das den Möglichkeiten überraschender und geheimnisvoll-romantischer Raumwirkungen mit solcher Kühnheit nachgegangen war wie Deutschland. In Italien jedoch hatte sich die Spätgotik niemals wirklich durchsetzen können, wenn man vom Sonderfall des Mailänder Domes absieht, der 1387 begonnen wurde und im Norden des Landes liegt. Er wurde von zahlreichen französischen und deutschen Baumeistern besucht und bewundert, übte aber keinen Einfluß aus; die eigentlichen architektonischen Zentren des Landes blieben von der Spätgotik fast unberührt. Diese Überlegungen veranschaulichen aufs deutlichste die Tatsache, daß in der Kunst des fünfzehnten Jahrhunderts bereits mehr oder minder die gegenwärtigen Grenzen der europäischen Länder festgelegt waren. Der romanische Stil war trotz lokaler Sonderformen eine internationale Erscheinung gewesen, ebenso wie das Heilige Römische Reich und wie die Kirche des elften und zwölften Jahrhunderts Mächte von durchaus übernationaler Geltung waren. Dann aber, im dreizehnten Jahrhundert, entwickelte sich Frankreich zum Nationalstaat, und hier wurde der gotische Stil geboren. Ähnlich entsagte Deutschland, nachdem es die Krise des Interregnums überstanden hatte, dem alten Ideal des römischen Kaisertums und entschied sich für eine nationale Haltung, eine Neuorientierung, die in der deutschen Sondergotik ihre künstlerische Entsprechung gefunden hat. In England vollzog sich zur gleichen Zeit eine entsprechende Wendung des staatlichen Denkens, und sie war es, aus der Decorated und Perpendicular erwachsen sind.

Ganz anders jedoch war die Entwicklung in Italien, wo sich eine Vielzahl kleiner und kleinster Stadtstaaten herausbildete. Die Gotik erschien in Italien wie in Deutschland und Spanien zunächst als ein französischer Stil. Italien zeigte sich diesem Einfluß gegenüber am wenigsten willfährig. Hier gab es eine Macht, die dem Stil der Kathedralen entschieden entgegengesetzt war, und an der sich der Widerstand gegen die Gotik immer wieder entzünden sollte: die römische Antike. So finden wir in Friedrichs II. Castel del Monte unmittelbar neben den neuen französischen Rippengewölben Giebelfelder von rein antikem Gepräge. Für die verständnisvolle Behandlung römischer Motive, wie sie das ebenfalls unter Friedrich II. errichtete

115 Florenz, Dom, Langhaus, begonnen 1296 von Arnolfo di Cambio, geweiht 1436

Brückentor von Capua zeigte, gibt es im Norden keine Entsprechung. In Italien jedoch finden wir ähnliches auch in der Kanzelplastik Niccolo Pisanos. Niccolo Pisano eröffnet die Reihe der großen italienischen Bildhauer. Er ist der erste, in dessen Werk der spezifische Geist Italiens sich frei machte von internationalen Konventionen. Während er im Bereiche der Bildhauerkunst den damals vorherrschenden gotisierenden Stil zu einer mehr statischen und harmonischen Formensprache umbildete, vollzog sich eine entsprechende Wandlung in der italienischen Architektur. Die Bedeutung der Bettelorden für diese Umbildung ist schon betont worden. In ihren breit gelagerten seitenschifflosen Kirchen fühlen wir nichts mehr von dem steilen Höhendrang französischer Kathedralen. Die großen Ordenskirchen wie S. Maria Novella und S. Croce in Florenz haben zwar Seitenschiffe, aber diese sind so flach und ihre Arkaden sind so weit nach dem Mittelschiff geöffnet, daß der statische Charakter des Raumes, daß seine gelassene Ruhe kaum vermindert werden. Der Dom von Florenz, entworfen 1296 von Arnolfo di Cambio (gestorben 1302) und seit 1367 fortgeführt von Francesco Talenti, gehört zu derselben Gruppe. Obwohl seiner Bestimmung nach eine Kathedrale, ist er unter dem Patronat der Wollweberzunft gebaut worden »zu Ehren der Republik und des Volkes von Florenz«. Seine Pfeiler mit den kräftigen Basen und schweren Kapitellen weisen nicht in die Höhe. Das weit hervortretende und ohne Unterbrechung umlaufende Gesims stellt eine stark betonte Horizontalgliederung dar. Die kuppelförmigen Kreuzgewölbe trennen nachdrücklich ein Joch vom anderen. Der Kontrast zwischen dem dunklen Marmor der strukturellen Glieder und den geweißten Flächen von Mauern und Gewölbekappen steigert die Klarheit des Raums. Überdies ist das Chorende völlig zentral ausgebildet mit identischen polygonalen Abschlüssen nach Osten sowie nach Norden und Süden. Dem von Norden kommenden Reisenden müssen diese italienischen Kirchen des vierzehnten Jahrhunderts von gemessener Ruhe erfüllt erscheinen. Nur hier – das wird man jetzt verstehen – konnte der Renaissancestil geboren werden; hier in dem Land römischer Tradition, der Sonne, des blauen Meeres und der edlen Hügellinien, dem Land der Wein- und Olivengärten, der Pinienhaine, der Zedern und Zypressen.

Renaissance und Manierismus in Italien
1420–1600

Das erste Bauwerk des gotischen Stiles wurde im Auftrag Sugers errichtet, der Abt von St. Denis und Kanzler zweier französischer Könige war. Die Entstehung der Renaissance erfolgte unter dem Mäzenat florentinischer Kaufleute, der Bankiers der Könige von Europa. Hier in Florenz, der reichsten Handelsrepublik des Südens, stand die Wiege des neuen Stiles, der um 1420 geboren wurde. Ein Haus wie das der Medici hatte seine Niederlassungen in London, Brügge und Gent, in Lyon und Avignon, in Mailand und Venedig. Ein Medici war im Jahre 1296 Bürgermeister von Florenz gewesen, ein anderer 1376, und wieder einer 1421. Im Jahre 1429 wurde Cosimo Medici Senior des Handelshauses. Hundert Jahre später wurde ein anderes Mitglied der Familie zum Herzog der Toskana erhoben. Cosimo aber, den die Florentiner »Vater des Vaterlandes« nannten, und sein Enkel Lorenzo der Prächtige waren ungeachtet ihrer Macht nur Bürger der Republik, ja offiziell nicht einmal die führenden Bürger von Florenz. Den Medici und den anderen fürstlichen Kaufleuten, wie den Pitti, Rucellai und Strozzi ist es zu verdanken, daß die Renaissance sofort und uneingeschränkt in Florenz akzeptiert wurde, daß sie sich hier mit einer wundervollen Konsequenz über etwa vierzig Jahre hinweg weiter entwickeln konnte, ehe die anderen italienischen Städte, vom Ausland gar nicht zu sprechen, auch nur ihre Bedeutung zu verstehen begannen.

Die einzigartige Bedeutung der Toskana für die Entstehung der Renaissance kann jedoch nicht allein aus sozialen Bedingungen abgeleitet werden. Die flandrischen Städte des fünfzehnten Jahrhunderts hatten in dieser Beziehung eine durchaus vergleichbare Struktur, und dasselbe gilt bis zu einem gewissen Grade auch für die City von London. Dennoch herrschte in den Niederlanden das spätgotische Flamboyant, in England das Perpendicular. Was die besondere Individualität von Florenz ausmachte, war, daß hier eine bestimmte soziologische Struktur auf das glücklichste mit der Beschaffenheit des Landes, mit den spezifischen Anlagen des Volkes und seiner historischen Tradition übereinstimmte. Diese geographischen und nationalen Eigenschaften, das heißt der Charakter des Toskanischen, hatte seinen frühen Ausdruck in der etruskischen Kunst gefunden. In der feingliedrigen und anmutigen Fassade von S. Miniato aus dem elften und zwölften Jahrhundert tritt er aufs neue in Erscheinung und wiederum in den weiträumigen, harmonisch klaren Kirchen des vierzehnten Jahrhunderts, in S. Croce, S. Maria Novella und S. Maria del Fiore, dem Dom von Florenz. Es entspricht dem Wesen einer blühenden Handelsrepublik, daß sie ihre Aufmerksamkeit nicht so sehr auf transzendente als vielmehr auf weltliche Ziele richtet, nicht auf Kontemplation und Mystik, sondern auf Aktivität und klare Vernunft; und da das Klima rein, frisch und gesund, der Charakter des Volkes freimütig, tatkräftig und stolz war, so kam es, daß hier, wo der Gegensatz zu der christlichen Gedankenwelt seinem unbefangenen, selbstbewußten und sinnenfrohen Geist nicht im Wege stand, das römische Altertum wieder entdeckt werden konnte.

Hier also in der Toskana erwachte aufs neue die Kultur der Antike. Ihre Verherrlichung körperlicher Schönheit, ihr Sinn für harmonische Proportionen und für die Größe und freie Humanität des klassischen Altertums fanden hier ein begeistertes Echo. Die Überreste römischer Kunst und Literatur waren in der Toskana immer greifbar gewesen und sind dort in der Tat niemals völlig vergessen worden. Aber erst im vierzehnten Jahrhundert erreichte der florentinische Geist die Entwicklungsstufe, auf der ein Kult der antiken Vergangenheit möglich wurde. Petrarca, der als erster Dichter der Neuzeit im Jahre 1341 auf dem Kapitol zum »Poeta Laureatus« gekrönt wurde, stammte aus der Toskana; ebenso Boccaccio und der Übersetzer Platos, Leonardo Bruni. Unter den Medici, die die Philosophen auszeichneten und sie in ihre nächste Umgebung zogen, die die Dichter bewunderten und selbst mit ihnen wetteiferten, erhielten auch die bildenden Künstler eine Stellung, wie sie dem Mittelalter unbekannt geblieben ist. In der Tat, die Vorstellung vom Künstler als dem schöpferischen und besonderer Verehrung würdigen Genie, jene Vorstellung, die bis in die Gegenwart gültig geblieben ist, hat ihren Ursprung in der toskanischen Renaissance.

Sieben Jahre ehe Petrarca mit dem Dichterlorbeer gekrönt wurde, entschieden die Florentiner Behörden, die für die Anstellung eines neuen Stadt- und Dombauleiters verantwortlich waren, daß der zu berufende Meister unbedingt und in erster Linie ein »Mann von großem Ruhm« sein müsse. Dies war der Grund, warum man Giotto wählte. Von ihm setzte man voraus, daß »in der ganzen Welt niemand zu finden sei, der diese und viele andere Dinge besser verstünde«, ungeachtet der Tatsache, daß Giotto ein Maler und keineswegs mit dem Maurerhandwerk vertraut war. Mit dieser Berufung beginnt eine neue Periode in der Entwicklung des Architektenberufes, ebenso wie Petrarcas Krönung einen neuen Abschnitt in der

Sozialgeschichte des Dichters einleitet. Von jetzt an – und das ist außerordentlich bezeichnend für die Renaissance – sind die großen Architekten im allgemeinen nicht mehr Handwerker mit einer Steinmetzen- oder Maurerausbildung. Und von jetzt an werden auch große Meister als Künstler im heutigen Sinne geehrt. Sie erhalten Ämter und Stellungen, die nichts mit ihrem eigentlichen Beruf zu tun haben. Wahrscheinlich ist Cosimo Medici der erste, der einen Maler in Bewunderung seines Genies »göttlich« nannte. Später wurde *divino* das ständige Appellativ für Michelangelo; und dieser, Bildhauer, Maler und Architekt in einer Person, ein fanatischer Arbeiter, der sich niemals schonte, war aufs tiefste überzeugt, daß ihm dieser Titel gebühre. Als er sich in den Vorzimmern des Vatikans von päpstlichen Beamten respektlos behandelt glaubte, verließ er Rom ohne Zögern, gab seine Stellung auf und ließ dem Papst sagen, daß er ihn anderswo suchen möge, wenn er ihn wieder haben wolle. Zu jener Zeit entwickelte Leonardo da Vinci seine Theorie der Kunst, in der er nachzuweisen versuchte, daß Malerei und Architektur »freie Künste« seien und nicht etwa, wie nach der Auffassung des Mittelalters, handwerkliche Fähigkeiten. Leonardos Theorie ist nach zwei Gesichtspunkten bedeutsam: einerseits verlangt sie von dem Auftraggeber eine achtungsvollere Haltung gegenüber dem Künstler, andererseits aber verpflichtet sie den Künstler selbst zu einer neuen Haltung gegenüber dem eigenen Werk. Nur ein Meister, der an sein Werk in einem wissenschaftlich-akademischen Geiste herantrat, d. h. der nach den tieferen Gesetzmäßigkeiten der Kunst suchte, konnte im Sinne der Renaissance als ein wirklicher Künstler gelten und durfte somit erwarten, von den Gelehrten und Dichtern des Humanismus als ihresgleichen angesehen zu werden.

Leonardo sagt in seinen Schriften nicht viel über die Antike, aber die Bewunderung des Altertums war von außerordentlicher Bedeutung, sowohl für die ästhetischen Anschauungen als für die Gesellschaftsordnung der Zeit. Während einerseits die Künstler und Mäzene auf das tiefste die römische Architektur und Dekoration bewunderten, so hat andererseits das Studium der Antike, insofern es ausschließlich den gebildeten Ständen zugänglich war, eine neue soziale Ordnung begünstigt. Wenn sich bis dahin die Künstler damit begnügt hatten, ihren Beruf bei einem Meister des jeweiligen Faches zu erlernen und sich der handwerklichen Tradition und der Kraft ihrer eigenen Phantasie entsprechend weiterzubilden, so sahen sie nun in der Antike eine unentbehrliche Lehrmeisterin; nicht nur weil sie von der Schönheit klassischer Kunstwerke durchdrungen waren, sondern auch, weil die humanistische Bildung ihre soziale Geltung entscheidend verbesserte. Diese enge Beziehung zur Antike hat einen so großen Eindruck auf die Gelehrten vom sechzehnten bis zum neunzehnten Jahrhundert gemacht, daß man die ganze Periode

116 Florenz, Findelhaus, begonnen 1421 von Filippo Brunelleschi, beendet 1445 durch Francesco della Luna

rinascita oder Renaissance (d. h. Wiedergeburt) nannte. Ursprünglich verstand man unter dieser Bezeichnung die Wiedergeburt von Kunst und Wissenschaft in einem ganz allgemeinen Sinne. Im neunzehnten Jahrhundert aber – der Zeit historischer Stilimitation aller Epochen und Kulturen – bedeutete Renaissance im besonderen die Nachahmung antiker Formen und Motive. In dieser Haltung glaubte man das entscheidende Charakteristikum der italienischen Kultur des fünfzehnten Jahrhunderts erkannt zu haben. Wenn wir heute die Kunst der Renaissance betrachten, müssen wir uns also zunächst einmal fragen, wie weit diese Deutung berechtigt ist, d. h. ob die Wiederaufnahme antiker Tradition wirklich die wichtigste Errungenschaft und das entscheidende Element jener Epoche gewesen ist.

Das Gebäude, in dem der Renaissancestil zum erstenmal in Erscheinung tritt, ist Brunelleschis Florentiner Findelhaus (begonnen 1421). Brunelleschi (1377–1446) war seiner Ausbildung nach Goldschmied. Trotzdem hatten ihn die Florentiner dazu ausersehen, die Vierungskuppel ihres Domes zu errichten und damit den Bau zu vollenden. Brunelleschi hat hier ein technisches Meisterwerk geschaffen. Sowohl vom konstruktiven als vom künstlerischen Gesichtspunkt zeigt seine Domkuppel ein durchaus gotisches Gepräge. Das Findelhaus wurde noch während der Arbeit am Dom entworfen. Hier jedoch entstand ein Gebäude von gänzlich anderem Charakter. Das Erdgeschoß der Fassade besteht aus einem offenen Arkadengang, dessen schlanke korinthische Säulen und weite Rundbogen Luft und Licht freien Zugang gewähren. Im Obergeschoß finden wir rechteckige, mäßig große Fenster mit nur wenig auskragendem Giebelabschluß. Sie sind jeweils über dem Scheitel der Arkadenbögen angebracht, so daß der Rhythmus der Fensteranordnung genau dem des Erdgeschosses entspricht. In den Bogenzwickeln der Loggia sind farbige Terracotta-Medaillons von Andrea della Robbia angebracht, die berühmten Wickelkinder, die in billigen Nachbildungen verschiedenster Größe noch heute einen bevorzugten Artikel des Florentiner Andenkenmarktes bilden. Ein fein abgestufter Architrav trennt das Erdgeschoß vom oberen Stockwerk.

Nun sind die Giebelfelder über den Fenstern und ebenso die korinthischen Säulen an sich gewiß antike Motive. Dennoch unterscheidet sich Brunelleschis Loggia vermöge der außerordentlich schlanken Bildung ihrer Säulen ebenso deutlich von entsprechenden römischen Bauwerken, z. B. den Bogengängen des Kolosseums, wie von den Arkaden der gotischen Kathedralen. Zweifellos hat hier, und das gilt auch für verschiedene andere Details der Fassade, die Architektur der toskanischen Protorenaissance als Vorbild gedient, also Schöpfungen wie S. Miniato, SS. Apostoli und das Baptisterium; mit anderen Worten, die Anregung für Brunelleschis Findelhaus kommt aus keiner anderen Quelle als aus der florentinischen Architektur des elften und zwölften Jahrhunderts. Diese Tatsache ist von größter Bedeutung. Sie zeigt, daß die Toskaner, natürlich unbewußt, sich für die Wiederaufnahme antiker Formen dadurch vorbereiteten, daß sie zunächst auf ihre eigene romanische Vergangenheit zurückgriffen.

Ein ganz ähnliches Resultat ergibt die Analyse von Brunelleschis Kirchenbauten. S. Spirito, 1436 entworfen, ist eine Basilika mit Rundbogenarkaden und flacher Decke, d. h. ein Bau von vorwiegend romanischem Gepräge. Die Basen und Kapitelle der korinthischen Säulen aber und die auf ihnen ruhenden Gebälkstücke weisen auf römische Abkunft hin. Diese und andere Details sind mit einem Verständnis für die Kraft und Anmut antiker Baukunst wiedergegeben, die weit über die Möglichkeiten der Protorenaissance hinausgeht. Römischen Ursprungs sind auch die Wandnischen der Seitenschiffe, obwohl Brunelleschi dieses Motiv in sehr selbständiger Weise behandelt hat. Während die bisher erwähnten Einzelheiten auf mittelalterliche oder antike Vorbilder hinweisen, ist der mit ihrer Hilfe hervorgerufene Gesamteindruck etwas völlig Neues. Hier macht sich eine heitere Klarheit geltend, wie sie ausschließlich der Frührenaissance eigen ist. Das Mittelschiff ist genau zweimal so hoch wie breit. Erdgeschoß und Obergaden haben die gleiche Höhe. Die quadratischen Seitenschiffsjoche sind wiederum doppelt so hoch als breit. Das Mittelschiff besteht aus genau vier und einem halben Quadrat, die fehlende Hälfte des fünften Joches sollte in einer besonderen und noch zu erwähnenden Weise verwendet werden. Wenn man die Kirche durchschreitet, wird man sich dieser elementaren Maßverhältnisse nicht sogleich bewußt werden. Dennoch tragen sie zu dem Eindruck der Harmonie bei, der dem Besucher hier zuteil wird. Heute ist es schwer, sich die Begeisterung der Frührenaissance für gesetzmäßige Proportionen als solche vorzustellen. Um diesen Enthusiasmus zu verstehen, müssen wir uns daran erinnern, daß gerade in dieser Zeit, d. h. um 1425, die Florentiner Maler die Prinzipien der Perspektive entdeckten, d. h. daß sich die Malerei jetzt nicht mehr damit begnügte, den Raum als ein Unbestimmtes und Regelloses darzustellen. Ebenso bemühten sich jetzt auch die Architekten, ihren Bauten rationale und logische Verhältnisse zugrunde zu legen. Dieses für die Kunst des fünfzehnten Jahrhunderts so wesentliche Bestreben, die Struktur des Raumes zu klären und seiner

117 Florenz, S. Spirito, entworfen 1436 von Brunelleschi

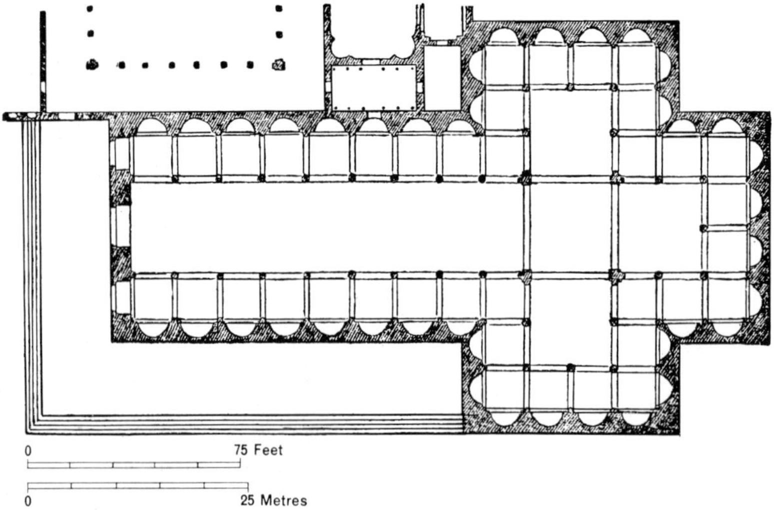

118 Florenz, S. Spirito, begonnen 1436 nach Entwurf von Filippo Brunelleschi

Gesetze Herr zu werden, läßt sich nur mit Tendenzen der Raumbemeisterung in unserer eigenen Gegenwart vergleichen, obwohl die Bemühungen der Renaissance in erster Linie auf ideelle Werte, diejenigen unserer Zeit dagegen vorwiegend auf materielle Werte gerichtet sind. In diesen Zusammenhang dürfen wir auch die so überaus bedeutsame Erfindung des Buchdrucks um die Mitte des fünfzehnten Jahrhunderts und ebenfalls die Entdeckung Amerikas gegen Ende des Jahrhunderts einreihen. Beide Ereignisse sind ebenso wie die Entdeckung der Perspektive charakteristische Symptome jenes leidenschaftlichen Ringens um die Erforschung des Raumes, welches der Antike fremd und welches für die ganze abendländische Neuzeit so überaus bezeichnend ist. Hier wie dort handelt es sich um Aspekte einer geistigen Haltung, die als eine der entscheidendsten Triebkräfte der westlichen Kultur von uns schon mehrfach hervorgehoben wurde.

Der hinsichtlich des Raumproblems bemerkenswerteste Bauteil von S. Spirito ist der Ostabschluß. Hier ist Brunelleschi von der traditionellen Komposition romanischer oder gotischer Kirchen entscheidend abgewichen und dem Vorbild des Florentiner Domes gefolgt. Chor und Querschiffarme zeigen völlig gleiche Gestalt; die Seitenschiffe sind als rechtwinklig gebrochener Umgang um alle drei Bauteile herumgeführt; die Vierung wird von einer Kuppel gekrönt. Diese Anordnung erweckt, wenn wir vom Langhaus nach Osten blicken, den Eindruck, als handle es sich hier um einen Zentralbau, d. h. um ein Kompositionsschema, das zwar in der römischen Sakral- und Profanarchitektur verbreitet war, das jedoch in der christlichen Baukunst des Mittelalters nur sehr selten verwirklicht wurde. Ursprünglich sollte auf Kosten praktischer Erwägungen auch der Westteil von S. Spirito an dieser zentralisierenden Tendenz teilhaben. Brunelleschi hat beabsichtigt, das Seitenschiff ebenso wie um den östlichen, nördlichen und südlichen – so auch um den westlichen Kreuzarm herumzuführen. Die Fassade hätte dann vier statt der üblichen drei Portale erhalten, entsprechend den vier Jochen des loggienartig das Mittelschiff umgebenden westlichen Umganges. Es ist eine höchst ungewöhnliche Planung, die, aus der Bemühung um den Zentralraum und aus einer rein ästhetischen Konsequenz entwickelt, die Preisgabe einer bis dahin fast unantastbaren Tradition des Sakralbaus bedeutet. Tatsächlich ist sie auch nicht ausgeführt worden. Aber im gleichen Jahr, in dem der Bau von S. Spirito begonnen wurde, hat Brunelleschi den im Bereich der Renaissance frühesten Entwurf einer Kirche von völlig zentraler Komposition geschaffen. Es handelt sich um S. Maria degli Angeli. Die Kirche ist unvollendet geblieben. 1437, drei Jahre nach der Grundsteinlegung, wurde die Bautätigkeit eingestellt. Heute sind nur noch Mauern des Erdgeschosses erhalten, die immerhin die wesentlichen Elemente des

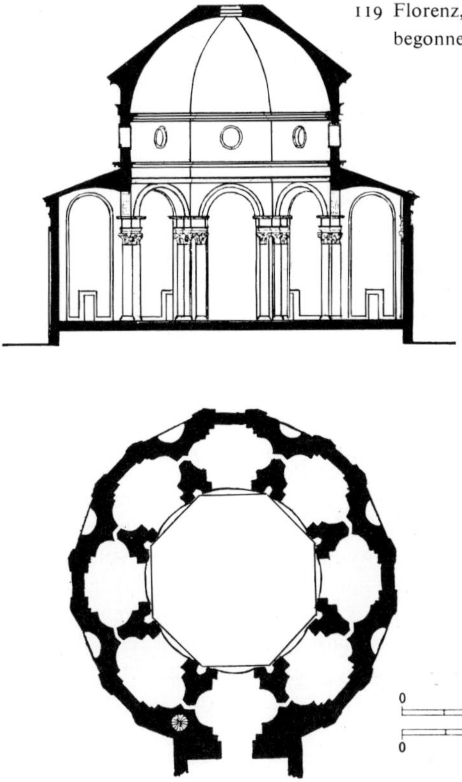

119 Florenz, S. Maria degli Angeli, begonnen 1434 von Brunelleschi

ursprünglichen Planes erkennen lassen, um so mehr, da uns als weiteres Hilfsmittel zuverlässige Stiche zur Verfügung stehen, welche, offenbar nach verlorenen Originalzeichnungen Brunelleschis ausgeführt, für die Rekonstruktion des Aufrisses aufschlußreich sind. S. Maria degli Angeli wäre demnach, falls Brunelleschis Projekt je zur Ausführung gekommen wäre, ein Gebäude von betonter Schwere der Proportionen und von unverkennbar römischem Charakter geworden. Zweifellos handelt es sich hier um die Nachwirkung eines Aufenthaltes in der Ewigen Stadt, die Brunelleschi im Jahre 1433 besucht hat. Die schlanken zierlichen Säulen seiner älteren Bauten sind hier durch Pilaster ersetzt, die den acht massigen Pfeilern vorgesetzt sind, welche die Eckpunkte des inneren Oktogons bilden. Der zentrale Hauptraum ist von acht Kapellen umschlossen, welche ihrerseits durch die in die Mauermassen eingelassenen Nischen erweitert sind. Für die Kuppel war – auch dies eine Angleichung an römisch-antike Bauweise – eine einzige massive Schale vorgesehen,

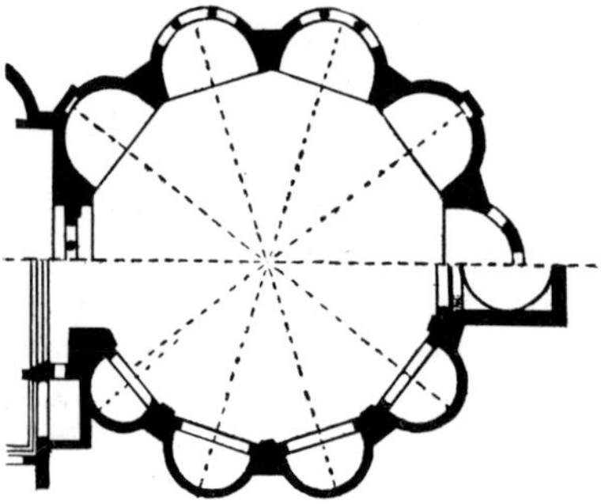

120 Oben: Rom, Tempel der Minerva Medica. Unten: Florenz, SS. Annunziata, Ostteil, erbaut 1444 von Michelozzo

ganz im Gegensatz zu dem gotischen Prinzip der Aufteilung in zwei getrennte Wölbschichten, wie es Brunelleschi selber noch in der florentinischen Domkuppel mit ihrer inneren und äußeren Schale zur Anwendung gebracht hat. Auch zum romanischen Stil oder zur toskanischen Protorenaissance gibt es in S. Maria degli Angeli keine Beziehung mehr. Welcher antike Bau hier im besonderen für Brunelleschi vorbildlich gewesen ist, läßt sich nicht mehr feststellen. Im fünfzehnten Jahrhundert konnten ja die Architekten in Rom noch zahlreiche Ruinen sehen und abzeichnen, die heute verloren sind.

Kurz nach S. Maria degli Angeli wurde noch ein weiterer Zentralbau – genauer gesagt zentraler Bauteil – begonnen, und in diesem Falle handelt es sich um die Kopie eines erhaltenen und bestimmbaren antiken Denkmals: im Jahre 1444 entwarf Michelozzo di Bartolomeo (1396–1472) für den Ostabschluß der SS. Annunziata einen Rundbau mit acht Kapellen oder Nischen nach dem Vorbild des sogenannten Tempels der Minerva Medica in Rom. Wenn wir bei den Frühwerken Brunelleschis die stilistische Selbständigkeit gegenüber der Antike nicht genug betonen konnten, so zeigen die Beispiele von S. Maria degli Angeli und der SS. Annunziata, wie sich schon in den dreißiger und vierziger Jahren die Erkenntnis durchsetzte, daß das Studium römischer Bauten wesentlich dazu beitragen könne, die ästhetischen Probleme der eigenen Zeit zu lösen. Daß diese Hinwendung zur Antike am deutlichsten in der zentralisierenden Tendenz sichtbar wird, ist sehr bezeichnend für die Stimmung der Renaissance. Denn der Zentralbau entspricht seinem Wesen nach nicht einer dem Überirdischen zugewandten, sondern einer diesseitigen Geisteshaltung. Sinn und vornehmste Aufgabe der mittelalterlichen Kirche war, die Gläubigen zum Altar zu führen. In einem konsequenten Zentralbau kann sich eine solche Prozession nicht entfalten, ja hier ist im Grunde überhaupt keine Bewegung vorgesehen. Der Raum übt seine volle Wirkung nur dann aus, wenn man ihn von einem bestimmten Punkt, d. h. vom Zentrum her, betrachtet. Indem der Besucher – solcher Aufforderung gehorchend – von hier aus in ruhigem Verweilen seinen Blick umherschweifen läßt, wird er selbst zum »Maß aller Dinge«. So wird die transzendente Bedeutung der Kirche durch einen immanenten und rein menschlichen Gehalt ersetzt. Der Mensch strebt hier nicht länger über seine Grenzen hinaus, um sich dem Bereich des Überirdischen anzunähern, sondern er genießt die irdische Schönheit, die ihn umgibt, und das glorreiche Gefühl, selbst Mittelpunkt der rings um ihn ausgebreiteten Schönheit zu sein. Das Zeitalter des Humanismus hätte keinen treffenderen architektonischen Ausdruck finden können als diese Zentralräume der Frührenaissance. Pico della Mirandola, einer der interessantesten Philosophen aus dem Kreis um Lorenzo Magnifico, hielt im Jahre 1486 eine Rede über »Die Würde des Menschen«. Bald darauf schrieb Machiavelli sein Buch »Il Principe«, in welchem er die Willenskraft als die erste und edelste Tugend feiert; sie wird dem Christentum gegenübergestellt, dessen passive und kontemplative Ethik bis dahin den Menschen an der freien Entfaltung seiner Fähigkeiten gehemmt habe. Wenig später verfaßte der Graf Castiglione seinen »Cortegiano«, der den Zeitgenossen das Ideal des allseitig ausgebildeten Menschen, des *homo universale* vor Augen hielt. Der Mann, der sich des Lebens bei Hofe würdig erweisen will, so führt Castiglione aus, soll angenehme Manieren besitzen, er muß graziös in seinen Bewegungen, ein geistvoller Unterhalter und guter Tänzer sein, dabei stark an Körperkräften und wohl bewandert in allen ritterlichen Übungen, im Reiten, Fechten und Turnieren. Zugleich aber muß er auch die Werke der Dichtkunst und Geschichtsschreibung, muß Plato und Aristoteles kennen, Verständnis für alle Künste haben und selber im Musizieren und Zeichnen etwas leisten können. Unter den Künstlern ist Leonardo da Vinci der erste, der diesem Ideal entsprach: er war gleichzeitig Maler, Architekt, Ingenieur und Musiker, dazu einer der genialsten Wissenschaftler seiner Zeit und endlich im persönlichen Umgang in jeder Beziehung eine faszinierende Erscheinung. Einzig die Probleme der christlichen Religion haben diesen gewaltigen Geist niemals beschäftigt. Der römische Humanist Lorenzo Valla hat etwas früher seinen Dialog »De Voluptate« veröffentlicht, in dem in aller Offenheit die Freuden der Sinne gepriesen werden. Derselbe Valla bewies mit einem vor dem Erwachen des Humanismus unbekannten philosophischen Scharfsinn, daß die sogenannte Konstantinische Schenkung, das Fundament aller päpstlichen Ansprüche auf weltliche Herrschaft, eine Fälschung sei. Unbeschadet solcher Angriffe gegen die Majestät der Kirche starb er im Range eines Kanonikus der Lateransbasilika.

Die Florentiner Philosophen gründeten eine Akademie nach dem Vorbild Platos, dessen vermeintlicher Geburtstag von den Mitgliedern alljährlich festlich begangen wurde. In diesem Kreise ergab man sich einer halb antiken, halb christlichen Religiosität, in der das Liebesprinzip des Evangeliums sich innig verband mit dem göttlichen Eros, welcher nach Plato die Sehnsucht nach leiblicher und seelischer Schönheit erweckt. Auf einem Freskogemälde im Chor von S. Maria Novella in Florenz verkündet eine Inschrift, daß das betreffende Bild im Jahre 1490 vollendet worden sei, »als diesem schönsten aller Gaue – ausgezeichnet durch seine Siege und Reichtümer, durch seine Bauten und Kunstwerke – Gesundheit, Frieden und Überfluß an allen Gütern beschieden war«. Damals schrieb Lorenzo der Prächtige sein berühmtes Gedicht, das mit der folgenden Strophe beginnt:

Quant' è bella, giovinezza,	*Lebt und liebt in Jugendwonne!*
Che si fugge tuttavia!	*bald vermodern wir im Grunde.*
Chi vuol esser lieto sia!	*Freue sich, wer kann, der Stunde!*
Di doman non c'è certezza!	*Keiner kennt die nächste Sonne.*

Die Menschen, die diese Verse sangen, wollten auch in ihren Gotteshäusern nicht an die Unsicherheit des Morgen gemahnt sein, nicht an das, was kommen mochte, wenn dieses Leben zu Ende geht. Sie suchten vielmehr in der Baukunst die Verewigung der Gegenwart, und so wurden ihre Kirchen zu Tempeln des eigenen glorreichen Daseins. Bezeichnend für solche Gesinnung ist der schon erwähnte östliche Rundbau von SS. Annunziata in Florenz, der als ein Gedächtnismal für die Gonzaga, Dynasten von Mantua, bestimmt war. Zur gleichen Zeit scheint auch Francesco Sforza, Herzog von Mailand, einen ähnlichen Plan gehegt zu haben. Wie dieses Projekt gedacht war, läßt eine Medaille des Bildhauers Sperandio von etwa 1466 erkennen. Demnach war auch hier wieder ein Zentralbau, und zwar von streng symmetrischer Komposition, beabsichtigt. Der Grundriß gehört allerdings einem Typus an, dem wir im Bereiche der Renaissance noch nicht begegnet sind. Es handelt sich um das Schema des griechischen Kreuzes, d. h. ein Kreuz, dessen vier Arme gleich sind. Wie drei- beziehungsweise vierhundert Jahre zuvor Périgueux und San Marco in Venedig sollte der Bau von fünf Kuppeln gekrönt werden. Der Entwurf stammt vielleicht von dem merkwürdigen Florentiner Bildhauer und Architekten Antonio Filarete († 1470), der von 1451–65 für Francesco Sforza tätig war. Der Ruhm dieses Mannes gründet sich heute vornehmlich auf das Mailänder Krankenhaus, das Ospedale Maggiore, eine gewaltige Anlage, die im Jahre 1457 begonnen wurde. Dieses Bauwerk – und zwar ist allein im Grundriß Filaretes Plan ausgeführt worden – ist stilgeschichtlich

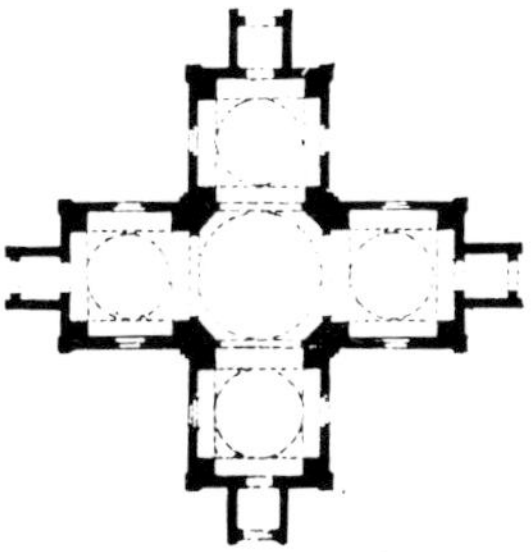

121 Mailand, Grundrißrekonstruktion der Sforza-Kapelle nach der Medaille von Sperandio, um 1460

von besonderer Bedeutung, insofern es das früheste Beispiel eines mächtigen Baukomplexes darstellt, welcher, vollkommen symmetrisch komponiert, um zahlreiche, genauer gesagt, um neun Innenhöfe gelagert ist. Die Architekten des sechzehnten und siebzehnten Jahrhunderts haben diesen Grundrißtypus in den großartigsten Schloßanlagen des damaligen Europa, in den Tuilerien, dem Escorial und Whitehall zu glanzvoller Entfaltung gebracht.

Aber Filarete dachte in Ausmaßen, die noch weit über das kühne Projekt des Ospedale Maggiore hinausgingen. Er ist der Verfasser eines der ersten nachantiken Traktate der Baukunst. Ein Exemplar dieses Werkes war Francesco Sforza, ein anderes den Medici gewidmet, in deren Staat Filarete nach seinem Aufenthalt in Mailand zurückkehrte. Der interessanteste Teil des Buches ist wohl die Beschreibung der Idealstadt »Sforzinda«; hier haben wir in der Geschichte des Abendlandes zum ersten Male einen streng symmetrisch durchgeführten Stadtplan. Sforzinda ist ein regelmäßiges Achteck mit Palast und Kathedrale auf einem im Zentrum gelegenen Platz und mit strahlenförmig nach allen Richtungen auslaufenden Straßenzügen. Auch hier erkennen wir, wie das Jahrhundert, das sich eben aus den absoluten und autoritären Bindungen des Mittelalters befreit hatte, von einem leidenschaftlichen Streben nach Systematisierung und Zentralisierung beherrscht war.

So wird es kaum überraschen, daß auch die Kirchen von Sforzinda und Zagalia (einer zweiten in Filaretes Buch beschriebenen Phantasiestadt) – und ebenso die nie über den Entwurf hinausgekommene Kapelle des Ospedale in Mailand – als symmetrische Zentralbauten gedacht waren. Im einzelnen gehören diese Kirchen jedoch verschiedenen Typen an. Die Pläne für Sforzinda und für die Kapelle des Ospedale Maggiore zeigen quadratischen Grundriß, eine Zentralkuppel und vier kleine ebenfalls quadratische und von Kuppeln

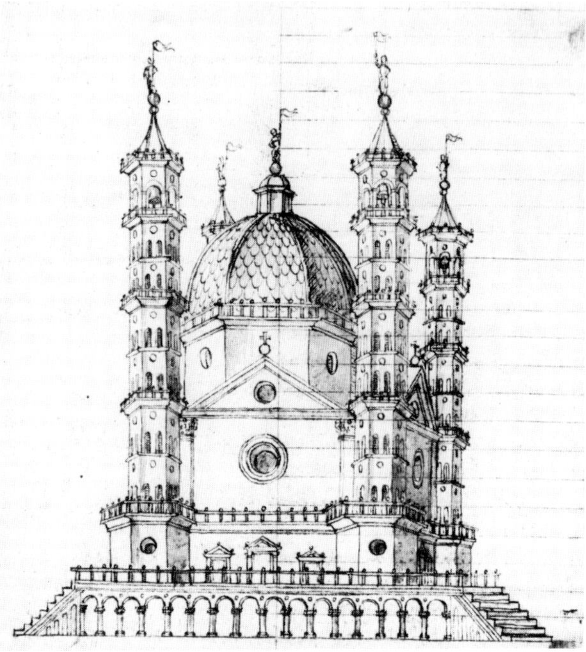

122 Antonio Filarete, Kirche für »Sforzinda«, ca. 1455–60

überwölbte Nebenkapellen in den Achsen des griechischen Kreuzes. Für dieses Schema gab es in Mailand ein Vorbild aus frühchristlicher Zeit, genauer gesagt aus dem neunten Jahrhundert: die Kapelle zum Heiligen Grabe an der Kirche S. Satiro; ein weiterer Prototyp ist Michelozzos Renaissancebau S. Maria delle Grazie in Pistoja (begonnen 1452, Anm. 23). Für die Kirche von Zagalia hatte Filarete eine achteckige Zentralkuppel und achteckige Nebenkapellen vorgesehen. Alle drei Bauten sollten phantastisch hohe, Minaretten vergleichbare Türme über den vier Eckkapellen oder doch in deren Nähe erhalten (die Zeichnungen sind in dieser Hinsicht nicht eindeutig, Anm. 24). Die von Michelozzo entworfene und wirklich ausgeführte Kapelle in S. Eustorgio in Mailand (1462) ist ein quadratischer Kuppelraum, über dessen Ecken, welche in diesem Falle nicht zu Nebenkapellen ausgebaut sind, sich vier Türmchen erheben. Michelozzo hat auch das Gebäude der Medicibank in Mailand entworfen. Der Palast wurde im Sinne der Florentiner Renaissance begonnen, aber in dem konfusen Mischstil der norditalienischen Spätgotik

123 Filarete, geplante Kapelle des Ospedale Maggiore, um 1455

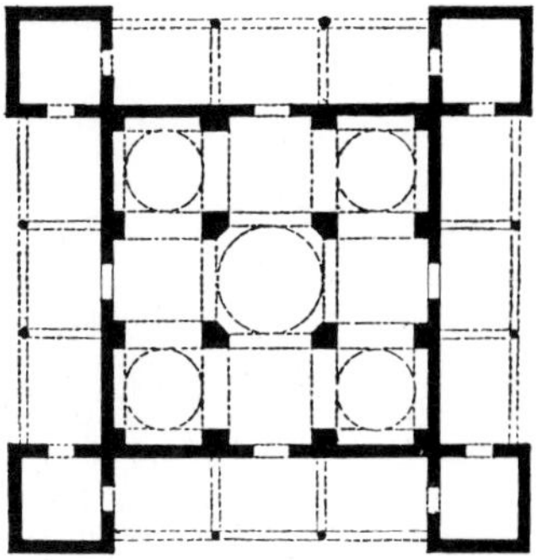

124 Filarete, geplante Kirche für »Zagalia«, ca. 1455–60

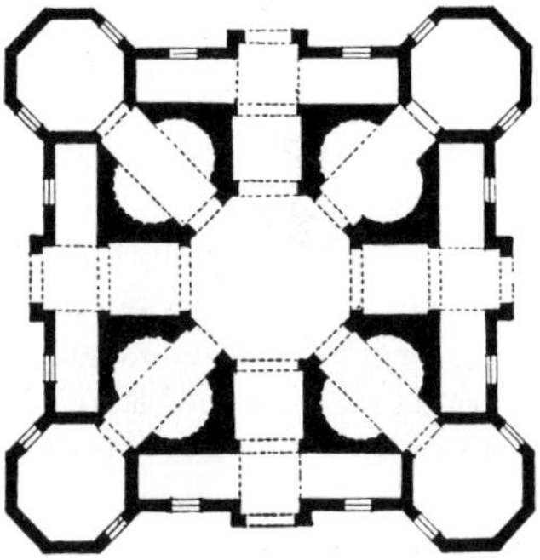

fortgeführt. Ähnlich verlief die Baugeschichte des Ospedale Maggiore. Offensichtlich war die Lombardei für die Aneignung des Renaissancestiles noch nicht bereit. Beim Bau des Mailänder Doms hielt man noch während des ganzen fünfzehnten Jahrhunderts am spätgotischen Flamboyant fest. Ähnlich war die Lage in Venedig, wie die Porta della Carta des Dogenpalastes und die Cà d'Oro aus den dreißiger und vierziger Jahren erkennen lassen. Erst nach 1455 entstanden hier die ersten konsequenten Renaissancebauten (Portal des Arsenals seit 1457; Cà del Duca). Stilistisch gehört diese Architektur jedoch nicht so sehr zur venezianischen als vielmehr zur toskanischen Entwicklung. Dorthin verweisen auch die Mailänder Entwürfe Michelozzos und Filaretes. Toskaner war schließlich auch der größte von allen Architekten des Quattrocento, derjenige, der den neuen Stil bei den stolzen kunst- und prachtliebenden Fürsten Norditaliens heimisch machen sollte.

Leone Battista Alberti (1404–72) entstammte einer Florentiner Patrizierfamilie. In unserem Zusammenhang verkörpert er einen neuen Typus des Baumeisters. Brunelleschi und Michelangelo sind

Bildhauer-Architekten, Giotto und Leonardo Maler-Architekten; Alberti eröffnet die Reihe der großen Amateur-Architekten. In seinem Leben und Denken haben Architektur und die übrigen Künste genau die Rolle gespielt, die ihnen – freilich erst später – Castigliones Traktat zuwies. Alberti war ein glänzender Reiter und Sportsmann; so wird berichtet, daß er im Schlußsprung über die Schulter eines aufrecht stehenden Mannes hinwegspringen konnte. Seine geistreiche Konversation war berühmt, er schrieb Stücke und komponierte, er malte, trieb physikalische und mathematische Studien und war ein fähiger Jurist. Seine Bücher betreffen ebensowohl den Bereich der häuslichen Verwaltung wie die Probleme von Malerei und Architektur. In der Schrift »Della Pittura« wird zum ersten Male die Malerei aus dem Geist der Renaissance betrachtet. Der erste Teil ist ausschließlich der Geometrie und Perspektive gewidmet. Die »Zehn Bücher über die Baukunst« sind lateinisch und ganz nach dem Muster Vitruvs geschrieben, des eben jetzt wieder entdeckten römischen Architektur-Theoretikers. Sie lassen erkennen, daß es dem Autor in seiner Stellung als Beamter der päpstlichen Verwaltung nicht an Muße zur Erforschung der römischen Ruinen noch an Gelegenheit zu ausgedehnten Studienreisen gefehlt hat.

Vor dem Beginn der Renaissance hätte ein Mann wie Alberti seine Energie und seine schöpferische Begabung schwerlich der Baukunst zugewendet. Seit man jedoch Philosophie und Mathematik – die göttlichen Gesetze von Ordnung und Proportion – und ebenso die Archäologie – die Denkmäler der Antike – als die erhabenen Grundlagen der Baukunst ansah, mußte für den Wissenschaftler und den gelehrten Dilettanten die Architektur ein ganz neues und außerordentlich gesteigertes Interesse gewinnen. Nun machte man sich, in dem Wunsche, die Baukunst der Alten von Grund auf zu verstehen, mit allem Eifer daran, die römischen Ruinen, und zwar ihre Konstruktion wie die Einzelheiten ihres Dekors, zu studieren und abzuzeichnen. Auf diesem Wege und mit Hilfe Vitruvs erkannte man bald, daß die Grundlagen der verschiedenen antiken Stilformen in den Säulenordnungen zu finden seien, d. h. in den dorischen, jonischen korinthischen, den Komposit- und toskanischen Säulen und Gebälken. Hier fand man die Gesetze, welche Gestalt und Proportion des antiken Tempels in seiner Gesamtheit wie im Detail bestimmen. Durch Bücher über die Säulenordnungen wurden auch die anderen Länder in die Prinzipien der klassischen Architektur eingeführt.

Aber Alberti war kein trockener Theoretiker. In ihm war der Geist des Gelehrten in seltener und überaus glücklicher Verbindung mit Phantasie und schöpferischer Begabung gepaart. In S. Francesco zu Rimini, begonnen im Jahre 1446, aber niemals vollendet, hat er zum ersten Male in der neueren europäischen Architektur eine Kirchenfassade der Gestalt des römischen Triumphbogens nachgebildet.

125 Rimini, S. Francesco (Tempio Malatestiano), begonnen 1446 von L. B. Alberti

Der Bau läßt erkennen, daß Alberti um die Wiedererweckung des römischen Altertums viel ernster bemüht war als Brunelleschi, und keineswegs blieb solches Streben auf die Übernahme einzelner antiker Motive beschränkt. Die seitliche Außenmauer von S. Francesco, die durch sieben rundbogige, zwischen massigen Pfeilern sich öffnende Nischen gegliedert ist, steht der majestätischen Architektur des flavischen Rom näher als irgendein anderer Bau des fünfzehnten Jahrhunderts. In den Nischen sind Sarkophage aufgestellt als Grabdenkmäler von humanistischen Gelehrten, die am Hofe Sigismondo Malatestas gelebt haben. Für das Ostende der Kirche war anscheinend eine große Kuppel vorgesehen, ebenso dominierend wie die von SS. Annunziata in Florenz und wiederum zur Glorifizierung eines Fürsten gedacht, d. h. zum Ruhme des Malatesta und seiner Geliebten Isotta. Sigismondo war einer jener Gewaltherrscher, die für das Bild der Renaissance so charakteristisch sind. Skrupellos und grausam, war er zugleich ehrlich begeistert für die neue Kunst und

126 Rimini, Tempio Malatestiano, Seitenfront

127 Florenz, Palazzo Medici, begonnen 1444 von Michelozzo

für die humanistische Bildung. S. Francesco wird bezeichnenderweise in Italien der Tempio Malatestiano genannt, und in der Tat verkündet die Inschrift an der Fassade einzig und allein den Namen und die Lebensdaten Sigismondos – sonst nichts.

Von ebensolchem Stolz war der Florentiner Kaufmann Giovanni Rucellai, für den Alberti die zweite seiner Kirchenfassaden, die von S. Maria Novella in Florenz, entworfen hat. Auch hier hat der Bauherr in einer weithin sichtbaren Inschrift seinen Namen verewigen lassen. In den Lebenserinnerungen, die Giovanni Rucellai im Alter verfaßte, heißt es von den zahlreichen Kunstwerken, welche er für die Kirchen seiner geliebten Geburtsstadt in Auftrag gegeben hatte: »Alle diese Dinge gaben mir und geben mir noch heute die größte Genugtuung und die angenehmsten Empfindungen. Denn sie tragen zur Ehre Gottes, zur Ehre von Florenz und zur Erinnerung an meinen eigenen Namen bei.« Diese für den Menschen der Renaissance charakteristische Gesinnung hat es möglich gemacht, daß in den Chorfresken von S. Maria Novella sich die Stifter von Ghirlandajo in Lebensgröße und in der Tracht ihrer Zeit abbilden ließen, als seien sie handelnde Personen der hier dargestellten Heiligengeschichte.

Ein solches Bedürfnis nach Verherrlichung des eigenen Daseins war es auch, das die florentinischen Patrizier und die Kardinäle Roms zum Bau repräsentativer Wohnhäuser antrieb. Der Palazzo Medici in Florenz, von Michelozzo 1444 begonnen, ist der erste von den großartigen Palästen, deren die Renaissance so viele hervorgebracht hat. In Florenz sind die berühmtesten Gebäude dieser Art die Palazzi Strozzi und Pitti. Einige Wissenschaftler glauben, daß der letztere von Brunelleschi kurz vor seinem Tode entworfen wurde, andere sehen in ihm eine Arbeit Albertis um 1458. Ein Jahrhundert später wurde der Pitti-Palast bedeutend erweitert. Alle diese Bauten sind von wuchtiger Monumentalität, dabei klar und harmonisch gegliedert. Die Fassaden, teilweise, vor allem im Erdgeschoß, aus derben Rustika-Quadern gefügt, werden von weit ausladenden Kranzgesimsen gekrönt. Die symmetrisch angeordneten Fenster sind in Anlehnung an romanische Vorbilder durch anmutige Säulchen zweigeteilt. Die der Renaissance eigene Feinheit und Präzision der Gliederung kommt hauptsächlich in den Innenhöfen zur Entfaltung. Im Erdgeschoß sind sie von Säulenarkaden umgeben, die in ihrer luftigen Zartheit an die Loggia von Brunelleschis Findelhaus und an die Arkaden von S. Spirito erinnern. Die Obergeschosse sind gleichfalls durch offene Galerien oder Pilaster und ähnliche Motive belebt, welche die Mauern in einzelne Joche gliedern.

Ein strengerer Aufbau des Innenhofes hat sich allein in Rom entwickelt. Das früheste Beispiel ist der Palazzo Venezia, 1465–70. Als Vorbild hat hier das System antik-römischer Arkaden gedient, deren Stützen aus Pfeilern mit vorgeblendeten Halbsäulen bestehen, wobei die Pfeiler die tatsächliche Last des Bogens tragen, während die Halbsäulen und das darüberliegende Gebälk ausschließlich dekorativen Zwecken dienen. Diese Lösung, wie sie zum Beispiel im Kolosseum begegnet, hat von den Architekten der Renaissance als erster Alberti in der Fassade von S. Francesco in Rimini wieder aufgenommen. Vielleicht war er es, der die Verwendung des Motives auch im römischen Profanbau angeregt hat, obwohl wir den Palazzo Venezia nicht unmittelbar mit seinem Namen in Zusammenhang bringen können. Einen überaus reizvollen Kompromiß zwischen dem System der florentinischen und dem der römischen Innenhöfe finden wir in Urbino, einer der kleineren italienischen Residenzen, welche im Zeitalter der Renaissance die Architektur und die übrigen Künste so eifrig gefördert haben. Dort arbeitete der Maler Piero della Francesca, in dessen architektonischen Bildmotiven unverkennbar Albertis Anregungen fortwirken. Alberti selber muß auf seinen Reisen auch Urbino besucht haben. Hier begegnet uns ferner in den sechziger Jahren Francesco di Giorgio, einer der interessantesten Baumeister des späteren Quattrocento. Wir werden noch in einem anderen Zusammenhang auf sein Schaffen zurückkommen. Der Entwurf des Palasthofes und die bezaubernden Innendekorationen sind allerdings wohl kaum ihm zuzuschreiben, sondern Luciano Laurana, der von 1466 bis zu seinem Tode (1479) in Urbino tätig war. Im Palasthof ist die anmutige Beschwingtheit florentinischer Arkaden bewahrt, während jedoch die Ecken des Hofraumes ent-

128 Urbino, Hof des Palazzo Ducale, ca. 1470–75 von Luciano Laurana (?)

schiedener betont werden, indem hier, anders als in Florenz, die zarten Säulen durch kräftige Pfeiler mit vorgeblendeten Pilastern ersetzt sind. Hat man einmal die Wirkung dieses Motivs voll aufgenommen, so erscheint die ununterbrochene Abfolge von Säulen und Bogen Michelozzos und seiner Nachfolger allzu unbestimmt, ja unfest, während andererseits neben Lauranas glücklicher Harmonie der Hof des Palazzo Venezia in Rom schwerfällig erscheint.

Alberti selbst hat in Florenz einen Palast entworfen, und zwar wiederum für Giovanni Rucellai, der ihn schon mit dem Bau der Fassade von S. Maria Novella beauftragt hatte. Der Innenhof des Palazzo Rucellai ist von geringerem Interesse. Im Außenbau jedoch hat Alberti mit der Verwendung von Pilastern die Renaissancearchitektur um ein neues und ungemein zukunftsreiches Element der Fassadengliederung bereichert (Anm. 25). In jedem der drei Geschosse sind die Pilaster verschieden geformt. Auf die den dorischen Stil frei variierende Ordnung des Erdgeschosses folgen ebenso frei nach-

129 Florenz, Palazzo Rucellai, erbaut 1446–51 von B. Rossellino nach Entwurf von L. B. Alberti

gebildete jonische Pilaster im zweiten und endlich korinthische im obersten Stockwerk.

Die Vertikalgliederung der Pilaster findet in der horizontalen Aufteilung der Fassade durch feinprofilierte Gesimse ihre Ergänzung. Das antikisierende Kranzgesims ist noch früher als das von Michelozzos Palazzo Medici und wahrscheinlich überhaupt das erste in Florenz (in den älteren Florentiner Bauten waren allgemein die hervorkragenden Dachtraufen des Mittelalters verwendet worden). Die Fenster des Palazzo Rucellai sind zweigeteilt wie die der anderen Florentiner Paläste, aber ein schmales Gebälk trennt das eigentliche Fenster von den abschließenden Zwillingsrundbogen. Der rechteckige Teil der Fenster entspricht im Verhältnis von Höhe und Breite den Proportionen der Fassadenjoche, genauer gesagt dem jeweils von zwei Pilastern begrenzten Mauerabschnitt. So ist im Zusammenhang der gesamten Fassade jedem Detail sein bestimmter Platz unverrückbar zugewiesen. Dieses Kompositionsprinzip bezeichnet Alberti in seinen theoretischen Abhandlungen als das Wesen des Schönen. »Es ist«, so schreibt er, »die Harmonie und die Übereinstimmung aller Teile, die dort erreicht wird, wo nichts verändert, nichts hinzufügt oder weggelassen werden kann, ohne daß die Vollkommenheit des Ganzen vermindert wird.«

Diese Definition läßt den Gegensatz zwischen Renaissance und Gotik besonders deutlich hervortreten. Ein gotisches Bauwerk verkörpert in allen Teilen die Dynamik lebendigen Wachstums. Die Höhe eines Joches ist nicht von seiner Weite bedingt, und ebenso wenig wird die Höhe der Kapitelle durch die Höhe der Stützen festgelegt. Wenn einer gotischen Pfarrkirche nachträglich Kapellen oder gar Seitenschiffe hinzugefügt wurden, so bedeutete eine solche Veränderung des ursprünglichen Planes kaum je die Zerstörung der Gesamtwirkung, wie das bei einer Renaissancekirche unbedingt der Fall wäre. Denn die Gotik läßt in ihren Bauten einen Teil nach dem anderen heranwachsen, wie ein Baum in immer neuen Verzweigungen sich allmählich aufbaut.

Die Stifter des vierzehnten Jahrhunderts hätten sich niemals eine Verordnung einfallen lassen, wie sie in der Renaissance Pius II. ergehen ließ, als er in seiner Geburtsstadt, die er Pienza umgetauft hatte, eine Kathedrale errichten ließ. Damals verfügte der Papst, daß es für alle Zukunft niemandem gestattet sein solle, in seiner Kirche Grabmäler oder neue Altäre zu errichten, Wandmalereien auszuführen, Kapellen anzubauen oder auch nur die Farbe der Wände und Pfeiler zu verändern. Die Menschen des Mittelalters haben im Gegensatz zu solcher Auffassung ein Bauwerk niemals als endgültig vollendet betrachtet. Die Gestalt ihrer Kirchen wurde durch die im steten Wandel begriffene Frömmigkeit der einander ablösenden Generationen und Jahrhunderte bestimmt, und gleich lebenden Organismen waren sie beständigen Veränderungen unterworfen. Wie die gotische Kathedrale in ihrem zeitlichen Sein weder Anfang noch Ende kennt, so ist auch ihre räumliche Dimension ohne feste Begrenzung. Das Bauwerk der Renaissance dagegen bedeutet eine einmalig und endgültig geprägte Einheit, die aus in sich selbst abgeschlossenen Teilen zusammengesetzt ist. Die Komposition in Fläche und Raum erfolgt, indem diese Teil-Einheiten nach einem bestimmten System statischer Harmonie gruppiert werden.

Als einen statischen Stil hatten wir freilich auch die romanische Architektur bezeichnet, und auch sie beruhte, wie wir gezeigt haben, auf der Zusammenordnung einzelner klar umgrenzter Baueinheiten. Worin liegt dann aber der prinzipielle Unterschied zwischen der romanischen Architektur und derjenigen der Renaissance? In beiden Stilen ist die Wand als solche von großer Bedeutung (während die Gotik immer bestrebt war, sie nach Möglichkeit aufzulösen und zu entwerten); aber die Mauerfläche der romanischen Kirche verkörpert im wesentlichen eine träge, leblose Masse ohne dynamische Spannungen und ohne strukturelle Gliederung. Wenn Schmuckformen eingefügt werden, so scheint der Ort ihrer Anbringung nicht durch eine präzise Gesetzlichkeit bedingt, sondern mehr oder weniger willkürlich. Ob ein Ornament etwas höher oder niedriger angebracht, ob es reicher oder sparsamer ausgeführt wird, macht keinen grundsätzlichen Unterschied. In der Renaissance dagegen ist die Struktur der Wand eine durchaus andere. Sie scheint durchpulst von lebendigen Energien, während Größe und Anordnung der Schmuckformen von den Gesetzen der Logik bestimmt werden. Es ist diese aus dem Maße des Menschen entwickelte Gesetzlichkeit, die das Wesen dessen ausmacht, was wir unter Renaissance-Architektur verstehen. Die Arkaden des Quattrocento sind luftiger und beschwingter als die des Mittelalters. Die anmutigen Säulen haben die Schönheit lebender Wesen. Ihre Bildung hält sich an die Proportion des menschlichen Leibes, und da sie – und damit der Mensch selbst – den Maßstab für das kleinste Detail wie für das gesamte Gebäude darstellen, fühlt man sich in den Bauwerken der Renaissance niemals bedrückt und überwältigt, auch dann nicht, wenn sie sehr groß sind. Die romanische Architektur andererseits wollte gerade dieses Überwältigtwerden des Betrachters von den über menschliches Maß sich kühn hinwegsetzenden Proportionen des Gotteshauses erreichen. Die gewaltigen Wände sind als ein Ganzes konzipiert, und die Mächtigkeit ungebrochener Massen, die den romanischen Dom in seiner Gesamtheit charakterisiert, ist das bindende Gesetz auch des kleinsten Details. Es ist kaum nötig hinzuzufügen, daß hier die Ursache liegt, warum die romanischen Bildhauer noch nicht dazu gelangten, die Schönheit des menschlichen Leibes zu gestalten. Erst die Renaissance konnte hier wieder entdecken, was seit der Antike verloren

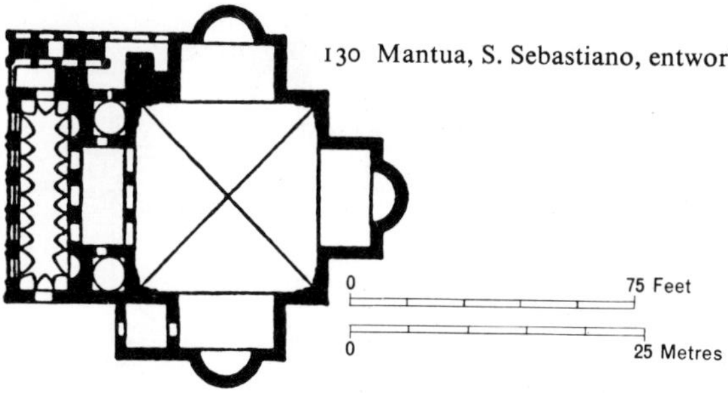

130 Mantua, S. Sebastiano, entworfen 1460 von Alberti

war, ebenso wie erst aus ihrem Geiste die Gesetze der Linear-Perspektive gefunden werden konnten. S. Spirito oder der Palazzo Rucellai beweisen solchen Zusammenhang für jeden, der das Wesen dieser Bauten zu erfassen vermag.

Um das Prinzip der alles durchwaltenden Ordnung, das Alberti auch für das Innere eines Gebäudes forderte, darzutun, sei hier sein letztes Werk, der Entwurf für S. Andrea in Mantua, analysiert. Wie in Brunelleschis S. Spirito ist der Ostabschnitt als Zentralbau angelegt. Schon S. Francesco in Rimini hatte erkennen lassen, daß auch Alberti wie fast alle Architekten der Frührenaissance von dem Gedanken des Zentralraumes gefesselt war. In der Tat hat er bald nach S. Francesco eines der ersten Renaissancegebäude von streng zentraler Komposition durchgeführt: S. Sebastiano in Mantua wurde 1463 begonnen, also 25 Jahre nach Brunelleschis S. Maria degli Angeli und unmittelbar vor oder direkt nach dem auf Sperandios Medaille abgebildeten, aber niemals ausgeführten Sforza-Tempel. Ebenso wie dieser wahrscheinlich – und wie die anderen mit Sicherheit auf Filarete zurückgehenden Entwürfe – ist auch S. Sebastiano nach dem Plan des griechischen Kreuzes angelegt. Dabei ist Albertis Arbeit von entschiedener Originalität und von strengem künstlerischem Ernst. Die Folge war, daß 1473 ein Kardinal über S. Sebastiano schreiben konnte: »Ich kann nicht sehen, ob das eine Kirche werden soll, eine Moschee oder eine Synagoge.« Diese Bemerkung ist allerdings im Hinblick auf die eigenwillige Gestaltung dieses Bauwerks nicht erstaunlich und läßt sich ebenso auf die ganz antikische Fassade anwenden, die in der Tat geradezu heidnisch erscheint, wie auch auf die Anlage des Innenraums. Denn der konsequente, d. h. streng symmetrische Zentralraum ist für die Zwecke des christlichen Gottesdienstes denkbar ungeeignet. Daher finden wir seit dem Beginn der Renaissance das Bestreben, die Zentralkomposition, die das ästhetische Ideal der Zeit verkörperte, mit dem dem traditionellen und christlichen Kult weit angemesseneren Langhausbau zu verbinden. S. Spirito ist das frühe Beispiel einer solchen Synthese von Zentral- und Langbau.

131 Mantua, S. Andrea, begonnen 1470 von Alberti

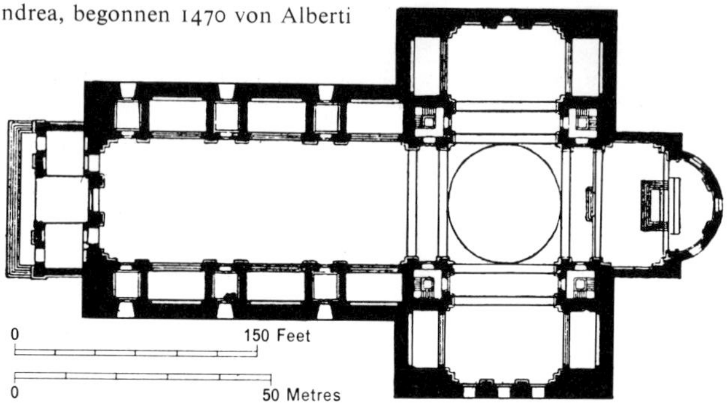

Die für die Zukunft bedeutsamste Lösung jedoch war in dieser Beziehung Albertis Entwurf für S. Andrea in Mantua. Die Kirche wurde 1470 – nur zwei Jahre vor Albertis Tod – begonnen. Hier hat die bis dahin für die Sakralarchitektur maßgebliche Gliederung des Innenraums in Haupt- und Nebenschiffe eine entscheidende Umwandlung erfahren. Alberti hat die bis dahin üblichen Seitenschiffe durch eine Reihe von Nebenkapellen ergänzt, welche, untereinander nicht verbunden, allein vom Mittelschiff her zugänglich sind, und zwar abwechselnd durch hohe breite und niedrige schmale Öffnungen. Auf diese Weise sind die Nebenräume (für die die Bezeichnung Seitenschiffe in der Tat nicht mehr anwendbar ist) von der nach Osten drängenden Bewegung ausgeschlossen und in eine Reihe untergeordneter und in sich abgeschlossener Raumeinheiten verwandelt worden, die das weite tonnengewölbte Mittelschiff flankieren. Die Wände des Mittelschiffes zeigen eine ähnliche Tendenz zur Abschwächung des Dranges nach Osten und zur Unterteilung in einzelne Raumeinheiten. Der ununterbrochene und fließende Ablauf gleichförmiger Stützen, wie ihn die frühchristliche oder die gotische Basilika zeigte, ist hier durch einen alternierenden Rhythmus nach dem Schema a b a ersetzt, d. h. durch den Wechsel offener und geschlossener Joche. Der Eindruck ruhig gelassener Harmonie, den S. Andrea hervorruft, läßt sich vor allem darauf zurückführen, daß Alberti in großartiger Konsequenz allen Teilen des Bauwerkes das gleiche Prinzip der Gliederung und die gleichen Proportionen zugrunde gelegt hat. In welchem Ausmaß dies der Fall ist, wird deutlich, wenn man sich klar macht, daß der a b a-Rhythmus des Innenraumes – und zwar bis in die kleinsten Einzelheiten – auch die Gestaltung der Fassade bestimmt, oder daß die Proportionen der Kapellenöffnungen sich in den Vierungsbogen wiederholen (Anm. 26). Die Säulenordnung wird vollkommen aufgegeben und durch Kolossalpilaster ersetzt, welche übrigens mit jenen von S. Sebastiano die ersten in der abendländischen Architektur sind. Alberti war nicht der einzige Architekt, der in den Langbau solche rhythmischen Kombinationen einführte. Besonders Norditalien war lebhaft an der Anwendung dieses Prinzipes auf die dreischiffige Basilika interessiert. Hier hatte ein Florentiner Architekt im Dom von Faenza (1474) das in dieser Hinsicht erste Beispiel gegeben. Ferrara, Parma und andere norditalienische Städte nahmen diese Anregung bereitwillig auf, und bald verband sich das neue von Alberti geschaffene Langhaussystem mit jenem Typus der Zentralkirche, welcher – mit einer Hauptkuppel zwischen vier kleineren Eckkuppeln – uns als ein bevorzugtes Motiv der Mailänder Renaissance bereits mehrfach begegnet ist. Venedig und Venetien hatten kurz vor 1500 begonnen, Zentralkirchen nach dem Mailänder Schema zu bauen (S. Giovanni Crisostomo). 1506 fand Spavento, ein sonst wenig hervorgetretener venezianischer Architekt, die klassische Lösung für die Anwendung dieser Raumform auf die Basilika: das Langhaus von S. Salvatore in Venedig besteht aus zwei mailändisch-venezianischen Zentralräumen mit Flachkuppel und einer dritten genau identischen Raumeinheit, die als Vierung dient. Von der Konsequenz dieses Systems bleiben allein die Querschiffarme und Apsiden ausgenommen; sie wirken denn auch als wenig organische und nicht völlig überzeugende Anhängsel.

132 Venedig, S. Salvatore, erbaut 1506 von Spavento

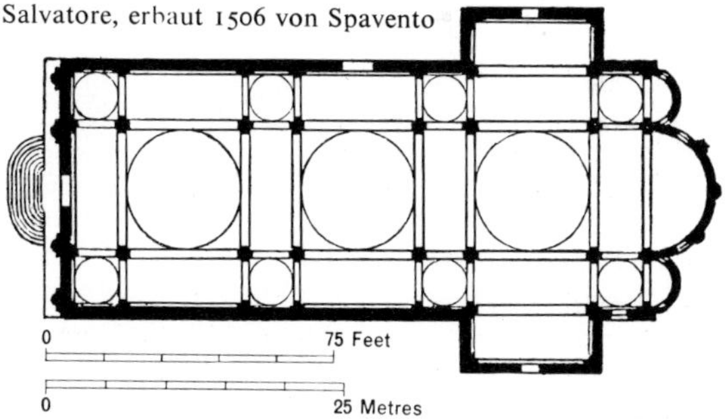

Stilgeschichtlich verhält sich S. Salvatore zu S. Andrea in Mantua wie – auf dem Gebiet der Profanarchitektur – die Cancelleria in Rom zu Albertis Palazzo Rucellai. Die Cancelleria war 1486–98 als Stadtpalast für den Kardinal Riario gebaut worden, einem Neffen jenes Sixtus IV., der als einer der gewaltigsten unter den Päpsten der Renaissance in unserer Erinnerung lebt. Die Päpste jener Zeit fühlten sich nicht so sehr als Priester wie als weltliche Herrscher. Ein anderer Neffe Sixtus' war Julius II., unter dem die neue Peterskirche

133 Rom, Aufriß der Cancelleria, 1486–98

begonnen wurde, für den Michelangelo die Sixtinische Kapelle und Raffael die Stanzen des Vatikan ausmalte. Als Michelangelo eine für Bologna bestimmte Porträtstatue dieses Papstes anfertigte, verlangte Julius II., nicht mit einem Buch, sondern mit einem Schwert in der Hand dargestellt zu werden. »Ich bin ein Soldat«, sagte er, »kein Gelehrter.« Um zu zeigen, wie sehr eine solche Bemerkung nicht nur für die Einstellung dieses, sondern vieler Päpste der Renaissance charakteristisch ist, genügt es, die Namen Alexander VI. Borgia und seines Sohnes Cesare zu erwähnen. – Der Palazzo Riario, bzw. die Cancelleria, hat im Erdgeschoß keine Gliederung durch vertikale Vorlagen. Der unbekannte Architekt hat sich den Umstand, daß hier nur schmale Fenster benötigt wurden, zunutze gemacht, um die Kontinuität der Rustika möglichst unbeeinträchtigt zu lassen und somit die Massigkeit und Schwere der Sockelzone auf das eindringlichste zu vergegenwärtigen. Die beiden oberen Geschosse der Fassade sind von Pilastern belebt, jedoch finden wir hier im Gegensatz zu der einfachen Reihung des Palazzo Rucellai wieder den Rhythmus a b a. Bemerkenswert ist weiterhin, daß, während Albertis horizontale Glieder gleichzeitig als Gesimse und Fensterabschlüsse dienten, in der Cancelleria jede dieser Funktionen ihren eigenen architektonischen Ausdruck erhält. Die Eckjoche treten überdies um ein weniges hervor, eine Lösung, welche gegenüber den Palästen der Frührenaissance den seitlichen Abschluß des Gebäudes nachdrücklicher betont und der Klarheit der gesamten Fassade zugute kommt.

Die Cancelleria ist der erste römische Renaissancebau von mehr als lokaler Bedeutung. Um die Zeit ihrer Vollendung übernahm Rom die Führung in den bildenden Künsten, welche bis dahin Florenz inne gehabt hatte, und mit diesem Zeitpunkt beginnt auch die Epoche der *Hochrenaissance*. Die Frührenaissance war letztlich ein toskanischer Stil gewesen. Die Hochrenaissance dagegen ist eine spezifisch römische Leistung. Seit 1500 war Rom das einzige Kulturzentrum von europäischer Bedeutung; denn das klassische Ideal der Hochrenaissance, die hier ihren Schwerpunkt hatte, war für eine internationale Verbreitung geradezu prädestiniert, wie denn in der Tat die Hochrenaissance jahrhundertelang für die europäische Kunst eine kanonische Gültigkeit behauptet hat. Die Stellung Roms in der Geschichte der Renaissance entspricht der Bedeutung von Paris und der Ile-de-France für die Entwicklung der gotischen Baukunst. Aus welcher Gegend Frankreichs die Meister von Notre Dame, Chartres, Reims und Amiens stammten, und wo sie ihre Ausbildung erhalten haben, ist uns nicht bekannt. Über die Meister der Hochrenaissance sind wir ungleich besser unterrichtet. Wir wissen, daß Donato Bramante aus Urbino und der Lombardei kam, Raffael aus Urbino und Florenz und Michelangelo gleichfalls aus Florenz. Keiner von ihnen war Römer von Geburt, und keiner hatte seine Laufbahn als Baumeister begonnen. Raffael und Bramante waren zunächst Maler gewesen, Michelangelo war ursprünglich Bildhauer.

Bramante war der älteste von diesen drei führenden Architekten der Hochrenaissance. Er wurde im Jahre 1444 in der Nähe von Urbino geboren, und in Urbino hat er auch seine Jugend verlebt, wo damals Laurana und der große Piero della Francesca am herzoglichen Hofe tätig waren, und wo gleichzeitig Francesco di Giorgio sein Traktat über die Architektur verfaßte, nach den Abhandlungen Filaretes und Albertis das dritte derartige Werk, welches im Zeitalter der Renaissance entstanden ist. Übrigens hat sich Francesco di Giorgio in diesem Buch eingehend mit den Problemen des Zentralbaus befaßt.

Zwischen 1477 und 1480 ging Bramante nach Mailand. Seine erste dortige Arbeit war die Kirche S. Satiro. Der 1479 begonnene Bau setzt die Kenntnis von Albertis nur wenige Jahre früher entworfenem Spätwerk S. Andrea in Mantua voraus. Allem Anschein nach hat Bramante die Pläne dieser Kirche gründlich studiert. In S. Satiro war aus räumlichen Gründen keine Möglichkeit für die Anlage eines Chores gegeben, ein Umstand, der für Bramante eine willkommene Gelegenheit bedeutete, seine Meisterschaft in der neuen Kunst der Linear-Perspektive zu beweisen, indem er mit ihrer Hilfe die Unvollkommenheit des Raumes durch einen in Flachrelief ausgeführten Scheinchor verhüllte; vom richtigen Blickpunkt aus betrachtet, ist die Illusion in der Tat vollkommen. An die eigentliche Kirche schließt sich in S. Satiro eine kleine als Zentralbau komponierte Sakristei an. Die zweite Frucht von Bramantes Mailänder Aufenthalt, die Kirche S. Maria delle Grazie, ist in ihrem Ostabschnitt ebenfalls zentral angelegt. Übrigens steht auch der Plan dieses Baues einem Werk Albertis und zwar S. Sebastiano in Mantua überaus nahe. 1492, als S. Maria delle Grazie begonnen wurde, war bereits ein anderer Meister seit neun Jahren in Mailand tätig gewesen, ein Mann, dessen Verhältnis zu Bramante, obwohl dokumentarisch nicht faßbar, äußerst fruchtbar gewesen sein muß: Leonardo da Vinci, der vielseitigste Künstler nicht nur innerhalb der an universalen Begabungen so überaus reichen Renaissance, sondern der gesamten abendländischen Kultur.

Leonardo war 1482 nach Mailand gekommen, als Ingenieur, Maler, Bildhauer, Musiker, kurzum als alles und jedes, nur nicht als Architekt. Und doch war sein unerschöpflicher Geist auch mit Problemen der Baukunst beschäftigt. In Florenz hatte er bereits die Grundrisse von Brunelleschis S. Spirito und S. Maria degli Angeli aufgezeichnet, und in Mailand studierte er eifrig die für diese Stadt so bezeichnenden Projekte Filaretes. Das Resultat dieser Bemühungen sind die freilich, so viel wir wissen, niemals ausgeführten, aber außerordentlich geistvollen und ideenreichen architektonischen Entwürfe seiner Skizzenbücher. Sie zeigen verschiedenartige komplizierte Pläne von Zentralbauten, darunter beispielsweise eine Kirche mit mittlerem Oktogon und acht Kapellen, jede davon nach Mailänder

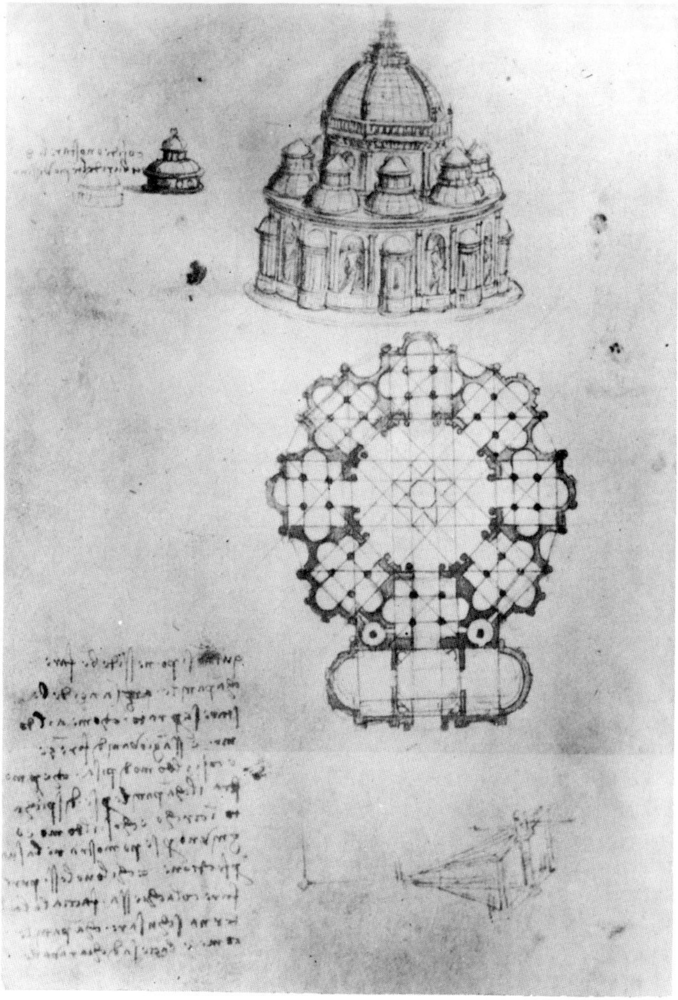

134 Leonardo da Vinci, Zentralbauentwurf für eine Kirche mit mittlerem Oktogon und 8 Kapellen, MS. 2037 Fol. 5v

Tradition mit einer Zentralkuppel und vier kleinen quadratischen Eckräumen. Während in den bisherigen Zentralplänen der Renaissance ein mittlerer Hauptraum gegen kleinere radial angelegte Nebenräume kontrastiert war, finden wir nun eine dreistufige Gliederung der verschiedenen Raumeinheiten bzw. doppelte Unterordnung der Nebenräume. Als noch bedeutsamer sollte sich in der Zukunft eine andere Konzeption Leonardos erweisen, welche in einer originalen Skizze des Pariser Manuskiptes B festgehalten ist. Es handelt

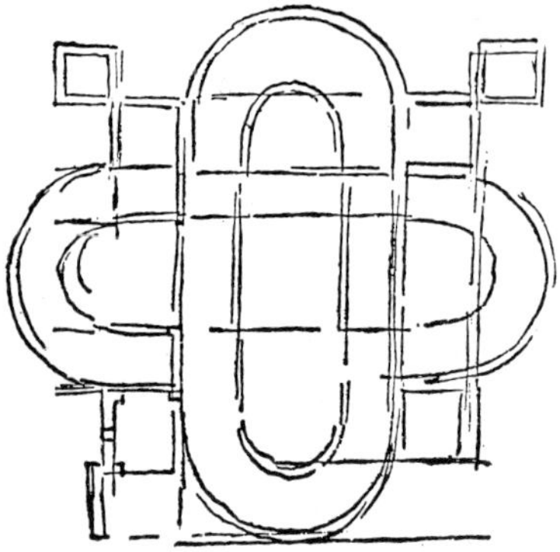

135 Leonardo da Vinci,
Skizze für einen Zentralbau,
MS. B Fol. 57v

sich hier um ein griechisches Kreuz mit vier Apsiden, das vollständig von einem Umgang umgeben ist. Die Ecken sind von kleinen Quadraten ausgefüllt, an die sich in der Diagonale rechteckige Ecktürme oder Türmchen anschließen. Bramante muß diesen Entwurf (und vielleicht auch noch andere Pläne Leonardos) gesehen haben. Er war ihm in der größten Stunde seines Lebens gegenwärtig, als er, seit Jahren in Rom ansässig, mit dem Neubau der Peterskirche beauftragt wurde. Die Übersiedlung Bramantes nach Rom fand im Jahre 1499 statt. Abgesehen von dem Einfluß Leonardos war es vor allem die Atmosphäre der Ewigen Stadt, die in Bramantes Schaffen einen entscheidenden Stilwandel herbeiführte.

Von nun an zeigen seine Bauten eine großartig ernste Majestät, welche die Kirchen der Mailänder Zeit nicht einmal im Keime erkennen ließen. Diese überraschende Wendung macht sich bereits in den beiden ersten römischen Arbeiten Bramantes bemerkbar, dem Kreuzgang von S. Maria della Pace und dem Tempietto von S. Pietro in Montorio. Der Kreuzgang hat im Erdgeschoß Pfeiler mit *alla romana* vorgesetzten Säulen, im Obergeschoß eine offene Galerie, deren schlanke Säulen keine Bogen, sondern ein antikisierendes Gebälk tragen. In S. Pietro in Montorio tritt der neue Stil Bramantes noch entschiedener hervor, ja man darf den 1502 erbauten Tempietto als das erste Denkmal der Hochrenaissance bezeichnen. Wir verwenden ausdrücklich die Bezeichnung »Denkmal«, insofern es sich hier im Grunde eher um ein bildhauerisches Monument als um eine eigentlich architektonische Konzeption handelt. Der Tempietto wurde errichtet, um den Ort zu kennzeichnen, an welchem der Überlieferung nach Petrus gekreuzigt worden ist; wir können ihn somit auch als einen monumentalen Heiligenschrein charakterisieren. Tatsächlich bestand ursprünglich die Absicht, den umgebenden Hof zu einem runden Kreuzgang umzugestalten, welcher den kleinen Rundbau gleichsam wie ein Reliquiar beherbergen sollte. Im Ver-

136 Rom, Tempietto von S. Pietro in Montorio, erbaut 1502 von Bramante

gleich zu den Kirchen und Palästen des Quattrocento erscheint der Tempietto zunächst als ein Bauwerk von überraschender, unnahbarer Strenge. Bramante hat hier zum ersten Male seit dem römischen Altertum die herbe und schmucklose toskanisch-dorische Ordnung verwendet. Über dem Säulenumgang liegt ein Architrav von streng antikischer Prägung, der den gemessenen Ernst der Komposition unterstreicht. Abgesehen von den rechteckigen Nischen und Muscheln zeigt der ganze Außenbau keinerlei dekoratives Motiv. Diese Schmucklosigkeit in Verbindung mit der weniger neuartigen, aber ebenso charakteristischen Einfachheit der Proportionen – das Verhältnis von Höhe und Breite zum Beispiel ist im Erdgeschoß das gleiche wie im Obergeschoß – verleiht dem Tempietto, ungeachtet seiner kleinen Maße, eine außerordentliche Würde. Wenn die Renaissance von dem Bestreben erfüllt war, mit den Bauten des klassischen Altertums zu wetteifern, so ist hier ihr Ziel einmal erreicht worden. Denn – und das ist wesentlicher als die Verwendung einzelner antiker Motive und als die Klassizität der Formensprache in ihrer Gesamtheit – hier steht ein Bauwerk vor uns, welches ebenso entschieden von der Idee des Plastisch-Körperhaften bestimmt ist wie der griechische Tempel. Der Raum, und damit das wichtigste Prinzip der abendländischen Baukunst, ist in Bramantes Tempietto ähnlich wie einst in der Antike fast völlig bedeutungslos geworden.

Aber Bramante blieb an diesem Punkt seiner Entwicklung nicht stehen. Kaum vier Jahre nach dem Tempietto unternahm er es, diese für die Renaissance mustergültige Konzeption eines plastischen Bauwerkes mit dem Ideal der Raumarchitektur zu verbinden, wie es die Renaissance im fünfzehnten Jahrhundert von Brunelleschi bis zu Leonardo da Vinci entwickelt hatte. Im Jahre 1506 beauftragte ihn Julius II., die Peterskirche, das ehrwürdigste Gotteshaus der abendländischen Christenheit, neu zu gestalten. St. Peter hatte damals im wesentlichen noch die Formen des konstantinischen Baus bewahrt. Nikolaus V., der erste Papst, der sich dem Humanismus und der Renaissance zuwandte, hatte von der Ostseite her die Erneuerung in Angriff genommen. Die Ähnlichkeit dieses Projektes mit S. Andrea in Mantua läßt es als möglich erscheinen, daß Alberti den Entwurf geliefert hat. Indessen war man nicht über die Fundamente hinausgekommen, als Nikolaus V. starb und die Arbeiten eingestellt wurden (1455). Als unter Julius II. die Bautätigkeit wieder aufgenommen wurde, wandte man sich entschlossen dem neuen Ideal des Zentralbaus zu. Wenn man die ehrwürdige und nahezu kanonische Tradition des Langbaues und die einzigartige religiöse Bedeutung der Peterskirche in Betracht zieht, so stellt das Projekt Julius II. einen außerordentlich kühnen Entschluß dar. In dem Augenblick, da der Papst selber den Zentralplan, das Symbol weltlicher Gesinnung, für seine eigene Kirche übernahm, war der Geist des Humanismus auch in die letzte Bastion des christlichen Widerstandes vorgedrungen.

Als 1506 der Grundstein der neuen Peterskirche gelegt wurde, war Bramante über sechzig Jahre alt. Sein Entwurf sah ein Gebäude nach dem Schema des griechischen Kreuzes vor, dessen vier Apsiden so streng symmetrisch durchgeführt sind, daß der Grundriß nicht erkennen läßt, welche von ihnen zur Aufnahme des Hochaltars bestimmt ist. Die Zentralkuppel sollte von kleineren Kuppeln umgeben werden, die sich über den vier in den Achsen der Kreuzarme angebrachten Eckkapellen erheben sollten. Ähnlich der zuvor erwähnten Zeichnung Leonardos hat Bramante den Rhythmus des Raumes bereichert, indem er die Nebenkapellen ebenfalls zu kleinen griechi-

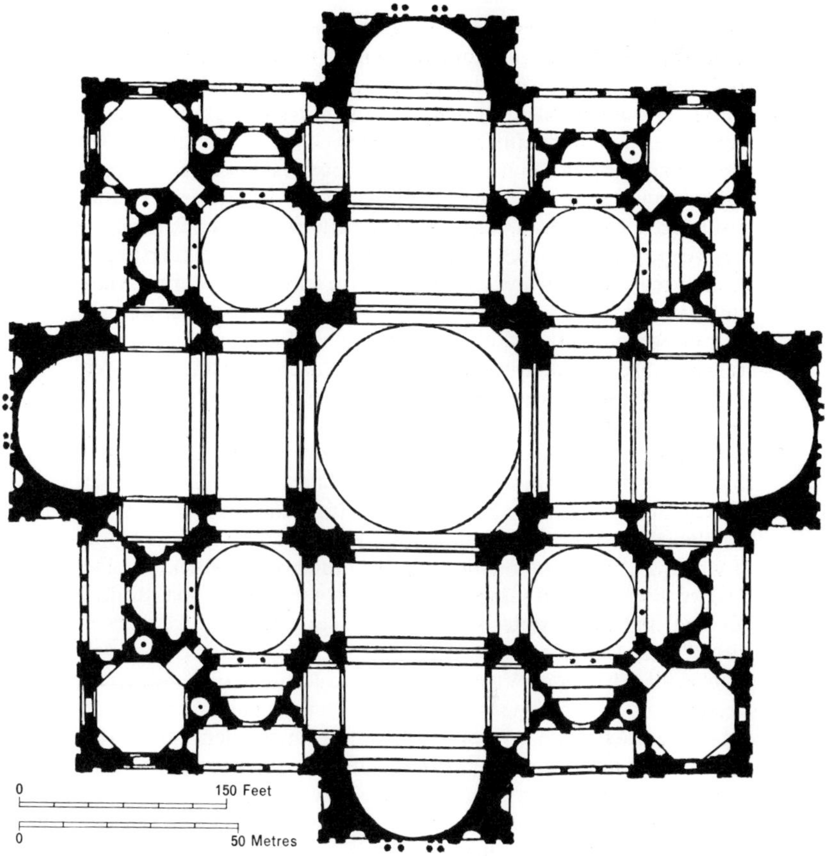

137 Bramante, Originalgrundriß für die Peterskirche, 1506

schen Kreuzen (die Leonardos Pariser Entwurf nicht enthielt) gestaltete, so daß jede von ihnen wiederum zwei Apsiden besitzt, während die beiden anderen, nach der Innenseite des Baus gelegenen Apsiden durch die Arme des zentralen Kreuzes überschnitten werden. So entsteht ein quadratischer Umgang (anstelle von Leonardos gekurvtem), der die gewaltige Zentralkuppel umgibt, welche wie die Kuppel des Tempietto als reine Halbkugel gedacht war. Vier Ecktürme – ähnlich den Plänen Leonardos und der Mailänder Tradition entsprechend – sollten sich an den Endpunkten der Diagonalachsen erheben. Sie vervollständigen den Grundriß zu einem Quadrat, aus dem nur die vier Hauptapsiden hervortreten. Soweit ist Bramantes Plan nur die allerdings großartige Anwendung von Ideen, welche das Quattrocento Schritt für Schritt entwickelt hatte. Neu dagegen und ganz dem Geist des sechzehnten Jahrhunderts zugehörig ist die Behandlung der Mauern und besonders der Pfeiler, auf denen die Zentralkuppel ruht. Sie sind das einzige, was von Bramantes Entwurf ausgeführt und erhalten ist. Hier finden wir nichts mehr von der Beschränkung auf menschliches Maß, nichts mehr von der zarten Modellierung, die den Stil der Frührenaissance bestimmte. Statt dessen erblicken wir schwere Mauermassen von überwältigender Majestät, tief ausgehöhlt wie von der Hand eines Bildhauers. Die Behandlung der Wand als plastisches Material ist eine Errungenschaft spätrömischer Architektur. Brunelleschi hatte sie in seinem Spätwerk S. Maria degli Angeli, freilich in gemilderter Form, als erster wiederentdeckt. Für die weitere Entwicklung der italienischen Baukunst – genauer gesagt für ihre barocke Phase – sollte diese nach monumentaler Wirkung strebende plastische Durchbildung des Mauerwerks von größter Bedeutung werden.

Die unmittelbare Zukunft aber gehörte Bramante als dem Meister klassischer Harmonie und klassischen Maßes, nicht als dem Wegbereiter des Barock. Der Stil des Tempietto sowie des Damasus- und des Belvedere-Hofes im Vatikan (beide von Bramante um 1503 begonnen) hat seine unmittelbarste Nachfolge im architektonischen Werke Raffaels (1483–1520) gefunden. Nur wenige von Raffaels Bauten sind dokumentarisch als seine Schöpfung nachweisbar. Zu denjenigen Arbeiten, die ihm mit gutem Grund zugeschrieben werden, zählt der Palazzo Vidoni Caffarelli in Rom. Er schließt sich eng an das Vorbild des Palazzo Caprini an, den Bramante 1514 unmittelbar vor seinem Tode für sich selbst entworfen und den Raffael 1517 gekauft hatte. Infolge späterer Umbauten ist von der ursprünglichen Anlage Bramantes fast nichts mehr zu erkennen. Auch der Palazzo Caffarelli ist nicht mehr in seinem originalen Zustand erhalten. Nachträgliche Veränderungen haben den Bau beträchtlich erhöht und verbreitert. Aber auch in seiner ursprünglichen, von Raffael geschaffenen Gestalt zeigte der Palast jene entschiedene Monumentalität, welche die Hochrenaissance von der Frührenaissance unterscheidet. Das Streben nach ausgewogenen Proportionen, nach harmonischer Schönheit war auch hier noch bestimmend, aber daneben zeigt sich eine Feierlichkeit und Majestät, die wir im fünfzehnten Jahrhundert vergeblich suchen würden. Toskanische Säulen ersetzen die Pilaster, wie sie die Fassaden der Palazzi Rucellai und Riario gegliedert hatten. Der heiter beschwingte Rhythmus nach dem Schema a b a wird zu einem gewichtigeren a b zusammengezogen, wobei das a durch die Verdoppelung der Säulen einen neuen und starken Akzent erhält, während das b durch die geraden und kräftig vorspringenden Fensterverdachungen markiert wird. Die Rustika des Erdgeschosses betont die Horizontale und damit die lastende Schwere des Gebäudes.

138 Rom, Palazzo Vidoni Caffarelli, ca. 1515–20 von Raffael (später verändert)

Die Wendung von der graziösen Lieblichkeit des Quattrocento zu der ernsten Majestät des frühen sechzehnten Jahrhunderts in der Behandlung der Wand, die Entwicklung von zarter Flächenmodellierung zu kraftvoller Plastizität des Hochreliefs – mit anderen Worten der Stilwandel von der Früh- zur Hochrenaissance – hat zugleich den Anstoß für eine intensivere Beschäftigung mit den Resten der römischen Kaiserzeit gegeben. Jetzt erst begann man das dramatische Pathos dieser Bauwerke zu verstehen, und jetzt erst versuchten Humanisten und Künstler das antike Rom im Geist zu rekonstruieren, seine Ruinen freizulegen und wenn möglich seinen einstigen Glanz wieder zum Leben zu erwecken. Raffaels Villa Madama in der ursprünglich vorgesehenen Gestalt, d. h. mit kreisförmigem Hof und zahlreichen in Apsiden und Nischen sich öffnenden Innenräumen, ist der kühne Versuch, die Pracht altrömischer Paläste zu erneuern. Die köstliche Dekoration ist unmittelbar von Ruinen des kaiserlichen

Rom wie z. B. Neros Goldenem Haus abgeleitet. Man hatte die Überreste jener antiken Ornamentik, die nun bei Raffael und seiner Schule so beliebt werden sollte bei Ausgrabungen gefunden, ein Zusammenhang, den die Bezeichnung »Grotesken« (von ital. grotta, die Höhle, Grotte) festgehalten hat. In Anbetracht des architektonischen Planes und der Dekoration der Villa Madama ist es somit kein bloßer Zufall, daß Raffael im Jahre 1515 von dem Mediceer Leo X. zum Oberaufseher der römischen Ruinen ernannt wurde, daß er sich von einem befreundeten Humanisten den Vitruv zum Privatgebrauch übersetzen ließ, und daß wahrscheinlich er der Verfasser einer an den Papst gerichteten Denkschrift ist, in der angeregt wurde, die altrömischen Bauwerke in Grundriß, Aufriß und Querschnitt genau zu vermessen und aufzuzeichnen und diejenigen Monumente zu restaurieren, welche *infallibilmente* die Möglichkeit einer Wiederherstellung boten.

Hier haben wir den kulturhistorischen Moment erreicht, an dem die Archäologie im eigentlichen, d. h. im wissenschaftlich-akademischen Sinne beginnt. Sie bezeichnet ein Verhältnis zur Antike, welches sich von der naiven Bewunderung des Altertums, wie sie uns im fünfzehnten Jahrhundert begegnete, grundlegend unterscheidet. Das Resultat dieser Entwicklung waren einerseits Gelehrte mit weit umfassenderen antiquarischen Kenntnissen und mit noch gesteigerter Hochschätzung für die antike Kultur, andererseits Künstler, die bei vermehrter Abhängigkeit von den klassischen Vorbildern ein weit geringeres Vertrauen zu der eigenen Schöpfungskraft besaßen. Im Gegensatz zu der Klassik eines Bramante, eines Raffael vertreten sie den Geist des künstlerischen Klassizismus.

Um künftige Unklarheiten zu vermeiden, müssen wir die Begriffe *klassisch* und *klassizistisch* ausdrücklich gegeneinander abgrenzen. Unter *klassisch* verstehen wir zweierlei: zunächst den vollkommenen Ausgleich aller divergierenden Kräfte, mithin jene reine Harmonie, welche in den verschiedensten Epochen und Stilrichtungen der Kunst auffindbar ist, und die stets den Höhepunkt einer künstlerischen Entwicklung kennzeichnet. Es ist solche Begriffsbestimmung, die es uns beispielsweise erlaubt, von der klassischen Phase der Gotik zu sprechen. Klassisch nennen wir weiterhin diejenigen Kunstwerke, welche entweder der antiken Kultur selbst angehören oder von ihr abgeleitet sind. Von der *Klassik* in diesen beiden Bedeutungen unterscheiden wir den *Klassizismus*, wie er uns gegen Ende der Hochrenaissance erstmalig begegnet, d. h. ein Verhältnis zur Antike, das, wie bereits erwähnt, auf einer bewußten und restaurativen Stilnachahmung des Altertums als der obersten und unbedingt verpflichtenden Instanz allen künstlerischen Schaffens beruht. Wir werden uns im Verlauf unserer Darstellung noch mehrfach mit dem Phänomen des Klassizismus zu befassen haben.

Die Bezeichnungen klassisch und klassizistisch kennzeichnen also, wie bereits angedeutet wurde, zunächst nicht stilgeschichtliche Kategorien, sondern eine ästhetische Haltung von zeitlos-allgemeiner Bedeutung. Da aber in der Praxis historische Stile und ästhetische Anschauungen stets in engster Verbindung stehen, da ein Wandel der ersteren immer auch einen Wandel der letzteren bedeutet, so kann man die ästhetischen oft mit den stilgeschichtlichen Kategorien koordinieren. Aus den folgenden Seiten dieses Kapitels werden wir erkennen, daß diese Wechselbeziehung gerade bei einer Analyse der Kunst des sechzehnten Jahrhunderts zu bedeutsamen terminologischen Konsequenzen führt. Noch in der ersten Hälfte des neunzehnten Jahrhunderts verstand man unter *Renaissance* die gesamte abendländische Kunst von dem Zeitpunkte an, da das italienische *rinascimento* und seine Nachwirkungen in den übrigen europäischen Ländern die Kultur des Mittelalters abgelöst hatte.

Die Kunst der Renaissance erstreckte sich somit vom fünfzehnten Jahrhundert bis zur zeitgenössischen Gegenwart, d. h. bis ins neunzehnte Jahrhundert; zu ihr gehörten demnach ebenso das Nürnberger Pellerhaus wie das Augsburger Rathaus oder wie die Werke Schinkels. Dann aber begann man einzusehen, daß der Terminus *Renaissance*, sofern er überhaupt eine brauchbare stilgeschichtliche Definition darstellen sollte, unmöglich so völlig verschiedene Erscheinungen, so tiefgreifende Wandlungen der künstlerischen Form umfassen dürfe, wie sie dieser mehr als dreihundert Jahre umfassende Zeitraum enthält. So wurde der Ausdruck »Barock« eingeführt als Bezeichnung derjenigen Phase der Kunst, welche der Renaissance gefolgt und die ihr in vieler Beziehung entgegengesetzt ist. Bis ca. 1920 hat sich die Kunstgeschichte mit diesen beiden Stilbezeichnungen – zu deren Klärung vor allem Wölfflins Arbeiten beigetragen haben – begnügt. Die letzten 50 Jahre haben dann mit ausgebreiteterem kunsthistorischem Wissen und gesteigerter Empfänglichkeit für die Vielfalt ästhetischer Ausdrucksformen eine weitere Vermehrung der stilgeschichtlichen Bezeichnungen gebracht. Es wurde immer deutlicher, daß die Begriffe *Renaissance* und *Barock* nicht genügen, um auch nur die wichtigsten Richtungen der Kunst des fünfzehnten, sechzehnten und siebzehnten Jahrhunderts hinreichend zu kennzeichnen. So läßt sich zwar mit Hilfe dieser beiden Termini der Unterschied zwischen Raffael einerseits und Rembrandt und Bernini andererseits erfassen, aber die Kunst der Epoche von 1520 oder 1530 bis 1600 oder 1620 fügt sich nicht in die Kategorien Renaissance und Barock. Vor etwa fünfunddreißig Jahren ist daher ein neuer Stilbegriff unter der Bezeichnung *Manierismus* entstanden, wobei allerdings der Name selber bereits früher verwendet worden war, um gewisse Malerschulen des sechzehnten Jahrhunderts – und zwar stets in abfälligem Sinne – zu charakterisieren.

Während Gleichgewicht und Harmonie die bestimmenden Merkmale der Hochrenaissance sind, ist die Kunst des Manierismus unausgeglichen, spannungsreich und zwiespältig; auf der einen Seite ist sie gefühlsbetont bis zum Ekstatischen und bis zur expressiven Verzerrung (Tintoretto, El Greco), auf der anderen Seite überdiszipliniert bis zum völligen Zurücktreten der individuellen Persönlichkeit hinter einer glatten und unverbindlichen Repräsentation. Die Formensprache der Hochrenaissance ist von gesättigter Fülle und Breite, die des Manierismus dünn, preziös und übermäßig gestreckt. Die Gestalten auf Tizians Gemälden sind Verkörperungen blühender Schönheit; die Figuren Raffaels sind erfüllt von erhabenem Ernst, diejenigen Michelangelos von übermenschlicher Kraft. Der von den Manieristen bevorzugte Menschentypus repräsentiert sich in eleganter und höchst bewußter Gebärde. Bewußtheit in diesem Ausmaß ist etwas durchaus Neues in der abendländischen Kunst. Während die Kultur des Mittelalters und auch die der Renaissance im großen und ganzen noch naiv gewesen war, ist das Zeitalter der Reformation und Gegenreformation dieser Unbefangenheit verlustig gegangen. Und das ist der Grund, warum der Manierismus tatsächlich so zahlreiche Symptome des Manierierten erkennen läßt. Jetzt zum ersten Male ist der Künstler sich der Eklektik als einer Tugend bewußt. Raffael und Michelangelo wurden von den Jüngeren als die Meister eines Goldenen Zeitalters angesehen, als ebenso vorbildlich und unübertrefflich wie die Künstler der Antike. Aus solchem Gesichtspunkt wurde Nachahmung zur Notwendigkeit und Verpflichtung, und zwar Nachahmung in einem Sinne, wie sie bis dahin in der abendländischen Kunst unbekannt war. Auch der mittelalterliche Maler, Steinmetz und Baumeister folgte seinen Lehrern, jedoch völlig selbstverständlich und ohne über das Verhältnis zu seinen Vorbildern nachzudenken, und niemals hatte er grundsätzlich an der Möglichkeit gezweifelt, daß seine Epoche oder er selbst die Werke der Vorgänger übertreffen könnten. Die Künstler des Manierismus haben dieses Selbstvertrauen verloren. Jetzt wurden die ersten Akademien gegründet, und eine Literatur über Theorie und Geschichte der Künste entstand. Die Gestalt Vasaris läßt am deutlichsten diese Entwicklung erkennen. Er ist zugleich der erste Akademiepräsident und der erste Kunsthistoriker Europas. Maler und Bildhauer mochten zwar gelegentlich die Regeln Michelangelos und Raffaels außer acht lassen, aber wo sie sich solche Freiheiten gestatteten, geschah es in einem bis dahin unbekannten Bewußtsein einer an sich unerlaubten Grenzübertretung und daher entweder mit der Heimlichkeit dessen, der nach einer verbotenen Frucht greift oder mit einer obstinaten Zurschaustellung des Kapriziösen und Gewagten. Kein Wunder, daß das sechzehnte Jahrhundert die strengsten Asketen hervorbrachte und zugleich die ersten Künstler, die heimlich oder weniger heimlich Pornographien schrieben oder zeichneten (Aretino und Giulio Romano).

Es ist kein Zufall, wenn wir bisher von bildenden Künstlern des späten sechzehnten Jahrhunderts lediglich die Namen von Malern erwähnt haben, herrschen doch über die Malerei dieser, d. h. der manieristischen Epoche, zum mindesten etwas klarere Vorstellungen als über die gleichzeitige Architektur. Was die letztere angeht, so steht eine kritische Betrachtung unter dem Gesichtspunkt des Manierismus noch im Stadium der ersten tastenden Anfänge. Indessen brauchen wir nur die Palazzi Farnese und Massimo alle Colonne – die vollkommensten Beispiele des Palastbaues der Hochrenaissance bzw. des Manierismus – miteinander zu vergleichen, um den Gegensatz beider Stilepochen und um damit die spezifischen Merkmale manieristischer Architektur auf das deutlichste zu erkennen.

Der Palazzo Farnese wurde 1534 von Antonio da Sangallo dem Jüngeren (1485–1546) entworfen. Er ist der monumentalste der römischen Renaissancepaläste. Der Grundriß des vollkommen freistehenden Gebäudes stellt ein reines Rechteck dar, die fast 46 m

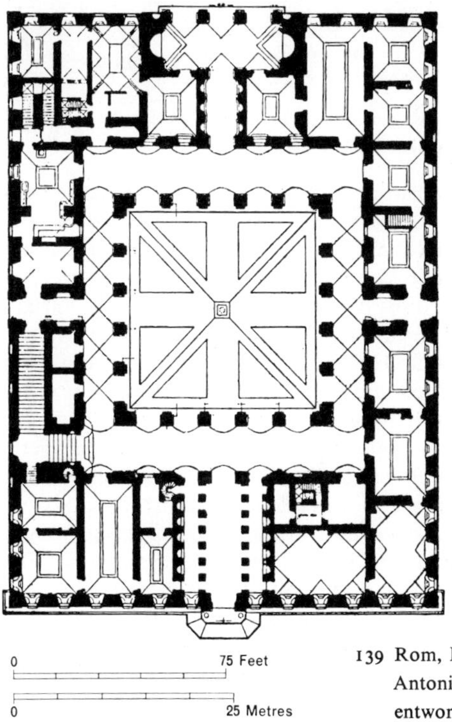

139 Rom, Palazzo Farnese, 1534 von Antonio da Sangallo d. Jüngeren entworfen

140 Rom, Palazzo Farnese, Innenhof, erbaut 1534 von Antonio da Sangallo d. Jüngeren, oberstes Geschoß 1548 von Michelangelo

lange Fassade blickt auf einen großen Platz. Sie hat stark betonte Eckquadern, aber keine Rustizierung. Die Fenster des Erdgeschosses sind mit geraden Verdachungen versehen, die des ersten Geschosses haben abwechselnd dreieckige und Segment-Giebel, die jeweils von Säulen getragen werden; es handelt sich mithin um eine Variation der sogenannten *Aedicula*, d. h. um ein Motiv, das aus der römischen Antike stammt und in der Hochrenaissance wieder zur Anwendung kam. Das zweite Geschoß und das übermächtige Kranzgesims wurden später und in anderem Geiste hinzugefügt. Bemerkenswert ist die Weiträumigkeit und Symmetrie des Inneren, besonders aber die großartige tonnengewölbte Mitteldurchfahrt, die auf den im Zentrum des Gebäudes gelegenen Hof führt. Dieser ist, wie im damaligen Palastbau üblich, im Erdgeschoß von offenen Bogengängen umgeben. Im Gegensatz zu den zarten Säulen der Florentiner Frührenaissance finden wir im Arkadenhof des Palazzo Farnese die gedrungene toskanisch-dorische Ordnung mit korrekt durchgeführtem Metopenfries, eine Anordnung, die Sangallo auf den Spuren Bramantes zeigt. Die Mauer des ersten Stockwerkes wird von Blendarkaden gegliedert. Zwischen den jonischen Halbsäulen sind edel geformte und mit Giebeln versehene Fenster angebracht. Die Aufeinanderfolge der kräftigen dorischen und der eleganteren ionischen Säulen in den beiden unteren Geschossen entspricht durchaus dem Beispiel der römischen Antike (Theater des Marcellus). Das in späterer Zeit hinzugefügte dritte Geschoß setzt mit der Wahl einer korinthischen Ordnung – aber nur in diesem einen Punkt – die korrekte Nachfolge antiker Vorbilder fort (Kolosseum).

Im Gegensatz zu Sangallo hat sich der Architekt des Palazzo Massimo über alle Regeln der Alten hinweggesetzt, und auch für den klassischen Stil Bramantes und Raffaels bezeugt seine Arbeit nur wenig Achtung. Der Bau (begonnen 1535) wurde von Baldassare Peruzzi (1481–1536) entworfen, einem Mitglied des römischen Künstlerkreises, der sich um Bramante und Raffael gebildet hatte. Während der Palazzo Farnese und ebenso Raffaels Palazzo Vidoni Kompositionen von strenger Logik waren, bei denen jedes Einzelglied einen Schluß auf das gesamte Gebäude erlaubte, bereitet die Eingangshalle des Palazzo Massimo mit ihren gekuppelten toskanischen Säulen und ihrem schweren Gebälk in keiner Weise auf die oberen Geschosse vor. Die Fassaden der Paläste Vidoni und Farnese haben beide ein kräftiges, aber harmonisch ausgewogenes und nicht überladenes

141 Rom, Palazzo Massimo alle Colonne, begonnen 1535 von Baldassare Peruzzi

Relief. Im Palazzo Massimo dagegen herrscht ein scharfer Kontrast zwischen dem tiefen Dunkel der Erdgeschoß-Loggia und der papierenen Dünne und Glätte der oberen Geschosse. So haben die Fenster des ersten Stockwerkes vom Standpunkt der Hochrenaissance ein allzu flaches Relief; die von eigentümlichen lederartigen Vorlagen umrahmten Fenster des zweiten und dritten Geschosses sind überraschend niedrig, und auch sonst sind sie untereinander in keiner Weise so differenziert, wie das dem Stilgefühl der Renaissance entsprochen hätte. Mehr noch, die leicht konvexe Krümmung der gesamten Fassade erweckt den Eindruck des Schwerelosen, Schwebenden, während die Paläste der Renaissance – im Grundriß und Aufriß klare Rechtecke – kraftvoll entschiedene Festigkeit ausdrücken. Der Palazzo Massimo kann sich zweifellos mit den Palästen Vidoni und Farnese an Würde und Monumentalität nicht messen, aber er hat statt dessen eine pointierte Originalität, eine Finesse, die für den überkultivierten und intellektuellen Kenner ungemein reizvoll ist.

Wir müssen uns an dieser Stelle noch einmal mit dem Verhältnis der italienischen Kunst des fünfzehnten und sechzehnten Jahrhunderts zur Antike, d. h. noch einmal mit den Begriffen *klassisch* und *klassizistisch* befassen. Die Frührenaissance hatte die Kultur des Altertums wieder entdeckt. Die Maler, Bildhauer und Architekten dieser Epoche hatten einerseits mit großem Eifer Detailformen der römischen Kunst exakt nachgebildet, andererseits hatten sie, wo es um mehr als einzelne Motive ging, die antiken Vorbilder in naiver Freiheit ihrem eigenen Stilgefühl anverwandelt. Die Hochrenaissance war in ihrer Wiederaufnahme des klassischen Erbes kaum strenger verfahren, hier aber war in den majestätisch ernsten Bauwerken von Raffaels und Bramantes reifem Stil über alle formale Anknüpfung hinaus der Geist der antiken Kunst selbst wieder lebendig geworden. Nach ihrem Tode trat, wie bereits angedeutet, der Manierismus an die Stelle der Hochrenaissance, der Klassizismus an die Stelle der Klassik. Klassizismus aber bedeutet nach unserer vorhergehenden Definition die unbedingte Nachahmung der Antike und vor allem der klassischen Phase der Renaissance, und zwar Nachahmung auf Kosten des eigenen unmittelbaren Ausdruckes und der selbständigen künstlerischen Aussage im entscheidenden Gegensatz zu der freien Rezeption, wie sie die Kunst der Renaissance kennzeichnet. Die Haltung der Stil-Imitation erreichte ihren Höhepunkt, wir brauchen kaum ausdrücklich darauf hinzuweisen, gegen Ende des achtzehnten und zu Beginn des neunzehnten Jahrhunderts, in jener Epoche der europäischen Kunst, welche auf dem Kontinent als *Klassizismus* schlechthin bezeichnet wird und für die in England die Bezeichnung *Classical Revival* gebräuchlich ist. Der Gedanke, das Äußere eines ganzen antiken Tempels zu kopieren oder ein modernes Gebäude durch die historisch getreue Nachahmung einer grie-

142 Mantua, Wohnhaus des Giulio Romano, erbaut um 1544

chischen Tempelfassade zu verkleiden, bedeutet die Quintessenz der klassizistischen Ästhetik. Soweit ist allerdings das Cinquecento noch nicht gegangen. Aber die Kunst des Manierismus zeigt zum ersten Male jene charakteristische Verbindung von akademischer Strenge und Zurückhaltung, welche dem Klassizismus den Weg bereitet hat, ganz im Gegensatz zum selbständigen und unmittelbaren Gefühlsausdruck der Hochrenaissance.

Ein Schüler Raffaels, Giulio Romano (1499–1546), baute sich um das Jahr 1544 in Mantua, wo er als Hofkünstler des Herzogs tätig war, ein Wohnhaus. Es ist ein überaus charakteristisches Beispiel des manieristischen Klassizismus, abgesehen davon, daß es eines der ersten Architektenhäuser von so anspruchsvollen Ausmaßen ist. Die Fassade ist wieder flacher, als es dem Stilwillen der Hochrenaissance entsprochen hätte. Das Detail, z. B. die Fensterumrahmungen und der oberste Fries, ist hart und von spröder Präzision. Das ganze Gebäude zeigt eine überlegene Zurückhaltung, eine fast arrogante Kühle und steife Formalität, die einen sofort an die spanische Etikette gemahnt, welche in dieser Zeit für das italienische Hofleben maßgeblich wurde. Angesichts dieser den Gesamteindruck bestimmenden und sehr betont vorgetragenen Korrektheit treten jedoch einzelne Freiheiten der Komposition umso deutlicher hervor. Wir finden ähnliche Erscheinungen in Giulio Romanos malerischem Werk. Waren es dort – wie bereits angedeutet – vor allem Freiheiten im Sinne einer zweideutigen Erotik, so handelt es sich in diesem Falle um gleichsam verstohlene und dennoch sehr bewußte Verstöße gegen den klassischen Kanon der Antike bzw. der Hochrenaissance: der glatte Fries über den Fenstern des rustizierten Erdgeschosses scheint von den Schlußsteinen der Fenster überschnitten, obwohl die letzteren ohne jedes Relief gebildet sind. Der Eingang hat einen durchaus regelwidrig gedrückten Bogen, und das darüber liegende Giebelfeld ohne Basis ist nichts anderes als das an dieser Stelle durch den Portalbogen hinaufgedrückte Sockelgesims, welches seinerseits gleichzeitig die Sohlbank der Fenster des Obergeschosses bildet. Die letzteren sind wie im Hofe des Palazzo Farnese in Blendarkaden eingelassen, aber während dort die Fensterumrahmung mit Sockeln, Pilastern, Konsolen und Giebelfeld hinsichtlich ihrer strukturellen Logik durchaus gerechtfertigt erschien, lassen die Fenster Giulio Romanos nichts von solcher organischen Gliederung erkennen. Ein gleichmäßiges flaches Ornamentband markiert ohne jede Unterscheidung der betreffenden Funktion sowohl die Fensterleibungen als auch die Basis und die Schräge der abschließenden Giebelfelder. Die Ausführung ist meisterhaft, dabei von jener prätentiösen Virtuosität, wie wir sie ähnlich in den gleichzeitigen Skulpturen Benvenuto Cellinis finden.

Der manieristische Baustil – in Rom und Florenz entwickelt – wurde in Norditalien und den Ländern jenseits der Alpen fast sofort übernommen. Nördlich des Apennin sind die Bauwerke Giulio Romanos die ersten Beispiele der neuen Richtung. Ihm folgte der fünfzehn Jahre ältere Sanmicheli, zum Teil unmittelbar von Rom angeregt, zum Teil durch Giulios frühes Mantuaner Meisterwerk, den Palazzo del Te (1525–35), beeinflußt. Sanmicheli hat im Geist des manieristischen Klassizismus das Stadtbild Veronas von Grund auf verändert. In Bologna vertrat Sebastiano Serlio denselben Stil. Er war ein Schüler Peruzzis, obwohl sechs Jahre älter als dieser und 24 Jahre älter als Giulio Romano. Im Jahre 1537 veröffentlichte er den ersten Teil eines architekturtheoretischen Werkes, das späterhin beträchtlich erweitert wurde. Für die Klassizisten jenseits der Alpen sollte dieses Buch lange Zeit hindurch die bedeutsamste Anregung werden. Serlio selbst ging 1540 nach Frankreich und wurde fast sofort zum »peintre et architecteur du roi«, zum Hofmaler und Hofbaumeister, ernannt. Die sogenannte Schule von Fontainebleau, zu der neben Serlio die Italiener Primaticcio und Rosso Fiorentino gehörten, wurde das Zentrum des Manierismus nördlich der Alpen.

143 Granada, Hof im Schloß Karls V., begonnen 1526 von Pedro Machuca

Spanien akzeptierte den neuen Stil sogar noch früher, und hier erhielt der manieristische Klassizismus die Bedeutung einer scharfen Reaktion gegen die wuchernden Formen der nationalen Spätgotik. Der niemals vollendete Palast Karls v. auf der Alhambra von Granada (1526 von Pedro Machuca begonnen) mit seinem mächtigen, runden, von Kolonnaden umschlossenen Innenhof und seiner 63 m langen Fassade erinnert an Raffaels Villa Madama und an Giulio Romano, wobei freilich die Ausführung gegenüber den Vorbildern einen unverkennbaren provinziellen Charakter zeigt. Die Entwicklung in Deutschland von der Übernahme einzelner Motive der italienischen Renaissance bis zur selbständigen Fortbildung des neuen Stils soll in einem späteren Kapitel ausführlich betrachtet werden. Hochrenaissance und Manierismus fanden hier gleichzeitig Eingang. Die ersten Beispiele dieser Rezeption finden wir im Jahre 1536 in Böhmen und Bayern: während das Belvedere in Prag sich in erster Linie an den klassischen Stil Bramantes anlehnt, ist die Residenz in Landshut offensichtlich unter direktem Einfluß der Mantuaner Bauten Giulio Romanos entworfen worden. Beide Gebäude stehen jedoch ziemlich vereinzelt da; denn während des späteren sechzehnten Jahrhunderts entwickelte Deutschland einen eigenen saftig-derben und spezifisch nordischen Stil, den wir in einem anderen Zusammenhang noch näher beleuchten werden. In England fehlt eine so frühe Aufnahme des italienischen Manierismus ganz. Erst im zweiten Jahrzehnt des siebzehnten Jahrhunderts hat hier Inigo Jones den neuen Stil heimisch gemacht, um die gleiche Zeit also, da in Süddeutschland Elias Holl und andere Architekten sich in einer zweiten und bedeutsameren Rezeption aufs neue mit den italienischen Vorbildern auseinandersetzten. Für Inigo Jones und Elias Holl waren jedoch nicht mehr die problematischen und zwiespältigen Kompositionen Giulio Romanos und Serlios maßgeblich, sondern der Klassizismus Andrea Palladios (1518–80), d. h. der ausgewogenste und harmonischste Ausdruck des späten Cinquecento.

Palladio folgte zwar Giulio Romano, Sanmicheli, Serlio und soweit als möglich Vitruv, der für die damalige Zeit maßgeblichen Autorität auf dem Gebiet der antiken Baukunst, dessen Dunkelheit jedoch oft zu willkürlichen und falschen Deutungen geführt hat. Darüber hinaus aber fand Palladio zu einem durchaus selbständigen und in hohem Maße persönlichen Stil. Wer seine Werke kennenlernen will, muß Vicenza und Umgebung besuchen, obwohl Palladio hier keine einzige Kirche errichtet hat. Was seine Auftraggeber bestellten, waren fast ausschließlich Palazzi und Villen, d. h. Stadt- und Landhäuser. Obwohl Palladios venezianische Kirchen S. Giorgio Maggiore und Il Redentore zu den wenigen wirklich bedeutenden Sakralbauten des Cinquecento gehören, kann man den weitreichenden Einfluß seines Stiles gleichwohl angemessen würdigen, ohne seine Kirchenbauten zu berücksichtigen; ein Umstand, der nicht nur für Palladio selbst, sondern darüber hinaus für den Geist seines Zeitalters bezeichnend ist. Denn seit der Renaissance war die weltliche Architektur ein ebenso bedeutsamer Ausdruck des epochalen Be-

144 Andrea Palladio, Villa Trissino in Meledo, um 1552

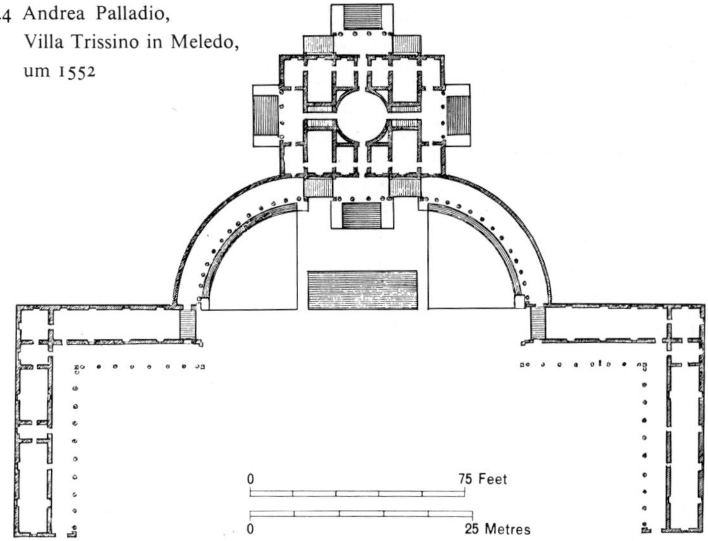

wußtseins geworden wie die kirchliche Baukunst. Im achtzehnten Jahrhundert hat dann vollends die Profanarchitektur die führende Rolle übernommen. Hinsichtlich des Mittelalters kann man sich demnach in einem Buche wie dem vorliegenden darauf beschränken, nur einige wenige Beispiele des Wohn- und Burgenbaus zu berücksichtigen, während der Hauptakzent notwendig auf die Sakralarchitektur fallen muß. Dagegen war von den in diesem Kapitel erwähnten Bauten der Renaissance bereits die Hälfte weltlicher Art. Was die katholischen Länder angeht, so wird im weiteren Verlauf unserer Untersuchung dieses Verhältnis auch für die folgenden zweihundert Jahre maßgeblich bleiben. Hinsichtlich der weiteren Entwicklung in den protestantischen Ländern werden wir jedoch dem Umstand Rechnung tragen müssen, daß hier die weltliche Architektur schon wesentlich früher das Übergewicht erhielt.

Palladios Bauten wäre trotz ihrer bestechenden Anmut und Eleganz kaum ein so internationaler Einfluß beschieden worden, hätte der Meister sie nicht in Abbildungen zusammen mit theoretischen Untersuchungen in einem Buche der europäischen Öffentlichkeit zugänglich gemacht. Seine »Architettura« erhielt schnell die gleiche Bedeutung wie Serlios Buch, ja bald begann sie das letztere zu verdrängen, insbesondere seit dem Wiederaufleben des palladianischen Klassizismus in England zu Beginn des achtzehnten Jahrhunderts. Sein Stil entsprach dem gepflegten Geschmack und der kultivierten Bildung des englischen Adels der georgianischen Epoche mehr als der irgendeines anderen Architekten. Palladio ist niemals trocken oder aufdringlich belehrend. In seiner Kunst vereinigt sich die Majestät des antiken Rom mit der strahlenden Heiterkeit Norditaliens und mit einer überlegenen Anmut, die ihm allein eigen ist und die kein anderer Baumeister seiner Zeit erreicht hat. Der 1550 begonnene Palazzo Chiericati mit seiner korrekt durchgeführten jonischen Ordnung über einer toskanisch-dorischen zeigt Palladio unverkennbar auf den Spuren Bramantes. Aber der kühne Schritt, die klassischen Säulenstellungen, welche bei den römischen Renaissancepalästen nur in den Innenhöfen verwandt worden waren, auf den Außenbau zu übertragen, die Freiheit, die Palladio sich gestattete, indem er folgerichtig die Fassade in luftdurchströmte Loggien öffnete, so daß im Zentrum des ersten Geschosses nur ein fest ummauerter, aber auf beiden Seiten von offenen Terrassen flankierter Baukern stehen blieb, dies alles ist Palladios eigenes Verdienst. In seinen Landhäusern verwendete er mit Vorliebe Kolonnaden von bedeutender Länge, die den Zweck haben, den Hauptblock mit den weit vorgeschobenen Nebenbauten zu einer großzügig gedachten Einheit zu verbinden.

Der Gegensatz zwischen Geschlossenheit und freier und lockerer Ausweitung des Baukörpers (die letztere Tendenz insbesondere durch die erwähnten Kolonnaden) hatte für Palladio einen außerordentlichen Reiz. In einem seiner aufwendigsten Projekte, dem Entwurf für die Villa Trissino in Meledo auf der venezianischen Terraferma,

145 Vicenza, Palazzo Chiericati, begonnen 1550 von Andrea Palladio

146 Vicenza, Villa Capra (Rotonda) von Palladio, begonnen 1567

ist der Grundriß des Wohnblocks völlig symmetrisch. Das konsequenteste Beispiel einer streng symmetrischen Planung ist aber die noch vorhandene und wohlerhaltene Villa Capra, die sogenannte Rotonda, unmittelbar vor den Toren von Vicenza gelegen. Um 1567 begonnen, ist der Bau eine akademische Leistung von höchstem Range, die im England Popes besonders bewundert wurde. Als ein Haus, in dem man leben soll, hat die Rotonda nichts von der ungezwungenen Behaglichkeit des nordischen Herrenhauses, dafür aber zeichnet sie sich durch ihre repräsentative und unvergleichlich distinguierte Noblesse aus. Die jede der vier Seiten schmückenden Tempelfassaden mit ihren schlanken jonischen Säulen und ihren fein proportionierten Giebelfeldern, die wenigen sorgfältig placierten und ebenfalls mit Giebeln versehenen Fenster und die zentrale Kuppel verleihen dem Gebäude eine überlegene Würde, die allem Pomphaften fern bleibt. Wenn man sich eine ganze Landhaus-Komposition Palladios vorstellen will, muß man zu einem derartigen Kernbau die geschwungenen Kolonnaden und die niedrigen Außenbauten hinzudenken, mit denen die Villa weit in das umliegende Land ausgreifen sollte. Diesem letzteren Motiv kommt in Anbetracht der künftigen Entwicklung der Baukunst eine hohe historische Bedeutung zu. In Palladios Landhäusern ist zum ersten Male die Architektur in ihrer engen Beziehung zur Landschaft verstanden und dementsprechend gestaltet worden. Hier zum ersten Male wurde die Hauptachse des Hauses in die offene Landschaft hinaus verlängert. Anders ausgedrückt: von außen betrachtet erscheinen die Villen Palladios (wir setzen hier die ursprünglich geplante Anlage voraus) wie der harmonische Abschluß eines Landschaftsgemäldes. In diesem Zusammenhang muß erwähnt werden, daß sich Michelangelo fast zur gleichen Zeit mit ähnlichen Gedanken trug. Anläßlich seiner Arbeiten am Palazzo Farnese schlug er eine architektonische Verbindung des Palastes mit den farnesischen Gärten auf dem anderen Tiberufer vor.

Es mag uns merkwürdig erscheinen, daß die Familie Farnese nach dem Tode Sangallos den Auftrag zur Vollendung ihres Palastes gerade an Michelangelo, d. h. an einen Bildhauer, vergab. Aber wir wissen ja bereits, daß so bedeutende Architekten wie Giotto, Bramante und Raffael ihrer Ausbildung nach Maler waren und daß Brunelleschi seinen Weg als Goldschmied begann. Immerhin lohnt es sich, den Weg Michelangelos zur Baukunst näher zu betrachten; denn er ist gleichermaßen bezeichnend für ihn wie für seine Epoche. Als Knabe war Michelangelo bei einem Maler in die Lehre gegangen, bis Lorenzo il Magnifico ihn entdeckte, ihm ein Zimmer in seinem Palast zur Verfügung stellte und ihn bei seinem Lieblingsbildhauer Bertoldo unterrichten ließ. Es handelte sich hier um eine künstlerische Ausbildung, die im Gegensatz zu den traditionellen Lehrmethoden des Mittelalters ganz von dem freien Geist der Renaissance bestimmt war. Auf seine bildhauerischen Leistungen gründete sich Michelangelos früher Ruhm. Den gewaltigen David, das Symbol florentinischen Bürgerstolzes, begann er im Alter von 26 Jahren. Wenig später beauftragte ihn Julius II., Pläne für ein kolossales Grabmal anzufertigen, das der Papst noch zu Lebzeiten für sich selbst errichten wollte. Der erste Entwurf sah mehr als 40 lebensgroße oder überlebensgroße Figuren vor, zu denen der berühmte Moses gehört. Als sich jedoch der Papst entschloß, die Peterskirche nach Bramantes Entwürfen neu aufzuführen, verlor er das Interesse an dem Projekt des Grabmals. Statt dessen zwang er Michelangelo, die Decke der Sixtinischen Kapelle mit Fresken zu schmücken. Michelangelo, der Bramante für diese Wendung verantwortlich machte, hat diesem zeitlebens Groll getragen. Da er die verhaßte Arbeit in der Sixtina so gut wie ohne Gehilfen ausführte, mußte er sich von nun an fast fünf Jahre lang auf die Malerei beschränken.

Dann nahm er die Tätigkeit am Julius-Grab von neuem auf. Natürlich stellte das Projekt an Michelangelo auch architektonische Anforderungen, wenngleich erst in zweiter Linie. So mußte er sich mit dem Problem befassen, auf welche Weise die monumentalen

Statuen mit ihrem Hintergrund, d. h. mit den Umfassungsmauern des eigentlichen Grabmals in einen architektonischen Zusammenhang gebracht werden könnten, und wir dürfen annehmen, daß es derartige Überlegungen waren, die dazu geführt haben, daß er sich für den Plan der Medici zu interessieren begann, ihre Familienkirche S. Lorenzo in Florenz durch die Ergänzung der noch fehlenden Fassade zu vollenden. S. Lorenzo ist ein frühes Werk Brunelleschis. Der Entwurf für die Verkleidung der Westseite, den Michelangelo im Jahre 1516 fertigstellte, sah eine zweigeschossige Fassade mit zwei antikisierenden Ordnungen und mit reichem Skulpturenschmuck vor. Nachdem die Medici ihn mit der Ausführung dieses Projektes betraut hatten, arbeitete er mehrere Jahre lang in den Steinbrüchen von Carrara, eine Tätigkeit, die er leidenschaftlich liebte. Im Jahre 1520 jedoch lösten die Medici den Kontrakt, da der Abtransport des Marmors allzu schwierig schien. Gleichzeitig aber erteilten sie Michelangelo einen neuen Auftrag, in welchem dieser verpflichtet wurde, ihnen bei S. Lorenzo eine Familienkapelle zu erbauen, die gleichzeitig als Mausoleum gedacht war. Die Kapelle wurde tatsächlich 1521 begonnen und, wenn auch weniger großartig als ursprünglich geplant, im Jahre 1534 vollendet. Die Medicikapelle ist also, obwohl in erster Linie als Raum zur Aufstellung von Statuen gedacht, Michelangelos erste architektonische Arbeit und – wie man hinzufügen muß – das Werk eines Mannes, der in Bautechnik und Bauzeichnung keinerlei Ausbildung oder Erfahrung besaß. Das Innere des Gebäudes zeigt bereits alle Merkmale von Michelangelos persönlichem Stil.

Das erste Beispiel reiner Baukunst, d. h. einer Architektur, die nicht mehr auf die Ergänzung durch Skulpturen berechnet war, ist in Michelangelos Werk die ebenfalls bei S. Lorenzo gelegene Biblioteca Laurenziana. Auch hier handelte es sich um einen Auftrag der Medici. Der Lesesaal ist 1524, der Vorraum 1526 entworfen worden, mit Ausnahme der Treppe, deren Modell Michelangelo erst im Jahre 1557 fertigstellte. Der Vorraum ist hoch und eng. Das allein schon gibt dem Beschauer ein unbehagliches Gefühl. Michelangelo wollte mit diesen Proportionen den Gegensatz zu dem langgestreckten, verhältnismäßig niedrigen und in der Dekoration ausgeglicheneren Büchersaal betonen. Die Wände werden durch gekuppelte Säulen in Felder geteilt. In Fußbodenhöhe der eigentlichen Bibliothek haben diese Felder des Treppenhauses blinde Fenster und darüber gerahmte Blendnischen. Der farbige Charakter des Raumes ist von karger Strenge, ein kaltes Weiß, von dem sich das Dunkelgrau der Säulen, Fensternischen und Gesimse sowie der anderen struktiven oder schmückenden Elemente abhebt. Von den funktionell wichtigsten Gliedern, den Säulen, würde man erwarten, daß sie vorsprängen und das Gebälk trügen, wie es seit der Antike ihre Aufgabe gewesen ist.

147 Florenz, Wandgliederung im Vorraum der Biblioteca Laurenziana, entworfen 1526 von Michelangelo

Michelangelo hat dagegen in Umkehrung der normalen Verhältnisse die Wandpfeiler vorspringen lassen, während die Säulen zwischen ihnen zurücktreten, so daß sie in beklemmender Weise eingezwängt scheinen. Selbst die Gesimse und Architrave treten mit den Wandfeldern vor, über bzw. unter den Säulen dagegen zurück. Die ganze Komposition ist ebenso regelwidrig, ebenso spannungsreich und willkürlich wie die Front des Palazzo Massimo mit ihrem Kontrast zwischen der Tiefenwirkung der Erdgeschoß-Loggia und der Flächigkeit der oberen Fassade oder wie das Verhältnis zwischen den Fenstern des ersten und des dritten Geschosses. Das demonstrativ Alogische und Unorganische der Laurenziana-Vorhalle liegt darin, daß durch das Verhältnis der dorischen Ordnung zur Wand und zum Gebälk die Tragekraft der Säulen und damit ihre eigentliche Funktion nutzlos verschwendet scheint. Zu diesem Eindruck tragen vor allem auch die unter den Basen der dorischen Ordnung angebrachten Konsolen bei, die nicht kräftig genug erscheinen, um die kolossalen Säulen zu tragen und die diese Aufgabe auch dem konstruktiven Tatbestand nach keineswegs erfüllen. Angesichts der blinden

Fenster mit ihren nach unten verjüngten, gleichsam hängenden Pilastern, welche ohne jeden ersichtlichen Grund nur im mittleren Drittel kanneliert sind, fühlen wir uns wiederum an die Fassade des Palazzo Massimo mit ihrer eigentümlichen Flachheit, ihrem Verzicht auf eine logische Gliederung erinnert. Der Giebel über dem Eingang zum Büchersaal wird nur durch eine zarte Linie gehalten, welche, die Tür umrahmend, zwei über den Türsturz hinausgehende, an abgestumpfte Hörner gemahnende rechteckige Felder bildet. Die Treppe ist ein Ausdruck der gleichen eigenwilligen Originalität, aber die Schärfe des Details, welche Michelangelos Stil während der zwanziger Jahre gekennzeichnet hatte, ist nun einem zähen, lavaähnlichen Fluß gewichen.

Man hat oft gesagt, daß mit der Laurenziana-Vorhalle Michelangelo der Vater des Barock geworden sei, und zwar insofern, als die Gliederung der Wände den heroischen Kampf aktiver Kräfte gegen das überwältigende Gewicht träger Massen zum Ausdruck bringe. Indessen kann ich nicht glauben, daß der Eindruck, den dieser Raum einem unvoreingenommenen Betrachter vermittelt, mit dieser Deutung übereinstimmen könnte. Ich kann nicht sehen, daß sich hier überhaupt ein Kampf abspielt, obwohl die bewußte Dissonanz, die quälenden Spannungen dieser Architektur unverkennbar sind. Der Abwendung von dem klassischen Ideal einer glücklich ausgewogenen Harmonie sind wir, wenn auch unter dem Deckmantel eines eleganten Formalismus, schon bei Giulio Romano begegnet. Michelangelos Laurenziana ist in der Tat nicht ein Ausdruck des Barock, sondern des Manierismus, der hier seine höchste architektonische Verwirklichung gefunden hat. Wir erkennen in ihr die Gestaltung einer Dissonanz ohne Ausweg, eines Ringens ohne Hoffnung auf Erlösung, eine Baukunst, die als ein Ausdruck vergeblichen Mühens weit tragischer ist als die der Barockzeit, welch letztere den Kampf zwischen Geist und Materie, zwischen Form und Unform stets mit dem triumphalen Sieg des geistigen und ordnenden Prinzips aufgelöst hat. In der Laurenziana scheint jede Kraft wie gelähmt, das Lastende hat kein Gewicht, das Stützende trägt nicht. Die elementaren Gesetze der organischen Funktionen haben hier ihre Bedeutung verloren. Es ist ein im höchsten Maße künstliches System, das nur durch die strengste Disziplin aufrecht erhalten wird (Anm. 27).

Nicht weniger neu und nicht weniger kennzeichnend für den Geist manieristischer Baukunst ist die Laurenziana hinsichtlich der Behandlung des Raumes. Michelangelo hat die wohlausgewogenen Verhältnisse der Renaissance preisgegeben. Statt dessen hat er den Vorraum so eng und hoch wie einen Schacht, die eigentliche Bibliothek so lang und schmal wie einen Stollen angelegt. Hier wie dort fühlen wir uns unwiderstehlich gezwungen, dem saugenden Zuge dieser Proportionen zu folgen, dem Höhendrang des Treppenhauses,

148 Florenz, Hof der Uffizien, begonnen 1560 von Giorgio Vasari

dem Tiefdrang des Büchersaales. Diese Tendenz, durch starke Einengung des Raumes Bewegung zu erzwingen, ist eines der wichtigsten Stilmittel des Manierismus. Hinsichtlich der Malerei des sechzehnten Jahrhunderts ist die Bedeutung dieser Raumauffassung bereits genügend gewürdigt worden. Charakteristische Beispiele sind Correggios späte Madonnen oder Tintorettos Abendmahl mit der in einen sehr fernen Hintergrund entrückten Gestalt Christi. Die faszinierendste Wirkung erreicht in dieser Beziehung wohl Tintorettos Auffindung der Leiche des heiligen Markus (Mailand-Brera) um 1565. Was die Architektur angeht, so finden wir die magisch-saugende Kraft manieristischer Raumgestaltung vor allem in Giulio Romanos außerordentlich streng komponiertem Dom von Mantua mit seinen doppelten Seitenschiffen, von denen die inneren Tonnengewölbe haben, während die äußeren und das Mittelschiff flach gedeckt sind. Hier ist die tiefenperspektivische Suggestion ununterbrochener Reihen gleichmäßig geformter Säulen ebenso unwiderstehlich wie in den früchristlichen Basiliken. Im Profanbau sind Vasaris Uffizien das bekannteste und am leichtesten zugängliche Beispiel dieser Raumauffassung. Der Bau wurde im Jahre 1560 begonnen. Er war ursprünglich als Amtsgebäude der großherzoglich-toskanischen Verwaltung gedacht. Aus zwei hohen, langgestreckten Flügeln und einem kurzen Verbindungstrakt bestehend, gruppieren sich die Uffizien um einen engen, straßenförmigen Hof. Die beiden Hauptgebäude zeigen die uns als Kennzeichen manieristischer Architektur bereits bekannten Kompositionselemente, den Verzicht auf eine klare Abstufung der verschiedenen Geschosse, monotone Reihung gleichförmiger Motive bei regelwidriger Bildung des Details: elegante und fragile Konsolen, die in Gestalt von schlaff herabhängenden Voluten unter Doppelpilastern angebracht sind, welch letztere streng genommen gar keine Pilaster sind. Besonders bemerkenswert ist der kurze, die Baugruppe nach dem Arno hin abschließende Querflügel. Hier ist das Mauerwerk im Erdgeschoß durch eine offene Loggia in der Form des Palladio-Motivs ersetzt, die einen Durchblick über den Fluß freigibt. Für das erste Geschoß war ursprünglich ebenfalls eine offene Kolonnade geplant. Wir begegnen hier einem Kompositionselement, das sich während des Manierismus besonderer Beliebtheit erfreute. Die Verbindung bzw. Unterscheidung verschiedener Baueinheiten durch transparente Säulenstellungen unterscheidet die manieristische Architektur ebenso deutlich von der Renaissance mit ihrem Prinzip klarer Raumtrennung wie vom Barock mit seinem ungehinderten Ineinanderströmen mehrerer Teilräume. In diesem Sinne haben auch die beiden venezianischen Kirchen Palladios im Osten nicht wie üblich geschlossene Apsiden, sondern eine offene Säulenstellung, die in S. Giorgio Maggiore (1565) geradlinig, in Il Redentore (1577) halbrund angelegt ist. Da-

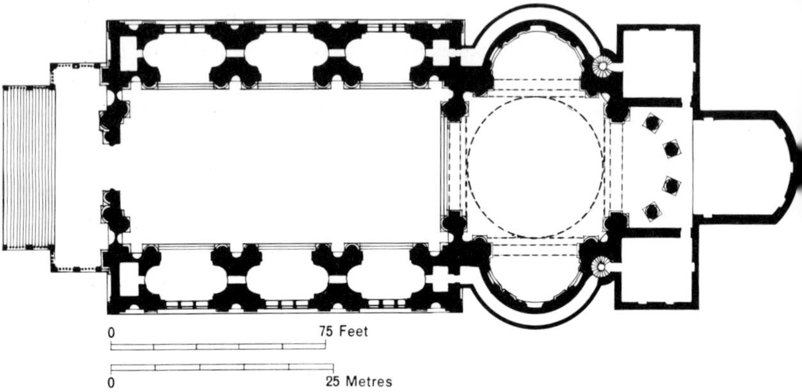

149 Venedig, Il Redentore, begonnen 1577 von Palladio

hinter werden dem Beschauer Räume von unbestimmten Ausmaßen sichtbar. Dieselben Mittel und der gleiche Effekt findet sich in der von Vasari zusammen mit Vignola (1507–73) entworfenen Villa Giulia in Rom, dem Landhaus Julius III. (1552–55). Hier ist eine Folge von Gebäuden mit Loggien in der Mittelachse, von denen die beiden ersten auf halbrunde Höfe hinausführen, so gruppiert, daß sich ein Durchblick von starker perspektivischer Wirkung ergibt: zunächst vom Eingang des Hauptgebäudes auf die erste Säulenstellung, dann auf die des zweiten und dritten Bautraktes und endlich auf einen von Mauern umgebenen Gartenhof.

Die Abgrenzung des Gartens gegen die umgebende Landschaft war in den Villenanlagen des sechzehnten Jahrhunderts noch allgemein üblich. Wohl haben die Gärten jener Zeit wie etwa die der Villa d'Este in Tivoli oder des Farnesepalastes von Caprarola weite Ausblicke, aber sie verlieren sich nicht ins Endlose wie in den Parkanlagen des Barock, zum Beispiel in Versailles. Auch die niedrigen

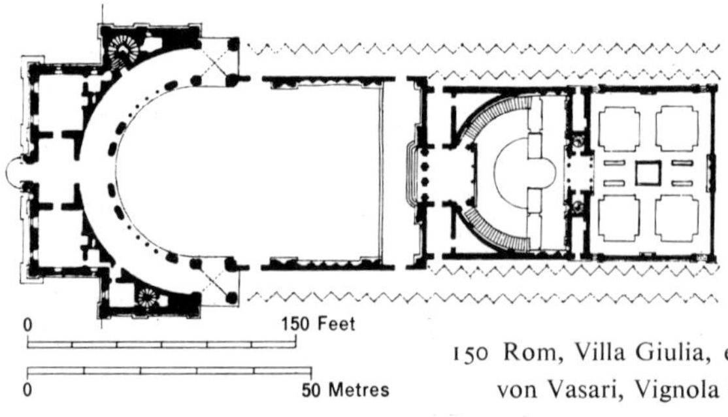

150 Rom, Villa Giulia, erbaut 1552–55 von Vasari, Vignola und Ammanati

Säulenloggien im Erdgeschoß manieristischer Bauten – man denke etwa an den Portikus des Palazzo Massimo oder die Kolonnaden der Uffizien – wollen nicht die Vorstellung eines ins Unendliche geweiteten und unmeßbaren Raumes erwecken wie die dunkeln Hintergründe auf Rembrandts Gemälden. Der Abstand zwischen Säulenstellung und massivem Mauerwerk ist für eine solche Wirkung nicht weit genug. Die Loggien des Manierismus unterbrechen die Kontinuität der Fassade – und eben das ist es, was der Renaissance an ihnen mißfallen hätte –, aber die von ihnen freigelegte Raumschicht hat nur geringe Tiefe und bleibt in ihrer Begrenzung deutlich erkennbar. Palladios Fassade des Palazzo Chiericati ist innerhalb der Palastarchitektur des Cinquecento das vollendetste Beispiel dieser Vergitterungstechnik, obwohl dieses Gebäude in seiner klaren Heiterkeit sich wesentlich von dem römischen und florentinischen Manierismus unterscheidet, insbesondere von dem düster problematischen Stil Michelangelos. Auch Palladios Paläste zeigen wohl eine gewisse Kühle, jedoch nicht die eisige Kälte der Laurenziana.

Eine so strenge und starre Selbstdisziplin, wie sie sich in diesem Bauwerk manifestiert, entspricht kaum der populären Vorstellung von Michelangelo. Um so mehr ist es angebracht, eben diese Seite seiner Kunst zu betonen; zudem ist gerade das Beispiel der Laurenziana geeignet, die in manchen Handbüchern noch immer vertretene Deutung Michelangelos als eines Meisters der Renaissance überzeugend zu widerlegen. In Wahrheit gehören der Renaissance nur wenige Jahre von Michelangelos früher Entwicklung an. Die Pietà von 1499 und vielleicht der Florentiner David sind Zeugnisse dieser Periode seines Schaffens. Die Sixtinische Decke dagegen kann man nur noch mit Einschränkungen in diesen Zusammenhang einreihen. Gemäß seiner spezifischen Veranlagung mußte sich Michelangelo notwendig und schon frühzeitig von der Renaissance distanzieren, und nach 1515 entspricht in der Tat keines seiner Werke mehr dem ästhetischen Kanon dieser Phase der italienischen Kunst. In krassem Gegensatz zu dem Ideal des Renaissancemenschen, wie es Castiglione in seinem »Cortegiano« beschrieben hatte und wie es in der Person Leonardos zur Wirklichkeit wurde, war Michelangelo ungesellig und mißtrauisch, nachlässig in Kleidung und Auftreten und zu stolz, um Konzessionen irgendwelcher Art zu machen. Daher seine Abneigung gegen Leonardo, Bramante und Raffael, eine Abneigung, in der Verachtung und Neid einander die Waage hielten. Wir kennen seinen Charakter und sein Leben besser als das irgendeines früheren Künstlers. Die beispiellose Verehrung, die man ihm entgegenbrachte, veranlaßte noch zu seinen Lebzeiten die Veröffentlichung zweier Biographien, die auf systematischer Materialsammlung basieren. Sie sind für uns außerordentlich wertvoll, da gerade im Falle Michelangelos eine nähere Kenntnis des Menschen für ein tieferes Verständnis seiner Werke die fast unerläßliche Voraussetzung bedeutet. Im Mittelalter waren Charakter und private Lebensumstände eines Baumeisters niemals in einem solchen Maße ausschlaggebend für sein künstlerisches Schaffen, wie dies bei Michelangelo der Fall ist. Brunelleschis Wesen steht klarer vor uns als das der Meister, die die gotischen Kathedralen geschaffen haben, aber er ist in seinen Werken noch immer überraschend objektiv. Michelangelo war der erste, der die Baukunst zu einem Instrument subjektiver Expression machte. Die *terribilità*, die alle, die ihm begegneten, erschreckte, ist in seinen Werken Gestalt geworden. Sie erfüllt uns mit einem Gefühl der Ehrfurcht, wo immer wir seine Schöpfungen betrachten, sei es ein Denkmal der Architektur, eine Zeichnung, ein Bildwerk oder ein Sonett.

Denn Michelangelo war auch Dichter, und zwar einer der bedeutendsten seiner Epoche. In seinen Sonetten gibt er der Nachwelt Rechenschaft über die Kämpfe, die seine Seele verdüsterten. Der schwerste Konflikt war für ihn der zwischen platonischem Schönheitsideal und glühender christlicher Religiosität, ein Konflikt, der Michelangelos Dichtung über das private Bekenntnis hinaus eine überpersönliche und kulturgeschichtliche Bedeutung gibt. In ihr spiegelt sich in konzentriertester Form das Ringen zweier Epochen, der Renaissance, welcher seine Jugend angehörte, und der Gegenreformation bzw. des Manierismus, jener Bewegungen, die, unmittelbar vor der Plünderung Roms im Jahre 1527 einsetzend, von seinem fünfzigsten Lebensjahre ab für Michelangelos Weg bestimmend wurden. Neue und strengere religiöse Orden wurden damals gegründet, die Kapuziner, die Theatiner und vor allen die Jesuiten (1534). Neue Heilige standen auf, Ignatius von Loyola, Theresa von Avila, Filippo Neri und Carlo Borromeo. 1542 wurde die Inquisition wieder eingeführt, 1543 die geistliche Zensur. 1556 dankte Kaiser Karl v. ab und zog sich in die Einsamkeit eines spanischen Klosters zurück. Wenige Jahre später begann sein Sohn Philipp II. den Bau eines riesigen, düsteren Palastes, des Escorial, der ebensosehr einem Kloster als einem Schloß gleicht. Die spanische Etikette hatte das höfische Leben in eine eiserne Disziplin gezwängt, die an Strenge derjenigen des Jesuitenordens in seiner Frühzeit kaum nachstand. In der gleichen Richtung entwickelte sich in jener Zeit auch das Zeremoniell der päpstlichen Hofhaltung, und nichts war von jener unbeschwerten Heiterkeit geblieben, die während der Renaissance den Vatikan und die Ewige Stadt erfüllt hatte. Nun schrieb der venezianische Gesandte, daß in Rom selbst der Karneval kalt und freudlos geworden sei. Pius v., der strengste Papst des Cinquecento, duldete nur zweimal in der Woche Fleisch auf seiner Tafel.

Auch Michelangelo war stets von unnachgiebiger, ja asketischer Härte gegen sich selbst. Er zwang sich dazu, mit einem Mindestmaß an Schlaf auszukommen, und pflegte, wenn er sich niederlegte, nicht einmal die Schuhe auszuziehen. Während der Arbeit nährte er sich oft nur von trockenem Brot, um nicht sein Werkzeug aus der Hand legen zu müssen. Er empfand die Verpflichtung, und freilich auch die Ausnahmestellung, die ihm sein Genius auferlegte, viel tiefer als die leichtherzigeren Künstler der Renaissance. So konnte er es sich erlauben, einem Kritiker, der ihm vorwarf, Giuliano Medici im Mausoleum von S. Lorenzo bartlos dargestellt zu haben, obwohl er im Leben einen Bart getragen hatte, zu antworten: »Wer schert sich in tausend Jahren noch darum, wie er wirklich ausgesehen hat?« Es ist ein Ausspruch, der erkennen läßt, wie weit nunmehr die Emanzipation des Künstlers, zu der die Renaissance den Anstoß gegeben hatte, fortgeschritten war. Während das Mittelalter sich für Porträtähnlichkeit überhaupt nicht interessiert hatte, weil sie zum vergänglichen, nicht zum ewigen Teil der menschlichen Natur gehörte, und während die Frührenaissance sich ihr mit einer Begeisterung widmete, die aus der Freude über die eben erst gefundenen Mittel der Naturnachahmung herrührte, weigerte sich Michelangelo, die Freiheit seiner künstlerischen Aussage durch Ähnlichkeitsanforderungen zu beschränken. Trotz dieses Bekenntnisses zur Bewertung ästhetischer Kriterien war er aber eine zutiefst religiöse Natur. Mit zunehmendem Alter steigerte sich seine Gläubigkeit, bis er, der größte Bildhauer des Abendlandes und der bewundertste Künstler seines Jahrhunderts, Malerei und Bildhauerkunst fast völlig aufgab und seine Tätigkeit fast ganz auf die Architektur beschränkte, wobei er sich weigerte, für seine Arbeit an der Peterskirche ein Gehalt anzunehmen.

Die entscheidende Wende seiner künstlerischen Entwicklung scheint in die Zeit zu fallen, da er sein siebzigstes Lebensjahr bereits überschritten hatte. Während der Zeit von etwa 1525–47 hat sich Michelangelos architektonische Tätigkeit, abgesehen von den schon erwähnten Bauten für die Medici, anscheinend auf den Ausbau der Befestigungen von Florenz (1529) beschränkt, d. h. auf ein Gebiet, für das nach unserer heutigen Auffassung nicht ein Architekt und Künstler, sondern ein Techniker und Ingenieur zuständig sein würde. Indessen haben auch Leonardo da Vinci und der junge Sangallo – der letztere in so vielen römischen Bauten Michelangelos Vorgänger – derartige Aufgaben mit Erfolg durchgeführt. Im Jahre 1534 verließ Michelangelo Florenz für immer und ging nach Rom. 1535 ernannte ihn Paul III. zum Oberaufseher aller päpstlichen Bauten, wobei es sich zunächst nur um eine nominelle Anstellung handelte. 1539 wurde seine Meinung über eine repräsentative Neugestaltung der Paläste auf dem Kapitol und die Aufstellung der Reiterstatue Mark Aurels dort, eingeholt; jedoch kam es damals noch nicht zu einer Verwirklichung dieses Projektes. Dann starb 1546 Sangallo, und nun wurde Michelangelo sogleich aufgefordert, den Palazzo Farnese zu vollenden, die Arbeiten an der Peterskirche zu leiten und den Bau der kapitolinischen Paläste in Angriff zu nehmen. Diese zeigen deutlich den Stil der frühen vierziger Jahre, obwohl die Ausführung erst in den sechziger Jahren begann.

Das Kapitol ist ein frühes Beispiel der Stadtplanung, da es sich hier um die Gruppierung mehrerer Gebäude um einen zentralen Platz und um die Anordnung des Zugangs handelte. Bernardo Rossellino – Albertis Bauführer beim Palazzo Rucellai und Nikolaus' v. ausführender Architekt beim Neubau der Peterskirche – ist in diesem Falle Michelangelos Vorgänger gewesen, als er für Pius II. Piazza, Kathedrale und Palast von Pienza entworfen hatte (um 1460). Das geistreichste und zugleich kühnste Beispiel einer solchen Gruppenanlage hat innerhalb der Renaissance Venedig gegeben, wo während der ersten Hälfte des sechzehnten Jahrhunderts Piazza und Piazzetta von San Marco entstanden.

Für einen Mann wie Michelangelo jedoch, dessen Kunst vorwiegend aus individuellem, seelischem Erleben entsprang, dem Architektur in erster Linie Ausdrucksmittel seines persönlichen Daseinsgefühls bedeutete, konnte die Stadtplanung kein wirklich adäquates Thema sein, und so hat denn auch dieses Gebiet der Baukunst in seinem Lebenswerk keine allzu bedeutende Rolle gespielt. Dementsprechend reicht seine Leistung am Palazzo Farnese und an St. Peter weit tiefer als die Anlage des Kapitols. Was den Palazzo Farnese angeht, so zeigen die Einzelformen des auf Michelangelo zurückgehenden zweiten Stockwerkes unverkennbar die Merkmale des Manierismus, wie wir sie schon in der Laurenziana analysiert haben. Hierher gehören die Verdreifachung der Pilaster, die unorganischen Fensterumrahmungen mit ihren die beiden oberen Fensterecken flankierenden Konsolen, die nichts tragen, mit den unmittelbar über diesen angebrachten weiteren Konsolen, auf denen die weit vorspringenden Segmentgiebel ruhen. Die Detailformen und ihre Zusammenordnung sind der charakteristische und außerordentlich persönliche Ausdruck von Michelangelos Stilwillen, persönlich in einem Maße, wie es vor dem Zusammenbruch der transzendentalen Bindungen des Mittelalters, aber auch vor dem Abbau der ästhetischen Maßstäbe, die für die Renaissance verpflichtend waren, undenkbar gewesen wäre.

In Michelangelos architektonischem Meisterwerk, der Kuppel und dem Westteil der Peterskirche (es ist der Westteil; denn die Kirche ist nicht orientiert) macht sich zwar das Element des Manierismus ungleich weniger bemerkbar, aber auch hier ist die Abwendung vom Stil Bramantes und von der Ästhetik der Hochrenaissance unverkennbar. Als Michelangelo von Paul III. Farnese zum Baumeister der Peterskirche ernannt wurde, fand er den Bau im wesentlichen noch so vor, wie ihn Bramante bei seinem Tode hinterlassen hatte. Raffael und Sangallo hatten, den religiösen Bedürfnissen entspre-

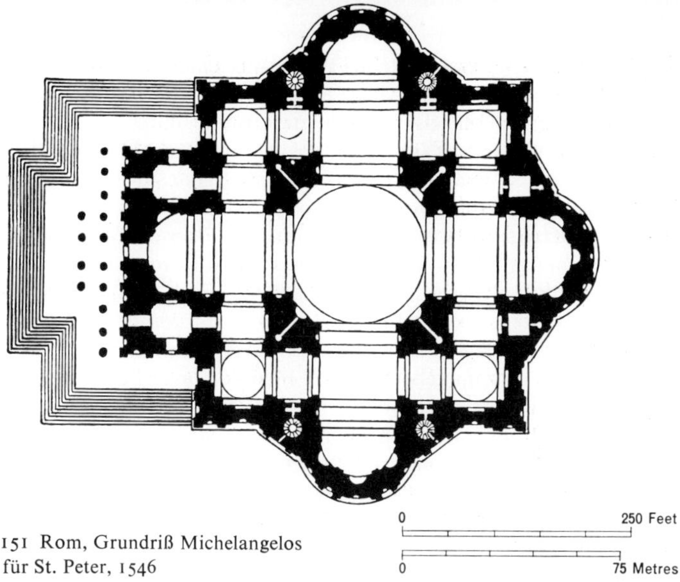

151 Rom, Grundriß Michelangelos für St. Peter, 1546

chend, die sich gegen Ende der Renaissance nachdrücklicher geltend machten, Langhäuser entworfen, welche Bramantes Zentralanlage vorgelegt werden sollten. Indessen war von diesen Plänen nichts zur Ausführung gekommen. Michelangelo ging von neuem auf das Prinzip des Zentralbaus zurück, indessen gab er die unbedingte Ebenmäßigkeit, das Gleichgewicht der einzelnen Teile preis, Gedanken, die Bramantes Komposition grundlegend bestimmt hatten. Er übernahm die Arme des griechischen Kreuzes, aber wo Bramante selbständige Nebenzentren vorgesehen hatte, die das Motiv des Hauptzentrums in kleinerem Ausmaße wiederholen sollten, unterdrückte Michelangelo die Arme der kleineren griechischen Kreuze und gab so der Zentralkuppel mit ihrem quadratischen Umgang eine den ganzen Raum beherrschende Dominanz. Die Kuppel ruhte nun auf Pfeilern von so gewaltigen Dimensionen, daß Bramante sie sicher als kolossalisch, d. h. aus dem Blickpunkt der Renaissance gesehen als unmenschlich, abgelehnt hätte. Im gleichen Sinne hat Michelangelo auch den Außenbau abgeändert. Anstelle von Bramantes Vielfalt edler und harmonisch abgestimmter Einzelmotive zeigt sein Entwurf eine kolossale Ordnung korinthischer Pilaster mit schwerer Attika, Fenster von eigenwilliger Originalität, Ädikulä und verschieden geformte kleine Nischen. Das Ganze ergibt ein gewaltiges, jedoch dissonantes Ensemble. Die Ostfront wollte Michelangelo durch eine offene Vorhalle aus zehn freistehenden Säulen schmücken, vor die ein weiterer, der Breite des Mittelschiffes entsprechender Portikus aus vier Säulen sich legen sollte. Diese Vorhalle hätte vollends die ideale

Symmetrie, wie sie Bramante als Sachwalter einer von klassischem Geiste geprägten Baukunst vorgesehen hatte, zerstört, wie denn die Verdopplung der Mittelsäulen ein der Antike durchaus fremder Gedanke ist. Indessen kam wegen des um 1600 von Maderna dem Kernbau von St. Peter hinzugefügten Langhauses Michelangelos Projekt der Westfassade nicht zur Ausführung.

Bramante hatte der Vierungskuppel von St. Peter die Gestalt einer reinen Halbkugel geben wollen. Michelangelos Kuppel dagegen hat einen bedeutend steileren Steigungsgrad (Anm. 28). Die Trommel ist von vorgekragten, gekuppelten Säulen umgeben, von denen Rippen über das Dach bis zur Laterne ansteigen, welch letztere ebenfalls von einem Säulenkranz umgeben und von einer konkaven Spitze gekrönt wird. Das Ganze ist eine höchst persönliche Übertragung des im wesentlichen gotischen Systems von Brunelleschis Florentiner Domkuppel. In ihrem triumphalen Aufstieg zeigt Michelangelos Kuppel nichts von den spezifischen Merkmalen manieristischer Architektur. Der großartige Sieg gigantischer Kräfte über das Schwergewicht gewaltiger Massen, wie er hier gestaltet worden ist, deutet über den Manierismus hinaus in die Ästhetik des Barocks. Diese Feststellung bedeutet jedoch nicht die Preisgabe der These, daß der die italienische Architektur des späteren sechzehnten Jahrhunderts beherrschende Stil der Manierismus gewesen sei; vielmehr handelt es sich hier nur um die Anerkennung der einsamen Größe und der außerordentlichen Spannweite von Michelangelos Genie. Indem er, im Bereiche der Renaissance aufgewachsen, über sie hinauswuchs, begründete er (und gleiches gilt von den anderen führenden Meistern seiner Generation, von Raffael, Tizian und Correggio) den Stil nicht nur des sechzehnten, sondern auch des siebzehnten Jahrhunderts. Das Cinquecento sah in ihm sein großes Vorbild und verwandelte seine persönliche Manier in den Zeitstil des Manierismus; das siebzehnte Jahrhundert bewunderte vor allem die *terribilità*, das dramatische Pathos von Michelangelos Oeuvre, und diese Seite seiner Kunst wurde stilbildend für das Zeitalter des Barock. Wenn wir uns von hier aus noch einmal zu der Peterskirche zurückwenden, so erkennen wir in ihr, dem erhabenen Mittelpunkt der Ewigen Stadt, nicht ein Symbol der Renaissance und der verweltlichten Geisteshaltung des Humanismus, wie es Julius II., als er den Neubau begann, vorgeschwebt hatte, sondern wir erkennen das großartige Denkmal einer Synthese von Manierismus und Barock, von Antike und Christentum.

St. Peter war das letzte mit solcher Leidenschaft entworfene Bauwerk Michelangelos. Er war nun 72 Jahre alt, die 18 Jahre, die ihm

152 Rom, Kuppel von St. Peter, entworfen 1558–60 von Michelangelo, beendet 1588–90 von Giacomo della Porta

noch blieben, waren erfüllt von Meditationen über das Leben nach dem Tode. In einem seiner letzten Sonette heißt es:

Nè pinger nè scolpir fia più che quieti
L'anima volta a quell' Amor Divino
C'aperse, a prendor noi , 'n croce le braccia.

Malen und bilden stillt jetzt längst nicht mehr
Die Seele, jener Liebe zugekehrt,
Die offen uns am Kreuz die Arme bot.

Nur noch drei plastische Arbeiten hat Michelangelo in dieser letzten Phase seines Lebens geschaffen, und in jedem Falle handelt es sich um Darstellungen der Grablegung Christi. Eine dieser Gruppen war für sein eigenes Grab bestimmt. In einer anderen, die unvollendet geblieben ist, tritt zugunsten des geistigen Gehaltes die körperliche Gestalt so stark zurück, daß diese Schöpfung des alten Meisters, aus dem Blickpunkt der Renaissance gesehen, eigentlich überhaupt nicht mehr als Skulptur bezeichnet werden kann. Ähnlich zeigen auch die späten Zeichnungen das Streben nach möglichst vollkommener Vergeistigung bei gleichzeitiger Entmaterialisierung der Form, eine Wendung, die um so erstaunlicher und fast unbegreiflich erscheint, da es sich um Schöpfungen eben jenes Mannes handelt, der mehr als irgendein anderer Künstler vor ihm die Schönheit und Kraft bewegter Leiber verherrlicht hatte. Zu den letzten architektonischen Arbeiten Michelangelos gehören Entwürfe für die römische Kirche des neugegründeten, streng gegenreformatorischen Jesuitenordens, eine Tatsache, die überaus aufschlußreich ist und im allgemeinen zu wenig beachtet wird. Auch hier erbot Michelangelo sich, ähnlich wie bei seiner Tätigkeit für St. Peter, den Bau ohne jede Entlohnung zu übernehmen.

Dieses Projekt, die Kirche Il Gesù, wurde jedoch erst vier Jahre nach Michelangelos Tod in Angriff genommen. Hinsichtlich der Bedeutung für die weitere Entwicklung der Architektur übertrifft der Gesù vielleicht alle anderen Kirchen der folgenden vier Jahrhunderte. Im Grundriß verband der Architekt Giacomo Vignola (1507–73), wahrscheinlich in Anlehnung an die Pläne Michelangelos, das zentrale System der Renaissance mit dem Langhausschema des Mittelalters, eine kulturhistorisch höchst bezeichnende Tatsache, wenngleich diese Kombination an sich keine eigentliche Neuschöpfung darstellt. Sie war das Grundthema einiger der schönsten frühchristlichen und byzantinischen Kirchen gewesen, wie zum Beispiel der Hagia Sophia. Alberti hatte schon hundert Jahre früher in S. Andrea zu Mantua eine ähnliche Synthese von Zentral- und Längsbau geschaffen. Die Fassade Gesù scheint gleichfalls auf Gedanken Alber-

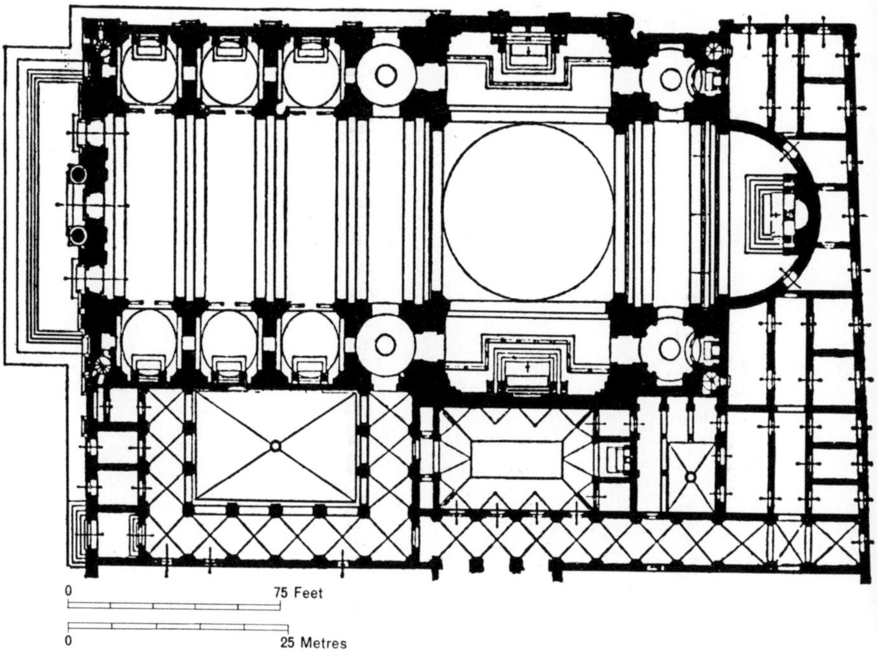

153 Rom, Il Gesù, begonnen 1568 von Vignola

tis zurückzuführen. Für die Architekten der Renaissance und ihre Nachfolger lag das entscheidende Problem der Kirchenfassade darin, den Innenraum mit seinem hohen Mittelschiff und den niedrigen Seitenschiffen im Außenbau zu veranschaulichen, ohne dabei die Säulenordnungen der klassischen Architektur aufzugeben. Albertis Lösung war ein Erdgeschoß nach dem Muster des römischen Triumphbogens und ein Obergeschoß, das sich auf die Breite des Mittelschiffes beschränkte. Voluten, die über dem Hauptgesims und vor den Pultdächern der Nebenschiffe angebracht sind, bilden die Vermittlung zwischen dem Seiten- und dem Mittelteil bzw. zwischen erstem und zweitem Geschoß der Fassade (S. Maria Novella). Dieses Schema ist – allerdings in der üppigeren und weniger harmonischen Formensprache des späteren Cinquecento – in Vignolas Entwurf der Gesù-Fassade und ebenso in dem für die Ausführung maßgeblichen Plan della Portas erneuert worden. Nach dem Muster des Gesù wurde es späterhin unzählige Male und in vielen Variationen in den Barockkirchen Italiens und der übrigen katholischen Länder wiederholt.

154 Rom, Il Gesù, Innenraum von Vignola, begonnen 1568, Fassade von Giacomo della Porta

Hinsichtlich der Gliederung des Innenraumes hielt sich Vignola auch an das Beispiel, welches Alberti mit seiner Mantuaner Kirche gegeben hatte. Auch er behandelte die Seitenschiffe als eine Reihe von Kapellen, die sich zum Mittelschiff hin öffnen. Indessen gestand Vignola den Nebenräumen nicht die gleiche Unabhängigkeit zu wie Alberti, dem es – ganz im Sinne der Renaissance – stets darum zu tun war, jeden Teil eines Bauwerkes als selbständige Einheit zu veran-

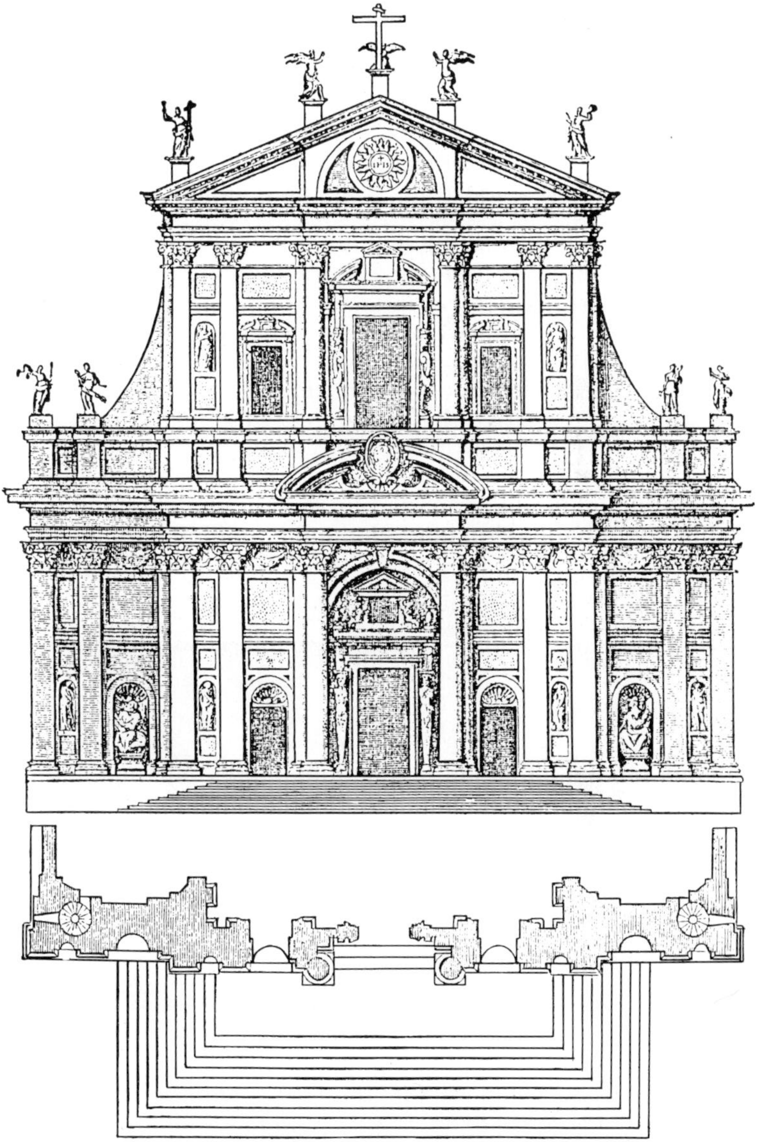

155 Vignola, Zeichnungsentwurf für die Vorderfront von Il Gesù

schaulichen. Im Gesù werden dagegen durch die außerordentliche Breite des von einem gewaltigen Tonnengewölbe überspannten Mittelschiffes die Seitenkapellen gleichsam zu bloßen Nischen degradiert. Man hat vermutet, daß diese Raumgliederung auf eine Anregung des spanischen Jesuitengenerals Francesco Borgia und durch seine Vermittlung letztlich auf ein von uns bereits erwähntes Motiv der spanischen Spätgotik zurückgehe, welche auf römischem Boden bereits 1495 in Gestalt der katalanischen Kirche S. Maria di Monserrato Eingang gefunden hatte. Sollte diese Annahme richtig sein, so hätten wir hier ein neues Beispiel für die Rückkehr des Manierismus zu den Idealen des Mittelalters, d. h. für jene umfassende Entwicklung, die sich uns bereits in zahlreichen kulturgeschichtlichen Phänomenen dieser Epoche veranschaulicht hatte: so etwa in der Wiederbelebung des katholischen Glaubens – wie sie u. a. das Auftreten neuer Heiliger, die Gründung neuer Orden bekundete –, so auch auf dem Gebiete der Architektur in der gotischen Linie der Kuppel von St. Peter und in der Wiederaufnahme des Langhausmotives bei Vignola. Im Gesù ist die nach Osten drängende Bewegung überaus nachdrücklich betont. Das Tonnengewölbe und vor allem das ohne Unterbrechung der Mittelschiffswände durchlaufende Hauptgebälk machen den Tiefenzug des Raumes unwiderstehlich. Ein Element aber finden

156 Rom, Il Gesù, Innenraum, begonnen 1568 von Vignola

wir in Vignolas Bau, für das es in der Sakralarchitektur des Mittelalters keine Entsprechung gibt: die Behandlung des Lichtes. Wohl waren auch die Fenster der Kathedralen des dreizehnten Jahrhunderts auf die Wirkung des Lichtes berechnet. Indessen war hier das Licht nur als ein Hilfsmittel verwendet worden, welches dem Zweck diente, die farbigen Glasgemälde zur Geltung zu bringen, nicht aber als ein selbständiges und positives Element der Architektur. In der Spätgotik beginnt das Licht die von geschweiften Spitzbögen, Nischen und steinernem Filigran durchbrochenen Wände im Sinne einer gesteigerten Auflockerung zu modellieren und sie in fließende Bewegung zu versetzen. Im Hinblick auf den eigentlichen architektonischen Entwurf aber blieb es auch hier ein sekundärer Faktor. Im Gesù dagegen hat Vignola wichtige architektonische Motive einzig und allein deshalb zur Anwendung gebracht, um bestimmte Lichteffekte zu erzielen. Das Mittelschiff wird durch Fenster erhellt, die, über den Kapellen liegend, eine gleichmäßig gedämpfte Beleuchtung hervorrufen. Das letzte Joch vor der Kuppel aber ist kürzer, geschlossener und dunkler als die anderen. Diese Verminderung von Raumweite und Raumhelle erfüllt die Aufgabe einer den dramatischen Effekt zu einem Höchstmaße steigernden Vorbereitung auf die majestätische Weite, die strahlende Helligkeit von Vierung und Kuppel. Die durch die Fenster des Tambours herabströmenden Lichtfluten vermitteln ein ähnliches Gefühl der Erfüllung und Verklärung, wie es die gotischen Baumeister – freilich mit ganz anderen Mitteln – erzielten.

Die Dekoration des Gesù ist gleichfalls sinnlich, prunkvoll, dabei noch düster. Sie stammt jedoch nicht aus Vignolas Zeit. Nach allem, was wir über den Dekorationsstil des Manierismus wissen, hätte Vignola eine zurückhaltendere Ausstattung gewählt, mit kleineren Motiven und flacherem Relief. Falls seine Absichten zur Ausführung gekommen wären, hätte sich die dem Raumgefüge mittelalterlicher Kirchen entsprechende Richtung nach Osten noch bedeutend stärker geltend gemacht, während heute der überreiche Schmuck unsere Aufmerksamkeit von dem Gebälk und dem mächtigen Tonnengewölbe ablenkt und damit die tiefenperspektivische Energie des Raumes abschwächt. Die jetzige Ausstattung gehört dem Hochbarock an, während die Kirche selbst, um es noch einmal zu betonen, eine Schöpfung manieristischer Baugesinnung ist. Sie unterscheidet sich in gleicher Weise von der klaren Harmonie der Hochrenaissance wie von der überquellenden Dynamik des Barock.

Der Barock in den katholischen Ländern und in Deutschland
1600–1760

Im vorigen Kapitel ist davon die Rede gewesen, daß das Wort *Manierismus* zunächst lediglich eine Substantivierung der abwertenden Bezeichnung manieriert gewesen ist. Wir haben des weiteren darauf hingewiesen, daß das Wort Manierismus in Abänderung und Erweiterung seiner ursprünglichen Bedeutung erst vor dreißig Jahren zur Bezeichnung der auf die Renaissance folgenden Stilphase, insbesondere des italienischen Cinquecento, geworden ist. Einen ähnlichen Bedeutungswandel, der sich in diesem Falle etwa fünfzig Jahre früher abspielte, können wir bei dem Wort *Barock* beobachten. Unter barock hatte man anfänglich etwas Seltsames und Außergewöhnliches verstanden. In dieser Bedeutung war das Wort vor allem im Hinblick auf merkwürdige und bizarre Formen der Natur wie auch der Kunst angewendet worden. So haben die Anhänger des Klassizismus oder der Renaissance die italienische Architektur des siebzehnten Jahrhunderts, die ihnen abnorm, regelwidrig und extravagant erschien, als barock verschrien. Dann in den achtziger Jahren des vorigen Jahrhunderts verlor das Wort – besonders in Deutschland – seine abwertende Bedeutung und wurde zu einem objektiven Terminus technicus der Stilgeschichte, welche jetzt nicht nur die Architektur des siebzehnten Jahrhunderts, sondern alle Kunstgattungen, ja die gesamte Kultur dieser Epoche erfaßte.

Wir haben gesehen, daß der Barock sich zuerst in der gewaltigen, von einer mächtigen Aufwärtsbewegung der Massen ergriffenen neuen Peterskirche, von Michelangelo erdacht und schließlich 1588 bis 1590 von Giacomo della Porta vollendet, ankündigte. Ferner haben wir festgestellt, daß der in diesem Meisterwerk Michelangelos sich manifestierende Formwille innerhalb des 16. Jahrhunderts eine Ausnahme bildete und daß die übrigen architektonischen Leistungen Michelangelos, einschließlich seiner letzten Wünsche für St. Peter, den für das spätere Cinquecento bestimmenden Stil des Manierismus vertraten. Erst zu Anfang des siebzehnten Jahrhunderts begann sich in Rom eine neue Generation, die der Kargheit des Manierismus müde geworden war, an die barocke Richtung Michelangelos anzuschließen, und diese, die bis dahin ohne wesentliche Nachwirkung geblieben war, wurde für die Architektur des neuen

Jahrhunderts von entscheidender Bedeutung. Aus dieser Wurzel erwachsen, erreichte der Barock seinen Höhepunkt in Rom zwischen 1630 und 1670. Bald machte sich der neue Stil auch außerhalb der Ewigen Stadt geltend. Schauplatz seiner weiteren Entwicklung war zunächst Norditalien (Guarini und Juvara in Piemont), später Spanien, Portugal, Deutschland und Österreich. Rom kehrte gegen Ende des siebzehnten Jahrhunderts zu seiner klassischen Tradition zurück, eine Wendung, für die wesentlich der Einfluß von Paris bestimmend war. Denn nun, im Zeitalter Richelieus, Colberts und Ludwigs XIV., war Paris zum Mittelpunkt der europäischen Kunst geworden und hatte damit die Rolle übernommen, welche bis dahin und seit über hundertfünfzig Jahren Rom unbestritten inne gehabt hatte.

Die Päpste und Kardinäle des siebzehnten Jahrhunderts waren begeisterte Mäzene der Baukunst, eifrig bemüht, ihr Gedächtnis durch prächtige Kirchen, Paläste und Grabmäler zu verewigen. Von den strengen Anschauungen des späteren sechzehnten Jahrhunderts, von dem asketisch militanten Ethos der Gegenreformation war kaum etwas übrig geblieben. Der Jesuitenorden war im Gegensatz zu der eifernden Intoleranz seiner Anfangszeit nunmehr zu Kompromissen bereit; die Heiligen des neuen Jahrhunderts sind liebenswerte und sanfte Persönlichkeiten, wie zum Beispiel der heilige Franz von Sales. Die neue Experimentalwissenschaft konnte sich ungehindert unter den Augen der Päpste entfalten, bis es schließlich im achtzehnten Jahrhundert möglich wurde, daß Benedikt XIV. Bücher Voltaires und Montesquieus als Geschenke der Autoren huldvoll entgegennahm.

Indessen bedingte ein solcher Wandel der Zeitstimmung, genauer gesagt des religiösen Bewußtseins, noch keineswegs ein Nachlassen der Religiosität überhaupt, vielmehr hat bis 1760 und noch länger der christliche Glaube kaum an Bedeutung verloren. Das läßt auch die damalige Kunst und nicht zuletzt die Architektur unmißverständlich erkennen. Wir müssen uns hier auf wenige Beispiele der Baukunst beschränken. Bei unserer Auswahl werden wir daher einige der gewaltigsten Denkmäler des Barock – wie etwa das Langhaus und die Fassade der Peterskirche nach dem Entwurf Carlo Madernas von 1606, im Jahre 1626 vollendet – außer acht lassen müssen, um uns denjenigen Bauwerken zuzuwenden, die für die Entwicklung des Barock am bedeutsamsten sind und die Prinzipien dieses Stiles am reinsten vertreten. In Rom war Maderna der führende Architekt seiner Generation. Er starb 1639. Seine wichtigsten Nachfolger sind Gianlorenzo Bernini (1598–1680), Francesco Borromini (1599–1667) und Pietro da Cortona (1596–1669). Bernini kam aus Neapel, Maderna und Borromini stammten aus dem norditalienischen Seengebiet, und Cortona war, wie sein Name erkennen läßt, in der süd-

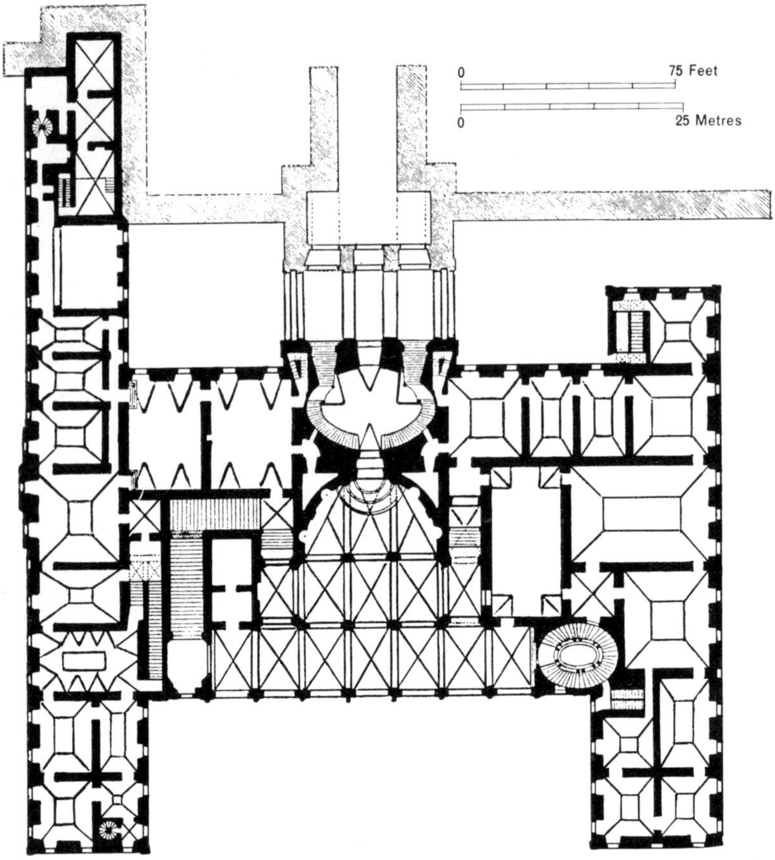

157 Rom, Palazzo Barberini, begonnen 1628 von Maderna

lichen Toskana beheimatet. Wie im sechzehnten Jahrhundert, so waren auch im siebzehnten nur wenige von den führenden Architekten Roms Römer von Geburt. Vor allem das lombardische Element macht sich in ihren Werken deutlich bemerkbar. Die Freiheit und Heiterkeit der lombardischen Schule hat damals die Schwere und den Ernst der römischen Baukunst weitgehend gemildert und hat das Bild der Ewigen Stadt nachhaltig beeinflußt. Madernas Grundriß des Palazzo Barberini – die Fassade stammt von Bernini, ihre Dekoration zum Teil von Borromini – war auf römischem Boden etwas völlig Neuartiges, während andererseits diese Komposition bis zu einem gewissen Grade nur die Weiterentwicklung dessen bedeutet, was in oberitalienischen Palästen und Villen, insbesondere des genuesischen Gebietes, bereits zu Ende des sechzehnten Jahrhunderts

158 Rom, Palazzo Barberini, Fassade, begonnen 1628 von Maderna, fortgeführt und vollendet von Bernini und Borromini

begonnen war. Im Gegensatz zu der strengen Blockform der florentinischen und der älteren römischen Paläste (vgl. den Palazzo Farnese) stößt die Fassade des Palazzo Barberini mit zwei kurzen Seitenflügeln nach vorn, ein Motiv, das auf römischem Gebiet bis dahin nur bei der Anlage von Villen verwendet worden war. Der Mitteltrakt wird von einer geräumigen Loggia eingenommen, man könnte sagen, der Damasus-Hof im Vatikan mit seinen ringsum laufenden Kolonnaden sei hier in zwei Hälften geteilt und nur die eine davon übrig geblieben. Die Kolonnade ist zu einem integrierenden Bestandteil der Fassade geworden. Diese Schaustellung dessen, was bisher dem privaten Innenleben des Palastes vorbehalten war, ist, wie wir noch sehen werden, außerordentlich charakteristisch für den Geist des Barock. Die Haupttreppe des Palazzo Barberini ist ebenfalls offener und weit-

159 Rom, St. Petersplatz, Dom von Michelangelo und della Porta, Front des Langhauses von Maderna, 1607-ca. 1615, Kolonnaden von Bernini, begonnen 1656

räumiger als die Treppen des sechzehnten Jahrhunderts. Der ovale Grundriß des zweiten kleineren Treppenhauses ist ein typisches Motiv der Serlio-Palladio-Tradition; die halbkreisförmige Nische der zentralen Eingangshalle wie auch der anschließende ovale Saal sind Konzeptionen, die durch das Beispiel römischer Kirchen oder durch Ruinen der Kaiserzeit angeregt sein mögen. Die Übertragung dieser Motive auf den Palastbau weist jedoch ebenfalls auf eine enge Beziehung zu Palladio und zu der lombardischen Schule hin.

Wir müssen ausdrücklich betonen, daß der Einfluß der anmutigen norditalienischen Baukunst in Rom bereits wirksam geworden war, als Bernini mit seinem süditalienischen Ungestüm sich dortselbst den ersten Platz als Architekt und Bildhauer eroberte. Sein Spätwerk, die Kolonnaden vor St. Peter, hat trotz seiner spezifisch römischen Vornehmheit und Monumentalität, trotz der für den Bildhauer Bernini charakteristischen Kraft der Modellierung etwas von der heiteren Beschwingtheit, der räumlichen Freiheit palladianischer Villenanlagen. Bernini – selbst Sohn eines Bildhauers – wurde der größte Bildhauer des Barock. Er betätigte sich übrigens auch als Maler, und sein Ruf als Architekt war so groß, daß Ludwig XIV. ihn nach Paris einlud, um Pläne für eine Erweiterung des Louvre anzufertigen. Bernini war ebenso vielseitig und beinahe ebenso berühmt wie Michelangelo. Borromini dagegen war seiner Ausbildung nach nur ein einfacher Steinmetz. Als er im Alter von fünfzehn Jahren nach Rom kam, erhielt er durch die Vermittlung Madernas, der ihm entfernt verwandt war, ein kleine Anstellung am Bau der Peterskirche. Dort arbeitete er, bescheiden und unbekannt, während Bernini das erste Meisterwerk barocker Dekorationskunst schuf, den bronzenen Baldachin der Peterskirche. Inmitten der Vierung und unter Michelangelos Kuppel aufgestellt, erhebt sich der riesige, von vier kolossalen gewundenen Säulen getragene Aufbau zu einer Höhe von mehr als dreißig Metern. Die menschlichen Maßstab kühn übersteigenden Proportionen, die schwellende Üppigkeit des Details, das leidenschaftliche und extravagante Pathos der Formensprache, all diese Eigenschaften (die Michelangelo zweifellos verabscheut hätte) machen Berninis Tabernakel zu einem Zeugnis des tiefgreifenden Stilwandels, der sich in der Kunst vollzogen hatte.

Die gleiche revolutionäre Kühnheit, dieselbe Unbekümmertheit, ja Verachtung gegenüber der Tradition kennzeichnet auch das erste bedeutende Werk Borrominis, die 1633 begonnene Kirche S. Carlo alle Quattro Fontane. Der Innenraum ist so klein, daß er in einem der Vierungspfeiler von St. Peter Platz finden könnte. Aber trotz der winzigen Proportionen ist S. Carlo eine der genialsten Raumkompositionen des Jahrhunderts.

Wir haben bereits darauf hingewiesen, daß für die Langhauskirchen des Barock das Schema des Gesù richtunggebend gewesen ist, d. h. also, um uns den Plan dieser so überaus einflußreichen Kirche noch einmal zu vergegenwärtigen, ein entschieden nach Osten weisendes Mittelschiff mit Seitenkapellen, kurzem Querschiff und Vierungskuppel. In S. Ignazio (1626 ff.) war dieses System weiterentwickelt und bereichert worden. Indessen hat der römische Barock auch die Tradition des Zentralbaus weitergeführt. Was aufgegeben wurde, war lediglich die bis dahin für den Plan der Zentralkirche bestimmende Kreisform, an deren Stelle das Barock sich mit Vorliebe des Ovals bediente. Elliptische Grundrisse finden sich schon bei Peruzzi, der 1536 starb, (S. Giacomo degli Incurabili) und bei sei-

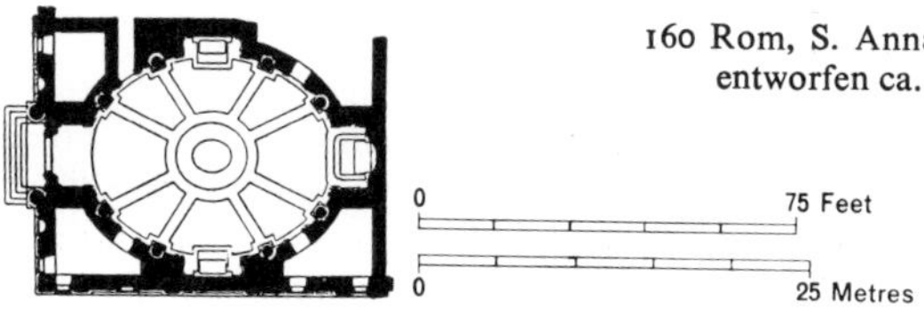

160 Rom, S. Anna dei Palafrenieri, entworfen ca. 1568 von Vignola

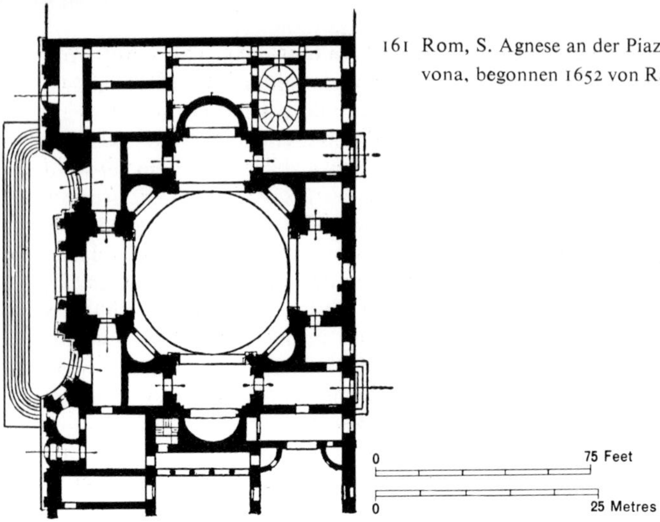

161 Rom, S. Agnese an der Piazza Navona, begonnen 1652 von Rainaldi

nem Schüler Serlio im 5. Buch, das heißt 1547, und dann in Vignolas S. Anna dei Palafrenieri, entworfen ca. 1568. Weniger starr gebunden als der Kreis, gewährt die variable Ovalform die Möglichkeit, den Langbau und den Zentralbau miteinander zu verbinden. Es ist diese für eine dynamische Raumgestaltung außerordentlich wertvolle Eigenschaft, um derentwillen der Ovalplan zum bevorzugten Thema der Barockarchitektur geworden ist. Zunächst in Italien, dann auch in den anderen Ländern, finden wir bald eine unübersehbare Fülle von Variationen dieses Motivs. In der Tat stellt die Ausbildung der Ovalkirche die interessanteste und wichtigste Schöpfung der barocken Sakralarchitektur dar. In Italien ist der entscheidende Zeitraum dieser Entwicklung die zweite Hälfte des siebzehnten Jahrhunderts. Bei Serlio und Vignola verlief die Längsachse des Ovals im

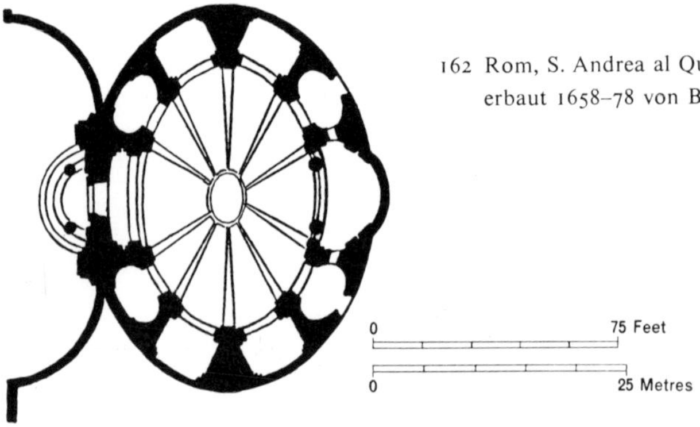

162 Rom, S. Andrea al Quirinale, erbaut 1658–78 von Bernini

rechten Winkel zur Fassade, eine Anordnung, die für die Mehrzahl der späteren Architekten maßgeblich wurde. Eine andere Lösung zeigt S. Agnese auf der Piazza Navona. Die Kirche wurde 1652 von Carlo Rainaldi begonnen und von Borromini mit einer norditalienischen Doppelturmfassade versehen. Der Innenraum besteht aus einem zentralen Quadrat, dessen abgefaßte Ecken zu kleinen Nischen ausgebildet sind und dessen Seiten sich gegen vier kurze Kreuzarme öffnen. Die letzteren sind im Westen und Osten, wo sie die Funktion eines Vorraumes bzw. des Chores vertreten, gerade abgeschlossen, im Süden und Norden dagegen durch halbrunde Apsiden vertieft. In seiner Gesamtheit vermittelt der Raum den Eindruck eines Ovals, dessen Längsachse der Fassade parallel läuft und dessen Umriß von einzelnen hervortretenden Mauerteilen aufgelockert wird. Bernini hat in der gleichen Nord-Süd-Orientierung ein reines Oval verwendet, und zwar in dem nicht erhaltenen Oratorium di S. Filippo Neri (1634), und noch einmal in seinem Spätwerk S. Andrea al Quirinale (1658–78). Vignolas Längsoval wurde 1594 von Francesco da Volterra für S. Giacomo al Corso und von Rainaldi für S. Maria in Monte Santo (1662) übernommen. Der letztgenannte Bau ist eine der beiden Zwillingskirchen, welche, an der Porta del Popolo gelegen, den Ausgangspunkt dreier von hier aus gegen das Zentrum Roms ausstrahlender Hauptstraßen markieren.

Die elliptische Grundrißform wurde bald auch in Frankreich heimisch, eine Entwicklung, die vor allem durch Louis Levau, von dem noch später die Rede sein wird, gefördert wurde. Indessen zeigt Borrominis S. Carlo bei weitem die brillanteste Formulierung dieses Motives, und keine andere Kirche vermag uns so überzeugend die außerordentlichen Vorzüge zu veranschaulichen, welche die Baumeister des Barock dem ovalen Raum abzugewinnen wußten. Die Renais-

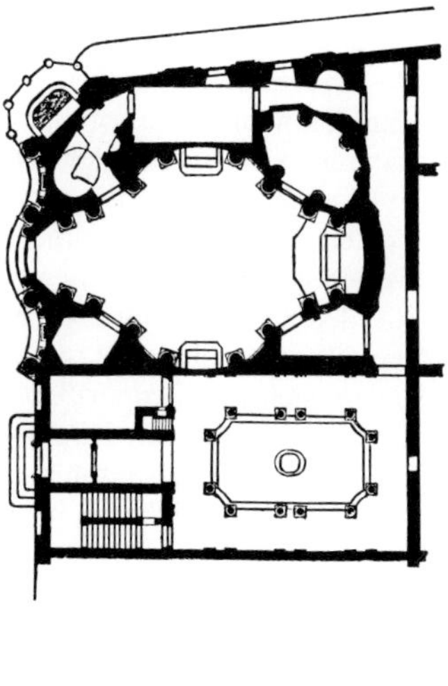

163 Rom, S. Carlo alle Quattro Fontane, begonnen 1633 von Borromini

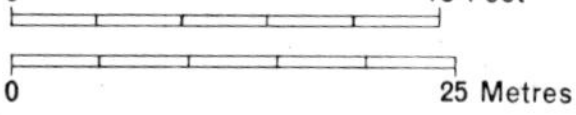

164 Rom, S. Carlo alle Quattro Fontane, begonnen 1633 von Borromini

sance hatte das Ideal einer Raumkomposition in möglichst vollkommener Klarheit gesucht. In den Bauten jener Epoche können wir ohne Schwierigkeiten jedes Glied als selbständige Einheit identifizieren, können mühelos die Funktion des Einzelnen im Zusammenhang des Ganzen und das Ganze als ein Zusammenwirken verschiedener Teile erkennen. In S. Carlo dagegen ist es außerordentlich schwer, sich klar zu machen, aus welchen Elementen der Raum zusammengesetzt ist und welche Mittel es sind, die den schwingenden und wogenden Rhythmus hervorrufen, der für den Gesamteindruck bestimmend ist. Es scheint angebracht, eine Analyse dieses Raumes nicht mit dem Längsoval zu beginnen, dem sich der Grundriß des Inneren offensichtlich annähert, sondern das uns aus den Kirchen der Renaissance vertraute Motiv des griechischen Kreuzes mit Vierungskuppel zum Ausgangspunkt zu nehmen, welches auch hier,

165 Rom, S. Carlo alle Quattro Fontane, von Borromini, Fassade, 1667

166 Rom, S. Maria della Pace, 1656–57 von Pietro da Cortona

wenngleich in stark abgewandelter Form, zugrunde liegt. Borromini hat der Kuppel eine entschiedene Dominanz über die vier Kreuzarme gegeben. Die Ecken zwischen den letzteren sind abgeflacht, so daß sich vier schräge Mauerflächen ergeben, welche die ovale Kuppel tragen und welche in einer gedachten Verlängerung ein Rhomboid ergeben würden. Die vier Spitzen dieses idealen Rhomboids sind in Wirklichkeit zu flachen Kapellennischen ausgeweitet, welche wir auch als die verkürzten Arme des ursprünglichen griechischen Kreuzes ansehen dürfen. Die Seitenkapellen der Nord- und Südseite sind Ausschnitte von Ovalen, welche sich, zu Ende gezeichnet, im Mittelpunkt der Kirche bzw. des Kuppelraumes treffen würden. Die östliche und westliche bzw. die Eingangs- und Chorkapelle sind ebenfalls Fragmente von Ovalen, welche in einer idealen Konstruktion die Seitenovale nur gerade berühren würden, ohne jedoch das Zentrum des Gesamtraumes zu erreichen. Fünf Raumeinheiten, sämtlich Ovale, jedoch von verschiedener Größe und Orientierung, sind auf diese Weise miteinander verschmolzen. Für den Beschauer ergibt sich so, wo immer er seinen Standpunkt wählen mag, ein vielfältiger Rhythmus schwingender Bewegung. In den Kirchen der deutschen Spätgotik war eine ähnliche Polyphonie des Raumes erreicht worden, jedoch mit Hilfe von Formen, die im Vergleich zu den schwellenden und wogenden Wänden von S. Carlo hart und zerbrechlich erscheinen. Der Ausgangspunkt für die Wendung der römischen Architektur zu jenem plastisch bewegten Stil, wie wir ihn in S. Carlo finden, liegt bei Michelangelo. Die Räume des Barock wirken, als seien sie von der Hand eines Bildhauers aus bildsamem Material gehöhlt, die Mauern erscheinen wie aus Wachs oder Ton modelliert.

Borrominis kühnster Versuch, ganze Wände in rhythmische Bewegung zu versetzen, ist die Fassade von S. Carlo, die er wesentlich später als das Innere und erst in seinem Todesjahre (1667) geschaffen hat. Das Erdgeschoß mit seinem Gesims gibt das Leitmotiv an: konkav-konvex-konkav. Im ersten Geschoß wird dieses Thema in der Folge: konkav-konkav-konkav variiert und durch einen kleinen flach ovalen und tabernakelartigen Aufbau bereichert, der aus der Mitte der Fassade hervortritt, so daß in dem konkaven Mauerabschnitt noch einmal die konvexe Schwingung des Portaljoches nachklingt. Solche Körper- und Raumbeziehungen wirken trocken in der Beschreibung. In unmittelbarer Anschauung aber scheinen sie voll Schwung und Leidenschaft, ja wir möchten sagen, von einer blutvollen Sinnlichkeit, wie denn die Fassade von S. Carlo in ihren schwingenden und schwebenden Kurven an die Formen des nackten menschlichen Leibes gemahnt. Wie S. Carlo, so zeigen auch viele andere römische Barockkirchen das Bestreben, der Fassade eine gesteigerte Dynamik zu verleihen, und es sind im ganzen dieselben Mittel, wie wir sie bei Borromini kennengelernt haben, mit denen diese Wirkung erreicht wurde. Man betrachte etwa, wie die beiden Westtürme von S. Agnese durch konvex ausschwingende Seitenflügel dem Mittelteil der Fassade verbunden sind, oder die Westfront der Kirche S. Maria della Pace, die von Pietro da Cortona 1656–57 errichtet wurde. Die Seitenflügel sind im Erdgeschoß geradlinig, im ersten Stock dagegen konkav geschwungen. Der Mittelabschnitt der Fassade tritt aus dieser konkaven Kurve mächtig vor, und zwar im Erdgeschoß in Gestalt eines auf halbkreisförmigen Grundriß konstruierten Portalvorbaus, während im oberen Geschoß die konvexe Kurvierung flacher ist. Säulen und Pfeiler sind in dieser Komposition derart gehäuft, daß daneben Vignolas Fassade des Gesù streng und zurückhaltend erscheint.

Tatsächlich hielt die Mehrzahl der römischen Barockfassaden im Grunde an dem Vorbild von Vignolas Komposition fest, wobei allerdings die außerordentlich gesteigerte Fülle von einander stoßenden

167 Rom,
SS. Vincenzo ed Anastasio,
erbaut 1650 von
Martino Lunghi d. J.

und drängenden Säulen sowie der kühne und ganz unkonventionelle Dekorationsstil einen Gesamteindruck hervorrufen, der sich entschieden von Madernas Stil unterscheidet. Diese barocke Weiterbildung der Gesù-Fassade läßt sich in Rom, ausgehend von Madernas S. Susanna (1596–1603) zu SS. Vincenco e Anastasio (1650 von Martino Lunghi d. J.) und bis zu Borrominis S. Carlo-Fassade verfolgen. In Borrominis Komposition hat die überschwengliche Phantasie der römischen Barockdekoration ihre extremsten Möglichkeiten erreicht. Man betrachte in dieser Beziehung die eigentümlichen, an altrömische Altäre erinnernden Schmuckreliefs des Erdgeschosses oder die darüberliegenden, von Palmblättern gerahmten und mit Kronen verzierten Fensterovale. Nicht minder phantasievoll ist die Dekoration des oberen Fassadenabschnittes bis hinauf zu dem geschweiften Giebel, der den Abschluß des Ganzen bildet. Ebenso eigenwillig sind die immer kleiner werdenden Polygon-Kassetten, die das Innere der Kuppel schmücken. Alle diese Dekorationsformen mögen, als selbständige Motive betrachtet, willkürlich, ja sinnlos erscheinen. Im Zusammenhang des Gesamtbaus aber legitimieren sie sich als wohlabgewogene und mit Überlegung eingesetzte Ausdrucksmittel eines einheitlichen Dekorationsstiles, der sich noch im kleinsten und bizarrsten Detail überzeugend manifestiert.

Um die Architektur des Barock zu verstehen, muß man ihre Schöpfungen aus dem hier angedeuteten Gesichtspunkt betrachten. Wir Heutigen sind viel zu sehr daran gewöhnt, die Dekoration als ein sekundäres Element der Baukunst anzusehen, welches der »reinen« Architektur sozusagen nachträglich hinzugefügt wird und demnach auch weggelassen werden kann. In Wahrheit jedoch besteht jedes Bauwerk aus beidem, aus Konstruktion wie aus Schmuck, wobei es gleichgültig ist, ob der Architekt selbst für letzteren verantwortlich ist oder ob er den Vertretern anderer Kunstzweige, ob er einem Bildhauer, Maler, Stukkateur, Glasmaler etc. übertragen wird. Abgesehen von der prinzipiellen Verknüpfung von Konstruktion und Schmuck hat sich jedoch das Verhältnis dieser beiden Elemente der Architektur in den verschiedenen Zeitaltern und Ländern unterschiedlich gestaltet. So war in der früh- und hochgotischen Kathedrale der Schmuck dem Prinzip der Baukunst unterworfen. Später im dreizehnten und zu Beginn des vierzehnten Jahrhunderts begann das Schmuckwerk die architektonische Konstruktion zu überwuchern. Wieder etwas später befreiten sich Plastik und Malerei ganz von der Herrschaft der Architektur. Ein Standbild wie Verrocchios Colleoni-Denkmal in Venedig, das, mitten auf einem Platz und ohne Anlehnung an irgendein Bauwerk aufgestellt, sich freiplastisch dem Betrachter darbietet, ist mit dem mittelalterlichen Prinzip der Bauplastik unvereinbar und wäre in den Jahrhunderten des romanischen und gotischen Stiles undenkbar gewesen. Ebenso neu wie die Idee der Freiplastik war der Gedanke des Tafelbildes, mit dem die Malerei sich vom Bauwerk bzw. von ihrer Bindung an die Wand emanzipierte. Die Renaissance hat die Unabhängigkeit von Plastik und Malerei anerkannt. Dennoch aber hat sie es vermocht, beide Gattungen in den Rahmen der Architektur einzufügen, und zwar vermöge des die damalige Kunst beherrschenden Kompositionsprinzips der additiven Zusammenordnung von in sich selbständigen, aber miteinander harmonisierenden Teilen. Jetzt im Barock wird ebendieses Prinzip aufgegeben. Ähnlich wie in der Gotik können die einzelnen Elemente der Architektur nicht mehr isoliert werden. Wir haben dieses Stilmerkmal des Barock bereits am Beispiel von S. Carlo kennengelernt. Wenn auf diese Weise der seit dem Mittelalter aufgegebene Glaube an die Einheit aller Künste erneuert wurde, so konnte andererseits der Barock das Primat der Architektur, wie es im romanischen und gotischen Stil gültig gewesen war, nicht wiederherstellen. War es im Mittelalter Über- und Unterordnung, die das Verhältnis der verschiedenen Künste innerhalb eines Bauwerks bestimmte, so finden wir jetzt ein parataktisches Zusammenwirken, eine Gleichordnung aller Gattungen. Auch hier war das Resultat noch immer ein »Gesamtkunstwerk«, um den Ausdruck Richard Wagners zu verwenden, des Mannes, der in seinen Opern noch einmal – allerdings vergeblich – versucht hat, die große Einheit der Künste wiederherzustellen, wie sie in den Bauten des sechzehnten und siebzehnten Jahrhunderts verwirklicht, gegen Ende des Barock aber absichtlich zerstört worden war. Was in den Werken Berninis und Borrominis die architektonischen, ornamentalen, bildhauerischen und malerischen Mittel zu einer unteilbaren Ganzheit zusammenbindet, ist das dominierende dekorative Prinzip.

Diese hervorragende Bedeutung des dekorativen Elementes hat es möglich gemacht, daß die Mäzene und Künstler des Barock sich mit einer uns heutzutage oft verblüffenden Skrupellosigkeit über das, was wir unter »Materialgerechtheit« verstehen, hinwegsetzen konnten. Solange nur die gewünschte dekorative Wirkung erreicht wurde, hatte es wenig zu bedeuten, ob Marmor oder nur Stuck, Gold oder Messing die Mittel waren, ob es sich um eine wirkliche und begehbare Brücke oder bloß um die Kulisse einer solchen (wie wir sie manchmal in englischen Parks finden) handelte. Tatsächlich ist der illusionistische, d. h. der über den realen Tatbestand hinwegtäuschende Effekt eines der bezeichnendsten Motive der Barockarchitektur.

Berninis großartige Treppenanlage im Vatikan, die sogenannte Scala Regia, zeigt dies auf das eindrucksvollste. Sie wurde während der sechziger Jahre erbaut, also ungefähr gleichzeitig mit Borrominis S. Carlo-Fassade und den Kolonnaden von St. Peter. Mit letztgenanntem Bauwerk war es Bernini gelungen, die Größe und Wucht von Madernas Fassade zu gesteigerter Wirkung zu erheben und gleichzeitig den Balkon, von welchem der Papst den Segen erteilt, für all die Zehntausende von Gläubigen sichtbar zu machen, die sich an hohen Festtagen vor St. Peter versammeln. Ebenso wie die Kolonnaden ein Meisterwerk szenischer Dekoration darstellen, so läßt auch die Komposition der Scala Regia eine virtuose Anwendung bühnenhafter Effekte erkennen. Die Treppe bildet den Haupteingang des Vatikanischen Palastes. Von den Kolonnaden herkommend, erreicht man sie am Ende eines geraden Korridors. Dieser Korridor geht zunächst unmerklich in das Treppenhaus über, und erst nach zehn oder zwanzig Stufen gibt es eine Zäsur, gerade an dem Punkt, wo linkerhand die Vorhalle der Peterskirche einmündet. Das architektonische Problem lag an dieser Stelle darin, die beiden rechtwinklig aufeinander stoßenden Richtungen in eine klare und überzeugende Beziehung zu setzen. Bernini hat, um dies zu erreichen, ein Reiterdenkmal des Kaisers Konstantin gerade gegenüber der Einmündung der Vorhalle aufgestellt, eine wahrhaft geniale Idee. Wenn man von den Kolonnaden kommt und durch den erwähnten Korridor die Treppe hinaufsteigt, so fühlt man sich durch die plötzliche Erscheinung des rechts auftauchenden Monumentes bewogen, innezuhalten, bevor man die eigentliche Treppe hinaufgeht. Nicht minder bedeutend ist die Rolle des Konstantin-Denkmals, wenn man von St. Peter her kommt. Der ebenso überraschende wie faszinierende Anblick des weißen sich aufbäumenden Pferdes vor dem Hintergrund einer sturmgepeitschten, von hochliegenden Fenstern scharf beleuchteten Draperie läßt die Richtungsänderung vergessen, welche

168 Rom, Vatikan, Scala Regia, erbaut 1663–66 von Bernini

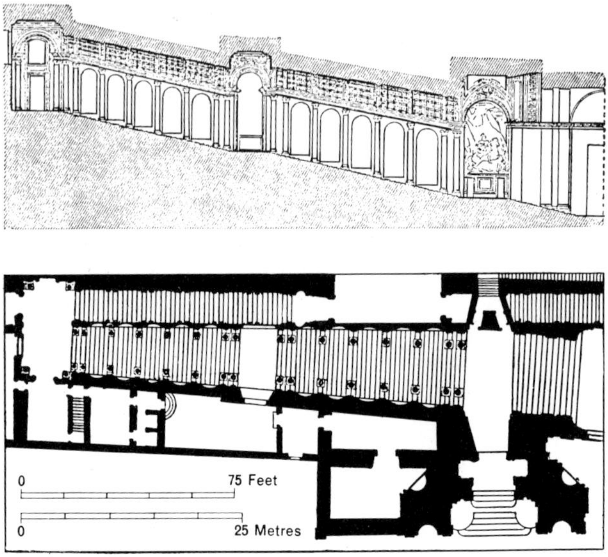

169 Rom, Vatikan, Scala Regia, erbaut 1663–66 von Bernini

sich sonst störend bemerkbar machen würde. Die Anlage der Scala Regia war durch die an sich ungünstigen Proportionen des einerseits von St. Peter, andererseits vom Vatikanischen Palast eingeengten Bauplatzes bedingt. Es handelt sich um einen langen, verhältnismäßig schmalen und nach Osten verjüngten Raumabschnitt. Bernini hat mit der geistreichen Konzeption einer tonnengewölbten Kolonnade von allmählich sich verringernden Abmessungen die Schwierigkeiten, welche sich aus den ungünstigen räumlichen Verhältnissen ergaben, überwunden, ja, er hat in idealer Anpassung zu einem Vorteil gemacht, was zunächst einen entschiedenen Nachteil bedeuten mußte. Maßgeblich für seine Komposition ist das Prinzip barocker Bühnenprospekte. Ähnlich wie das damalige Theater sich kühner perspektivischer Effekte bediente, um die Illusion von weit in die Tiefe führenden Straßen zu erzielen, so erweckt auch die Scala Regia durch die allmählich abnehmende Breite und Höhe den Eindruck einer Raumtiefe, die weit über die wirklichen Dimensionen hinausgeht. In entsprechender Weise behandelte Borromini die Fassadennischen von S. Carlo und die Fenster des Obergeschosses am Palazzo Barberini, hier wie dort die Illusion tiefer Aushöhlung hervorrufend. Solche bühnenhaft illusionistischen Effekte waren nicht völlig neu. Schon Bramante hatte sie in seinen frühen Mailänder

Bauten verwendet, und ähnlich hatte Michelangelo in seinem Entwurf für das Kapitol die beiden den Platz flankierenden Palastfassaden nicht parallel, sondern in konvergierenden Schrägen gegenübergestellt, eine Anordnung, welche die Höhe des die Baugruppe abschließenden Senatorenpalastes stärker hervortreten läßt. Neben den pseudoperspektivischen Verkürzungen hat Bernini in der Scala Regia auch die Beleuchtung als ein Mittel der Dramatisierung des Raumes verwendet. Auf dem ersten Absatz nach dem Konstantin-Denkmal, d. h. auf halber Höhe der Treppe, fällt das Licht von links ein, während das scheinbar in weiter Ferne gelegene Fenster des zweiten Treppenabsatzes sich geradeaus im Blickpunkt des Hinaufsteigenden öffnet und mit seinem blendenden Gegenlicht die Konturen des Raumes auflöst. Der Sinn der gesamten Anlage als einer rauschenden Ouvertüre zum Vatikanischen Palast vollendet sich in der prunkvollen Dekoration, z. B. in den prachtvollen trompetenden Engeln über dem Eingang, die das päpstliche Wappen emporhalten. Statuen von Engeln, Genien etc., mit Vorliebe in realistischen Farben gegeben, sind ein wesentliches Motiv barocker Dekoration. Sie dienen nicht nur dazu, das konstruktive Baugefüge zu verhüllen und so die Hilfsmittel, welche der szenischen Illusion zugrunde liegen, gleichsam hinter den Kulissen zu verbergen, sondern sie schaffen darüber hinaus eine Vermittlung zwischen dem realen Raum unseres Daseins und dem imaginären Raum der künstlerischen Gestaltung. Dem Barock ist es immer darum zu tun, die Trennungslinie zwischen Betrachter und »Bühne« aufzuheben und beide Bereiche ineinander übergehen zu lassen. Es ist keineswegs zufällig, daß sich im Hinblick auf die Kunst jener Zeit immer wieder Vergleiche aus dem Umkreis des Theaters bzw. der Oper – die ja eine Schöpfung des italienischen siebzehnten Jahrhunderts ist – aufdrängen. Es muß aber doch dabei berücksichtigt werden, daß die damaligen Bildhauer, Maler und Architekten sich immer wieder um jene fließenden Übergänge von der Wirklichkeit zur Illusion, vom Schein zur Realität bemühten; dies geschah um einer Absicht willen, die weit über den bloßen Theatereffekt hinausgeht. Berninis berühmte Kapelle der heiligen Therese in S. Maria della Vittoria in Rom läßt das deutlich erkennen. Die Innenwände der 1646 errichteten Kapelle sind mit dunkel gemaserten Marmorplatten verkleidet, deren bernstein-, gold- und rosenfarbene Flächen das Licht in immer wechselnden Reflexen widerspiegeln. In der Mitte der dem Eingang gegenüberliegenden Wand erhebt sich der Altar der Heiligen. Er wird von schweren und gekuppelten Säulen flankiert, die über Eck gestellt sind und ein zunächst vorwärtsschwingendes, dann zurückweichendes Gebälk mit gebrochenem Giebel tragen. In dieser Anordnung scheint der Rahmenbau auf uns zuzutreten, um dann unser Auge unwiderstehlich auf den vertieften Mittelteil des Altars zu lenken, wo wir nicht, wie man erwarten würde, ein Tafelbild, sondern eine Nische mit einer Marmorgruppe erblicken. Sie ist durchaus malerisch behandelt und besitzt eine Illusionskraft, die uns heute noch ebenso gefangen nimmt wie die Betrachter vor dreihundert Jahren. Der Eindruck eines »lebenden Bildes«, den die Altarkomposition erweckt, wird durch den ganzen Raum bis in jede Einzelheit noch gesteigert. In die Seitenwände sind – ebenso wie in die Altarwand – Nischen eingelassen. Hier hat Bernini Mitglieder des Hauses Cornaro, d. h. die Stifter der Kapelle, in Marmor dargestellt. Hinter Balkonbrüstungen sitzend, betrachten sie wie wir das Wunder des Altares gerade so, als befänden sie sich in den Logen und wir im Parkett eines Theaters. Die Trennung zwischen Beschauer und Kunstwerk, zwischen Wirklichkeit und Schein wird durch diese geistreiche Konzeption völlig verwischt. Da unsere eigene Aufmerksamkeit und die der Cornaro-Figuren sich auf denselben Vorgang richtet, können wir kaum anders als erst diesen und schließlich durch ihre Vermittlung auch der Altargruppe die gleiche Realität zuzugestehen wie uns selbst; und Bernini hat in der Modellierung der heiligen Therese und des Engels sein ganzes Können aufgeboten, um diese Illusion glaubhaft zu machen. Der schwere Mantel der Nonne, der weiche Flaum der Wolken, das zarte Kleid des jugendlichen Engels und seine leichte Gewandung – all das ist mit einem meisterhaften Realismus wiedergegeben. Das Gesicht der Heiligen spiegelt das Wunder der Vereinigung mit Christus in einem unvergeßlichen Ausdruck sinnlicher Ekstase wider. Wie von einer körperlichen Durchdringung überwältigt, ist Therese in Ohnmacht dahingesunken, während ihr Leib in mystischer Elevation vom Erdboden aufgehoben wird. Die machtvollen Diagonalen, welche die Komposition der Gruppe beherrschen, tragen dazu bei, die Vorstellung einer brausenden Auffahrt in die himmlische Sphäre glaubhaft und das Irrationale des Vorganges zu eindringlichster Gegenwart zu machen. Strahlen eines goldigen Lichtes – in Wirklichkeit sind es vergoldete Metallstücke – verhüllen die Rückwand der Nische, und ein hoch oben hinter dem Gebälk angebrachtes gelb verglastes Fenster taucht die Szene in magische Beleuchtung.

Die Kapelle der heiligen Therese ist das kühnste Beispiel des barocken Illusionismus in Rom, ja in der Ewigen Stadt bedeutet sie durchaus eine Ausnahmeerscheinung; denn im Grunde ist die römische Kunst zu allen Zeiten extremen Lösungen abhold gewesen. Bernini war Neapolitaner, und Neapel war damals spanisch, und nach Spanien, Portugal und Deutschland muß man sich wenden, wenn man die nach der Richtung des Übersteigerten und Exaltierten kühnsten Möglichkeiten des Barock kennenlernen will. Wenn der neue Stil zu diesen Ländern erst verhältnismäßig spät gelangte, so wurde er dafür mit um so größerer Inbrunst aufgenommen. Eine so skrupellose und leidenschaftliche Verschmelzung von Realität und

170 Rom, Altar der Cornaro-Kapelle in S. Maria della Vittoria mit der »Verzückung der heiligen Therese« von Bernini, 1646

Illusion, wie wir sie in einigen spanischen und in zahlreichen süddeutschen und österreichischen Kirchen finden, wird man in Italien vergeblich suchen.

Auf spanischem Boden ist das in dieser Hinsicht extremste Beispiel Narciso Tomé's *Trasparente* in der Kathedrale von Toledo. Die im Stil der französischen Hochgotik erbaute Kirche datiert in das dreizehnte Jahrhundert. Der Hauptaltar hat ein gewaltig hohes und breites spätgotisches *retablo*. Die katholische Geistlichkeit fand es unbefriedigend, daß den Gläubigen, wenn sie den Chorumgang betraten, das Altarsakrament durch die Rückseite des Hochaltars verdeckt wurde. Um diesem Übelstand abzuhelfen, fand Tomé eine

171–172 Toledo, Kathedrale,
»Trasparente«
von Narciso Tomé, vollendet 1732
Schnitt und Ansicht

geniale Lösung: er setzte das Allerheiligste in einen verglasten Schrein und machte diesen durch eine Fensteröffnung, die von einer Altarszenerie von bis dahin unbekannter Prachtentfaltung umgeben wurde, auch vom Chor her sichtbar (daher der Name Trasparente).

Im Jahre 1732 wurde das Werk vollendet. Reich geschmückte Säulen flankieren den Mittelteil des Altares und lenken als ein kostbarer Rahmen die Aufmerksamkeit auf die Eucharistie. Sie sind durch ein nach oben schwingendes Gebälk mit höheren, weiter außen stehenden Säulen verbunden. Diese Kurven und die perspektivische Ver-

kürzung der auf den darunter liegenden Wandflächen angebrachten Reliefs lassen die räumliche Tiefe des Altaraufbaus weit größer erscheinen, als sie in Wirklichkeit ist. Es ergibt sich somit ein illusionistischer Effekt, wie wir ihn ähnlich in Berninis Scala Regia kennengelernt haben. In der Absicht, das funktionelle Gerüst seiner Komposition zu verhüllen, hat Tomé die Glaswand des Schreins mit zahlreichen Engelfiguren umgeben. Durch das an Wolkenmassen erinnernde Gewimmel der himmlischen Heerscharen wird unser Auge aufwärts gelenkt, dorthin, wo in phantastischer Höhe und von Skulpturen aus vielfarbigem Marmor gebildet, die Szene des Abendmahls sichtbar wird. Um die Suggestion einer überirdischen Erscheinung vollends unwiderstehlich zu machen, wird die ganze Szene von einem Punkt hinter und über dem Beschauer scheinwerferartig beleuchtet. Dieser bühnenhafte Lichteffekt, wie ihn das Theater heute noch ähnlich verwendet, wird dadurch hervorgerufen, daß der geniale Architekt im Umgang die Kappen zwischen den Rippen eines halben gotischen Kreuzgewölbes herausgenommen hat; die glänzende Bautechnik des dreizehnten Jahrhunderts ermöglichte eine solche Lösung, ohne die Stabilität der Konstruktion zu gefährden. Über der auf diese Weise entstandenen Deckenöffnung, die von einer Engelgruppe umgeben wird, hat Tomé einen Turm bzw. ein Obergeschoß angebracht. Von hier aus fällt durch ein von unten unsichtbares Fenster eine Flut goldenen Lichtes an den Engeln vorbei und schräg über den im Chorumgang befindlichen Betrachter hinab auf den Altar und auf das Allerheiligste selbst. Wer dem Trasparente den Rükken zukehrt, um die Quelle dieser magischen Beleuchtung zu suchen, der erblickt noch über den höchsten Engelscharen, umflossen von blendendem Licht, die Gestalt Christi selbst, der, umgeben von Propheten, zu Häupten das Symbol des Heiligen Geistes, auf Wolken thront.

Eine Architektur von solcher Kühnheit, wie sie Tomé mit der Umwandlung eines ganzes Raumes in ein dekoratives Schaugepränge gewagt hat, ist auf der Iberischen Halbinsel eine einmalige Ausnahme geblieben. Wenn die Baukunst Spaniens und Portugals eine besondere Neigung zu extremen Lösungen erkennen läßt, so richtete sich diese Vorliebe im allgemeinen nicht auf die Gestaltung des eigentlich Räumlichen, sondern sie erging sich in einer überreichen Dekorierung der Wände. Diese Freude an flächenfüllenden Schmuckformen, der die Architekten mit wahrer Leidenschaft frönten, haben wir bereits als eine nationale Tradition Spaniens kennengelernt. Sie geht bis auf die Zeit der Araber zurück, bis auf die Alhambra, und dann die Kirchen der Spätgotik, wie etwa die Fassade von St. Paul zu Valladolid. Nie aber hatte sie sich in so ausschweifenden und phantastischen Formen geäußert wie jetzt in dem sogenannten *Churriguereskenstil*, dessen Name auf José de Churriguera (1650 bis 1725), den wichtigsten Vertreter dieser Richtung, zurückgeht. Die unmittelbare Anregung für die ungefügen Schnörkel, die massigen Profilierungen und schwerflüssigen Voluten, wie wir sie zum Beispiel in der Sakristei der Kartause von Granada finden (1724–67 von

173 Granada, Sakristei der Kartause, erbaut 1727–1764 von L. de Arévalo und F. Manuel Vasquez

F. Manuel Vasquez), muß die eingeborene Kunst Mittel- und Südamerikas gegeben haben, ähnlich wie der manuelische Stil Portugals aus der Berührung mit ostindischer Kunst hervorgegangen ist. In Mexiko hat denn auch die Prunksucht des spanischen Barock ihre wildesten Orgien gefeiert. Das Trasparente steht künstlerisch ohne Zweifel auf einem höheren Niveau als die Inkrustationen des churrigueresken Stiles; dem viktorianischen England, insbesondere Ruskin und seiner Schule, schienen allerdings beide Formen in gleicher Weise anstößig.

Ebenso wie in Spanien hat sich auch in der süddeutschen und österreichischen Architektur des achtzehnten Jahrhunderts eine Leidenschaft für überreiche Dekoration geltend gemacht. Auch hier fußte diese Tendenz auf einer Tradition, die bis ins Mittelalter zurückreicht. Indessen haben wir schon früher darauf hingewiesen, daß während der Spätgotik Deutschland mehr als alle anderen europäischen Länder sich für komplizierte Raumbildungen eingesetzt hat. Auch im Spätbarock war – anders als in Spanien – die Gestaltung des Raumes das Zentralproblem der deutschen und österreichischen Baukunst, ein Problem, welches gelegentlich mit Hilfe des Trasparente-Effektes gelöst wurde, häufiger jedoch durch rein architektonische Mittel.

Bernini hat auf die Kunst des deutschen Spätbarock einen starken Einfluß ausgeübt, allerdings mehr durch seine bildhauerischen als durch seine architektonischen Arbeiten. Wichtiger noch war für die deutsche Baukunst das Werk Borrominis. Am bedeutsamsten jedoch wurde für die Entwicklung jenseits der Alpen das Vorbild eines anderen Italieners, dessen Name bisher noch nicht erwähnt worden ist, da sich die künstlerische Tätigkeit dieses Mannes außerhalb Roms entfaltet hat. Guarino Guarini, Theatinerpater, Professor der Philosophie und Mathematik und Architekt, wurde im Jahre 1624 in Modena geboren. In der Hauptsache hat er in Turin gewirkt, und dort ist er im Jahre 1685 gestorben. Generationsmäßig wie geographisch steht er demnach zwischen Bernini und den großen Barockarchitekten Deutschlands und Österreichs. Guarinis Einfluß auf das Ausland beruhte zunächst auf seiner »Architettura Civile«, die zwar als Buch erst 1731 erschien, von der jedoch schon wesentlich früher einzelne Stiche bekannt waren. Dazu kamen seine Reisen und Aufträge im Ausland, die seine Kunst den Architekten jenseits der Alpen nahebrachte. Guarini hat außerhalb Italiens zwei Kirchen gebaut, die ehemalige Theatinerkirche St. Anne in Paris (1662) und die Kirche der Divina Providencia in Lissabon. Eine dritte Kirche für die Theatiner in Prag (1679) ist niemals über den Entwurf hinausgekommen.

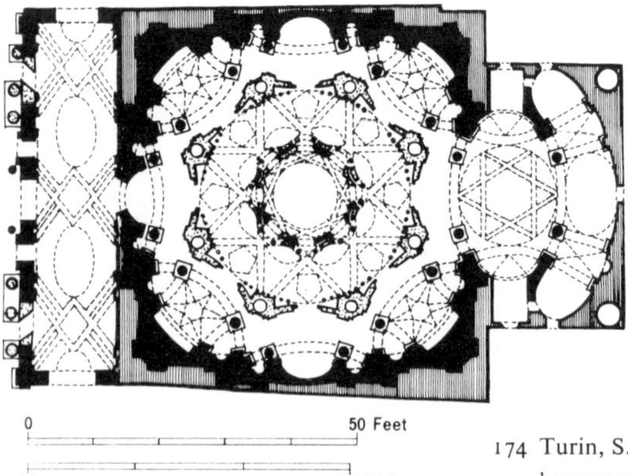

174 Turin, S. Lorenzo, begonnen 1666 von Guarini

175 Turin, S. Lorenzo, begonnen 1666 von Guarini. Blick in die Kuppel

Es ist charakteristisch für den Avantgardismus Guarinis, daß er allein es gewagt hat, das auf Borromini zurückgehende Motiv der kurvig geschwungenen Kirchenfassade auf den Palastbau zu übertragen. So hat der Mittelabschnitt des von ihm entworfenen Palazzo Carignano zu Turin eine Schwingung in der Reihenfolge konkav-konvex-konkav. Zwischen das Oval des Hauptraumes und die konvexen Seitenteile sind zwei einläufige Treppen eingefügt. Guarinis Sakralbauten, vor allem S. Lorenzo in Turin (seit 1666) und die

Kirchen von Lissabon und Prag zeigen mit ihren phantastischen Verflechtungen konkaver und konvexer Kurven einen Stil, der an Kühnheit Borrominis Formensprache noch übertrifft. Um diese komplizierten Gebilde zu verstehen, können wir uns kaum auf unser Auge allein verlassen. Und gewiß waren es ebenso sehr mathematische wie künstlerische Erwägungen, die für die Kompositionen des gelehrten Architekten maßgeblich waren. In S. Lorenzo zum Beispiel wölben sich Bogen und Balkone gegen den zentralen Hauptraum vor. Der letztere ist von einer Kuppel überdeckt, für welche Guarini einen achtzackigen Stern aus hinüber- und herüberschwingenden Rippen erfunden oder der Moschee von Cordoba nachgebildet hat. In den Langhauskirchen von Lissabon und Prag wurden sogar die Gurtbogen des Mittelschiffes von der die ganze Komposition durchdringenden wogenden Bewegung ergriffen. In windschiefen, d. h. dreidimensionalen Bögen greifen sie aufwärts- und vorwärtsgeschwungen in den Raum aus. Dieser völlig neuartige Effekt beruht auf der Konstruktion des Mittelschiffes aus einer Vielzahl von einander überschneidenden Ovalen und der konsequenten Diagonalanordnung der Pfeiler. Hier bei Guarini wie auch bei Borromini liegen die Voraussetzungen für den deutschen und österreichischen Barock des achtzehnten Jahrhunderts.

Auch ein kurzer Abriß wie der vorliegende erfordert, wenn es gilt, den deutschen Barock zu behandeln, eine besondere Berücksichtigung seiner geographischen Struktur. Norddeutschland einerseits, Süddeutschland und Österreich andererseits sind während dieser Epoche getrennte Wege gegangen. Die Abgrenzung von nord- und süddeutschem Barock ist einschneidend genug, um es auch vom gesamteuropäischen Standpunkt gerechtfertigt erscheinen zu lassen, wenn wir jedes der beiden Gebiete in einem verschiedenen Kapitel behandeln, wobei uns hier vorerst nur die süddeutsche und österreichische Entwicklung beschäftigen wird. Für diese geographische Aufteilung der deutschen Baukunst gibt es im frühen sechzehnten Jahrhundert noch keine wesentlichen Anzeichen (siehe Seite 148 ff.). Im siebzehnten Jahrhundert dagegen macht sie sich bereits in aller Deutlichkeit geltend. Schon vor dem Dreißigjährigen Krieg – mit dem eine reiche Aussaat kurz vor der Ernte vernichtet wurde – war die Architektur Norddeutschlands wie auch der skandinavischen Länder vornehmlich von Holland und Flandern abhängig, während der Süden auf Italien blickte. Nach dem Westfälischen Frieden hieß es überall von neuem anfangen, und zugleich stellten sich auch die alten Beziehungen wieder her, d. h. die Verbindungen des protestantischen Nordens zu Holland und Frankreich, des katholischen Südens zu Italien, wobei die Architektur der süddeutsch-katholischen Gebiete sich im allgemeinen an künstlerischer Qualität überlegen erweisen sollte. Protestantismus und norddeutscher Charakter neigten mehr zum abstrakten Ausdruck hin, zur Philosophie und Literatur der Aufklärung, als zur sinnlichen Sprache der bildenden Künste.

Die Aufnahme des italienischen Barock in Deutschland und Österreich beginnt in den fünfziger Jahren des siebzehnten Jahrhunderts. Die beiden für diese frühe Phase der Rezeption bezeichnendsten Beispiele sind der Grundriß der Servitenkirche in Wien (1651–77) von Carlo Canevale und die Fassade des Palais Czernin in Prag (1667 ff.) von Francesco Caratti. Der Grundriß der Servitenkirche zeigt ein Längsoval, jenes Motiv also, dessen hervorragende Bedeutung für den Barock wir bereits gewürdigt haben. Die Fassade des Czernin-Palastes wird durch eine Reihe von 30 vollrunden Kolossalsäulen auf derb rustiziertem Sockel bestimmt. Es ergibt sich ein spannungsreiches Gegeneinander von Licht und Schatten, wie es vermittels einer Pilasterordnung niemals hätte erreicht werden können. Den nächsten Schritt zur Dramatisierung der Palastfassade tat Domenico Martinelli, indem er (1692–1705) dem Liechtensteinschen Palais in Wien ein überhöhtes Mittelrisalit gab.

Canevale, Caratti und Martinelli waren alle Italiener. In der Tat steht die gesamte Frühstufe des süddeutschen Barock im Zeichen der welschen Meister. Die größten Kirchen jener Zeit stammen ausnahmslos von Italienern: Santino Solaris Dom von Salzburg war bereits 1614 begonnen worden; nach dem Dreißigjährigen Kriege entstand die Münchener Theatinerkirche (1663 ff.) von Barelli und Zuccali, ferner C. Luragos Passauer Dom (1668 ff.) und Petrinis Stift Haug in Würzburg (1670 ff., Anm. 29). Zwischen 1690 und 1710 begannen in zunehmendem Maße deutsche Architekten an die Stelle der Italiener zu treten. Im Jahre 1691 erschien Hans Jakob Wagner von Wagenfels' »Ehren-Ruff Teutschlands«, in dem der Verfasser den Standpunkt vertrat, daß die deutschen Bauwerke denen von Paris überlegen und denen Italiens ebenbürtig seien. Die größten Baumeister dieser Tage, Männer der Generation von 1650–1670, waren Johann Bernhard Fischer von Erlach (1656–1723), Johann Lukas von Hildebrandt (1668–1745) und Andreas Schlüter (ca. 1664 bis 1714). Fischer und Schlüter gingen als gelernte Bildhauer vom Steinmetzen-Stande aus; in Hildebrandt begegnen wir dem Vertreter eines soziologisch neuartigen Architektentypus, welcher für den deutschen Barock besondere Bedeutung gewinnen sollte. Hildebrandt wurde in Genua als der Sohn eines Hauptmanns in genuesischen Diensten geboren. Seine Mutter war Italienerin, und Italienisch blieb immer seine Umgangssprache. Er lernte die Baukunst bei den angesehensten römischen Architekten um 1700, zweifellos nicht als einfacher Geselle im handwerklichen Sinne, sondern als volontierender Schüler. In der Folge war er zunächst als Festungsingenieur tätig, ähnlich wie auch Michelangelo im Befestigungswesen gearbeitet hatte und wie neben ihm noch andere bedeutende italienische Archi-

176 Berlin, Risalit der Südfront des Berliner Schlosses, umgebaut 1698–1706 von Andreas Schlüter, 1945 zertört

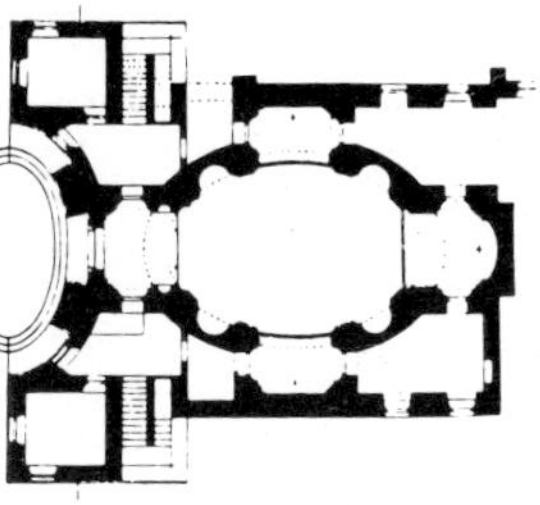

177 Salzburg, Dreifaltigkeitskirche, erbaut 1694–1702 von Fischer von Erlach

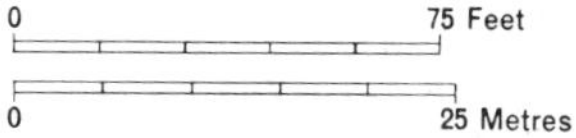

tekten des sechzehnten Jahrhunderts, z. B. Sanmicheli, hervorragende Militäringenieure gewesen waren.

Hildebrandt wurde 1701 kaiserlicher Hofingenieur; 1720 wurde er vom Kaiser geadelt. Auch Fischer erhielt das Adelsprädikat »von Erlach«, ein charakteristisches Symptom für die gesteigerte Achtung, welche der Barock seinen Baumeistern entgegenbrachte. Fischer von Erlach muß von 1680–85 in Rom gewesen sein, Hildebrandt hielt sich um 1690, Schlüter 1696 in der Ewigen Stadt auf. Obwohl Schlüter seiner Herkunft und seiner Wirkungsstätte nach in den Zusammenhang des norddeutschen Barock eingereiht werden muß, so ist es gleichwohl angebracht, sein Hauptwerk auf deutschem Boden, das Berliner Schloß, welches nunmehr mutwilliger Zerstörung anheimgefallen ist, schon hier zu erwähnen. Die kompakten Massen des Außenbaues ebenso wie die Kolossalordnung im Innenhof und die schwere figurenplastische Dekoration der Treppe und der Haupträume – all das läßt deutlich die Abhängigkeit von Bernini erkennen, besonders von dessen Entwürfen für den Neubau des Louvre; daneben ist jedoch auch der Einfluß Antoine Lepautres, des am entschiedensten barock empfindenden Franzosen, nicht zu übersehen. Während das französische Element im Falle Schlüters noch ganz die Schwere und Majestät des Hochbarock zeigte, wurden für Fischer von Erlach und Hildebrandt vor allem die späteren Bauten des Pariser Dixseptième maßgebend, deren Einfluß sich in der feineren, eleganteren und zarteren Formensprache bemerkbar macht. Wichtiger aber als die französische Anregung war für die beiden letztgenannten Meister das Vorbild der italienischen Architektur. Sie war der eigentliche Quell ihres Stiles. Fischer von Erlach gab seiner Salzburger Dreifaltigkeitskirche (1694–1702) einen längsovalen Grundriß und eine Fassade, deren von zwei kurzen Türmen flankierter Mittelabschnitt in einem konkaven Halboval zurückschwingt. Die Abhängigkeit von Borromini und Rainaldi ist unverkennbar, obwohl die seltsamen Turmbekrönungen schon die Originalität Fischers ausweisen. Hildebrandt, der Norditaliener, ging noch weiter.

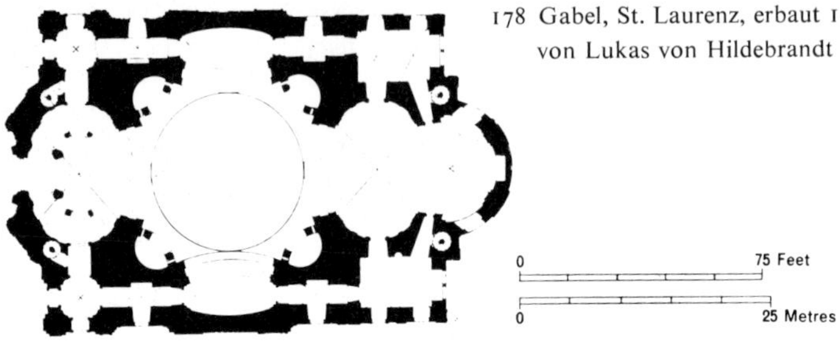

178 Gabel, St. Laurenz, erbaut 1699 von Lukas von Hildebrandt

In der Kirche von Gabel in Nordböhmen schloß er sich dem Vorbild Guarinis an. Der Grundriß besteht aus einem mittleren Quadrat, dem auf der Ost- und Westseite Ovale angegliedert sind. Die Ecken des Quadrats sind gerundet, die Seiten wölben sich nach innen vor. Konvexe Balkone verbergen die gerundeten Ecken. Der geistreich komplizierte Raum wird nach oben durch eine Kuppel auf kreisförmigem Tambour abgeschlossen. Um von den konvexen Seitenwänden aus den Tambour zu erreichen, benutzte Hildebrandt Guarinis schräg vorgeneigten, d. h. den windschiefen Bogen. Ob es Guarinis Stiche oder seine Entwürfe für die niemals ausgeführte Theatinerkirche in Prag (1679) gewesen sind, aus denen Hildebrandt dieses Motiv übernahm, oder ob er die Turiner Bauten des Meisters an Ort und Stelle studiert hat, läßt sich nicht mit Sicherheit sagen. Jedenfalls stehen wir mit dieser Lösung am Anfang einer Entwicklung, die sich für den deutschen Sakralbau des achtzehnten Jahrhunderts als außerordentlich bedeutsam erweisen sollte.

Wegweisend war Hildebrandts Tätigkeit auch auf dem Gebiete des Profanbaus. Sein Oberes Belvedere in Wien (1721–23) eröffnet eine Reihe von Schloßbauten, die den Höhepunkt der deutschen Palastarchitektur darstellen. Die lebhaft gegliederten Fassaden werden durch Risalite aufgelockert, und die Dachlinie ist nach dem Vorbild französischer, aber um 1720 in Frankreich bereits altmodischer Bauten in der Horizontale und Vertikale vielfach gebrochen. Die phantasievollen Giebel- und Fensterabschlüsse sind dem Stil Borrominis verpflichtet. Im Innern hat Hildebrandt die schweren Atlantenfiguren des Gartensaales bewußt mit den elegant überlängten Hermenkaryatiden der Treppe kontrastiert. Das Treppenhaus des Belvedere ist das erste im deutschen Sprachgebiet, welches von den barocken Möglichkeiten dramatischer Raumverbindung Gebrauch macht: Der Eingang liegt in Anpassung an das abfallende Terrain ein halbes Geschoß höher als der Garten und ein halbes Geschoß tiefer als der große Saal, so daß die Vorhalle zum Ausgangspunkt

179 Wien, Oberes Belvedere, Gartenfront, erbaut 1721–1723 von Lukas von Hildebrandt

einer großangelegten, dreigeteilten Treppe wird, welche in einem breiten Mittellauf zu dem niedrig gewölbten und dunklen Gartensaal hinabführt, während zwei parallele Seitenläufe zu dem hohen, von zwei Fensterreihen strahlend beleuchteten Hauptsaal des oberen Geschosses ansteigen.

Die Kunst Hildebrandts hat durch Johann Balthasar Neumann ihre Fortsetzung erfahren. In seinen Meisterwerken, den Schlössern von Würzburg und Bruchsal mit ihren großartigen Treppenanlagen, und ebenso in seinen Kirchenbauten, zeigt sich Neumann nicht nur als Erbe der Hildebrandtschen Tradition, sondern darüber hinaus als ein Architekt, dessen Genialität im achtzehnten Jahrhundert nicht ihresgleichen findet. Neumann (1687–1753) gehört der Generation an, die den deutschen Spätbarock bzw. das Rokoko (wie diese Stilstufe mit ebensoviel Recht genannt wird) zu vollenden berufen war. Neben ihm sind die bedeutendsten Meister jener Epoche die Brüder Asam (Cosmas Damian 1686–1739 und Egid Quirin 1692–1750), Dominikus Zimmermann (1685–1766) und Johann Michael Fischer (ca. 1691–1766). Alle vier waren Bayern, während Neumann, der in der Hauptsache in Franken arbeitete, aus Deutschböhmen stammte.

Soziologisch gesehen gehört Balthasar Neumann dem gleichen Stand an wie Hildebrandt. Er kam zwar aus einer Kaufmannsfamilie und lernte zunächst das Stückgießergewerbe, trat aber bald in die bischöflich-fränkische Artillerie ein. Der Fürstbischof bestimmte den jungen Mann zum Baumeister und ernannte ihn in der Folge zum Hofarchitekten. In dieser Eigenschaft wurde er dann nach Paris und Wien gesandt, um von seinen Kollegen, den Architekten des französischen Königs bzw. denen des kaiserlich-österreichischen Hofes, zu lernen und um mit ihnen das Projekt für den Neubau der bischöflichen Residenz in Würzburg zu beraten. So zeigen die Würzburger Pläne Neumanns zum Teil in beträchtlichem Ausmaße die Abhängigkeit von anderen Meistern. Außer dem bereits erwähnten Einfluß von Hildebrandt finden wir Anlehnung an die berühmten Pariser Architekten de Cotte und Boffrand. Aber an dem Bau der Residenz wuchs Neumanns Erfahrung, und der Fürstbischof schenkte ihm immer größeres Vertrauen. Dabei blieb Neumann stets von militärischen Pflichten unbehelligt, so daß er seine Kraft und Zeit uneingeschränkt der Architektur widmen konnte. Er entwarf und beaufsichtigte nicht nur sämtliche Bauten seines bischöflichen Herrn, sondern er wurde darüber hinaus schon bald damit betraut, Paläste und Kirchen auch für andere Auftraggeber zu planen.

Einen ganz anderen Typus des Baumeisters vertreten Johann Michael Fischer, Dominikus Zimmermann und die Brüder Asam. Alle vier waren nicht wie Hildebrandt und Neumann Architekten in jenem neuen Sinne, welchen dieser Beruf seit der Renaissance erhalten

180 Weltenburg, Chor der Klosterkirche, erbaut 1717–21 von Cosmas Damian und Egid Quirin Asam

hatte, sondern sie waren Baumeister im schlicht handwerklichen Sinne. In einfachen dörflichen Verhältnissen aufgewachsen, hatten sie sich ihre Kenntnisse in althergebrachter Weise, d. h. in der eng begrenzten Form einer handwerklichen Lehre angeeignet, und darin allein erschöpfte sich ihre ganze Ausbildung. Nie wäre ihnen ein Gedanke in den Sinn gekommen, wie ihn Hildebrandt niederschrieb: »Es ist keiner da und wird auch keiner kommen, der so kostbare und so unzählige Gebäude aufgeführt hat wie ich und überall den modum alla romana.« Ihre äußere Stellung sowie ihr Standesbewußtsein entsprachen vielmehr noch ganz dem der mittelalterlichen Steinmetzen, ein Umstand, der nichts Verwunderliches an sich hat, wenn man bedenkt, daß auch die Auftraggeber dieser Meister, die Äbte und Pfarrgemeinden der süddeutschen Fürstentümer, noch ganz die gleiche soziale Stellung innehatten wie dreihundert Jahre zuvor.

Trotz solcher Gebundenheit steht vom kunstgeschichtlichen Standpunkt aus gesehen das Schaffen der Brüder Asam der italienischen Architektur näher als das Werk der anderen zeitgenössischen, insbesondere der bischöflichen Hofbaumeister. Als die Asams um 1712 Rom besuchten, beschäftigten sie sich dort nicht so sehr mit der eleganten Bauweise ihrer eigenen Zeit, d. h. des frühen achtzehnten Jahrhunderts, als vielmehr mit dem saftigen Barock Berninis und Borrominis. Ihre Naivität begeisterte sich mehr für die effektvolle Verwendung optischer Täuschungen und für die starken emotionellen Eindrücke, die derartige Mittel auslösten, als für die geistreichen Komplikationen des Raumgefüges, wie sie Balthasar Neumann fasziniert hatten.

Die Kirche in Rohr bei Regensburg läßt die Nachwirkung derartiger römischer Anregungen deutlich erkennen. Im Chor errichteten die Brüder Asam anstelle des Hochaltars eine freiplastische Figurengruppe, ein lebendes Bild im Sinne Berninis, wobei die Asam dessen heilige Therese an Kraßheit der opernhaft theatralischen Regie noch übertrafen. Die lebensgroßen Gestalten der Apostel umstehen einen riesigen Barocksarkophag, aus dem die Jungfrau Maria sich, von Engeln getragen, zum Himmel erhebt; Cherubim, auf Wolken schwebend, neigen sich der Himmelskönigin entgegen. Ekstatische Gesten und dunkelglühende Farben tragen dazu bei, alle Leidenschaften des Glaubens zu entzünden. In Weltenburg, einer anderen bei Regensburg gelegenen Kirche der Brüder Asam, ist der Chor zur Bühne einer noch wunderbareren Erscheinung geworden: aus der Apsis, die, durch ein verborgenes Fenster beleuchtet, in blendendes Licht getaucht ist, reitet St. Georg in silberglänzender Rüstung, ein Flammenschwert in der erhobenen Rechten, gerade auf uns zu. Gegen den schimmernden Glanz dieser Szene heben sich die Vordergrundfiguren des Drachen und der Prinzessin als dunkelgoldene Silhouetten ab. Rohr ist 1718–25, Weltenburg 1717–21 entstanden; beide sind Frühwerke der Asam.

In den besten ihrer späteren Arbeiten begnügten sich die Brüder Asam nicht mehr mit den drastisch-naiven Effekten des Trasparente, wie es das Leitmotiv von Rohr und Weltenburg gewesen war. Egid Quirin besaß in München ein Haus. Als er annähernd vierzig Jahre alt war, begann er sich mit dem Projekt eines Bauwerkes zu befassen, welches über den Tod hinaus sein Andenken würdig bewahren sollte. Das Resultat dieser Erwägungen war der im Jahre 1731 gefaßte Entschluß, neben seinem Wohnhaus mit eigenen Mitteln eine Kirche zu errichten. Im Jahre 1733 wurde der Grundstein gelegt. 1750 war die Kirche, die dem heiligen Johann Nepomuk geweiht wurde, fertiggestellt. Es ist ein winziger Bau, weniger als zehn Meter breit, ver-

181 München, St. Johann Nepomuk, Gnadenstuhl über dem Hochaltar der Kirche, erbaut 1733 bis ca. 1750 von den Gebrüdern Asam

hältnismäßig hoch und eng in seinen Proportionen. Eine Empore mit einem Altar auf der Ostseite umzieht den ganzen Raum. Ein zweiter Altar ist vor der Chorwand des Erdgeschosses angebracht. Die Empore schwebt, liegt leicht auf den Fingern tänzerisch bewegter Engelkaryatiden und wölbt sich in elastischer Schwingung vor- und rückwärts, während das Hauptgesims aufwärts und abwärts zu wogen scheint. Die Farbskala wechselt von dunkel-goldigen zu braunen und tiefroten Tönen, die in flimmernden Reflexen aufblitzen, getroffen von einem Licht, welches außer durch den Eingang – d. h. hinter dem Rücken des Betrachters – nur noch durch unsichtbare, über dem stark hervortretenden Hauptgesims eingelassene Fenster in den Raum eindringt. Vor dem obersten Ostfenster ist eine Gruppe der

Heiligen Dreifaltigkeit (in Gestalt des Gnadenstuhles) in der Weise angebracht, daß sich die Figuren gegen die eindringende Helligkeit, deren Quell verhüllt bleibt, auf das wirkungsvollste abheben: Gottvater, der den gekreuzigten Heiland in den Armen hält, und über seinem Haupt schwebend die Taube des Heiligen Geistes. Eine Engelglorie umgibt die himmlische Erscheinung. Die Szene erreicht in all ihrer Phantastik eine erstaunliche Gegenwärtigkeit und Realität des Überwirklichen. Was die St.-Johann-Nepomuk-Kirche über das Niveau von Rohr und Weltenburg und über die Effekte des Trasparente heraushebt, ist das überzeugende Zusammenwirken malerisch-illusionistischer und wirklich architektonischer Mittel. Es entsteht auf diese Weise ein alle Sinne überwältigender Gesamteindruck, ein Erlebnis, das sehr wohl in religiöse Ekstatik umschlagen kann.

Freilich, zunächst bleibt es immer ein Appell an die Sinne, was eine derartige Architektur bewirkt – an die Sinne in jeglicher Bedeutung des Wortes. Kein Künstler vor Bernini, den Asams und Tomé hatte es je darauf angelegt, so gewaltsam auf unsere Gefühle zu wirken. In protestantischen Ländern, in Norddeutschland, Holland oder England, ist es allerdings für den nicht kunstgeschichtlich Geschulten schwierig, Vorstellungen von Christus und der Kirche mit so krassen Mitteln der Vergegenwärtigung in Einklang zu bringen. Der Südländer dagegen, der Bayer, Österreicher, Italiener und Spanier, für den das sinnliche Erleben eine primäre und legitime Form des menschlichen Seins bedeutet, kann diese Kunst ohne Vorbehalte als Äußerung echter religiöser Empfindung akzeptieren.

Die Parallelen zur Barockbaukunst liegen im Norden auf ganz anderen Gebieten. Um die Mitte des siebzehnten Jahrhunderts, während im Süden die Architektur mit den Bauten Berninis, der Brüder Asam und Tomés, unterstützt von dekorativer Plastik und Malerei, großartige Leistungen hervorbrachte, verkündete Spinoza im Norden einen Pantheismus, demzufolge Gott in allen Bereichen und Formen des Seins unsichtbar gegenwärtig ist; gleichzeitig entdeckte Rembrandt in seiner Behandlung des Lichtes, in dem gestaltlos-unbestimmten, aber von Magie und Geist erfüllten Dunkel seiner Hintergründe das Unendliche für die Malerei, jene Dimension, welche gleichzeitig die Denker Leibniz und Newton mit der Erfindung der Integral- und Differentialrechnung als einer mathematischen Realität erkannten. Auch der Süden bemühte sich um das Problem des unendlichen Raumes. Hier aber konnte eine konkretere Form gefunden werden, eben diejenige der Barockbauten, um die es uns hier geht. Die Baumeister-Dekorateure der zahlreichen gewaltigen Kirchenbauten haben vermöge der Verschmelzung von Wirklichkeit und illusionistischer Scheinwelt der Kunst und vermöge der Raumverschmelzung die Einheit des Alls und die Realität des Unendlichen in einer dem naiven und sinnlich gestalthaften Bewußtsein des südlichen Menschen zutiefst entsprechenden Weise als unmittelbar anschauliche Gegenwart erlebbar gemacht.

Daß mit Hilfe dieser magisch-irrationalen Auffassung des Raumes Bauten von makelloser architektonischer Gestaltung und von subtilster Geistigkeit geschaffen werden können – das bezeugt das Werk Balthasar Neumanns, vorausgesetzt, daß wir seine Schöpfungen vorurteilslos und ganz der Führung seines Genies uns anvertrauend zu betrachten vermögen. Allerdings wird es den Menschen des zwanzigsten Jahrhunderts im allgemeinen nicht leichtfallen, das Gesetz zu verstehen, welches den polyphonen Raumkompositionen des deutschen Spätbarock zugrunde liegt, ebenso wie wir in Kirche und Konzertsaal den Kontrapunkt der Barockmusik nicht mehr mit der gleichen Leichtigkeit zu erfassen vermögen wie das Publikum, für welches Johann Sebastian Bach schrieb und musizierte. Die Parallele zwischen barocker Architektur und Musik ist in der Tat schlagend, nicht nur hinsichtlich der verwandten geistigen Struktur, sondern auch in betreff der künstlerischen Qualität; denn die deutsche Architektur des achtzehnten Jahrhunderts ist in ihren besten Leistungen den Meisterwerken der zeitgenössischen Musik durchaus ebenbürtig.

Man betrachte unter diesem Gesichtspunkt Balthasar Neumanns fränkische Wallfahrtskirche Vierzehnheiligen (1743–72). Wer dieses mächtige, einsam an einem Hang gelegene Gotteshaus betritt, den erwartet als erster Eindruck ein Gefühl seliger Erhebung: Weiß, Gold und Rosa vereinigen sich zu einer Symphonie des Lichtes. Die Helligkeit der Farbskala läßt deutlich erkennen, daß Vierzehnheiligen später entstanden ist als die Nepomuk-Kirche in München. Stilgeschichtlich steht das Werk der Brüder Asam noch dem siebzehnten Jahrhundert nahe, Balthasar Neumanns Bauten dagegen sind bereits Zeugnisse jener späteren Entwicklungsphase, die gewöhnlich als *Rokoko* bezeichnet wird, wobei jedoch betont werden muß, daß das Rokoko kein selbständiger Stil, sondern lediglich Spätform des Barock ist, so wie Decorated und Sondergotik Spätformen der Gotik gewesen waren. Der Unterschied des Rokoko gegenüber dem Barock erschöpft sich im wesentlichen in einer gesteigerten Verfeinerung der künstlerischen Mittel. Die Farben sind heller und zarter als die des älteren Barock; das Heitere und Lichte steht nun an der Stelle des Düster-Majestätischen, das Zierliche und Anmutige tritt an die Stelle des Wuchtig-Pompösen. Im ganzen aber ist das Rokoko genauso wie Früh- und Hochbarock ein Stil spannungsreicher Dynamik und leidenschaftlich gesteigerter Emotionen und ist ebenso wie die vorausgehende Phase erfüllt von blutvoller Sinnlichkeit. Im allgemeinen wird die Bezeichnung Rokoko in erster Linie mit Frankreich und mit jener Kultur, die auf der einen Seite Casanova, auf der anderen Voltaire vertreten, in Verbindung gebracht. Das deutsche Rokoko ist im intellektuellen wie im sinnlichen Bereich weit weniger raffiniert und sozial exklusiv. Es ist der unmittelbare und mehr oder minder naive Ausdruck des Volksempfindens, und zwar des Volkes in allen seinen Schichten, ebenso wie einst Schmuckformen und Architektur der Gotik den Kunstwillen aller Stände verkörperten. Die andachtsvolle Liebe, welche noch heute die deutschen oder auch die italienischen Bauern ihren spätbarocken Kirchen entgegenbringen, ist ein bleibendes Zeugnis dafür, daß diese Architektur nicht nur einen kleinen Kreis von Kennern anspricht. Dabei ist eine Komposition wie Vierzehnheiligen keineswegs leicht erfaßbar. Hier genügt es nicht, wie in den Kirchen der Brüder Asam, sich von dem Eindruck des Geschauten in passiver Hingabe überwältigen zu lassen. Um die Genialität dieser Architektur voll aufzunehmen, bedarf es nicht nur der Empfänglichkeit des Gemütes, sondern auch der aktiven Beteiligung des analysierenden Verstandes. Und darin liegt allerdings eine Aufgabe, die zu erfüllen es einer gewissen Kennerschaft bedarf. Vierzehnheiligen ist Architekten-Architektur wie die Fuge Musiker-Musik ist. Der ovale Hauptaltar im Zentrum des Hauptschiffes mag wohl auch die bäuerlichen Beter entzücken, die um den großartigen Aufbau knien; und wenn sie ihr Auge am Anblick dieses prunkenden Gebildes – halb Korallenriff, halb Sänfte aus der Märchenwelt – gesättigt haben und aufschauend den Gesamtraum betrachten, so werden gewiß auch ihre einfachen Gemüter von der schäumenden und wogenden Brandung, dem sprühenden Feuerwerk der Schmuckformen hingerissen sein. Indessen, wenn der Laie sich zu einem Rundgang durch die ganze Kirche anschickt, so wird er bald in größte Verwirrung geraten; was ihm von anderen Kirchen her bekannt ist, die vertraute Anordnung von Mittelschiff, Seitenschiffen und Chor, scheint hier vollkommen aufgegeben zu sein. Was diese Verwirrung des Ungeschulten, aber auch die Begeisterung des Kenners hervorruft, ist der Grundriß, einer der genialsten, die je erdacht wurden. Wenn man Vierzehnheiligen von außen betrachtet, so meint man, daß es sich hier um eine Kirche handelt, die nach dem üblichen Basilikatypus aus Mittel- und Seitenschiffen besteht und einem zentral angelegten Chor mit drei polygonal abgeschlossenen Kreuzarmen. Erst im Inneren enthüllt sich die wirkliche architektonische Konzeption. Hier zeigt sich, daß der Chor in Wahrheit ein Ovalraum ist, daß die Querarme kreisförmigen Grundriß haben und daß das Mittelschiff aus zwei aufeinanderfolgenden Längsovalen besteht, von denen das erste bzw. westliche – welches unmittelbar an die im Stil Borrominis geschwungene Fassade anschließt – in seinen Ausmaßen dem Choroval entspricht, während das zweite wesentlich größer bemessen ist. Hier steht der Altar der Vierzehn Nothelfer, und hier ist demnach der religiöse Brennpunkt der Kirche. Auf diese Weise entsteht ein scharf zugespitzter Antagonismus zwischen dem, was der Außen-

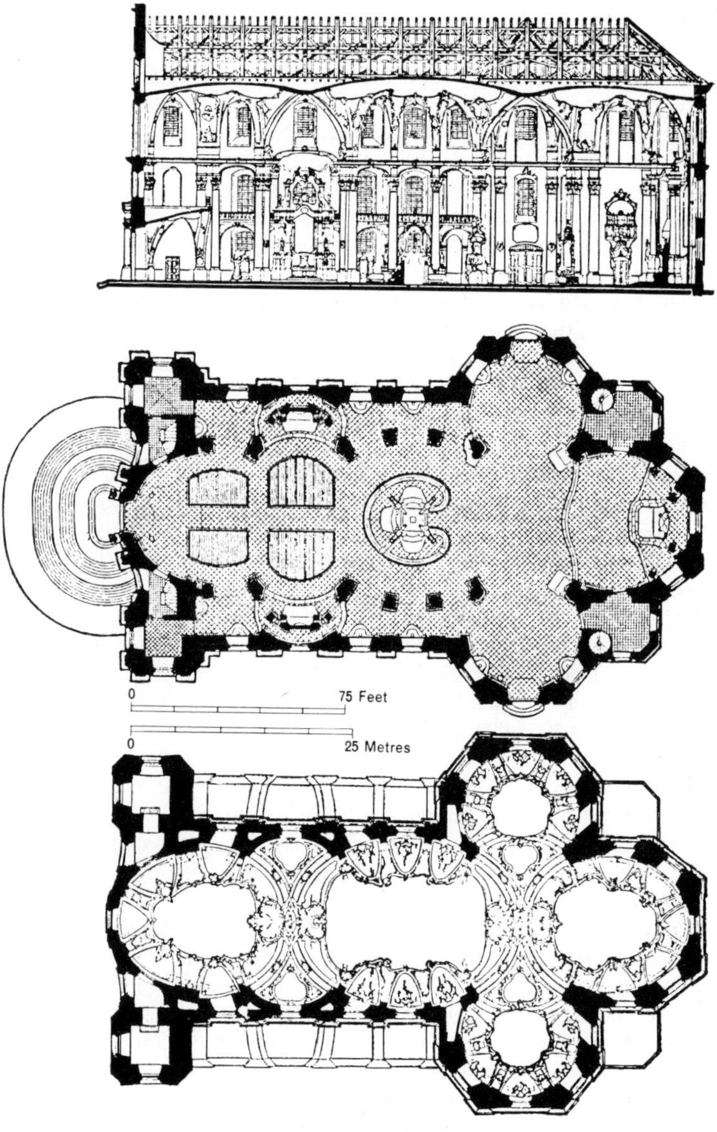

182 Vierzehnheiligen, erbaut 1743–72 von Balthasar Neumann. Längsschnitt, Grundriß und Schnitt durch die Gewölbe

bau als Zentrum der Kirche verspricht, und dem, was der Innenraum als das wahre Zentrum enthüllt, mit anderen Worten: zwischen der Vierung einerseits und dem Mittelpunkt des Hauptovals andererseits. Den Abseiten hat Balthasar Neumann kein räumliches Eigenleben zugestanden; sie sind im Grunde nichts als die unvermeidlichen Nebengelasse, welche die Raumschicht zwischen Haupträumen und Außenmauern ausfüllt. Wenn man in ihnen umhergeht, verspürt man das unbefriedigende Gefühl, sich hinter den Kulissen zu befinden, und zugleich ein entschiedenes Verlangen, die Ovalräume des Mittelschiffs zu betreten, welche allein den Gesamteindruck bestimmen. Sie werden in der Höhe des Gewölbeansatzes durch Gurtbögen voneinander geschieden. Diese überqueren nicht, wie üblich, das Gewölbe auf dem kürzesten Wege, indem sie die jeweils entsprechenden Säulen der gegenüberliegenden Arkaden geradlinig verbinden, sondern sind wieder als windschiefe Bögen gebildet, die in dreidimensionaler Schwingung sich schräg gegeneinander vorneigen. Wir kennen dieses Motiv schon von Guarini und Hildebrandt; aber auch die vorkragenden Eselsrücken des vierzehnten Jahrhunderts waren bereits – wenn auch in verkleinertem Maßstabe – Variationen des gleichen Themas. In Vierzehnheiligen ist derjenige Punkt, wo durch die Verwendung windschiefer Bögen die großartigste und wahrhaft faszinierende Wirkung erzielt wurde, die Vierung. In einer Kirche vom Typus des Gesù – und von außen gesehen scheint Vierzehnheiligen durchaus diesem Typus anzugehören – würde man an dieser Stelle einen einheitlichen Kuppelraum erwarten. Statt dessen aber ist in Vierzehnheiligen die Vierung der Ort, wo zwei verschiedene Räume, nämlich Choroval und Mittelschiffsoval, einander begegnen. Die beiden Gurtbögen, welche die gegenüberliegenden Vierungspfeiler verbinden, neigen sich schräg gegen die Vierungsmitte vor, der westliche nach Osten, der östliche nach Westen, bis sie einander an genau derselben Stelle, d. h. im Zentrum der Vierung, berühren, wo auch der Schittpunkt der beiden Ovalräume liegt. Durch diese Anordnung wird bewußt die Tatsache unterstrichen, daß dort, wo in normalen Barockkirchen die wogende Bewegung des Gewölbesystems ihren Gipfelpunkt erreicht – daß an dieser Stelle Vierzehnheiligen ein Wellental hat. Mit dieser Anordnung hat Balthasar Neumann seiner Raumkomposition einen außerordentlich eindrucksvollen Kontrapunkt gegeben. Die Kompliziertheit des Raumgefüges wird übrigens noch dadurch gesteigert, daß westlich vom Hauptquerschiff noch ein zweites, kleineres Querschiff angedeutet ist, dessen Flügel je einen Seitenaltar enthalten. Ein weiterer Altar befindet sich im Ostende des Chores und zwei vor den östlichen Vierungspfeilern. Die beiden letzteren sind in perspektivischer Schrägstellung gegen den Chor hin orientiert, ein entschieden bühnenhafter Effekt, vermittels dessen unser Blick auf den strahlenden Hochaltar gelenkt wird.

 183 Vierzehnheiligen, Klosterkirche, erbaut 1743–72 von Balthasar Neuma[nn]
Blick ins Hauptschiff mit dem Nothelferaltar

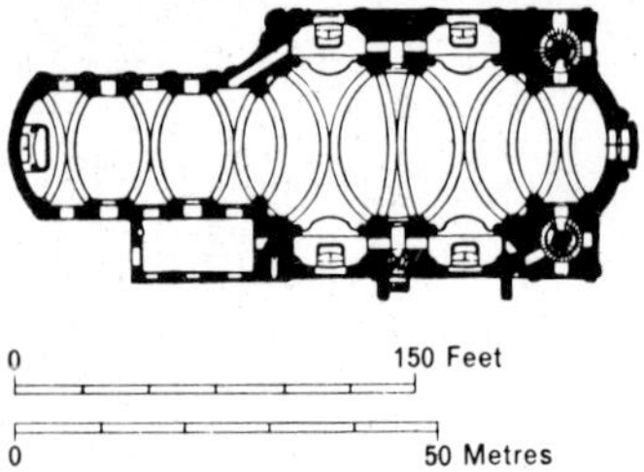

184 Banz, Klosterkirche, erbaut von Johann Dientzenhofer, 1710–18

Wenn wir Vierzehnheiligen so eingehend beschrieben haben, so geschah es aus der Überzeugung, daß nur bei einer so gründlichen Analyse der Leser, ebenso wie der Betrachter der Kirche selbst, die genial durchdachte Komposition dieses Bauwerks voll zu erfassen vermag. Erst nachdem die Plananalyse das Ihre getan hat, kann man die stilgeschichtliche Stellung von Vierzehnheiligen ganz verstehen. Das entscheidende Element, aus dem Neumann seine Raumkonzeption entwickelte, war die Gruppierung von Ovalen und ihre Abgrenzung durch windschiefe Gurte. Woher ihm dieses bedeutsame Motiv bekannt geworden war, ist nicht sicher. Hildebrandt ist die wahrscheinlichste Quelle. Aber seit kurz vor 1710 erscheint es auch in den Kirchen der bayrisch-böhmischen Baumeisterfamilie der Dientzenhofer. Unter diesen ist vor allem Břevnov bemerkenswert. Der Architekt des 1709 begonnenen Bauwerks war Christoph Dientzenhofer. Zwei Brüder Christophs waren nach Franken übergesiedelt, und hier errichtete Johann Dientzenhofer die Klosterkirche von Banz, in der uns wiederum das Prinzip des Ovalraums und der windschiefe Gurtbogen begegnet. Banz, gerade gegenüber von Vierzehnheiligen auf dem anderen Mainufer gelegen, war 1710, d. h. also mehr als dreißig Jahre vor Balthasar Neumanns Kirche, begonnen worden. Zugleich aber wirkte auch Hildebrandts unmittelbares Vorbild in Franken fort. Für zwei der ersten Sakralbauten, in denen Neumann windschiefe Bögen verwendete, ist eine Mitarbeit Hildebrandts nachweisbar: die Schönborn-Kapelle am Würzburger Dom (begonnen 1723 und dem Planschema von Gabel besonders ähnlich) und die Hofkapelle der Würzburger Residenz (begonnen 1732). Von diesen Bauten führt eine gerade Entwicklungslinie zum Entwurf von Vierzehnheiligen.

Zwei Jahre nach der Grundsteinlegung dieser Kirche hat Neumann ein anderes, noch größeres und noch erhabeneres Gotteshaus entworfen: die Klosterkirche von Neresheim auf der Schwäbischen Alb. Der Plan ist weniger kompliziert als der von Vierzehnheiligen. Er besteht aus einer zentral angelegten ovalen, jedoch annähernd kreisförmigen Vierung, die von zwei Längsovalen als Querschiffsflügeln flankiert wird, während nach Osten und Westen anschließend

185 Banz, Klosterkirche, erbaut von Johann Dientzenhofer, 1710–18

186 Die Wies, Wallfahrtskirche, erbaut 1745–54 von Dominikus Zimmermann

je zwei Querovale den Chor und das Schiff bilden. Die Mittelgipfelung der Vierungskuppel ist entschiedener betont und auch statischer gedacht als in Vierzehnheiligen. Während dort die Flachkuppel des Zentralraumes von acht kräftigen Pfeilern mit vorgesetzten Halbsäulen gestützt wurde, sind es in Neresheim freistehende Doppelsäulen, welche die Wölbung tragen; sie sind jedoch viel zu schlank gebildet, als daß man ihnen die für diese Funktion notwendige Stärke zutrauen würde, so daß sich der Eindruck ergibt, als schwebe die gewaltige Kuppel gleichsam schwerelos über dem Raum. Neumann hatte dieses Motiv schon einige Jahre früher in der kleinen Kirche von Etwashausen bei Kitzingen erprobt.

Es ist im Grunde ein Raumeffekt gotischer Art, und als solcher fand er auch bei anderen deutschen Architekten dieser Zeit Anklang. In der reinsten Form, da nicht mit anderen Raumverflechtungen kombiniert, erscheint er in Dominikus Zimmermanns Wieskirche (1745–54), die, einsam in die Almen der Voralpen gestellt, dem schlichten Wallfahrer wie dem künstlerisch geschulten Besucher als die ideale deutsche Barockkirche schlechthin erscheint. Auch hier, umspielt von derb saftiger und zugleich köstlich beschwingter Rokokodekoration, ist das bestimmende Kompositionselement ein zentraler Ovalraum, dessen Kuppel von gekoppelten Säulen getragen wird. Zimmermann (1685–1766) hat auch dem Außenbau den Umriß eines Ovals gegeben, welchem ein langer Chor und eine schwellend gerundete Fassade angegliedert sind. (Anm. 30)

Johann Michael Fischer (1691–1766), in Süddeutschland der erfolgreichste Architekt seiner Generation, hat nur zu Beginn seiner Entwicklung, in der Münchener Kirche St. Anna am Lehel (1727 bis 1730), das Oval verwendet. Seine bedeutendsten Bauten, die Kirchen von Ottobeuren (1737 ff.), Zwiefalten (1738 ff.) und Rott am Inn (1759–63), sind einfachere zentralisierende Langbauten mit kreisförmigen, von Kuppeln überwölbten Vierungen. Die Pracht der Innenräume beruht mehr auf der überschäumenden Dekoration als auf der räumlichen Struktur. Die Betrachtung dieser Kirchen wird die Bewunderung von Neumanns raumschöpferischem Genie noch vermehren.

Doch fehlt auch in anderen Klosterkirchen nicht der Wille zur rhythmisch-polyphonen Gestaltung des Raumes. Das gilt z. B. für die Wallfahrtskirche von Maria Einsiedeln in der Nordschweiz, ein Bau, der weniger bekannt ist als Vierzehnheiligen und Neresheim. Die Kirche wurde im Jahre 1719 als Mittelpunkt einer umfangreichen und streng symmetrisch gegliederten Klosteranlage begonnen. Der Entwurf geht auf den Laienbruder Caspar Moosbrugger (gestorben 1723) zurück. Moosbrugger hat seine Aufgabe, die ungewöhnlich schwierige Probleme aufwarf, wenn auch nicht mit der Wärme der Asams oder der Kühnheit Balthasar Neumanns, so doch mit überlegenem raumschöpferischem Können gelöst. Für das Gnadenbild der schwarzen Muttergottes von Einsiedeln hatte um 1620 Santino Solari einen feierlich-ernsten Kapellenschrein auf quadratischem Grundriß errichtet. Annähernd fünfzig Meter weiter nach Osten erhob sich seit dem späteren siebzehnten Jahrhundert ein Chor als Erneuerungsbau der mittelalterlichen Klosterkirche. Moosbrugger verband diese beiden Teile zu einer ungemein geistreichen Komposition: die Gnadenkapelle steht inmitten eines weiten Achteckraumes; nach Osten schließen sich zwei quadratische Joche an, jedes mit einer Kuppel überwölbt und von querschiffartig sich nach beiden Seiten ausweitenden Abseiten flankiert. Welches von diesen beiden Jochen wirklich als Querschiff gemeint ist, glaubt man ohne weiteres entscheiden zu können. Dem ersten Eindruck nach muß es das erste, d. h. das westliche Joch sein, da die Seitenflügel des zweiten niedriger und außerdem durch in die Ostecken eingreifende Orgelemporen räumlich beeinträchtigt sind. Wir dürften demnach erwarten, daß zwischen den als Querschiffsarmen identifizierten Seitenflügeln des ersten Joches – und damit in der Mitte zwischen Gnadenschrein und Hauptaltar – die Vierung angelegt sei, um so mehr, als auch die Eckpfeiler des ersten Joches so abgefast sind, daß die Kuppel gegenüber der des folgenden Joches einen weiteren Durchmesser erhalten kann. Sobald wir jedoch zu den Gewölben aufblicken, wird unsere Erwartung getäuscht, und ähnlich wie in Vierzehnheiligen erhält der Raum eine eigentümliche, dabei überaus fesselnde Ambivalenz; denn nun erkennen wir, daß die zweite Kuppel, d. h. die des östlichen Langhausjoches – obwohl zwischen den weniger ausgebildeten Armen gelegen – dennoch durch das Motiv der Laterne nachdrücklich als Hauptkuppel betont ist. Wenn wir bisher das westliche Oktogon nur flüchtig behandelt haben, so könnte der Eindruck entstehen, als bedeute es lediglich eine Art Vorhalle der eigentlichen Kirche. Indessen kommt gerade diesem Raum mit seiner Breite von 25 m und mit seinem vierfach unterteilten Mittelpfeiler, von wel-

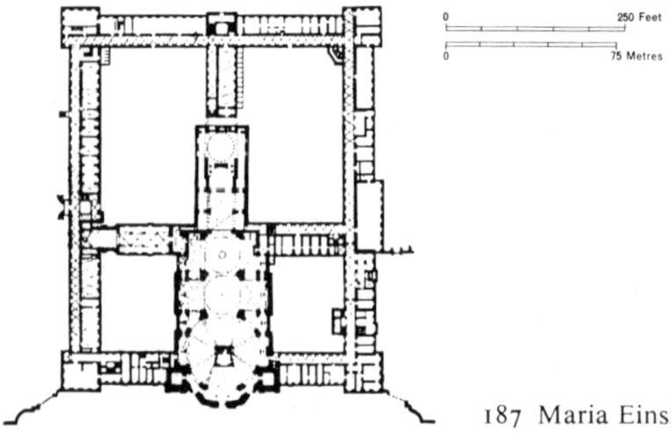

187 Maria Einsiedeln, Klosterkirche, 1719

188 Maria Einsiedeln, Klosterkirche, erbaut nach Entwurf von Caspar Moosbrugger, 1719–77

chem acht Gurtbögen strahlenförmig zu den Ecken des Oktogons geschlagen sind, hinsichtlich des Gesamteindruckes eine entscheidende Bedeutung zu. Der Mittelpfeiler und die Gnadenkapelle erfüllen neben anderen Funktionen die echt barocke Aufgabe, dem Eintretenden die Raumentwicklung nach Osten, d. h. den Einblick in die beiden Kuppelräume und in den älteren, räumlich weniger interessanten Langchor zu verstellen. Erst wenn man den Andachtsschrein umgeht, enthüllt sich dem überraschten Auge die Kirche in ihrer ganzen Ausdehnung, und nun erst gewahrt man die eigenartigen und für den Raumeindruck überaus bedeutsamen Tribüneneinbauten. Um das Oktogon zieht sich ein Emporenumgang, der sich an den vier Diagonalseiten des Achtecks zu Balkonen mit dreieckigem Grundriß vertieft. Auch in den beiden folgenden Jochen, dem des »Querschiffs« und dem der »Vierung«, ist diese Emporenanlage fortgesetzt; innerhalb der Querarme biegt sie sich, zu schmalen, konkav geschwungenen Balkonen verengt, nach außen, während sie an den Grenzen zwischen den Jochen sich in konvexer Kurvierung gegen den Innenraum vorwölbt. Indem die Empore hier von den eingezogenen Streben des Seitenschiffes zu den Pfeilern des Kuppelraumes eingespannt ist, bildet sie eigentümliche brückenförmige Tribünen, welche die Querflügel des ersten von denen des zweiten Mittelschiffsjoches trennen, ohne jedoch den freien Durchblick zwischen den Raumeinheiten zu verstellen. Auf der Ostseite des zweiten Querschiffs münden die Emporen in die schon erwähnten Orgeltribünen. Diese geistreich komplizierte Anlage trägt wesentlich zu dem faszinierenden Gesamteindruck der Kirche bei, ebenso wie die strahlend helle Farbgebung und die Abfolge der nach dem Chor hin sich stufenweise verengenden Raumeinheiten, einer Anordnung, die an die perspektivischen Kulisseneffekte des Theaters erinnert. In der Tat, das Element des Bühnenhaften ist für Maria Einsiedeln ebenso wesentlich wie (wir wiesen bereits darauf hin) für Vierzehnheiligen. Und diese Eigenschaft ist es denn auch, gegen welche sich die Kritik an den Kirchen des Spätbarock immer wieder wendet. Die Berechtigung derartiger Einwände haben wir bereits vom Standpunkt der unterschiedlichen geistigen Haltung des nördlichen und des südlichen Europa in Frage gestellt. Hier sei indessen noch ein weiteres Argument, das zur Klärung dieses Problems geeignet ist, herangezogen. Warum waren die Architekten des süddeutschen Barock so leidenschaftlich bestrebt, unsere Urteilskraft irrezuführen und unseren Verstand zu täuschen? Warum mühten sie sich so sehr darum, mit Hilfe gewagter illusionistischer Mittel das Wunderbare und Überirdische als greifbare Realität darzustellen? Die Antwort auf diese Frage ist aufs engste mit dem religiösen Bewußtsein jener Epoche verknüpft. Die höchste Realität der christlichen Kirche ist das Wunder der göttlichen Gegenwart, wie sie sich im Mysterium der Transsubstantiation bezeugt. Im siebzehnten und achtzehnten Jahrhundert – einer Epoche, in welcher die katholischen Dogmen, Wunder und Mysterien nicht mehr wie einst im Mittelalter unbedingt und von allen anerkannt wurden – war diese Realität zum Gegenstand eines heißen Ringens der Kirche geworden, eines Ringens, das sich am Widerstand der allenthalben in Erscheinung tretenden Häresie und Skepsis entzündete. Um die Abgefallenen zum Glauben zurückzugewinnen, um die Zweifler zu überzeugen, wollte die barocke Sakralarchitektur die Gemüter entflammen und bezaubern; um die Realität des Überirdischen sinnlich vor Augen zu führen, bedienten sich die Architekten des Barock der betörenden Schein- und Zauberwelt des Illusionismus, welcher späterhin als Entartung der Baukunst so heftig kritisiert werden sollte.

189 Weingarten, Plan zum Neubau des Klosters, 1723

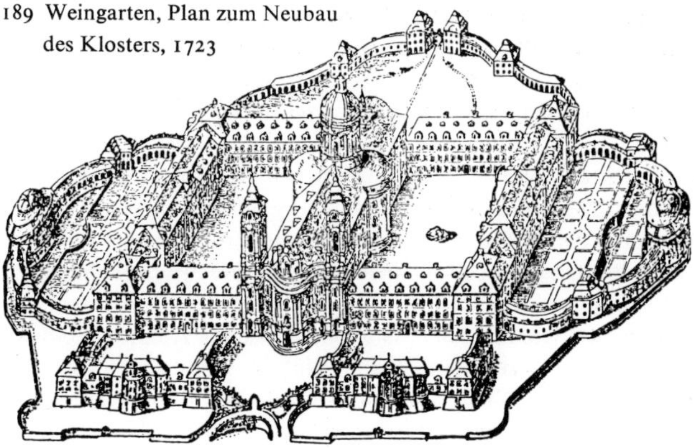

Endlich wird noch als ein weiteres Argument gegen die Kirchen des Barock vorgebracht, daß sie, verglichen mit den Kathedralen des Mittelalters, weltlich erscheinen. Allerdings trifft es zu, daß der Barock dieselben Dekorationsformen für die Sakralarchitektur wie auch für den profanen Palastbau verwendet hat. Aber gilt das nicht genau so für das Mittelalter? In beiden Fällen ist die solcher unterschiedsloser Behandlung von geistlichen und weltlichen Bauwerken zugrunde liegende Idee unverkennbar: mit dem Glanz der Künste ehren wir den irdischen König; gebührt da nicht der höchste Glanz dem König der Könige? In unseren modernen Kirchen und in denen des Mittelalters, sobald das neunzehnte Jahrhundert sie restauriert hat, findet sich nichts von solcher Schmuckfreude. Heute ist die Kirche zur Versammlungshalle geworden, in erster Linie dafür bestimmt, die Gemeinde auf Gebet und Gottesdienst zu konzentrieren. Im Barock dagegen war die Kirche im wahren Sinne des Wortes das Haus des Herrn.

Trotzdem kann man die Tatsache nicht leugnen, daß wir, ob bloße Beschauer oder Gläubige, in Kirchen wie Vierzehnheiligen, Neresheim oder Maria Einsiedeln nie ganz sicher sind, wo die Grenze zwischen geistlichem und weltlichem Gehalt liegt. Der Elan dieser Architektur ist unwiderstehlich, aber nicht immer und nicht ausschließlich ist es religiöses Erleben allein, das ihn trägt. Gewiß ist der fieberhafte Eifer, mit dem zwischen 1700 und 1760 Süddeutschland und Österreich sich der Errichtung glänzender Kirchen und Klosteranlagen widmeten, ein erstaunliches Phänomen; jedoch macht sich diese bis zur Manie gesteigerte Baulust nicht nur auf dem Gebiet der geistlichen, sondern kaum minder überschwenglich auch auf dem der Profanarchitektur jener Epoche geltend. Als den »Bauwurmb« bezeichneten die Schönborns – Urheber so vieler Bauten in Würzburg, in ganz Franken und Wien – diese Leidenschaft der Zeit. »Bâtissomanie« nannte es Katharina die Große in einem Brief an den Baron Grimm in Paris. Diese Begeisterung für das Bauen schlechthin – letztlich der Ausdruck einer das ganze Barock erfüllenden Freude am Planen und Ausführen großartiger, weit ausgreifender Projekte – müssen wir denn auch in Betracht ziehen, wenn wir die gewaltigen Leistungen der süddeutschen und österreichischen Sakralarchitektur des achtzehnten Jahrhunderts verstehen wollen, und es wäre unrichtig anzunehmen, daß die prachtvollen Kirchen- und Klosteranlagen dieser Epoche ausschließlich *ad majorem dei gloriam* errichtet worden seien. Brauchte etwa das Kloster Weingarten wirklich derartig weitläufige, anmutig geschwungene Außenbauten, wie sie auf dem Stich von 1723 vorgesehen sind? Dieser Entwurf ist zwar niemals ausgeführt worden, aber andere, kaum minder anspruchsvolle Projekte wurden in der Tat verwirklicht, wie z. B. das schon beschriebene Einsiedeln mit seinem 150 × 150 m großen Baublock, oder wie die an der Donau gelegenen Stifte St. Florian, Klosterneuburg und Melk. Melk wurde 1702 von Jakob Prandtauer (ca. 1658–1726) begonnen; es ist in vieler Beziehung die bedeutendste der drei genannten Klosteranlagen. Auf einem Felsmassiv, unmittelbar über dem Fluß gelegen, blickt die Abtei weit über ihn hinaus. Die Kirche mit ihrer geschwungenen Fassade und den von Zwiebeldächern gekrönten Türmen und Türmchen ist etwas zurückgesetzt. Rechts und links von der Fassade stoßen zwei symmetrische Flügel, die den Marmorsaal und die Bibliothek enthalten, in leichter Abschrägung sich einander annähernd nach vorn. Auf der hoch über der Donau gelegenen Bastion werden sie durch zwei niedrigere, einwärts geschwungene Flügelbauten, die zusammen annähernd einen Halbkreis bilden, miteinander verbunden. Hier öffnet sich, genau der Kirchenfassade gegenüber, eine Arkatur mit dem Palladio-Motiv, so daß sich – vom Westportal des Gotteshauses her und über den perspektivisch sich verengenden Prospekt des Innenhofes hinweg – ein großartiger Ausblick über das Donautal ergibt. Die ganze Komposition ist ein Meisterwerk malerischer Gruppierung, eine späte und geistreich verfeinerte Fortsetzung von Palladios soviel einfacherer Verbindung von Villa und Landschaftspanorama; und bezeichnenderweise ist Melk das Werk eben jenes Jahrhunderts, dem wir den Gedanken des Landschaftsgartens verdanken.

Wenn aber, um auf unsere Frage nach den religiösen und weltlichen Elementen der Barockarchitektur zurückzukommen, die auf dem Felsen thronende Kirche wohl als ein Monument des militanten Katholizismus angesehen werden kann, so sind andererseits die Behausungen des Abtes und der Mönche mit ihren reichdekorierten Prachträumen und ihren herrlichen Terrassen Zeugnis der Freude an weltlichem Glanz, Schönheit und Luxus. Sie sind – in Melk wie in

190 Melk, Benediktinerstift,
begonnen 1702 von Jakob Prandtauer

zahlreichen anderen Klöstern – hinsichtlich Entwurf und Ausführung nicht minder verschwenderisch ausgestattet als die gleichzeitigen Residenzen der unzähligen weltlichen und geistlichen Fürsten des Heiligen Römischen Reiches, sind ebenso prunkvoll wie die Schlösser des englischen Hochadels, wie der Palast der Könige von Neapel in Caserta oder wie Stupinigi, die Residenz des Herzogs von Savoyen und Königs von Sardinien.

In Deutschland allein entstanden damals an die zwanzig solcher Paläste. Das Berliner Schloß war ursprünglich noch großartiger geplant, als es dann ausgeführt wurde, wenn auch nicht annähernd so groß wie Tessins Stockholmer Schloß (begonnen 1697). In Düsseldorf wurde unter Kurfürst Jan Willem ein Palast von enormen Ausmaßen projektiert, ein Plan, der allerdings nie verwirklicht wurde. Gleichzeitig finden sich Entwürfe für riesige Schloßanlagen in Heidelberg und Darmstadt. Das Bonner Schloß mit seiner Front von 29 Fenstern erscheint im Vergleich hierzu oder zu den Residenzen von Karlsruhe, Mannheim und Ludwigsburg noch bescheiden. Ludwigsburg erhielt schließlich eine Breite von 210 m bei einer Tiefe von 200 m, Mannheim sogar eine Gesamtbreite von 450 m. Wien besitzt den ausgedehnten Komplex der Hofburg mit den seit 1723 von den beiden Fischer von Erlach und von Hildebrandt entworfenen Bauten, welche wiederum nur Fragmente von weit größeren Projekten sind. Vor den Toren Wiens liegt die Sommerresidenz Schönbrunn mit einer Breite von etwa 400 m, das Versailles der Habsburger. Für Wien ebenso wie für Karlsruhe und Stuttgart machte Balthasar Neumann in seinen letzten Lebensjahren noch große Baupläne. Die Kurfürsten von Bayern endlich waren nicht mit einem Versailles zufrieden, sondern bauten gleichzeitig deren zwei: Schleißheim mit einer Fassadenausdehnung von 330 m und Nymphenburg mit einer Gesamtbreite von über 400 m.

Künstlergeschichtlich ist die Lage in Bayern übrigens besonders aufschlußreich. Schleißheim wurde von Zuccali, einem Italiener, begonnen. Nachdem die Bauarbeiten einige Zeit gestockt hatten, wandte der Kurfürst sich um Rat nach Paris und erhielt Pläne von Ludwigs XIV. Hofarchitekten de Cotte, demselben, zu dem auch der Würzburger Fürstbischof den jungen Balthasar Neumann schickte. Die Fortführung des ursprünglich in italienischen Formen angelegten Schleißheimer Projektes wurde dem in Paris geschulten Deutschen Joseph Effner (1687–1745) anvertraut. Effner war es auch, der das von den Italienern Barelli und Viscardi begonnene Nymphenburger Schloß im Sinne von Versailles fortführte. Wieder etwas später wurde Effner in vielen seiner Hauptaufgaben abgelöst, indem nunmehr ein geborener Franzose, François Cuvilliés, an seine Stelle trat (1695–1768). Ähnlich wie in München, so bemerken wir seit dem zweiten Drittel des Jahrhunderts auch in anderen Teilen Deutsch-

191 München, Amalienburg im Nymphenburger Park, erbaut 1734–1739 von François Cuvilliés. Mittelsaal, Ausstattung von Johann Baptist Zimmermann und Joachim Dietrich

lands, vor allem im Westen, einen starken Zustrom französischer Architekten, welche nunmehr die italienischen Baumeister verdrängten. Ein Beispiel für das Vordringen des französischen Rokoko bzw. des Stils Ludwig XV. ist Pigages Schlößchen von Benrath. Andere damals in Deutschland tätige Franzosen sind La Guepière, der in Stuttgart, La Fosse, der in Darmstadt, und Froimont, der in Mannheim baute; wenig später finden wir d'Ixnard in Koblenz und St. Blasien und Salins de Montfort in Frankfurt sowie Thouret im Weimar der Goethezeit.

Im Hinblick auf diese dominierende Rolle der französischen Schule ist es um so bemerkenswerter, daß der im Hennegau geborene und in Paris ausgebildete Cuvilliés in der Münchener Residenz wie auch in der Amalienburg, einer *maison de plaisance* des Nymphenburger Schloßparkes, Räume geschaffen hat, die im Überschwang ihrer Formphantasie ein unverkennbar deutsches Gepräge zeigen. Anscheinend war Cuvilliés schon während seiner französischen Lehrzeit mehr von der phantasievoll ungezügelten Dekorationskunst der

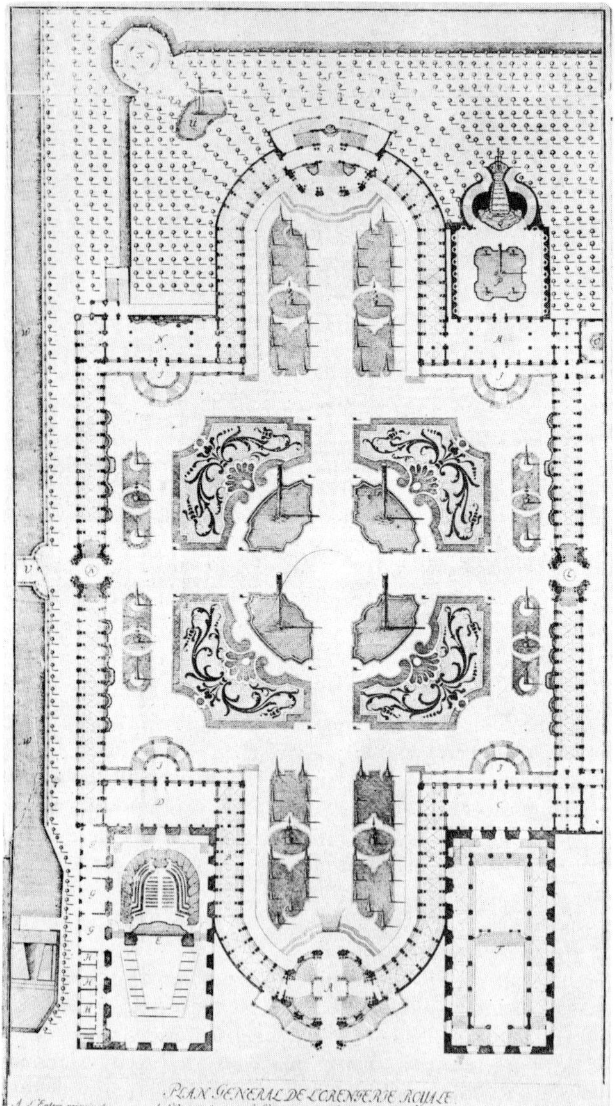

192 Dresden, Zwinger, erbaut 1711–22 von Daniel Pöppelmann

193 Dresden, Zwinger, Kronentor, erbaut 1711–22 von Matthäus Daniel Pöppelmann

Italiener in Paris als von dem spezifisch Pariser Stil angeregt worden. Wie dem auch sei, der ausgesprochen deutsche Charakter von Cuvilliés bayrischen Meisterwerken ist unstreitig und mag zur Warnung gegen die Überschätzung von Rasse und Nationalität in der Kunstgeschichte dienen.

Etwas Ähnliches läßt sich auch im Falle des Dresdener Baumeisters Pöppelmann beobachten. Matthäus Daniel Pöppelmann (1662–1736) war gebürtiger Westfale. Sein Stil aber, wie ihn der Dresdener Zwinger zeigt (1944 stark zerstört, inzwischen wieder aufgebaut), ist gänzlich sächsisch, d. h. südostdeutsch, und ist Schlesien, Böhmen und Österreich näher als Pöppelmanns schwerblütig verschlossener Heimat. Der Zwinger – 1711–22 für den lebenslustigen und vergnügungssüchtigen August den Starken erbaut – ist eine Verbindung von Orangerie und Tribüne für die Feste und Schaugepränge des kurfürstlich sächsischen Hofes. Als Teil einer Palastanlage gedacht, die sich bis an die Elbe erstrecken sollte, besteht der Zwinger aus eingeschossigen Galerien mit dazwischengesetzten zweigeschossigen Pavillons. Die Galerien sind verhältnismäßig zurückhaltend dekoriert, die Pavillons mit dem denkbar reichsten Schmuck geradezu überschüttet. Besonders der als Eingang dienende Südturm, der sogenannte Kronenturm, ist das köstliche Spiel einer von allen Nützlichkeitserwägungen entbundenen Phantasie. Der Torbogen des Erdgeschosses zeigt anstelle eines normalen Giebelfeldes zwei auseinanderschwingende Giebelfragmente. Auch der Giebel des ersten Geschosses ist aufgebrochen, biegt sich aber nach innen statt nach außen. Das erste Stockwerk ist nach allen Seiten geöffnet, eine Art Kiosk oder steinerne Laube. Über der Attika, auf der Putten ihr Wesen treiben, erhebt sich eine zwiebelförmige Kuppel, welche die königlich polnische Krone trägt.

Pöppelmanns Stil ist von jauchzender, sprühender Sinnenfreude, er ist von überschäumender Vitalität, zuweilen derb, aber niemals roh oder gewöhnlich. Unerschöpflich erscheint hier die Fülle der Phantasie, immer neu die Kombinationen und Variationen von Schmuckformen des italienischen Barock, welche, gegeneinandergestellt und übereinandergehäuft, einen endlosen Reigen vor- und zurückschwingender Bewegung bilden. Gegenüber dieser tänzerischen Elastizität, dieser raumgreifenden Beschwingtheit erscheint selbst Borromini schwerfällig.

Wie in jedem vollgültigen Stil, so scheint auch im deutschen Spätbarock bzw. Rokoko das Äußere wie das Innere, die plastische Form wie die des Raumes durch das gleiche elementare Raumprinzip bestimmt. Die dreidimensionale Kurve ist das Leitmotiv dieser Epoche. Wir finden sie am Zwinger ebenso wie in Vierzehnheiligen; sie prägt die damaligen Bauwerke von der Gesamtanlage bis zu den kleinsten Einzelheiten des Dekors. Die tragende Bedeutung dieses Motives und von ihm mitbedingt die vollkommene Einheit von Raum und Dekor, läßt mit besonderer Deutlichkeit eine der genialsten Schöpfungen Balthasar Neumanns erkennen: das Treppenhaus des bischöflichen Palastes zu Bruchsal – einer der tragischsten Kriegsverluste der deutschen Baukunst. Abgesehen von der Treppenanlage, ist Bruchsal nicht von Neumann geschaffen worden. Als dieser 1730 von Kardinal Hugo Damian von Schönborn, dem Fürstbischof von Speyer, konsultiert und mit der Gestaltung der Treppenanlage beauftragt wurde, war das Schloß schon der Vollendung

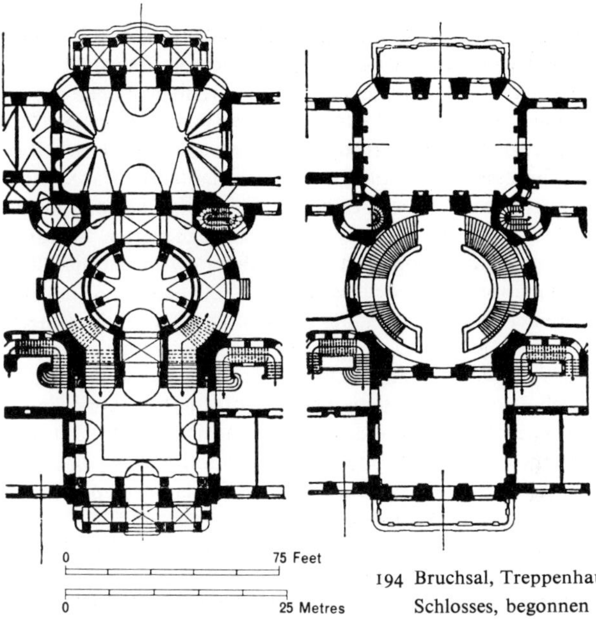

194 Bruchsal, Treppenhaus des Schlosses, begonnen 1731 von Balthasar Neumann

nahe. Das Bruchsaler Schloß besteht aus einem rechteckigen Kernbau, dem sogenannten *corps de logis*, und niedrigen, vorgeschobenen Seitenflügeln, ein Schema, das, von Palladio ausgehend, über Norditalien nach England und Frankreich vorgedrungen war. Die Franzosen modifizierten diesen Typus, indem sie den von den Flügelbauten eingeschlossenen Hof als *cour d'honneur* ausgestalteten. Es ist diese abgewandelte Form, der wir, ähnlich wie in der Würzburger Residenz und zahlreichen anderen Schlössern des deutschen Hochbarock, auch in Bruchsal begegnen. Im Jahre 1730 hat Neumann den Entwurf des Bruchsaler Treppenhauses fertiggestellt. Im Zentrum des Corps de logis gelegen, ist es der größte Raum des Schlosses, ein Umstand, der erkennen läßt, eine wie außerordentliche Bedeutung der Palastbau des deutschen und österreichischen Barock der Treppe zuerkannt hat.

Bevor wir uns indessen dieser genialen Schöpfung Balthasar Neumanns widmen können, ist es nötig, einen kurzen Überblick über die historische Entwicklung der Treppe einzuschieben. Wir werden späterhin erkennen, daß ein solcher Exkurs eine wichtige Voraussetzung bedeutet, nicht nur für das Verständnis von Neumanns Bruchsaler und Würzburger Meisterwerken, sondern darüber hinaus für die Beurteilung der deutschen Barocktreppen überhaupt. Im Mittelalter war die Treppe ohne künstlerische Bedeutung; als reiner Zweckbau war sie fast immer versteckt angebracht. Wendeltreppen, die so wenig wie möglich Platz einnahmen, waren die Regel. Erst in der allerletzten Phase der Gotik ging man daran, die Treppenanlagen reicher auszugestalten, indem man dem gesteigerten Raumgefühl der Zeit entsprechend den Reiz der beständigen Achsendrehung hervorhob. Den Höhepunkt dieser Entwicklung veranschaulichen französische Wendeltreppen (Anm. 31) wie etwa die von Blois oder die prachtvolle Anlage im Zentrum des symmetrisch gegliederten Schlosses Chambord, eine Innentreppe mit zwei parallel geführten Spiralläufen. Die Treppe von Chambord weist uns auf Leonardo da Vinci hin, der im Jahre der Grundsteinlegung des Schlosses nur 25 Meilen entfernt zu Amboise gestorben ist; in seinen Skizzen finden wir solche doppelten, ja selbst vier- und achtfache Wendeltreppen, und endlich bezeugt auch Leonardos malerisches und plastisches Werk eine in der italienischen Renaissance einzigartige Kühnheit und Dynamik des Raumgefühls. Ihm allein ist eine Komposition wie die von Chambord mit ihrer den Barock vorausahnenden Durchdringung von gotischen und Renaissance-Ideen zuzutrauen.

Von Leonardo abgesehen, war jedoch die italienische Renaissance im allgemeinen, was die Ausbildung der Treppe angeht, ein wenig günstiges Klima. Als ein von Grund auf dynamisches Motiv mußte gerade dieses Thema der Architektur dem Stilwillen des Quattrocento fremd bleiben. »Scalae, quo erunt numero pauciores... quoque occupabunt minus areae... eo erunt commodiores«, heißt es bei Alberti. (Je weniger Treppen in einem Gebäude, und je weniger Raum sie einnehmen, desto besser.) So beschränken sich die Treppenanlagen der Renaissance zumeist auf einen zweiarmigen Lauf, welcher in der zweiten Steigungsphase, d. h. vom Treppenabsatz aus, eine Gegenwendung von 180 Grad beschreibt. Das Ganze ist vom Parterre bis zum oberen Stockwerk von festgeschlossenem Mauerwerk umgeben. Beispiele solcher Treppen finden wir von Brunelleschis Findelhaus bis zum Palazzo Farnese und noch später. Sie sind im Grunde nur gewölbte und in Kehren ansteigende Korridore. Einfallsreichere Lösungen sind im Quattrocento selten, zum mindesten gibt es unter den ausgeführten bzw. noch erhaltenen italienischen Anlagen jener Zeit keine, die eine spezielle Erwähnung lohnen würde. Allein Francesco di Giorgio – dessen Traktat der siebziger Jahre wir schon gelegentlich des Zentralbaus erwähnten – hat in seinen Zeichnungen geplanter Palastanlagen zwei Treppenkompositionen durchaus neuartiger Prägung hinterlassen. Es sind Lösungen, die sich späterhin als überaus bedeutsam erweisen sollten. Indessen der Schritt von der Planung zur Ausführung oder zum mindesten der Ausbildung dieser Konzeptionen zu festen und vielfach verwendeten Typen der Architektur erfolgte nicht in Italien, sondern in einer anderen und unruhigeren Kunstlandschaft, in Spanien.

 195 Blois, Treppenturm mit Wendeltreppe im Trakt Franz I., 1515–ca.

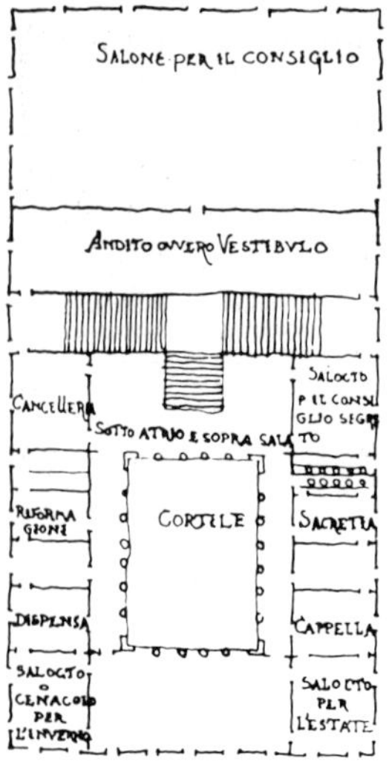

196 Francesco di Giorgio, Entwurf für die Treppenanlage eines Palazzo della Repubblica

Der erste und bedeutsamste von Giorgios Entwürfen zeigt ein offenes, rechteckiges Treppenhaus mit drei aufeinanderfolgenden, jeweils an einer Seite des Quadrates angelegten Stiegen. Die vierte Seite des Quadrates wird von einer Plattform eingenommen, die den Eingang des oberen Stockes bildet. Wir finden die ersten praktischen Anwendungen dieses Schemas in dem von Enrique de Egas ausgeführten Teil der Kirche St. Juan de los Reyes zu Toledo (vollendet 1504) und im Hospital zum Heiligen Kreuz (1504–14) am gleichen Orte und vom selben Meister; ein weiteres Beispiel gibt Michele Carlones Schloß von Lacalahorra (1508–12). Einige Jahre später baute Diego Siloée in der Kathedrale von Burgos die großartige »Escalera Dorada«. Sie beruht auf einem T-förmigen Plan, d. h. ein gerader Anstieg gabelt sich vom Treppenabsatz aus rechtwinklig nach beiden Seiten. Die Abhängigkeit dieser Komposition von Bramantes Freitreppe im Belvedere-Hof des Vatikans ist nachgewiesen worden. Aber wiederum ist es Francesco di Giorgio, der am Anfang dieser Entwicklungslinie steht, denn zweifellos waren seine Anregungen auch für Bramante wegweisend. Wir finden die T-förmige Treppenanlage in Giorgios Entwurf für einen Palazzo di Repubblica, übrigens – was die Stellung der Treppe innerhalb des Gesamtbaus angeht – in ganz der gleichen Anordnung, wie es, allerdings wesentlich später, im genuesischen Palastbau üblich wurde.

Inzwischen war jedoch in Spanien eine weitere Treppenform, die großartigste von allen, entstanden, und anscheinend sind auch in die-

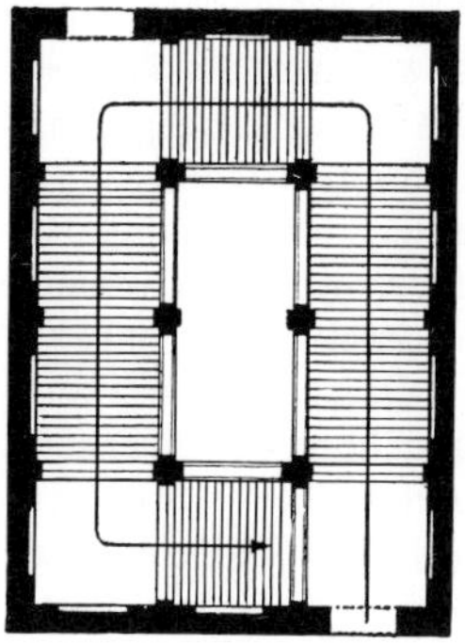

197 Schema eines rechteckigen Treppenhauses, dessen letzter Absatz über dem Eingang liegt

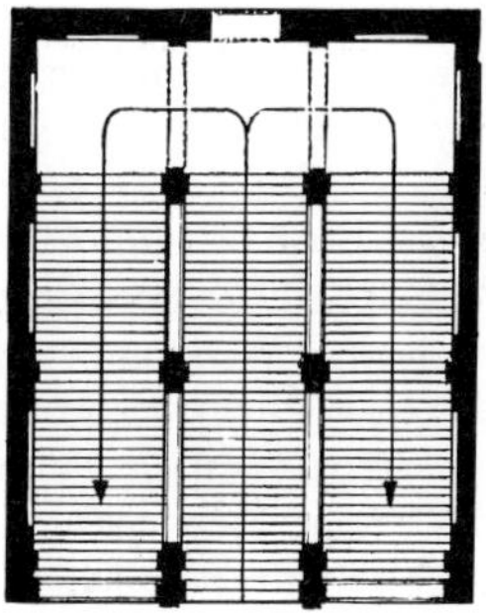

198 Kaisertreppe

199 Toledo, Treppe im Hospital zum Heiligen Kreuz, erbaut 1504–14 von Enrique de Egas

sem Falle nicht ausgeführte italienische Bauentwürfe das Vorbild gewesen. Bei dem hier gemeinten Typus der sogenannten *Kaisertreppe* haben Skizzen Leonardo da Vincis die Anregung gegeben: der Grundriß des Treppenhauses ist ein weiträumiges Rechteck. Vom Erdgeschoß bis zum Absatz auf halber Höhe steigt ein gradlinig die Mittelachse des Rechtecks überquerender Treppenarm auf, um dann, nach einer Wendung von 180 Grad und nun in zwei Arme gegabelt, das obere Stockwerk zu erreichen. Die beiden Gegenzüge der zweiten Steigungsphase laufen parallel neben und über den Wangen des ersten Treppenabschnittes. (Eine Abwandlung dieses Schemas setzt mit zwei Parallelläufen an, welche sich nach dem Treppenabsatz zu einem Arm zusammenschließen.) Der Typus der Kaisertreppe erscheint m. W. zum ersten Male im Escorial (1563–84) von Juan Bautista de Toledo und Juan de Herrera. Es ist bezeichnend, daß gerade diese Treppenform, die dem Hinauf- und Hinabsteigenden ein außerordentlich intensives Raumerlebnis vermittelt, außerhalb Italiens entwickelt wurde. Betrachten wir die bedeutendsten italienischen Treppen des sechzehnten Jahrhunderts, so zeigt sich, daß auch die schöne Bramante-Treppe im Belvederetrakt des Vatikan ungeachtet des weiträumigen Schachtes, der vornehm-gelassenen Steigung und der edlen Proportionen noch am traditionellen Typus der Wendeltreppe festhält. Serlio und Palladio verhielten sich in dieser Hinsicht kaum anders, obwohl sie das Schema mit offenem, rechteckigem Treppenhaus und dreistufigem Aufgang kannten und verwendeten. Im Grunde brachten sie dem Thema der Treppe keine unmittelbare Anteilnahme entgegen. Ihre einzige Neuerung ist die Ausweitung der Wendeltreppe zu ovaler Grundform (Maderna wandte sie später im Barberini-Palast an) und weiterhin die konstruktive Verbesserung in Gestalt eines auf der Innenseite völlig frei schwebenden Anstieges, der allein auf der Außenseite durch in die Treppenhausmauer eingelassene Stufen getragen wird. Der Barock des siebzehnten Jahrhunderts, besonders in Frankreich, hat sich damit begnügt, die uns bekannten Typen zu wiederholen bzw. ihnen reichere Ausgestaltung zu geben. Das Schema der Escorialtreppe wurde in mannigfaltigen Abwandlungen zum Emblem fürstlichen Glanzes.

Hierher gehört die uns bereits bekannte Treppe Lukas von Hildebrandts im Wiener Belvedere, eine Anlage, die auf das geschickteste den gegebenen Raumverhältnissen angepaßt ist. Der Höhepunkt des Typus aber ist, dank der genialen Bereicherung durch einen weiten oberen Umgang, die von Balthasar Neumann geschaffene Treppe der Würzburger Residenz. Hier sitzen im oberen Stockwerk die Umfassungsmauern des Treppenhauses nicht auf den äußeren Wangen der beiden Treppenläufe auf, sondern sie treten hinter dem Umgang zurück: und da sie auf diese Weise den Blicken des Hinaufsteigenden

200 Würzburg, Treppenhaus in der bischöflichen Residenz, erbaut 1734. Deckengemälde von Tiepolo 1753, Figuren und Dekor 1765–66

entzogen sind, scheint die von Tiepolos Fresken glanzvoll geschmückte Deckenwölbung frei und kühn über unseren Häupten zu schweben. Auch als Konstruktion war dieses 18 m breite Gewölbe eine kühne Leistung. Neumann hatte viele Bedenken zu überwinden, ehe er es ausführen durfte. Er war sich jedoch seines Werkes so sicher, daß er sich erbot, im Treppenhaus eine Kanone abschießen zu lassen, und tatsächlich hat das Gewölbe die Bombardements des letzten Krieges, denen beträchtliche Teile des einst so strahlenden Schlosses zum Opfer gefallen sind, glorreich überstanden.

Die Treppe der Würzburger Residenz ist das schönste Beispiel eines oftmals verwendeten Schemas. Die Treppe in Bruchsal aber ist eine einmalige und gänzlich neuartige Schöpfung. Worte allein können schwerlich die zauberhafte Empfindung wiedergeben, die jeden überkam, der noch das Glück hatte, sie hinaufzusteigen. Die Treppe hatte zwei Läufe, die ihren Anfang in einem rechteckigen Vestibül nahmen. Nach ungefähr zehn Stufen betrat man das Oval des eigentlichen Treppenhauses. In seiner Mitte befand sich ein ebenfalls ovaler, dem Treppenhaus konzentrischer Raum, welcher nach Art italienischer Grottenimitationen mit Felswerk ausgemalt war. Zwischen den gekrümmten Außenwänden des Treppenhauses und denen des Grottenraumes wanden sich die beiden Stiegen in zwei Halbkreisen nach oben, wobei die Außenwand zunächst geschlossen blieb, während sie sich auf der Innenseite in Arkaden öffnete, welche den Blick in das Halbdunkel der Grotte freigaben. Die Höhe der Arkadenöffnungen innen verminderte sich, während man treppauf stieg, zugleich aber erlebte man eine von außen zunehmende Helligkeit, bis man eine über der Grotte gelegene ovale Plattform und damit die Höhe des Hauptgeschosses erreicht hatte. Die Decke aber wölbte sich über der ganzen Weite des äußeren Ovals, d. h. sie überspannte – als eine einzige gewaltige Flachkuppel – die Plattform mitsamt den Treppenläufen. Auf diese Weise wurde auch hier der Eindruck erweckt, als schwebe die Plattform – welche durch Balustraden gegen die beiden sie umschließenden Treppenschächte abgegrenzt und mit den übrigen Räumen des Hauptgeschosses nur durch zwei Brücken verbunden war – frei in der Weite des Raumes. Im Gegensatz zu dem Halbdunkel des Treppeneinganges wurde der Treppensaal des Obergeschosses durch eine Vielzahl von Fenstern in strahlende Helligkeit getaucht. Wenn es bis dahin vor allem die Genialität der Raumbildung gewesen war, die den Betrachter des Treppenhauses entzückte, so wurde solche Bezauberung nun im Obergeschoß durch die erst hier voll erblühende Dekoration mit heiteren Fresken und glänzenden Stukkaturen aufs höchste gesteigert. Ihr Höhepunkt war die Kartusche über dem Eingang zum großen Saal. Die Dekoration stammte nicht von Neumann, sondern von dem bayrischen Stukkateur Johann Michael Feichtmayr, der 1752 mit der Ausschmückung des Treppenhauses beauftragt wurde.

Feichtmayr stammte, wie so viele bedeutende Stukkateure seiner Zeit (u. a. Dominikus Zimmermann, der Erbauer der Wies), aus dem Dorfe Wessobrunn, wo es zur lokalen Tradition geworden war, die Jungen für dieses Handwerk auszubilden, ähnlich wie die wandernden Steinmetzen der romanischen Zeit zumeist aus ganz bestimmten Dörfern im Gebiet der oberitalienischen Seen gekommen waren, oder wie – um moderne Parallelen zu nennen – im neunzehnten Jahrhundert Herstellung und Verkauf von Gipsfiguren überwiegend in den Händen von Savoyarden lagen, und wie endlich im heutigen England so viele Zwiebelhöker aus der Bretagne herüberkommen. Die Wessobrunner Stukkateure reisten von einem Bauplatz zum anderen und erhielten, wenn sie in irgendeinem Kloster Beschäftigung gefunden hatten, Lohn und freien Unterhalt ebenso wie sieben-

201 Bruchsal, Vestibül zum Treppenhaus im Schloß Bruchsal, entworfen 1730 von Balthasar Neumann

hundert Jahre zuvor die wandernden Steinmetzen des Mittelalters. Der außerordentliche Reichtum von Feichtmayrs ornamentaler Phantasie muß Balthasar Neumann, als er dem Wessobrunner an irgendeinem Arbeitsplatz begegnete, aufgefallen sein. In Vierzehnheiligen und Bruchsal haben Neumann und Feichtmayr zusammen gearbeitet. In Feichtmayrs Ornamentik ist das Prinzip der Symmetrie vollkommen preisgegeben. Die Hauptkompositionslinien seiner Stukkaturen verlaufen in einem flackernden, dreidimensionalen Zickzack; so etwa, wenn wir die bereits erwähnte Kartusche des Bruchsaler Treppenhauses betrachten, von dem verführerischen jugendlichen Engel rechts unten hin zu dem Amor oder Cherub auf der linken Seite und in erneuter Aufwärtsbewegung zu dem Putto ganz oben. Die Einzelformen scheinen in beständigem Wandel begriffen, emporzusprühen und wieder zurückzusinken. Was stellen sie dar? Und stellen sie überhaupt etwas Bestimmtes vor? Manchmal glauben wir etwas wie Muschelwerk, manchmal wie schäumende Brandung zu erkennen, dann wieder Knorpel oder züngelnde Flammen. Diese Ornamentik, die sogenannte *rocaille*, ist in Frankreich um 1720 von Meissonnier, Oppenord und einigen anderen Künstlern aus der französischen Provinz, zum Teil aber auch halbitalienischer Abkunft, erfunden worden. Von ihnen hat auch Cuvilliés seine Formensprache gelernt, eine Sprache, die sich leicht eindeutschen ließ. Das französische Rocailleornament hat dem Rokoko seinen Namen gegeben, und zwar mit Recht, denn es ist eine ganz originale Schöpfung, die, anders als die Ornamentik der Renaissance, von allem Voraufgegangenen unabhängig ist. Es ist eine abstrakte Formenwelt von nicht geringerer Ausdruckskraft als diejenige, die uns heute mit so viel Prätention dargeboten wird.

Bruchsal mit seiner vollendeten Einheit von Raumgestaltung und Dekoration war der Höhepunkt und zugleich auch das Ende des deutschen Barock. Wenige Jahre nach Vollendung dieses Bauwerkes und nach dem Tode seines genialen Schöpfers veröffentlichte Winckelmann seine ersten Schriften, mit denen der Klassizismus in Deutschland seine Herrschaft antrat. Zwischen der Welt Neumanns einerseits und der Winckelmanns und Goethes andererseits gibt es keine Verbindung. Die Menschen der neuen Generation dachten nicht mehr in Kirchen und Palästen. Seit 1760 finden wir unter den Baudenkmälern von wahrhaft kulturgeschichtlicher Bedeutung keine Kirchen mehr, und der Heros dieser Epoche, Napoleon, hat keine Paläste errichtet.

Einzig der englische Adel baute noch bis in die viktorianische Zeit hinein Schlösser von größten Ausmaßen. Aber im Gegensatz zu der überzeugenden Selbstverständlichkeit, zu der großartigen Unmittelbarkeit des Barock, spricht aus diesen Bauten eine gewisse Bewußtheit. Was wir hier gewahren, ist die Entwicklung von einem für alle

202 Bruchsal, Oberer Podest im Treppenhaus des Schlosses. Stukkaturen von Johann Michael Feichtmayr, 1752

gültigen zu einem nur den Gebildeten vorbehaltenen Stil. Diese Entwicklung machte sich in Süddeutschland und Italien nicht vor 1760 geltend, in Frankreich und England dagegen vollzog sich dieser Bruch schon wesentlich früher. Hier und ebenso in Holland, Dänemark, Skandinavien und Norddeutschland war im Grunde der Barock niemals akzeptiert worden. In diesen Ländern herrschte ein Geist, der sich von dem des übrigen Europa wesentlich unterschied und der im übrigen schon damals viele von denjenigen Eigenschaften aufwies, die für unsere moderne Kultur bestimmend gewesen sind: der Geist des Protestantismus. Während den katholischen Gebieten eine kulturelle Entwicklung vergönnt war, die im wesentlichen ohne Bruch und in kontinuierlichem Wachstum vom Mittelalter bis ins achtzehnte Jahrhundert reicht, hat in den nördlichen Ländern die Reformation dazu geführt, daß die große Tradition des Mittelalters jäh unterbrochen wurde. Dafür aber hat der Wandel des religiösen Bewußtseins eine solcherart bis dahin unbekannte Selbständigkeit von Denken und Fühlen gezeitigt, eine neue geistige Haltung, die sich bald genug als überaus fruchtbar erweisen sollte. Die protestantischen Länder (und dazu muß man auch das Frankreich der Gallikaner, Jansenisten und Enzyclopädisten zählen) haben den Puritanismus und die Aufklärung hervorgebracht. Sie haben den Keim zu der modernen Vorherrschaft der Experimentalwissenschaften gelegt und haben die für die Struktur der europäischen Neuzeit so entscheidende Entwicklung des Industrialismus begründet. In der Welt der Kunst verdanken wir ihnen das große Geschenk der Symphonie, die für das neunzehnte Jahrhundert etwas Ähnliches bedeutet wie die Kathedrale für das Mittelalter.

Frankreich und der protestantische Norden
Vom 16. bis zum 18. Jahrhundert

Während der Zeit, da das Treppenhaus von Bruchsal geschaffen wurde und da der barocke Illusionismus im Trasparente seine Triumphe feierte, entstanden über ganz England verstreut Bauten in klassizistischem, insbesondere in palladianischem Stil. Hierher gehören Schlösser wie Prior Park bei Bath, Holkham Hall, Stowe und Kenwood. Frankreich wendete sich damals von der Majestät seines Barock, wie ihn etwa Versailles repräsentiert, zur neuklassizistischen Feinheit der Place de la Concorde und des Petit Trianon. Seit dem Ende der Gotik ist die Entwicklung der Architektur im westlichen und nördlichen Europa einerseits, in Südeuropa andererseits, verschiedene Wege gegangen.

Es ist nicht immer leicht, die Trennungslinie aufzuzeichnen. Heute läuft sie von Nord nach Süd und teilt – eine künstliche Teilung – Deutschland in ein West- und ein Ostdeutschland. In den Jahrhunderten, die uns hier beschäftigen, lief sie von West nach Ost und schied den protestantischen Norden von dem katholischen Süden. Der Norden ist Flachland, verbunden von Natur aus mit Dänemark, Skandinavien, Holland und England. Der Süden ist bergig und blickt über die Alpen nach Italien. Diese Trennung hat für die Zwecke einer europäischen Architekturgeschichte, die ursprünglich nicht speziell für Deutschland geschrieben war, den überraschenden Effekt, daß der Spätbarock des achtzehnten Jahrhunderts vor der Renaissance und dem Manierismus des sechzehnten Jahrhunderts zu behandeln ist. Der Spätbarock war der Höhepunkt einer südlichen Entwicklung, die ohne Bruch von der italienischen Renaissance und dem italienischen Barock herkommt; die sogenannte deutsche Renaissance ist nicht mehr als eine lokale Variante der nordeuropäischen Renaissance-Rezeption – ein Neubeginn und keine bruchlose Fortführung.

Tatsächlich war die Situation zu Beginn des sechzehnten Jahrhunderts in England, Frankreich und Deutschland, in den Niederlanden und Spanien im wesentlichen dieselbe gewesen. Alle diese Länder hatten fast im gleichen Augenblick mit ihrer gotischen Vergangenheit gebrochen, um sich der italienischen Renaissance als dem für alle gleicherweise vorbildlichen Stil zuzuwenden. Entsprechend bedeutete auch auf dem Gebiet der Wissenschaften das fünfzehnte Jahrhundert den Beginn einer neuen Epoche. Überall war damals der Humanismus das für die Gelehrten entscheidende geistige Erlebnis, und sie alle waren bezaubert von der Größe der römischen Dichter und Philosophen, von der Klarheit und Eleganz des klassischen Latein. Die Erfindung der Buchdruckerkunst trug wesentlich zur Verbreitung der neuen Ideale bei, und mit ihrer Hilfe erwuchsen allenthalben unter Fürsten und Adeligen wie auch im Bürgerstande dem Humanismus Anhänger und Mäzene. Einige von ihnen wurden, wenn sie aus diesen oder jenen Gründen Italien besuchten, auch für die bildende Kunst des *rinascimento* gewonnen, sobald ihnen der humanistische Geist des neuen Stiles klar geworden war. Wir Heutigen können uns nur schwer den überwältigenden Eindruck vergegenwärtigen, welchen die italienischen Kunstwerke auf die Reisenden dieser Zeit gemacht haben müssen. Vor allem vergessen wir allzu leicht, wie primitiv im damaligen Europa die Verbindungsmöglichkeiten, wie unzureichend die Mittel waren, welche für die kulturellen Beziehungen zwischen den einzelnen Ländern zur Verfügung standen. So kannten im späten Mittelalter die Deutschen noch kaum eine andere Architektur als die der heimischen Sondergotik, die Engländer fast nur ihr Perpendicular, die Franzosen lediglich das Flamboyant und die Spanier einzig ihre nationale Formulierung der Spätgotik. Wenn unter solchen Umständen ausländische Künstler oder Kunstfreunde nach Italien kamen – man denke etwa an den Feldzug Karls VIII. von Frankreich im Jahre 1494, welcher zur Einnahme von Neapel führte, oder an die venezianische Reise, die der dreiundzwanzigjährige Dürer gleichzeitig unternahm –, so fanden sie sich plötzlich Kunstwerken gegenübergestellt, neben denen alles, was sie in ihrer Heimat gesehen hatten, verworren, unbeholfen und kleinlich erschien. Ob es die klare Weite der Kirchen war, die man betrachtete, ob die stolzen, im strengen Rechteck angelegten Palazzi, die Säulen, Balustraden und Rundbögen, die Girlanden, Lorbeergehänge und Putten – all das war für den Nicht-Italiener so fremdartig, so überwältigend neu, daß selbst die fortschrittlichsten Geister Jahre brauchten, um jene Kunst wirklich zu verstehen oder gar sich anzueignen. Karl VIII., der zum ersten Male französische Truppen nach Italien geführt hatte, starb im Jahre 1498. Aus seiner Regierungszeit und der seiner nächsten Nachfolger sind in Frankreich nur wenige Bauten erhalten, welche die Übernahme von Renaissancemotiven erkennen lassen. Indessen wissen wir, daß damals italienische Steinmetzen nach Frankreich gerufen wurden, und seit etwa 1500 finden wir sie vielerorts mit architektonischen Aufgaben, vornehmlich dekorativer Art, beauftragt. Ähnlich hatten sich auch in Spanien einige Familien des Hochadels, vor allem die Mendoza, zu dem neuen Stil bekehrt. Schon in den achtziger Jahren gibt es hier einige Portale und Höfe im Renaissancegeschmack (Cogolludo, Valladolid etc.). Zwischen 1500 und 1510 werden die Beispiele häufiger (Hospital zum Heiligen Kreuz in Toledo). In dieser Zeit, genauer gesagt, im Jahre 1506, reiste Dürer zum zweiten Male nach Venedig, und von jetzt an finden wir in seinen Gemälden und Stichen häufig italienische Ornamente. Nur ein oder zwei Jahre später hat auch Quentin Massys, der führende Maler Antwerpens, den Formenschatz der Renaissance übernommen. Im Jahre 1509 schloß Heinrich VII. von England einen Vertrag mit dem italienischen Bildhauer Guido Mazzoni, genannt Paganino, der damals am Pariser Hof tätig war. Mazzoni wurde verpflichtet, ein Grabmal für den englischen König zu arbeiten, ein Auftrag, der allerdings erst später und von einem anderen Meister ausgeführt worden ist. 1512 berief Heinrich VIII. den Italiener Pietro Torrigiani nach England. Dieser, der in Florenz ein Mitschüler Michelangelos gewesen war, hat dann im Jahre 1519 das Grabmal für den Vater des Königs vollendet. Im reinen Renaissancestil ausgeführt, steht das Monument in scharfem Gegensatz zu der spätgotischen Umgebung der Kapelle Heinrichs VII. in der Westminster-Abtei, wo es Aufstellung fand.

Aus dieser Zeit stammen auch die ersten Baudenkmäler, welche eine Rezeption der Renaissance nicht nur in der dekorativen, sondern auch in der räumlich-struktiven Gestaltung zeigen: so etwa die Fuggerkapelle in St. Anna zu Augsburg (1509–12) und die Grabkapelle der Königin Bona Sforza im Krakauer Dom (1517). Die Fuggerkapelle dürfen wir wohl als das Werk eines deutschen Meisters, der gleich Dürer Venedig besucht haben muß, ansehen. Die Grabkapelle im Krakauer Dom dagegen ist die Schöpfung des Italieners Bartolommeo Berecci, und hier war nicht die Kunst Venedigs, sondern die der Lombardei vorbildlich gewesen. In Frankreich wurde im gleichen Jahr das Schloß Chambord begonnen. Der Plan des für Franz I. errichteten Gebäudes setzt bei aller Selbständigkeit ebenfalls die Kenntnis italienischer Kompositionsprinzipien voraus.

Indessen, derartige Zeugnisse einer verständnisvollen Aufnahme italienischer Kunst waren vorerst noch selten, und in den ersten Jahrzehnten des sechzehnten Jahrhunderts bedeutet der Renaissancestil diesseits der Alpen im allgemeinen nicht mehr als eine neue Mode der Dekorationskunst, die sich in erster Linie auf das üppige spielerische Ornament des venezianischen und lombardischen (Pavia) Quattrocento gründete. Schließlich müssen wir an dieser Stelle noch darauf hinweisen, daß zu dem Zeitpunkt, da die Länder der Rezeption, da Frankreich, England, Deutschland und Spanien die Renaissance in der oben beschriebenen Quattrocento-Form sich zu eigen machten, daß zu dieser Zeit in Italien selbst der Stil der Frührenaissance bereits der Vergangenheit angehörte. Es ist schon in einem früheren Kapitel gezeigt worden, welche Wendung sich in der römischen Architektur um 1500–1520 vollzogen hatte; Bramante, Raffael und ihre Nachfolger hatten die liebliche Ornamentik, die kleinteilig zarte Formensprache des Frührenaissancedekors aufgegeben und sich einem majestätisch-ernsten, dem spezifisch klassischen Ideal der Hochrenaissance zugewandt. Wir haben weiterhin gesehen, wie diese Stilstufe bereits nach kurzer Zeit wesentlich abgewandelt wurde und wie schon während der dreißiger Jahre des sechzehnten Jahrhunderts in Nord- und Mittelitalien neben der Architektur der Hochrenaissance die des Manierismus sich geltend machte. Nördlich der Alpen jedoch hat diese Entwicklung vorerst kaum irgendwelche Spuren hinterlassen. Hier war noch immer, bzw. gerade jetzt, insbesondere die Ornamentik der Frührenaissance maßgeblich. Beispiele für die frühe Phase dieser Rezeption sind zahlreich

203 Augsburg, Fuggerkapelle in St. Anna, erbaut 1509–12

erhalten. In Frankreich wird sie etwa durch die Kapellenschranken von Rodez und Fécamp repräsentiert, in Holland durch diejenigen von Enkhuizen. Für die deutsche Frührenaissance weisen wir auf das Georgentor des Dresdener Schlosses hin (ca. 1530), für England auf das Chorgestühl der Kapelle von King's College in Cambridge aus den Jahren 1532–36.

Für ein tieferes Verständnis von Hochrenaissance und Manierismus war der Norden noch nicht reif, und die von uns schon erwähnte Landshuter Residenz und das Belvedere in Prag (beide aus dem Jahre 1536) bleiben bis zum Anfang des siebzehnten Jahrhunderts in der deutschen Architektur die beiden einzigen Zeugnisse einer echten Rezeption des Cinquecento. In England war die Situation die gleiche. Frankreich dagegen, seiner Lage und Rasse nach enger der mittelmeerisch-antiken Kultur verbunden, begann schon seit den dreißiger und vierziger Jahren die Ideen der Hochrenaissance aufzunehmen. Um 1550 war hier die Rückständigkeit der anderen, noch immer an ihrer nationalen Gotik festhaltenden Länder überwunden. Rosso Fiorentino und Primaticcio, beide den zeitgenössischen italienischen Manierismus vertretend, malten und modellierten während der dreißiger Jahre in Fontainebleau; 1540 kam der Pe-

204 Cambridge, Kapelle von King's College, 1532–36. Chorgestühl

205 Fontainebleau, Galerie Franz I., Dekor von Rosso, ca. 1531–40

ruzzi-Schüler Serlio und mit ihm das in Italien entwickelte Ideal des Künstlerarchitekten nach Frankreich. Kaum zehn Jahre später aber war eine Generation französischer Meister herangebildet und übernahm die Aufgaben, welche bisher den Italienern vorbehalten waren. Um den von diesen Männern geschaffenen Stil zu verstehen, empfiehlt es sich, die französische Architektur von 1515–1530 mit den um die Mitte des Jahrhunderts in Frankreich entstandenen Bauwerken zu vergleichen. Die Frühstufe wird oft als Loire-Schule bezeichnet, weil das Tal der Loire damals Lieblingsaufenthalt des Königs und bevorzugte Stätte seiner zahlreichen Schloßbauten war. Der Flügel des Schlosses Franz' I. von Blois ist zwischen 1515 und ca. 1525 entstanden. Das Motiv der Wendeltreppe sowie der Umstand, daß deren vertikale Stützen ihrer eigentlichen und kaum verhüllten Funktion nach Strebepfeiler sind, läßt das Fortwirken mittelalterlich-französischer Tradition erkennen. Die Betonung der horizontalen Unterteilungen dagegen und die besonders nachdrückliche Akzentuierung des Abschlußgesimses, ebenso der bequeme, nur allmählich ansteigende Treppenlauf sowie die der Gartenfront in ihrer ganzen Länge vorgelagerten Bogengalerien – dies alles beweist, daß der Meister von Blois, wiewohl anscheinend ein Franzose, den Geist der Renaissancearchitektur wohl verstanden hat. Einen vollkommen oberitalienischen Charakter zeigt die heute stark restaurierte Ornamentik; als den Schöpfer dieser anmutig verspielten Schmuckformen müssen wir wohl einen italienischen Steinmetzen annehmen.

206 Paris, Hoffront des Louvre, begonnen 1546 von Pierre Lescot

Den zweiten Abschnitt der französischen Renaissance verkörpert der um 1546 begonnene Flügel des Louvre in Paris. Der Entwurf stammt von dem Franzosen Pierre Lescot (ca. 1510–1578), einem Amateur aus bester Familie. Sein Werk gehört in den Zusammenhang des Cinquecento, zugleich aber ist es auch der Ausdruck eines spezifisch französischen Stilwillens. Von den beiden anderen um 1550 in Frankreich führenden Meistern, von Philibert Delorme (ca. 1515–70) und Jean Bullant (1515–80), wissen wir, daß sie Rom gesehen und die Bauten der Antike und Renaissance gründlich studiert haben. Was dagegen Lescot angeht, so ist es ungewiß, ob er die Ewige Stadt besucht hat. Jedenfalls läßt die Leichtigkeit und Freiheit, mit der er in der Louvrefassade Formen der Renaissance verwendet hat, erkennen, daß ihm die Kunst Italiens gleichsam zur Muttersprache geworden war. Besonders das zentrale Triumphbogenmotiv mit den übereinandergestellten gekoppelten Säulen und den Nischen zwischen jedem Säulenpaar ist nachweislich italienischen Ursprungs; es geht zum mindesten bis auf Bramante zurück

(Delorme hat es ebenfalls verwendet in Schloß Anet 1546–52, und um 1555 finden wir es in Bullants Schloß Ecouen). Die auf Konsolen ruhenden Fenstergiebel und die von Putten gehaltenen Festons am Gesims des ersten Geschosses stammen ebenfalls aus dem Formenschatz Italiens, zugleich aber spricht sich in der kühlen Eleganz der Ausführung ein ganz französischer Charakter aus. Vor allem das so scharf gezeichnete und doch so weich gekurvte oberste Giebelfeld mit den zwei Frauenfiguren, welche in unnachahmlich rhetorischer Bewegung das Wappenschild mit den gekrönten Initialen Heinrichs II. halten, wäre in Rom, wo zu dieser Zeit Michelangelo das

207 Ecouen, Portalbau im Südflügel des Schlosses, erbaut um 1555 von Jean Bullant

gewaltige oberste Gebälk des Palazzo Farnese schuf, unmöglich gewesen; unmöglich auch in Norditalien, wo Palladio in diesen Jahren die ersten seiner heiter beschwingten Villen und Paläste baute, und vollends undenkbar wäre Lescots Louvrefassade im damaligen Spanien oder Deutschland.

Denn wenn Spanien schon frühzeitig das Cinquecento in seiner streng klassizistischen Formulierung willkommen geheißen hatte (vgl. S. 221), so war es fast sofort in die leidenschaftliche Ornamentierfreude seiner Vergangenheit zurückgeglitten. Eine Ausnahme

208 Anet, Giebelfront des Schlosses (jetzt an der Ecole des Beaux-Arts, Paris), erbaut ca. 1547–52 von Philibert Delorme

209 Salamanca, Fassade der Universitätsbibliothek, erbaut ca. 1525–30

bedeutet in seiner strengen Kargheit der Escorial, das riesige Klosterschloß Philipps II. mit seinen 17 Innenhöfen und mit einer Fassade, die bei einer Länge von 208 m auf jegliche dekorative Ausschmükkung verzichtet. Was uns jedoch, abgesehen vom Escorial, in den spanischen Denkmälern jener Zeit immer wieder begegnet, ist der sogenannte *Platereskenstil*, ein krauses Konglomerat aus gotischen, arabischen und Frührenaissanceformen, welches – zügellos wie nur je die spanische Ornamentik – die Fassaden- und Innenwände überwuchert. Vom eigentlichen Sinn der Renaissance ist hier so gut wie nichts übrig geblieben. Eine ähnliche Entwicklung spielte sich in den Niederlanden ab und ebenso in Deutschland, wo die Architektur nach dem Landshuter Schloß und dem Prager Belvedere sich von den Prinzipien des italienischen Manierismus immer mehr entfernte. In Antwerpen, das zu einem der wichtigsten internationalen Handelszentren herangewachsen war, baute Cornelis Floris 1561–65 ein mächtiges Rathaus. Es ist eine stolze Anlage von wuchtiger Monumentalität und wohlausgewogenen Proportionen. Das dreijochige Mittelrisalit ist nach italienischer Manier als prunkvolle Schauwand ausgebildet. Das Motiv der gekuppelten Säulen, die entsprechend römisch-italienischer Tradition in der Reihenfolge toskanisch, jonisch, korinthisch übereinandergesetzt sind, ist in diesem Falle wohl eher aus Frankreich als aus Italien übernommen, und das gleiche gilt wohl für die zwischen den gekoppelten Säulen eingeschlossenen Nischen, falls nicht Serlios Bücher das Vorbild abgegeben haben. Die Benutzung eines anderen Säulenbuches scheint wegen der frühen Entstehungszeit des Antwerpener Rathauses wenig wahrscheinlich, obwohl wenigstens ein solches Säulenbuch schon vorlag, überraschenderweise von einem Deutschen: Hans Blum. Seine »Quinque Columnarum exacte Desaipsis« kam 1550 in Zürich heraus, und dann in einer deutschen Ausgabe. Es ist eine völlig sachliche graphische Darstellung der toskanischen, römischen, jonischen, korinthischen und kompositen Ordnungen ohne alle phantastischen Zugaben. Bald danach wurden solche Lehrbücher in Mengen veröffentlicht und fanden bei den Architekten als nahezu unentbehrliche Hilfsmittel großen Anklang. Zu den wichtigsten Publikationen dieser Art gehören, um noch einige zu nennen, Ducerceaus »Livre d'Architecture« (1559), Vignolas »Regola delle Cinque Ordini« (1562), Bullants

210 Antwerpen, Rathaus, erbaut 1561–65 von Cornelis Floris

»Règle Générale des Cinque Manières« (1564), Delormes »Architecture« (1568) und Palladios »Architettura« (1570). Wir haben schon zuvor darauf hingewiesen, daß diese gesteigerte Produktion von architektur-theoretischen Abhandlungen ein charakteristisches Symptom der manieristischen Epoche ist. Die meistbenutzten Werke sind alle – darauf muß besonders hingewiesen werden – italienischer oder französischer Herkunft. Aber auch in den Niederlanden, England und Deutschland erschienen Traktate über die Baukunst, jedoch unterscheiden sie sich wesentlich von den entsprechenden romanischen Publikationen durch den Mangel einer systematischen Ordnung; sie sind entweder von entwaffnender Naivität, oder aber sie befassen sich hauptsächlich mit phantastischen Ornamentkompositionen. Die erstere Richtung vertritt die früheste englische Schrift: John Shutes, »Chief Grounds of Architecture« (1563, Anm. 32), während Vredeman de Vries' »De Architectura« und »Artis Perspectivae Formulae« (1565 und 1568) die zweite Richtung vertreten.

Vredeman de Vries' Publikationen enthalten zahlreiche Beispiele des sogenannten *Floris*-Stils, eines neuen Dekorationsstiles, der den wichtigsten Beitrag Flanderns und Hollands zur Kunst des Manierismus darstellt. Das Antwerpener Rathaus von Cornelis Floris zeigt diese Ornamentik in maßvoll zurückhaltender Anwendung. Der Giebel mit seinem Zierat von Obelisken, Voluten und nach unten verjüngten Pilastern gibt dem mächtigen Gebäude den glanzvollen Abschluß. Er ist eine ganz aus der Tradition des nordischen Mittelalters erwachsene Konzeption; bei den kleineren Rathäusern, den Zunft- und Markthallen und bei den Privathäusern sind diese Ziergiebel, die im sechzehnten und frühen siebzehnten Jahrhundert zum Leitmotiv der niederländischen Architektur werden, von dem Schnörkel des Rollwerkes dicht bedeckt. Anders als Floris in seinem Antwerpener Rathaus, waren die Baumeister in der Provinz nicht gewillt, auf die wuchernde Formenfülle zu verzichten, die ihnen vom Flamboyant des fünfzehnten Jahrhunderts her vertraut war. Aber anstatt wie die Spanier in ihrem Plateresken-Stil eine *olla potrida* aus gotischen, maurischen und Renaissance-Formen zusammenzubrauen, waren sie selbständig und einfallsreich genug, um etwas eigenes zu erfinden; denn eine Erfindung muß man diesen neuen Ornamentstil nennen, selbst wenn viele seiner Motive auf Formen des italienischen Manierismus zurückgeführt werden können wie z. B. auf die Fensterumrahmungen in den oberen Stockwerken des Palazzo Massimo oder auf Arbeiten von Rosso Fiorentino in Fontainebleau. Bestimmend für das Niederländische Rollwerk sind vor allem die mehr oder minder derben Bandkurven, welche manchmal flach, öfter aber dreidimensional ausgeführt, an Laubsägearbeit oder an sich aufrollendes Pergament oder Lederwerk erinnern. Mit diesen

211 Bremen, Essighaus, erbaut um 1618

anorganischen Formen kontrastieren naturalistische Motive wie Girlanden und Karyatiden. Die Mode des Rollwerkdekors griff bald von den Niederlanden in die benachbarten Länder über. In England und Deutschland fand sie rasch Anklang; in Frankreich allerdings konnte sie sich nicht durchsetzen.

Der eigentümlichste und unbändigste Sproß, der aus den Anregungen von Vredeman de Vries emporwuchs, ist die »Architectura« des Straßburgers Wendel Dietterlin (publiziert 1591). In den Kupferstichen dieses Buches hat die Phantastik des nordischen Manierismus ihren Höhepunkt erreicht. Dietterlins Einfluß, gekennzeichnet durch mutwillig-bizarre Verspieltheit, gelegentlich auch durch religiöse Leidenschaft, macht sich gegen 1600 vielerorts in Deutschland geltend. Man betrachte etwa das Innere des Nürnberger Pellerhauses, die Räume des Bückeburger Schlosses und die Fassade der dortigen Stadtkirche, deren Fries in großen Lettern die für den Geist des Manierismus so bezeichnende Inschrift trägt: »Signum Religionis non Structurae«. Oder man betrachte an der deutschen Nord- und Ostseeküste Bauten wie das Bremer Essighaus. Allerdings ist die Architektur dieser Gebiete in vielen Fällen unmittelbar auf flämische und holländische Architekten zurückzuführen.

Indessen bezeichnet die oft maßlose Begeisterung für dekorative Verbrämung, wie sie im Zeichen der Rollwerkornamentik sich geltend machte, nur eine Seite der deutschen Baukunst des sechzehnten und frühen siebzehnten Jahrhunderts. Die andere Seite wird durch eine biedere und breitspurig derbe Behäbigkeit charakterisiert, jene Gesinnungsart, welche während des späten sechzehnten Jahrhunderts die deutsche Kultur in fast allen ihren Erscheinungsformen entscheidend bestimmt hat. Im Bereiche der Baukunst macht sich dieser Geist am deutlichsten in der bürgerlichen Profanarchitektur bemerkbar, so etwa in Rathäusern wie denen von Leipzig (1556) und Rothenburg (1572 ff.) oder in den Bauten der Zünfte, wie etwa dem Braunschweiger Gewandhaus, das 1590 errichtet wurde. Die vielen niedrigen Stockwerke, die gedrückten Bögen, die kleinteilig gegliederten Schmuckgiebel mit ihrem wie von Schreinerhand gefertigten Dekor – all das ist der Ausdruck eines unverkennbar deutschen Formgefühls. Im Falle der zeitgenössischen Schloßarchitektur ist eine Stilanalyse weniger einfach. Hier war, begünstigt von der internationalen Komponente der höfischen Kultur, die Beeinflussung durch das Ausland ungleich wirksamer, wobei die Verarbeitung der fremden Anregungen (eine Aufgabe, welche in Deutschland noch immer überwiegend dem einfachen Handwerksmeister oblag) verständnisvoll oder unbeholfen, feinfühlig oder auch barbarisch ausfallen konnte. Von Blois hat der Meister des Schlosses Hartenfels bei Torgau (1542–44) zu einem ungewöhnlich frühen Zeitpunkt das Motiv des nach dem Hofe geöffneten Treppenturmes übernommen. Aus

212 Bückeburg, Wandverkleidung im »Goldenen Saal«, erbaut um 1610

Oberitalien sind die Terrakottafriese und Fensterdetails des Wismarer Fürstenhofes (1553–54) übernommen. Der Ottheinrichsbau des Heidelberger Schlosses (1556–59) zeigt eine außerordentlich elegante Verbindung französischer und oberitalienischer Motive; die Fassade wurde wahrscheinlich von dem niederländischen Bildhauer

Alexander Colin aus Mecheln entworfen. Eine ähnliche Verschmelzung verschiedener Stilelemente finden wir in Westfalen: Schloß Horst bei Essen (1559, der Hauptbau nur sehr fragmentarisch erhalten) hatte ursprünglich einen typisch französischen Plan mit Innenhof, vier wuchtigen Ecktürmen und einem zu einer niedrigen Verbindungsgalerie reduzierten Eingangsflügel (Anm. 33); der leitende Architekt kam aus Nymwegen. Die Dekoration ist von Steinmetzen aus Wesel und Kalkar geschaffen. An vielen Orten und Bauten erscheinen auch jenseits der deutschen Grenze bis nach Skandinavien die Niederländer als Architekten und Dekorateure; Bauten wie das Emdener Rathaus (1574–76) von Martin Arens aus Delft, das Danziger Zeughaus (1605) von Anthonis van Obbergen aus Mecheln und die dänischen Schlösser Kronborg und Frederiksborg (1574–85 bzw. 1602–25) zeigen einen völlig niederländischen Charakter.

213 Stuttgart, Lusthaus, erbaut 1580–93 von Georg Beer, nach dem Stich von Merian

Viel deutscher und damit auch provinzieller und gröber (denn eine solche Gleichsetzung muß bei aller Freude an strotzender Kraft und breitspuriger Vitalität für diese Epoche der deutschen Architektur zugegeben werden) sind solche Schloßbauten wie beispielsweise Dresden (um 1550–60). Das Äußere zeigte ursprünglich ein Übermaß aufgemalter Dekoration, insbesondere Diamantquaderung und

214 Heidelberg, Friedrichsbau des Schlosses, erbaut 1601–04 von Johannes Schoch

Rankenfriese; über die hohen Dächer erhoben sich, mehr oder minder regelmäßig verteilt, zahlreiche Zwerggiebel. Das ehemalige Stuttgarter Lusthaus von Georg Beer (1580–93) war eine Abwandlung des zu Anfang des Jahrhunderts im Prager Belvedere angeschlagenen Themas, und auch hier bedeutete die Nachbildung zunächst eine Vergröberung. Der äußere Arkadenumgang wurde an den Ecken des Gebäudes durch schwere, niedrige Rundtürme unterbrochen, und die hohen, vielfach unterteilten Giebel wurden reich dekoriert. Oval- und Rundfenster waren an den unwahrscheinlichsten Stellen eingelassen. Das Ganze machte trotz aller festlichen Prachtentfaltung einen unruhigen, um nicht zu sagen unbeholfenen Eindruck. Das gleiche gilt auch für den Friedrichsbau in Heidelberg, der im Anschluß an den Ottheinrichsbau errichtet wurde (1601–04 von Johannes Schoch). Schwerfälligkeit und Unruhe sind hier schon fast ins Barocke gesteigert. In vielem hat Schoch den Ottheinrichsbau kopiert, und gerade an diesen Stellen tritt der Unterschied zwischen dem alten und dem neueren Flügel um so deutlicher hervor. Im ganzen bleibt es die Regel, daß die Bauwerke der deutschen Renaissance um so selbständiger und überzeugender sind, je mehr es ihnen an weltmännischem Schliff mangelt.

Das gleiche gilt bis zu einem gewissen Grade auch von den Bauwerken des Elisabethanischen England, obwohl die englische Architektur zwischen 1550 und 1620 sich wesentlich von der des damaligen Deutschland unterscheidet. Ein bedeutsamer Unterschied liegt schon in den soziologischen Voraussetzungen. Während in Deutschland die Bautätigkeit hauptsächlich in den Händen des Bürgertums und daneben auch der Landesfürsten lag, finden wir in England nicht den Hof oder die Städte, sondern den Adel als wichtigsten Auftraggeber. Um das Wesen der englischen Architektur unter Elisabeth und Jakob zu verstehen, müssen wir die italienische Frührenaissance, den Loirestil Frankreichs und die flämische Rollwerkdekoration berücksichtigen. Sie alle haben die englische Entwicklung nachhaltig beeinflußt. Das hell-wache Interesse für die Kunst des Auslands, wie es diese Rezeption dreier kontinentaler Stilprägungen erkennen läßt, ist eine kunstgeschichtliche Parallele zu dem weltweiten Horizont, den die englische Politik und Wirtschaft seit Elisabeth, seit Burleigh, ihrem vertrauten Ratgeber, und seit Gresham, dem Gründer der Londoner Börse, gewonnen hatte. Wir dürfen jedoch nicht vergessen, daß neben den Einwirkungen festländischer Kunst auch die heimische Tradition der englischen Spätgotik noch lebenskräftig und wirksam war, daß man noch lange an dem malerisch-asymmetrischen Landhaus des Perpendicular mit seinen steinernen Giebeln, seinen durch Mittelpfosten unterteilten Fenstern und seiner strengen, außerordentlich sparsamen Ornamentik festhielt. So gewährt die englische Architektur zwischen 1550 und 1620 ein äußerst buntes

215 Burghley House, Northamptonshire, Hauptpavillon im Hof, erbaut 1585

Bild: französische und flämische Elemente dominieren, sobald wir uns dem Einflußbereich des Hofes nähern, während die nationalenglische Tradition überwiegt, sobald wir uns von seinem Bereich entfernen. Die Architektur dieser Epoche ist nach alledem weitgehend abgeleitete Kunst, ist Stilrezeption einerseits, Stilkonservierung andererseits. Gelegentlich aber hat England in dieser Zeit auch von sich aus einen neuen und originalen Stil entwickelt und hat (wie Frankreich im Louvre, Deutschland in Bückeburg) Bauten geschaffen, die ein echter und unmittelbarer Ausdruck des nationalen Bewußtseins sind.

Das Haus Lord Burleighs bei Stamford ist ein mächtiges, um einen Innenhof gelagertes Rechteck von ca. 50–60 m Seitenlänge. Der Hof wird von einem dreistöckigen pavillonartigen Bau beherrscht, der das Mittelstück der Innenfront bildet. Unter der Dachtraufe ist die

Zahl 1585 als Erbauungsdatum eingefügt. Der Komposition ist wiederum das französische Triumphbogenmotiv zugrunde gelegt, und auch hier finden wir die typisch französischen Nischen zwischen gekoppelten Säulen. Wie in Frankreich sind die drei antiken Ordnungen in korrekter Abfolge übereinandergestellt, aber zwischen den korinthischen Säulen des dritten Stockwerkes findet sich plötzlich ein durch Kreuzstäbe unterteiltes englisches Erkerfenster, ein an dieser Stelle unerwartetes und jeder Logik entbehrendes Motiv (die Engländer scheinen nun einmal ohne Erkerfenster nicht glücklich sein zu können); darüber setzt sich der Bau – als ein Ausbruch flämischer Ornamentik und flämischer Freude am Dekor – weiter nach oben fort, mit Obelisken und Rollwerkschnörkeln reich verziert. Diese Stilanalyse findet in der Baugeschichte von Burleigh House ihre dokumentarische Bestätigung. Wir wissen, daß kein Architekt im modernen Sinne für den Gesamtbau verantwortlich war; der Entwurf muß vielmehr in wesentlichen Teilen auf Ideen des Lords selbst zurückgehen. William Cecil Burleigh war der vertraute Berater und Freund der Königin Elisabeth. Er vertritt in unserem Zusammenhang einen neuen und zukunftsreichen Typus des Baumeisters, den vornehmen und gelehrten Dilettanten. Im Jahre 1568 ließ er sich aus Paris ein Lehrbuch der Architektur kommen, und einige Jahre später bestellte er wieder ein derartiges Werk, wobei es sich diesmal um das Buch von Delorme handelte. Andererseits wissen wir auch, daß einige der von ihm beschäftigten Handwerker aus den Niederlanden kamen, ja daß bestimmte Details des Schlosses in Antwerpen selbst ausgeführt und dann nach England verschickt wurden. So ist das Auftreten flämischer sowie auch französischer Motive in Burleigh House einleuchtend. Weniger leicht zu verstehen ist, warum trotz einer so unbedenklichen, ja skrupellosen Vermischung verschiedener ausländischer Stilelemente mit den heimischen Bauformen – die hohen Schornsteine z. B. erscheinen im Gewand gekoppelter dorischer Säulen mitsamt dem entsprechenden Gebälkstück – warum trotz einer so heterogenen Zusammensetzung der Bau dennoch als eine einheitliche Gestaltung erscheint. Um dieses Phänomen zu erklären – soweit hier eine Erklärung überhaupt möglich ist – kann man wohl nur auf die überströmende Vitalität des Elisabethanischen England hinweisen, auf seine Freude an allem, was abenteuerlich, fremdartig und pittoresk, zum Teil auch was manieriert war. In dieser Haltung lagen die Voraussetzungen, die es möglich machten, daß England in dieser Epoche vieles assimilieren konnte, womit eine weniger kraftvolle Kultur ohne Preisgabe der eigenen Originalität nicht hätte fertig werden können.

Indessen, wenn auch Burleigh House und ähnlich Wollaton Hall (1580) und die Eingangsseite von Hatfield (1605–12) imposante und überaus interessante Schöpfungen sind, so liegt doch die wirkliche

216 Longleat, Wiltshire, begonnen um 1568

Stärke der damaligen englischen Architektur in Bauwerken, die weniger stark vom ausländischen Einfluß geprägt sind. Das früheste Beispiel des eigentlichen Elisabethanischen Stils ist das 1568 oder noch früher begonnene Longleat in Wiltshire. Rollwerk erscheint nur an der obersten Balustrade; das verhältnismäßig kleine Portal ist in italienischem Stil gehalten; mit seinen toskanischen Säulen wirkt es überraschend zurückhaltend. Schmuckformen sind überall nur sparsam verwendet. Der ganze Bau macht einen vierschrötig kompakten Eindruck. Die Hunderte von horizontal abgeschlossenen Fenstern sind durch Quer- und Längsstäbe vielfach unterteilt; die Erker ragen nur wenig vor und sind rechteckig, nicht abgekantet. Dieses echt englische Festhalten an der Geraden und am rechten Winkel sowie das Übergewicht vieler und großflächiger Fenster über die geschlossene Wand vermittelten manchmal, z. B. in Hardwick Hall und mehr noch auf der Gartenseite von Hatfield House, den Eindruck einer erstaunlichen Modernität, so als handele es sich um eine Schöpfung des zwanzigsten Jahrhunderts. Doch waren flache Dächer im Elisabethanischen England nicht das Übliche. Meist sind die großen Fenster, die offensichtlich noch der Tradition des Perpendicular angehören, mit einfachen Dreiecksgiebeln als oberer Bekrönung der Häuser verbunden. Kleinere Bauten dieses Typus sind noch genauso unsymmetrisch komponiert wie vor 1500. Die größeren sind wenigstens im Grundriß symmetrisch angelegt, wobei zunächst C- und E-förmige Pläne verwendet werden. Bei sehr aufwendigen Anlagen finden sich auch Pläne mit Innenhöfen. Die Gegensätze zwischen Longleat und Burleigh House sind groß. Aber bedurfte es nicht so gegensätzlicher Charaktere wie Lord Burleigh und etwa Raleigh, wie Shakespeare und Spencer und dazu vieler zäher, unternehmender und zielbewußter Kaufleute, um den großen Bau des Elisabethanischen England zu schaffen? Und doch war es eine einheitliche Kultur, die aus so vielfältigen Elementen zusammenwuchs, einheitlich auch in ihren künstlerischen und nicht zuletzt in ihren architektonischen Leistungen, von energischem, kraftvollem und fruchtbarem Geist, selbstbewußt, nicht selten ein wenig prahlend mit einer robusten Gesundheit, die zwar zuweilen an das Derbe, ja Rohe grenzt, die dafür jedoch aller Verweichlichung und aller nervösen Überreiztheit fern bleibt.

Eine tiefe Kluft trennt Bauten wie Burleigh House und Audley End (1603–16) oder Hatfield House von den Meisterwerken Inigo Jones', dem 1616 entworfenen, aber erst unmittelbar vor dem Bürgerkrieg vollendeten Queen's House in Greenwich und dem Banqueting House im Palastbezirk von Whitehall in London (1619–22). Das Schaffen Ingio Jones' bedeutete für die englische Architektur eine so entscheidende Neuorientierung, daß daneben der Stilwandel, wie wir ihn zwischen den Jahren 1500 und 1530 beobachtet haben, unerheblich erscheint. Jetzt erst geschah in England, was sich in Frankreich bereits vor der Mitte des sechzehnten Jahrhunderts vollzogen hatte, und es geschah mit einer noch unbedingteren Konsequenz als dort; denn während Männer wie Lescot, Delorme und Bullant die italienische Renaissance nur in Einzelformen und bis zu einem gewissen Grade auch ihrem Geist nach übernommen hatten, ging Jones daran, die Architektur des Südens gleichsam in Bausch und Bogen nach England zu verpflanzen, indem er hier ganze Bauwerke in rein italienischer Manier errichtete.

Inigo Jones (1573–1652) scheint seine Laufbahn als Maler begonnen zu haben. Im Alter von 31 Jahren entwarf er Kostüme und Dekorationen für einen der *Masques*, jener Schaustücke, wie sie zu dieser Zeit am englischen Hof beliebt waren. Bald wurde er der anerkannte Theatermaler der königlichen Familie. Zahlreiche derartige Entwürfe von ihm sind erhalten, alle brillant ausgeführt, die Kostüme in jenem phantastischen Stil, der im Barock mit der Darstellung antiker Geschichte und Mythologie verbunden war. Die Kulissen sind fast ausnahmslos in klassisch-italienischer Manier gehalten. Jones war vermutlich um 1600 in Italien gewesen, und wie es scheint, hat er sich dort mehr für Malerei und architektonische Dekoration interessiert als für die eigentliche Baukunst. Dann aber machte der Prince of Wales ihn zu seinem *surveyor*, d. h. er verlieh ihm die Stellung eines Hofarchitekten. Kurze Zeit später wurde er Surveyor der Königin und 1613 auch des Königs. Jetzt ging Jones noch einmal nach Italien, dieses Mal, wie wir seinem Skizzenbuch entnehmen, um ernsthaft architektonische Studien zu betreiben. Sein Ideal war Palladio; ein Exemplar von Palladios Lehrbuch mit handschriftlichen Anmerkungen von Jones ist noch erhalten.

Blicken wir von Queen's House – einer *villa* in der italienischen Auffassung des Wortes – zurück zu Palladios Palazzo Chiericati, so wird die stilistische Beziehung sofort deutlich, obwohl nichts kopiert ist, wie denn nirgends in Jones' Werk bloße Nachahmungen sich finden. Was er von Palladio und den römischen Architekten des frühen sechzehnten Jahrhunderts lernte, war die Auffassung eines Gebäudes als einer in Grundriß und Aufriß nach logischen Prinzipien streng

217 Greenwich, Queen's House, begonnen 1616 von Inigo Jones

durchgebildeten Einheit. Aber das Queen's House hat nichts von der Wucht römischer Renaissance- und Barockpaläste, ja ursprünglich war der Bau weniger kompakt als heute; denn wo wir heute einen geschlossenen Block erblicken, bestand die Villa in ihrem originalen Zustand aus zwei rechteckigen Flügeln, die, rechts und links der Hauptstraße nach Dover gelegen, nur durch eine die Straße überkreuzende Brücke (heute der Mittelraum des ersten Geschosses) miteinander verbunden waren. Jones hat hier eine sehr eigenartige, wenn auch nicht einzigartige Komposition von räumlich höchst wirkungsvoller Auflockerung geschaffen. Im Gegensatz zu dieser Freiheit des Gesamtplanes ist die Gruppierung der Innenräume von strengster Symmetrie bestimmt. Nun hatte sich allerdings schon in den Herrenhäusern der Elisabethanischen Epoche die Tendenz zu einem möglichst symmetrischen Aufbau der Fassade geltend gemacht, und manchmal hatte man sogar zu blinden Fenstern oder ähnlichen Notbehelfen gegriffen, um wenigstens im Außenbau eine Symmetrie zu erzwingen, die in den Innenräumen noch nicht hatte erreicht werden können. Völlig symmetrische Grundrisse aber waren um 1610 noch recht selten, obwohl die Entwicklung – wie gesagt – unverkennbar in dieser Richtung liegt. In dieser Beziehung ist Inigo Jones der Vollender des unter Jakob I. vorherrschenden Stiles. Dagegen steht die vornehme Schlichtheit, die das Äußere seiner Bauten kennzeichnet, in entschiedenem Gegensatz zu der Vielfalt an Fensterformen, zu den polygonalen und abgerundeten Erkern, den Dacherkern, Giebeln und steilen Dächern, wie sie noch nach 1600 üblich waren. Im Queen's House wird die glatte Flucht der Fassadenmauer nur an einer Stelle durchbrochen: der Mittelteil des Gebäudes mit der Loggia im Obergeschoß tritt nur um ein weniges nach außen vor. Sonst aber wird das Rechteck des Grundrisses streng gewahrt. Das Erdgeschoß ist gequadert, das Obergeschoß glatt gehalten. Eine Balustrade setzt die Fassade gegen den Himmel ab. Die Fenster sind sorgfältig proportioniert. Abgesehen von den delikat profilierten Gesimsen über den Fenstern des ersten Stockwerkes gibt es fast keine Schmuckformen.

Diese sparsame Verwendung des Dekors war für Inigo Jones, soweit es sich um den Außenbau handelt, eine prinzipielle Forderung. »Außendekoration muß kräftig sein, wohl bemessen in den Proportionen, männlich und schlicht.« Man könnte den Charakter von Queen's House nicht besser beschreiben als mit diesen seinen eigenen Worten. Jones war sich bewußt, daß dieses Ideal nicht nur zu der damaligen englischen, sondern auch zu der römischen Kunst seiner Zeit, d. h. zu der Architektur des Barock, in entschiedenem Gegensatz stand: »Alle diese künstlich zusammengesetzten Ornamente«, fügte er hinzu, »die aus dem Überschwang der Künstler hervorgehen und die von Michelangelo und seinen Anhängern aufgebracht worden sind, vertragen sich meiner Meinung nach nicht mit der wahren Baukunst.« Das bedeutet jedoch keineswegs, daß Jones grundsätzlich jede Verwendung von Schmuckformen verachtet hätte. Im Inneren des Queen's House hat er sich ihrer bedient und weit mehr noch in dem sogenannten Doppelwürfel-Saal von Wilton House in Wiltshire (der Saal ist genau so hoch wie breit und doppelt so lang, daher die Benennung). Selbst dort aber bleibt Jones in der Verwendung der Dekoration maßvoll und fern von Überladenheit. Seine Blumen- und Fruchtgehänge sind klar und fest geformt. Sie überwuchern nirgends die strukturelle Gliederung des Raumes. Der Gegensatz zwischen strengem Außenbau und reicher Innenausstattung war durchaus bewußt herbeigeführt. »Ein verständiger Mann bewahrt, wenn er sich in der Öffentlichkeit befindet, äußerlich ein gesetztes Gebaren, in seinem Inneren jedoch brennt das Feuer der Phantasie, und manchmal bricht sie durch, wie es oft die Natur selbst in unbändigem Drange tut«, schreibt Jones und verlangt dieselbe Haltung von einem guten Bauwerk. Die Ausdrucksweise, deren sich Jones bei derartigen Bemerkungen bedient, ist in einem Maße persönlich und unmittelbar, wie es bei englischen Architekten der voraufgehenden Zeit noch undenkbar gewesen wäre; und, in der Tat, wenn wir den modernen Sinn des Wortes zugrunde legen, so dürfen wir Jones den ersten Architekten Englands nennen. Er bedeutet für seine Heimat, was die frühen Künstler des Quattrocento für Italien bedeuten. Und genauso wie wir uns für die Person eines Alberti oder Leonardo da Vinci interessieren, müssen wir angesichts seiner persönlichen Größe immer wieder bedauern, daß wir nur so wenig von dem Menschen Jones wissen.

Von Jones' übrigen Bauten – und von solchen, die ihm mit einiger Sicherheit zugeschrieben werden – können an dieser Stelle nur noch zwei erwähnt werden. Zunächst Lindsay House in Lincoln's Inn Fields in London: mit seinem rustizierten Erdgeschoß und der Kolossalordnung von Pilastern, die das Gebälk und die oberste Balustrade tragen, ist es der Prototyp für eine ganze Reihe repräsentativer Stadthäuser bis hin zum Royal Crescent in Bath und zu Nash's Bauten um den Regents Park. Nicht minder bedeutsam war die architektonische Anlage von Covent Garden mit den vornehmen und schlichten Fassaden seiner hohen Häuser. Die offenen Laubengänge im Erdgeschoß hat Jones von der Piazza in Livorno entlehnt. Covent Garden war der erste nach einem regelmäßigen Plan angelegte Platz Londons. In der Mitte der Westseite liegt die kleine Paulskirche mit ihrem niedrigen, sehr feierlichen Portikus in streng antikischem Stil. Das Vorbild für diese Lösung haben italienische Architekturbücher des sechzehnten Jahrhunderts abgegeben. Nördlich der Alpen das erste Beispiel einer Fassade, die derjenigen des klassischen Tempels bis zu der Konsequenz freistehender Säulen nachgebildet ist.

Wir haben hier endlich einmal wieder, wenn auch nur flüchtig, eine Kirche erwähnen müssen; seit der Reformation hatte es ja in England so gut wie keine Neubauten sakraler Art mehr gegeben. Auch in Frankreich und Deutschland sind unter den führenden Bauten nur ausnahmsweise Kirchen anzutreffen. Indessen hat in diesen Ländern der Kirchenbau auch jetzt noch einzelne interessante Probleme aufgeworfen, die den Anstoß zu neuartigen architektonischen Lösungen gegeben haben. Bemerkenswert sind in dieser Hinsicht die protestantischen Kirchen Deutschlands und unter diesen zunächst die Schloßkapellen. Die frühesten finden wir in Schloß Augustusburg in Sachsen (um 1570) und im Schmalkaldener Schloß (um 1590). Die spezifische Aufgabe des protestantischen Gotteshauses, den Gläubigen ein akustisch wie optisch günstiges Auditorium zu schaffen, wurde durch die Anlage mehrstöckiger Emporen gelöst. Sie machen es möglich, daß eine große Gemeinde bei freier Sicht auf Kanzel und Altar ohne Schwierigkeiten dem Wortlaut des Predigtgottesdienstes folgen kann. Die mystische Transzendenz mittelalterlicher Religiosität findet in diesen Räumen keine Heimat mehr. Den gleichen Bautypus vertritt in Frankreich das mit einer zweistöckigen Emporenanlage versehene große Bethaus (Temple) der Calvinisten in Charenton bei Paris (ca. 1620). Erst dann im späteren siebzehnten Jahrhundert hat der protestantische Kirchenbau das einfache Rechteck zugunsten differenzierterer Grundrißformen aufgegeben. Eine Ausnahme bildet Heinrich Schickhardts Stadtkirche zu Freudenstadt (Anm. 34).

Auf ganz anderem Gebiet liegt die Bedeutung der protestantischen Kirchen von Wolfenbüttel (1604 und 26) und Bückeburg (geweiht 1615). Hier zeigt zwar, wie wir schon bemerkt haben, die Dekoration die Formensprache des Manierismus, die Gesamtanlage jedoch weist im Grundriß und Aufriß in die Vergangenheit zurück; sie ist unmittelbar von der Predigerkirche der deutschen Sondergotik, d. h. der Hallenkirchen mit Rippengewölbe, übernommen. Es ist schwer zu entscheiden, ob es sich hier um ein Nachleben oder um eine Renaissance des Mittelalters handelt. Beispiele für eine enge Beziehung zur gotischen Tradition finden sich jedenfalls auch in der katholischen Sakralarchitektur, vor allem in westfälischen und rheinischen Jesuitenkirchen (Köln 1621–29). Die gleiche Richtung vertreten in Frankreich die beiden im sechzehnten Jahrhundert erbauten Pariser Ordenskirchen St. Eustache und St. Etienne du Mont.

Dann, in der ersten Hälfte des siebzehnten Jahrhunderts, begann das Schema des Gesù – und zwar sowohl in bezug auf die Raumgestaltung als auch auf die Fassade – einen immer stärkeren Einfluß auszuüben. Wir haben bereits darauf hingewiesen, daß zwischen 1600 und 1750 Vignolas Bau das beliebteste Vorbild der europäischen Kirchenarchitektur gewesen ist. In Paris gehören bzw. gehörten zu

218 München, St. Michael, erbaut 1582–97 von Wolfgang Miller und Friedrich Sustris, Blick zum Chor

219 Augsburg, Rückseite des Rathauses, erbaut 1610–20 von Elias Holl

den Tochterbauten des Gesù die Noviziatskirche der Jesuiten (begonnen 1612, heute zerstört), ferner St. Gervais (begonnen 1616, von de Brosse oder Clément Métézau) und die Kirche der Feuillants von François Mansart (begonnen wahrscheinlich 1624).

Der gleichen Entwicklung begegnen wir auch in Deutschland, so etwa, wenn wir die Fassade der Wiener Dominikanerkirche (1631 bis 1634) betrachten. Schon vorher aber waren in den Gebieten der Gegenreformation große Kirchen entstanden, die ganz vom Geist der römischen Architektur geprägt sind. Die früheste, und unter den deutschen Kirchen vom Typus des Gesù bei weitem die großartigste, ist die Münchener Jesuitenkirche St. Michael (1582–97). Sie wurde von Wolfgang Miller und später von dem aus Italien kommenden Niederländer Friedrich Sustris erbaut. Hier ist ein weites, einfaches und lichtes Schiff von einem gewaltigen Tonnengewölbe überdeckt und ganz dem Schema des Gesù entsprechend nicht mit Nebenschiffen, sondern isolierten Seitenkapellen ausgestattet. Die letzteren sind allerdings abweichend vom Gesù zweistöckig angelegt, so daß die Quertonnen des über das Hauptgesims aufsteigenden Emporengeschosses tief in das Gewölbe des Hochschiffes einschneiden. Trotz dieser für den Raumeindruck recht bedeutsamen Abweichung vom italienischen Vorbild ist St. Michael dennoch ein entschiedenes Bekenntnis zum römischen Geist. Im selben Sinne wurde etwas später der schon erwähnte Salzburger Dom (1614–28) von Santino Solari neu erbaut.

Dieses vertiefte Verständnis für die italienische Baukunst ist offensichtlich die deutsche Parallele zu der von Inigo Jones ausgelösten Entwicklung in England. Unter den deutschen Architekten ist derjenige, welcher seinem Stil und seiner geschichtlichen Stellung nach dem großen Engländer am nächsten steht, Elias Holl, der Erbauer des Augsburger Rathauses (1610–1620). Elias Holl (1573–1646) ist 1600 in Venedig gewesen. Von seinem Studium der norditalienischen Renaissance zeugen zahlreiche der von ihm verwendeten Motive. So etwa die Proportionen und die giebelförmigen Abschlüsse der Fenster, die Eckquadern, Dachbalustraden usw. Aber trotz Holls enger Beziehung zur italienischen Architektur und obwohl gewisse frühere Entwürfe unverkennbar den Einfluß Palladios aufweisen, zeigt das Augsburger Rathaus in seiner endgültigen Ausführung dann doch einen so gotischen Höhendrang und eine dem Klassizismus Palladios so ferne nordisch-manieristische Unruhe, daß der Gegensatz zu Inigo Jones' Bauten mehr als deutlich wird und das Gemeinsame beider Stilarten fast völlig vergessen läßt. Neben Elias Holl mögen – auch sie von Palladio ausgehend – Jakob Wolff, der Meister des Nürnberger Rathauses (1616–22) und der Schweizer Antony Isenmann, der Schöpfer des Rathauses von Luzern (1602–06), erwähnt werden. Der klassizistischste Bau dieser Jahre in Deutschland ist der Englische Bau des Heidelberger Schlosses (1613–15), der übrigens nichts mit England zu schaffen hat.

Wir müssen uns nun nach Frankreich zurückwenden, wo Salomon de Brosse (1540/50–1626), der Erbauer der Fassade von St. Gervais und des Bethauses von Charenton, seit 1615 am Bau des Luxembourg Palastes tätig war. Auf Geheiß von Maria de Medici nahm de Brosse hier wesentliche Motive der manieristischen Rückseite des Pitti-Palastes in seine Komposition auf. Der Grundriß des Luxembourg besteht aus einem H-förmigen Corps de logis, dessen Fassade und niedrige Seitenflügel eine Cour d'honneur umschließen. Die vierte Seite des Ehrenhofes wird durch eine repräsentativ ausgestattete Frontmauer gebildet, wo ein dem Mittelbau des Corps de logis gegenübergestellter Eingangspavillon die Hauptachse des ganzen Komplexes nachdrücklich betont.

Symmetrische Anlagen von solchen Ausmaßen (im allgemeinen klarer und konsequenter gegliedert als die der englischen Schloßbauten unter Elisabeth und Jakob I.) waren seit langer Zeit für Frankreich charakteristisch. Ursprünglich, d. h. zu Beginn des sechzehnten Jahrhunderts, waren derartige regelmäßige Anlagen (wie etwa das streng symmetrisch gegliederte Schloß Chambord mit seinen vier runden Ecktürmen) aus der Tradition des mittelalterlichen Burgenbaues und aus dem Vorbild italienischer Renaissancepaläste hervorgegangen. Mit Delormes zweifellos von Herreras Escorial beeinflußtem Plan für die Tuilerien (1564) erreichte dieser Kompositionstypus wahrhaft monumentale Ausmaße. Der Bau sollte eine fast 200 Fuß lange Fassade und fünf Höfe erhalten. Wenig später unter Karl IX. wurde von Jacques Androuet Ducerceau (ca. 1510 bis 1585), den wir bisher nur als Architekturtheoretiker kennengelernt haben, ein noch gewaltigeres Projekt ausgearbeitet: Schloß Charleval in der Normandie sollte ein mächtiges Viereck werden mit einem quadratischen Innenhof und einer Cour d'honneur auf der Frontseite. Links und rechts der Fassade waren Flügelbauten für Stallungen, Dienerschaft usw. vorgesehen, deren jeder wiederum zwei Höfe einschließen sollte. Mit mehr als 300 m im Geviert hätte Charleval den Escorial an Ausdehnung noch übertroffen. Von solchen Plänen leitet sich Karls I. und Karls II. von England Projekt eines riesigen Palastes in Whitehall her. Die Entwürfe wurden zunächst von Inigo Jones und dann in ebenso entschieden italienischem Stil von seinem Schüler John Webb zu Papier gebracht.

Aber vor 1650 oder 1660 waren Jones und Webb die einzigen in England, die solchen aus dem Süden kommenden Ideen anhingen. Kurz nach der Epoche Jakobs I. kam ein schlichter, von holländischen Vorbildern angeregter Stil mit geschweiften Giebeln in Aufnahme, eine Bauweise, wie sie etwa Schloß Kew bei London vertritt. Die französische Parallele ist der noch bis in die dreißiger Jahre des

220 Blois, Orléans-Flügel des Schlosses, begonnen 1635 von François Mansart

siebzehnten Jahrhunderts fortlebende Stil Heinrichs IV., eine Ziegelarchitektur mit einzelnen, durch Haustein hervorgehobenen Gliedern, so etwa Portale, Fensterrahmen, Eckquadern etc. Besonders charakteristische Beispiele sind die Place des Vosges in Paris (1605 bis 1612) und das nach dem Kanzler und Kardinal benannte Städtchen Richelieu, welches 1631 gegründet und einschließlich des Palastes von Lemercier (ca. 1585 bis 1654) entworfen wurde. Dieses heute längst zerstörte Schloß war nach dem Vorbild des Luxembourg komponiert und daher schon bei seiner Fertigstellung ein in die Vergangenheit weisendes Bauwerk. Maßgeblich für den Fortschritt der französischen Architektur im Zeitalter Richelieus und mehr noch Mazarins war ein erneuter starker Zustrom italienischer Ideen – und nunmehr war italienisch gleichbedeutend mit barock. Durch einzelne führende Architekten wurde aus den italienischen Anregungen allerdings bald ein Stil von spezifisch französischer Prägung entwickelt, ein barocker Klassizismus, dessen kulturgeschichtliche Entsprechungen die Malerei Poussins, das Drama Corneilles und die Philosophie Descartes' sind. In England gibt es keine Parallelen zu dieser Stilphase, obwohl von 1660 an die Entwicklung in beiden Ländern ungeachtet einzelner nationaler Unterschiede wieder in gleicher Richtung verlief. Auch Deutschland besitzt, das braucht kaum hervorgehoben zu werden, nichts Vergleichbares. Das Reich war in die Wirren des Dreißigjährigen Krieges verstrickt, und als endlich der Friede wiederhergestellt war und das Land sich langsam zu erholen begann, entstand hier jener aus dem italienischen Barock entwickelte Stil von spezifisch nationaler Färbung, mit dem wir uns schon eingehend beschäftigt haben.

François Mansart (1598–1664) ist der große Protagonist des französischen Barock-Klassizismus; ihm folgte Louis Levau als der zweite Führer dieser Richtung. Die beiden Meisterwerke Mansarts sind zwischen 1635 und 1650 entstanden: der Orléans-Flügel des Schlosses von Blois und der Landsitz Maisons Lafitte bei Paris. In Blois ist besonders die Fassade des Cour d'honneur bemerkenswert. Sie ist ein Meisterwerk von nobler Zurückhaltung, elegant, vielleicht ein wenig kühl, aber mit dem zweigeschossigen Triumphbogen des Mittelrisalits und dem halbkreisförmigen, sehr originellen Giebelfeld im dritten Geschoß weit entfernt von jeder akademischen Pedanterie. Die Verbindung nach rückwärts zu der Kunst Lescots ist ebenso deutlich wie diejenige vorwärts zu der biegsamen Eleganz des Rokoko-Hôtel. Das letztere gilt vor allem für die geschwungenen Kolonnaden in den Ecken der Cour d'honneur. Durch sie wird der rechtwinklige Knick der Fassade auf eine sehr glückliche und zugleich sehr französische Weise ausgeglichen und geglättet. In Maisons Lafitte hat Mansart – diesmal im Innenbau – eine vergleichbare Wirkung erzielt. Hier wird sie durch die Ovalräume der Seitenflügel ausgelöst. Ovale Räume waren im damaligen Frankreich eine Neuerung. Es scheint, daß dieses ursprünglich italienische Motiv durch Mansart und Levau eingeführt worden ist. Die Verwendung elliptischer Grundrisse im italienischen Kirchen- und Palastbau (Palazzo

221 Paris, Kirche des Collège des Quatre Nations, begonnen 1661 von Louis Levau

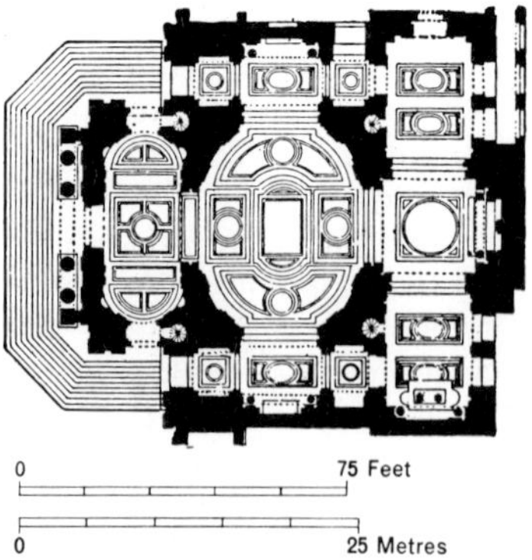

222 Paris, Collège des Quatre Nations (Institut de France), begonnen 1661 von Louis Levau. Nach einem Stich von Israel Sylvestre 1670

Barberini) haben wir bereits ausführlich besprochen. Den Eingang derartiger Kompositionen in die französische Architektur veranschaulichen in großartiger Weise die sehr italienisch und sehr barock empfundenen (stilistisch der Plastik Pugets vergleichbaren) Paläste in Antoine Lepautres (1620–91) »Dessins de plusieurs Palais« (veröffentlicht 1652). In der gebauten Architektur hat Louis Levau mit seiner Kirche des Collège des Quatre Nations (begonnen 1661) und mit dem 1657 begonnenen Landschloß Vaux-le-Vicomte bedeutende Beispiele für die Anwendung ovaler Raumformen gegeben. Die Kirche des Collège des Quatre Nations, das heutige Institut de France, nähert sich in ihrem Grundriß der Gestalt des griechischen Kreuzes an. Die Arme jedoch und die dazwischenliegenden Ecken sind sehr frei und ganz verschieden voneinander behandelt. Die für den Gesamteindruck bestimmenden Räume sind die ovale Vierung mit ihrer Kuppel und die quadratische Vorhalle, welche, im Norden und Süden durch Apsiden erweitert, gleichfalls oval wirkt. In der etwas früher entstandenen Kirche der Sorbonne (1635–42) hat Jacques Lemercier durch die entschiedene Dominanz der einen Kreuzachse über die andere ebenfalls den Effekt eines Ovalraumes herbeigeführt. All

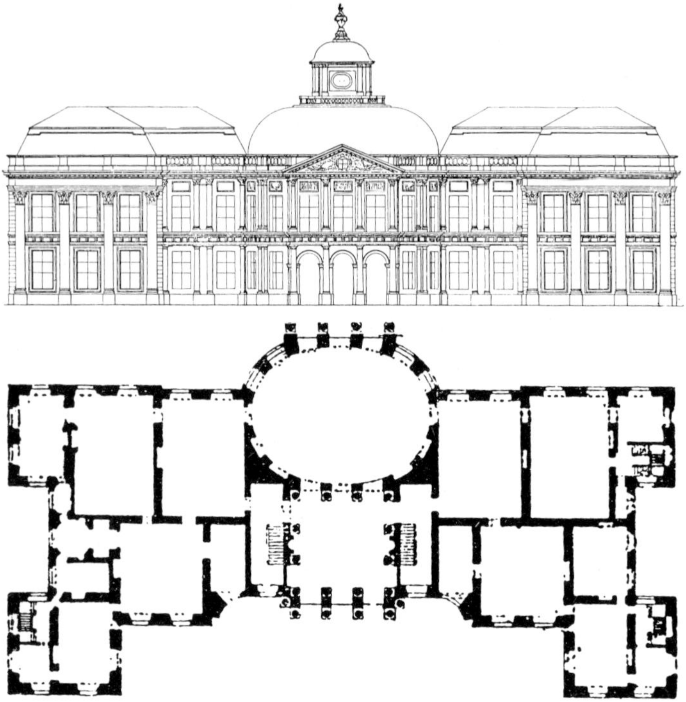

223 Vaux-le-Vicomte, begonnen 1657 von Louis Levau.
Aufrißzeichnung und Grundriß

diese Bauten zeigen eine Raumphantasie, die derjenigen der gleichzeitigen römischen Architektur ebenbürtig ist, wenn auch die Detailformen, verglichen mit denen des römischen Barock, zurückhaltender sind und zuweilen geradezu frostig anmuten.

Das Schloß Vaux-le-Vicomte bei Melun ist in vieler Beziehung der bedeutendste französische Profanbau aus der Mitte des siebzehnten Jahrhunderts. Levau hat es für Colberts Vorgänger, den Finanzminister Nicolas Fouquet, begonnen. In den Gartenanlagen hat der große Le Nôtre sich zum erstenmal an Ideen versucht, wie sie später in Versailles eine so glänzende Verwirklichung gefunden haben. Auch Lebrun, der *Premier Peintre* Ludwigs XIV., arbeitete in Vaux, ehe er nach Versailles berufen wurde. Bei der Anlage des Schlosses selbst hat Levau – ähnlich wie Mansart schon früher in Maisons-Laffitte – das traditionelle Schema des Luxembourg zugunsten eines dem Palazzo Barberini verwandten Grundrisses aufgegeben. Auch hier treten die Seitenflügel nur wenig vor, und wie im Palazzo Barberini finden wir im Mittelpavillon von Vaux einen ovalen Salon. Die Dächer der Flügelbauten haben noch die Steilform, die für das französische sechzehnte und frühe siebzehnte Jahrhundert charakteristisch war. Die Wände aber sind durch eine einzige, beide Geschosse zusammenziehende Kolossalordnung von schlanken korinthischen Pilastern gegliedert, eine Lösung, die an sich nichts eigentlich Neues bedeutet. Wir haben die Kolossalordnung als Fassadengliederung bereits bei Palladio gefunden, und auch in Frankreich hatte man das Motiv gelegentlich schon verwendet (Bullant in Ecouen, Ducercau in Charleval usw.). Aber für die besondere Leichtigkeit und Eleganz, wie sie den Pilastern von Vaux-le-Vicomte eignet, gab es im damaligen Frankreich keine Entsprechung. In den Niederlanden jedoch waren bereits seit 1630 Kolossalordnungen von sehr ähnlicher Bildung ein beliebtes Fassadenmotiv.

Holland eroberte sich gerade jetzt die führende Stellung im europäischen Handel und wurde darum von Colbert und den Engländern viel beneidet und viel nachgeahmt. Auch in den Wissenschaften waren die Niederlande führend, und in der Malerei hat das Land damals mehr Meister hervorgebracht als in irgendeiner anderen Epoche. Was die holländische Architektur angeht, so war sie von dem bürgerlich-behaglichen und lebensfrohen Stil um 1600 (welchem in

224 Den Haag, Mauritshuis, erbaut 1633–35 von Jacob van Campen

Frankreich der Stil Heinrich IV., in England der Jakob I. entspricht) zu einem Klassizismus fortgeschritten, wie ihn als Parallelerscheinung der Stil Mansarts, in Deutschland derjenige Elias Holls und in England derjenige Inigo Jones' verkörpert. Eines der bedeutendsten Denkmäler dieses niederländischen Klassizismus ist das von Jacob van Campen entworfene Mauritshuis im Haag (1633–35). Die Fassade hat über einer korrekt gebildeten Ordnung von Kolossalpilastern ein antikisierendes Giebelfeld; auch die Seitenfronten zeigen Kolossalpilaster. Dieses System der Wandgliederung scheint die französische Architektur und scheint insbesonders Vaux-le-Vicomte beeinflußt zu haben. Aber in seinem für eine fürstliche Residenz bescheidenen Umfange, mit seinen anspruchslos schlichten Ziegelmauern und seiner Atmosphäre intimer Behaglichkeit, ist das Mauritshuis doch ganz holländisch und durchaus verschieden von allem, was es in der damaligen französischen Baukunst gab (Anm. 34a).

Nur England hatte ein angeborenes Verständnis für die dem nordwesteuropäischen Charakter entsprechenden Eigenschaften der Holländer, und in der Tat wurde die englische Architektur seit 1660 nachhaltig beeinflußt von den Bauten der van Campen, Post und Vingboons, nicht zuletzt von Vingboons' Architekturstichen, die 1648, 1674 und 1688 veröffentlicht wurden (Anm. 35). Jedoch waren die englischen Baumeister, Theoretiker und Liebhaber und vor allem der Hof der Stuarts keineswegs unempfindlich für die Pracht und die außerordentlichen Leistungen, welche Frankreich im Zeitalter Ludwigs XIV. und Colberts hervorbrachte. Bewunderte man einerseits die Blüte des holländischen Handels, so war man andererseits geblendet von dem Glanz der absoluten Monarchie. So kam es, daß die Engländer sich bei ihren repräsentativen Bauten vorwiegend an dem Vorbild von Paris orientierten, während der bürgerliche Wohnbau sich dem holländischen Geschmack anschloß. In dem Oeuvre Sir Christopher Wrens (1632–1723) kann man diese zwiefache Anregung deutlich erkennen. Wren muß die holländischen Architekturstiche mit großem Eifer studiert haben; und als er sich für die Baukunst zu interessieren begann, besuchte er Paris. Diese Wendung eines angesehenen Mannes von über dreißig zur Architektur ist aufschlußreich, denn Wren – und das ist bezeichnend für seine Zeit – hatte in seinen Anfängen keine eigentliche Lehrzeit als Steinmetz oder als Architekt durchgemacht, noch hatte er seinen Weg als Maler, Bildhauer oder Ingenieur begonnen. Damit repräsentiert er einen ganz neuen Typus des Architekten, wie er uns, was Ausbildung und auch was Herkunft anlangt, bis dahin noch nicht begegnet ist. Wrens Vater war Dean von Windsor, der Bruder seines Vaters sogar Bischof von Ely. Nachdem der Knabe die angesehene Schule von Westminster absolviert hatte, wurde er im Alter von fünfzehn Jahren Assistent in den anatomischen Vorlesungen des Londoner Chirurgenkollegiums. Dann bezog er die Universität Oxford. Sein Hauptinteresse galt der Naturwissenschaft, d. h. der Naturwissenschaft in jenem unbestimmten und vieldeutigen Sinne, den das Wort in der Mitte des siebzehnten Jahrhunderts hatte. In seinen jungen Jahren veröffentlichte dieser »Wunderknabe«, wie John Evelyn ihn nannte, 53 Erfindungen, Theorien, Experimente und mechanische Verbesserungen. Manches davon erscheint uns heute als Spielerei, anderes aber rührte unmittelbar an die Kernprobleme der Astronomie, Physik und Technik. Im Jahre 1657 wurde Wren als Professor der Astronomie nach London, 1661 nach Oxford berufen. Es war die Zeit, in der die Experimentalphysik überall in Europa in den Vordergrund trat. In Paris wurde die königliche Akademie der Naturwissenschaften gegründet. In London hatte die Royal Society, die sich mit dem gleichen Gebiet befaßt, ihre Tätigkeit schon früher begonnen. Wren war einer ihrer Gründer und zählte dann zu den bedeutendsten Mitarbeitern. Newton nannte ihn, zugleich mit Huygens und Wallis, »huius aetatis geometrarum facile princeps«. Wrens wichtigste wissenschaftliche Arbeiten beschäftigten sich mit den Zykloiden, dem Barometer und dem Pascalschen Problem. In seiner Antrittsvorlesung in London entwickelte er die weit vorausschauende Theorie, daß die kosmischen Nebel die Firmamente anderer, der unseren ähnliche Welten seien. 1664 illustrierte er Wallis' »Anatomie des Gehirns«; 1663 führte er der Royal Society das Modell eines Gebäudes vor, das er auf Verlangen der Oxforder Universität entworfen hatte; es war das 1669 vollendete Sheldonian Theatre. Der hölzerne Dachstuhl ist ein Beispiel raffinierter Hängekonstruktion, im übrigen aber ist der Bau unbeholfen und offensichtlich das Werk eines Mannes von geringer architektonischer Erfahrung. Das gleiche gilt von Wrens zweitem Bauwerk, der 1663–66 erbauten Kapelle des Pembroke College in Cambridge. Daß er sich schon früher mit architektonischen Problemen beschäftigt hatte, bezeugt ein Auftrag Karls II., Befestigungsanlagen für Tanger zu entwerfen. So gingen Baukunst, Technik, Physik und Mathematik in der Entwicklung Wrens Hand in Hand. Die endgültige Entscheidung für den Architektenberuf ist möglicherweise durch den großen Brand von London im Jahre 1666 ausgelöst worden. Wren wurde damals zum Mitglied der königlichen Kommission für den Wiederaufbau ernannt. Und sehr bald erhielt er den Auftrag, Entwürfe für die vielen neuen Kirchen auszuarbeiten, welche anstelle der zerstörten Gotteshäuser errichtet werden sollten. Die Pauls-Kathedrale war eine von ihnen. Im Jahre 1669 machte der König ihn zum Generalintendanten für das Bauwesen. Es ist bezeichnend, daß Wrens einzige Auslandsreise ihn – wie schon erwähnt – nach Paris und nicht nach Italien führte. Zur Zeit des jungen Inigo Jones war für einen Künstler Paris höchstens die Durchgangsstation auf dem Wege nach Rom. Jetzt dagegen nennt Wren in einem Brief die französische Hauptstadt »eine wahre Schule der Architektur, wahrscheinlich die beste, die es heute in Europa gibt«. Während Wren sich dort aufhielt, ließ Ludwig XIV. Bernini kommen, um für den Ausbau der Ostseite des Louvre Pläne auszuarbeiten. Berninis Entwurf, der auf eine vollkommene Umgestaltung des Louvre hinzielte, sah einen riesigen Baukomplex mit quadratischem Grundriß und, ganz im Sinne römischer Barockpaläste, mit Kolossalordnung freistehender Säulen an den Hof- und Straßenfronten und mit einem mächtigen, von einer Balustrade gekrönten Gebälk vor. Aber diese Pläne, die Wren während kurzer, kostbarer Minuten betrachten durfte, wurden fallen gelassen, sobald der gefeierte Italiener Paris verlassen hatte. Statt dessen kam die von Claude Perrault (1613–88) im Jahre 1665 entworfene und später so berühmt gewordene Ostfront mit ihrer langen Säulengalerie zur Ausführung.

Daß die Wahl auf Claude Perrault fiel, ist bezeichnend. Sein Bruder Charles war Jurist und Hofmann, er selbst ein angesehener Arzt und Kunstkenner. 1664 wurde er zum Generalinspektor der königlichen Bauten ernannt. In der Geschichte der französischen Literatur hat er sich weniger durch das mittelmäßige Epos »Le Siècle de Louis le Grand« als vielmehr durch seine Aktivität in der *Querelle des Anciens et des Modernes* einen Namen gemacht. Während Boileau auf der unbedingten Superiorität der Antike beharrte, gehörte Perrault zu den Vorkämpfern eines modernen Stiles, was natürlich im Grunde auch nichts anderes bedeutete, als daß er sich für eine gewisse Freiheit in der Anwendung des klassischen Kanons einsetzte.

Claude Perraults Louvre-Fassade geht in verschiedener Beziehung über Mansart und Levau hinaus. Sie repräsentiert die Entwicklung von Mazarin zu Colbert oder von den frühen bis zu den mittleren Jahren Ludwigs XIV. Zu der kühlen, ja zeremoniellen Vornehmheit, die das Gebäude kennzeichnet, tragen zwei Motive bei, welche Perrault dem Entwurf Berninis verdankt: die Flachdächer mit Balustraden und die verhältnismäßige Flachheit der Fassade, deren drei Risalite bei Perrault – ähnlich wie es Berninis Projekt vorgesehen hatte – nur wenig vorgezogen sind. Beide Motive waren im damaligen Frankreich etwas Neues; abgesehen davon aber hielt sich Perrault ganz innerhalb der nationalen Tradition. Von echt französischem Gepräge – obwohl sehr selbständig erfunden und so unakademisch, daß sie weniger wagemutigen Zeitgenossen stets ein Dorn im Auge blieb – ist die freistehende Kolossalordnung, deren schlanke Säulenpaare auf der Basis des hohen, glatt gemauerten Erdgeschosses im Obergeschoß aufsteigen. Typisch französisch sind auch die Fenster mit ihrem segmentförmigen Abschluß, und französisch auch das direkt von Lescot übernommene Dekorationsmotiv der Kartuschen mit zu beiden Seiten herabhängenden Girlanden. Das Ganze zeigt

225 Paris, Ostfront des Louvre, entworfen 1665 von Claude Perrault

eine Würde und eine überlegene Eleganz, wie sie das siebzehnte Jahrhundert trotz Blois und Maisons-Laffitte nie erreicht hatte und wie sie auch in der Spätzeit Ludwigs XIV. nicht übertroffen wurde. Perrault vereinigt in vollendeter Weise die verschiedenen, oft widerspruchsvoll anmutenden Eigenschaften des Siècle de Louis XIV.: den feierlichen Ernst und die Raison Corneilles, Boileaus und des späten Poussin, die unterdrückte Leidenschaft Racines, die strahlende Anmut Molières und das großartige Organisationstalent Colberts.

Um diesen Stil wirklich zu verstehen, muß man sich die Atmosphäre vergegenwärtigen, aus der er hervorging, muß sich vor allem die Machtkämpfe zwischen Protestanten und Katholiken vor Augen halten, welche im sechzehnten Jahrhundert die französische Nation zerrissen hatten; man muß Heinrichs IV. Entschluß, in die römische Kirche zurückzukehren, berücksichtigen (»Paris ist eine Messe wert«) und muß die zunehmende religiöse Gleichgültigkeit bedenken, welche schließlich in der Politik Richelieus und des Paters Joseph zum herrschenden Prinzip wurde, des Kanzlers und des Kapuziners, die in Frankreich den Protestantismus unnachgiebig bekämpften, während sie ihn im Ausland zur selben Zeit tatkräftig unterstützten. Der eigentliche Angelpunkt dieser anscheinend so zwiespältigen Politik waren nationale Interessen, war das ehrgeizige Streben, aus Frankreich eine blühende und mächtige Nation zu machen. Ein solches Ziel konnte nur erreicht werden, indem man zunächst eine streng zentralisierte Verwaltung schuf. Die Autorität des Einheitsstaates konnte damals allein die Person des Königs repräsentieren, deshalb war für jeden Anhänger einer nationalen Politik die absolute Monarchie die einzig mögliche Regierungsform. Die Grundlagen des barocken Absolutismus hat Richelieu geschaffen, Mazarin folgte ihm nach, und Colbert, der fähige und unermüdliche Bourgeois, vervollkommnete ihn zum System. Er organisierte Frankreich mit einer noch nicht dagewesenen Gründlichkeit. Das Resultat seiner zähen Bemühungen war der Merkantilismus in Handel und Industrie, waren die königlichen Manufakturen und Handelsgesellschaften, die scharfe Aufsicht über Straßen, Kanäle und Forstwesen – war mit einem Worte die strenge Überwachung und Lenkung von allem durch die Allmacht des Staates bzw. des Königs.

Auch die Kunst wurde diesem System eingeordnet. Eine blühende Malerei und Plastik und ein ausgezeichnetes Kunstgewerbe waren wertvolle Hilfsmittel zur Förderung des Exporthandels und dienten gleichzeitig der Verherrlichung des königlichen Hofes. Glänzende Bauwerke waren nützlich zur Arbeitsbeschaffung und schufen den prunkvollen Rahmen für Hof und Staat. Die Bauleidenschaft der kleineren deutschen Höfe des achtzehnten Jahrhunderts war nicht zuletzt in dieser Gesinnung begründet. Aber während der deutschen Architektur jener Zeit allgemein verpflichtende Richtlinien fehlten, während sie in eine Vielzahl von Schulen und Lokalstilen zerfiel, herrschte in der französischen Baukunst strenge Disziplin. Die Kunst sollte in allen ihren Zweigen genau den vom König und seinen Ministern vorgeschriebenen Normen entsprechen. In diesem Sinne wurden Akademien gegründet, eine für Malerei und Plastik, eine zweite für die Architektur. Diese Körperschaften, deren Wirksamkeit in gleichem Maße dem Unterricht wie der Repräsentation zugewandt war, sind die frühesten Beispiele des Akademiewesens im modernen Sinne. Sie waren einflußreicher als alle späteren Institutionen dieser Art. Künstler, die ihre Schulen mit Auszeichnung absolviert hatten, wurden zu Hofmalern, -bildhauern oder -architekten ernannt und traten in den gut dotierten und ehrenvollen Dienst der Regierung. Dabei gerieten sie mit wachsendem Erfolg in immer stärkere Abhängigkeit von dem Willen des Königs und Colberts. Damals wurde die französische Baukunst zu einem Zweig der Administration, und die Architekten wurden Hof- und Staatsbeamte. Wir begegnen mit dieser Entwicklung einer durchaus neuen Phase der Architektur. Gewiß hatten auch früher schon, genauer gesagt, seit dem dreizehnten Jahrhundert, die Monarchen von Frankreich und England ihre königlichen Bau- und Zimmermeister ernannt, aber diese waren Handwerker und nicht Beamte gewesen, und die Machtbefugnisse, die sie späterhin unter dem Titel von Inspektoren und Kontrolleuren ausübten, waren niemals genau festgelegt. Das gilt auch für Italien. Wenn etwa Michelangelo zum Oberaufseher der päpstlichen Bauten ernannt wurde, so wäre zu seiner Zeit niemand auf den Gedanken gekommen, eine solche Bestallung als Beruf im modernen Sinne anzusehen, wie ihn heute etwa ein städtischer oder Regierungsbaumeister ausübt. Erst im Frankreich Ludwigs XIV. begegnen wir dem Baumeister als Funktionär der öffentlichen Verwaltung; erst jetzt entstand das Baubüro im Sinne unserer Zeit, und nun erst wurde für die Ausbildung des Architekten ein geregeltes System mit Unterricht am Zeichenbrett und in der Baupraxis gebräuchlich.

Jules Hardouin-Mansart (1646–1708) verkörpert in vollkommener Weise den Typus des französischen Baubeamten zur Zeit Ludwigs XIV., wie wir ihn eben beschrieben haben. Er war gut geschult, ein rascher Arbeiter und anpassungsfähig gegenüber den Wünschen seines Auftraggebers. In der Kirche St. Louis des Invalides (1675–1706) erreichte er ebenso wie Claude Perrault jene besondere Synthese von Größe und Eleganz, wie sie einzig und allein in Frankreich zu finden ist. Der Innen- und Außenbau ist als eine Weiterentwicklung der Kirchen Lemerciers und Levaus in der Sorbonne bzw. im Collège

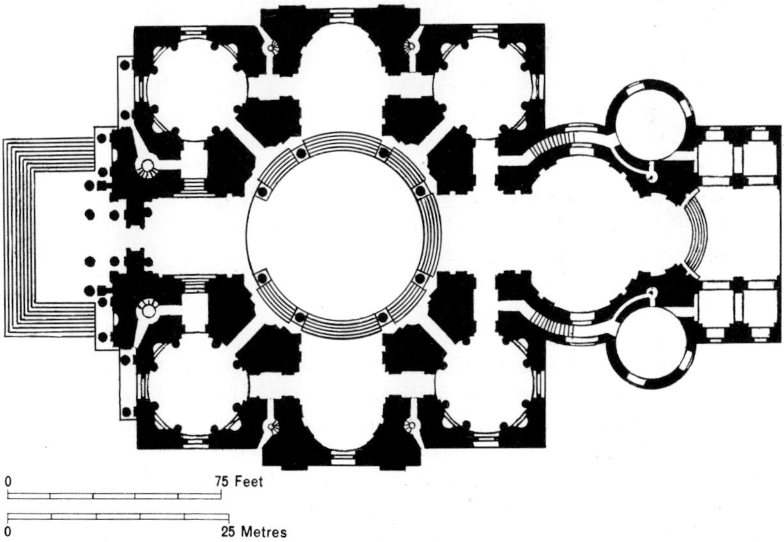

226 Paris, Invalidendom, erbaut 1675–1706 von Jules Hardouin-Mansart

227 Paris, Invalidendom, erbaut 1675–1706 von Jules Hardouin-Mansart

des Quatre Nations zu verstehen. Im Inneren ist der Invalidendom mit Ausnahme des ovalen Chores ausgeglichener im akademischen Sinne, d. h. die Raumverhältnisse sind weniger dynamisch als in den beiden genannten Kirchen. Das gilt allerdings nicht für die Kuppel. Sie ist zweischalig konstruiert, und zwar so, daß der Beschauer durch eine weite Öffnung der inneren Wölbung auf das reich gemalte und von unsichtbaren Fenstern beleuchtete Gewölbe der zweiten äußeren Kuppel blickt. Das ist ein echt barocker Raumeffekt. Wenn wir nunmehr die Fassade betrachten, so werden wir uns von der scheinbaren

Klassizität besonders des Portikus mit seinen korrekten dorischen und jonischen Ordnungen nicht überzeugen lassen und werden auch hier das Vorherrschen einer spezifisch barocken Gesinnung konstatieren. Das zeigt besonders die von Perrault übernommene Gruppierung der Säulen und deren stufenweises Vortreten zur Mitte hin: die erste Stufe von der Fassadenwand zu den Säulen der Seitenflügel, die zweite zu den äußeren Säulen des Mittelrisalits, die dritte zu den vier Mittelsäulen des Portals. Nicht nur die Griechen, sondern auch Palladio und selbst Vignola hätten eine so freie Komposition zutiefst mißbilligt.

Nicht so Sir Christopher Wren, um auf diesen bedeutendsten Architekten des damaligen England zurückzukommen. Nur im ersten Anblick erscheint seine St. Pauls-Kathedrale als ein rein klassizistischer Bau (1675–1710). In Wahrheit ist sie ebenso wie der Invalidendom eine Mischung von Klassizismus und Barock. Die Kuppel, eine der vollkommensten, die es gibt, hat in der Tat klassizistisches Gepräge. Ihr Umriß ist ruhiger als der von Michelangelos und Hardouin-Mansarts Kuppeln. In der gleichen Richtung unterscheidet sich auch die Dekoration, etwa wenn wir den Säulenkranz des Tambour mit den vorgekragten Doppelsäulen und dem verkröpften Gebälk von St. Peter oder mit den von Segmentbögen abgeschlossenen (und erstaunlich profan anmutenden) Fenstern von Mansarts Tambour vergleichen. Indessen zeigt sich bei näherer Betrachtung, daß Wren auch hier mit dem Wechsel von offenen Jochen und solchen, deren Interkolumnien von Nischen ausgefüllt werden, die klassischen Regeln verlassen und sich barocker Elemente bedient hat. Das gleiche gilt von der Laterne, die zum mindesten ebenso eigenwillig und bizarr ist wie die gebrechlich zarte Kuppelbekrönung von St. Louis des Invalides. Noch deutlicher zeigt sich Wrens Distanz zum Klassizismus in der um 1685 begonnenen Fassade. Mit ihren gekuppelten Säulen, die Wren ebenso wie Hardouin-Mansart von Perraults Louvre-Fassade übernommen hat, und mit den beiden phantastischen Seitentürmen (nach 1700 entworfen) ist sie eine durchaus barocke Komposition. Die Seitenwände von St. Paul's zeigen einen dramatisch gesteigerten Stil, der indessen an die Profanarchitektur, insbesondere an den Palastbau gemahnt. Die Fenster sind sogar von einer Scheinarchitektur umrahmt, die ähnlich wie die Nischen in S. Carlo alle Quattro Fontane und wie die Fenster des Palazzo Barberini Tiefe vortäuschen. Im Inneren besteht ein scharfer Kontrast zwischen der Klarheit und Festigkeit jeder Einzelform und der fließenden Dynamik des Gesamtraumes. Die Zentralkuppel ist so breit wie Mittel- und Seitenschiffe zusammen, eine Lösung, die Wren aus Ely oder von Stichen italienischer Bauwerke wie etwa der Kathedrale von Pavia gekannt haben mag. Sie verleiht der ganzen Anlage Größe und Spannung. Die diagonal gestellten Vierungspfeiler sind zu ge-

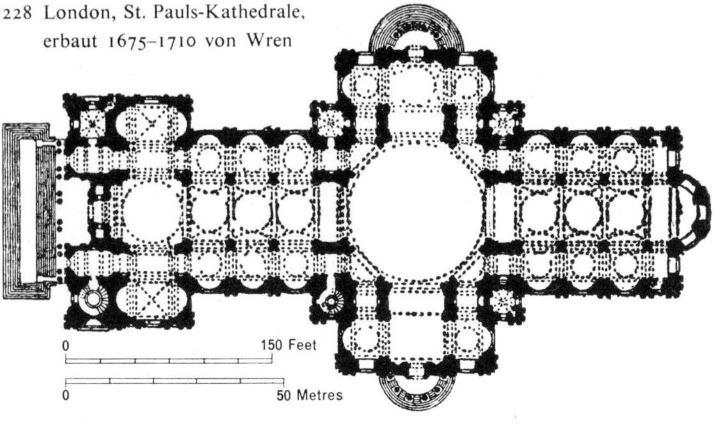

228 London, St. Pauls-Kathedrale, erbaut 1675–1710 von Wren

waltigen Nischen ausgehöhlt. Nischen vermitteln auch an den Seitenschiffswänden von Chor und Langhaus den Eindruck wogender Bewegtheit. Eine ähnliche Wirkung wird durch die Fenster erzielt, welche in die Tonnengewölbe und Flachkuppeln von Chor und Schiff einschneiden. Wrens Stil sowohl in seinen Kirchen als auch in seinen Palastbauten ist zweifellos indirekt von Serlio, Palladio und Inigo Jones abhängig, aber sein Klassizismus hat eine entschieden barocke Färbung. Einige der Kirchen in der Londoner City wie St. Stephen's Walbrook (1672–77) zeigen das besonders deutlich.

Die Raumstruktur von St. Stephen ist beinahe ebenso schwer zu analysieren wie die von Vierzehnheiligen. Und doch vermittelt der Bau den Eindruck einer kühlen und harmonischen Klarheit. Der Außenbau, der sich über einem einfachen rechteckigen Grundriß erhebt, verrät nichts von der komplizierten Gestaltung des Innenraums; es ist der gleiche Kontrast wie in Vierzehnheiligen, und ebenso wie dort ist der Besucher von St. Stephen zutiefst überrascht von dem unerwarteten Anblick, der sich ihm beim Eintritt in die Kirche darbietet. Den Mittelpunkt des Innenraumes bildet eine weite, sanft ansteigende Flachkuppel (aus Holz und Stuck), die auf acht Rundbögen ruht. Ebenso wie in Balthasar Neumanns wesentlich später erbauter Kirche von Neresheim werden diese Bögen nur von schlanken Säulen, zwölf an der Zahl, getragen. Die technische Kühnheit dieser Konstruktion ist ebenso bemerkenswert wie ihre ästhetisch-künstlerische Vollkommenheit, welche uns die hier überwundenen statischen Schwierigkeiten vergessen läßt und dem Bau eine scheinbar mühelose Leichtigkeit verleiht. Die zwölf Stützen des Kuppelraumes bilden im Grundriß ein Quadrat. Vier Bögen verbinden jeweils die beiden inneren Säulen der Quadratseiten, während an den viermal drei Ecksäulen Gewölbefragmente (es sind halbe Kreuz-

229 London, St. Pauls-Kathedrale, erbaut 1675–1710 von Sir Christopher Wren

gewölbe) ansteigen, die mit ebenfalls vier, die Winkel des Quadrats schräg überschneidenden Bögen abschließen. Außerdem sind diese drei Ecksäulen jeweils noch durch ein gerades Gebälk miteinander verbunden. Auf diese Weise zeigt jede der vier Seiten des Zentralraumes die gleiche rhythmische Gliederung nach dem Schema: gerades Gebälk – niedrig; Bögen – hoch; gerades Gebälk – niedrig. Aber St. Stephen hat noch andere ähnlich raffinierte, rhythmische Gruppierungen aufzuweisen: Wenn wir in die Kuppel hinaufblicken, so beurteilen wir das Ganze als eine Komposition von acht Bögen

gleicher Art und Höhe; richten wir aber den Blick auf eine der Seiten des Quadrates direkt vor uns, so sehen wir drei Joche verschiedener Art, das Palladio-Motiv a b a. Schließlich muß noch der Raum in seiner Gesamtheit betrachtet werden. Die von Bögen überspannten Mitteljoche der vier Quadratseiten können auch als Eingänge zu den vier Armen eines Kreuzes verstanden werden, und zwar handelt es sich, wenn wir diesem Gesichtspunkt nachgehen, um ein lateinisches Kreuz, während der kreuzgewölbte Chorarm, in dem sich der Altar befindet, etwas länger ist und der Westarm als der längste von allen die doppelte Tiefe des Ostarmes besitzt; er besteht aus zwei Jochen, die im Sinne einer normalen Langhauskirche durch Säulen voneinander getrennt sind. Da diese Säulen mit allen anderen in der Kirche verwendeten Stützen genau übereinstimmen, so ergibt sich beim Eintritt in die Kirche der Eindruck, als befände man sich in einem Mittelschiff, das, von Seitenschiffen begleitet, auf einen Kuppelraum von nicht zu überschauender Weite zuführt. Schließlich hat das dreischiffige »Langhaus« – wenn wir diesen Ausdruck gebrauchen wollen – noch sehr schmale und flach gedeckte äußere Seitenschiffe, die allerdings nicht überall als solche bezeichnet werden können; denn in der Querachse des Zentralraumes steigen sie mit jeweils einem überwölbten Joch (es sind die schon erwähnten Querarme des griechischen Kreuzes) bis zum Ansatz der Kuppel auf, um dann wieder, zu ihrer alten Höhe absinkend, die äußeren Seitenschiffe des Chores zu bilden. Was die inneren Seitenschiffe angeht, so haben wir bereits erwähnt, daß sie ebenso wie das Mittelschiff in der weiten Vierung münden; in diesem Punkte ähnelt St. Stephen der Londoner St. Pauls-Kathedrale und beide, wie schon gesagt, der dreihundertfünfzig Jahre älteren Kathedrale von Ely mit ihrem zentralen Oktogon. Insgesamt finden wir innerhalb des rechteckigen Innenraumes von St. Stephen sechzehn korinthische Säulen. Sie sind edel gebildet, und obwohl ihnen eine fast akademische Kühle eigen ist, verleihen sie der Kirche eine räumliche Polyphonie, wie sie allein das Zeitalter Purcells und Bachs hervorbringen konnte und wie sie allein die Menschen des Barock ganz zu erfassen vermochten.

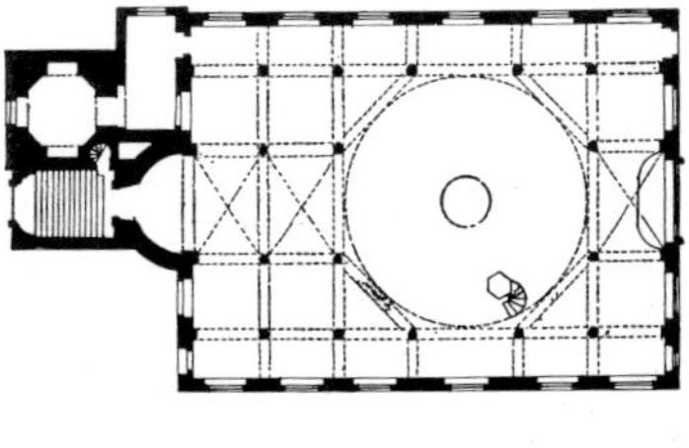

231 London, St. Stephen's Walbrook, erbaut 1672–77 von Wren

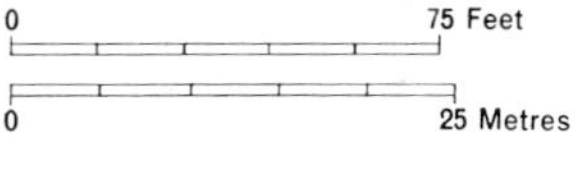

230 London, St. Stephen's Walbrook, erbaut 1672–77 von Sir Christopher Wren

Um Wrens Leistung voll zu würdigen, muß man neben St. Stephen auch die übrigen zweiundfünfzig Londoner Pfarrkirchen berücksichtigen, deren Planung und Ausführung ihm zufiel. Bei diesem gewaltigen Werk, das nach dem Brand der Hauptstadt im Jahre 1666 in Angriff genommen und zum größten Teil innerhalb weniger Jahre vollendet wurde, ist Wren unermüdlich den vielfachen Möglichkeiten architektonischer Raumgestaltung nachgegangen. So finden wir reine Zentral- und reine Langhausbauten, wie auch die Verschmelzung beider Typen. Bei der Erprobung und Anwendung so mannigfaltiger Bauformen hat Wren stets die spezifischen Erfordernisse des protestantischen Gotteshauses im Auge behalten. Dieses muß, wie er in einem seiner Gutachten schreibt, in erster Linie ein Auditorium sein. Einige seiner Kirchenbauten sind offenbar von der holländischen Sakralarchitektur des mittleren siebzehnten Jahrhunderts abhängig. Von dort ist zu Wrens Zeit ein erneutes Interesse am protestantischen Kirchenbau auch nach Deutschland eingedrungen. Der Schlesier Nikolaus Goldmann starb 1665 als Professor der Baukunst in Leiden. Ein von ihm begonnenes Lehrbuch der Architektur wurde 1696 von dem Mathematiker Leonhard Christoph Sturm (1669–1719) herausgebracht; in seinen eigenen Schriften (1712 und 1718) hat Sturm für den Bau protestantischer Kirchen verschiedene sehr geistvolle Grundrißlösungen vorgeschlagen.

Für die Fruchtbarkeit des niederländischen Einflusses in Norddeutschland zeugen z. B. die Parochialkirche in Berlin (1695) von Nering und die Pfarrkirche zu Hehlen in Westfalen (1697–98) von Korb. Beide sind als Zentralbauten des holländischen Typus angelegt. Am Ende dieser Entwicklung steht die mächtige Frauenkirche in Dresden, einer der schmerzlichen Verluste des zweiten Weltkrieges. Sie wurde 1722–43 von dem Ratszimmermeister Georg Bähr (1666–1738) gebaut. Der Grundriß zeigte im Außenbau ein Quadrat

232 Dresden, Frauenkirche, 1722

233 Dresden, Frauenkirche, erbaut 1722–43 von Georg Bähr

mit abgeschrägten Ecken und kurvig hervortretendem Chor. In den kreisförmigen Innenraum war ein Kranz von acht hohen Pfeilern eingestellt, welcher die steil ansteigende, in Stein gewölbte Kuppel trugen. Zwischen die Pfeiler waren dreistöckige Emporen eingespannt, eine ästhetisch nicht ganz befriedigende Lösung. Im ganzen aber gewährte die Frauenkirche – mit dem kontrastreichen Stil der Kurven im Innen- und Außenbau, mit dem delikat abgewogenen Verhältnis zwischen der kühn geschwungenen Hauptkuppel und den vier zierlichen Ecktürmchen – einen unwiderstehlichen Eindruck. Ein einziger Blick auf diese reich gegliederte Komposition genügt, um den Gegensatz zwischen deutschem und westeuropäischem Barock deutlich zu machen.

Das für die Architektur der Renaissance und des Barock so wesentliche Prinzip der Zentralkomposition fand seine großartigste Anwendung im Städtebau. Die frühesten Pläne dieser Art sind von uns bereits erwähnt worden (siehe S. 187); während es sich aber hier um niemals ausgeführte Projekte handelte, hat die zentral angelegte Stadt in der manieristischen Epoche ihren Eingang in die wirklich gebaute Architektur gefunden. Das berühmteste Beispiel ist Scamozzis neuneckige Stadt und Festung Palmanova in Venetien (1593). Derselben Zeit gehören die großzügigen Straßenplanungen Sixtus' V. in Rom an: der einheitlich geplante römische Straßenkomplex des Corso, der Via del Babuino und der Via di Ripetta mit der Piazza del Popolo (ca. 1660). In England hatte der schon erwähnte Brand von London Christopher Wren dazu angeregt, ein Schema für den Wiederaufbau der Stadt auszuarbeiten. Entsprechend den Raumprinzipien seiner Kirchen beruhte dieses Projekt auf einem System zentraler Plätze mit sternförmig ausstrahlenden Straßen. Allein eine solche Stadt, die so ganz den Idealen des Barock entsprochen hätte, konnte nur in einem absolutistisch regierten Lande zur Wirklichkeit werden; so wurde nicht England, sondern das Frankreich Ludwigs XIV. – das gleiche Land also, das sechshundert Jahre zuvor den Kathedralchor mit radialem Kapellenkranz entwickelt hatte – nach Italien zur zweiten Heimat des *rond point*. Aus der Epoche des Sonnenkönigs stammt die Place de l'Etoile, die allerdings zu ihrer Entstehungszeit noch außerhalb von Paris lag und erst nach 1800 in das Straßennetz der Hauptstadt einbezogen wurde. Das großartigste Beispiel einer solchen sternförmigen Anlage ist natürlich Versailles. Die 600 m lange Gartenfront des Schlosses blickt auf Le Nôtres Park mit seinen weiten Blumenparterres, seinen Springbrunnen, seinem kreuzförmigen Mittelteich und seinen parallel oder strahlenförmig geführten Alleen und Wegen, welche zwischen hohen, kunstvoll verschnittenen Hecken in eine scheinbar endlose Ferne verlaufen: Natur von der Hand des Menschen bezwungen und von ihm umgeformt, um der Majestät des Königs zu huldigen, dessen Schlafzimmer sich genau im Mittelpunkt dieser gewaltigen Komposition aus Landschaft und Architektur befindet. Auf der Stadtseite des Palastes empfängt die Cour d'honneur drei breite Landstraßen, die, aus der Richtung von Paris herannahend, sich hier begegnen. Die großartige Anlage von Versailles hat den Städtebau der anderen europäischen Länder nachhaltig beeinflußt. Die bedeutendsten Beispiele aus dem achtzehnten Jahrhundert sind wohl Karlsruhe (wo 1715 die ganze Stadt als ein gewaltiger Stern mit dem großherzoglichen Palast im

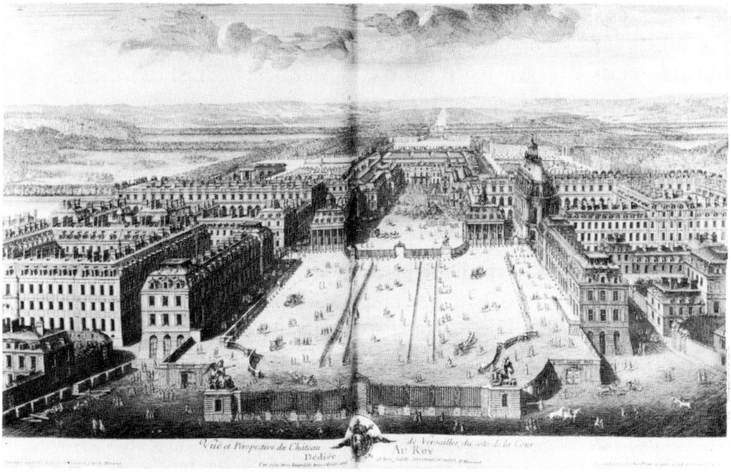

234 Versailles, erweitert 1678 von Hardouin-Mansart

Mittelpunkt angelegt wurde) und weiterhin L'Enfants Entwurf für Washington (1791).

In England aber wurde Wrens in die gleiche Richtung weisendes Projekt abgelehnt, nachdem es dem König nur wenige Tage vorgelegen hatte. War der Plan zu kühn? Oder war der Gedanke, die zukünftige Entwicklung der Hauptstadt einem logischen und fest organisierten Schema zu unterwerfen, einfach zu unenglisch, um wirklich ernst genommen zu werden? Jedenfalls ist es eine Tatsache, daß Londons Beitrag zum Städtebau des siebzehnten und achtzehnten Jahrhunderts sich auf den von Inigo Jones eingeführten Square beschränkt, d. h. einen isolierten, in Privatbesitz befindlichen Komplex von Häusern ähnlicher, aber im allgemeinen nicht identischer Bauart; er ist ein Zeugnis guten Geschmacks, nicht aber wie die Place Vendôme in Paris das Resultat eines von oben her straff organisierten – um nicht zu sagen reglementierten – Planens und Bauens. Man könnte hinzufügen, daß dem Besucher Londons, wenn er die Squares des Westend einen nach dem anderen betrachtet, das gleiche (wie es scheint, dem englischen Charakter besonders adäquate) Erlebnis zuteil wird, wie wenn er in den britischen Kirchen der angelsächsischen oder frühgotischen Epoche von einem isolierten Teilraum zum anderen fortschreitet.

Denselben für die betreffenden Völker charakteristischen Eigenschaften und mithin demselben Gegensatz zwischen ihrer nationalen Architektur begegnen wir, wenn wir die Wohnhäuser von London und Paris vergleichen. In London lebten, von wenigen Ausnahmen abgesehen, der Adel und die reiche Kaufmannschaft in Reihenhäusern, Paris dagegen hatte für die gehobenen Bedürfnisse dieser Stände das sogenannte *hôtel*, den spezifisch französischen Typus des alleinstehenden Stadthauses, entwickelt. Im Londoner Wohnbau hatte sich frühzeitig ein Grundrißschema herausgebildet, das sich bald als so brauchbar erwies, daß es noch vor Ablauf des siebzehnten Jahrhunderts zur allgemein üblichen Norm wurde: der an eine Seite der Fassade verlegte Hauseingang führt unmittelbar auf die Treppe zu; die Stockwerke haben je zwei große Zimmer, eines an der Straße, eines an der Hofseite des Hauses; die Wirtschaftsräume befinden sich im Keller. Dieses Schema ist für die größten wie für die kleinsten Londoner Privathäuser bis zum Ende des Viktorianischen Zeitalters nahezu unverändert beibehalten worden. Für besonders eindrucksvolle Raumwirkungen bot es nur geringe Möglichkeiten. Die Pariser Architekten dagegen entwickelten mit ebenso viel Scharfsinn wie Zielstrebigkeit von 1630 an einen Haustypus, der zu immer vollkommeneren Lösungen des praktischen Wohnproblems und zu immer raffinierteren Raumwirkungen vorgedrungen ist. Die Grundelemente des Pariser Hôtel sind die gegen die Straße durch eine Mauer abgeschirmte *cour d'honneur*, die Unterbringung der Wirtschaftsräume und Stallungen in zwei zu seinen beiden Seiten gelegenen Flügelbauten und schließlich das *corps de logis*, d. h. das eigentliche Wohnhaus in dem zurückgeschobenen Mittelbau. Die frühesten Beispiele einer symmetrischen Durchbildung dieses Programmes sind Mansarts Hôtel de la Vrillière (ca. 1635) und das Hôtel Bretonvilliers (ca. 1640). Den ersten Höhepunkt erreicht dieser Haustyp

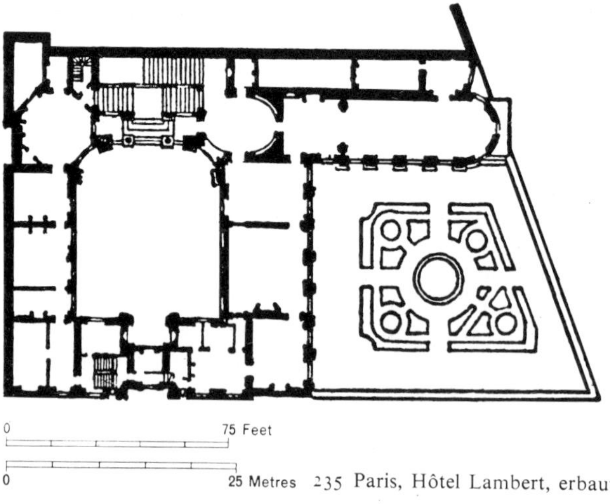

235 Paris, Hôtel Lambert, erbaut 1639–44 von Levau

mit Levaus Hôtel Lambert (kurz nach 1642). Das Hôtel Lambert hat einen Hof mit zwei abgerundeten Ecken und ein ovales Vestibül. Wenige Jahre später zeigt der Grundriß von Lepautres Hôtel de Beauvais (1655–60) bereits eine Überfülle von Kurven. Dann trat die gleiche Reaktion ein, wie wir sie schon zwischen Vaux-le-Vicomte und dem Louvre beobachtet haben. Colbert hatte eine Abneigung gegen Kurven. Im Jahre 1669 bezeichnete er sie als »geschmacklos, besonders wo sie im Außenbau in Erscheinung treten«. Dementsprechend ist der französische Wohnbau während der letzten Jahre Ludwigs XIV. in seinen Raumwirkungen weit weniger interessant als in der vorhergehenden Zeit.

Am bedeutsamsten war, was die französische Architektur zwischen 1700 und 1715 angeht, die Entwicklung der Dekoration. In der Hand Jean Lepautres, der in der Glanzzeit Hardouin-Mansarts für die Innenausstattung von dessen Bauten verantwortlich war, gelangte sie zu einem immer zarteren und immer delikateren Stil. Großzügigkeit wurde durch Raffinement, kraftvoll männliche Haltung durch eine feminine Anmut ersetzt. An die Stelle des klar umrissenen Hochreliefs trat ein exquisites Spiel flüchtiger Schatten, die schmetterlingszart über die nur leicht modellierte Oberfläche huschen. Es ist der Stil des *Rokoko*, der hier in den letzten Jahren Ludwigs XIV. geschaffen wurde.

Zweifellos ist das Rokoko französischen Ursprungs, obwohl wir es in diesem Buch zuerst in seiner deutschen, d. h. in seiner extremen und, was Raumwirkungen angeht, brillantesten Form behandelt haben. Die Bezeichnung Rokoko scheint in Analogie zu dem italienischen *barocco* entstanden zu sein, wobei die seltsamen fels- und muschelartigen Formen, welche das Leitmotiv dieses Dekorationsstiles sind, für die Wortwahl ausschlaggebend gewesen sein müssen (frz. rocaille = Grotten- und Muschelwerk). Während die Ornamentik des Rokoko in Deutschland in den dreißiger Jahren in Aufnahme kam (Bruchsal und Vierzehnheiligen), tritt sie in Frankreich bereits zwischen 1715 und 1730 in Erscheinung. Indessen handelt es sich dennoch nicht eigentlich um eine französische, sondern wohl nur um eine auf französischem Boden entwickelte Dekorationsweise; denn die führenden Männer der Generation, welche den Schritt von Lepautres graziler Anmut zum voll ausgebildeten Rokoko vollzogen, sind ausnahmslos keine wirklichen Franzosen: Watteau war Flame, Gilles Marie Oppenord (1672–1742) war der Sohn eines Holländers, Juste Aurèle Meissonnier (1695–1750) stammte aus einer provençalischen Familie und wurde in Turin geboren, Toro (der Name weist auf italienische, d. h. nicht-französische Abkunft hin) lebte in der Provence, und auch Vassé war Provenzale. Diesen Architekten und Innenarchitekten ist es zu danken, daß die französische Dekorationskunst sich zu neuer Blüte entfaltete, daß die Kurve des italienischen Barock wieder in Aufnahme kam und daß die erstarrte Ornamentik wieder zu dreidimensionalen Wirkungen gelangte.

Hinsichtlich des Außenbaus hat das Rokoko kaum wesentliche Neuerungen gebracht. Es ist die Anlage und Ausstattung der Innenräume, wo es seine Originalität entfaltete und wo es seine eigentlichen Triumphe feierte. Hier lagen seine spezifischen Qualitäten als eines Stils der Salons, der *petits appartements*, mit einem Worte, der verfeinerten und eleganten Wohnkultur. Die Formensprache des Rokoko ist in Frankreich graziöser und bei weitem weniger robust als in Deutschland, dabei besitzen die Grundrisse ein bis dahin unbekanntes Raffinement. Von Paris aus gesehen, ist die Amalienburg des Nymphenburger Parkes eine maßlose Übersteigerung, ja eine Karikatur des Rokoko. Vom deutschen Standpunkt dagegen werden gerade hier die schönsten Möglichkeiten des Stiles erreicht. Das gleiche gilt von Friedrich des Großen Sanssouci (1745–47). Der vom König und Knobelsdorff gemeinsam entworfene Bau ist deutsch in der üppig-barocken Fassadengestaltung, aber französisch in Anordnung und Dekoration der Innenräume. Aber auch hier ist wie in der Amalienburg das Ornament überschwenglicher und der Grundriß weniger elegant als in Paris.

Der typische Grundriß des Pariser Hôtel, wie wir ihn in den wichtigsten Punkten bereits kennengelernt haben, bedingte eine besondere Schwierigkeit, welche die Architekten des Rokoko zu mannigfaltigen und außerordentlich geistreichen Lösungen anspornte. Es handelt sich darum, daß sowohl die nach der Cour d'honneur gelegene Front des Hauses wie auch die nach dem Garten blickende Rückseite in sich symmetrisch gegliedert sein sollte, ungeachtet der Tatsache, daß aus Gründen der inneren Aufteilung beide Fassaden oft nicht in der gleichen Achse liegen konnten. Courtonnes Hôtel de Matignon zeigt eine besonders geschickte Bewältigung dieses Problems. Hier wie an den meisten Hôtels jener Zeit muß man sein Augenmerk auf das außerordentliche Raffinement richten, mit dem Vorzimmer, Kabinette, Garderoben und kleine Wirtschaftshöfe angeordnet sind. Bestimmend war bei diesen verwickelten Kompositionen der Wunsch, ein reibungsloses Funktionieren des Haushaltes zu ermöglichen, und das Bestreben, die vielen Ecken und toten Winkel auszunützen, welche sich durch den kurvigen Umriß der Zimmer und Alkoven notwendig ergaben. Ein weiteres Problem des Rokoko-Hôtels war die Form und Position der Treppe.

Sie sollte vom Vestibül und den Wirtschaftsräumen aus leicht erreichbar sein, ohne jedoch die fließende Raumfolge der Wohn- und Paradezimmer zu beeinträchtigen und ohne die glanzvoll repräsentativen Durchblicke zu unterbrechen. Das Streben nach einem sanften Ineinanderfließen von Raum zu Raum macht sich auch in der Verbindung von einem Stockwerk zum anderen bemerkbar, d. h. es

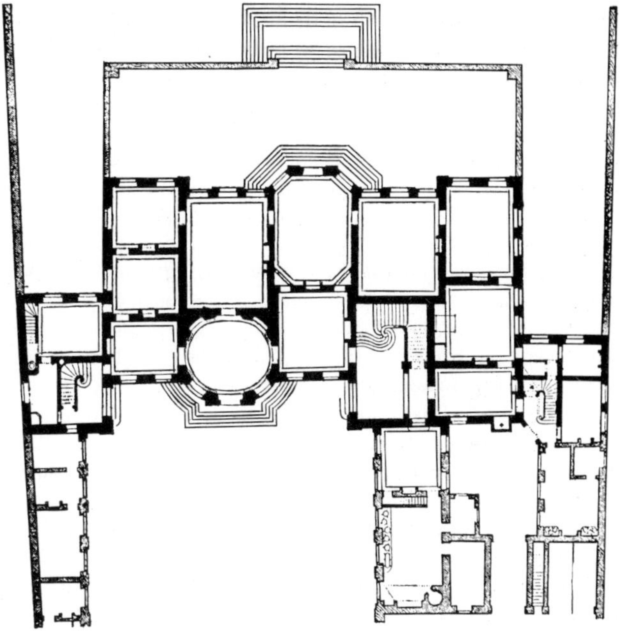

236 Paris, Hôtel de Matignon, begonnen 1722 von Courtonne

bestimmt wie die Position des Treppenhauses auch die Gestaltung der Stiegen selbst. Wir haben bereits erwähnt, daß während des sechzehnten Jahrhunderts Spanien in der Entwicklung der Treppe allen anderen Ländern vorangeschritten war. Hier allein hatte man schon so frühzeitig die barocken Möglichkeiten eben dieses Themas der Architektur erfaßt. Die drei Hauptformen der spanischen Treppenanlage, d. h. der in mehreren Steigungsphasen um einen rechteckigen, offenen Schacht heraufgeführte Anstieg, die Treppe mit T-förmigem Grundplan und endlich die sogenannte Kaisertreppe fanden sämtlich während des siebzehnten Jahrhunderts in den nördlichen Ländern Eingang. Der zuerst genannte Typus wurde in England zur Zeit Jakobs I. gebräuchlich, wobei allerdings bezeichnenderweise Holz anstelle des Steins und mittelalterlich-gotische Enge anstelle barocker Weiträumigkeit trat. Dafür zeigen diese englischen Treppenanlagen eine von flämischen oder heimischen Meistern geschnitzte Dekoration von großem Reichtum (Hatfield, Audley End etc.). Erst in dem wahrscheinlich von John Webb erbauten Ashburnham House in London finden wir eine Treppe, die mit den spanischen an Geräumigkeit wetteifern kann. Aber Ashburnham House und einige andere Beispiele von barock empfundenen Treppen – wie etwa die von Roger Pratt, einem frühen Rivalen Wrens, stammende Treppe in Coleshill (zerstört) – sind in England selten. Auch im damaligen Italien waren Treppen dieser Art nur ausnahmsweise zu finden, so etwa in dem venezianischen Kloster von S. Giorgio Maggiore (1643–45); es handelt sich hier um einen Entwurf Longhenas und offenbar um das Vorbild von Coleshill. Einzig in der genuesischen Architektur finden sich zu dieser Zeit in größerer Anzahl Treppen, die ebenso weiträumig, ebenso hell und luftig sind wie die spanischen, und von genuesischen Palästen aus muß auch die Anregung zu derartigen Anlagen auf mehreren Wegen nach Frankreich vorgedrungen sein. Levau brachte in Versailles (Escalier des Ambassadeurs) den T-förmigen Typus zur Anwendung, während seine Tuilerientreppe dem Schema der Kaisertreppe – wie es uns von Würzburg her bekannt ist – folgt. Noch früher wurde durch Mansart der Typus mit einarmig um einen rechteckigen, offenen Schacht heraufgeführter Stiege in Frankreich heimisch gemacht (Blois). Von Palladio übernahm Mansart den Gedanken, die Stiege nicht mehr auf beiden, sondern nur auf der äußeren Seite in festem Mauerwerk zu verankern, während die innere, dem Schacht zugekehrte Seite nur von leichten Bögen unterzogen wird. In zahlreichen, nach immer geschmeidigerer und eleganterer Ausführung strebenden Spielarten ist dieses System für die meisten Pariser Hôtels und für viele französische Landhäuser bestimmend geworden. Im Außenbau zeigen die Hôtels des Pariser Rokoko einen ebenso großen Reichtum an stets eleganten Fassadenlösungen wie die Schlösser und Bürgerhäuser Deutschlands und Österreichs, obwohl man, was die Anwendung des Rocaille-Dekors angeht, in Frankreich stets maßvoller blieb als dort. Anders stand es in London. Hier hatte sich für die Front des aus Backsteinen erbauten Stadthauses ein einheitliches Kompositionsschema herausgebildet, welches, von Einzelheiten der Dekoration abgesehen, sich während des siebzehnten und achtzehnten Jahrhunderts nahezu unverändert erhielt. Dieses spezifisch Londoner Fassadenschema ist von der französischen Klassik des siebzehnten Jahrhunderts zweifellos unabhängig, dagegen mag, wenigstens anfänglich, eine Beziehung zu der schlichten Wohnhausarchitektur Hollands und noch früher zu der Frankreichs in der Zeit Heinrichs IV. bestanden haben.

Soviel über das Stadthaus. Was den herrschaftlichen Landsitz angeht, so kommt ihm in Frankreich, zum mindesten seit 1660, eine weit geringere Bedeutung zu als in England, denn während das Leben der französischen Aristokraten sich mehr und mehr an den Hof verlagerte, betrachtete in England der hohe und noch mehr der niedere Adel nach wie vor den angestammten Landsitz als das eigentliche Heim, neben dem das Londoner Stadthaus kaum mehr als ein

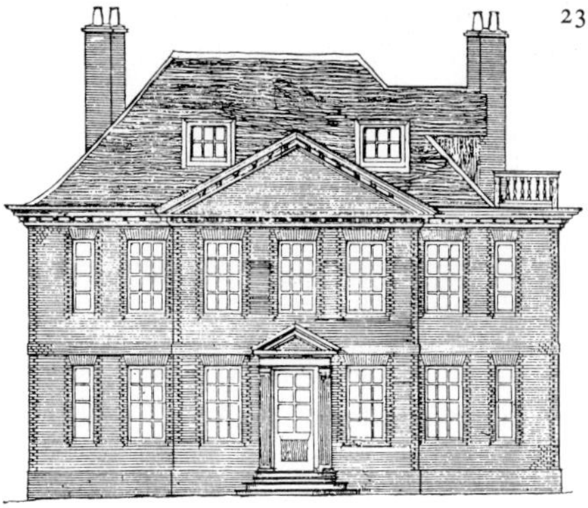

237 Hampstead, Fenton House, erbaut 1693

Absteigequartier bedeutete. So ist es nicht das französische *château*, sondern das englische *country house*, von dem wir in dieser Zeit die interessantere Entwicklung und den größeren Reichtum an Formen erwarten dürfen, und der architektonische Tatbestand gibt uns darin recht. Das gilt allerdings nur für die großen Landsitze von schloßartigen Ausmaßen. Was dagegen die kleineren Herrenhäuser angeht, so können wir – und das ist nach dem eben Gesagten in der Tat bemerkenswert – eine ähnliche Entwicklung beobachten, wie wir sie bereits im Hinblick auf das Londoner Stadthaus festgestellt haben: auch hier hat sich um 1700 eine Art Standardtypus durchgesetzt, der unverkennbar dem Mauritshuis verpflichtet ist und der sich in zahlreichen und stets reizvollen Abwandlungen in den kleinen Herrenhäusern fast aller englischen Grafschaften wiederholt. Es handelt sich im allgemeinen um Ziegelbauten von fünf oder sieben Achsen mit Quadereinfassungen an den Ecken. Der Grundriß zeigt ein einfaches Rechteck, dem manchmal auch zwei kurze Seitenflügel angegliedert sind. Die Tür wird durch einen Giebel, ein Haubendach oder einen kleinen Portikus hervorgehoben; ein größerer Giebel, der vom Dachgesims aufsteigt, krönt die Mittelachse der Fassade. Die Herkunft dieses liebenswerten Haustypus, dem eine von allen Modetorheiten unberührte Reife innewohnt, ist nicht völlig aufgeklärt. Das früheste Herrenhaus dieser Art scheint das aus dem Jahre 1663 datierende Eltham Lodge bei London zu sein. Der Bau stammt von Hugh May, einem Architekten, der Holland besucht hatte und in den sechziger Jahren neben Pratt und Webb Christopher Wrens bedeutendster Rivale gewesen ist. Um 1685 oder 1690 war dieser Typus für den Herrenhausbau kleineren Ausmaßes bereits allgemein akzeptiert. Im Inneren findet man im allgemeinen eine geräumige Treppe, die in drei Läufen um einen offenen Schacht hinaufgeführt und mit Holzschnitzereien reich geschmückt ist. Die Wohnräume haben einfachen, meist rechteckigen Grundriß; von der komplizierten Raumgliederung des französischen Rokoko, von jener geistreichen *commodité*, welche in den Schriften aller französischen Architekten des achtzehnten Jahrhunderts als unentbehrlich gefordert wird, ist in diesen Häusern kaum etwas zu finden.

Wohnlichkeit bedeutet offenbar in England etwas ganz anderes als in Frankreich. Aber während die kleinen englischen Landhäuser um 1700 – wie wenig sie auch vor der französischen Kritik Gnade finden mögen – heute noch ein ebenso bequemer und ebenso anheimelnder Aufenthalt sind wie zur Zeit ihrer Erbauung, gibt es in der Tat eine Anzahl englischer Schlösser aus dem achtzehnten Jahrhundert, die, zum mindesten an unseren heutigen Vorstellungen gemessen, wohl den Zwecken einer vornehmen Repräsentation entsprechen, jedoch zur Erfüllung der Wohnbedürfnisse im eigentlichen Sinne kaum geeignet sind.

Der Mangel an Komfort und Behaglichkeit wird insbesondere immer wieder an Schloß Blenheim getadelt. Der riesige, nahe bei Oxford gelegene Bau ist als Geschenk der dankbaren Nation für den

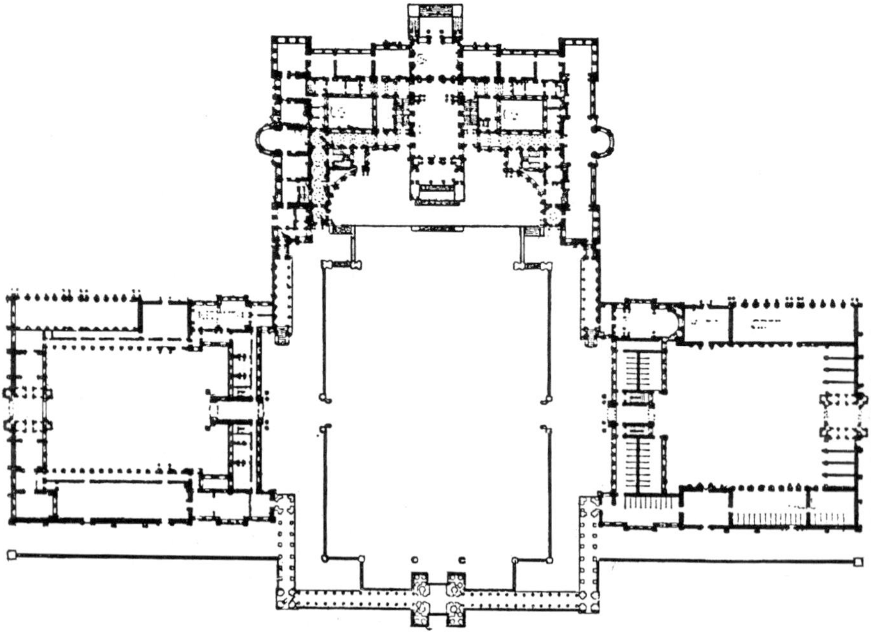

238 Schloß Blenheim, entworfen 1705 von Vanbrugh

239 Schloß Blenheim, Gartenfront, entworfen 1705 von Vanbrugh

Herzog von Marlborough erbaut worden. Der von Sir John Vanbrugh (1664–1726) im Jahre 1705 ausgearbeitete Entwurf ist von Christopher Wrens Oeuvre abhängig, und zwar von dessen aufwendigsten und am entschiedensten barocken Kompositionen wie etwa dem Greenwich Hospital. Trotz solcher Beziehung hat sich jedoch Vanbrugh stets eine ganz persönliche Originalität bewahrt. Vanbrughs Familie stammte aus Flandern, und dorthin, in die Heimat eines Rubens, weist sein ungestümes Temperament, das im Lande Wrens und Reynolds' fast fremd erscheint. In Frankreich empfing Vanbrugh seine künstlerische Ausbildung; und dort mußte er eine Festnahme und Haft in der Bastille über sich ergehen lassen. Nach seiner Freilassung kehrte er nach England, dem Land seiner Jugend, zurück und begann alsbald Lustspiele zu verfassen, denen ein außerordentlicher Erfolg vergönnt war. Dann finden wir ihn plötzlich in Castle Howard mit architektonischen Arbeiten beschäftigt. 1702 wurde er zum *Comptroller of Works* (einem der Ämter der königlichen Bauverwaltung) ernannt, eine seltsame Laufbahn, die von derjenigen Wrens völlig verschieden ist.

Schloß Blenheim hat wahrhaft kolossalische Ausmaße. Wir wissen nicht, ob die Villen Palladios mit ihren weit in die Landschaft ausgreifenden Flügelbauten oder ob Versailles mit seiner riesigen Cour

240 Schloß Blenheim, Torpavillon des Küchenflügels, erbaut 1708–09

d'honneur für die außerordentliche Weitläufigkeit dieser Anlage ausschlaggebend gewesen sind. Der kraftvolle, weit vorgeschobene Portalbau des Corps de logis hat über dem antikisierenden Giebel eine wuchtige Attika. Zwei gigantische Säulen stehen *in antis* zwischen gekoppelten Pfeilern. Barocke Monumentalität und Schwere charakterisieren auch die übrigen Teile des Schlosses, insbesondere die zyklopischen Ecktürme der Seitenflügel. Bei Christopher Wren konnten wir die Bezeichnung barock nur mit Vorbehalt anwenden, die Türme von Blenheim dagegen wird jeder, der mit den Werken der Bernini, Borromini und anderer Künstler des italienischen Barock vertraut ist, ohne weiteres als Ausdruck des gleichen Stilgefühls erkennen. In ihnen lebt der Kampf gigantisch drängender Kräfte gegen den lastenden Druck der Materie. Kühn vorspringende Gesimse und Fensterumrahmungen leiden unter der allzu großen Nähe riesiger, engstehender Pfeiler. An anderer Stelle ist in bewußter Disharmonie ein halbkreisförmiges Fenster unmittelbar über den halbkreisförmigen Abschluß des Torbogens gesetzt, und darüber stößt ein dritter Halbkreis gegen einen Segmentbogen. Ein Teil prallt gleichsam feindlich gegen den anderen, und selbst der oberste Abschluß der kühnen Komposition bringt keinen harmonischen Ausgleich der streitenden Elemente. Die Vasen und die Kugel, welche den Turm bekrönen, sind unabhängig von den Bauformen der Vergangenheit. Die Pfeiler und Fensterformen zeigen eine ähnliche Originalität, wenn auch nicht in demselben Grade, wie sie denn in mancher Beziehung an Michelangelo gemahnen. Indessen, wenn Michelangelos Name es uns nahelegt, die Hauptfront von Blenheim mit entsprechenden Werken des großen Florentiners zu vergleichen, so wird bei einer solchen Gegenüberstellung Vanbrughs Bau sofort als derb und auf jeden Fall als aufdringlich und theatralisch erscheinen. Man sollte jedoch vorsichtig sein und nicht allzuviel in Vanbrughs Kunst flämischen Ahnen zuschreiben, denn sowohl in Blenheim wie an anderen Orten arbeitete er mit Nicholas Hawksmoor (1661–1736) zusammen, dem früheren Assistenten Wrens, einem Manne von reicher Erfahrung und gründlicher Schulung, den man – soweit wir sehen können – ohne Einschränkung als Engländer bezeichnen darf. Hawksmoors Stil ist jedoch ebenso barock wie der von Vanbrugh und von Wren in den Westtürmen von St. Paul. In seinen späteren Werken wird das offenkundig, sobald er ganz für deren Entwurf und Ausführung verantwortlich zeichnete. So besonders in seinen Londoner Kirchen. Ein Bauwerk wie etwa Christ Church, Spitalfields (von 1723–39), eine Pfarrkirche inmitten einer wachsenden Vorstadt, ist ebenso megaloman wie irgendeine der Schöpfungen Vanbrughs und nicht minder eigenwillig. Es scheint, als füge Hawksmoor absichtlich heterogene Elemente zusammen: den Portalbau mit seinem seltsamen Triumphbogenmotiv nach Vorbildern von Palladio und Wren und das scheinbar gleichbreite, tatsächlich schmälere Turmgeschoß, das das gleiche Motiv mit Pilastern auf einer Blendwand wiederholt, die rechts und links attrappenartig vorsteht, ohne dies verbergen zu wollen. Ihre endgültige Bekrönung empfängt die Komposition von einem Spitzturm, welcher der spätbarocken Erscheinung des Gesamtbildes eine seltsame gotische Note hinzufügt. Auf manchen anderen Bauten Hawksmoors springt der gotisierende Charakter der Türme noch mehr ins Auge. Bereits Wren hatte dieses Verfahren in einigen seiner Kirchen mit der Autorität seines Namens gedeckt und dazu beigetragen, daß diese Neigung zum Mittelalterlichen – ähnliche Tendenzen gab es auch in anderen Ländern – grundlegenden Anteil am englischen Barock gewann. Es wäre angebracht, die Zeit von Wrens Westtürmen von St. Paul, Hawksmoors Kirchen und von Vanbrugh mit dem Begriff *Englischer* Barock zu umschreiben, ungeachtet des Umstandes, daß diese Architekten, mit Michelangelo und Bernini verglichen, auch Klassizisten sind. Das scheint zunächst ein Paradox, indessen handelt es sich hier durchaus nicht um einen unvereinbaren Widerspruch. Denn Klassizismus bedeutet in diesem Falle nichts anderes als die spezifisch englische Formulierung des kontinentalen Barock. Bei Vanbrugh ebenso wie bei Wren finden wir nur sehr wenig von der plastischen Durchbildung der Wand, wie sie uns bei Michelangelo zuerst begegnete und wie sie späterhin zu den geschwungenen Fassaden und Innenräumen des süddeutschen und italienischen Barock geführt hat. In der englischen Architektur wird Bewegung nie so schwellend und ungestüm vergegenwärtigt. Die verschiedenen Raumteile geben nicht – wie etwa in S. Carlo oder Vierzehnheiligen – ihr Einzeldasein auf, um in einem einzigen Raumorganismus zu verschmelzen; insbesondere die freistehenden Säulen bewahren jede für sich eine selbständige Existenz. Das gleiche gilt von den Detailformen. Vanbrughs Dramatik beruht darauf, daß er diesen spezifisch englischen Hang zur Isolierung der Teile gleichsam mit Gewalt immer wieder einer übergeordneten Gesamtplanung unterwirft. Englischer Barock ist ein Barock, der sich gegen eine angeborene und nie ganz besiegte Tendenz zur Statik und Sachlichkeit behaupten muß.

In den Innenräumen aus der Zeit Wrens und Vanbrughs erleben wir denselben Konflikt: fließende Verbindung zwischen Räumen, die doch wieder in Form und Dekoration die strenge Gebundenheit des Klassizismus bewahren, eine Gebundenheit, die bei kleineren Räumen in aneinandergereihten Wandfeldern bei größeren Säulen und Pilasteranordnungen sich ausdrückt. In Blenheim gelangt man von einem enormen Vestibül aus in den riesigen Hauptsaal. Dieser bildet das Mittelglied zweier symmetrischer Raumgruppen, die sich in der ganzen Breite der Gartenfassade erstrecken. Wie in Versailles liegen alle Türen in einer Achse und bilden eine sogenannte *enfilade*. Bezeichnend ist, daß die Treppe – in der Architektur das dynamische Element par excellence – eine weit geringere Rolle spielt als in den französischen oder gar deutschen Schloßbauten jener Zeit. Wenn wir aus diesem Umstande schließen dürfen, daß Vanbrugh nur wenig Interesse für die dynamische Durchbildung des Raumes besaß, so bedeutet das jedoch keineswegs einen absoluten Mangel seiner Kunst, bedeutet nicht, daß sie ängstlich oder ohne Sinn für Monumentalität gewesen sei; im Gegenteil, die Anlage von Blenheim ist ebenso weitläufig und ebenso großartig wie die bedeutendsten unter den damaligen Schloßbauten der deutschen Fürsten, und sie ist schließlich, auch ohne die Kehrseite zu betrachten, ebenso unpraktisch wie jene, wenigstens von unserem heutigen Standpunkt aus. Küchen- und Wirtschaftsräume liegen weit entfernt vom Speisesaal in einem der beiden Seitenflügel und gegenüber den Stallgebäuden, die nach palladianischer Tradition in dem anderen Flügel untergebracht waren. Aber die hauswirtschaftlichen Nachteile, die sich aus dieser Anordnung ergeben mußten, zum Angelpunkt einer abfälligen Kritik über Blenheim zu machen, wäre allzu billig. Gewiß mußten die Diener, um zu ihrer Herrschaft zu gelangen, weite Wege zurücklegen, und zweifellos waren die Speisen kalt, lange bevor sie auf die Tafel gelangten. Aber wenn vor dem Forum des modernen Funk-

241 London, Christuskirche in Spitalfields, erbaut 1723–39 von Nicholas Hawksmoor

LOUIS REECE
LLX 893
OLU 586

tionalismus solche Mängel als unverzeihlich erscheinen, so hätten Vanbrugh und seine Bauherren derartigen Einwänden kaum ihre Aufmerksamkeit geschenkt, ja, sie hätten sie zutiefst verachtet. In einem fürstlichen Haushalt gab es ja genug Bediente. Vor allem aber hatte, was uns unter dem Begriff des Komforts primäre Aufgabe der Wohnarchitektur ist, zu jener Zeit eine weit geringere Bedeutung und unterlag den Forderungen der allgewaltigen Etikette, deren Gesetzen man sich unbedingt und selbstverständlich fügte und deren Strenge wir uns kaum mehr vergegenwärtigen können. Funktionalismus sollte in der Architektur nicht mit Utilitarismus verwechselt werden. Die Funktion eines Gebäudes umfaßt nicht nur dessen praktische Zweckmäßigkeit, sondern auch seine ideelle Bestimmung, und diese ideelle Funktion – das wird heute kein Kenner des Barock leugnen – war für die Komposition von Blenheim ausschlaggebend, und ihre Forderungen (die in erster Linie auf eine glanzvolle Repräsentation zielten) sind in der Tat in diesem Bauwerk erfüllt.

Indessen waren nicht alle Zeitgenossen dieser Meinung, und frühzeitig war Vanbrughs Werk Gegenstand einer mehr oder minder bissigen Kritik. Auf Blenheim bezieht sich z. B. Popes berühmter und viel zitierter Vers: »'tis very fine, but where d'ye sleep, or where d'ye dine?« (Gewiß es ist zu preisen, doch wo schläft man, wo soll man speisen?) Was wollte Pope mit diesen Worten sagen? Sie werden heute vielfach so ausgelegt, als hätte er dabei lediglich einen materiellen Fehler, d. h. den Mangel an Komfort im Auge gehabt. Indessen dürfen wir dem Philosophen Pope nicht so billige Urteile unterschieben. Was er im Namen des gesunden Menschenverstandes verlangte, war, daß in der Ausstattung und architektonischen Struktur eines Gebäudes der jeweils erstrebte Zweck klar in Erscheinung träte, mit anderen Worten, daß die praktische und ideelle Bestimmung, daß Schein und Sein in einem logischen Verhältnis stünden. Gegenüber einer solchen Forderung mußten die riesigen Ausmaße und die enorme Prachtentfaltung von Blenheim sinnwidrig und unvernünftig erscheinen, denn »Schönheit«, so heißt es bei Pope, »soll all ihren Glanz erst von der Vernunft erhalten«, jener Vernunft, die Pope ausdrücklich »notwendiger als alle Pracht und wichtiger selbst als Geschmack« nennt (Epistle IV »On the Use of Riches« – to Lord Burlington). Solche Äußerungen sind mehr als nur persönliche Meinung, vielmehr hat Pope hier dem Empfinden seiner ganzen Generation Ausdruck gegeben, der Generation, welche auf diejenige Vanbrughs gefolgt ist; denn Pope ist 1688 geboren, während Vanbrugh ungefähr der gleichen Altersklasse angehört wie Swift und Defoe. Wren hingegen gehörte zur gleichen Generation wie Dryden.

Die Architektur, die Popes Dichtung entspricht, ist die Lord Burlingtons und seines Kreises. Richard Boyle, Earl of Burlington, war einige Jahre jünger als Pope (1694–1753). Als er 21 Jahre alt war, veröffentlichte der junge schottische Architekt Colen Campbell (gestorben 1729) den ersten Band seines »Vitruvius Britannicus«, in dem er den klassischen Meister des italienischen Cinquecento, Palladio, aufs höchste preist. Diesem Architekten verdankte Burlington seine Bekehrung zu den Glaubenssätzen des Palladianismus, zu Einfachheit und Klarheit. Um 1715 hatte Campbell mit Lord Burlingtons Stadthaus in Piccadilly begonnen, welches, obzwar mannigfach verändert, noch erhalten ist. 1716 hatte der venezianische Architekt Leoni eine prunkvolle englische Neuausgabe der Werke Palladios in Angriff genommen. Ein Jahr später baute Burlington sich in seinem Garten einen kleinen, völlig palladianischen Tempel. Bald danach reiste er selbst nach Venetien. Es gelang ihm dort, eine Gruppe unbekannter Palladio-Zeichnungen zu kaufen, und diese veröffentlichte er 1730. Überdies finanzierte er die Veröffentlichung eines Bandes von Entwürfen von Inigo Jones durch seinen Protégé William Kent (1727). Kent war ursprünglich Maler gewesen, entwickelte sich aber zum Architekten und Gartenarchitekten. Burlington und Kent begründeten einen Palladianismus in England, der fünfzig Jahre den englischen Landhausbau fast unumschränkt beherrscht hat und dessen Einfluß dann noch weitere fünfzig Jahre hindurch wirksam sein sollte.

Das städtische Wohnhaus jedoch blieb von dieser Stilbewegung nahezu unberührt, und die Nachfolge Palladios hat sich hier, von sehr wenigen Ausnahmen abgesehen, auf die Übernahme einzelner Fassadenmotive beschränkt, und als Lord Burlington mit einem von ihm selbst entworfenen Bau den Versuch machte, den traditionellen Typus des Londoner Wohnhauses im Sinne Palladios zu reformieren, war die Opposition gegen die rationalistische Neuerung ebenso entschieden wie die Kritik, die sich einst im Namen der Vernunft gegen den barocken Pomp von Blenheim erhoben hatte. So machte damals Lord Chesterfield den Vorschlag, der Besitzer eines solchen Hauses solle doch das gegenüberliegende Anwesen erwerben, so daß er von dort aus seinen eigenen Bau in Ruhe bewundern könne, ohne darin wohnen zu müssen.

Hinsichtlich der Landhausarchitektur aber war, wie gesagt, Lord Burlingtons Bestreben ein voller Erfolg beschieden, und hier erlangt in der Tat Palladios Stil in England eine nahezu kanonische Bedeutung. Während Vanbrugh eine schier unbegrenzte Fülle von Möglichkeiten für die Gestaltung von Grund- und Aufriß gezeigt hatte, wurde jetzt ein bestimmtes Schema zur allgemein verbindlichen Regel. Es handelt sich, um diesen Typus zu charakterisieren, um einen Gebäudekomplex, der aus einem zentral gelegenen Corps de logis (mit einem Portikus in der Mitte) und aus zwei an sich selbständigen und mit dem Hauptbau nur durch niedrige Galerien verbundenen Flügelbauten besteht. Das im Jahre 1735 von John Wood dem Älteren für Ralph Allen entworfene Prior Park bei Bath ist ein typisches Beispiel dieser Landhausform. Vermöge seines Talentes und begünstigt durch die bedeutenden Aufträge, die ihm in diesem vornehmsten Badeort Englands reichlich zuteil wurden, ist John Wood einer der führenden Architekten seiner Generation geworden. Verglichen mit ihren Vorbildern, den Villen Palladios, sind diese englischen Landhäuser größer und schwerfälliger. Nicht selten erscheinen Motive von einer Freiheit, die entschieden über das hinausgeht, was Palladio als erlaubt betrachtet hätte. So finden wir oft eine weniger strenge und abwechslungsreichere Dekoration der Innenräume oder etwa eine kühn geschwungene Freitreppe, die zum Garten herabführt (die Treppe von Prior Park allerdings stammt aus dem neunzehnten Jahrhundert).

Es muß zunächst als ein Widerspruch erscheinen, daß dieselben Auftraggeber, welche für ihr Wohnhaus den strengen Formalismus der Palladio-Schule bevorzugten, bei der Anlage ihrer Parks sich für den regellosen Landschaftsstil des *Englischen Gartens* entschieden. Aber vielleicht noch erstaunlicher erscheint dies, wenn man findet, daß derselbe Künstler Haus und Landschaftsgarten entwarf. Indessen ist es eine Tatsache, daß Lord Burlingtons Protégé, der klassizistische Architekt William Kent, als einer der Schöpfer des englischen Gartens gefeiert wurde und daß Lord Burlingtons eigener Landsitz in Chiswick bei London (um 1720) – eine freie Wiederholung von Palladios Villa Rotonda – einen Park erhielt, der zu den frühesten Beispielen des, wie man damals sagte, »modernen« Gartenstils gehört. Wie war das möglich? War der Landschaftsgarten nur eine flüchtige Laune, eine Spielerei? Im Gegenteil, er war ein sehr ernsthaftes Anliegen und nicht zuletzt das Symptom einer bewußt antifranzösischen »Politik« der englischen Kunst. Le Nôtres Schöpfungen sind ein Ausdruck des Absolutismus, der unumschränkten Herrschaft des Königs über sein Land und im weiteren Sinne der Machtvollkommenheit des Menschen gegenüber der Natur. Der überströmende Formdrang des französischen Barock strebt über die Grenzen der gebauten Architektur in die freie Landschaft hinaus und machte, ordnend und gestaltend, die Natur menschlichem Gesetz untertan. Die fortschrittlichsten Engländer haben damals diesen Gehalt der französischen Gartenkunst erkannt und alsbald mißbilligt. So spricht Shaftesbury von dem »albernen Possenspiel der fürstlichen Gärten«, und Pope ironisierte sie in einem hübschen Vers:

»*Grove nods at grove, each alley has a brother,*
And half the platform just reflects the other.«

Der Versuch, dem Garten einen Architekturstil aufzuzwingen, wurde als etwas Naturwidriges angesehen. Addison schrieb 1712 im

242 Bath, Prior Park, entworfen 1735 von John Wood dem Älteren

»Spectator«: »Ich für mein Teil betrachte einen Baum lieber in dem Reichtum seiner Blätter und Zweige, als wenn er zu einer geometrischen Figur zurechtgestutzt ist.« Wir dürfen dieses Glaubensbekenntnis zur unberührten Natur als einen Aufstand des Liberalismus, gleichsam als eine Whig-Revolution gegen Tyrannei und Intoleranz ansehen. Das Merkwürdige ist aber, daß die Natur, auf die man sich in der Ablehnung des französischen Gartenstils berief, daß diese Natur bei Addison wie bei Pope noch immer im Sinne von Newton und vor allem Boileaus, d. h. im Sinne des Rationalismus der Aufklärung verstanden wurde. In seiner »Art poétique« von 1674 hatte Boileau den Barockstil des Südens mit dem Einwand kritisiert, er sei unvernünftig und daher unnatürlich. Diese Gleichsetzung von Natur und Vernunft war auch für Addison und Pope noch verbindlich; wir brauchen uns unter diesem Gesichtspunkt nur noch einmal die Bemerkungen des letzteren über Blenheim zu vergegenwärtigen, um zu erkennen, wie sehr ihm im Gegensatz zu dem romantischen Naturbegiff Unvernunft und Unnatur dasselbe bedeuten.

Nimmt man dazu Shaftesburys »Leidenschaft für alles Natürliche« und seine Idee, daß »der Mensch in seiner Anmaßung und seinem Mutwillen die natürliche Ordnung der Dinge aufgehoben habe, indem er ihren ursprünglichen Zustand gestört hat«, so beginnt die Tatsache des Nebeneinanders von klassizistischer Architektur und Landschaftsgarten verständlicher zu werden. Der ursprüngliche Zustand des Universums ist Harmonie und Ordnung; das zeigte die geregelte Bahn der Gestirne, deren geheimnisvolle Welt sich dank des damals erfundenen Fernrohrs zu lichten begann. Das beweist auch im kleinen die Struktur der Organismen, die sich den neuen Mikroskopen enthüllte. Immer wieder bestätigte sich »das Prinzip der Vernunft, allgegenwärtige Ordnung und Proportion«, um noch einmal Shaftesbury zu zitieren. Um die Überlegenheit der Harmonie über das Chaos zu veranschaulichen, weist Shaftesbury ausdrücklich darauf hin, daß »ein einheitliches, wohlproportioniertes, von einem Architekten geschaffenes Gebäude schöner sei als ein Haufen Sand oder Steine«. Aber, so würden wir heute einwenden, ist nicht gerade der formlose Sandhaufen jene Natur in ihrem ursprünglichen Zustand, die Shaftesbury so hoch gestellt hatte? Das frühe achtzehnte Jahrhundert ist diesem Gedanken nicht nachgegangen, und so ergab sich das seltsame Paradox: reine Natur bedeutete Ordnung und Harmonie der Proportionen. Also war »natürliche« Architektur dort, wo das strenge Maß Palladios herrschte. Reine Natur aber war auch, was die Umgangssprache zunächst darunter versteht, waren die Hecken und Wiesen der freien Landschaft, für deren Schönheit die Engländer um 1720 mehr Sinn hatten als jedes andere europäische Volk; und eben dieser Natur, d. h. der ursprünglichen Landschaft, sollte der Garten so ähnlich als irgend möglich sein. Addison war der erste, der dieses Ideal vertrat: »Warum sollte nicht ein ganzes Landgut in eine Art Garten verwandelt werden?«, rief er aus und meinte das Gegenteil von Versailles. Und ein andermal schrieb er: »Es wäre wohl möglich, daß ein Grundbesitzer aus seinen ganzen Ländereien eine einzige schöne Landschaft machte.« In einem Beitrag zum »Guardian« von 1713 hat Pope diese Gedanken Addisons weiterverfolgt, und in seinem eigenen kleinen Garten zu Twickenham bei London hat er ihn etwas später zu verwirklichen versucht (1719–25). Aber gerade Twickenham ist geeignet, uns eine sehr bedeutsame Tatsache vor Augen zu führen: diese frühesten englischen bzw. antifranzösischen Gartenanlagen waren noch keineswegs das, was man später und was wir heute unter der Bezeichnung *Landschaftsgarten* verstehen, und es war durchaus nicht Popes »unberührte Natur«, was hier entstand. Vielmehr waren sie mit ihren zierlich geschlängelten Pfaden und Bächlein und ihrer unregelmäßigen Komposition genauso künstlich, um nicht zu sagen gekünstelt, wie die Regelmäßigkeit und Symmetrie der barocken Gärten Frankreichs. Eine Bemerkung Horace Walpoles aus dem Jahre 1750 ist in dieser Hinsicht ungemein treffend: »Jeder brave Bürger srengt sich heute nicht weniger an, seine anderthalb Morgen Land in unregelmäßige Formen zu bringen, als er sich früher gequält hat, sein Gärtchen so säuberlich und ordentlich zu arrangieren wie seine Krawatte.« Alle diese »Windungen und Schleifen«, wie Walpole es nannte, sind unverkennbar ein Ausdruck des Rokoko, eines Rokoko allerdings, das ein spezifisch englisches Gepräge zeigt und das in dieser Form auf dem Kontinent ebenso wenig seinesgleichen hat wie Wrens englischer Barock im Barock Frankreichs oder Deutschlands. Und dennoch stehen diese Gärten aus Popes Zeit der Rocaille-Ornamentik von Bruchsal weit näher als jene anderen Gärten, in denen das spätere achtzehnte Jahrhundert mit dem Ideal der unberührten, der naturgewachsenen Landschaft dann wirklich Ernst machte. Während die Größe und Eleganz der französischen Architektur des siebzehnten und achtzehnten Jahrhunderts im Grunde einen städtischen Charakter besitzt (erhielt doch in Versailles selbst der Park mit seinen schnurgeraden Alleen im gewissen Sinne eine städtisches Gepräge), sollte man im Hinblick auf England und auf die formstrengen Bauten, die im Zuge des palladianischen Klassizismus zwischen 1660 und 1760 dort entstanden sind, niemals den Landschaftsgarten vergessen, der die organische und geradezu notwendige Ergänzung der englischen Architektur jener Zeit darstellt. John Woods Prior Park ist von einem Garten dieser Art umgeben, und selbst rein städtische Anlagen der Georgianischen Epoche, wie z. B. die neueren Teile von Edinburgh und insbesondere Bath, sind der Landschaft verbunden und oft bewußt auf sie bezogen.

John Wood war seit Inigo Jones der erste, der einen englischen *Square* als einheitliche Komposition und in Anlehnung an palladianische Palastfassaden erbaute. Bei allen in London und anderen Städten nach 1660 angelegten Plätzen war die Fassadengestaltung der einzelnen Häuser dem freien Ermessen des jeweiligen Besitzers anheimgestellt worden, und es ist nur der festgefügten Gesellschaftsordnung des damaligen England und den von ihr getragenen, allgemein verpflichtenden Regeln der Geschmackskonventionen zu danken, daß keines dieser Häuser mit dem Nachbaranwesen stilistisch in Konflikt geriet. John Wood hat die Häuser seines Queen's Square in Bath zu einer einheitlichen, schloßartigen Fassade mit Mittelrisalit und kolossalen Pilastern zusammengezogen. Die in den Ecken des Komplexes gelegenen Häuser geben in Gestalt von Nebenrisaliten untergeordnete Akzente. Das war im Jahre 1728. Fünfundzwanzig Jahre später (1754–70) entwarf John Wood den *Circus*, wieder als einheitliche Komposition. Sein Sohn John Wood d. J. (gestorben 1781) gab in seinem 1767–75 erbauten Royal Crescent zu Bath die Geschlossenheit der älteren Squares preis und wagte es, der mächtigen halbovalen, durch riesige jonische Säulen gegliederten Palastfront von dreißig Häusern als einziges Gegengewicht eine weite, leicht ansteigende Rasenfläche gegenüberzustellen. Hier war

243 Bath, Royal Crescent, erbaut 1767–ca. 1775 von John Wood dem Jüngeren

eine Wirkung erzielt, die geradezu das Gegenteil von Versailles darstellt: Natur ist nicht länger der Diener der Architektur, sondern sie ist ihr gleichgesetzt; wir stehen im Beginn der *Romantik*.

In London begegnet uns das Prinzip der zu einer einzigen Palastfassade vereinheitlichten Häuserreihe zum ersten Male in Gestalt des von Robert Adam errichteten Adelphi. Diese großartige städtebauliche Anlage, deren Themsefront in ganz Europa bekannt war, ist nicht etwa durch feindliche Luftangriffe zerstört worden, sondern sie ist 1928 dem amusischen Krämergeist der Londoner zum Opfer gefallen. Indessen dürfen wir Adams Bauten, die in den sechziger und siebziger Jahren internationale Berühmtheit erlangten – zur gleichen Zeit also, da sich der Einfluß des englischen Gartenstils auf dem Kontinent auszuwirken begann – nicht als eine Fortsetzung des Palladianismus der Burlington-Gruppe betrachten, vielmehr gehören sie einer gänzlich neuen und andersartigen Stilphase an. Im allgemeinen wird diesem Unterschied dadurch Rechnung getragen, daß man Adam an den Anfang des *Classical Revival*, d. h. des eigentlichen Klassizismus stellt. Aber eine solche Definition sagt noch nicht alles, denn das Classical Revival (man könnte im Hinblick auf Deutschland auch sagen, der Klassizismus der Goethezeit) ist im Grunde nur ein Teil einer weitumfassenden, der romantischen Bewegung. So führt uns also beides, die neue Haltung gegenüber der griechischen und römischen Antike ebenso wie die Schöpfung des Landschaftsgartens, zu einer Betrachtung derjenigen Erscheinung, die zwischen 1760 und 1830 die europäische Kulturgeschichte entscheidend geprägt hat: der Romantik.

Klassizismus und Romantik, Historismus und Jugendstil 1760–1914

Die Romantik hat ihren Anfang in England genommen. England hat die wesentlichen Voraussetzungen geschaffen, aus denen der deutsche *Sturm und Drang* erwachsen ist, welcher wiederum die Romantik der Goethezeit vorbereitet hat. Was die Literatur angeht, sind diese Zusammenhänge längst bekannt. Dagegen wird die Tatsache, daß England im Zeitalter der Romantik auch in den bildenden Künsten und nicht zuletzt in der Architektur die führende Nation gewesen ist, auf dem Kontinent noch nicht allgemein anerkannt und bedarf einer eingehenden Begründung. In der Literatur brachte die Romantik die Reaktion des Gefühls gegen den Verstand, des Naiven gegen das Gekünstelte, der Einfachheit gegen den Prunk, der Gläubigkeit gegen den Skeptizismus. Romantische Dichtung ist erfüllt von einer Begeisterung für die Natur, von hingebender Bewunderung für die ursprünglichen Lebensformen früherer Zeiten oder ferner Völker, für Kulturen, deren Einheit und Geschlossenheit noch nicht vom Zweifel berührt waren. Diese Bewunderung fand ihren Ausdruck einerseits in der Verachtung für »Europens übertünchte Höflichkeit«, andererseits in einem leidenschaftlichen Kult des Griechentums, aber auch des mittelalterlichen Ritters und des »Wilden« als des besseren Menschen. Was immer ihr Wunschbild gewesen sein mag, die romantische Haltung ist stets ein Ausdruck der Sehnsucht, d. h. einer Ablehnung der Gegenwart, ob sie nun als Frivolität des Rokoko oder als phantasielos nüchternes Zeitalter der Aufklärung verabscheut wurde, oder (wie es in England begegnet) als schönheitsfeindliche Epoche der Industrialisierung und Kommerzialisierung.

Die Ablehnung der Gegenwart und der unmittelbaren Vergangenheit macht sich in allen Äußerungen des romantischen Geistes geltend, obwohl gewisse Tendenzen der neuen Bewegung sich zweifellos aus eben dieser Vergangenheit, d. h. aus dem Rokoko und dem Rationalismus des achtzehnten Jahrhunderts herleiten. So haben wir hinsichtlich des Landschaftsgartens gesehen, daß diese Lieblingsidee der Romantik auf Addison und Pope, d. h. auf zwei Rationalisten reinsten Wassers zurückgeht und daß der neue Gartenstil zunächst im Gewande des Rokoko in Erscheinung trat. Auch die Wiedererweckung der Gotik, bei weitem die bedeutsamste Ausdrucksform der romantischen Architektur, begann lange vor dem Einsetzen der eigentlichen Romantik und läßt sich in der gesamten Stilentwicklung des achtzehnten Jahrhunderts verfolgen.

Wir haben gesehen, daß die Baukunst des gotischen Mittelalters in Deutschland und Frankreich bis in das frühe siebzehnte Jahrhundert nachgewirkt hat. Dann war auf dem europäischen Kontinent die Gotik praktisch erloschen, einzig in England wirkte sie auch jetzt noch fort, ja hier ist sie im Grunde niemals völlig erstorben und verbindet sich mit der Neugotik zu einer ununterbrochenen Kontinuität. Vor 1700 verrät die englische Provinzarchitektur nicht selten ihr, freilich unbewußtes, Fortleben, während andererseits schon in den letzten Jahren der Königin Elisabeth (Wollaton Hall) und unter Jakob I. (Bibliothek, St. John's College, Cambridge) sich eine durchaus bewußte Rückwendung zur Gotik geltend machte. Auch Christopher Wren verwendete in einigen seiner Londoner Kirchen gotische Motive. Er vertrat seine Wertschätzung dieses Stils mit zweierlei Begründungen, welche die wichtigsten Argumente vorausnehmen, deren sich die Neugotiker des achtzehnten und neunzehnten Jahr-

244 Blackheath, London, Wohnhaus von Sir John Vanbrugh, erbaut 1717–18

hunderts bedienen sollten. Im Hinblick auf die neuzeitliche Fortsetzung eines original gotischen Bauwerkes heißt es bei Wren: »Von den alten Formen abzuweichen, hieße in ein unerfreuliches Stilgemisch verfallen, welches kein Mensch von gutem Geschmack genießen könnte«; andererseits schrieb er, daß die von ihm in London erbauten gotisierenden Kirchen ihm »nicht unschön, sondern als eine Zierde erschienen«. So wurde schon in ihren ersten Anfängen die Sache der Neugotik sowohl von seiten der Stileinheit als auch der Schönheit vertreten. Der Beginn einer freien Wiederaufnahme mittelalterlicher Formen über den Bereich von Kirchen- und College-Architektur hinaus ist mit dem Werk Vanbrughs und seines Kreises verknüpft. Vanbrughs eigenes Haus in Blackheath bei London (1717 bis 1718) wirkt mit seinen Bastionen und dem zinnenbekrönten Rundturm wie eine kleine mittelalterliche Burg. Auch sonst hat Vanbrugh zuweilen Elemente des Burgenbaus verwendet. Die Gründe, welche für eine solche Rückwendung zum Mittelalter bestimmend waren, sind bei Vanbrugh nicht dieselben wie bei Wren. Was er an den Bauten des Mittelalters bewunderte, war in erster Linie der Ausdruck urtümlicher Kraft, eine Qualität, die für ihn, der in seiner Arbeit immer, wie er selbst es nannte, »männlich« erscheinen wollte, zur unmittelbaren Anregung des eigenen Schaffens wurde. So fanden auch in den barocken Kompositionen seiner Landhäuser Zinnen und wuchtige Rundtürme Eingang. Indessen waren es nicht nur künstlerische Gesichtspunkte, um derentwillen Vanbrugh sich zu den Burgen des Mittelalters hingezogen fühlte. Wenn er auch nicht so weit ging wie das späte achtzehnte Jahrhundert, künstliche Ruinen zu erbauen, so setzte er sich doch schon für die Erhaltung der originalen Reste des Mittelalters ein, und zwar darum, weil sie »lebhafte und angenehme Erinnerungen hervorrufen... an diejenigen, welche sie einst bewohnten, (und) weil sie«, wie es an anderer Stelle heißt, »umgeben von Eiben und wildwuchernden Stechpalmen... ein so schönes Bild gewähren, wie selbst der vollkommenste Landschaftsmaler es nicht besser erfinden könnte«.

Die architektonische Adaption mittelalterlicher Bauformen hat in der strengen Formensprache, wie sie für Vanbrughs Bauten charakteristisch ist, keine Nachfolge gefunden, aber Vanbrughs eben zitierte Bemerkungen (sie stammen aus einem 1709 verfaßten Memorandum für Schloß Blenheim) bilden die Grundlage für den romantischen Ruinenkult und die romantische Liebe zum Mittelalter. Vanbrugh hatte zwei Argumente angeführt – gedanklich assoziative Werte einerseits, malerisch bildhafte Werte andererseits. Die Theoretiker des späteren achtzehnten Jahrhunderts haben beide Gesichtspunkte weiterverfolgt: Ein Gebäude wird in einen bestimmten Stil gekleidet, weil dieser Stil bestimmte Gedanken und Empfindungen hervorzurufen geeignet ist. Und ein Gebäude wird in Zusammen-

245 Blenheim, Luftaufnahme des Schlosses. Gesamtanlage von Capability Brown

hang mit seiner landschaftlichen Umgebung gesehen, weil die damaligen Künstler während ihrer italienischen Lehrzeit den Anblick der antiken Monumente Roms und der Ruinenlandschaft der römischen Campagna genossen und die malerische Schönheit solcher Szenerien in den heroischen und idyllischen Landschaftsbildern der Claude Lorrain, Poussin, Dughet und Salvator Rosa kennengelernt hatten. Die Bilder dieser Maler wurden in großem Umfange von englischen Sammlern erworben und trugen dazu bei, den Geschmack der Maler und Gartenarchitekten sowie den ihrer Auftraggeber zu fördern.

Auch Pope und Kent (von denen der letztere selbst Maler war, ehe er zur Architektur gelangte) gehörten zu den Bewunderern Claudes, aber die Gärten von Twickenham und Chiswick haben nichts von der stillen Klarheit und Harmonie, die dessen Landschaftskompositionen auszeichnen. Nicht eher, als bis das Rokoko verblaßt war, konnte die Gartenkunst sich diesem klassischen Landschaftsbild zuwenden. Die von dem Dichter William Shenstone um 1745 für sich selbst angelegten Gärten seines Landgutes bei Birmingham gehören zu den ersten Parkanlagen, in denen die künstlichen Verschlingungen, wie sie die erste, noch vom Rokoko bestimmte Phase des Landschaftsgartens charakterisierten, preisgegeben und durch einen ruhigeren und großzügigeren Linienfluß ersetzt wurden. Im Zusammenklang mit den zahlreichen Ruheplätzen und Tempelchen ergab sich eine Atmosphäre stiller und gemütvoller Besinnlichkeit. Der bedeutendste Gartenarchitekt um die Mitte des achtzehnten Jahrhunderts ist Lancelot Brown (Capability Brown, 1715–83). Auf ihn gehen die weiten Rasenflächen in sanfter Wellenbewegung zurück, die kunstvoll angeordneten Baumgruppen und die vielfach ausgebuchteten Teiche – Motive, die auch auf dem Kontinent und in Amerika ein starkes Echo fanden und die allenthalben eine Revolution der Gartenkunst hervorriefen. Diese Parks haben in der Tat nichts mehr mit dem Rokoko zu tun. In ihnen leben die traute Einfalt von Goldsmiths »Vicar von Wakefield« und die zarte Anmut von Robert Adams Bauwerken.

Aber Adams Architektur ist ein wesentlich komplexeres Phänomen als Browns Gartenkunst und bedarf einer genaueren Analyse. Robert Adam (1728–92) ist international bekannt als der Vater des Classical Revival, d. h. des englischen Neuklassizismus. Durch die Wiederbelebung der römischen Stuckdekoration und durch die Eleganz, mit der er die klassischen Motive behandelte, hat er auf den Kontinent einen ebenso starken Einfluß ausgeübt wie der neue englische Gartenstil. Und doch ist Eleganz nicht gerade das, was wir nach unseren heutigen Kenntnissen der Antike als Hauptmerkmal der griechischen und römischen Kunst in den Vordergrund stellen und somit von dem Erneuerer klassischer Schönheit in erster Linie erwarten würden. Die Eigenschaften aber, die für uns Heutige das Bild antiker Kunst zuvorderst bestimmen, der strenge Adel Athens, die kraftvolle Männlichkeit Roms, diese Qualitäten suchen wir bei Adam vergeblich, ja im Grunde ist Burlingtons palladianischer Klassizismus strenger, ist Vanbrugh männlicher als alles, was Adam geschaffen hat. Man vergleiche nur die Wandgliederung in irgendeinem Gebäude der palladianischen Richtung mit derjenigen der »Langen Galerie« von Adams Syon House. Adam bedeckt seine Wände mit zarter, delikat ausgeführter Stuckornamentik von heiterer und dabei lebhafter Rhythmik. Mit Vorliebe läßt er seine Räume in der sanften Rundung einer Nische münden, die durch zwei freistehende Säulen mit einem Gebälk darüber sich gegen den übrigen Raum absetzt. Dieses Verschleiern der Raumstruktur, das freie Hinüber und Herüber, das zwischen den Säulen und über dem Architrav der Apsis hinweg Hauptraum und Nische in schwebender Verbindung hält, zeigt einen Palladio durchaus entgegengesetzten Stilwillen und bezeichnet ein ebenso unabhängiges wie geistreiches Talent. Einen nicht minder charakteristischen Einblick in Adams

246 Syon House, Middlesex, begonnen 1761 von Robert Adam (Copyright *Country Life*)

247 Syon House, Gartenportal, erbaut 1773 (Copyright *Country Life*)

Kunst gibt uns, dieses Mal im Bereiche der Außenarchitektur, das Parkportal von Syon House. Lord Burlington hätte diesen Bau gewiß als ein leichtfertiges Machwerk ohne jeden künstlerischen Ernst abgetan, und Vanbrugh hätte es gewiß nicht minder verachtet. Das von ihm errichtete Mittelstück im Seitenflügel von Blenheim Palace sieht neben Adams zartem Torbau aus, als sei es von Giganten aus Felsblöcken aufgetürmt. Adams Portal dagegen mit seinen schlanken, anmutig dekorierten Pilastern und mit dem bekrönenden Löwen, dessen Silhouette sich so klar gegen den Himmel abhebt, läßt die Architektur Vanbrughs geradezu barbarisch und die Kompositionen Burlingtons wie Arbeiten eines Pedanten erscheinen. Was Adam an einem Gebäude bewunderte, war nach seinen eigenen Worten: »der Wechsel von steigenden und fallenden Linien, von Vor- und Rücksprüngen und sonstige Variationen der Form«, und wie er an anderer Stelle schreibt: »eine Vielfalt von zart abgestuften Profilen«. Diese Bemerkungen sind überaus aufschlußreich für Adams

Kunst. Aus ihnen spricht ein Schönheitsideal, das weder der Ästhetik Palladios noch derjenigen des Barock entspricht (ungeachtet der Tatsache, daß Adams Landhäuser sich im Außenbau nur selten weit von den palladianischen Regeln entfernen); aber es ist auch nicht der Geist des Klassizismus, der uns in diesen Äußerungen begegnet. Vielmehr fühlen wir uns angesichts der Vorliebe für Leichtigkeit, Bewegung und vielfältige Nuancierung noch am ehesten dem Rokoko verbunden. Aber es handelt sich auch hier wieder um eine typisch englische, d. h. also um eine klassizistische Formulierung dieses Stils.

Andererseits ist es auch durchaus nicht abwegig, Adam als einen Repräsentanten des Classical Revival (Wiedererweckung der Antike) anzusehen; auch für diese Auffassung sprechen gewichtige Argumente. Als junger Mann hatte er, um seine Ausbildung zu vervollständigen, sich in Rom aufgehalten. Von Italien aus hatte er Spalato besucht und die Ruinen des Diokletianspalastes eingehend studiert und vermessen. Nach seiner Rückkehr veröffentlichte er die Resultate seiner Untersuchung in einem luxuriös ausgestatteten Buch (1763). Diese Prachtbände mit Illustrationen und Beschreibungen antiker Ruinen (neben Adams Werk gab es damals in Paris und London noch andere derartige Veröffentlichungen) werden mit Recht als Markstein des Neuklassizismus betrachtet. Das wichtigste von diesen Büchern verfaßten James Stuart und Nicholas Revett. Der erste Band ihrer Gemeinschaftsarbeit »Antiquities of Athens« erschien 1762, d. h. noch vor Adams Arbeit über Spalato; es wurde von der »Society of Dilettanti« finanziert, einem Londoner Klub von Freunden und Mäzenen klassischer Bildung. Zwei Jahre später publizierte Dumont einen großen Bildband über die Tempel von Paestum. Diese Bücher gaben den englischen Architekten und Kunstfreunden zum ersten Male eine Vorstellung von der Strenge und Schlichtheit des dorischen Stiles, denn was man bis dahin, vor allem seit den Säulenbüchern des sechzehnten Jahrhunderts, als »dorisch« bezeichnet hatte, waren jene abgeleiteten und gegenüber dem griechischen Vorbild sehr viel schlankeren und leichteren Formen, die wir heute, wenn die Säulen kanneliert sind, römisch-dorisch, anderenfalls toskanisch nennen. Die Schwere und die gedrungenen Proportionen des dorischen Tempels und das völlige Fehlen der Säulenbasis waren für die Anhänger Palladios eine peinliche Überraschung. Sir William Chambers, der führende Palladianer der Generation nach Burlington und eines der Gründungsmitglieder der Londoner Akademie, nannte im Jahre 1768 diesen Stil rundweg barbarisch. Auch Adam konnte keinen Gefallen an ihm finden. Trotz solcher anfänglichen Ablehnung erwies sich jedoch die durch die Publikationen der sechziger Jahre vermittelte Kenntnis der echten dorischen Baukunst schon bald als überaus fruchtbar, und gerade der dorische Stil wurde zum Leitmotiv der strengsten Phase des Neuklassizismus. Dem Werk von Stuart und Revett über das antike Athen entspricht in Frankreich Le Roys allerdings weit bescheidener aufgemachtes Buch »Ruines de Grèce« (1758). Bald darauf entstand das Standardwerk des deutschen Klassizismus, Winckelmanns »Geschichte der Kunst des Altertums« (1763). Winckelmann (1717 bis 1768), der das Wort von der »edlen Einfalt und stillen Größe« der Antike prägte, hat als erster den wahren Charakter der hellenischen Kunst erkannt.

Allerdings waren Winckelmanns Erkenntnisse weit mehr aus einer literarischen als aus einer unmittelbar anschauenden Begegnung mit den griechischen Bildwerken hervorgegangen, wie denn für ihn der Apoll von Belvedere und die Laokoon-Gruppe die Meisterleistungen antiker Plastik bedeuteten, d. h. Skulpturen des spätgriechischen Barock und Rokoko, nicht die der klassischen Phase des älteren Hellas. Ob die Bildwerke der Giebel von Olympia und Aegina und ob vielleicht selbst die des Parthenon ihn abgestoßen hätten? Es scheint keineswegs undenkbar. Vielleicht war, soweit es nicht um ideale Vorstellungen, sondern um wirklichen Augenschein ging, sein Gefallen an griechischer Kunst ebenso einseitig und ebenso begrenzt wie dasjenige Josiah Wedgwoods, der nach antiken Mustern Vasen herstellte. Wedgwood hielt seine Vorbilder – in Wahrheit handelte es sich um griechische Originale des fünften Jahrhunderts – für Erzeugnisse etruskischer Kunst, und so taufte er seine in Stokeon-Trent gelegene Manufaktur »Etruria«. Die Wedgwood-Keramik zeigt in der Zartheit und Feinheit von Form und Farbe einen Stil, welcher dem Klassizismus Robert Adams weit näher steht als der klassischen Kunst der Griechen. Hinsichtlich ihrer Beziehung zur Antike müssen Winckelmann, Wedgwood und Adam, dazu die Maler Mengs und Greuze, zusammen gesehen werden. Sie alle sind Repräsentanten eines vorklassizistischen Klassizismus und einer vorromantischen Romantik.

Indessen, was immer man damals unter griechisch verstand, und wie sehr auch das Bild, das man sich von hellenischer Kunst machte, einseitig oder gar verzeichnet gewesen sein mag, die Liebe zum griechischen Altertum, die Sehnsucht, es den Hellenen gleichzutun, ist unbestreitbar und gehört zu den charakteristischsten Symptomen jener Epoche. Vielfach machte sich die Vorliebe für das Griechische (das zeigt sich auch in den archäologischen Publikationen dieser Zeit) in einer minderen Wertschätzung der römischen Antike geltend. Eine seiner überzeugendsten Manifestationen erreichte der Hellenismus des achtzehnten Jahrhunderts, als der schon erwähnte James Stuart (genannt Athenian-Stuart, 1713–1788) im Auftrag englischer Bauherren die ersten archäologisch korrekten Kopien ganzer griechischer Tempel errichtete. Die Verpflanzung dorischer Bauten auf

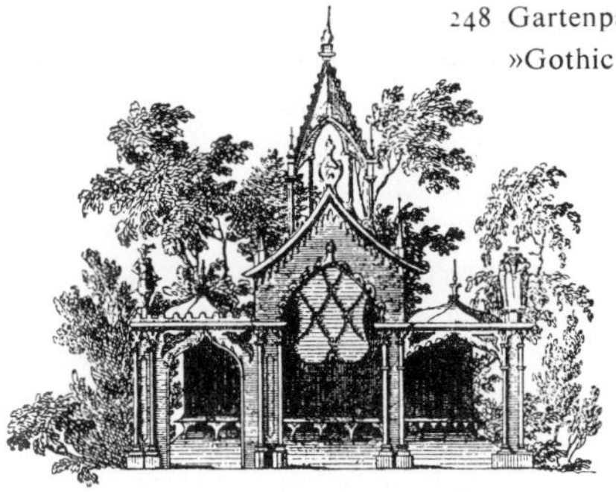

248 Gartenpavillon aus P. Deckers »Gothic Architecture Decorated«, 1759

nordischen Boden – wie sollte man nicht im Hinblick auf diese Erscheinung von einer echten Wiederbelebung der griechischen Kunst sprechen dürfen? Und dennoch, wenn wir die zweifellos in diese Richtung zielenden Assoziationen und Ideen von Architekt und Auftraggebern außer acht lassen und uns allein auf unser Auge verlassen, werden wir bald gewahr, daß diese dorischen Miniaturtempel im Grunde nichts anderes als malerische Versatzstücke des Landschaftsgartens sind. Man kann das in Hagley bei Birmingham deutlich sehen, wo James Stuart den ersten derartigen Tempel baute. Der dorische Tempel von Hagley wurde 1758 errichtet. Er ist das erste Denkmal des »Doric Revival« in Europa. Nahe dabei und zur gleichen Zeit ließ derselbe Bauherr ein Pförtnerhaus in Gestalt einer gotischen Ruine aufführen, sowie eine Gartenbank aus rohen Ästen, die dem Andenken an James Thomson, den Dichter der »Jahreszeiten«, gewidmet war. Der einzig wesentliche Unterschied zwischen dem Tempel und der Ruine von Hagley (die beide dem Schmuck des Gartens dienen) liegt darin, daß der erstere einigermaßen getreu kopiert ist, während die Ruine eine denkbar unkorrekte Behandlung der gotischen Formen zeigt. Denn dank der allgemein verbreiteten klassischen Bildung waren die Auftraggeber sehr wohl imstande, das Detail der klassischen Bauweise nachzuprüfen. Auch verstanden um 1760 die Architekten und selbst einfache Landbaumeister im allgemeinen genug von antiker Architektur, um ein Miniaturpantheon oder die Ruine eines römischen Aquäduktes ohne allzu viele Fehler aufbauen zu können. Dagegen war die Kenntnis mittelalterlicher Bauwerke in dieser ersten Phase der *Neogotik* noch außerordentlich beschränkt. Das führte dazu, daß die Kopien griechischer und römischer Monumente leicht ins Akademische und Pedantisch-Trockene verfielen, während die unzähligen »mittelalterlichen« Requisiten der damaligen Gärten, die gotischen Steinsitze, die Einsiedeleien, die künstlichen Ruinen, eine bezaubernd naive Unbefangenheit und Frische besitzen. Wenn wir Adams Stil ein klassizistisches Rokoko genannt haben, so dürfen wir hier von einem gotischen Rokoko sprechen (Anm. 36).

Horace Walpole gebührt das Verdienst, die Neogotik im englischen Herrenhausbau heimisch gemacht zu haben. Der Ruhm seines Landsitzes Strawberry Hill bei London verbreitete sich in ganz Europa bei den Anhängern der neuen, d. h. der romantischen Kunst. Walpole hatte im Jahre 1750 das ursprüngliche Gebäude erweitert und zugleich gotisiert. In einem Punkte war er allen anderen Freunden des neugotischen Stils voraus, insbesondere jenem William Kent, dem wir schon als Palladio-Epigonen und Schrittmacher des Landschaftsgartens begegnet sind: Walpole legte Wert darauf, seine gotischen Interieurs möglichst korrekt, d. h. möglichst stilecht auszugestalten. So wurden z. B. Kamine und Wandbekleidungen nach Abbildungen mittelalterlicher Grabmäler und Chorschranken gefertigt. Indessen, was Walpole als die wesentlichsten Vorzüge der Gotik ansah und was er an ihr bewunderte, waren offensichtlich ganz andere Qualitäten, als wir sie heute mit dem Begriff der gotischen Baukunst verbinden. In Briefen aus den Jahren 1748 und 1750 spricht er von der »entzückenden, ehrwürdigen Gotik« und dem »kapriziösen Reiz des Originellen«, welchen die Verwendung gotischer Motive den zeitgenössischen Bauten zu verleihen vermag. Reizvoll und originell ist Strawberry Hill in der Tat mit seinem papierdünn wirkenden Außenbau und der anmutigen Galerie im Inneren, deren Fächergewölbe und vergoldetes Maßwerk mit Spiegeln hinterlegt sind. Die Anwendung gotischer Formen, wie wir sie hier finden, steht in ihrer Naivität und Verspieltheit dem chinesischen Stil von Chippendale-Möbeln und allgemein den Chinoiserien des Rokoko weit näher als etwa den tief ernsten Empfindungen, die Schlegel in gotischen Domen fühlte, und näher auch als die neugotischen Kirchen des neunzehnten Jahrhunderts. Walpole selber war zwar gegen die Mode der Chinoiserien, aber wenn man die verschiedenen Stilprägungen um 1750 in ihren allgemeinsten Eigenschaften betrachtet, dann besteht kaum ein wesentlicher Unterschied zwischen den chinesischen Brückchen, den antiken Tempelchen und den gotischen Ruinen. So fand selbst der Klassizist Robert Adam ein Vergnügen daran, Ruinen im Geschmack Piranesis, d. h. in der effektvollen Aufmachung des Spätbarock zu zeichnen, während er andererseits auch gelegentlich Möbel in einem vom Mittelalter angeregten Stil entwarf; so war es möglich, daß Sir William Chambers, ein strikter Verfechter des palladianischen Klassizismus, mit seiner Pagode im Park von Kew zum Schöpfer eines der ersten europäischen Bauwerke im chinesischen Stil geworden ist.

Der Park von Kew enthielt ursprünglich eine Überfülle von solchen Gartenrequisiten, die alle aus der Freude des Rokoko am Bizarren und Extravaganten hervorgegangen sind: abgesehen von der Pagode,

249 Twickenham, Middlesex, Holbein-Zimmer im Landsitz Strawberry Hill, erweitert und gotisiert ca. 1750–70 (Copyright *Country Life*)

die allein übriggeblieben ist, gab es Tempel des Pan, des Aeolus, der Einsamkeit, der Sonne, der Bellona, ferner einen Siegestempel, ein Haus des Konfuzius, eine korinthische Kolonnade, eine Alhambra, eine Moschee, eine gotische Kathedrale, eine Ruine, verschiedene Steinsitze etc. Die Pointe eines solchen Beieinanders von Stilen der verschiedensten Zeiten und Völker, der eigentliche Sinn der türkischen, der maurischen, gotischen und chinesischen Bauwerke ist der gleiche wie der der exotischen Verkleidung in Voltaires »Zadig« und »Babouc« und in Montesquieus »Lettres Persanes«; sie ist eine raffinierte Doppeldeutigkeit, die allein aus dem Geiste des Rokoko zu verstehen ist und mit den Idealen der Romantik nichts zu schaffen hat. Oder hätte etwa eine Pagode feierlich ernste Empfindungen im Sinne der Romantik hervorrufen können? So wurden denn auch viele der im Rokoko beliebten Gartenrequisiten als unpassend verbannt, als ein wenig später die Romantik mit ihrem Durst nach sentimentalen Stimmungen sich in der Gartenkunst durchsetzte. Indessen hatte doch auch schon Strawberry Hill eine assoziative, genauer gesagt, eine sentimentale Bedeutung gehabt. Es war im gewissen Sinne die Stimmung des »Schlosses von Otranto«, des gotischen Schauerromans, den Walpole 1764 veröffentlichte. Diese Stimmung wollte er in Strawberry Hill festhalten. Für uns ist angesichts von Strawberry Hill ein solcher Gehalt nur schwer nachzufühlen. Anders steht es mit William Beckfords Schloß Fonthill Abbey. Beckford besaß immense Reichtümer und war berühmt und berüchtigt für seine Exzentrizität und seinen ausschweifenden Lebenswandel. Auch er hatte einen gotischen Schauerroman, »Vathek«, geschrieben. Fonthill, wie man auf alten Abbildungen der nicht mehr erhaltenen Baulichkeiten erkennen kann, besaß in der Tat mit seinen mächtigen Galerien und dem gewaltigen Turm etwas von der düsteren Erhabenheit, welche die Romantiker so gern mit der Vorstellung des »dunklen Mittelalters« verbanden. Aber Fonthill Abbey, erbaut von J. Wyatt (1748–1813) ist erst bedeutend später als Strawberry Hill im Jahre 1796 begonnen worden, wie denn allgemein der Übergang von der Rokoko-Gotik zu der romantischen Gotik in England erst gegen Ende des achtzehnten Jahrhunderts erfolgte. In Deutschland jedoch, wo um 1760 nach englischem Muster die ersten Landschaftsgärten, künstlichen Ruinen, gotischen Einsiedeleien und Gartenhäuser entstanden (Anm. 37), hat Goethe 1772 vor dem Straßburger Münster Worte gefunden, die in ihrer leidenschaftlichen Bewunderung schon früher als in England selbst die neue und vertiefte Beziehung zur Gotik erkennen lassen: »Vermannigfaltige die ungeheuere Mauer, die du gen Himmel führen sollst, daß sie aufsteige gleich einem hoch erhabenen, weit verbreiteten Baume Gottes, der mit tausend Ästen, Millionen Zweigen, und Blättern wie der Sand am Meer, ringsum der Gegend verkündet die Herrlichkeit des Herrn, seines Meisters!... wie in Werken der ewigen Natur bis aufs geringste Zäserchen alles Gestalt und alles zweckend zum Ganzen; wie das fest gegründete, ungeheure Gebäude sich leicht in die Luft hebt, wie durchbrochen alles und doch für die Ewigkeit!... tretet hin und erkennt das tiefste Gefühl von Wahrheit und Schönheit der Verhältnisse, wirkend aus starker, rauher, deutscher Seele...«

Hier bedeutet die Gotik in der Tat nicht mehr nur eine bizarre Mode, und wenn gotische Kunst in der Auffassung des Rokoko letztlich in dieselbe Kategorie gehörte wie indische Tempel oder chinesische Pagoden, so erscheint sie hier als etwas Einzigartiges und Unvergleichliches. Für Goethe war sie der Inbegriff des Eigenwüchsigen, des Lauteren, des Unverfälschten und Elementaren, d. h. annähernd das gleiche, was für Winckelmann und wenig später auch für Goethe selbst die Kunst Griechenlands bedeutete. Die ernsthaften Ästhetiker und Künstler des romantisch-klassizistischen Zeitalters sahen im griechischen Altertum wie im gotischen Mittelalter den Ausweg und das Heilmittel gegen die Oberflächlichkeit, die Frivolität und Dekadenz des achtzehnten Jahrhunderts.

In Frankreich, wo man sich dem Rokoko viel stärker als in England ergeben hatte, nahm die Gegenreaktion viel heftigere Formen an. Diese setzte bereits in den fünfziger Jahren des achtzehnten Jahrhunderts ein. 1753 veröffentlichte der Abbé Laugier, ein Amateur, seinen »Essai sur l'architecture«, in dem er gebot: »Tenons nous au simple et au naturel«; Charles Nicolas Cochin der Jüngere (1715–1790), ein erfolgreicher junger Stecher, wandte sich im Dezember 1754 im »Mercure de France« inständigst an die Goldschmiede und beschwor sie, mit den S-Kurven und anderen *»formes baroques«* aufzuhören, da nur der rechte Winkel gute Wirkungen hervorzubringen vermöge.

Als erster unter den großen französischen Architekten wandte sich Jacques-Ange Gabriel (1698–1782) einer mehr klassischen Formensprache zu. Da er nie in Italien gewesen war, muß er seinen reifen

250 Versailles, Petit Trianon, begonnen 1762 von Jacques-Ange Gabriel

Stil am Beispiel der klassischsten Architekten unter seinen Landsleuten des siebzehnten Jahrhunderts ausgebildet haben – ein Gegenstück zur Wiedererweckung von Palladio und Inigo Jones in England. Gabriel war *premier architect du roi.* Seine bedeutendsten Werke sind die Ecole militaire (begonnen 1751), die beiden 1757 begonnenen Gebäude an der Nordseite der Place de la Concorde und das Petit Trianon im Garten von Versailles, das 1762 begonnen wurde. An diesen Bauten ist nichts, das man revolutionär nennen könnte. So entspricht zum Beispiel das Stiegenhaus der Ecole militaire dem von Mansart in Blois, indes geben ihm die flach kassettier-

251 Paris, Treppenhaus der Ecole Militaire, begonnen 1751 von Jacques-Ange Gabriel

ten Gewölbe und die massigen bronzenen Treppengeländer einen kraftvollen Akzent, der, gemessen an der flüchtigen Eleganz des Barock, beruhigend wirkt. Wie in allen Bauten Gabriels, ist die Steinmauerung vorzüglich. Die Fassaden auf der Place de la Concorde besitzen im ersten Stockwerk Loggien, wie sie Perrault an der Ostfassade des Louvre verwendet hatte. Das Petit Trianon hat weder geschwungene Ausladungen noch eine Kuppel, ja nicht einmal Fenstergiebel. Es ist ein überaus reizvoller kleiner Bauwürfel, dessen Außenfassade sich nur einiger weniger, zurückhaltend angewandter Schmuckformen bedient. Man hat darauf hingewiesen, daß das Petit Trianon den Einfluß des englischen Palladianismus voraussetzte. Weder in der allgemeinen Anlage noch in den Details lassen sich jedoch Hinweise auf die Berechtigung dieser Annahme aufspüren. Als wenig später englischer Einfluß sich in Versailles bemerkbar machte, geschah dies in den charakteristischen Formen des malerischen Gartenschmucks: 1777 errichtete Richard Mique (1728–1794) eine dem Amor geweihte Rotunde, und um 1781 entwarf er den berühmten Hameau Marie Antoinettes, eine Nachbildung normannischer Bauerngehöfte. Was damals in Paris zum reichen Stand zählte, ließ sich *jardins anglais* mit den dazugehörigen Architekturmotiven anlegen: so zum Beispiel ein Rundhaus in Form einer gebrochenen Säule in der Désert de Retz (oder Monville 1771), oder eine ziemlich unpassende chinesische Pagode in Chanteloup (1775–1778). Nichts ist bezeichnender für diese anglisierten Landsitze als ihr Name »Folies« – Narreteien. Überaus aufschlußreich für die damalige Zeitsituation in Frankreich ebenso wie in England ist der Umstand, daß der hervorragendste Landschaftsentwerfer ein Maler war: Hubert Robert (1733–1808). Er war 1775 in Versailles tätig und dürfte auch mit der Désert de Retz zu tun gehabt haben. Als Schützling des jüngeren Bruders der Pompadour, des *surintendant des bâtiments*, den diese 1750 nach Rom gesandt hatte, war Robert 1754 in die Ewige Stadt gekommen. Den Bruder der Pompadour begleiteten auf seiner Forschungsreise nach den wahren Quellen des klassischen Stils der Stecher Cochin, den wir von seiner Supplication an die Goldschmiede kennen, und Jacques-Germain Soufflot (1713–1780), der später der bedeutendste französische Architekt aus der auf Gabriel folgenden Generation werden sollte. Er ist vornehmlich durch das Panthéon bekannt, das seinen Namen während der Revolution empfing. Ursprünglich war es von 1755–1792 als Kirche der heiligen Genoveva erbaut worden. Bedeutete der Plan dieser Kirche für Frankreich eine Revolution, so hätte man ihm in England kaum diesen Titel zugestanden. Daß Soufflot englische Bauten kannte und sich diesen wahlverwandt fühlte, erweist seine offensichtliche Abhängigkeit von Wrens St.-Pauls-Kuppel. Diese herrliche Kuppel erhebt sich mit ihrem von Kolonnaden umfaßten Tambour über eine Vierung, die

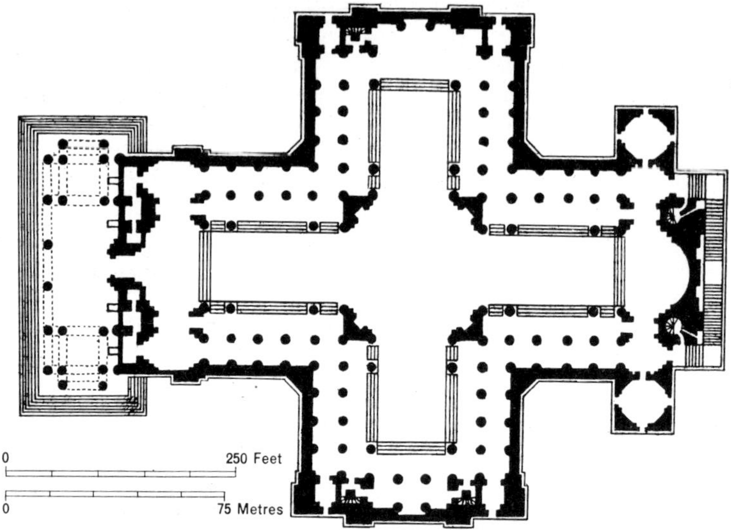

252 Paris, Panthéon (Ste. Geneviève), erbaut 1755–92 von Soufflot

aus dem Grundplan des griechischen Kreuzes hervorgeht, niedrige Kuppeln besetzen die vier Kreuzarme. Diese Anlage ist der Apostelkirche in Byzanz, der Kirche in Perigueux, S. Marco in Venedig und der Darstellung auf der Sforza-Medaille von etwa 1460 verwandt. Während in diesen und ähnlichen Fällen jedoch die Kuppeln auf soliden Mauern aufruhen, versetzte sie Soufflot so weit nur irgend möglich auf Säulen mit gradlinigem Gebälk. Die Umgänge, welche um die ganze Kirche führen, weisen nur Säulen auf, ausgenommen an den Stellen unterhalb der Ecken der Zentralkuppel, wo Soufflot schmale Wände mit vorgesetzten Säulen einfügte. Diese wurden später verbreitert, so daß sie die Außenfenster füllen, wodurch die von Soufflot beabsichtigte Leichtigkeit des Raumes eine gewisse Beeinträchtigung erfährt. Der originellste Beitrag dieses Architekten ist die Verbindung eben dieser Leichtigkeit mit strenger Regelmäßigkeit und monumentalen römischen Detailformen, ein Vorgang, der vollkommen überzeugend mit den Bemühungen übereinstimmt, die Robert Adam zur gleichen Zeit in England verfolgte. Während jedoch Adam seine Modelle gefühlsmäßig auswog, folgte Soufflot einer wohlüberlegten Theorie, die um ihrer Merkwürdigkeit und Vieldeutigkeit willen ein Wort des Kommentars verdient. Laugier und andere hatten den an die Mauer gefügten Pilaster der Unnatürlichkeit geziehen, was gleichbedeutend mit »barock« war. Die Säule hingegen dünkte sie natürlich und im Hinblick auf griechische Vorläufer auch korrekt. Zugleich aber war die Säule eine schlankere

253 Paris, Panthéon (Ste. Geneviève), erbaut 1755–92 von Jacques-Germain Soufflot

Stütze und bot sich, sobald es gelungen war, das Tragen der Last befriedigend zu lösen, als die rationellere Lösung an. Diesen Überlegungen um das richtige Verhältnis zwischen einem Minimum an Masse und einem Maximum an Last bot sich als Vorbild die gotische Kathedrale! In der Tat sagt Soufflot 1762, man solle die griechische Ordnung mit »der Leichtigkeit kombinieren, die an manchen gotischen Bauwerken zu bewundern sei«. Perronnet, der Direktor der berühmten Schule für Brücken- und Straßen-Ingenieure, meinte ein paar Jahre später: »Ste. Geneviève hält die Mitte zwischen der massigen Architektur der Antike und der leichteren der Gotik.« So gesehen, hat auch Frankreich in der Mitte des achtzehnten Jahrhunderts seinen *Gothic Revival* (Anm. 38). Während dieser Prozeß in England vielseitig schöpferischen Charakter trägt, ist er in Frankreich so rein strukturbezogen, daß er sich fast der Wahrnehmung entzieht. Bereits 1741 hatte Soufflot einen Vortrag über gotische Architektur gehalten. Als er 1750 in Italien weilte, besuchte er die Tempel von Paestum und zeichnete sie im Detail. Seine Zeichnungen wurden 1764 in dem bereits erwähnten Werk von Dumont veröffentlicht. Doch selbst hier verleitete ihn seine Bewunderung nicht zur blinden Nachahmung.

254 St. Petersburg, Börse, erbaut 1801 von Thomas de Thomon

255 Paris, Arc de Triomphe, begonnen 1806 nach Plänen von Chalgrin

Anders verhielt es sich mit den jungen französischen Architekten der folgenden Generation, welche in den fünfziger und sechziger Jahren an die Académie de France in Rom gesandt wurden. Diese Generation der zwischen 1725 und 1730 Geborenen besaß in Frankreich keinen eigentlichen Führer. Ledoux ist der uns am meisten vertraute Name. Boullée ist erst kürzlich bekannter geworden, doch war keiner von beiden im gleichen Maße erfolgreich wie der eine oder andere ihrer Generationsgefährten, die jedoch nur einem engen Kreis bekannt sind: de Wailly und Marie-Joseph Peyre, die beiden Architekten des Odéon; Antoine, Louis und Gondoin, welche die Chirurgische Schule errichteten; Brongniard, der Erbauer des Kapuziner-Klosters (jetzt Lycée Condorcet); Chalgrin, dessen Ruhm mit dem Arc de Triomphe verknüpft ist und der auch die Kirche St. Philippe du Roule erbaute; Desprez, der in Schweden tätig war; Beranger und viele andere. Ihr Stil war in vieler Hinsicht von Gabriel und Soufflot, in weiterer Instanz von England und Rom beeinflußt.

Seine Kennzeichen sind streng kubische Baublöcke, ohne Pavillondächer oder sogar ohne jede sichtbare Dachgestaltung, halbkugelige Kuppeln, die im Gegensatz zu der barockeren Kuppel des Pariser Panthéon dem römischen Pantheon und Bramante nachempfunden sind; geradlinige Portalbauten ohne Giebelfelder, kassettierte Tonnengewölbe und eine Vorliebe für toskanische oder griechisch-dorische Säulen gegenüber den anderen eleganteren Säulenformen. Natürlich hatte England seit den Arbeiten des späten Wren eine Vorliebe für die toskanische Ordnung gezeigt und die dorische Ordnung bereits 1758 in Hagley wieder aufleben lassen. Anderseits gehört die außerordentlich gedrungene und derbe Variante der toskanischen Ordnung zu den französischen Eigenheiten. In den meisten Werken dieser Architekten tritt deutlich die Absicht hervor, etwas Männliches, Sittlich-Ernstes in die Welt zu setzen. Nicht minder augenfällig ist aber auch das Bestreben, die *petitesse*, also das Kleinförmige des Rokoko, durch großartige Maßbeziehungen zu ersetzen. Nicht selten hat dieses Denken Architekturträume hervorgebracht, die wohl auf dem Papier leben, aber von den tatsächlichen

256 Etienne-Louis Boullée, Entwurf für ein Kenotaph für Newton, 1784

257 Etienne-Louis Boullée, Entwurf zu einem Friedhofseingang in Form einer Pyramide, ca. 1780–90

Verwirklichungsmöglichkeiten nichts wissen wollen: Königliche Paläste oder Bauwerke, die demokratischen Zwecken zugeschrieben wurden und verschiedenen, mehr oder minder scharf umrissenen Akademien, Museen und Bibliotheken zur Voraussetzung dienen sollten. Hierher gehören auch die oftmals geplanten Denkmäler für Isaak Newton, den Entdecker des Unendlichkeitsgesetzes.

Der Verführer all dieser jungen Leute in Rom war Giovanni Battista Piranesi (1720–1778), ein in der Stadt der Päpste lebender venezianischer Architekt, der, wenn er einmal baute, was nicht oft geschah, enttäuschend wirkte, dafür aber eine Unmenge von Architekturblättern radierte, zuweilen in Form von freien Phantasien, hauptsächlich aber mit dem Anspruch auf bildnistreue Wiedergabe römischer Antiken. Im Detail folgen diese Darstellungen der Wahrheit, in ihren Größenbeziehungen und der visionären Erhabenheit ihrer Gesamtkomposition gehen sie jedoch weit über das hinaus, »womit Rom«, wie Horace Walpole schrieb, »selbst in Zeiten prahlte, in denen seine Herrlichkeit ihren Zenit erreicht hatte«. Überaus vielsagend ist es, daß Flaxman eingestand, er habe »die Ruinen Roms weniger packend gefunden, als er, an die Radierungen Piranesis gewöhnt, erwartet hatte«. Tatsächlich war Piranesi in ganz Europa für seine Tafeln nach römischen Bauten berühmt. Die *Society of Antiquaries* in London machte ihn 1757 zu ihrem Ehrenmitglied; er wieder widmete eine Veröffentlichung des Campus Martius dem Architekten Robert Adam. Auf Piranesis Wiedergaben wirken die Bauwerke, als seien sie von Gigantenhand errichtet worden; der Mensch, der darin kauert oder kriecht, gleicht winzigen Pygmäen. Der Geist des Rokokocapriccios verrät sich in diesen Blättern, besonders in Piranesis geistvoller Handhabung der Stecher- und Radierernadel.

258 Paris, Zollhaus, erbaut 1784–89 von Ledoux

Dennoch steckt manches in ihnen, das bereits in die Romantik deutet: die Inbrunst etwa, mit der er – um wieder Walpole zu zitieren – »mit Bergen von Bauwerken den Himmel erstürmt«, aber auch sein Gefallen an ursprünglichen Formen, zum Beispiel den Pyramiden und – am Ende seines Lebens – den griechisch-dorischen Säulen von Paestum.

Das auffallendste und merkwürdigste Ergebnis dieses Piranesi-Kultes unter den Studenten der französischen Akademie in Rom war Peyers Werk »Livre d'architecture«, das im Jahr 1765 erschien. Weder Boullée noch Ledoux kannten Italien (Anm. 39). Ihr Stil kann jedoch ohne Piranesi und Peyre nicht verstanden werden. Gleich Piranesi ist Etienne-Louis Boullée (1729–1799) als bauender Architekt von geringem Interesse. Sein Ruhm beruht auf einer Folge großformatiger Zeichnungen, die er in den achtziger und neunziger Jahren für Vorträge oder für eine Veröffentlichung vorbereitete. Der megalomane Charakter dieser Entwürfe gibt den Zeichnungen von Peyre nichts nach; da findet man eine Kathedrale auf dem griechischen Kreuz errichtet, mit Portalbauten an allen vier Seiten, die mit je sechzehn Riesensäulen besetzt sind; da stößt man auf den Zentralbau eines Museums in Form eines quadratischen Blocks mit halbkreisförmigen Portalbauten an allen vier Seiten, jeweils mit achtunddreißig Säulen bestückt, die vierfach in die Tiefe gestaffelt werden, so daß an jeder Fassade 152 Säulen zu stehen kommen; da ist ferner eine Nationalbibliothek mit einem riesigen Lesesaal und einem Tonnengewölbe von unermeßlichen Dimensionen, ein Friedhof mit einem Eingang in Form einer Pyramide, die von zwei Obelisken flankiert wird, ein Grabdenkmal für einen Krieger in Form eines Sarkophages von etwa 75 Meter Höhe und schließlich ein Denkmal für Newton, das im Innern vollkommen kugelförmig ist und dessen Höhe sich aufgrund der in den Plan eingetragenen Figuren auf 150 Meter errechnen läßt. Genauigkeit in den Proportionen darf man von diesen Darstellungen nicht erwarten. Piranesis Darstellungen hatten bereits dieser Großzügigkeit den Weg bereitet. In den Kommentaren zu seinen Darstellungen forderte Boullée darum nicht eine vernunftmäßig konzipierte, sondern eine empfundene Architektur, eine Architektur voll Größe, charaktervoller Würde und magischer Macht. Praktische Notwendigkeiten kümmerten ihn wenig.

Claude-Nicolas Ledoux (1736–1806) war erfolgreicher. Trotz seines exzentrischen, streitsüchtigen Wesens empfing er viele Aufträge für Stadt- und Landhäuser und andere Gebäude. Von den bedeutenderen, die zwischen 1760 und 1789 in Paris errichtet wurden, sind nur wenige und nicht gerade die charakteristischsten erhalten geblieben. Einem früheren Besucher der französischen Hauptstadt muß sich jedoch ein geschlossenes Stilbild geboten haben, dessen Überzeugungskraft die uns zur Verfügung stehenden Nachbildungen nicht zu erreichen vermögen. Außerhalb des Wohnhaussektors gab Ledoux sein Bestes in den Pariser Zollhäusern, die zwischen 1784 und 1789 errichtet wurden. Die Grund- und Aufrisse dieser Bauten zeichnet unendliche Vielfalt aus, gemeinsam ist ihnen ein kräftiger, massiger Stil mit toskanischen, dorischen oder schwerfällig bossierten Säulen. Ein weiterer wichtiger Bau des Architekten, das Theater von Besançon (1778–1784), hat ein halbkreisförmiges Amphitheater mit griechisch-dorischen Säulen. Wichtiger Rang kommt auch den Fragmenten der Salzminen von Arc-et-Senans am Fluß Loue bei Besançon zu, die im wesentlichen in den Jahren 1775–1779 errichtet wurden. Das Pförtnerhaus hat einen tiefen Portikus aus derben toskanischen Säulen, dahinter eine Nische, deren Bossierung den Eindruck erweckt, als wäre der Fels im Rohzustand belassen worden.

259 Arc-et-Senans, Salzminen, erbaut 1775–79 von Claude-Nicolas Ledoux

Dieses Bild wird durch Urnen ergänzt, aus denen gemeißeltes Wasser »fließt« – das Ganze ist eine vollkommene Vermählung des Romantischen mit dem Klassischen, deren Gefühlsbeziehung auf der ihnen gemeinsamen Verehrung für das Elementare und Ursprüngliche beruht.

Die gleichen Kennzeichen äußerten sich indes in anderen Entwürfen in manchmal widersprüchlichen Formen, in Entwürfen nämlich, welche aus guten Gründen nicht zur Ausführung gelangten. So schwebte Ledoux für das Haus des Flußaufsehers an der Loue ein tonnenförmiges Mittelstück vor, das der Fluß durchströmen sollte, um an einem Ende in »fallenden Wassern« herniederzustürzen. Für die Parkwärter in Maupertuis schlug er kugelförmige Häuser vor und für die Essen einer Gewehrfabrik eine Pyramide. In allen diesen Fällen verführte ihn sein Bedürfnis nach einfachen, geometrischen Formen, welche vom Rokoko durch vielfältige und liebenswürdige Kurven ersetzt worden waren, in eine Architektur um der Architektur willen, deren Konzeption von allen Nützlichkeitserwägungen scharf geschieden war. Ledoux entwarf auch die Pläne zu einer Idealstadt, die er 1806 in einer Folioausgabe erscheinen ließ, deren Text von sozialen Reformgedanken strotzt. So sollten die öffentlichen Gebäude dieser Stadt etwa als »Palast für den Kult der moralischen Werte« oder für ähnlich unscharf umrissene Zwecke dienen. Die mangelhafte Eindeutigkeit dieser Bestimmungen entspricht der rhetorischen Großzügigkeit der Französischen Revolution. Obwohl Ledoux nicht mit der Revolution sympathisierte, trägt die Architektengruppe, als deren vernehmlichster Sprecher er auftrat, mit Recht die zusammenfassende Etikette der »Revolutionsarchitekten«, stand sie doch in ihrem Ringen um Ursprünglichkeit in Protest gegen Herkunft und überlieferte Autorität. Verglichen mit der Lage um 1750–1760, hatten sich nun die Akzente in bezeichnender Weise verschoben. Damals hieß der Feind Rokoko, nun identifizierte man ihn mit der gedankenlosen Billigung der Antike und der Unterwerfung unter ihre gesetzgeberische Stimme. Ledoux lehnte es ab, das Vorbild Palladios oder der Griechen einfach zu übernehmen. Ebenso wie seinen Generationsgenossen ging es ihm darum, das Problem neu zu durchdenken und sich in den Charakter eines jeden Auftrages neu einzufühlen. Diese Überlegungen waren richtig, sofern sie darauf bestanden, daß kein gesunder Baustil möglich sei, wenn man sich bloß auf die Nachahmung eines vergangenen beschränkt. Niemals hatte die Renaissance nur nachgeahmt – die Palladianer des achtzehnten Jahrhunderts und die Griechenlandjünger des neunzehnten Jahrhunderts ließen es aber allzu oft dabei bewenden.

Indessen konnten weder die Antike noch das gotische Mittelalter wirklich Heilung bringen. Keine Kultur und kein lebenskräftiger Stil kann sich auf die Dauer darauf beschränken, die Vergangenheit

260 Sir John Soane, Entwurf zur Rotunde in der Bank von England, erbaut 1788–1808

zu imitieren. Die Renaissance hatte das nie getan. Die Klassizisten des frühen neunzehnten Jahrhunderts dagegen bleiben zu oft bei der bloßen Nachahmung stehen. Goethe allerdings hat sich auch auf dem Höhepunkt seiner klassischen Phase in der »Iphigenie« die Originalität seiner Schöpfungskraft bewahrt, und in der Tat war ja, was er am Straßburger Münster vor allem gepriesen hatte, Originalität im Sinne von Young gewesen. So haben auch die wenigen wirklich genialen Architekten der Goethezeit die griechischen und römischen Formen mit schöpferischer Freiheit behandelt, aber eben nur die antiken Formen; denn für eine ebenso selbständige Auseinandersetzung mit der Gotik war die Zeit noch nicht reif. Niemand hatte den tieferen geistigen Gehalt mittelalterlicher Baukunst klar genug erfaßt, um über bloße Formnachahmung hinauszukommen.

Gleich Ledoux war Soane (1753–1837) ein schwieriger Mann, mißtrauisch und selbstherrlich, wenn auch großzügig. Als Peyres »Livre d'architecture« herauskam, war er zwölf Jahre alt; er muß davon, noch ehe er 1776 nach Rom ging, starke Eindrücke empfangen haben. Es ist möglich, daß er in Rom Piranesi getroffen hat. Zweifellos waren ihm die Tempel von Paestum bekannt. Mit der Verwendung griechisch-dorischer Säulen – ein Symptom, in dem sich stets das Bedürfnis nach Strenge zu erkennen gibt – begann er in dem gleichen Jahr 1778, in dem die Veröffentlichung von Piranesis Paestum-Stichen erfolgte. Schon die frühesten Entwürfe Soanes, Arbeiten, die schon vor seiner Reise nach Rom (1776) entstanden sind, zeigen in der barocken Großartigkeit der Gesamtkomposition und in der griechischen Strenge des Details einen bemerkenswert selbständigen Stil. Zwischen 1776 und 1778 erscheint in seinem Werk auch die dorische Säulenordnung. Später, während der neunziger Jahre, erkannte Soane, daß jene Strenge, wie er sie anstrebte, auch unter dem Verzicht auf jegliche Schmuckformen und allein durch die Wirkung schlichter Mauerflächen zu erreichen sei, eine Entdeckung, die einige seiner Bauten heute noch eigentümlich modern erscheinen läßt.

Im Jahre 1788 wurde Soane zum Architekten der Bank von England ernannt. Das Äußere dieses Gebäudes zeigte in seinem originalen Zustand eine sehr neuartige und für viele der Zeitgenossen abschreckende Herbheit. Später freilich ist auf den Wunsch von Direktoren des Institutes der Außenbau leider entstellt und zu einem Paradestück der kommerziellen Protzigkeit des zwanzigsten Jahrhunderts gemacht worden. Obwohl auch im Inneren geschmacklose Umbauten späterer Zeit vieles verschandelt haben, so können wir hier doch noch eher eine Vorstellung von Soanes feinem Gefühl für reine, ungebrochene Oberflächen gewinnen. In sanftem Fluß verbinden sich Wand und Gewölbe. Die Gesimse sind in zartestem Relief gehalten; nur in leichter Berührung scheinen die Bögen über ihren Stützen zu schweben. Nie hat sich Soane aus Rücksicht auf Traditionen in der Freiheit seines Stiles einengen lassen. Seine unabhängigsten und eigenwilligsten Schöpfungen sind der im Krieg schwer beschädigte, aber wiederhergestellte Museumsbau in Dulwich (1811 bis 1814) und des Architekten eigenes Wohnhaus in Lincoln's Inn Fields, London. Das letztere wurde 1812–13 erbaut; allerdings ist von dem ursprünglichen Plan noch nicht einmal die Hälfte ausgeführt worden. Im Erdgeschoß der Fassade ist der eigentlichen Hauswand eine gleichmäßig durchlaufende Arkadenreihe von größter Einfachheit vorgestellt. Dieses ungewöhnliche Motiv wiederholt sich im ersten Stock, hier jedoch wird die Arkatur durch ein scharf eingeschnittenes Ornament bereichert und im Mittelteil durch jonische Säulen mit einem auffallend schmalen Architrav ersetzt. Eigenartig sind auch die im obersten Stockwerk an beiden Seiten der Fassade hervortretenden Pavillons. Abgesehen von den jonischen Säulen gibt es an der ganzen Front kein Motiv griechischer oder römischer Herkunft. Mehr als irgendwo sonst kommt die damalige englische Architektur in diesem Bau einem neuen, von der Vergangenheit unbelasteten Stil nahe. Es ist ein Stil, der in seiner Herbheit und Präzision das heraufdämmernde Zeitalter der Technik ankündigt. Soane selber stand allerdings dieser neuen Epoche, die sich in sozialer und künst-

261 London, Detail vom Wohnhaus Sir John Soanes in Lincoln's Inn Fields, erbaut 1812–13

lerischer Hinsicht im ganzen trübe genug anließ, keineswegs besonders freundlich gegenüber. Er war ein sanguinisches Temperament, reizbar und eigenwillig, und eigenwillig in hohem Maße ist auch sein Ornament, das geradezu an die Zeit um 1900 erinnert. Der Sinn dieser Ornamentik ist jedoch nicht zu verkennen. In ihrer zarten Linienführung betont sie die Flächigkeit der Wand, während gleichzeitig durch das Fehlen der Giebel und die flachen Dächer die kubischen Beziehungen jener Mauerflächen nachdrücklich hervorgehoben werden. Das Problem der kubischen Relationen hat Soane von Beginn seiner Laufbahn an fasziniert.

Soanes Stil ist überaus komplex, er leitet sich nicht nur von Piranesi und Frankreich ab, sondern er hat auch englische Elemente in sich aufgenommen. So wie sie sich uns heute darstellt, besitzt die Fassade von Soanes Haus nur eine der beabsichtigten Arkadenreihen, und diese verfügt über eine zusätzliche Verschönerung: vier gotische Konsolen, auf denen nichts ruht. Diese Konsolen stammen aus Westminster Hall und wurden der Fassade eingefügt, als Soane Arbeiten am Palast von Westminster ausführte. Man kann in dieser Verquickung eine Illustration zu dem Ausspruch von Perronnet erkennen, in dem von der Mittellage zwischen Antike und Gotik die Rede ist. Weiterer Beleg hierfür ist das Museum an der Rückfront des Hauses, das Soane erbaut und vollständig ausgestattet hat. Da begegnet man Fragmenten antiker Bauwerke neben gotischen Bruchstücken, da stehen neoklassische neben neogotischen Detailformen. Ein echter ägyptischer Sarkophag bildet das dramatische Mittelstück dieser unvorstellbar komplizierten Anlage, die sich aus kleinen, ineinander verschachtelten Räumen zusammensetzt, in denen man mit unerwarteten Überschneidungen und überraschenden Niveauunterschieden rechnen muß, in denen plötzliche Öffnungen auftauchen und eine Vielzahl von Spiegeln – vor allem Zerrspiegel – ein übriges dazu beiträgt, um die Raumgrenzen zu verunklären. (Einer der kleinen Räume enthält allein mehr als neunzig Spiegel.) Dieser Mangel an Stabilität und Sicherheit ist vollkommen ungriechisch und im höchsten Grade romantisch gestimmt. Die Wiedererweckung des Klassischen ist, wie früher bemerkt, nur eine Facette der Romantik.

Auch das schmale Werk Friedrich Gillys bringt dies zum Ausdruck. Friedrich Gilly (1772–1800) erhielt seine Ausbildung in Berlin. Er gehört zu der kleinen Gruppe junger Architekten, die um 1790 die kraftvoll monumentale Schönheit der reinen dorischen Ordnungen entdeckten. Während es jedoch für andere der Besuch Italiens gewesen war, der sie in diese Richtung wies, so hat Gilly die Apennin-Halbinsel und ihre antiken Ruinen nie zu Gesicht bekommen. Als er endlich Berlin verließ, London und Paris besuchte, war bereits eines der beiden Meisterwerke, die der Nachwelt Gillys Genie bezeugen, fertiggestellt. Freilich handelt es sich in beiden Fällen nur um Pläne, und sowohl das Projekt des Nationaldenkmals für Friedrich den Großen (1797) wie auch der 1798 entstandene Entwurf eines Nationaltheaters für Berlin (eine Konzeption, die ganz aus dem Geist der Goethezeit erwachsen ist) sind niemals ausgeführt worden. Durch den giebellosen dorischen Portikus erhält das Theater gleichsam einen strengen und feierlich-ernsten Prolog. Die halbkreisförmigen Fenster, ein Motiv, das von Palladio und dann von England herkommt und besonders in der Pariser Architektur der Revolutionszeit beliebt wurde, verstärkten den Eindruck des Kraftvoll-Wuchti-

262 Friedrich Gilly, Entwurf zu einem Nationaltheater für Berlin, 1798

gen. Der Gegensatz zwischen dem Halbzylinder des Zuschauerraumes und dem Kubus des Bühnengebäudes ist funktionell wie ästhetisch eine in gleicher Weise vollendete Lösung. Wie im Werk Ledouxs und Soanes, so scheint auch in den Plänen Gillys die Zeit der Jahrhundertwende den Beginn eines gänzlich neuen Stiles anzukündigen.

Was aber ist der Grund dafür, daß dieses Versprechen nicht eingelöst wurde, daß noch volle hundert Jahre vergehen mußten, bis eine echte Erneuerung der Architektur sich vollziehen, bis ein originaler und wirklich moderner Baustil sich allgemein durchsetzen konnte? Wie ist es möglich, daß im neunzehnten Jahrhundert die Anregungen der Soane, Gilly, Ledoux kein Echo fanden, daß man das Werk dieser drei Neuerer vergaß und sich mit Nachahmungen und Wiederholungen des Vergangenen begnügte? Ein solcher Mangel an Selbstvertrauen, wie er in dieser Haltung – der Haltung des Epigonen – sichtbar wird, ist das Letzte, das man von einer Epoche erwarten sollte, die wie das neunzehnte Jahrhundert in Handel, Industrie und Technik eine so kühne und wahrhaft revolutionäre Entwicklung gezeitigt hat.

Aber das *Viktorianische Zeitalter*, so aktiv und fortschrittlich im technisch-materiellen Bereich, war im Bereich des Geistigen und Ästhetischen kraft- und mutlos. Und wenn allgemein das künstlerische Niveau absank, so zeigte sich das am frühesten in der Architektur; denn während Dichter und Maler sich in gewissem Sinn außerhalb, ja gegen die Zeit zu stellen und in der Abgeschlossenheit des Ateliers, der Studierstube zu schaffen vermögen, so kann der Architekt nicht in Opposition zur Gesellschaft, sondern nur in enger und positiver Beziehung zu den lebendigen Kräften seiner Zeit Großes leisten. Wir stehen hier vor einem Problem, das für die Kunst des neunzehnten Jahrhunderts außerordentlich bedeutsam geworden ist. Denn angesichts der raschen Entfaltung von Technik und Industrie, angesichts der allenthalben aufschießenden Fabrikschlote und des überstürzten und formlosen Wachstums der Städte lag es nahe, daß der ästhetisch Empfängliche an dem Jahrhundert verzweifelte, das so viel des Häßlichen brachte und so viel des Schönen zerstörte – daß er sich in die Vergangenheit flüchtete, um Trost vor der verödeten Gegenwart zu finden. Zudem fühlten sich die Besitzer der neuen Gruben und Fabriken, welche nun die wichtigsten Auftraggeber der Baukunst wurden und die gewöhnlich Männer von ebenso großer Energie wie geringer Bildung waren, nicht mehr durch bestimmte Geschmackskonventionen gebunden, wie sie für die Gesellschaft des achtzehnten Jahrhunderts noch eine kaum je in Frage gestellte Gültigkeit besessen hatten. Für den Gentleman dieser Zeit, der den Glauben an die Verbindlichkeit des von der Gesellschaft akzeptierten »guten Geschmackes« gleichsam mit der Muttermilch eingesogen hatte, wäre eine Auflehnung gegen diese in allen Fragen der Ästhetik und so auch in denen der Architektur entscheidende Autorität einfach ein Fauxpas, ein Zeichen von schlechten Manieren gewesen. In dieser Einstellung liegt vor allem der Grund für die nur leicht variierte Stileinheit im englischen Landhausbau des achtzehnten Jahrhunderts. Die großen Bauherren des neuen Jahrhunderts dagegen, die Industriellen und Fabrikanten, waren zum großen Teil Selfmademen und eingeschworene Individualisten, von gesellschaftlichen wie ästhetischen Bindungen gleicherweise unbelastet. Hatten sie aus irgendwelchen Gründen eine Vorliebe für einen bestimmten Baustil gefaßt, so gab es nichts, was sie hätte daran hindern können, ihren Willen durchzusetzen und ein Wohnhaus, eine Fabrik, ein Büro oder Klubgebäude in eben diesem (wie immer auch gearteten) Stil zu errichten. Zum Unglück für die Entwicklung der Architektur im neunzehnten Jahrhundert stand solchen Bauherren eine schier unbegrenzte Fülle von Stilmöglichkeiten zu bequemer Auswahl, dank der schon erwähnten Tätigkeit überkultivierter Kenner des frühen achtzehnten Jahrhunderts, die auf der Suche nach neuen und möglichst ungewöhnlichen Bauformen eine Reihe von bis dahin unbekannten Stilformen aufgespürt und zugänglich gemacht hatten, und dank jener romantischen Dichter, die in ihren von Sehnsucht verklärten Traumbildern den Zugang zu vergangenen und fernen Kulturen erschlossen und das Interesse für deren fremdartige Schönheit geweckt hatten. Das Rokoko hatte die fremden und exotischen Architekturstile in Aufnahme gebracht, die Romantik hatte einige davon mit der Fülle ihres Sentiments durchdrungen und belebt, das neunzehnte Jahrhundert verfügte in der Behandlung fremder Stile weder über die spielerische Anmut des Rokoko noch über die Gefühlswärme der Romantik. Wenn man dennoch die ganze Fülle der stilistischen Möglichkeiten übernahm und mit Eifer anwandte, so geschah es, weil die ihnen anhaftenden Ideenassoziationen der einzige Wert waren, den die nun führenden Klassen in der Architektur zu erfassen vermochten.

So finden wir um 1830 in der Baukunst eine in künstlerischer wie in soziologischer Hinsicht höchst beunruhigende Situation vor. Die Architekten waren überzeugt, daß die Bauten der vorindustriellen Jahrhunderte in jedem Falle wertvoller sein müßten als alles aus dem eigenen Zeitgefühl hervorgegangene Kunstschaffen. Die Auftraggeber hatten jedes ästhetische Verständnis verloren und beurteilten Bauwerke nach Grundsätzen, die kaum mehr etwas mit Architektur zu tun hatten. Neben gedanklichen Assoziationen gab es noch etwas anderes, das für sie wichtig war, das sie verstehen und sogar nachprüfen konnten: die Exaktheit der Imitation. Im Gegensatz zu der freien, phantasievollen Behandlung der Stilarten, wie wir sie im Rokoko und noch in der Romantik beobachten konnten, wurde nun die archäologisch korrekte, die historisch »echte« Stilnachahmung zum bestimmenden Prinzip. Die Voraussetzung für eine derartige Entwicklung der Architektur bildet die allgemeine Vertiefung und Verfeinerung der historischen Kenntnisse und deren außerordentlich gesteigerte und nahezu alle Bereiche der Kultur erfassende Bedeutung, Erscheinungen, um derentwillen das neunzehnte Jahrhundert mit Recht als die Epoche des *Historismus* bezeichnet wird. Ähnlich wie in der Baukunst hat sich auch in der Philosophie die historisierende Tendenz geltend gemacht. Während das achtzehnte Jahrhundert neue Systeme aufbaute, begnügte sich das neunzehnte Jahrhundert in erstaunlichem Maße mit einem vergleichenden und historischen Studium bereits bestehender Lehrgebäude. Unter Philosophie verstand man nun vor allem Geschichte der Philosophie; an die Stelle der unmittelbaren, spekulativen Auseinandersetzung mit den Problemen der Ethik, Ästhetik usw. trat weitgehend die historische Betrachtung überkommener ethischer und ästhetischer Systeme. In der Theologie und Philologie machten sich entsprechende Erscheinungen bemerkbar, und so traten auch im Studium der Architektur die ästhetischen Probleme in den Hintergrund, während sich das Schwergewicht auf die historische Betrachtung der Baukunst verlagerte. Dank der zunehmenden Spezialisierung und Arbeitsteilung (Prinzipien, welche die Baukunst und alle anderen Künste und Wissenschaften von der Industrie übernahmen), stand den Architekten des neunzehnten Jahrhunderts jederzeit eine wohlgeordnete und gleichsam gebrauchsfertige Auswahl historischer Bauformen zur Verfügung, angesichts deren es unnötig, ja fast sinnlos erschien, sich um einen eigenen und originalen Stil zu bemühen. Selbst Soane und Gilly machen hier keine Ausnahme, und wenn wir oben von der Originalität und Modernität dieser Männer sprachen, so dürfen wir diese Qualitäten doch keineswegs überschätzen; denn, daran muß hier erinnert werden, Soane hat eine ganze Reihe von Gebäuden errichtet, die sich mehr oder minder im Rahmen des Konventionellen halten und die wenig von jener Kühnheit und Selbständigkeit zeigen, wie sie uns im Wohnhaus des Architekten in Lincoln's Inn Fields begegnete. So gibt es in seinem Werk sogar einige Kompositionen in gotischer Manier, und Gilly veröffentlichte bis ins Detail getreue (dabei außerordentlich schöne) Zeichnungen der Marienburg. Gewiß waren es auch romantisch-patriotische Empfindungen, die ihn zu dieser zeitraubenden Arbeit veranlaßten, nicht minder deutlich aber zeigt sich in diesen sehr sorgfältigen Wiedergaben der gotischen Ordensburg ein historisch-antiquarischer Ehrgeiz. Die etwa gleichzeitig entstandenen topographischen Aquarelle Girtins und Turners zeigen dieselbe Tendenz. Wenn auch diese Arbeiten noch vom Lebensgefühl der Romantik getragen sind, und wenn auch ihre künstlerische Kraft unbestreitbar ist, so spiegelt sich in ihnen dennoch der Übergang von den gefälligen Stichen griechischer und römischer Monumente, wie sie das spätere achtzehnte Jahrhundert so zahlreich hervorbrachte, zu den schweren Wälzern des neunzehnten Jahrhunderts, in denen die Werke mittelalterlicher Baukunst bis ins letzte Detail und mit archäologischer Genauigkeit, um nicht zu sagen Pedanterie wiedergegeben werden.

Der charakteristischste Repräsentant der auf Horace Walpole und Robert Adam folgenden Generation ist John Nash (1752–1835). Nash, der im ersten Drittel des neunzehnten Jahrhunderts Englands prominentester Baumeister war, besaß nichts von der schöpferischen Kraft und künstlerischen Originalität Soanes. Er war anpassungsfähig und gewandt bis an die Grenze des Oberflächlichen, war erfolgreich in der Gesellschaft und konservativ in seiner Kunst. Die Fassaden der alten Regent Street sowie die meisten seiner zwischen 1811 und 1825 entworfenen und ausgeführten palastartigen Häusergruppen rund um den Regent's Park besitzen noch die biegsame Eleganz des achtzehnten Jahrhunderts. Bemerkenswert sind diese Gebäude insofern, als sie Glieder einer großartigen Gesamtkomposition im Sinne der Stadtplanung darstellen, einer Komposition, die einerseits an den malerischen Stil des achtzehnten Jahrhunderts anknüpft und die andererseits den Gedanken der Gartenstadt und damit ein Ideal des zwanzigsten Jahrhunderts vorwegnimmt. Denn Nashs Häuser blicken auf einen »Englischen Garten«, und eine Anzahl Villen ist frei in die weiten Grünanlagen verstreut. Das Ganze ist eine Erfüllung der Möglichkeiten, die sich (mit der Verbindung

263 London, Cumberland Terrace, Regent's Park, erbaut 1827 von John Nash

von Häusern und Grünanlagen) im Royal Crescent zu Bath angekündigt hatten. Während die Bauten von Regent Street und Regent's Park fast durchgehend klassizistische Fassaden zeigen, bediente sich Nash, wenn seine Auftraggeber es wünschten mit der gleichen Gewandtheit gotischer Motive. Gedankliche Assoziationen, für die er viel Verständnis hatte, bestimmten ihn dazu, die antikisierende Manier für sein Stadthaus, die gotische für sein Landhaus zu bevorzugen, wobei es im letzteren Falle denn auch zu einem gotischen Gewächshaus kommen konnte. Der 1802 erbauten Villa Cronkhill in Shropshire gab er die Gestalt einer italienischen Villa mit rundbogi-

264 Brighton, Königlicher Pavillon, erbaut von John Nash 1815–18

ger, von leichten Säulen getragener Loggia und weit vorspringendem Dach (Roscoes »Lorenzo Medici« war 1796 erschienen). Aber damit nicht genug: in Blaise Castle (1809) bei Bristol erneuerte er den Stil altenglischer Bauernhäuser mit ihren Strohdächern und geschnitzten Giebeln. Man fühlt sich an Goldsmiths »Vicar of Wakefield« erinnert, an Marie Antoinettes Schweizerhäuschen im Park von Versailles und an die verniedlichten und sentimentalisierten Bauernkinder von Gainsborough und Greuze. Bei der Vollendung des königlichen Sommerpalastes in Brighton erging Nash sich schließlich in indischem Stil, einer »Hindu-Manier«, die übrigens schon kurz nach 1800 auf englischem Boden begegnet, und zwar in Sezincote in den Cotswold-Bergen, wo der Bauherr auf Grund persönlicher Erinnerungen diesen Stil gewünscht hatte, der bezeichnenderweise von den Zeitgenossen »indische Gotik« genannt wurde.

So ist hier in den ersten Jahren des neunzehnten Jahrhunderts der »Maskenball« der Baukunst eröffnet, und mit gleicher Selbstverständlichkeit bedient sich die damalige Architektur klassizistischer wie neugotischer, italienischer wie alt-englischer Verkleidungen. Um 1840 stellen die Musterbücher den Baumeistern und Auftraggebern ein noch viel reicheres Sortiment von Stilmöglichkeiten zur Auswahl, das neben Tudorstil, französischer und venezianischer Renaissance noch eine Fülle anderer historischer und fremdartiger Bauformen enthielt. Das bedeutet allerdings nicht, daß alle diese Stile gleichzeitig verwendet und jederzeit gleichmäßig beliebt gewesen wären, vielmehr war jeweils eine bestimmte Auswahl besonders en vogue. Erscheint so die Verwendung dieser oder jener Bauform als eine Frage der Mode, so gab es daneben gewisse Stile, die durch Ideenassoziationen grundsätzlich bestimmten Bauaufgaben zugeordnet wurden. Ein bekanntes Beispiel ist die maurische Synagoge, ein anderes das zinnenbekrönte Gefängnis im Burgenstil. So stellt die Entwicklung der Architektur zwischen 1820 und 1890 kaum etwas anderes dar als einen bunten Wechsel von Bauformen der verschiedensten Zeiten und Völker.

265 Blaise Hamlet, Somerset, erbaut von John Nash 1809

Soweit die Antike in Betracht kommt, ist die Epoche von 1820–40 durch ein strenges und korrektes Neugriechentum charakterisiert. Noch früher als in der Neugotik waren im Bereiche des Neuhellenismus Phantasie und Originalität zugunsten historischer Richtigkeit preisgegeben worden. Immerhin ist der Klassizismus dieser Epoche recht qualitätvoll und erhebt sich in den Händen erstklassiger Architekten nicht selten zu edler Würde. Das im Jahre 1823 von Sir Robert Smirke (1780–1867) begonnene Britische Museum gehört zu den besten antikisierenden Bauten der Zeit, wenn man von dem Umstand absieht, daß es unmöglich ist, die Fassade mit der dem Erechtheion der Akropolis nachgebildeten ionischen Kolossalordnung aus angemessener Entfernung zu betrachten. Auf dem Kontinent ist Karl Friedrich Schinkel (1781–1841), ein Schüler Gillys, der originellste und feinfühligste Vertreter des Klassizismus. Seine wichtigsten Werke sind die Hauptwache Unter den Linden (1816), das Alte

266 London, Britisches Museum, begonnen 1823 von Sir Robert Smirke

Museum (1822–30) und das Schauspielhaus (1818). (Die beiden letztgenannten der sämtlich in Berlin gelegenen Gebäude wurden im letzten Krieg schwer beschädigt.) Neben diesen streng klassizistischen

267 Berlin, Säulenportikus der Hauptwache, erbaut 1816–18 von Schinkel, mit Blick auf das alte Opernhaus von Knobelsdorff

268 Berlin, Bauakademie, erbaut 1832–35 von Friedrich Schinkel

Bauten stehen in Schinkels Werk ebenso strenge gotische, aber auch sie von einem sehr persönlichen Gepräge (u. a. die Werdersche Kirche in Berlin). In einigen wenigen Fällen hat Schinkel sich von der Bindung an historische Bauformen ganz freigemacht und einen eigenen, höchst zukunftsreichen Stil entwickelt (Bauakademie, Berlin).

In Amerika war wohl William Strickland (1787–1854) der bedeutendste Architekt. Von seinen Bauten müssen zum mindesten Zollamt, Börse und Münze in Philadelphia erwähnt werden. Jetzt, mit dem Beginn des strengen Klassizismus, kann Amerika aus dem Bilde der abendländischen Baukunst nicht mehr ausgeschlossen werden. Bis zum Ende des achtzehnten Jahrhunderts war die amerikanische Architektur Kolonialkunst, ebenso wie die spätgotischen, die Renaissance- und Barockbauten der Spanier und Portugiesen in Nord-, Mittel- und Südamerika Kolonialkunst gewesen waren. Gewiß ist auch der nordamerikanische Klassizismus des neunzehnten Jahrhunderts noch stark von europäischen, insbesondere von englischen Vorbildern abhängig, indessen zeigt er doch schon bis zu einem gewissen Grade eine national bedingte Sonderart, die sich zum Beispiel in dem starken Interesse an den neuen technischen Errungenschaften des Jahrhunderts oder auch in der Berücksichtigung moderner hygienischer Bedürfnisse äußert. Dabei ist der ideologische Hintergrund des Klassizismus in Amerika derselbe wie in Europa; es ist der zu Anfang des neunzehnten Jahrhunderts in den gebildeten Ständen lebendige Humanismus liberaler Prägung, ist der Geist der Goethezeit, jener Geist, der in den zivilisierten Ländern Europas zum ersten Male öffentliche Museen und Theater entstehen ließ und der allenthalben zur Neuorganisation des Schulwesens und zur Förderung der allgemeinen Bildung geführt hat.

Soviel vom Klassizismus des neunzehnten Jahrhunderts. Was die *Neugotik* betrifft, so müssen wir die geistigen Voraussetzungen im Bereich der romantischen Bewegung suchen. Die Begeisterung des jungen Goethe für Erwin von Steinbachs Straßburger Münster war aus dem Geniekult des romantisch-revolutionären Sturm und Drang erwachsen. Die folgende Generation verehrte das Mittelalter als das Ideal der christlich-katholischen Kultur. Friedrich Schlegel, einer der frühesten und feurigsten Verehrer gotischer Architektur, trat 1808 zur römischen Kirche über. 1802 hatte Chateaubriand sein »Génie du Christianisme« veröffentlicht. Um 1835–40 fand dann durch Augustus Welby Northmore Pugin (1812–52) die romantische Ideenverbindung von Christentum und Gotik Eingang in die Theo-

269 London, Parlamentsgebäude, begonnen 1836 von Sir Charles Barry und A.W.N. Pugin

rie und Praxis der zeitgenössischen Architektur (Anm. 40). Für Pugin bedeutete die Verwendung gotisch-mittelalterlicher Bauformen eine moralische Verpflichtung, ja, er ging (auf den Spuren der durch Carlyle in England bekannt gewordenen deutschen Romantiker) noch bedeutend weiter. Da der mittelalterliche Baumeister ein rechtschaffener Handwerker und ein gläubiger Christ gewesen sei, muß – so schließt Pugin – auch in der Gegenwart, wer ein guter Architekt werden will, ein ehrlicher Handwerker und ein gläubiger Christ sein. Hier hat die romantisch-assoziative Deutung der Baukunst eine Zuspitzung erfahren, die, wo sie ernst genommen wurde, bedenkliche Auswirkungen mit sich bringen mußte. Und da gleichzeitig auch die Klassizisten ähnlich moralisierende Maßstäbe anlegten, da sie begannen, die Architekten der neugotischen Richtung als Dunkelmänner und, schlimmer noch, deren Bauten als pfäffisch zu brandmarken, so kam es während der vierziger und fünfziger Jahre in der historischen Architektur zu einem wahren Stilkrieg. Im ganzen erwiesen sich die Argumente der Gotiker als stärker, und eine heilsame Wirkung auf die damalige Kunst ist ihrer Betonung des Kriteriums der Ehrlichkeit nicht abzustreiten. An ästhetischer Qualität jedoch waren die neugotischen Bauten im allgemeinen denen der klassizistischen Schule unterlegen. Das 1836 begonnene Parlamentsgebäude in London ist künstlerisch überzeugender als alles, was die Neugotik späterhin an großen öffentlichen Bauten hervorgebracht hat. Bei der Ausschreibung war bezeichnenderweise die Verwendung entweder des gotischen oder des elisabethanischen Stiles zur Bedingung gemacht worden mit der Begründung, daß ein Bauwerk, das wie dieses die englische Nation und ihre historische Tradition zu repräsentieren bestimmt sei, notwendig auch in einem nationalen Stil ausgeführt werden müsse. Der ausführende Architekt Sir Charles Barry (1795–1860) bevorzugte übrigens persönlich erst die klassizistische Bauweise, dann den Stil der italienischen Renaissance. Aber Pugin arbeitete mit ihm zusammen und war für die Gestaltung der Details des Innen- wie des Außenbaues verantwortlich, und wenn das Parlamentsgebäude eine Lebendigkeit und Intensität besitzt, wie sie kein anderer neugotischer Bau des neunzehnten Jahrhunderts mehr erreicht hat, so war das gewiß zu einem großen Teil auch sein Verdienst. Sobald man den Bau als Ganzes betrachtet, zeigt sich indessen, daß Pugins Gotik letztlich nur eine dekorative Verkleidung (gleichsam ein dem Baukörper aufgelegtes Furnier) darstellt. Gewiß ergeben die zahlreichen Türme und Türmchen eine Silhouette von malerisch reizvoller Asymmetrie, dennoch aber ist die nach der Themse zu gelegene Fassade mit der Gliederung in Mittel- und Eckrisalite ihrer wahren Struktur nach eine Komposition von palladianischer Strenge und Klarheit, und es bereitet keinerlei Schwierigkeiten, sich die gotischen Zierformen fortzudenken und an ihrer

Stelle sich klassizistische Säulenordnungen im Sinne William Kents oder John Woods vorzustellen. Ebenso ist auch das Britische Museum trotz seines betonten Hellenismus im Grunde nicht griechischer, als das Parlamentsgebäude gotisch ist. Die Säulen mögen getreulich nach Vorbildern des antiken Athen kopiert sein, aber der kritische Beobachter erkennt dennoch, daß der architektonische Kern des Gebäudes, daß die Gliederung von zentralem Portikus und vorspringenden Seitenflügeln einen Kompositionstypus vertritt, der nicht auf die hellenische Antike, sondern auf Palladio zurückgeht und der uns während des Barock in zahlreichen Variationen begegnet ist. In der Architektur des perikleischen Zeitalters würden wir ein derart locker gruppiertes und frei sich ausbreitendes Gebäude vergeblich suchen.

Indessen ist den Zeitgenossen, die an der Fehde zwischen Gotikern und Klassizisten auf der einen oder anderen Seite teilnahmen, nicht klar geworden, wie sehr sich diese Stilnachahmungen in einer oberflächlichen Drapierung des Baukörpers mit historischen Motiven erschöpfte. Während man die moralischen und assoziativen Qualitäten der Architektur bis zum Übermaß erörterte, vergaß man fast völlig, der Tatsache Rechnung zu tragen, daß der primäre Sinn der Baukunst in der Lösung bestimmter, von der realen Zwecksetzung des jeweiligen Gebäudes bedingter funktioneller Aufgaben besteht. Selbst heute noch pflegt das Publikum, wenn es sich mit bedeutenden Bauwerken wie etwa dem Britischen Museum oder dem Parlament beschäftigt, viel zu sehr die ästhetischen und viel zu wenig die funktionellen Probleme zu berücksichtigen. Allerdings müssen wir bedenken, daß die Errichtung sowohl eines Parlamentsgebäudes (des Palastes für eine demokratische Regierung) als auch der Bau eines Nationalmuseums (der öffentlichen Bildungsstätte des Volkes) für die damaligen Architekten ganz neuartige Themenstellungen bedeutete. Bis 1800 waren öffentliche Gebäude – genauer gesagt solche Bauwerke, die von vornherein für den Dienst an der Öffentlichkeit bestimmt und geplant waren – etwas außerordentlich Seltenes gewesen. Zu den wenigen Bauwerken, wo diese Bedingungen erfüllt waren, gehören natürlich in erster Linie die Rathäuser, etwa, um an das wohl großartigste von allen zu erinnern, dasjenige von Amsterdam (1648–55, heute königlicher Palast); öffentliche Bauten im eigentlichen Sinne waren ferner die Börsen von Antwerpen, Amsterdam und London, und auch Somerset House in London war von Anfang an als Amtsgebäude für Regierungsstellen und als Versammlungsort gelehrter Gesellschaften gedacht und dementsprechend ausgestaltet worden. Aber das waren, wie gesagt, bis zum Ende des achtzehnten Jahrhunderts Ausnahmen. Die Folgezeit aber brachte eine tiefgreifende Verschiebung in der Rangordnung der Bauaufgaben. Wenn man sich der Mühe unterziehen wollte, aus den verschiedenen

Ländern und Jahrzehnten des neunzehnten Jahrhunderts die besten Beispiele städtischer Architektur zusammenzustellen, so würden zwar eine Anzahl von Kirchen, einige wenige Palastbauten und natürlich auch Privathäuser zu berücksichtigen sein; einen weit größeren Raum aber würden in einer solchen Aufstellung staatliche und städtische Verwaltungsbauten einnehmen, ferner Bürohäuser, Museen, Bibliotheken, Universitäten und Schulen, Theater, Konzertsäle, Banken, Börsen, Bahnhöfe, Kaufhäuser, Hotels und Krankenhäuser. Das heißt, das Schwergewicht hatte sich im neunzehnten Jahrhundert von den Kirchen und den exklusiven Pracht- und Luxusbauten auf solche Bauaufgaben verlagert, die dem Alltagsbedürfnis und der Wohlfahrt und Bildung der gesamten Bevölkerung dienen. Es handelt sich hier um eine neue, soziale Funktion der Baukunst, in der sich die gesellschaftliche Umschichtung, die veränderte soziologische Struktur des Jahrhunderts manifestiert. In der Renaissance war eine Bibliothek ein einfacher dreischiffiger Raum gewesen, der sich in seiner architektonischen Struktur von gänzlich anderen Zwekken dienenden Räumen, etwa den Krankensälen der damaligen Hospitäler, kaum unterschied. In beiden Fällen bediente man sich einer Raumform, die ohne wesentliche Abänderungen von der mittelalterlichen Klosterarchitektur übernommen war. Jetzt dagegen, im neunzehnten Jahrhundert, entstand eine Reihe typischer Bauformen, die in weitgehender Spezialisierung den mannigfaltigen neuartigen Themenstellungen angepaßt war, welche der Architektur erwachsen waren. Im Bibliotheksbau wurden bestimmte, für die Lagerung von Büchern geeignete Lösungen vorbildlich, während der Krankenhausbau – nunmehr in völlig gesonderter Entwicklung – zur lockeren Gruppierung einzelner, voneinander getrennter Stationen als der für seine spezifischen Zwecke geeignetsten Lösung gelangte. Für Gefängnisse wurde ein sternförmiger Grundriß ausgebildet und allgemein akzeptiert (Pentonville, London), für Banken und Börsen wurde die glasüberdachte Mittelhalle zur Norm. Ähnlich kristallisierten sich im Museumsbau bestimmte Standardformen heraus, die eine besonders günstige Belichtung gewährleisteten, während für die Bedürfnisse des Bürohauses möglichst variable bzw. möglichst anpassungsfähige Grundrisse sich als zweckmäßig erwiesen. In dieser Weise verlangte jede der neuen Bauaufgaben nach ihrer besonderen, zweckentsprechenden architektonischen Gestaltung. Freilich, wo das neunzehnte Jahrhundert, wie in den oben genannten Fällen, zu wirklich brauchbaren Lösungen gelangte, handelt es sich nicht um Leistungen bestimmter namhafter Architekten, sondern um einen (zum mindesten dem Anschein nach) anonymen Entwicklungsprozeß.

Was die prominenten Baumeister der Zeit angeht, so waren sie viel zu sehr mit der dekorativen Verbrämung und Verkleidung der Fassaden beschäftigt, als daß sie sich um jene weniger ins Auge fallenden und doch so viel dringenderen Aufgaben gekümmert hätten. Für ihre Anschauung ist eine Äußerung Sir George Gilbert Scotts (1811–78) symptomatisch. Scott, von allen englischen Baumeistern der hochviktorianischen Zeit der erfolgreichste (Anm. 41), erklärte, das entscheidende Prinzip der Architektur sei, »den Baukörper zu verzieren«, und selbst Ruskin, von dem man tiefere Einsichten hätte erwarten können, sagte: »Dekoration ist der wichtigste Teil der Architektur« (Anm. 42). So ist es kein Wunder, daß, nachdem Neugotik und Neuklassizismus und ihre gegenseitige Fehde sich erschöpft hatten, andere Stilarten im dekorativ-imitativen Sinne des Historismus an ihre Stelle traten. In England hatten sich die Gotiker bis zur Zeit Pugins ganz dem Perpendicular verschrieben. Für Pugin dagegen und für seine Nachfolger – insbesondere Scott – war das Perpendicular geradezu ein Gegenstand des Abscheus. »Echte« Gotik war jetzt ausschließlich der Stil des dreizehnten und des frühesten vierzehnten Jahrhunderts, und getreu dieser Lehre schreckten Scott und seine Kollegen bei der Restauration von mittelalterlichen Kirchen keineswegs davor zurück, ein originales Perpendicular-Fenster durch eine Imitation in hochgotischer Manier zu ersetzen. Mit zunehmenden kunsthistorischen Kenntnissen wurden im Laufe des Jahrhunderts die Stilnachahmungen korrekter und oft auch feinfühliger. Der Schritt vom Perpendicular zur Früh- und Hochgotik erfolgte in den dreißiger Jahren. In den fünfziger und sechziger Jahren gab es dann noch, von Ruskins »Stones of Venice« angeregt, ein kurzes Zwischenspiel »venezianischer Gotik«. Die besten Bauten im Stil des dreizehnten Jahrhunderts stammen aus spätviktorianischer Zeit. Die Architekten G. F. Bodley und besonders J. L. Pearson gehören zu den bemerkenswertesten Vertretern dieser Richtung (St. Augustine's Kilburn, London und Kathedrale in Truro). In bezug auf Originalität allerdings werden diese akademisch korrekten Nachahmer bei weitem von Männern wie William Butterfield und James Brooks übertroffen. Butterfields Detailformen sind originell bis zur Härte und absichtlichen Häßlichkeit (All Saints, Margaret Street, London; St. Alban's, Holborn, London), während Brooks' Bauten zum Teil überhaupt nichts mehr mit der Tradition englischer Gotik zu tun haben (Ascension, Lavender Hill, London).

Kein anderes Land akzeptierte die Neugotik so rückhaltlos wie England, und nirgendwo sonst war ihr eine so reiche und vielfältige Entwicklung beschieden wie dort. Frankreich hielt sich lange Zeit fern und hat im ganzen nur wenige erstrangige Zeugnisse der neugotischen Architektur (es handelt sich um Kirchenbauten) geschaffen. Übrigens war Franz Christian Gau, der Architekt von Ste. Clotilde in Paris, ein geborener Kölner. In Deutschland beginnt der Übergang von Schinkels manchmal romantischer, manchmal über-

270 Georg von Moller, das rekonstruierte Langhaus des Kölner Domes, 1813

271 München, Ludwigskirche mit Blick auf die Staatsbibliothek, erbaut 1829–44 und 1831–42 von Friedrich Gärtner

raschend freier und sachlicher Interpretation der Gotik zu der Phase exakter Stilnachahmung im Sinne des Historismus mit der Wiederaufnahme des seit dem Mittelalter ruhenden Kölner Dombaues. Die originalen Pläne waren 1814 und 1816 aufgefunden worden. 1842 legte der König von Preußen den Grundstein für die Fortführung und Vollendung des gewaltigen Fragmentes. In der Folge entstanden allenthalben zwischen Hamburg und Wien qualitätvolle Kirchen und später auch öffentliche Profanbauten in neugotischem Stil; unter den letzteren zählen Friedrich von Schmidts Wiener Rathaus (begonnen 1872) und Georg von Hauberissers Münchener Rathaus (begonnen 1867) zu den bekanntesten Beispielen. Eine deutsche Spezialität ist der »Rundbogenstil«, ein Gemisch aus frühchristlich-byzantinischen und italienisch-romanischen Elementen. Diese Variante der neomittelalterlichen Architektur geht auf den späten Schinkel und seinen Schüler Ludwig Persius (1803–45) zurück (Heilandskirche in Sakrow bei Potsdam). Dieser Stil wurde dann durch Friedrich von Gärtner (1792–1847) und Ziebland (1800–1873) in München (Ludwigskirche 1829–44 von Gärtner, Basilika 1835–47 von Ziebland), durch Hübsch in Karlsruhe und durch Hase in Hannover heimisch gemacht. Er war auch in England für kurze Zeit Mode.

Bei den Gegnern der romantischen Richtung, d. h. bei den Anhängern antik-mediterraner Tradition, wurden die edlen Formen des Neuhellenismus durch die stolze Pracht der italienischen Hochrenaissance ersetzt. Die *Neurenaissance* hat ihre Anfänge im Frankreich Ledouxs und der Architektur des Empire. Das erste Beispiel der deutschen Neurenaissance ist das Münchener Leuchtenberg-Palais (1816) Leo von Klenzes (1784–1864), der allerdings in erster Linie als ein Repräsentant des neugriechischen Klassizismus bekannt ist (Propyläen, München). Im Anschluß an das Leuchtenberg-Palais entstand während der dreißiger Jahre in München eine Anzahl ausgezeichneter Bauten im Stil italienischer Renaissancepaläste (u. a. Staatsbibliothek von Gärtner, begonnen 1831). Auch Dresden trat mit Gottfried Sempers Oper (erste Fassung 1838–41) und Gemäldegalerie (1843) zur Renaissance über. In London hat Charles Barry (Travellers' Club, 1829 und Reform Club, 1837) die ersten Bauten dieser Richtung geschaffen. Für die rasche Verbreitung der Neurenaissance war offenbar der höhere Grad der Reliefs in den Fassaden von wesentlicher Bedeutung, der diesem Stil – im Gegensatz zu der Flachheit der klassizistischen und zu der Dünne der neugotischen

272 London, Travellers' Club, 1829 und Reform Club, 1837, erbaut von Sir Charles Barry

273 Dresden, Opernhaus, erster Zustand, erbaut 1838–41
von Gottfried Semper

Bauformen – eigen ist. Zudem kam die Pracht der Hochrenaissance in besonderem Maße dem auf einen zunehmenden Wohlstand gegründeten Selbstgefühl entgegen, das für die Bewußtseinslage der viktorianischen Ära so bestimmend war.

Kurz nach 1830 entdeckte Frankreich seine eigene Frührenaissance wieder, die so unitalienisch vielformige und bewegte Architektur des sechzehnten Jahrhunderts. In Paris wurde das aus dieser Zeit stammende Rathaus mit seinen pittoresken Ziergiebeln und spielerisch dekorierten Pilastern restauriert und bedeutend erweitert; ein überraschend frühes Beispiel für das Eindringen dieser französischen Neurenaissance nach Deutschland ist das Schweriner Schloß von G. A. Demmler (1844 ff., vollendet von Stüler). In Amerika und England kam dieser Stil erst in den sechziger Jahren in Aufnahme. Im übrigen begann nun auch England, sich seiner heimischen Renaissance zuzuwenden. Das gilt vor allem für die Landhausarchitektur, wo der Stil der elisabethanischen und der frühen Stuartzeit

274 Paris, Treppenhaus der Oper, erbaut 1861–74 von Charles Garnier

schon seit den dreißiger Jahren beliebt war. Bald nach dem Krieg von 1870–1871 kam Deutschland gleichfalls auf sein sechzehntes Jahrhundert, die sogenannte deutsche Renaissance, zurück. Diese allgemeine Vorliebe für die nationalen Spielarten der Renaissance war einerseits natürlich von patriotischen Assoziationen bestimmt, andererseits war sie, was die formale und künstlerische Komponente angeht, ein Ausdruck des ästhetischen Empfindens der Zeit. Die überreiche und sehr lebhafte Oberflächendekoration, wie sie für die manieristisch gefärbte Renaissance diesseits der Alpen charakteristisch ist, kam im besonderen Maße dem Schönheitsideal der zweiten Hälfte des neunzehnten Jahrhunderts entgegen. Als ein kulturgeschichtliches Phänomen betrachtet, ist der Renaissancismus des neunzehnten Jahrhunderts das Symptom einer Freude an der lauten

275 Paris, Oper, erbaut von Charles Garnier, 1861–74

und theatralischen Äußerung, an der pathetisch übersteigerten Geste, ist ein Äquivalent zu dem ornamentreichen Redestil der Zeit, wie er uns etwa – um im englischen Bereich zu bleiben – in der »flamboyanten« Rhetorik Disraelis oder in der pompösen Diktion Gladstones begegnet. Die immer stärker hervortretende Neigung zur effektvoll dekorativen Aufmachung, zum überladenen, ja schwülstigen Ausdruck, hat um 1850 bis 1860 auch die italienischen Formen ergriffen. In diesem Sinne hat die Architektur des Historismus das klassische Maß des Quattrocento und Cinquecento zugunsten stärkerer Wirkungen preisgegeben, bis eine Art *Neubarock* erreicht war. Charles Garniers Pariser Oper (1861–74) ist eines der besten Beispiele dieser Manier. Den gleichen Stil vertritt Joseph Poelaerts riesiger Justizpalast in Brüssel (1866–83).

In England hat dieser *Second Empire* nur geringen Anklang gefunden. Dafür erlebte hier der Palladianismus eine Wiedergeburt, und zwar in seinen barocksten Möglichkeiten; daneben übte auch Wrens prunkvolles Hospital von Greenwich einen starken Einfluß aus. Nach 1900 wurden die Formen zurückhaltender, und in deutlicher Anlehnung an den amerikanischen Neuklassizismus – insbesondere an die Bauten von McKim, Mead, White – entstand der Stil der Epoche König Eduards, in dem die *prosperity* des damaligen Empire ihren charakteristischen Ausdruck fand (Selfridges Warenhaus). In Deutschland wird der Neubarock des späten neunzehnten und frühen zwanzigsten Jahrhunderts gewöhnlich als *Wilhelminischer Stil* bezeichnet (Paul Wallots Reichstagsgebäude in Berlin 1884–94 ist das beste Beispiel); in Italien hat das neubarocke Nationaldenkmal für Victor Emanuel II. (1884 begonnen) das Stadtbild Roms durch seine schwülstige Pracht verunziert.

Indessen, als diese Bauten entstanden, hatte bereits eine Reaktion gegen die im konkreten wie im übertragenen Sinne oberflächliche Auffassung von Architektur, wie sie die offizielle Baukunst des späteren neunzehnten Jahrhunderts beherrschte, eingesetzt. Es handelte sich um eine Bewegung, die vorwiegend von sozialen und technischen Einsichten getragen wurde und die dementsprechend nicht von den Architekten ausging, welche in der Mehrzahl und gerade in ihren prominentesten Vertretern für die industrielle Entwicklung und für die von ihr bedingten technischen und sozialen Probleme nichts als Verachtung übrig hatten. Ebensowenig wie die damaligen Maler erkannten sie, daß die Industrialisierung nicht nur die alten Ordnungen und die überkommenen Schönheitsideale zerstörte, sondern daß sie auch die Voraussetzungen für eine neue Ordnung und für neue Schönheit brachte, daß sie den vorurteilslosen und aufgeschlossenen Geistern bis dahin unbekannte Materialien und Herstellungsverfahren zur Verfügung stellte und damit den Weg zu architektonischen Möglichkeiten erschloß, deren Umfang alles bis dahin Erreichte in den Schatten stellt.

Von den neuen Materialien erlaubten das Eisen und seit 1860 der Stahl Wölbungen von größerer Spannweite als je zuvor; sie ermöglichten Gebäude von einer Höhe und einer Freiheit der Grundrißgestaltung, wie sie die Architektur bis dahin nie gekannt hatte. Die Verbindung von Eisen bzw. Stahl mit Glas ließ es zu, Bauwerke aufzuführen, deren Dächer und Umfassungsmauern in ihren ganzen Ausdehnungen dem Licht freien Zutritt gewährten. Der gegen Ende des Jahrhunderts eingeführte Eisenbetonbau verbindet die Elastizität des Stahls mit der Stabilität des Steins. Die Architekten indessen interessierten sich vorerst kaum für diese technischen Errungenschaften und überließen es den Ingenieuren, die hier gegebenen Möglichkeiten zu erforschen und nutzbar zu machen. Die Arbeitsteilung

276 London, Kristallpalast, erbaut 1851 von Joseph Paxton

zwischen Ingenieur und Architekt macht sich schon seit Beginn des Jahrhunderts geltend. Ähnlich wie in anderen Berufszweigen das neunzehnte Jahrhundert zu einer immer strengeren Abgrenzung der Kompetenzen und Zuständigkeiten geführt hat, so wurden nun auch der Architekt und Ingenieur zu Vertretern zweier verschiedener Berufe, von denen jeder eine gesonderte Ausbildung durchmachte. Die jungen Architekten arbeiteten in den Büros älterer Architekten und in speziellen Fachschulen für Baukunst. Wenn sie sich selbständig machten, so umfaßte ihre Tätigkeit ungefähr die gleichen Aufgaben, wie sie dem beamteten Baumeister des siebzehnten Jahrhunderts gestellt worden waren. Wenn allerdings jener im Dienst des Staates beziehungsweise eines Fürsten gearbeitet hatte, so wurden die Architekten des neunzehnten Jahrhunderts in der Hauptsache von privaten Auftraggebern beschäftigt. Die Ausbildung der Ingenieure andererseits oblag speziellen technischen Fakultäten der Universität oder (in Frankreich und Mitteleuropa) selbständigen Technischen Hochschulen. Die vollkommensten Leistungen aus der Frühzeit der Eisenarchitektur, die Hängebrücken, sind von Ingenieuren und nicht von Architekten geschaffen worden, so etwa die von J. K. Brunel 1829–31 entworfene und 1836 begonnene Clifton-Brücke bei Bristol. Joseph Paxton, der Erbauer des Londoner Kristallpalastes von 1851, war ein Landschaftsgärtner, der von der vertrauten Thematik des Gewächshauses her zur monumentalen Glas- und Eisenkonstruktion gekommen war. Wenn man in Amerika daranging, beim Bau von Lagerhäusern eiserne Streben zu verwenden, und wenn man dort in den vierziger und fünfziger Jahren gelegentlich schon das Wagnis unternahm, das Trägergerüst nicht mehr mit massivem Mauerwerk zu verkleiden, sondern offen zu zeigen und die Zwischenräume zu verglasen, so daß die Fassade völlig geöffnet erscheint, so waren auch dort die Männer, denen diese kühne Neuerung zu verdanken ist, als Architekten mehr oder minder unbekannt. In Frankreich gab es zwar einige wenige prominente Architekten, die sich schon frühzeitig der Eisenkonstruktion zuwandten (z. B. Labrouste mit seiner Bibliothek Ste. Geneviève, Paris 1845–50) und sogar schon das Innere von Kirchen ganz und gar in der neuen Technik ausführten (St. Eugène, Paris, von L. A. Boileau, begonnen 1854); in der breiten Öffentlichkeit jedoch wurden die Männer, die derartiges unternahmen, auch hier angegriffen und verhöhnt.

In alldem zeigt sich eine von Grund auf ungesunde Auffassung der Architektur. Pugin, der als erster das Bedenkliche der Situation erkannte, sah nur den einen Ausweg: die Rückkehr zum katholischen Glauben. Ein wenig später forderte Ruskin in seinem Buch »The Seven Lamps of Architecture« (1849), daß ein Bauwerk in erster Linie ehrlich sein solle, und bald erkannte er, daß man zu diesem Zweck nicht nur die ästhetischen, sondern auch die sozialen Funktionen der Architektur berücksichtigen müsse. Den ersten Schritt von dieser Theorie zur Praxis vollzog William Morris (1834–96). Beeinflußt von Ruskin und den Präraffaeliten, war Morris als Maler eine Zeitlang Schüler Rossettis, als Architekt einer der ernstesten Neugotiker. Aber Malerei und Baukunst, wie sie damals verstanden und ausgeübt wurden, d. h. einerseits die Herstellung von Staffeleibildern für Ausstellungszwecke, andererseits die Schreibtisch- und Reißbrettarchitektur des Historismus, befriedigten ihn nicht.

Im Gegensatz zu Ruskin, bei dem die sozialen und die ästhetischen Bemühungen voneinander getrennt blieben, vereinte Morris beide in der einzigen Weise, in der das geschehen konnte; statt sich als Maler oder Architekt zu etablieren, gründete er eine Werkstatt für Entwurf und Ausführung von Möbeln, Stoffen, Tapeten, Teppichen, Glasgemälden usw. und gewann mehrere seiner präraffaelitischen Freunde zur Mitarbeit an diesem Unternehmen. Nur wenn, wie es hier geschah, der Künstler wieder zum Handwerker und der Handwerker wieder zum Künstler wurde, nur dann konnte nach Morris' Überzeugung die Kunst vor der Vernichtung durch die verhaßte Maschinenzivilisation bewahrt bleiben; in ihr, in dem Prinzip der Mechanisierung und Arbeitsteilung, sah Morris das Grundübel der Zeit, und von seinem Standpunkt aus hatte er recht. Der Weg, den er einschlug, um hier Abhilfe zu schaffen, war in seiner ästhetischen Zielsetzung gesund, aber was die Aufgabe einer neuen soziologischen Fundamentierung der Kunst angeht, so erwies sich Morris' Programm auf die Dauer als unzureichend. Gewiß entsprach der Wille, bewußt einen neuen Stil zu entwickeln, zutiefst dem Bedürfnis der Epoche, aber wenn Morris diesen neuen Stil in Opposition zu der technischen Entwicklung und damit zu den entscheidenden Triebkräften seines Jahrhunderts realisieren wollte, so erkennen wir in dieser Haltung die gleiche Flucht vor der Gegenwart und Wirklichkeit wie etwa in dem Bestreben eines Klassizisten, ein modernes Rathaus als antiken Tempel zu verkleiden. Ebenso wie Morris' Dichtungen, waren auch die Erzeugnisse seiner Werkstätten von der Kunst des späten Mittelalters beeinflußt, obwohl es sich dabei niemals um bloße Nachahmung handelte, wie denn Morris die Gefahr des Historismus in der Kunst klar erkannt hatte. Im Gegensatz zu der herrschenden Strömung seiner Zeit blieb er nicht bei der formalistischen Stilimitation stehen, sondern bemühte sich, bis zu den Quellen des mittelalterlichen Geistes und zu den Grundprinzipien der mittelalterlichen Ästhetik vorzudringen, um aus einem elementaren und wurzelhaften Verständnis jener Jahrhunderte eine der Gotik zutiefst verbundene und dennoch eigene und neue Kunst zu schaffen. Hier liegt der Grund, warum die Tapeten- und Stoffentwürfe seiner Werkstätten noch immer frisch und lebendig erscheinen, während das Kunstgewerbe der ihm vorangegangenen Generation längst verstaubt und wirkungslos geworden ist.

Auch Morris' Theorie über die Beziehung von Kunst und Gesellschaft, wie er sie seit 1877 in zahlreichen Vorträgen und Ansprachen vertreten hat, wird ihre historische Bedeutung behalten. Indem er versuchte, die gläubig dienende Hingabe an das Werk, das Ethos des Handwerklichen, wie es der Kunst des Mittelalters eigen war, wieder zum Leben zu erwecken, indem er die Arroganz und Gleichgültigkeit brandmarkte, mit der die Künstler seiner Zeit sich den Bedürfnissen des Alltages und des breiten Publikums verschlossen, indem er grundsätzlich alles Kunstschaffen ablehnte, das sich von vornherein nur an eine kleine Kaste von Kennern wandte – endlich durch unermüdliche Hinweise darauf, daß Kunst nur dann ihren Sinn erfüllt, »wenn alle an ihren Werken teilnehmen können« –, hat Morris sich ein wesentliches Verdienst um die Grundlegung der modernen Kunst erworben.

Was Morris für Kunstphilosophie und Kunstgewerbe getan hat, das leisteten gleichzeitig der Amerikaner Richardson und die Engländer Philip Webb und Norman Shaw für die ästhetische Neuorientierung der Architektur. Henry Hobson Richardson (1838–86) gehört zweifellos noch zu den Vertretern des Historismus. Von Paris, wo er studierte, brachte er die Bewunderung für die kraftvolle Monumentalität der französischen Romanik mit heim. Indessen, wenn er sich in seinen amerikanischen Bauten, seinen Kirchen, öffentlichen Gebäuden und Geschäftshäusern (Marshall Field in Chicago) an das Vorbild romanischer Architektur anlehnte, so handelte es sich bei dieser Beziehung nicht nur um akademische Stilnachahmung oder um ein gegenwartsfremdes Spiel mit geschichtlichen Assoziationen. Er fühlte vielmehr, daß die strengen, kompakten Mauermassen, daß die gewaltigen Rundbogen frühmittelalterlicher Architektur gerade dem Empfinden seiner eigenen robusten amerikanischen Gegenwart entsprachen, mehr als irgendein anderer ihm bekannter Baustil. Dieses lebendig unmittelbare Verhältnis zur Vergangenheit ist nicht zuletzt der Grund dafür, daß die Landhäuser, welche Richardson und seine Schüler in den achtziger Jahren entwarfen, kühner und selbständiger sind als alles, was damals in Europa gebaut wurde, zum mindesten, wenn wir von Webb absehen. Philip Webb (1830–1915) liebte glatte, schmucklose Ziegelmauern, die er mit den einfachen, schmalen Fenstern, ähnlich denen der Zeit um 1700, versah. Zugleich bewahrte er aber stets eine Vorliebe für die Formen der Gotik und der Tudorzeit. Webbs erster Bau, das Red House in Bexley Heath bei London, das er 1859 für (und in Zusammenarbeit mit) William Morris entwarf, zeigt bereits die Verbindung von gotischen Spitzbogen mit den langen, von Segmentbogen abgeschlossenen Schiebefenstern des Queen Anne-Stils.

277 Chicago, Marshall Field's Warenhaus, erbaut von H. H. Richardson, 1885–87

278 Bexley Heath, Kent, Red House, erbaut 1859 von Philip Webb für William Morris

Noch intensiver hat Richard Norman Shaw (1831–1912) die Möglichkeiten ausgenutzt, welche die Mischung sehr verschiedener Stilarten hinsichtlich einer malerischen Gesamtwirkung bot. Er verfügte über eine leichtere Hand und eine beweglichere Phantasie als Webb, jedoch war sein Geschmack weniger wählerisch.

Norman Shaws Werk hat schnell einen sehr weitreichenden Einfluß auf die zeitgenössische Baukunst ausgeübt. Aus seinem Atelier ging eine Generation von Architekten hervor, die in ihren Entwürfen sich eng an das Vorbild seiner Bauten hielten, während sie in ihrer theoretischen Haltung den Ideen William Morris' anhingen. Zusammen mit einigen von Morris' eigenen Schülern schufen sie die *Arts and Crafts-Bewegung*, deren Name sich von selbst erklärt, sobald wir uns das Programm von Morris vergegenwärtigen. Die Mitglieder dieser Gruppe gelangten in ihren Entwürfen (es handelte sich fast ausschließlich um den städtischen und ländlichen Wohnbau) zu immer freieren und selbständigeren Interpretationen der historischen Architekturstile. Zu den bedeutendsten Repräsentanten dieser Richtung gehören W. R. Lethaby, E. S. Prior, Leonard Stokes und Halsey Ricardo. Sie alle sind heute mehr oder minder vergessen, aber

279 Bedford Park Garden Suburb, erbaut 1878 von Richard Norman Shaw

in der Frühzeit ihres Schaffens, das heißt ungefähr zwischen 1885 und 1895, gab es nirgendwo sonst in Europa Bauten, die sich an Frische und Originalität mit den ihrigen messen konnten, und nur die schon erwähnten amerikanischen Landhäuser Richardsons und seiner Schüler zeigen zu jener Zeit eine ähnliche, ja zuweilen eine noch größere Selbständigkeit. Sie nehmen schon manches von dem voraus, was Charles F. Annesley Voysey, der bedeutendste englische Architekt um die Jahrhundertwende, geschaffen hat. Voysey (1857–1941) stand weder zu Morris noch zu N. Shaw in persönlicher Beziehung. Seine neuartigen und überaus anmutigen Entwürfe für Stoffe, Tapeten, Möbel und Metallarbeiten übten einen ähnlich revolutionären Einfluß aus wie die Erzeugnisse von William Morris' Werkstätten. Ebenso reizvoll und liebenswert wie seine kunstgewerblichen Arbeiten sind Voyseys Leistungen auf dem Gebiet der Architektur. Seine Häuser zeigen nur noch selten die direkte Entlehnung historischer Stilelemente, auf der anderen Seite aber spüren wir nirgends die Absicht, mit der Vergangenheit zu brechen, sondern bei aller Freiheit der persönlichen Auffassung bleibt eine lebendige Beziehung zur

280 Perrycroft, Colwall, Malvern, erbaut 1893 von Voysey

281 Puttenham, Surrey, Wohnhaus von C. F. A. Voysey, 1900

Tradition spürbar. Es ist gerade dieses Undogmatische, das Einfache und Ungezwungene, worin der Reiz von Voyseys Bauten beruht. Wenn man sie näher betrachtet, so überrascht die kühne Verwendung schlichter Mauerflächen und horizontaler Fensterstreifen. In solchen Bauten aus den neunziger Jahren kam England dem Wesen der modernen Architektur am nächsten.

Aus den folgenden vierzig Jahren, den ersten vier Jahrzehnten unseres Jahrhunderts dagegen braucht hier kein einziger englischer Baumeister erwähnt zu werden. Lange Zeit waren für Europa und Amerika englische Architektur und englisches Kunstgewerbe wegweisend gewesen. Von England aus hatte der Landschaftsgarten seinen Siegeszug angetreten, hatte sich der Einfluß von Robert Adams Architektur und Wedgwoods Keramik auf dem Kontinent verbreitet. England war das Ursprungsland der Neugotik gewesen, und hier, wo die Maschinen- und Serienproduktion und in ihrem Zeichen der Niedergang des Kunstgewerbes sich zuerst bemerkbar machte – hier vollzog sich auch die positive Reaktion gegen diese Entwicklung: die bewußte Erneuerung des Kunsthandwerks. Eine spezifisch englische Leistung war die Reform der Wohnhausarchitektur durch Morris, N. Shaw und Voysey, und englisch war auch die von neuen sozialen Gesichtspunkten bestimmte Konzeption einer Einheit der Künste unter Führung der Baukunst. England schließlich war es, wo die Architektur des neunzehnten Jahrhunderts sich am ehesten von der Imitation historischer Bauformen freimachte, um zu einem freien Traditionalismus zu gelangen.

282 München, Atelier Elvira, erbaut 1897 von August Endell. Zerstört

283 Brüssel, Theatersaal des Volkshauses, erbaut 1897 von Victor Horta

284 Glasgow, Kunstschule, erbaut 1898–99 von Charles Rennie Mackintosh

Der *Jugendstil* tritt im Jahre 1892 in Brüssel völlig reif und natürlich in Erscheinung (Victor Hortas Haus in der Rue Paul-Emile Janson). Um 1895 war er in Deutschland und Frankreich bereits zum »dernier cri« geworden (»Pan« Jahrgang 1, 1895; Endell: Atelier Elvira, München 1897, Guimard: Castel Béranger 1894–98). Aber es war fast ausschließlich ein Stil der Dekoration. Die einzigen Ausnahmen zu dieser Regel, denen europäischer Rang zugesprochen werden kann, sind zwei Architekten der Peripherie: Antoni Gaudí in Barcelona (1852–1926) und Charles Rennie Mackintosh in Glasgow

(1868–1928). Gaudís Stil, trotz gewisser Rückbeziehungen zur spanischen Gotik und zum spanischen Barock und auch zur marokkanischen Bauart, ist im wesentlichen selbständig, ja originell; in der Tat originell in der ausschweifendsten Weise. In der kleinen Kirche der Colonia Güell (1898–1914), den Bauten des Güell-Parks (1905–1914) und später der Querschiffsfassade der Kirche der Sagrada Familia (1903–1926) und zwei Mietshausblöcken von 1905 wachsen Formen wie Zuckerhüte und Termitenhügel, stehen Säulen schief, biegen sich Dächer wie Wellen oder Schlangen und bedecken sich Oberflächen mit Fayence und Scherben von Tassen und Tellern. Man kann all dem gern den guten Geschmack absprechen, aber keinesfalls eine überwältigende Kühnheit und Vitalität. Mackintosh hat nichts von solchem Barbarismus, obwohl die weit zurückliegende keltische Tradition Schottlands sein Ornament und das schottische Mittelalter seine Landhäuser beeinflußt haben. Im wesentlichen ist aber auch er originell. Was seine Bauten, zumal die Glasgower Kunstakademie (1898) und das für den deutschen Verleger Alexander Koch entworfene Haus eines Kunstliebhabers (1901) auszeichnet, ist die organische Verbindung eines Jugenstilornaments von langgestreckten, sehnsuchtsvollen Kurven und silbrig, lila und rosa Farbharmonien mit einem schlank-aufrechten Baugerüst kompromißlos eckiger Formen. Wo sie in Holz erscheinen, sind sie fast immer weiß lackiert.

Hier zeigt sich der Weg zur Überwindung des Jugendstils, und wenn Mackintosh in Deutschland und noch mehr in Österreich größere Anerkennung fand als in England, so liegt das daran, daß diese Länder selbst einen Weg aus den Lianenwäldern des Jugendstils in eine klarere, gesündere Luft suchten, die Luft eines neuen Jahrhunderts. England konnte darin noch einmal behilflich sein. Voysey und die Arts and Crafts hatten nie mit dem Extremismus Schottlands oder des Festlandes gemeinsame Sache gemacht. So sandte die preußische Regierung 1896 Hermann Muthesius nach London, um als Beobachter über die englische Baukunst und das englische Kunstgewerbe zu berichten. Er blieb sieben Jahre und machte Deutschland mit der Reform im englischen Wohnbau vertraut. Die ersten Pioniere des zwanzigsten Jahrhunderts in Deutschland haben in der Tat kein Hehl aus ihrer ursprünglichen Abhängigkeit von England gemacht.

Darin liegt der Unterschied zu der stilistischen Lage der Pionierbauten in Amerika und Frankreich. Der wichtigste amerikanische Beitrag zur Begründung des modernen Stiles ist der Wolkenkratzer in der Form, wie sie in Chicago zwischen 1884 und 1894 gegeben wurde. Hier finden sich die ersten Stahlgerüste (William Le Baron Jenney, Home Insurance Building, 1884–1905) und hier die ersten Fassaden, die aus nichts (oder so gut wie nichts) als den Formen des

285 Barcelona, Kirche der Sagrada Familia, erbaut 1903–26 von Antoni Gaudí

Gerüstes und der Fenster bestehen. Der Architekt, in dessen Bauten dieses Chicagoer System seinen mutigsten und zugleich künstlerisch sensitivsten Ausdruck gefunden hat, ist Louis Sullivan (1850–1924) (Wainwright Building St. Louis, 1890; Warenhaus Carson, Pirie & Scott in Chicago, 1899–1904). Sullivan war der Lehrer Frank Lloyd Wright's (1869–1959), aber Wright's großes Verdienst um die Baukunst des zwanzigsten Jahrhunderts liegt fast ausschließlich auf dem Gebiet des Privathauses. Wohl hat er auch gelegentlich Bürohäuser gebaut (Larkin, Buffalo 1904, Johnson's Wachsfabrik, Racine, Wisconsin, 1936–39), und sie sind formal und strukturell interessant genug, aber sein eigentlich revolutionärer Beitrag liegt in der offenen Planung des Hauses, mit Zimmern, die ineinander überfließen,

286 Buffalo (New York), Guaranty Building, erbaut 1895 von Louis Sullivan

287 Chicago, Carson, Pirie & Scott Warenhaus, erbaut 1899–1904 von Louis Sullivan

und Terrassen unter weit vorgestreckten Dächern, in denen Außenraum und Innenraum sich zu einer Einheit verbinden. Diese Präriehäuser, wie er sie selbst genannt hat, hat Wright in den ersten Jahren des neuen Jahrhunderts entwickelt. In Einzelformen dekorativer Art hat er dabei eine kuriose Vorliebe für Polygone gehabt und überhaupt für scharfe oder stumpfe Winkel, eine Vorliebe, die ihn von neuem aktuell machte, als der Expressionismus kam, und ihn jetzt noch einmal, wie wir sehen werden, aktuell macht. Trotz Wright und Sullivan aber setzten sich diese Neuerungen in Chicago nicht durch. Schon in den neunziger Jahren werden sie durch einen Akademismus französischer Herkunft abgelöst, der Wolkenkratzer mit Säulenportalen unten und Kolossalordnungen hoch oben versah.

Frankreich war in der Tat im großen und ganzen während der ganzen Stilphase, um die es hier geht, akademisch und traditionell. Die beiden Pioniere, die hier Erwähnung finden müssen, stehen ganz für sich: Auguste Perret (1874–1955) und Tony Garnier (1867–1948). Perrets Bedeutung liegt in seinem hochentwickelten Sinn für die künstlerischen Möglichkeiten des neuesten Baumaterials: Eisenbeton. Dieser war erst am Ende des neunzehnten Jahrhunderts entwickelt worden. Nun zeigt ihn Perret als Gerüst ebenso stolz, wie die

288 Chicago, Robie House, erbaut 1909 von Frank Lloyd Wright

289 Verwaltungsgebäude aus Tony Garniers »Industriestadt«, ausgestellt 1904

Chicagoer den Stahl gezeigt hatten (Haus in der Rue Franklin, 1902, Garage in der Rue Ponthieu, 1905). Garniers Ruhm beruht vornehmlich auf der Publikation eines großen Bandes, den er »Eine Industriestadt« nannte (1901–04, veröffentlicht 1907). Der Plan gehört zu den wichtigsten Inkunabeln des neuen Städtebaues, und die einzelnen Bauten haben dieselbe mutige Auswertung der neuen Materialien wie Perrets Bauten: weit vorragende Betonvordächer, weit gewölbte Glasdächer, kubische Geschlossenheit der Baukörper.

Was Deutschland und Österreich in diesen ersten Jahren des zwanzigsten Jahrhunderts wichtiger als Frankreich und Amerika machte, von England ganz zu schweigen, wo nach den großen Leistungen des späten neunzehnten Jahrhunderts ein allgemeiner Rückzug in das Neu-Georgianische im Hausbau, das Neu-Palladianisch-Barocke im Repräsentationsbau stattfand, ist die Tatsache, daß der Stil nicht nur von einzelnen Vorkämpfern formuliert, sondern sogleich auch breiter angenommen und entwickelt wurde. Die bedeutendsten Architekten in Wien waren Joseph Hoffmann (1870–1956) und Adolf Loos (1870–1933). Von beiden gibt es Werke der Jahre 1903–04, die der Laie noch heute für aktuell halten wird (z. B. Sanatorium Purkersdorf von Hoffmann, 1903–04). In Norddeutschland waren die Führer Alfred Messel (1853–1909), Hermann Muthesius (1861–1927) und Peter Behrens (1868–1940). Messel gehört in manchem noch der neuklassizistischen Richtung an, die dem Neu-Georgianismus in

England entspricht. Sein Kaufhaus Wertheim in Berlin (1896–1904) aber führt Deutschland zum ersten Male etwas von der Sachlichkeit des gerüstartigen Bauens mit großen ungebrochenen Glasflächen vor, das mehr Chicago als dem Jugendstil verpflichtet war. Das Hauptergebnis von Muthesius' Londoner Jahren lag nicht in seinen Bauten, sondern in der Rolle, die er bei der Gründung des *Deutschen Werkbundes* im Jahre 1907 spielte. Der Werkbund hat den bedeutendsten Schritt von den englischen Arts and Crafts, das heißt dem Kunstgewerbe, zur Maschinenkunst getan. Es gab Kämpfe, aber Muthesius siegte dank der Unterstützung einer Reihe unternehmender und künstlerisch verantwortungswilliger Fabrikanten. Kaum ein Jahr nach der Gründung des Deutschen Werkbundes hatte die Allgemeine Elektrizitäts-Gesellschaft in Berlin, die AEG, Peter Behrens aufgefordert, die künstlerische Leitung ihrer Bauten, ihrer Produkte und sogar ihrer Gebrauchsgraphik zu übernehmen. Behrens war ursprünglich Maler und Kunstgewerbler gewesen. Er wandte sich der Architektur zu, und seine Bauten der ersten Jahre des neuen Jahr-

290 Berlin, Turbinenfabrik der Allgemeinen Elektrizitätsgesellschaft, erbaut 1909 von Peter Behrens

291 Alfeld, Fabrikgebäude der Fagus-Werke, erbaut 1911–1914 von Walter Gropius und Adolf Meyer

hunderts sind bereits kubisch und unornamentiert. Mit den Fabriken für die AEG, zumal der Turbinenfabrik von 1909, hat Behrens die architektonische Würde des Industriebaus proklamiert. Behrens' bedeutendster Schüler ist Walter Gropius, und dessen Fagusfabrik in Alfeld (1911–19) und die Ausstellungs-Fabrik für die denkwürdige Kölner Werkbundausstellung von 1914 sind in jeder Einzelheit wie in der Gesamtkonzeption Bauten der Gegenwart – trotz der mehr als vierzig Jahre, die uns von ihnen trennen. Daß dabei Frank Lloyd Wright auf die Ausstellungs-Fabrik einen unzweifelhaften Einfluß gehabt hat, spielt nur eine geringe Rolle.

Die Lage der europäischen Baukunst um 1914 war also diese: der Durchschnittsbau hielt noch am Historismus fest, wenn auch in gemäßigten klassizistischen, biedermeierlichen oder neu-georgianischen Formen, die Führer der jüngeren Generation aber hatten mutig mit der Vergangenheit gebrochen und sich rückhaltlos zu den Gegebenheiten und Erfordernissen ihrer eigenen Epoche bekannt: zu den neuen Materialien, Herstellungsprozessen und Formen, zu den neuen Aufgaben und Problemen, die das Zeitalter der Technik

292 Köln, Ausstellungs-Fabrik auf der Werkbundausstellung 1914, erbaut von Walter Gropius und Adolf Meyer

gebracht hat. Die wichtigste von diesen Aufgaben aber war die der Stadtplanung.

Man kann den staatlichen und kommunalen Instanzen des späten neunzehnten Jahrhunderts gewiß nicht vorwerfen, daß sie ihren Auftrag, die öffentlichen und repräsentativen Zwecken dienende Architektur zu fördern, nicht nachgekommen sind. Und so galt auch auf dem Gebiete der Stadtplanung das öffentliche Interesse in erster Linie den repräsentativen Aufgaben, denen sich die Architekten nun in steigendem Maße zuwandten, als sie die Probleme des Städtebaus in Angriff nahmen. Zwischen 1830 und 1880 geschah dies besonders in Frankreich. Die weitaus großartigste Leistung auf diesem Gebiet war die des Baron Haussmann, der unter Napoleon III. die Geschäfte eines Präfekten des Départements Seine führte und in dieser Stellung ein wahrhaft geniales Verwaltungs- und Organisationstalent bewies. Die langen, breiten und schnurgeraden Boulevards, welche Haussmann durch das Zentrum von Paris legen ließ, sollten der Hauptstadt des zweiten Kaiserreichs einen gesteigerten Glanz verleihen. Zudem spielten Gründe militärischer Sicherheit eine gewichtige Rolle, aber auch das Bestreben, den Zugang zu den Brennpunkten des Pariser Verkehrs, etwa zwischen den verschiedenen Bahnhöfen, zu erleichtern. Für das soziale Wohnungsproblem zeigte Haussmann jedoch keinerlei Interesse, und es berührte ihn nicht, wenn sich hinter den prunkvollen Fassaden seiner Straßen Elendsquartiere zusammendrängten. Auch blieb sein Verständnis für die

Bedürfnisse des modernen Verkehrs insofern begrenzt, als es sich nicht auf das Eisenbahnwesen erstreckte.

Wenn das Paris des Baron Haussmann die umfassendste planerische Leistung der Jahrhundertmitte darstellt, so nehmen – was reine Prachtentfaltung angeht – die in Wien seit 1857 durchgeführten städtebaulichen Maßnahmen die erste Stelle ein. Auf dem Gelände des die Wiener Innenstadt umziehenden Festungsgürtels entstanden damals Promenaden von gewaltigen Dimensionen, die von einer Folge riesiger öffentlicher Gebäude eingefaßt wurden. Die bemerkenswertesten von diesen Prunkbauten am Wiener Ring sind die Votivkirche (1856–1879 von Ferstel) und das schon erwähnte Rathaus (1872–83 von F. v. Schmidt), beide im gotischen Stil, das klassizistische Parlamentsgebäude (1874–83 von Hansen), der Wohnblock des Heinrichshofes (1861–63 von Hansen), das Österreichische Museum für angewandte Kunst (1868–71 von Ferstel), das Kunsthistorische und Naturhistorische Museum (1872–81 von Hasenauer und Semper), die Akademie der bildenden Künste (1872–76 von Hansen), die Universität (1873–84 von Ferstel) und das neue Burgtheater (1880–86 von Semper und Hasenauer), sämtlich in Anlehnung an die italienische Renaissance, und schließlich – eine freie Variante der französischen Renaissance – die Oper (1861–69 von van der Nüll und Siccardsburg). Nirgendwo auf der Welt gibt es eine so vollständige Mustersammlung der verschiedenen stilistischen Möglichkeiten der zweiten Jahrhunderthälfte, aber nirgendwo sonst zeigt sich auch so unverhüllt die Unfähigkeit dieser Epoche, eine Stadt als eine Stadt, einen Bezirk als einen Bezirk und eine Straße als eine Straße zu sehen. Denn die Gebäude der Wiener Ringstraße verharren in völliger Isolierung und haben weder untereinander noch zu ihrer Umgebung irgendwelche Beziehung.

Ein Verständnis für die wirklichen Aufgaben und Probleme der Stadtplanung meldete sich zum ersten Male wieder in Camillo Sittes im Jahre 1889 veröffentlichten Buch »Der Städtebau«. Indem Sitte auf die Feinheiten der Planung und des Wachstums mittelalterlicher Städte hinwies, versuchte er, für den Städtebau wieder ästhetische Maßstäbe aufzustellen; sein Buch ist in vieler Beziehung eine Parallele zu dem wiederauflebenden Interesse am »Malerischen« in den englischen Gartenvorstädten (Anm. 42a).

Weit bedeutsamer für die Zukunft waren gewisse Maßnahmen der deutschen Kommunalpolitik, die den direkten Erwerb von Baugelände durch die Gemeinden selbst oder dessen Sicherstellung durch Erbpacht und Vorkaufsrecht zum Ziel hatten. Auf diesem Wege wurde die willkürliche Zersplitterung von Bauland eingeschränkt und die Voraussetzung für die einheitliche Planung zusammenhängender Siedlungskomplexe geschaffen. Diese fortschrittlichen Leistungen der deutschen Kommunalpolitik, die zum größten Teil in die letzten zehn Jahre vor dem ersten Weltkrieg fallen, sind im Ausland mit Bewunderung und Neid anerkannt worden und haben sich vielfach auch als Ansporn zu ähnlichen Reformen ausgewirkt. Höhepunkte waren in dieser Beziehung Planung und Aufbau der Außenbezirke von Amsterdam kurz nach dem Ersten Weltkrieg (Anm. 43). Ein anderes bedeutsames städtebauliches Ereignis der Jahre vor dem Kriege war Daniel Burnhams Projekt einer durchgreifenden Umgestaltung von Chicago, mit dem Ziel, die städtischen Grünflächen auszudehnen. Die Pläne wurden 1909 veröffentlicht. Den Schritt von der Stadt- zur Landesplanung vollzog wiederum Deutschland, und zwar 1920 mit der Gründung des »Ruhrsiedlungsverbandes«, dessen Kompetenz sich auf das gesamte Ruhrgebiet erstreckt. Aber hier haben wir die Grenze des Ersten Weltkrieges bereits überschritten, und das Jahr 1914 war als der Abschluß dieses Kapitels gedacht. Das folgende, unser letztes Kapitel, wird der Entwicklung der Architektur in den letzten fünfzig Jahren gewidmet sein.

Vom Ende des Ersten Weltkrieges bis zur Gegenwart

1914–1964

Dieses, unser letztes Kapitel, unterscheidet sich notwendigerweise von den vorhergegangenen: während es sich dort um geschichtliche Epochen handelte, bleibt es durchaus zweifelhaft, ob und inwieweit wir auch jetzt noch von »Geschichte« reden dürfen, da es sich hier um einen Zeitabschnitt handelt, der noch nicht abgeschlossen ist und den der Verfasser selbst als Zeitgenosse erlebt.

Als nach dem ersten Weltkriege, das heißt nach sechs oder sieben Jahren einer fast völligen Stagnation, das Bauwesen sich aufs neue zu beleben begann, war die Situation folgende: die Architektur verfügte über einen neuen Stil. Eine Reihe entschlossener und wagemutiger Architekten hatte ihn geschaffen, Männer von ungewöhnlicher Phantasie und Erfindungsgabe. Seit fünfhundert Jahre zuvor die Schöpfer der Renaissance sich von der Gotik abwandten und etwas gänzlich anderes an ihre Stelle setzten, hat es in der europäischen Architektur keine Revolution von ähnlicher Tragweite gegeben, ja, das Unternehmen dieser Wegbereiter der modernen Baukunst erscheint fast noch kühner als das der Brunelleschi und Alberti. Denn während die Meister des Quattrocento die Rückkehr zur Kunst des alten Rom predigten, haben sie, die Pioniere des zwanzigsten Jahrhunderts, den Vorstoß in noch völlig unerforschte Bereiche auf ihre Fahnen geschrieben. Daß sie bei diesem Unternehmen alle logischen Gründe auf ihrer Seite hatten, steht außer Frage. Was sie getan haben, das hat notwendig getan werden müssen. Es war die Lösung einer Aufgabe, die die Zeit selber gestellt hat, und der Stil, den sie geschaffen haben, entspricht den sozialen und technischen Gegebenheiten des heraufkommenden Jahrhunderts. Das zwanzigste Jahrhundert – man kann das sagen, ohne sich einer flachen Verallgemeinerung schuldig zu machen – ist das Jahrhundert der Massen und der Naturwissenschaft. Der neue Stil mit seiner Absage an das Handwerk und seinem Kampf gegen die Auswüchse einer rein dekorativen Fassadenarchitektur entspricht in hervorragender Weise den Bedürfnissen eines anonymen Publikums. Mit seiner einfachen Formensprache, die zugunsten glatter, ungebrochener Flächen die Gesimse und sonstigen plastischen Zierat auf ein Minimum reduziert, eignet er sich überdies besonders gut für die industrielle Produktion standardisierter Teile. Stahl, Glas und Eisenbeton, die bevorzugten Materialien der modernen Architektur, haben den neuen Stil zwar nicht geschaffen, aber sie sind seine integrierenden Elemente. Unter diesen Umständen hätte man wohl erwarten können – und nicht wenige Beobachter haben in der Tat derartige Erwartungen gehegt –, daß der neue Stil, nachdem er einmal Fuß gefaßt hatte, sich ohne nennenswerte Schwierigkeiten entfalten werde. Dennoch sind die Jahre zwischen 1920 und 1925 keineswegs im Sinne eines konsequenten Fortschreitens auf dem von den Pionieren der Vorkriegszeit angegebenen Wege verlaufen.

Statt dessen hat die geistige Krise von 1919, die Krise einer Generation, der die Kriegsjahre ein barbarisches und gewalttätiges Leben aufgezwungen hatten und die in den furchtbaren Erlebnissen des Krieges den Glauben an Friede und Fortschritt verlor, die neue Architektur, das neue Kunstgewerbe in eine expressionistische Richtung abgedrängt, die in mancher Beziehung mehr dem Jugendstil verwandt ist als dem Stil von 1914. Die bekanntesten Beispiele dieser Entwicklung sind das Chilehaus in Hamburg (1923) von Fritz Höger (1877–1949) mit seiner brutalen Übertreibung der Vertikalen und seiner scharfkantigen Ziegeldekoration, und das Innere des Großen Schauspielhauses in Berlin (1919) von Hans Poelzig (1869–1936) mit seinem phantastischen Stalaktitengewölbe. Weniger bekannt ist die Tatsache, daß selbst Gropius 1921 mit seinem Weimarer Kriegerdenkmal aus Beton vorübergehend dem *Expressionismus* huldigte und daß auch Mies van der Rohe im Jahre 1926 für Karl Liebknecht und Rosa Luxemburg ein Denkmal entwarf, dessen wuchtige kubistische Formen ein Bekenntnis zum Expressionismus darstellen; nur schwer läßt sich diese Phase seiner Entwicklung zwischen die ausgewogenen und streng sachlichen Mietshäuser von 1925 und 1927 einordnen. Während es sich jedoch hier nur um eine flüchtige Episode handelte, ist Mendelsohns Einsteinturm in Potsdam (1920) ein auch für die Zukunft bedeutsames Zeugnis des Expressionismus. Ähnlich wie in Mendelsohns zahlreichen Entwürfen von etwa 1914–1924, die von dem genialen, im Ersten Weltkrieg gefallenen Italiener Sant'Elia beeinflußt scheinen, wurde hier das Stromlinienmotiv eingeführt, das späterhin in der amerikanischen industriellen Formgebung auf so verhängnisvolle Weise dominieren sollte. Aber auch in der Architektur selbst wurden Mendelsohns kurvig um die Ecken laufenden parallelen Horizontalen unzählige Male nachgeahmt. Auch die Glas-Wolkenkratzer, von denen Mies van der Rohe 1919 zu träumen begann, lassen eine Neigung zum Phantastischen erkennen, von der in seinen früheren Arbeiten nichts zu finden war. Als er viel später auf diese Ideen zurückkam, hat er sie dann allerdings völlig unter dem Gesichtspunkt des Funktionalismus revidiert.

293 Mies van der Rohe,
Modell eines Wolkenkratzers aus Glas, 1919

Das Interesse am Wolkenkratzer als solchem beruhte natürlich auf der damals aufflammenden Begeisterung für alles Amerikanische, wobei das Staunen über Amerikas Initiative, über amerikanische Skrupellosigkeit und amerikanisches Tempo in erster Linic wieder als das Symptom einer romantischen Einstellung zu verstehen ist, während sachliche Erwägungen eine weit geringere Rolle spielten.

Mendelsohns »Amerikanisches Skizzenbuch«, das im Jahre 1926 erschien, läßt diese Haltung mit aller Deutlichkeit erkennen. Auch Le Corbusier (1888–1965) trat 1922 mit einem Plan an die Öffentlichkeit, der eher phantastisch als rational anmutet; es handelt sich um das Projekt einer Dreimillionenstadt, deren Wohnhäuser nach einem streng geometrischen Gitternetz angeordnet sind und deren Einwohner in dem von 24 Wolkenkratzern auf kreuzförmigem Grundriß gebildeten Stadtkern ihre Arbeitsstätten finden sollten. Ebenso wie Mies van der Rohes Wolkenkratzer, so war auch Le Corbusiers Idealstadt mit ihrer himmelhoch aufragenden City ihrem ganzen Wesen nach geträumte Architektur. Nicht Wolkenkratzer, aber immerhin Hochhäuser sind dagegen zwischen 1924 und 1928 in Deutschland wirklich gebaut worden. (Zum Beispiel 1924 in Düsseldorf von W. Kreis, 1925 in Köln von J. Koerfer, 1927 das Berliner Ullsteinhaus von E. Schmoll, 1927–28 das Leipziger Krochhaus von G. Bestelmeyer, 1928 in Stuttgart von E. Osswald.)

Bis jetzt haben wir die expressionistische Strömung der Nachkriegsarchitektur ausschließlich anhand von deutschen Bauwerken dargestellt, und in der Tat war es auch Deutschland, wo sie – zweifellos infolge der politischen Lage, insbesondere der Inflation – sich am stärksten ausprägte. Indessen hat sich die expressionistische Richtung auch in einigen anderen Ländern bemerkbar gemacht. Daß sie mit einer angeborenen Neigung des (seiner Abstammung nach ja aus dem keltischen Wales sich herleitenden) Frank Lloyd Wright in Amerika zusammenlief, ist schon gesagt worden. Ein vorzügliches Beispiel in Mitteleuropa ist die Fassade der Grundtvigs-Kirche in Kopenhagen (1913 entworfen, erbaut 1921–26 von Peter Vilh. Jensen Klint) mit ihren winzigen Eingängen, über denen hohe Ziegelmauern sich auftürmen, überragt von wie Orgelpfeifen aufgetreppten Giebeln. Indessen ist, international gesehen, der bekannteste Beitrag zur Architektur des Expressionismus derjenige Hollands. Die großzügige Planung neuer Stadtviertel in den Außenbezirken von Amsterdam wurde bereits früher erwähnt. Sie ist das Zeugnis einer rationalen und fortschrittlichen Stadtplanung. Freilich nur der Planung; was dagegen die architektonische Gestaltung dieser neuen Stadtteile angeht, so stehen wir vor der erstaunlichen Tatsache, daß sie weder das eine noch das andere, weder rational noch fortschrittlich war, sondern im Gegenteil einen ausgesprochen phantastischen und im Grunde reaktionären Stil vertrat, der in vie-

294 Potsdam, Einstein-Turm, erbaut 1920 von Erich Mendelsohn

ler Beziehung einen Rückgriff auf die aggressiv eckige Formensprache bedeutet, welche die niederländischen Architekten schon vor dem Kriege und unter der unmittelbaren Anregung der Arts and Crafts-Bewegung und des Jugendstils entwickelt hatten. Das extravaganteste Beispiel dieses holländischen Expressionismus ist J. M. van der Mey's Scheepvarthuis in Amsterdam (1911–16).

Der Ausgangspunkt war hier das bei weitem maßvollere und ausgewogenere Werk von Henrik Berlage (1856–1934), insbesondere die Börse von Amsterdam (1897–1903); sie stellt eine Parallele zu der gleichzeitigen Entwicklung der Wohnarchitektur dar, welche Männer wie Voysey durch wohldurchdachte und sinnvolle Neuerungen gefördert hatten. Berlage hatte trotz seiner Ehrlichkeit und Geradsinnigkeit gern mit den dekorativen Möglichkeiten des Ziegelwerks gespielt, wobei allerlei seltsam eckige Muster entstanden. Die Wohnbauten von Michel de Klerk (1884–1923), von Piet Kramer und einigen anderen niederländischen Architekten nach 1917 haben die eigenwilligsten eckigen oder kurvigen Ausladungen und die wunderlichsten Dachformen und Umrisse. Willem Marinus Dudok (geb. 1884) gehörte in den ersten Jahren seiner Amtszeit als

296 Kopenhagen, Grundtvig-Kirche, begonnen 1921 von P. V. J. Klint

Stadtarchitekt von Hilversum dieser Richtung an, ließ aber bald die Atavismen des Jugendstils hinter sich und wandte sich einem klareren und zeitgemäßeren Stil zu, der mit der freien Gruppierung von Ziegelkuben auch außerhalb Hollands bedeutenden Einfluß gewann. Dudoks Meisterwerk ist das Rathaus von Hilversum, das 1928–1932 erbaut wurde. Damals aber war die Episode des Expressionismus bereits endgültig überwunden.

Im Grunde hatte sich der Expressionismus bereits um 1924/25 erschöpft; von da ab bis zum Zweiten Weltkrieg verlief die Entwicklung der Baukunst in ganz anderen Bahnen. Der Stil von 1914 trat wieder in seine Rechte ein und wurde nun rasch in vielen Ländern zum anerkannten und allgemein verbindlichen Stil, wobei sich seine Autorität auf sämtliche Bauaufgaben erstreckte. In einigen anderen Ländern wurde er dagegen zu einem semi-klassizistischen Repräsentationsstil verwässert, der dem Durchschnittsbürger leichter faßlich war als die ungewohnte und schwerer verständliche Ästhetik der modernen Architektur, und der den Intentionen solcher Auftraggeber entgegenkam, die in erster Linie darauf aus waren, den Geschmack des dem neuen Stil noch skeptisch gegenüberstehenden

295 Amsterdam, Wohnblock ›Eigen Haard‹, erbaut 1921 von Michel de Klerk

297 Hilversum, Rathaus von Willem Marinus Dudok, 1928–32

Massenpublikums zu befriedigen. Die Ausbreitung der modernen Architektur in den verschiedenen Ländern läßt sich wie folgt skizzieren:

In Mitteleuropa, das heißt in Deutschland, Österreich, Holland und der Schweiz wurde sie rückhaltlos akzeptiert. In Frankreich blieb sie auf die Gefolgschaft einer kleinen Gruppe fortschrittlicher Architekten beschränkt, deren Führer seit 1923 Le Corbusier war.

Schweden vollzog den Übergang zur neuen Baukunst im Jahre 1930, in Italien hat sie vor 1932, also vor Terragnis Casa del Fascio in Como, keine wirklich bedeutenden Bauten hervorgebracht. Auch in England konnte die neue Architektur erst im Jahre 1926 Fuß fassen, als Peter Behrens für einen englischen Fabrikanten ein Haus in Northampton erbaute, und selbst in den nächstfolgenden Jahren regte sich hier außerordentlich wenig, bis dann die Ankunft deutscher Flüchtlinge vor dem Nationalsozialismus (u. a. Gropius, Mendelsohn, Marcel Breuer) die Entwicklung beschleunigte. In den Vereinigten Staaten standen die Anfänge im Zusammenhang mit der Finanzkrise von 1929. Die repräsentativen Zeugnisse dieser Frühstufe sind einige New Yorker Wolkenkratzer von Raymond Hood, ferner das Gebäude der Daily News von 1930, das McGraw Hill Building von 1931 und der Bau der Philadelphia Saving Fund Society 1932 von Howe und Lescaze; bis zum Zweiten Weltkrieg folgte auf diese verheißungsvollen Anfänge nur wenig Bemerkenswertes. In Brasilien geht das Debut der modernen Architektur auf den Russen Gregori Warchavchik zurück, der 1928 in São Paulo mehrere Häuser erbaute; aber in den folgenden zehn Jahren hat Brasilien dann keinen wesentlichen Beitrag zur neuen Stilentwicklung mehr geleistet. In Rußland hat das kommunistische Regime den kühnen, wenngleich vereinzelten Anfängen im Jahre 1931 ein jähes Ende bereitet und statt dessen einen konventionellen, den Gang der Entwicklung zurückschraubenden Klassizismus von naiv-rhetorischer Haltung für allein maßgeblich erklärt. Ähnlich hat Hitler im Jahre 1933 den Zeiger der Entwicklung zurückgedreht, wodurch Deutschland für viele Jahre von der Bühne der modernen Architektur verschwand, auf der es bis dahin eine führende Rolle gespielt hatte.

Indessen hatte Deutschland den Geist der neuen Baukunst doch schon zu tief in sich aufgenommen, um der Gefahr eines Rückfalls in die Kolossalordnungen und schwülstigen Profilierungen des neunzehnten Jahrhunderts zu erliegen. Vielmehr schloß man sich denjenigen Ländern an, die, wie etwa Frankreich, an die Möglichkeit einer Erneuerung oder des Fortlebens der klassischen Prinzipien glaubten; man verfolgte dieses Programm in der Weise, daß man die Säulen durch Pfeiler ohne Basen und Kapitelle ersetzte und daß man die Profilierungen von Türen und Fenstern unterdrückte und die Gesimse erbarmungslos einebnete. Dieser Stil wurde mit mehr oder minder gutem Resultat in Frankreich (wo er noch heute lebendig ist), in Italien und Deutschland angewendet. In Frankreich war er das Produkt der persönlichen Entwicklung von Perret, der, von der Linie seiner avantgardistischen Frühwerke abbiegend, sich um einen Klassizismus in Eisenbeton bemühte. Seine Kirche in Raincy bei Paris (1922–23), deren verglaste Wände durch ein Gitterwerk aus

Beton in geometrische Muster aufgeteilt werden, läßt noch die Energie und den Mut seiner früheren Bauten erkennen, und in dem in kühnen Sätzen aufsteilenden Turm lebt noch viel von der Leidenschaft des Expressionismus, der für Perrets Frühzeit bestimmend gewesen war. Sein Musée de Fourniture dagegen wie auch sein Verwaltungsgebäude für das französische Marineamt, beide 1930 in Paris errichtet, bewegen sich eindeutig im negativen Bereich des »Betonklassizismus«. Perret blieb auch weiterhin ein überzeugter Anhänger dieser Richtung; das gilt im besonderen von seinen Nachkriegsbauten an der Wasserfront von Le Havre (Bürogebäude etc.). Die eleganteste und vielleicht auch am meisten französische Formulierung dieses späten Klassizismus (die so viel zaghaftere und konventionelle britische Spielart läuft in England unter dem Namen Neo-Georgian) sind die Werke von Michel Roux-Spitz (1888 bis 1957), z. B. die Miethäuser in Paris u. a. Was die nationalsozialistische Architektur in Deutschland angeht, so ist jedes Wort über sie zuviel. (Anm. 44.)

Der Faschismus in Italien war zweifellos erfolgreicher in der Anwendung dieses Stiles, dessen Programm darin lag, daß ein Bauwerk imposant und dem breiten Publikum verständlich sein sollte. Hier war die antike Tradition weit lebendiger als etwa in Deutschland, und daher war der italienische Neo-Klassizismus ein gesünderes und weit weniger künstliches Gewächs. Außerdem hatte sich in Italien der moderne Stil bis dahin noch kaum ausgewirkt, so daß die Rezeption der faschistischen Variante sich verhältnismäßig reibungslos und ohne wesentliche Hemmnisse vollziehen konnte. Darüber hinaus kam den Italienern auch ihr besonderes Talent für die große Gebärde zugute, ein Talent, das sie im Bereich des Repräsentativen und der prunkvollen Schaustellung besser als andere Völker vor dem Vulgären und Geschmacklosen bewahrt. So entstanden Bauten wie die der neuen Stadtmitte von Bergamo (von Marcello Piacentini) und der neugegründeten Städte Littoria und Sabaudia, wie der Pavillon der Pariser Weltausstellung von 1937 (von Piacentini, Pagano und Valle), das Forum Mussolini in Rom (1937) und andere. Es ist anzunehmen, daß vieles, was damals in italienischen Großstädten an Geschäftshäusern und Wohnblöcken entstand, eines Tages wieder gerechter beurteilt werden wird als heute. Allen diesen Bauten ist eine strenge und in ihrer Wirkung überzeugende Bindung an den rechten Winkel gemeinsam, die sich im Innen- und Außenbau mit glatten Flächen aus poliertem Marmor verbindet. Überdies hat Mussolini den Stil des zwanzigsten Jahrhunderts niemals völlig unterdrückt und zuweilen sogar eine erstaunliche Toleranz bewiesen. So konnte während des faschistischen Regimes ein so kompromißlos modernes Gebäude entstehen wie der neue Bahnhof von Florenz (1936 von Giovanni Michelucci, geboren 1891),

Albertis Fassade von S. Maria Novella unmittelbar benachbart. Etwas derartiges wäre in Deutschland oder in Rußland undenkbar gewesen.

Ein ganz anderes Gepräge erhielt der Neo-Klassizismus in Dänemark und Schweden. Hier trat das allzu Anspruchsvolle zurück, die »cäsarische« Pose fehlte völlig, und anstelle der Dynamik finden wir hier eine freiere und ungezwungene Entwicklung. Von dänischen Bauten sind in diesem Zusammenhang besonders Kampmanns Polizei-Hauptquartier (1925) und Kay Fiskers Hornsbackhus (1923), beide in Kopenhagen, zu nennen sowie die Oregaard Schule in Hellerup von E. Thausen (1924). Der schwedische Neo-Klassizismus war origineller, und nicht selten gelangen ihm Bauten von beglückender Anmut; die Säulen sind oft von extremer Schlankheit (Ivar Tengboms Konzerthalle von 1926, Asplunds Bibliothek von 1921 und sein Scandia-Kino von 1922, sämtlich in Stockholm). Aber was die schwedische Architektur mit einem Schlage in ganz Europa berühmt machte, war nicht ihr Beitrag zum Klassizismus, sondern der köstlich freie und geistvolle Eklektizismus des Stockholmer Rathauses von Ragnar Östberg (1866–1945), das 1911 begonnen und 1923 vollendet wurde. In vollendeter Anpassung an die herrliche Lage und mit seinem wuchtigen, hohen viereckigen Turm, der, bekrönt von einem reizenden offenen Helm, weit über den Mälarsee hinaussieht, bietet der Bau in der Tat einen unvergeßlichen Anblick. Neben Reminiszenzen an den Dogenpalast finden wir Anklänge an die Romanik, und im Detail steht derbes schwedisches sechzehntes Jahrhundert neben einem kapriziösen Expressionismus. Zweifellos war Östbergs Werk eine aufrichtig gemeinte, mutige und selbständige Leistung, aber andererseits bedeutete es doch auch eine gefährliche Verführung, das alte und sattsam geübte Spiel mit historischen Kostümen, wie es in Östbergs Frühzeit noch selbstverständlicher Brauch gewesen war, auch weiterhin fortzuführen.

Wenn wir in den letzten Abschnitten den Hauptstrom der modernen Architektur aus den Augen gelassen haben, jenen Stil, den die Pioniere von 1900–1914 begründet hatten, so geschah es, um nachdrücklich darauf hinzuweisen, daß das neue Bauen zwischen 1924 und 1939 keineswegs allein das Feld beherrschte. Wann und in welchem Grade der Stil des zwanzigsten Jahrhunderts in den verschiedenen Ländern Aufnahme fand, ist bereits dargestellt worden. Die Bauten, die auf den folgenden Seiten besprochen werden, stammen im wesentlichen aus den Ländern, in denen die neue Architektur eindeutig bejaht wurde. Der Architekt indessen, mit dem wir uns zuerst befassen müssen, Le Corbusier, gehört, obwohl Schweizer von Geburt, im Grunde nach Frankreich. das sich sonst dem neuen Stil gegenüber spröde verhielt. Nach seiner Ausbildung bei Perret in Paris und bei Peter Behrens in Berlin ließ sich Le Corbusier in Paris nieder, wo er bis zu seinem Tode seinen Wohnsitz hatte. Le Corbusier war der Picasso unter den Architekten, eine glänzende Begabung, unerschöpflich in seinen Ideen, unberechenbar und auf keinerlei Regeln festzulegen. Er war in all dem der extreme Gegensatz von Walter Gropius, der mit seiner unbestechlichen Intelligenz, seinem sozialen Verantwortungsgefühl und seiner pädagogischen Gewissenhaftigkeit einen ebenso fest begründeten internationalen Ruhm erworben hat wie Le Corbusier mit seiner brillanten schriftstellerischen Begabung und seiner faszinierenden Zeichenkunst. Und doch gibt es eine gemeinsame Grundlage, auf der beide fußen: jenen Stil des zwanzigsten Jahrhunderts, der vor 1914, und zwar zu einem wesentlichen Teil von Gropius selbst, geschaffen worden war. Seine Bauten von 1925–30 sind würfelförmig und weiß (ein Weiß, das sich übrigens im Laufe der Zeit als wenig dauerhaft erwies). Das gilt in gleicher Weise für Le Corbusiers Villen – in Vaucresson (1922), Auteuil (1923), Boulogne-sur-Seine (1926), Garches (1927) – und für die von J. J. P. Oud (1890–1963) geschaffenen ausgezeichneten Arbeitersiedlungen in und um Rotterdam (1924–30) wie auch für Gropius' Bauhaus in Dessau, von dem später noch die Rede sein wird. Die enge Beziehung dieser Entwicklungsphase zur Malerei

298 Utrecht, Villa, erbaut 1924 von Gerrit Rietveld und Schröder

299 Paris, Villa in Garches, erbaut 1927 von Le Corbusier und Pierre Jeanneret

des *Kubismus* ist unverkennbar, besonders bei Le Corbusier, der selbst Maler war, aber auch bei Architekten, die der Phantasie mehr Spielraum einräumten als Gropius und Oud; dies zeigt sich zum Beispiel in den Bauten des Holländers Rietveld (etwa 1924) und des Franzosen Robert Mallet-Stevens (etwa 1927 usw.) und auch in dem schon 1922 erbauten Doppelwohnhaus von Mendelsohn in Berlin. Dank der überlegenen und spezifisch architektonischen Erfindungsgabe Le Corbusiers ist der Kubismus seiner Villen niemals zu einer Formel erstarrt. Bereits in seinem »Pavillon de l'Esprit Nouveau« auf der Pariser Ausstellung von 1925 ließ er im Innern des Gebäudes einen Baum aufwachsen und durch das Dach ins Freie hervorbrechen, und schon in seinem Schweizer Studentenheim in der Cité Universitaire von Paris verwendete er unmittelbar neben Glas, weißem Beton und Verputz ein Mauerwerk aus kaum bearbeitetem Bruchstein, also ein rauhes und naturhaftes Material, das mit den modernen Baustoffen wirkungsvoll kontrastiert. In beiden Fällen erhebt erneut die Natur – Natur im Sinne des Irrationalen – ihre Forderung und beansprucht den ihr lange vorenthaltenen Platz innerhalb der architektonischen Gestaltung. Indessen, noch waren

300 Dessau, Werkstättentrakt des Bauhauses, erbaut 1925–26 von Walter Gropius

derartige Lösungen verfrüht, und im ganzen gesehen haben wir Grund, dankbar zu sein, daß damals noch keine weitere Entwicklung in dieser Richtung erfolgte.

Le Corbusiers Werk ist – und das gilt nicht nur für die bereits erwähnten Bauten, sondern für sein gesamtes Schaffen – durchaus einmalig und unnachahmbar, wie sehr es auch zu Imitationen angeregt und zu Klischees verführt hat. Diejenigen Bauten dagegen, die den gültigsten Maßstab für die Situation der Architektur zwischen 1925 und 1930 abgeben, sind weit weniger persönlich, ja, in ihnen ist so wenig von demonstrativer Originalität zu finden, daß man zuweilen geradezu den Eindruck anonymer Schöpfungen erhält. Von den besten Beispielen soll hier einerseits Gropius' Bauhaus in Dessau hervorgehoben werden, auf der anderen Seite eine Reihe von

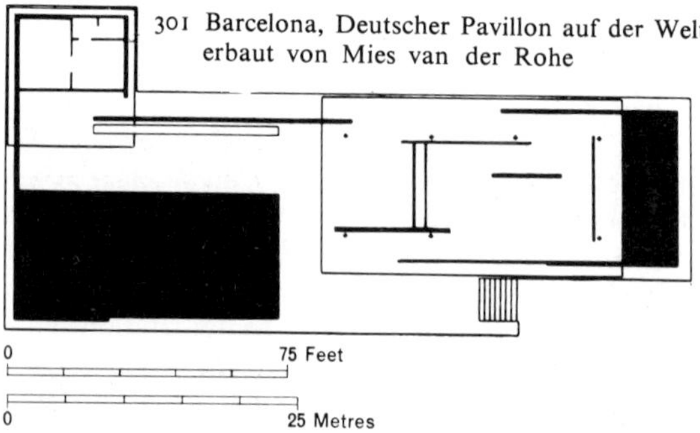

301 Barcelona, Deutscher Pavillon auf der Weltausstellung 1929, erbaut von Mies van der Rohe

Wohnhäusern. Das Bauhaus wurde 1925–26 errichtet. Es besteht aus einem Haupttrakt mit rechtwinklig angesetzten Seitenflügeln von verschiedener Größe und Höhe. Den Kern der an zwei übereinandergreifende L erinnernden Baugruppe bildet das zweistöckige, auf Stützen stehende Verwaltungsgebäude, das gegen Norden in den vierstöckigen Block der Fachschule einmündet, während im Süden ein niedriger Querflügel anschließt, der Aula, Kantine usw. enthält. An diesen Verbindungsbau schließt gegen Osten das sechsstöckige, turmartige Wohn- und Ateliergebäude mit seinen vielen kleinen Balkonen an und gegen Westen das ganz verglaste Gebäude der Werkstätten, das eigentliche »Bauhaus«. Der ganze Komplex ist ebenso folgerichtig durchdacht wie ästhetisch befriedigend.

Aus dem Bereich der gleichzeitigen Wohnarchitektur verdienen besonders die Miethäuser Mies van der Rohes in Berlin (1925) und in der Weißenhofsiedlung Stuttgart (1927) Erwähnung sowie die Siedlungen von Bruno Taut (1880–1938) in Berlin und von Ernst May (geb. 1886) in Frankfurt. Die Berliner Siedlungen sind im Rahmen des gemeinnützigen Wohnungsbaues entstanden, während in Frankfurt die Stadt selbst der Auftraggeber war. Eine Zusammenfassung der besten bis dahin erzielten Resultate der neuen Architektur waren die Modellbauten auf dem Versuchsgelände des Deutschen Werkbundes in Stuttgart-Weißenhof, ein Projekt, an dem die damals führenden Architekten von Gropius und Mies van der Rohe bis zu Oud und Le Corbusier beteiligt waren. Die weißen

302 Barcelona, Deutscher Pavillon auf der Weltausstellung 1929, erbaut von Mies van der Rohe

würfelförmigen oder aus unterschiedlich proportionierten Kuben gruppierten Einfamilienhäuser lassen die Merkmale des Stiles von 1925–30 in aller Deutlichkeit erkennen.

Die Befreiung von der strengen Bindung an den geschlossenen Würfel setzte um 1930 ein. Le Corbusier allerdings hatte sich der Autorität dieses Prinzips niemals völlig unterworfen. Das wichtigste Ereignis in dieser Beziehung war die Stockholmer Ausstellung vom Sommer 1930. Damals fand Gunnar Asplund (1885–1940), der, wie schon erwähnt, bis dahin einen feinfühligen Klassizismus vertreten hatte, zum ersten Male den Weg zu einem schwerelosen und transparenten Stil, der viele von seinen Berufsgenossen überzeugte. Die enge Verflechtung von Außen- und Innenraum – ein Thema, dessen reiche Möglichkeiten Frank Lloyd Wright sich schon seit Jahren zunutze gemacht hatte – und das Vertrauen auf die delikate Schönheit frei herausgestellter Stahlglieder kennzeichnen die besten Bauten der Jahre nach 1930, während das bis dahin dominierende Motiv der kompakten Betonflächen immer mehr an Bedeutung verlor. Wenn man entscheiden sollte, welches Bauwerk diese Stilphase am vollkommensten und glücklichsten verkörpert, so würde wahrscheinlich der im Jahre 1929 von Mies van der Rohe für die Weltausstellung in Barcelona entworfene Pavillon die Palme davontragen. Es handelte sich um ein niedriges Gebäude mit einem glatten Sockel aus Travertin. Über den Wänden aus Glas, dunkelgrünem Tinos-Marmor und Travertin lag ein weißes Flachdach. Das Innere des Pavillons war als offener Hof angelegt, mit polierten Stahlträgern von kreuzförmigem Querschnitt und nur durch Stellwände aus Onyx, flaschengrünem Glas usw. unterteilt. Mit diesem Bau, der leider schon längst abgebrochen ist, hatte Mies van der Rohe gerade das bewiesen, was die Gegner des neuen Stils stets bestritten hatten: nämlich, daß die moderne Architektur sehr wohl die Möglichkeit zu monumentalen Wirkungen in sich barg und daß solche Wirkungen auch ohne hochtrabende Säulenkulissen und allein durch den Reiz erlesenen Materials und durch eine exquisite Rhythmik des Raumes erreicht werden können.

Wie kaum anders zu erwarten, so wurde von der Feindschaft gegen den neuen Stil am meisten die kirchliche Architektur betroffen. Gewiß sind in der Schweiz schon in den Jahren 1925–1927 Kirchen entstanden, die den Stil des zwanzigsten Jahrhunderts rückhaltlos vertraten (St. Antonius in Basel von Karl Moser, Anm. 45), aber es darf dabei nicht übersehen werden, daß es in dieser Beziehung für die Reformierte Kirche der Schweiz weniger Bedenken zu überwinden gab als für die religiösen Bekenntnisse der übrigen Länder. Dennoch ist es Asplund in seinem letzten Werk, dem Stockholmer Krematorium (1935–40), gelungen, mit den Stilmitteln des zwanzigsten Jahrhunderts ein Gebäude zu schaffen, das wirklich Weihe und

303 Stockholm, Eingang zum Krematorium, erbaut 1935–40 von Gunnar Asplund

tröstlichen Frieden ausdrückt. Die dem Eingang vorgelagerte offene Halle mit ihren schlichten Horizontalen und Vertikalen ist stilistisch nicht allzuweit von den besten Leistungen der gleichzeitigen italienischen Baukunst entfernt. In der Nähe, aber ohne direkte Verbindung zu dem Gebäude selbst, erhebt sich wie ein Fanal ein großes, schmuckloses Kreuz. Dem Herankommenden bietet sich hier ein wahrhaft monumentales Bild. Die Kapellen im Inneren und die kleinen Warteräume in ihrer Intimität atmen Andacht, Erhabenheit und Harmonie. Die Strenge des Außenbaus schließlich wird durch die herrliche Lage und die feinfühlige gärtnerische Gestaltung gemildert und ausgeglichen. Auf einem sanft ansteigenden Terrain gelegen, erscheint der Bau vor einem Hintergrund von Rasenflächen, Wasser und schönen Baumgruppen. Noch nie hatte das zwanzigste Jahrhundert eine so vollkommene Harmonie von Architektur und Landschaft erreicht. Für die Zukunft lag hier eines der segensreichsten Vorbilder.

Etwas ähnliches hatte – allerdings von anderen und alltäglicheren Bedingungen ausgehend – schon einige Jahre zuvor Eskil Sundahl (geb. 1890) mit seinem Entwurf für eine Großmühlenanlage mit dazugehörigen Wohn- und Wirtschaftsbauten auf Kvarnholm bei Stockholm (1927–28) angestrebt. Getreidesilos, Mühlengebäude, Miets- und Einzelhäuser sind überaus geschickt der Fels- und Föhrenlandschaft der Insel angepaßt.

Sundahls Auftraggeber war in diesem Falle der schwedische Konsumverein gewesen. Er hat, als einer der aufgeschlossensten Förderer der modernen Architektur, das fortgesetzt, was die Allgemeine Elektrizitäts-Gesellschaft in Berlin begonnen hatte. Was die Rolle des Auftraggebers im zwanzigsten Jahrhundert angeht, so muß auch die Londoner Transportgesellschaft besondere Erwähnung finden, deren Verdienste um den Stil des zwanzigsten Jahrhunderts – Verdienste eines einzelnen Mannes: Frank Pick – unbestreitbar sind.

Die Tatsache, daß solche Firmen nun die Mission übernommen haben, die in der Vergangenheit ein Privileg einzelner, hochgestellter Mäzene gewesen war – wie etwa der Fugger, der Medici oder eines Ludwig XIV. –, ist außerordentlich bedeutsam. Wenn es sich um Organisationen handelt, deren Leitung in der Hand vielköpfiger Komitees liegt, so wird sich bei ihrer Aktivität auf ästhetischem Gebiet fast immer das niedrigste, in dem betreffenden Gremium noch gemeinsam erreichbare Niveau durchsetzen, und selbst dort, wo das Resultat günstiger ausfallen sollte, wird sich stets ein Mangel an Individualität bemerkbar machen. Dagegen wird ein Architekt dort, wo er es mit einer einzelnen Person als Auftraggeber zu tun hat, weit eher auf das Vertrauen und auf die mutige Unterstützung seines Bauherrn rechnen dürfen. Fälle, in denen ein Bau- und Finanzierungsausschuß von einem Manne geleitet wird, der ein geborener Mäzen ist und der darüber hinaus die Fähigkeit hat, ein widerwilliges Komitee zu überzeugen und mitzureißen, sind überaus selten. In Frank Picks Tätigkeit begegnen wir einem dieser glücklichen Fälle. Schon vor dem Ersten Weltkrieg hatte Pick eine Reform der bis dahin von seiner Firma verwendeten Schrifttypen angeregt; eigens zu diesem Zweck wurde in seinem Auftrage eine der besten modernen Drucktypen entwickelt, die sich den Millionen von Engländern, welche die Autobus- und Untergrundbahnlinien der Transportgesellschaft benutzten, so fest einprägte, daß eine grundlegende Erneuerung der britischen Typographie die Folge war. Ähnlich unternahm Pick eine Kampagne für bessere Plakate. Wiederum hatte er Erfolg und erkämpfte für England eine führende Stellung in der modernen Plakatkunst.

Als dann später, in den zwanziger und dreißiger Jahren, neue U-Bahnhöfe nötig wurden, erkannte er klar, daß der Kontinent inzwischen einen Stil entwickelt hatte, der für solche Aufgaben un-

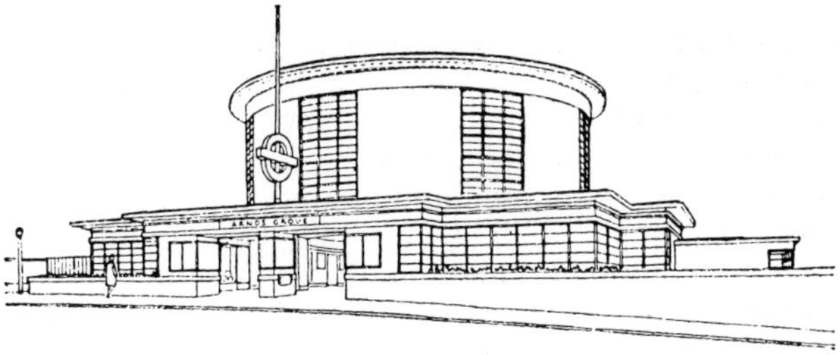

304 London, Arnos Grove Station der Untergrundbahn, erbaut 1932 von Charles Holden

gleich geeigneter war als das englische Neo-Georgian oder der englische neopalladianische Barock. So unternahm er mit seinem Architekten Charles Holden (1875–1960) eine Studienreise auf das Festland. Das Ergebnis waren Bahnhofsbauten in den Vororten Londons, die es mit den besten vergleichbaren Leistungen auf dem Kontinent sehr wohl aufnehmen können. Darüber hinaus stehen diese Gebäude mit ihrem zweckmäßigen Grundriß, ihrem zurückhaltenden Aufriß in gutem Einklang zu den Traditionen des englischen achtzehnten Jahrhunderts, sofern man diese nur tief genug versteht. Die ersten von Holdens Bahnhöfen stammen aus dem Jahre 1932. Ihr Einfluß auf die Konsolidierung des neuen Stils in England war größer als der irgendwelcher anderer Bauten und ganz gewiß auch nachhaltiger, als ihn selbst die brillantesten Villen Le Corbusiers dort je hätten haben können.

Es wäre auch anderswo mit Le Corbusiers und ebenso mit Mies van der Rohes Wolkenkratzer-Träumen nicht anders gewesen. In ihrer extremen Kühnheit mußten sie »geträumte Architektur« bleiben, auf das Reißbrett beschränkt. Im Gegensatz zum Wolkenkratzer gewann dagegen die Idee des Hochhauses schnell eine reale Bedeutung. Auf die gelegentliche Anwendung des Hochhauses in einzelnen europäischen Großstädten haben wir schon hingewiesen. Während es sich aber bis dahin nur um Büro- und Geschäftshäuser gehandelt hatte, begann nun auch für den Wohnbau das Hochhaus eine Rolle zu spielen. Der erste bemerkenswerte – und seinerzeit auch weithin beachtete – Bau dieser Art ist das Hochhaus von J. F. Staal in Amsterdam (1931, Anm. 46).

Als Standardtyp der Wohnarchitektur konnte sich das Hochhaus jedoch erst fünfzehn Jahre später durchsetzen, als die Schweden Wohnviertel bauten, die ganz oder teilweise aus Gruppen von Hochhäusern bestanden. Die erste Hochhaus-Kolonie dieser Art war Danviksklippan bei Stockholm (1945–48 von Backström und Reinius).

Mit Danviksklippan haben wir die Grenzlinie des letzten Krieges bereits überschritten. Für viele Länder bedeutete der Zweite Weltkrieg wiederum eine vier- bis fünfjährige oder gar noch längere Stagnation des Bauwesens. Das war aber keineswegs überall der Fall. So konnte sich in Brasilien z. B. die Bautätigkeit auch während der Kriegsjahre frei entfalten. In den Vereinigten Staaten wurden gleichzeitig riesige Fabriken für Kriegszwecke errichtet und daneben umfangreiche Siedlungen zur Unterbringung der hier zusammenströmenden Arbeitermassen.

Dabei vollzog sich in den Staaten die endgültige Hinwendung zur modernen Architektur. Seit 1947 finden wir den neuen Stil überall auf dem amerikanischen Kontinent in siegreichem Vormarsch. Gleichzeitig und mit Begeisterung proklamierte auch Italien seinen Übertritt zum Stil des zwanzigsten Jahrhunderts. England ging denselben Weg, wenngleich zögernder und vor extremen Lösungen zurückscheuend. Deutschland, befreit vom Nationalsozialismus und seit der Währungsreform im wirtschaftlichen Wiederaufstieg begriffen, machte sich daran, den Faden wiederaufzunehmen, der 1933 vorzeitig und gewaltsam abgerissen war, und nur wenige Jahre dauerte es, bis die deutsche Architektur die verlorene Zeit wettgemacht und sich ihren Platz zurückerobert hatte. Einzig Rußland und Spanien verhielten sich auch weiterhin ablehnend.

Aber ist der Stil unserer Zeit, der jetzt eine fast unbegrenzte Anerkennung gefunden hat – ist er wirklich noch der gleiche Stil, den die Pioniere aus der Frühzeit des Jahrhunderts geschaffen und den die großen Architekten von 1925–35 weitergeführt und gefestigt hatten? In mancher Beziehung gewiß, in anderer Hinsicht aber müssen wir – auch wenn uns die Tatsache beunruhigt – eingestehen, daß er nicht mehr der gleiche ist.

Wir müssen in diesem Kapitel beide Aspekte in Betracht ziehen, sowohl das, was im Wandel begriffen, wie das, was unverändert geblieben ist. Im Wandel begriffen sind vor allem die äußeren Bedingungen der Architektur. Eine der wichtigsten Erscheinungen auf diesem Gebiet ist bereits erwähnt worden, da sie – obgleich erst neuerdings in ihrer ganzen Tragweite sich auswirkend – schon zu Beginn des Jahrhunderts sich bemerkbar gemacht hatte. Es handelt sich um das Zurücktreten der Einzelperson als Bauherr zugunsten des unpersönlichen Kollektivs, mit anderen Worten, des Bauausschusses. Daß ein unpersönlicher Stil, wie ihn die Funktionalisten von 1930 vertreten hatten, einer solchen Entwicklung angemessener ist als ein historisierender Baustil, ist ohne weiteres einleuchtend, und daß die Anonymität des Bauausschusses – gleichgültig ob es sich dabei um ein Gremium kommunalen oder kommerziellen Charakters handelt – im allgemeinen dahin tendiert, die persönliche Initiative und die Entfaltung genialer Schöpfungskraft zu lähmen, ist ebenso einleuchtend. Wie langwierig und entnervend waren beispielsweise die Auseinandersetzungen zwischen Le Corbusier und seinen Auftraggebern während der Arbeit in Pessac bei Bordeaux, dann bei der Unité d'Habitation in Marseille und neuerdings wieder bei der Arbeit für die Interbau in Berlin! Daß die Tätigkeit eines vielköpfigen Bauausschusses unter Umständen auch zu hochwertigen Resultaten führen kann, beweisen die zwischen den beiden Weltkriegen durchgeführten Bauten der »Gehag« in Berlin und des Städtischen Bauamtes in Frankfurt sowie gegenwärtig die Leistungen der gemeinnützigen Baugenossenschaft »Ina Casa« in Italien. Immerhin können auch heute noch Einzelpersönlichkeiten als Bauherren und Mäzene eine Rolle spielen. Das hat zwischen den Weltkriegen Frank Pick gezeigt und zeigt in unseren Tagen wieder das Beispiel Adriano Olivettis in Italien.

Wie an die Stelle des einzelnen Bauherrn die Baukommission, so tritt weiterhin an die Stelle des einzelnen Architekten mehr und mehr das Architekten-Team und die Architektenfirma. Das Bauamt der Grafschaft London beschäftigt 3000 Mitarbeiter, davon 1500 ausgebildete Architekten. Die Firma Skidmore, Owings & Merrill in den Vereinigten Staaten, ein Unternehmen, dessen Bauten ausnahmslos ein erstklassiges Niveau aufweisen, umfaßte 1953 nicht weniger als zehn Direktoren, sieben Associate-Partner, elf Participating Associates und einen tausendköpfigen Mitarbeiterstab (Anm. 47).

Andere erfolgreiche Firmen in England und Amerika beschäftigen hundert und mehr Architekten. Auf dem europäischen Kontinent ist diese Entwicklung noch nicht so weit fortgeschritten, aber daß sie sich auch hier durchsetzen wird, steht außer Zweifel. Wie bei dem Niedergang des Klein- und Einzelhandels, so ist auch hier die zunehmende Amerikanisierung Europas das treibende Moment. Als Auswirkung der gleichen Entwicklung sollte man es auch verstehen, wenn neuerdings immer häufiger ein einziger Bauentwurf als die gemeinsame Arbeit mehrerer selbständiger Architekten veröffentlicht wird. Das gilt z. B. für das Sekretariatsgebäude der Vereinten Nationen in NewYork, an dem neben dem leitenden Architekten W. K. Harrison noch Le Corbusier, Markelius, Niemeyer, Sir Howard Robertson, N. D. Bassov, Ssû-Cheng-Liang und vier weitere Architekten als Berater tätig waren. Eine Gemeinschaftsarbeit ist auch das Unesco-Gebäude in Paris von Breuer, Zehrfuss und Nervi und erst recht die Interbau im Berliner Hansaviertel. Hier haben nicht weniger als 53 Architekten gebaut; 18 von ihnen waren Ausländer.

Nichts könnte die bedeutsame Wandlung zwischen 1930 und 1950 eindrucksvoller demonstrieren als die Interbau: nämlich der Übergang des Stils einiger weniger Avantgardisten und einzelner besonders aufgeschlossener Nationen in einen von der ganzen Welt anerkannten und überall durch hervorragende Bauten vertretenen Stil.

Ein Menschenalter hatte es gedauert, bis die Gotik von ihrem Stammland, der Ile de France, aus nach England und Spanien vordrang und zwei oder drei Generationen vergingen, bis sie in Deutschland und Italien Fuß fassen konnte. Die Renaissance brauchte eine Generation, um sich mit ihren Anfängen in Florenz, in Rom und Venedig durchzusetzen, und achtzig und mehr Jahre, um in Spanien, Deutschland und England Eingang zu finden. Die Ausbreitung der Architektur unseres Jahrhunderts vollzog sich in einem ungleich schnelleren Tempo. Begünstigt von den Erleichterungen des Reisens und gestützt auf die allgemeine Verbreitung billiger und leistungsfähiger Druckverfahren sowie der vielen hervorragend illustrierten Fachzeitschriften, hat die neue Bauweise in fast allen Ländern der Erde Fuß gefaßt, und wer heute – ob Fachmann oder Liebhaber – einen Überblick über die besten oder sensationellsten Leistungen der zeitgenössischen Architektur gewinnen will, muß schon eine Weltreise darangeben. Zweifellos müßte er nach Brasilien reisen, und Venezuela, Chandigarh im Punjab und Japan wären gleichfalls wichtige Stationen; aber auch Westafrika und Burma mit mehreren bedeutenden, von englischen Architekten entworfenen Universitätsbauten dürften kaum übergangen werden. Man kann heute Arbeiten Le Corbusiers ebenso in Chandigarh wie in Harvard und in Berlin kennenlernen; der Brasilianer Niemeyer ist nicht nur in seiner Heimat, sondern auch im Berliner Hansaviertel vertreten; in Istanbul wie in Brüssel findet man Bauten von Skidmore, Owings & Merrill; in Paris Arbeiten von Marcel Breuer; dem Finnen Alvar Aalto begegnet man in Cambridge (Massachusetts) und Wolfsburg.

Diese gesteigerte Internationalität der modernen Architektur hat auf der einen Seite Zustimmung gefunden, auf der anderen scharfe Kritik ausgelöst. Dabei wird die positive Einstellung damit begründet, daß in einem Zeitalter wie dem unseren, das mit so spezifisch übernationalen Errungenschaften wie der modernen Technik und den modernen Naturwissenschaften die Gegensätze zwischen den verschiedenen Ländern und Erdteilen weitgehend überbrückt hat, das Festhalten an nationalen Sonderformen in Architektur und Design offensichtlich einen Anachronismus bedeuten würde. Die Gegenpartei, das heißt diejenigen, die den internationalen Charakter der modernen Architektur verurteilen, beruft sich darauf, daß sämtliche großen Stile der Vergangenheit, obzwar in ihren Anfängen von durchaus internationalem Gepräge, dann in der Periode der Reife doch nationale und voneinander deutlich unterschiedliche Sonderformen ausgebildet hätten. Es liegt uns fern, die Berechtigung dieser Anschauungsweise zu bestreiten. Denn ebensowenig wie die Existenz verschiedener Sprachen, läßt sich diejenige bestimmter und deutlich voneinander verschiedener Nationalcharaktere ableugnen. Von einem übernationalen Standpunkt aus gesehen, bedeuten diese

Unterschiede jedoch keineswegs eine Gefahr, sondern eher eine Bereicherung. Auf alle Fälle kann auch heute der Kenner im allgemeinen einen modernen Großbau in Essen von einem in Rio oder Mailand entstandenen stilistisch sehr wohl unterscheiden. Im Hinblick auf die Bedeutung und Berechtigung von nationalen Sonderformen könnte sich daher das großartige Unternehmen der Berliner Interbau – bei aller Anerkennung, die Planung und Durchführung dieses kühnen Projektes verdienen – für die unmittelbare Zukunft der deutschen Architektur eher nachteilig als fördernd erweisen.

Ein Vergleich zwischen der Stuttgarter Weißenhofsiedlung von 1927 und dem Berliner Hansaviertel von 1957 zeigt einen für die jüngste Entwicklung überaus charakteristischen Wandel der Dimensionen. Allenthalben sind heute die Größenordnungen der Architektur im Ansteigen begriffen. Im Umkreis von London entsteht gegenwärtig ein halbes Dutzend Satellitenstädte, jede von ihnen für 60 bis 80000 Einwohner bestimmt. Um das Innere von London legt sich ein engerer Gürtel äußerer Vororte, der von Westen nach Osten 50 km, von Norden nach Süden 25 km mißt, und vor kurzem hat Prof. Tunnard in Amerika die schreckliche Vision einer linearen Stadt ohne Ende, deren Anfänge sich schon jetzt von Portland in Maine bis Norfolk in Virginia erstrecken, heraufbeschworen, und heute schon dehnt sich Los Angeles über ein Gebiet von mehr als 100 km Länge und 100 km Breite aus. Die Konsequenz dieses rasanten Wachstums der Großstädte und ihrer immer weiter in die offene Landschaft ausstrahlenden Vororte und Wohnsiedlungen ist ein enormer Ausbau des Straßennetzes, für dessen Planung, der gewaltigen Beanspruchung entsprechend, ein schier unglaubliches Maß von Scharfsinn und Erfindungsgabe aufgewendet wird. Die kleeblattförmigen Kreuzungen, die Unter- und Überführungen und die zweistöckigen Straßen in Amerika, vor allem in der Umgebung von New York, werden den Archäologen des Jahres 7000 einmal ebensoviel Kopfzerbrechen machen wie uns heute die Trümmer von Karnak und Stonehenge.

Für derartige gigantische Bauprojekte hat die Unterscheidung zwischen Technik und Baukunst, zwischen Ingenieur und Architekten, keine Gültigkeit mehr; fragwürdig geworden war sie bereits mit der Entstehung der ersten Hängebrücken. Le Corbusier und der Werkbund hatten die amerikanischen Getreidesilos gepriesen und den Architekten als Beispiel vor Augen gestellt, und auch dem modernen Ozeandampfer und Flugzeug galt Le Corbusiers Bewunderung. Heutzutage muß, wo es sich um die Publizierung größerer baulicher Unternehmungen handelt, neben dem Architekten der Ingenieur genannt werden, ja, nicht selten ist der Beitrag des Technikers architektonisch interessanter als der des Architekten selbst. So ist z. B. der Ingenieur und Spezialist für Eisenbeton Pier Luigi

Nervi (geb. 1891) in der Tat einer der größten unter den lebenden Architekten. Nervi begründete seinen Ruf mit dem Entwurf des Florentiner Stadions (1930–32). Mit der scherenförmigen Trägerkonstruktion der Tribüne, mit den beiden spiralförmig ineinander verschlungenen, nur auf der Innenseite verankerten Treppen auf der Rückseite und mit dem geschwungenen, weitauskragenden Dach, das scheinbar schwerelos eine Spannweite von ca. 17 m erreicht, ist dieser Bau in der Tat eine faszinierende und bahnbrechende Leistung. Auf das Florentiner Stadion folgte eine Flugzeughalle in Orbetello (1938), die bei 100 m Länge eine Spannweite von 40 m hat. Die lamellenförmige Dachkonstruktion ist aus Eisenbeton. 1948 bis 1950 erbaute Nervi die großartige Ausstellungshalle in Turin mit einer Spannweite von 95 m. Hieran schließt sich in dichter Folge eine Reihe weiterer Meisterwerke bis zu dem Palazzetto dello Sport in Rom (1958), der neuesten der Ausstellungshallen in Turin (1960–61) oder dem Autobus-Großbahnhof am Manhatten-Ende der George-Washington-Brücke (1962–63). Sie alle bezeugen eine erstaunliche Kühnheit und Phantasie und – darauf muß entschieden hingewiesen werden – eine überzeugende Logik. Die Spiraltreppen von Nervis Florentiner Stadion konnten sich, ohne einer Stützkonstruktion zu bedürfen, in freier Schwingung nach vorwärts und aufwärts schrau-

305 New York, Henry Hudson Parkway nahe der 79. Straße

306 Rom, Kuppel des Palazzetto dello Sport, erbaut 1956–57 von P. L. Nervi und A. Vitellozzi

ben, weil sie als bogenförmig verspannte Betonplatten konstruiert waren. Die Entdeckung, daß Eisenbeton nicht nach dem traditionellen Prinzip von Stütze und Träger konstruiert werden braucht, wie es noch Perret getan hatte, sondern als homogenes, in sich selbst tragendes Material behandelt werden kann, mit anderen Worten die Entdeckung der dem Eisenbetonbau eigenen Möglichkeit einer völligen Vereinheitlichung von Stütze und Last, datiert schon aus dem Jahr 1905, dem Jahr, in dem Maillart in der Schweiz seine erste Eisenbetonbrücke erbaute. Hier finden wir zum ersten Male Bogen, die nach dem Prinzip der kurvig verspannten Platte konstruiert sind. Einen weiteren Schritt in dieser Richtung vollzog Maillart im Jahre 1908, als er seine erste »Pilzdecke« entwarf, d. h. eine Decke, die aus

307 Raleigh (North Carolina), Arena, erbaut 1950–53
von M. Nowitzki, W. H. Deitrick und Severud

einer regenschirmartig verspannten Trägerkonstruktion mit sich in einem Mittelpunkt schneidenden Bogen sowie pilzartig von einem »Stiel« ausgehenden Lamellen besteht.

Die Entdeckung dieser neuen konstruktiven Möglichkeiten des Betonbaues ist erst in den letzten Jahren und vorerst nur von einigen wenigen Architekten voll ausgeschöpft worden. Das Ergebnis ist eine ästhetische Revolution, die der von 1900 bis 1914 an Bedeutung nicht nachsteht und die sich später einmal als noch einschneidender erweisen könnte. Die in dieser Beziehung wichtigsten Bauten befinden sich – und das allein ist ein überaus charakteristisches Symptom – sämtlich in Amerika. An erster Stelle muß das Stadion von Raleigh (North Carolina) genannt werden. Der Entwurf stammt von dem hochbegabten Martin Nowitzki, einem Amerikaner polnischer Abkunft, der, erst vierzig Jahre alt, im Jahre 1950 starb. Nowitzki hat die Pläne für das Stadion in seinem letzten Lebensjahre ausgearbeitet, unterstützt von dem Ingenieur W. H. Deitrick. 1953 wurde der Bau fertiggestellt. Er besteht aus zwei übereinandergreifenden und sehr stark nach außen vorgeneigten Bogen, die von senkrechten Streben abgestützt werden (die Stützen sind dichter gestellt, als vom Architekten vorgesehen). Die beiden Bogen tragen ein membrandünnes Dach, das zur Mitte hin merklich absinkt. Die Spannweite beträgt in jeder Richtung gemessen 100 m. Mit seiner Kongreßhalle für Berlin hat 1957 der Amerikaner Hugh Stubbings das gleiche Konstruktionsprinzip nach Europa exportiert, jedoch greifen die beiden Bogen hier nicht übereinander, sondern schwingen von einer gemeinsamen Basis nach außen aus. Die Spannweite beträgt wiederum zirka 100 m. Das Auditorium enthält 1250 Sitzplätze.

Niemals zuvor, weder in der Architektur noch im Ingenieurwesen, hat es ähnliche Formen gegeben. Das gilt auch für die erfindungsreichen Kuppelkonstruktionen von Buckminster Fuller (geb. 1895). Sie bestehen aus sehr leichten und ohne Schwierigkeiten beschaffbaren Materialien, und trotz ihrer großen Spannweite ist die Montage überaus einfach und läßt sich mit einer Handvoll Arbeitern in wenigen Stunden ausführen.

Ganz verschieden, aber ebenso revolutionär sind die Formen, welche Felix Candela bei seinen Bauten in Mexiko entwickelt hat. Candela (geb. 1910) ist Spanier, und die schartigen felsigen Zacken und Dornen seiner Kirche der Wundertätigen Jungfrau in Mexiko-City (1955–57) erinnern, soweit sie sich überhaupt mit irgend etwas vergleichen lassen, an Gaudí. In seinen konstruktiven Ideen ist Candela ebenso bahnbrechend wie Nervi und Nowitzki. So ist etwa die Anwendung hyperbolischer Paraboloide beim Aufbau seiner membrandünnen handtuchförmigen und unvermutet in jähen Winkeln aufsteigenden Dächer nicht weniger interessant als Nowitzkis Bogenkonstruktion. Der Bau, mit dem Candela zum ersten Male internationales Ansehen gewann, war das Institut für kosmische Strahlungen der Universitätsstadt von Mexiko-City (1954). In struktureller Hinsicht steht Candela hier den anderen Pionieren des Eisenbetonbaus noch verhältnismäßig nahe. Was alle von uns in diesem Zusammenhang genannten Bauten überzeugend beweisen, ist, daß die Eroberung neuer konstruktiver Möglichkeiten des Eisenbetonbaus das Wiederaufleben eines radikalen Individualismus zur Folge hatte. Das mag eine erfreuliche Konsequenz sein. Auf jeden Fall hat damit die Kritik des breiten Publikums in dem vor dem Ersten Weltkrieg entwickelten und um 1930 ausgereiften Stil eine Antwort gefunden. Denn was waren die Argumente gewesen, auf die sich diese in weitesten Kreisen verbreitete Kritik stützte? Aus formalen Gründen sprach man von einem »Zigarrenkistenstil«. Wo man den Maßstab menschlicher Substanz anlegte, nannte man ihn frostig, intellektuell, mechanistisch, ohne Anmut und ohne Seele, mit einem Wort, man verurteilte ihn als inhuman, und da niemand die funktionellen Vorzüge des neuen Stils leugnen konnte, so sagte man, er sei zwar für Industriebauten brauchbar, aber für nichts anderes. Ein objektives Urteil über den Wert oder Unwert derartiger Argumente ist heute eher möglich als vor fünfundzwanzig Jahren. Was zunächst den Zigarrenkistenstil betrifft, so steckte zweifellos ein wahrer Kern darin, insofern als der Würfel und die Würfelgruppe für die Architektur

308 Mexico City, Kirche der Wundertätigen Jungfrau, erbaut 1955–57 von Felix Candela

um 1930 ebenso typisch sind wie der Spitzbogen für das dreizehnte Jahrhundert. Auf den Stil der folgenden Jahre aber mit seiner Abwendung vom Kubismus zugunsten einer gelockerten und transparenten Gestaltung läßt sich das Wort vom Zigarrenkistenstil kaum mehr anwenden. Berechtigt war auch in der ersten Phase der neuen Architektur der Einwand der Kälte und Starrheit gewesen. Ja, zuweilen war selbst der Vorwurf des Inhumanen begründet, wenngleich es eine erstaunliche Tatsache bleibt, daß gerade die unmenschlichsten Systeme unserer Epoche, der Nationalsozialismus und Kommunismus, die bittersten Feinde dieses angeblich inhumanen Stiles geworden sind und stets danach getrachtet haben, ihre Unmenschlichkeit hinter einer Fassade von bombastischen Säulen und Pfeilern zu verstecken. Mechanisierung und Standardisierung schließlich ist sicherlich ebenfalls ein Kennzeichen der neuen Architektur, aber in diesem Punkt würde eine Draperie von gigantischen Säulen nicht den mindesten Unterschied machen. »Mechanization takes Command« überschreibt Siegfried Giedion eines seiner Bücher, und was der Titel aussagt, ist nichts anderes als eine der großen Tatsachen des neunzehnten und zwanzigsten Jahrhunderts. Der neue Stil hat die tragende Rolle der Technik als eine Realität anerkannt – die historisch-verbrämte Architektur hatte versucht, sie zu verleugnen. Das ist in diesem Punkte der ganze Unterschied.

Daß die moderne Bauweise wirklich für industrielle Zwecke hervorragend geeignet ist, bewies schon frühzeitig das Gebäude der van-Nelle-Fabrik bei Rotterdam (1929 von Brinkman und van der Vlugt). In den gleichen Zusammenhang weist auch die Tatsache, daß zu den Ahnen der modernen Architektur der ehrliche Zweckstil der Fabrikgebäude des späten achtzehnten und des frühen neunzehnten Jahrhunderts gehört sowie die ersten aus präfabrizierten Teilen gefertigten Eisenbrücken, während der Ozeandampfer und die amerikanischen Getreidesilos zu den unmittelbaren Vorläufern zählen. Zutreffend ist schließlich auch, daß ein Stil, der das funktionelle Element so nachdrücklich betont, sich in besonderem Maße für Gebäude eignet, die, wie etwa die Fabrik, einem praktischen Zweck dienen, eben weil hier die Funktion jedermann ohne weiteres verständlich ist. Dagegen sind dort, wo es sich um Bauten handelt, deren Funktion in erster Linie geistiger Art ist, die neuen Stilprinzipien weniger leicht zu handhaben, und die Lösung im Sinne des Funktionalismus stellt hier eine ungleich diffizilere Aufgabe dar. Das erklärt die Tatsache, daß die Sakral-Architektur und der repräsentative Profanbau im zwanzigsten Jahrhundert ins Hintertreffen geraten sind.

Wenn wir noch einmal auf die einzelnen Argumente zurückblicken, mit denen in Laienkreisen die Ablehnung der neuen Architektur begründet wurde, so kann man von Nervis Turiner Ausstellungspalast oder von Nowitzkis Stadion in Raleigh nun gewiß nicht mehr behaupten, daß sie wie Zigarrenkisten aussähen, und ebensowenig lassen sich hier die alten Vorwürfe der Härte, der Kälte, des Mangels an Fülle und Grazie anwenden. Es mag zutreffen, daß auch hier das Technische und Maschinelle über das Individuelle dominiert, aber doch nur insofern, als alle mechanisch und nicht handwerklich hergestellten Objekte den Stempel ihrer Herkunft an sich tragen. Dennoch wirken beide Bauten nicht kristallisch und starr, sondern organisch und voller Leben, nicht seelenlos und anonym, sondern in hohem Grade persönlich, so daß man wohl erwarten darf, daß angesichts dieser mutigen und wahrhaft genialen Leistungen viele von den gegen die moderne Architektur erhobenen Einwänden verstummen werden. Diese formal völlig neuartigen Lösungen haben Männer erdacht, die, uralter abendländischer Sehnsucht getreu, im Umschließen und Wölben weiter Räume ihre erste und wichtigste Aufgabe sahen. Daneben aber gab es für sie nun noch ein anderes Ziel, ein Anliegen, das die Epoche um 1930 verabscheut hätte: die Entdeckung neuer Formen. Erst in den letzten zehn Jahren hat sich dieser lange verleugnete Drang wieder geltend gemacht. Wir sollten die Tatsache seines Wiederauflebens als eine positive Erscheinung werten. Wieder einmal hat der Geist, in seinem Verlangen nach neuem Ausdruck, neue Formen gezeugt und zugleich die technischen Mittel gefunden, sie zu verwirklichen.

Jenes Bedürfnis nach neuen Formen war groß, und meist zu groß, als daß man den mühseligen Pfad schwieriger mathematischer Kalkulationen beschritten oder zäh um die Einheit von Form und Struktur gerungen hätte. Viel häufiger sind die Fälle, wo das Verlangen nach neuer Form den Charakter einer Revolte gegen die Vernunft annimmt. Nicht alle die verwegenen Dachformen der letzten Jahre – Dächer, die sich in steilen Kurven hinauf und hinab biegen, die in jähem Schwung nach vorwärts und aufwärts drängen, die über der Mitte schlaff herabsacken oder sich winden wie die Midgardschlange –, nicht alle sind sie wirklich aus ernsthafter Abwägung von Zweck und Kosten hervorgegangen; vielmehr handelt es sich in vielen Fällen um das, was Nervi gesprächsweise »strukturelle Akrobatik« nennt, um Motive, die schwer statisch zu berechnen und kostspielig zu bauen sind und die eigentlich nur um ihrer selbst willen, sozusagen zum Vergnügen, eingeführt werden. »Zum Vergnügen«, das heißt aus einer Freude am Bizarren und Extravaganten, die es vor zwanzig Jahren nicht gegeben hat, wenngleich sie dem Jugendstil keineswegs unbekannt war.

Brasilien ist das Land, wo sich diese Tendenz am stärksten durchgesetzt hat. Hier ist die Architektur der Verlockung eines solchen Ausfluges ins Leichtfertige und Unverbindliche am meisten erlegen, und hier zeigen sich auch am deutlichsten die Gefahren, die diese für die Jahrhundertmitte charakteristische Entwicklung in sich birgt. Das liegt vielleicht daran, daß Brasilien noch bis 1930 oder 1935 dem neuen Stil fremd gegenüberstand und daß auf der anderen Seite hier das achtzehnte Jahrhundert die Tradition eines besonders ausschweifenden Barock hinterlassen hat. Auf alle Fälle findet man heute in Brasilien die erstaunlichsten, aber zugleich auch die bedenklichsten Zeugnisse der modernen Architektur. Niemeyers Kirche in Pampulha (1943) – mit dem Parabelquerschnitt des Schiffes, mit ihren kleinen parabolischen Querschiffannexen und dem viereckigen, im Ansatz schlanken, dann nach oben hin schräg ausladenden Turm – ist eines der extremsten Beispiele brasilianischer Architektur; ein anderes ist Affonso Reidys Pedregulho-Siedlung in Rio (1950–52). Sie umfaßt einen langgestreckten, in doppelter Kurve geschwungenen Block von Mietshäusern, mehrere einstöckige Wohn-

309 Pampulha, S. Francisco, erbaut 1943 von Oscar Niemeyer

blöcke, eine Schule, Turnhalle, Schwimmbad, Läden etc. Schule und Läden haben schräg nach rückwärts sich neigende Wände. Derartige Manierismen – und in diese Kategorie fallen auch Niemeyers nach unten verjüngte Türme oder die Vorhalle in Pampulha, deren Dach zu einem schmalen, geschwungenen Band reduziert ist, das keinerlei Schutz gegen Regen oder Sonne mehr gewährt, oder auch die zahlreichen Grundrisse, die ohne jeden ersichtlichen Grund in den gewagtesten Kurven vor- und zurückschwingen – sind in Brasilien weit verbreitet.

Zudem steht das Land mit dieser Revolte gegen die Vernunft keineswegs allein da. Im Jahre 1937 wurde Le Corbusier wegen des neuen Erziehungsministeriums in Rio um seinen Rat gebeten und fuhr zu diesem Zwecke nach Brasilien, und es ist durchaus denkbar, daß es diese brasilianischen Eindrücke waren, die der irrationalen Komponente seines Wesens zum Durchbruch verhalfen, und daß dann in der Folge die von Le Corbusier begeistert aufgenommenen Anregungen wieder auf seine brasilianischen Jünger zurückgewirkt haben. Fest steht jedenfalls, daß Le Corbusier seit jener Zeit seinen Stil völlig gewandelt hat. Die Wallfahrtskapelle von Ronchamp (1950–55), nicht weit von Besançon, ist das berühmteste und am meisten diskutierte Manifest des neuen Irrationalismus geworden. Abgesehen von der eigenartigen, an die Kappe eines Steinpilzes erinnernden Dachform – ein uns schon bekanntes Motiv –, fällt die ungewöhnliche Lichtführung auf. Sie erfolgt durch eine Unzahl sehr kleiner, in Form und Placierung völlig willkürlicher Fenster. Die Kapelle, für eine Gemeinde von nur zweihundert Seelen bestimmt, ist sehr klein und ganz und gar aus ungeglättetem Beton erbaut. Einige Besucher berichten, daß der Innenraum eine zutiefst ergreifende, mystische Weihe ausstrahle; aber wehe demjenigen, der sich zu dem Versuch verleiten ließe, die gleiche Raumwirkung in einem anderen Gebäude zu wiederholen, in einem Gebäude, das weder die großartige Einsamkeit der Landschaft noch die singuläre religiöse Funktion von Ronchamp aufzuweisen hätte und dem damit jene nicht reproduzierbaren Bedingungen fehlen würden, auf die Le Corbusiers Entwurf abgestimmt war.

Aber das, was wir die »Revolte gegen die Vernunft« genannt haben, mit anderen Worten die Abkehr von der strengen Logik des Funktionalismus, beschränkt sich keineswegs auf das eine Land Brasilien noch auf den einen Meister Le Corbusier. Es handelt sich vielmehr um eine auf breiter Front vorgetragene Bewegung, von der nur wenige Länder unberührt geblieben sind. In England vollzog sich die Entwicklung, wie kaum anders zu erwarten, in verhältnismäßig gemäßigten Formen. Mit Vorliebe legen die englischen Architekten bei der Gliederung der Fassade durch Loggien, Balkone etc. geometrische Flächenmuster zugrunde. So werden z. B. an der Fassade eines Mietshauses mit einheitlichen Balkons die vertikalen Stützen der Balkone willkürlich in der Weise angeordnet, daß eine Art Schachbrettmuster entsteht, oder ein ähnlicher Effekt wird dadurch erzielt, daß für die Balkonbrüstungen in regelmäßigem Wechsel einmal massiver Beton und einmal eiserne Gitter verwendet werden. In Italien sind einzelne Architekten zu weit gewagteren Lösungen vorgestoßen,

310 Berlin, Philharmonie, erbaut 1963 von Hans Scharoun. Schnitt

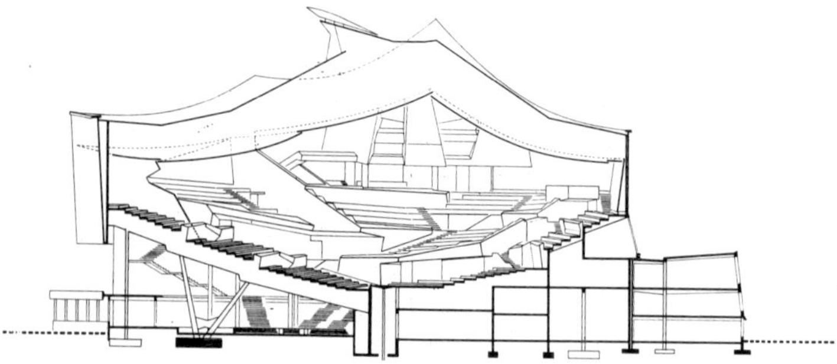

311 Berlin, Konzerthaus der Berliner Philharmoniker, erbaut 1963 von Hans Scharoun

so etwa Luigi Moretti (geb. 1909), der die oberen acht oder zehn Stockwerke eines Hochhauses auf der Schmalseite wie einen Schiffskiel vorkragen läßt, während das Erdgeschoß gegen den Oberbau annähernd rechtwinklig verschoben ist. Darüber hinaus sind die Mauern aus der Lotrechten verkantet, so daß im Verhältnis der Außenmauern sowie in dem von oberen Stockwerken und Erdgeschoß sich eine Reihe unerwarteter Winkel und Brechungen ergibt. Ein anderes Mal wird ein Gebäudeblock durch einen schmalen und gänzlich unmotivierten Spalt in zwei Hälften zerlegt. Deutschland blieb verhältnismäßig lange von derartigen Tendenzen verschont, wobei ihm zweifellos die erste Freude über die Möglichkeit zugute kam, nach zehn Jahren eines aufgezwungenen Pseudo-Klassizismus wieder zeitgemäß und funktionsgerecht bauen zu dürfen. Aber in den letzten Jahren hat auch hier der neue Jugendstil seine

312 Collegeville (Minnesota), St. John, erbaut 1953-61 von Marcel Breuer

Spuren hinterlassen; das gilt nicht so sehr für die Büro- und Wohngebäude, als vielmehr für die monumentale Architektur, und einige deutsche Konzerthallen und Opernhäuser zeigen bereits einen sehr beachtlichen Grad von Extravaganz.

Die neue Berliner Philharmonie von Hans Scharoun, die 1963 eröffnet wurde, ist ein besonders interessanter Fall dieser neuen Extravaganz. Denn hier ist sie keine neue, sondern eine alte Extravaganz. Scharoun wurde 1893 geboren und war einer der einfallsreichsten unter den Expressionisten der Jahre um 1920. Der Sieg des Rationalismus in Deutschland schränkte seine Tätigkeit ein, und es wurde still um ihn. Erst jetzt, in den letzten Jahren, ist er von der Jugend sozusagen neu entdeckt worden, und nun hat er mehr zu tun als je.

Frank Lloyd Wright war ein ähnlicher Fall. Es ist schon darauf hingewiesen worden, daß er von natürlicher Begabung her Expressionist war. Die Phase seiner frühen, in ihrer betonten Horizontalität formal auf den internationalen Stil der dreißiger Jahre hinführen-

313 Maïland, Torre Velasca von Barbiano di Belgioioso, Peressutti und Rogers (BBPR), 1957

den Häuser war bald vorbei, und seine Spätbauten sind eminent expressionistisch: die projektierte Kirche für Norman in Oklahoma (Pläne 1958) in einer aggressiv scharfgewinkelten Art, das Guggenheim-Museum in New York (1946–59) in einer bauchig und massiv gekrümmten Art.

Beide Arten finden sich in den meist besprochenen Bauten der jüngeren Architekten der letzten Jahre, die erste zum Beispiel in der Kirche des College in Collegeville in Minnesota (1953–61) von Marcel Breuer (geb. 1902), der als Gropius-Schüler am Bauhaus an-

314 New York, TWA-Flughafen John F. Kennedy, erbaut 1958–60 von Eero Saarinen. Außenansicht und Auskunftsschalter

gefangen hatte und dessen Hinwendung zum Anti-Rationalismus eine Überraschung war; die zweite in dem Empfangsgebäude der Trans World Airlines im New Yorker Kennedy-Flughafen (1958–60) von Eero Saarinen (1911–1962). Hier ist man wirklich dem Expressionismus beunruhigend nahe und vielleicht noch mehr dem Jugendstil. Aber soll man daraus wirklich entnehmen, daß die Architekturgeschichte des zwanzigsten Jahrhunderts gar nicht so verlaufen ist, wie sie hier dargestellt wurde und daß es statt dessen zwei parallele und gleichwertige Entwicklungslinien gegeben hat: eine, die von den Ingenieuren und der Schule von Chicago zu Wright, Perret, Garnier, Loos, Hoffmann, Behrens, Gropius und schließlich zu Mies van der Rohe führt, und die andere, die vom Jugendstil über den Expressionismus zur Baukunst von heute geführt hat? Es bleiben aber doch Zweifel gegenüber einer solchen Gleichwertigkeit. Die sozialen und technischen Argumente, die eine rationale, disziplinierte und bis zu einem gewissen Grade neutrale Architektur verlangen, sind schon vorgebracht worden. An dem TWA-Building kann man sie negativ ausprobieren. Läßt sich wirklich leugnen, daß es vom Standpunkt funktioneller Logik aus, die das Funktionieren

315 Mailand, Pirelli-Haus
von Gio Ponti, 1955–58

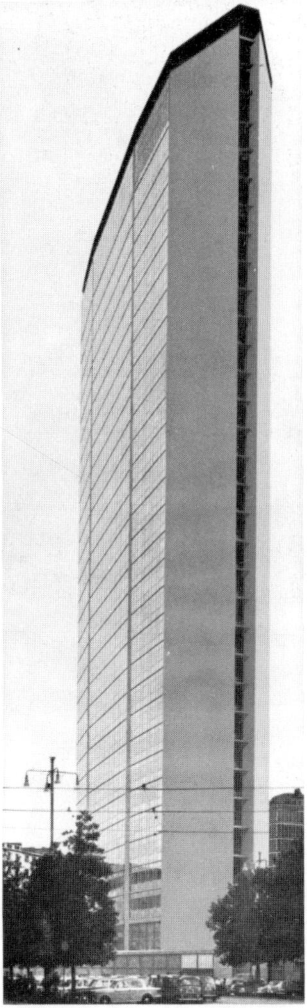

auch im geistigen und emotionellen Sinne einschließt, unsinnig ist, den Auskunftschalter eines solchen Empfangsgebäudes so auszustatten, daß er ein aufregend phantastisches Gebilde kolossaler Höhe wird? Wer will denn, wenn er sich nach der Ankunftszeit von Flug-Nummer 501 erkundigt, so wüst aufgewühlt werden?

Es sind in der Tat am Ende emotionelle noch mehr als künstlerische Bedenken, die man diesen neuesten Bauten gegenüber nicht

316 Tokio, Festhalle von Kunio Maekawa, 1961

unterdrücken kann. Einen Vergleich zwischen Gio Pontis elegantem, fast überzüchtet-elegantem Pirellihaus (1955 f.) mit Belgioioso, Peressutti & Rogers' Torre Velasca (1957 f.), beide in Mailand, kann man rein künstlerisch durchführen und den Wasserkopf dieser ausgekragten sechs obersten Geschosse im Stadtbild Mailands beklagen, aber den Bauten von Kunio Maekawa (geb. 1905) und Kenzo Tange (geb. 1913), den beiden wichtigsten heutigen japanischen Architekten, kann man auf diese Weise kaum beikommen. Die enorm sich über die Stützen hinaus vorwerfenden Betonmassen der Tokioter Festhalle von Maekawa (vollendet 1961) und die brutal unregelmäßig in die Luft ragenden Dreiecke der Bauteile von Tange's Nichinaner Kulturzentrum (1962–63) kann wohl wirklich niemand festlich nennen. Im Gegenteil, sie sind finster und drohend, und das ist bei japanischen Bauten besonders beunruhigend, weil ja die Japaner mit ihrer schlichten Pfosten-Architektur, ihren papierdünnen Wänden und ihren Grundrissen, die auf standardisierten Maß-Einheiten aufgebaut sind, auf den anderen Stil des zwanzigsten Jahrhunderts so großen Eindruck gemacht haben und weil

317 Nichinan, Kulturzentrum von Kenzo Tange, 1962–63

überdies japanische Gärten die sensitivsten und verfeinertsten der Welt sind.

Es ist nach all dem nun vielleicht Zeit, den neuen Expressionismus auch auf positive Aspekte hin zu betrachten und für das Bizarre und Extravagante ein Wort einzulegen. Müssen diese Bereiche für Architektur und *Design* wirklich grundsätzlich verschlossen bleiben, und mit welchen Argumenten wäre eine solche Begrenzung zu begründen? Warum sollten Tange und Saarinen getadelt werden, und Nowitzki und Candela nicht? Und ist die Begründung, daß die Formen der letzteren strukturell logisch sind, während die der beiden anderen Meister keine funktionelle Legitimation besitzen und lediglich dekorative Bedeutung haben – ist diese Begründung im Bereich des Ästhetischen wirklich stichhaltig? Muß man nicht dagegen einwenden, daß in ästhetischen Dingen das Auge und nur das Auge befugt ist, Werturteile abzugeben? Für das Auge aber muß es in der Tat gleichgültig sein, ob eine überraschende und vielleicht noch nie zuvor angewendete Form funktionellen oder nur dekorativen Sinn hat. Das Argument erscheint zunächst überzeugend, ist aber doch recht spitzfindig. Ohne Frage trifft es zu, daß jeder Mensch gewisse Kurvenformen lieber sieht als andere und daß ihm in bestimmten Fällen gar keine Kurve das liebste ist. Aber der Mensch ist nun einmal ein vernunftbegabtes Wesen, und ohne bewußte Anstrengung können wir diese uns zugeteilte Gabe nicht ausschalten. Bis zu einem gewissen Grade ist allerdings gerade eine solche bewußte Ausschaltung der Vernunft die Voraussetzung des ästhetischen Vergnügens, aber doch nur bis zu einem gewissen Grade. Ebenso wie die Be-

318 Ronchamp, Notre Dame du Haut, erbaut 1950–55 von Le Corbusier

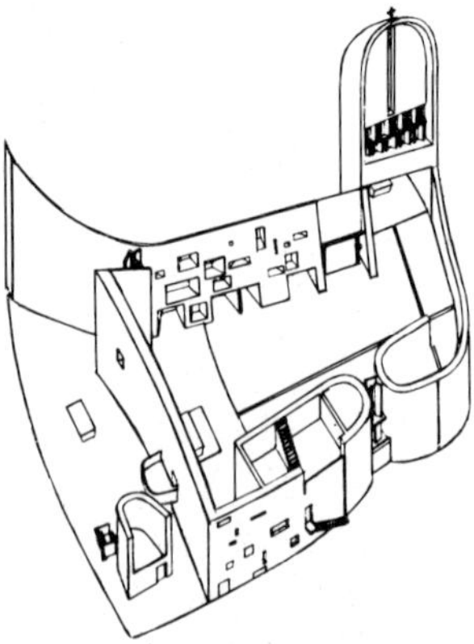

 319 Ronchamp, Notre Dame du Haut, erbaut 1950–55 von Le Corbusie

trachtung eines Gemäldes unter ausschließlich ästhetischen Gesichtspunkten nicht dessen ganzen Gehalt erfaßt und das Kunsterlebnis unbillig einengt, so bedeutet auch im Bereiche von Architektur und Kunstgewerbe die Ausschaltung des Intellektes eine Verarmung. Man könnte wohl argumentieren, daß es zwischen einer Gartenbank aus unbearbeiteten Ästen und ihrer bis ins Detail genauen Nachbildung in Gußeisen für das Auge keinerlei Unterschied gibt, aber unsere Vernunft wird sich melden und die hölzerne Bank als materialgerecht billigen und die eiserne als absurd ablehnen, was freilich nicht ausschließt, daß wir eventuell bereit sind, uns durch eben diese Absurdität amüsieren zu lassen. Ebenso kann unsere Vernunft Autos mit den aufgedonnerten Stromlinien-Karosserien – wie sie noch vor kurzem in Mode waren – nicht akzeptieren, und in diesem Falle wird auch der Reiz des Amüsanten nicht verfangen, denn auf der Autobahn oder mitten im wogenden Stadtverkehr ist das Amüsiertwerden gewiß das letzte, was der Fahrer von seinem Wagen erwartet.

Alle diese Beispiele haben in gleicher Weise für die Architektur Gültigkeit. So wäre es durchaus denkbar, daß eine normal gegliederte Gebäudefront, die als Verzierung ein Jugendstil-Ornament trägt, uns im Sinne einer dekorativen Fassadenlösung überzeugt und ästhetisch befriedigt. Aber wenn an einer Fassade die Fenster völlig willkürlich und ohne ersichtliche Beziehung zum Inneren verteilt sind oder wenn sich die ganze Fassade nach vorn überneigt, ohne daß unserem Auge der Sinn dieses Abgehens von der Vertikale deutlich gemacht wird, so werden wir aller Wahrscheinlichkeit nach das Ganze als Albernheit ablehnen, und in der Architektur ist nun einmal kein Platz für das Alberne – nicht einmal für das »Amüsante«, oder doch nur unter ganz seltenen Voraussetzungen. Es ist berechtigt, wenn man z. B. im Falle der kleinen Pavillons für Ausstellungszwecke dem kapriziös Verspielten einen Platz zubilligt. Von solchen Ausnahmen abgesehen, muß aber ein Bauwerk über den Launen stehen. Es muß in jeder Stimmung sich als sinnvoll erweisen, mit anderen Worten, es muß Ernst besitzen. Der Begriff des Ernsthaften ist an sich natürlich durchaus nicht unvereinbar mit jener »Revolte gegen die Vernunft« in unserer gegenwärtigen Architektur, nur gilt auch hier der gleiche Vorbehalt: auch das Anti-Logische muß sich – so wie es viele Besucher in Le Corbusiers Kapelle von Ronchamp erleben – als ernst gemeintes Anliegen manifestieren. Was die Architektur grundsätzlich nicht sein kann, ist leichtfertig oder verantwortungslos sein, und eben diese Bezeichnungen treffen auf viele der in den letzten Jahren entstandenen Bauten mit ihrer Struktur-Akrobatik oder ihren Formkapriolen zu.

Der zweite Einwand ist einer, der schon in der Besprechung einiger der neuesten Bauten eine Rolle gespielt hat. In ihnen ist der Einklang von Architektur und sozialen Gegebenheiten nicht mehr gewahrt. Diese Gegebenheiten sind zwischen 1921 und 1964 unverändert geblieben. Und auch heute noch arbeitet der Architekt im allgemeinen nicht für eine bestimmte Person, sondern die meisten und wichtigsten Bauten – wie etwa Fabriken, Geschäfts- und Krankenhäuser, Schulen, Hotels, Mietshäuser – dienen dem Bedürfnis anonymer Kollektive, Organisationen, Gesellschaften etc.

Nach wie vor sind auch industriell gefertigte Baustoffe die entscheidenden Materialien der Architektur. Was den letzteren Punkt angeht, so bedingt er praktisch den Verzicht auf das Ornament, den Dekor; denn industrielle, d. h. von der Maschine gefertigte Ornamentik ist ein Unding. Der Reiz des Ornaments ist, daß es Ausdruck eines unmittelbaren schöpferischen Impulses ist, daß Phantasie und Hand ständig zusammenarbeiten. Die Unterdrückung des dekora-

320 Ronchamp, Wallfahrtskirche Notre Dame du Haut, erbaut 1950–55 von Le Corbusier. Fensterwand

tiven Elementes ergibt sich überdies auch aus dem, was wir über die soziale Basis der heutigen Architektur gesagt haben. Denn Dekoration für den allgemeinen Konsum, Dekoration, die nicht für das einzelne Individuum, sondern für ein anonymes Massenpublikum gemacht ist – auch das wäre ein Unding.

Und dennoch ist uns das Streben der heutigen Architektur nach größerer Freiheit, nach Lockerung der reinen »Sachlichkeit« der dreißiger Jahre nur allzu verständlich, sobald wir auf eine der Mustersiedlungen jener Zeit zurückschauen, etwa die Dammerstocksiedlung in Karlsruhe (1927–28), oder die Werksiedlung Siemensstadt bei Berlin (1929), beide von Gropius. Wie klar und durchdacht auch die Entwicklung des Außenbaus und wie zweckmäßig die Gestaltung des Inneren ist, so läßt sich doch nicht leugnen, daß uns trotz aller Perfektion ein Gefühl des Unbefriedigtseins überkommt; angesichts der kristallenen Logik dieser gleichförmigen, wie nach der Schnur gezogenen Häuserzeilen empfindet man ein Verlangen nach lebendigen, organischen Formen, und bedrängt von dieser Welt des reinen Intellekts, sehnt man sich nach dem befreienden Hauch der Phantasie. In diesem Verlangen liegt in der Tat die Antwort auf die Frage, warum die Architektur jenen Weg einschlagen mußte, der zu Bauten wie Ronchamp oder Pampulha und zu den Schachbrettmustern so vieler Fassaden und zu jener »Struktur-Akrobatik« geführt hat, von der in den letzten Absätzen so viel die Rede war. Aber Erklärung bedeutet noch nicht Rechtfertigung! Vielleicht wird der Leser an dieser Stelle einwenden, daß wir mit einer solchen Äußerung den Aufgabenkreis des Historikers verlassen, aber angesichts des hier angeschnittenen und heute so viel umstrittenen Problems kann auch der Historiker sich nicht auf einen neutralen Standpunkt zurückziehen. Für ihn heißt die entscheidende Frage, ob der zwischen 1900 und 1914 entwickelte Stil auch für unsere Gegenwart noch verbindlich ist oder ob die Architektur von 1950 als der Beginn einer neuen Baukunst zu betrachten ist und unter ganz verschiedenen, oft sogar unter entgegengesetzten Gesichtspunkten analysiert werden muß.

Der Verfasser bestreitet eine solche Notwendigkeit, und er beruft sich dabei auf die Tatsache, daß der heutige *Neo-Jugendstil* keineswegs die einzig mögliche Antwort auf den Vorwurf der Mechanisierung und Inhumanität geblieben ist. Vielmehr sind in den letzten Jahren zahlreiche Bauten entstanden, die nicht minder entschieden gegen die Mängel der Vergangenheit Front machen, ohne darum die Errungenschaften von 1930 – und damit den Stil der ersten Jahrhunderthälfte überhaupt – über Bord zu werfen. Im Gegensatz zu der Revolution von Ronchamp handelt es sich hier um eine Evolution, und so, als Revolution und Evolution, als Aufstand und Weiterentwicklung, wird eine in ferner Zukunft zu schreibende Ge-

321 New York, Lever Building, erbaut 1950–51 von Skidmore, Owings & Merrill nach Entwurf von Gordon Bunshaft

schichte der Architektur unseres Jahrhunderts die beiden Strömungen der heutigen Architektur einmal charakterisieren.

Für den Weg dieser »Evolutionäre« von 1950 sind drei Entdeckungen richtunggebend (wobei allerdings das Wort »Entdeckungen« mit Vorbehalt zu verwenden ist; denn in einzelnen Fällen hat schon die frühere Generation des Jahrhunderts die betreffenden Erkenntnisse vorweggenommen): Erster Punkt ist die Erkenntnis, daß das Bedürfnis nach Belebung und größerer Freiheit nicht nur durch Fassadendekoration, sondern auch durch Differenzierung des sichtbaren Materials und der Gruppierung erfüllt werden kann. Die zweite Entdeckung ist die, daß das Prinzip der differenzierten Gruppierung nicht nur beim einzelnen Bauwerk, sondern auch bei der Planung von ganzen Siedlungen und sogar eines Stadtkerns anwendbar ist. Die dritte und letzte Entdeckung liegt in der Erkenntnis, daß Differenzierung sich nicht nur durch die spannungsreiche Beziehung von Gebäudeeinheit zu Gebäudeeinheit erreichen läßt, sondern – und mit noch größerem Erfolg – durch die Beziehung des Baus zur Landschaft. Mit diesen drei Prinzipien haben die »Evolutionäre« die Gefahr der Uniformität gebannt, der freien Erfindung erneut ein

322 Karlsruhe, Verwaltungsgebäude der Karlsruher Lebensversicherung, erbaut von Theodor Kelter

323 München, Maxburg, erbaut 1954–56 von Theo Pabst und Sep Ruf

Recht eingeräumt und schließlich der Baukunst wieder einen humanen Gehalt gegeben, ohne zu konstruktiven oder formalen Willkürlichkeiten ihre Zuflucht zu nehmen. Als Beispiele für die Realisierung des ersten von diesen drei Grundsätzen sollen die folgenden Bauten genannt werden. Zunächst rein architektonisch, das heißt im wesentlichen ohne alle Hilfe von der Vegetation, das Hauptquartier der Vereinten Nationen in New York und vor allem das Lever-Building, gleichfalls in New York (von Skidmore, Owings & Merrill, 1950-51) mit dem meisterhaft durchgeführten Kontrast zwischen dem vierundzwanzigstöckigen, völlig verglasten Hochblock und den zweistöckigen, einen Gartenhof umschließenden Flach-Bauten zu seinen Füßen. Ebenso gelungen scheint mir, auch in einer Stadtzentrumslage, der Neubau der Maxburg in München (1954–56) von Theo Pabst und Sep Ruf (geb. 1908), wo Altes und Neues in einem sorgfältig abgewogenen Rhythmus von Vertikal und Horizontal zusammengebunden ist. Dann, um etwas weniger Bekanntes einzubeziehen, als ein Beispiel der Gruppierung unter Einschluß von Landschaftselementen, aber in der Stadt, das Verwaltungsgebäude der

324 Brüssel, Deutscher Pavillon der Weltausstellung 1958, erbaut von Egon Eiermann und Sep Ruf

325 Bloomfield (Connecticut), Connecticut General Life Insurance Company, erbaut 1954–57 von Skidmore, Owings & Merrill

Karlsruher Lebensversicherung in Karlsruhe von Theodor Kelter und, mit zunehmender Betonung der Beziehung des Gebäudes zu einer künstlichen Parklandschaft, der unvergeßliche Deutsche Pavillon auf der Brüsseler Weltausstellung von Egon Eiermann (geb. 1904) und Sep Ruf, architektonisch eines Mies van der Rohe würdig und freiräumlich von höchster Sensitivität, ferner Skidmore, Owings & Merrill's Connecticut General Life Insurance Company in der Nähe von Hartford (1954–57). Auch hier ist eine Einheit schlichter, ungemein elegant und dabei lichter Architektur mit erst geplanter und dann freier Landschaft erreicht. Wie viel gelöster ist das, wie viel ungezwungener und beglückender als zum Beispiel Louis Kahns (geb. 1901) vielbesprochenes Medizinisches Forschungsinstitut der Universität in Philadelphia (1958–60), wo hart und eng zusammengerückte Türme den Kern des Laboratoriums umgeben, angeblich, weil diese Türme, die die Installierung, Aufzüge und Zu- und Ableitung von Luft, Heizung usw. enthalten, aus den Laboratorien herausgezogen werden müssen, in Wirklichkeit aber, weil der Architekt seine drohenden Türme als willkommene Vision vor sich sah und verwirklichen mußte, obwohl sie die Ausdehnungsmöglichkeiten der Laboratorien natürlich unterbinden.

Auf dem Gebiete der differenzierten Gruppierung ganzer Stadtteile ist die Vorortsiedlung Vällingby bei Stockholm mit ihrem zentralen, von Punkthäusern umgebenen Marktplatz besonders geglückt. Der von Sven Markelius (geb. 1889) und einigen Mitarbeitern entworfene Plan wurde um die Mitte der fünfziger Jahre ausgeführt (Anm. 48). Vällingby ist als Kern einer Gruppe von Vorstädten gedacht, in der insgesamt 60000 Menschen Wohnung finden sollen. Ungefähr ebenso viele Einwohner sollen einmal die während des Krieges in England gegründeten Satellitenstädte haben.

Harlow, 32 km nördlich von London (entworfen von Frederick Gibberd), ist die beste von ihnen; verglichen mit Vällingby wirkt sie allerdings weit weniger städtisch. Das liegt zweifellos an der alten Vorliebe der Engländer für das Einfamilienhaus (im Gegensatz zur Etagenwohnung) und für den eigenen und selbst betreuten Garten. Darin liegt freilich eine gesunde Tradition, wenn sie sich auch im Hinblick auf eine ästhetisch überzeugende Städteplanung nachteilig auswirkt. Jedoch muß hier noch eine andere Eigenart der Engländer erwähnt werden, da sie gerade neuerdings sich wieder als bedeutsam erweist: die Vorliebe für das »Malerische« (im Sinne des Pittoresken und Romantischen). Wir haben in einem früheren Kapitel gezeigt, wie diese typisch britische Neigung sich während des achtzehnten Jahrhunderts in der Gartenkunst und in der Beziehung der Gebäude zu Park und Garten ihren eigenen Ausdruck geschaffen hat. Kompositionen wie das Lever Building oder wie Vällingby verkörpern – in die Sprache der Architektur übertragen – dieselben Prinzipien,

326 Philadelphia, Richards Medical Research Building, University of Pennsylvania, erbaut 1958–60 von Louis J. Kahn

denen vor zweihundert Jahren die Pioniere des Englischen Gartens gefolgt waren, und der Deutsche Pavillon in Brüssel und die Lebensversicherung in Bloomfield (Connecticut) von Skidmore, Owings & Merrill kommen ihnen natürlich noch viel näher. Die Lebensversicherung wirkt in der Tat mit ihrem Gegensatz zwischen dem streng rechteckigen Bau und der sanft-hügeligen Landschaft wie ein englisch-palladianisches Landschloß in schönem Park. So ist es kein Wunder, daß die beste Verwirklichung der Synthese von einer ganzen Wohnsiedlung mit der Landschaft, in die sie hineingesetzt ist, den Engländern vorbehalten blieb. Sir Leslie Martin, der frühere Architekt der Grafschaft London, hat sie mit glänzendem Erfolg gelöst. Seine Großsiedlung Roehampton bei London, gebaut während der fünfziger Jahre, ist die schönste Wohnkolonie unserer Zeit.

Roehampton besteht aus über zwanzig Punkt-Hochhäusern, die in drei Gruppen angeordnet sind, aus einer Reihe von Scheiben-Hochhäusern, zahlreichen fünfstöckigen Etagenwohnhäusern und kleinen Reihenhäusern. Dazu kommen Schulen und Läden. Roehampton ist für eine Einwohnerschaft von fast zehntausend Köpfen bestimmt, und dennoch hat man nicht den Eindruck einer bloßen Massensiedlung, eines nur von der Zwangslage der Wohnungsnot bedingten Objektes. Was einen derartigen Eindruck nicht aufkommen läßt, ist nicht etwa besonders ausgeklügelte Fassadenverkleidung, sondern die geschickte Anpassung an die Landschaft und die liebevolle gärtnerische Gestaltung. Vor der Neuplanung war das Terrain von großen, mehr oder minder heruntergekommenen Villen aus der viktorianischen Ära und den dazugehörigen Gärten eingenommen. Dem Architekten standen somit ein schöner alter Baumbestand und weite Rasenflächen zur Verfügung. Dies alles wurde erhalten und in den neuen Bebauungsplan aufgenommen, und heute verleihen das frische Grün des Grases und die bewegten Formen von Blättern und Zweigen den Straßen und Plätzen von Roehampton jene Lebendigkeit und Gelöstheit, die der Architektur neuerdings so sehr am Herzen liegt. Die Einbeziehung von Bäumen in die Planung moderner Wohnkolonien ist, ebenso wie die Verwendung von in Gruppen angeordneten Punkthäusern, ursprünglich eine schwedische Idee. Wenn dessen ungeachtet Roehampton als Ganzes gesehen alle vergleichbaren schwedischen Anlagen in den Schatten stellt, so liegt es daran, daß gegenüber den von privater Seite finanzierten Siedlungen Schwedens in Roehampton ein ungleich größeres Baugelände zur Verfügung stand. Der gesteigerte Maßstab und damit die Möglichkeit einer freieren und großzügigeren Planung bedeutet im Hinblick auf das ästhetisch beglückende Erlebnis der Einheit im Mannigfaltigen einen wesentlichen Vorteil.

Ebenso wie die avantgardistischen Konstruktionen Nervis, so beweist auch die Roehampton-Siedlung unsere Behauptung, daß sich zwischen 1925 und 1955 in der Tat wesentliche Veränderungen in der Architektur vollzogen haben. Darüber hinaus sind die Bauten beider, des Italieners wie des Engländers, ein überzeugender Beweis auch für unsere zweite These, nämlich die, daß der Weg der Architektur von 1925 bis 1955 trotzdem im Zeichen einer kontinuierlichen Weiterentwicklung des Vorausgegangenen gestanden hat und daß angesichts dieser noch nicht abgeschlossenen Evolution eine Revolution, d. h. eine Absage an die Vergangenheit, weder notwendig noch förderlich sein kann. Gewiß müssen wir von ganzem Herzen dankbar sein, wenn einer überragenden Persönlichkeit die Gelegenheit zu ungehemmter Entfaltung gegeben wird, so wie sie Le Corbusier in Ronchamp begegnete, oder wenn Architekten von außergewöhnlicher Begabung eine einmalige Situation so zu nützen wissen wie L. Calini, E. Montuori und ihre Mitarbeiter, als sie das Dach des Römischen Termini-Bahnhofes in doppelter Kurve ausschwingen ließen – eine wahrhaft geniale Antwort auf die malerische Silhouette der hinter einer riesigen Glaswand sichtbaren Ruine der Servianischen Mauer. Aber der Herr bewahre uns vor den Möchte-Gern-Genies, die ihr Temperament an den architektonischen Aufgaben unseres Alltags auslassen wollen!

»Von ganzem Herzen dankbar sein« und »der Herr bewahre uns...«, das gemahnt freilich mehr an einen Predigttext, als an den Tonfall eines Geschichtsbuches. Und in der Tat kann der Historiker, sobald er sich darauf einläßt, seine Chronik bis an die unmittelbare Gegenwart auszudehnen, es nicht vermeiden, zum Mahner und Warner zu werden, obwohl aus dieser Rolle für ihn eine gefährliche Versuchung erwächst. Alle Geschichtsschreibung beruht letztlich auf einem Prozeß des Auswählens und Wertens, und angesichts dieser Aufgabe und der aus ihr sich ergebenden Gefahr der Subjektivität, und Willkür, sollte der Historiker sich stets an Rankes Vorsatz erinnern, die Ereignisse so zu schildern, »wie sie wirklich gewesen sind«. Wenn sich der Historiker diesen Vorsatz mit dem gebührenden Ernst und in seiner ganzen Konsequenz zu eigen macht, so muß er darin auch die Verpflichtung sehen, bei jener Aufgabe des

327 Harlow, Wohnsiedlung ›The Lawn‹ von Frederick Gibberd

328 Rom, Stazione Termini, erbaut 1950 von L. Calini, E. Montuori, Castellazzi, Fadigatti und anderen

Auswählens und Wertens nicht einfach die Kriterien seiner eigenen Gegenwart anzuwenden, sondern vielmehr jede Epoche mit ihren eigenen Maßstäben zu messen.

Sollte aber ein Historiker, dessen Lebensarbeit von diesen Grundsätzen bestimmt war, nicht das Rüstzeug erworben haben, um den Versuch wagen zu dürfen, auch dort »Geschichte« zu schreiben, wo die Epoche, die er schildert, seine eigene Epoche und ihre Maßstäbe die seiner eigenen Gegenwart sind? Wir müssen es dem Leser überlassen, zu entscheiden, ob diese letzten Seiten ihrer Aufgabe, die zeitgenössische Architektur, ihre Leistungen und ihre Probleme zu schildern, gerecht geworden sind und ob es ihnen – um das Wort Rankes zu variieren – gelungen ist, die Dinge so zu schildern, »wie sie wirklich sind«.

Anmerkungen

1 Nachkriegsausgrabungen haben in Trier das Bestehen zweier großer Basiliken des frühen vierten Jahrhunderts ergeben. Beide besaßen Querschiffe. Sie lagen, durch eine Taufkirche getrennt, nebeneinander unter dem jetzigen Dom und der Liebfrauenkirche. Solche Gruppen von Kirchen sind auch sonst quellenmäßig für die frühesten christlichen Jahrhunderte belegt, wenn auch sehr selten erhalten – ein Beispiel ist Tarrasa in Katalonien. Was Trier betrifft, so muß man die Tatsache im Auge behalten, daß die Stadt im vierten Jahrhundert die bedeutendste des gesamten Nordens war. Davon zeugen die Porta Nigra und vor allem die Basilika, die mit ihren gewaltigen Blendbogen zwei Reihen hoher Fenster zusammenfaßt.

1a Freskenmalereien, sowie die Steinmosaike der römischen Fußböden wirken als undurchsichtige Oberfläche und betonen durch diesen Eindruck die Dichte und Geschlossenheit der Mauern; Glasmosaike dagegen scheinen mit ihren dauernd wechselnden Reflexen ein Unwirkliches wiederzugeben, die Festigkeit der Mauern wird aufgehoben. Auf diese Weise waren sie prädestiniert, die Wände von Gebäuden zu schmücken, deren Aufgabe es war, einem Geistigen zu dienen und nicht einem körperlich Faßbaren. Doch auch das Glasmosaik war eine römische Erfindung und nicht eine frühchristliche. In einem der Mausoleen eines römischen Friedhofes, den man kürzlich unter St. Peter in Rom ausgegraben hat, hat man Glasmosaike aus dem dritten Jahrhundert gefunden, die frühesten, die man bisher kennt.

2 Komplizierter ist die angeblich noch dem siebenten Jahrhundert angehörende Kirche St. German in Speyer. Der Plan ist wie in Abdinghofen, hat aber querschiffartige Räume links und rechts vom Kirchenschiff – ein Typ, der dem Englands auffallend verwandt ist.

3 Der Grundriß war den Karolingern vielleicht auf dem Wege über Northumberland vertraut geworden, wenn die Veröffentlichung der (offenbar schlecht geleiteten und bearbeiteten) Grabungen in Hexham überhaupt als zuverlässig angesehen werden kann. Sie zeigen eine große Basilika des gleichen Typus, und wir haben keinen Grund zu bezweifeln, daß es die Kirche Wilfrieds ist, d. h. ein Bau aus dem siebenten Jahrhundert.

4 Einige französische Wissenschaftler leiten dieses Schema von dem Neubau der Kathedrale von Clermont-Ferrand (946) her; amerikanische Kunsthistoriker wollen seinen Ursprung noch früher in einem schon 903–918 ausgeführten Neubau in Tours erkennen. Im ganzen bleibt diese Frage offen, und zu einer endgültigen Klärung wären weitere Untersuchungen an Ort und Stelle erforderlich. Gewiß ist, daß in Frankreich die karolingische Architektur schon, besonders in St. Philibert de Grandlieu, vor 853 den Versuch gemacht hat, die Form eines Wandelumganges hinter der Apsis mit an seiner Rückwand verbundenen Kapellen (Kapellenkranz), wenn auch nur auf der Ebene der Krypta, zu errichten. Der Schritt von hier zur endgültigen romanischen Form scheint kurz, aber es war der Schritt von einer unbestimmten zu einer räumlich fest bestimmten und standardisierten Form.

5 Die Westapsis hatte einen äußeren Umgang, eine Anordnung, wie wir sie aus der karolingischen Bauplanung von St. Gallen kennen, wie sie – ebenfalls in karolingischer Zeit – in Köln ausgeführt wurde, und wie sie noch heute in Brixworth existiert. Über die Grabungen in Hildesheim nach dem zweiten Weltkrieg siehe Kunstchronik Bd. 1/1948 Nr. 1 S. 10. Über die Ausgrabungen in Köln siehe O. Doppelfeld »Der Kölner Dom«, 1948.

6 Einige Forscher schreiben allerdings die Kreuzrippengewölbe von S. Ambrogio in Mailand dem mittleren elften Jahrhundert zu, aber es scheint doch sicher, daß sie erst im zweiten oder dritten Viertel des zwölften Jahrhunderts entstanden sind.

7 Das *Archaeological Journal* von 1922 berichtet über die 1915 durchgeführten Untersuchungen. Ich weise ausdrücklich auf diesen Bericht hin, da hier eine Theorie widerlegt wird, die irrtümlich von mir und anderen (E. Gall) vertreten wurde, und die noch in den letzten Auflagen dieses Buches aufrecht erhalten war.

8 Ich bin Herrn Prof. Conant für die Erlaubnis, seine Rekonstruktion hier abzubilden, sehr verpflichtet.

9 Siehe *College Art Journal*, Bd. 6, 1947, S. 236.

10 Übersetzt nach Mr. Charles Cotton's edition (Canterbury Papers Nr. 3, veröffentlicht von den Freunden der Canterbury Cathedral, 1930).

11 Über die Halle in ihrer deutschen und spätgotischen Ausprägung wird im nächsten Kapitel gehandelt werden.

12 G. Dehio, Die kirchliche Baukunst des Abendlandes, II, S. 211.

13 Dennoch sind sie nicht so stark abgeflacht wie die etwas späteren in Salisbury.

14 In diesem Zusammenhang muß auch der Deutschordensburgen gedacht werden, die seit den siebziger Jahren des dreizehnten Jahrhunderts (Lochstedt, Hochschloß der Marienburg) quadratisch und annähernd quadratisch angelegt wurden. Sie sind Backsteinbauten und es fehlt ihnen, besonders den Ecktürmen, die Wucht der Waliser Burgen. Monumentale Ecktürme erscheinen erst in Rheden um 1330 bis 1340. Zur gleichen Zeit setzt auch die Hochblüte der Innenarchitektur des Ordens ein. Sie gipfelt in den Remtern des Hochmeisterpalastes der Marienburg um 1400.

15 Die frühesten Seitenkapellen dieser Art finden sich übrigens in Notre Dame (seit 1235), siehe Abb. 67.

16 Schon um 1240 in der Frankfurter Dominikaner-Kirche, aber beliebt erst seit etwa 1280.

17 Die Elisabethkirche war 1235 begonnen worden. Ihre Chorteile folgen der Kölner Dreikonchen-Tradition, vielleicht unter Berücksichtigung der gotischen Version, die in Noyon entwickelt worden war. Das Langhaus war basilikal beabsichtigt, wurde aber um 1250 als Halle weitergeführt.

18 Dieses Motiv findet sich übrigens auch in St. Maclou in Rouen (Abb. 111).

19 Ebenso wie Annaberg haben auch einige andere der besten und spätesten deutschen Kirchen dieser Stilphase achteckige Pfeiler mit konkaven Seitenflächen. Es ist ein Motiv, das besonders deutlich erkennen läßt, wie hier der Raum als eine allseitig gegen die eingestellten Stützen anbrandende und an ihnen aufsteigende Energie verstanden wird. Die gleiche Pfeilerform begegnet in den Kirchen der Cotswold Hills (z. B. Chipping Campden).

20 Der Saal ist einer der größten des Mittelalters: 68 × 19 m. Die Westminster Hall mißt 73 × 21 m.

21 Ein noch bemerkenswerteres Anzeichen für den Respekt, den auch das Ausland der deutschen Spätgotik darbrachte, ist die Tatsache, daß unter den Baumeistern, die zu Beginn des Mailänder Dombaus als leitende Architekten dorthin berufen wurden, ebenso viele Deutsche wie Franzosen waren. Die italienischen Meister waren der Aufgabe eines großen gotischen Domes nicht gewachsen, und so wandte man sich an die Experten der nördlichen Länder. Sie kamen, gerieten aber regelmäßig in Konflikte mit den Mailändern und zogen bald wieder ab. Zu den nach Mailand berufenen Deutschen gehörten vor allem Ulrich von Ensingen, dem wir schon in Straßburg begegnet sind, und Heinrich Parler von Schwäbisch Gmünd.

22 Im Beauvais wurde am Anfang des sechzehnten Jahrhunderts ein Vierungsturm entworfen, der mit seinem spitzen Helm 155 m hoch werden sollte. Der Turm wurde in der Tat gebaut, stürzte aber nach vier Jahren ein.

23 Dem Ursprung nach handelte es sich um ein spätrömisches oder frühbyzantinisches Schema. Beispiele geben der Dom von Trier aus dem späten vierten Jahrhundert, dann die westgotische Kapelle von Tarrasa in Katalonien und bedeutend später die Klosterkirche von Hosios Lucas um 1000.

24 Das Warburg-Institut der Universität London hat freundlicherweise den Grundriß der Kirche von Zagalia und einige andere für mich aus Filaretes Codice Magliabecchiano (Biblioteca Nazionale, Florenz, II, 1, 140, früher XVII, 30) fotografieren lassen. Der Grundriß von Zagalia ist in dem Werk von Lazzaroni und Muñoz über Filarete nicht abgebildet und wird hier zum ersten Male publiziert. Aus Gründen der Deutlichkeit war eine Umzeichnung nötig, die Frl. Margaret Tallet vorgenommen hat (Abb. 124).

25 Daß Brunelleschi schon den gleichen Gedanken verfolgt hatte, beweist sein nicht vollendeter Palazzo di Parte Guelfa.

26 Im Zusammenhang mit den Verbindungen zwischen Renaissance und Hochromanik, auf die schon anläßlich der Sforza-Medaille hingewiesen worden ist, mag es angebracht sein, zu erwähnen, daß unter dem großen Poppo von Stablo in der Heiligkreuzkirche in Trier der Grundriß von S. Sebastiano und im dortigen Dom das a b a-Prinzip des Grundrisses von S. Andrea vorweggenommen worden war.

27 Für Jacob Burckhardt, den Entdecker der Renaissance in dem Sinn, in dem wir sie heute verstehen, ist der Vorraum der Laurenziana nur »ein unbegreiflicher Scherz des großen Meisters« (Geschichte der Renaissance in Italien, 7. Aufl. 1924, Seite 208; geschrieben 1867). Für Wölfflin und Schmarsow ist er barock.

28 Allerdings darf hier nicht unerwähnt bleiben, daß einige Gelehrte nachdrücklich die Meinung vertreten, der Entwurf für die heutige Kuppel stamme nicht von Michelangelo, sondern von della Porta, welcher den Bau 1588–90 zu Ende geführt hat.

29 Die entsprechenden Namen im protestantischen Norden sind: der älteste Du Ry in Kassel, Dieussart in Mecklenburg und Bayreuth, Ryckwaert in Zerbst und Memhardt in Berlin.

30 In dieser Reinheit zeigt das Motiv übrigens deutlich seine Herkunft von Guarinis Ovalsalon im Palazzo Carignano.

31 Der Prototyp war der berühmte »Vis du Louvre« in Paris aus dem späten vierzehnten Jahrhundert.

32 John Thorpes Zeichnungen im Soane-Museum in London waren wohl auch für eine solche Veröffentlichung gedacht. Sie sollten vielleicht eine englische Parallele zu Ducerceaus topographischen »Les plus excellents bâtiments de France« von 1576–79 werden. Sie reichen zeitlich vom späten sechzehnten bis zum frühen siebzehnten Jahrhundert.

33 Das stolzeste Denkmal dieses Typs in Deutschland ist das Aschaffenburger Schloß von Georg Riedinger, 1605–1614.

34 Eine Ausnahme bildet Heinrich Schickhardts Stadtkirche in Freudenstadt, die schon 1601–08 aus zwei im rechten Winkel aneinanderstoßenden Sälen mit gemeinsamer Kanzel besteht.

34a Es sei hier erwähnt, daß das Oval, obwohl ein Motiv des Manierismus und Barock in Italien, schon früh in Holland auftritt: im Schloß Housclaardyck von 1634–37, das jedoch ein Franzose, Simon de la Vallée, erbaute.

35 Auch nach Norddeutschland breitete sich damals der holländische Einfluß aus. Das Oranienburger Waisenhaus von 1663 zum Beispiel ist völlig holländisch, und unter den Architekten, die für den preußischen Hof beschäftigt waren, sind Nering und Ryckwaert niederländischer Abstammung, während Memhardt in Holland ausgebildet wurde.

36 In diesem Zusammenhang muß eines böhmischen und eines preußischen Beispiels gedacht werden. Johann Santin genannt Aichel (1667–1723) restaurier-

te mittelalterliche Kirchen mit neugotischen Sterngewölben von sehr barokker Führung, z. B. in Sedlec (1703) und Kladrau (1712). Und Friedrich der Große, der seltsamerweise mehr für die englische als für die französische Architektur übrig hatte, errichtete in Potsdam das Nauener Tor (1755) in mittelalterlichem Stil mit Zinnen. Zugleich aber kopierte er palladianische Bauten und folgte beim Neuen Palais in Potsdam offensichtlich dem Vorbild Vanbrughs.

37 Im Wörlitzer Park, dessen Schloß (1769–73) völlig englisch akademisch ist – der Architekt Friedrich Wilhelm Freiherr von Erdmannsdorff (1736–95) war mit dem Fürsten von Anhalt mehrmals in England gewesen –, und im Park von Weimar. Im Schloß von Weimar (1800–1803) dagegen benutzte der Architekt Gentz, Goethes Freund und Protégé, dorische Säulen. Mit seiner Berliner Börse (1798–1800) war er einer der ersten deutschen Baumeister, der dieses Motiv verwendete. Gillys dorische Entwürfe von 1794 und später sind unausgeführt geblieben. Nur ein Gartentempel mit viersäuligem dorischem Portikus im Park Dyhrenfurth bei Breslau wird ihm zugeschrieben.

38 Ich nehme hier Gedanken vorweg, deren Nachweis einer in Vorbereitung befindlichen Untersuchung von Robin Middleton vorbehalten sei.

39 Bezüglich Boullée hat man das jedoch kürzlich annehmen wollen, doch fehlt den beigebrachten Belegen die Überzeugungskraft.

40 Pugins Einfluß war nicht auf England beschränkt, wie zum Beispiel das kleine Buch über ihn beweist, das August Reichensperger, Politiker und Begründer des »Kölner Domblatts«, schrieb.

41 Scott hat übrigens auch in Deutschland gebaut: die Nikolaikirche in Hamburg, für die er 1844 in einem internationalen Wettbewerb den ersten Preis erhielt.

42 In: Lectures on Architecture, 1853, Lib. Ed. vol. XII, p. 83.

42a Die Entwicklung ging von der Gartensiedlung oder Vorstadt zur Gartenstadt. Die Idee der Gartenstadt, einer unabhängigen Stadt, mit ihrer eigenen Industrie und ihren eigenen öffentlichen Gebäuden war erstmalig von Ebenezer Howard 1898 formuliert worden. Die erste Gartenstadt wurde 1904 begonnen (Letchworth). Die Architekten waren Parker und Unwin, dieselben, die mit dem Hampstead Garden Suburb in London (1907) die beste Gartenvorstadt gebaut haben. Die Planung mit monumentalem Zentrum, gewundenen Wohnstraßen und Fußwegen als zusätzlichen Verbindungen und mit ihren alten Bäumen, die der Konzeption sensibel eingefügt sind, hat auch heute nichts von ihrem Charme verloren. Sie hat viele weitere Gartenvorstädte inspiriert, so vor allem Hellerau bei Dresden (1909).

43 Die Details und Skizzen dieser großartigen planerischen Leistung, die eine ganze niederländische Provinz umfaßte, wurden in den Jahren 1932–37 in mehreren Bänden veröffentlicht.

44 Von Paul Ludwig Troost (1878–1934) das »Haus der Deutschen Kunst«, die Ehrenmale, das Parteihaus und der Führerbau am Königsplatz, zwischen 1932 und 1934 entworfen und sämtlich in München; von A. Speer das Zeppelinfeld in Nürnberg (1936) und die Reichskanzlei in Berlin; von E. Sagebiel das riesige Luftfahrtministerium in Berlin und von dem älteren (und wesentlich besseren) Werner March das Berliner Stadion und andere.

45 Die Abhängigkeit von Perret ist hier noch unverkennbar. Den Übergang zu dem transparenten, mit frei herausgestellten Eisenkonstruktionen arbeitenden Stil von 1930 vollzogen im Schweizer Sakralbau E. F. Burckhardt und Egender mit ihrer Johanniskirche in Basel.

46 Ungefähr gleichzeitig und wiederum in Holland entstand eines der ersten scheibenförmigen Hochhäuser, auch das eine Gebäudeform, die für die Wohnarchitektur späterhin bedeutsam werden sollte; es handelt sich um den Bergpolder Block in Rotterdam (1934 von W. van Tijen, H. A. Maaskant, J. A. Brinkman und L. C. van der Vlugt).

47 S. Weismann in The Architectural Review Bd. 114, 1953: »Wenn Le Corbusiers gefeierte Unité d'Habitation in Marseille sieben Jahre Bauzeit erforderte und die Kostenanschläge weit überschritten wurden, so liegt das sicher unter anderem auch daran, daß Le Corbusiers Büro so klein ist.«

48 Städtischer in seinem Charakter und als architektonische Leistung bisher unübertroffen ist Sir William Holfords Bebauungsplan für die unmittelbare Umgebung der St. Pauls Kathedrale in der Londoner City. Hier wird überzeugend demonstriert, daß die Aufgaben der architektonischen Gestaltung eines großstädtischen Häuserkomplexes mit einem historischen Baudenkmal als Mittelpunkt mit konsequent modernen und gänzlich unrhetorischen Mitteln erfolgreich gelöst werden kann. Ein besonderes Verdienst von Sir William Holfords Planung liegt darin, daß sie die Vorteile aufdeckt, die sich aus dem Gegensatz von historischer und neuzeitlicher Baukunst gewinnen lassen. Das geschieht dadurch, daß gezeigt wird, wie sich die reichere Formensprache der barocken Kathedrale gegen die strenge Rechtwinkligkeit der neuen Häuserblocks absetzt und so zum Mittel der erstrebten Differenzierung wird, während andererseits die moderne Architektur das historische Denkmal nicht etwa beeinträchtigt, sondern im Gegenteil seinen besonderen Charakter stärker hervortreten läßt. Indessen ist vorerst noch nichts für die Verwirklichung von Holfords Entwurf geschehen, und die zuständigen Stellen haben bisher noch keine feste Zusage gegeben.

Bibliographie

ALLGEMEIN

Encyclopaedia of World Art. Bisher erschienen 14 Bde., New York 1959–67.
FLETCHER, Sir Banister: A History of Architecture. 14. Aufl., London 1948.
LAVEDAN, Pierre: Histoire de l'art, II. Moyen âge et temps modernes, 2. Aufl., Paris 1950.
LUNDBERG, E.: Arkitekturen's Kunstpräk. 10 Bde., Stockholm 1945–61.
WASMUTHS Lexikon der Baukunst. 5 Bde., Berlin 1929–37.
PEVSNER, N., FLEMING, J. und HONOUR, H.: Lexikon der Weltarchitektur. München 1971.
THIEME, U., und BECKER, F.: Allgemeines Lexikon der bildenden Künstler. 37 Bde., Leipzig 1907–50.
BRIGGS, M. S.: The Architect in History. Oxford 1927.
DEHIO, G., und BEZOLD, F. von: Die kirchliche Baukunst des Abendlandes 10. Stuttgart 1887–1901.

Deutschland

DEHIO, G.: Geschichte der deutschen Kunst. 2. Aufl., 6 Bde., Berlin 1921–31.
– Handbuch der deutschen Kunstdenkmäler, bearb. von Ernst Gall, München. Deutscher Kunstverlag.
– Österreichische Kunsttopographie. Wien 1907ff.
– Reallexikon zur deutschen Kunstgeschichte, begonnen von O. Schmitt. 10 Bde., Stuttgart 1937ff.
HEMPEL, E.: Geschichte der deutschen Baukunst. München 1949. 2. Auflage 1956.
Für einzelne Städte oder Landschaften sollte man immer nachsehen, ob ein Band in der Buchreihe ›Deutsche Lande Deutsche Kunst‹ existiert. Für einzelne Bauten sind die wichtigsten Reihen ›Deutsche Baukunst‹ (bis 1945, Burg bei Magdeburg), ›Große Baudenkmäler‹ des Deutschen Kunstverlags in München und ›Kleine Kunst und Kirchenführer‹ (Schnell und Steiner, München). Von den letzteren gibt es über 600. Dr. Schnell hat auch eine weitere Serie ›Große Kunst und Kirchenführer‹ begonnen (bisher 48 Bde.).

England

KIDSON, P., MURRAY, P., und THOMPSON, P.: A History of English Architecture. London 1961.
LLOYD, N.: A History of the English House. London 1931.
AVRAY TIPPING, H.: English Homes. 9 Bde., London 1920–37.
PEVSNER, N.: The Buildings of England. London 1951ff. Bisher erschienen: 34 Bde., umfassend vier Fünftel von England.

Frankreich

ENLART, C.: Manuel d'archéologie française. 2. Aufl., 4 Bde., Paris 1919–32.
LAVEDAN, P.: L'architecture française. Paris 1944.
BOINET, A.: Les églises parisiennes. 3 Bde., Paris 1958–64.

Holland

VERMEULEN, F.: Handboek tot de Geschiedenis der Nederlandsche Bouwkunst. 3 Bde., Den Haag 1928–41.
FOCKEMA ANDREAE, S. J., TER KUILE, E. H., und OZINGA, M. D.: Duizend Jaar Bouwen in Nederland. 2 Bde., Amsterdam 1957–58.
VAN GELDER, H. E. (u. a.): Kunstgeschiedenis der Nederlanden. 2. Aufl., Utrecht 1946.

Italien

Venturi, A.: Storia dell'arte italiana. 24 Bde., Mailand 1901–39.
Storia dell'arte classica e italiana. 5 Bde., Turin 1920–61.
– 1. Ducati, P.: L'Arte classica. 1920. 2. Aufl. 1952.
– 2. Lavagnino, E.: Storia dell'arte medioevale italiana. 1936, 2. Aufl. L'arte medioevale 1960.
– 3. Gengaro, M. L.: Umanesimo e Rinascimento. 1940, 2. Aufl. revid. von P. d'Ancona 1948.
– 4. Golzio, V.: Il Seicento e il Settecento. 1950, 2. Aufl. in 2 Bdn. 1960.
– 5. Lavagnino, E.: L'Arte moderna dei neoclassici ai contemporanei. 2 Bde. 1956, 2. Aufl. 1961.
Salmi, M.: L'arte italiana. 3 Bde., Florenz 1943–44.
Chastel, A.: Die Kunst Italiens. 2 Bde., München 1961.

Spanien

Ars Hispaniae. Madrid 1947ff. (bisher 17 Bände).
Bevan, B.: A History of Spanish Architecture. London 1938.
Lozoya, Juan Marqués de Contreras: Historia del arte hispánico. 5 Bde., 1931–49.

GRIECHISCHE UND RÖMISCHE BAUKUNST

Robertson, D. S.: A Handbook of Greek and Roman Architecture. 2 Aufl., Cambridge 1943.
Crema, L.: L'Architettura romana, Turin etc. 1959.
Zschietzschmann, W.: Die hellenistische und römische Kunst (Handbuch der Kunstwissenschaft). Neubabelsberg, 1939.
Dinsmoor, W. B.: The Architecture of Ancient Greece. An Account of its Historic Development. London 1950.
Lawrence, A. W.: Greek Architecture. Penguin Books, London 1957.
Martin, R.: Manuel d'architecture grecque. 1. Matériaux et techniques. Paris 1965.
– Griechische Welt. ›Weltkulturen und Baukunst‹. München 1967.
Gruben, G.: Die Tempel der Griechen. München 1966.
MacDonald, W. L.: The Architecture of the Roman Empire, 1, New Haven 1965.

FRÜHCHRISTLICHE UND BYZANTINISCHE BAUKUNST

Krautheimer, R.: Early Christian and Byzantine Architecture (Pelican History of Art), London 1965.
Wulff, O.: Altchristliche und byzantinische Kunst (Handbuch der Kunstwissenschaft). 2 Bde., Neubabelsberg 1914–18; Ergänzungsbd. 1935.
Davis, J. G.: The Origin and Development of Early Christian Church Architecture. London 1952.
Dalton, O. M.: East Christian Art. Oxford 1925.
Ward Perkins, J. B.: Constantine and the Origin of the Christian Basilica. *Papers of the British School at Rome*. Bd. 22, 1954.
– The Italian Element in Late Roman and Early Medieval Architecture. *Proc. Brit. Academy*, Bd. 33, 1948.
Mâle, E.: Rome et ses vieilles églises. Paris 1942. Engl. Ausg. London 1960.
Vogüé, M. de: Syrie Centrale. 2 Bde., Paris 1865–77.
Butler, H. C.: Early Churches in Syria. Princeton 1929.
Lassus, J.: Sanctuaires chrétiens de Syrie. Paris 1944.
Ramsay, W., und Bell, G. L.: The Thousand and-one-Churches. London 1909.
Monneret de Villard, U.: Le chiese della Mesopotamia. Rom 1940.
– Les couvents près de Sohag. Mailand 1925–26.

SOTIRIOU, G. A.: Χριστιανικὴ καὶ Βυζαντινὴ 'Αρχαιολογία Bd. 1, Athen 1942.
TALBOT RICE, D.: Byzantinische Kunst. München 1964.
DIEHL, C.: Manuel d'art byzantin. 2. Aufl., Paris 1925–26.
BRÉHIER, L.: L'art byzantin. Paris 1924.
EBERSOLT, J.: Manuel d'architecture byzantine. Paris 1934.
– Les églises de Constantinople. Paris 1913.
LETHABY, W. R., und SWANSON, H.: The Church of St. Sophia. London 1894.
ZALOZIECKY, W. R.: Die Sophienkirche in Konstantinopel. Freiburg i. Br. 1936.
KÄHLER, H.: Die Hagia Sophia. Berlin 1967.
FAENSEN, H., und BEYER, K. G.: Altrussische Baukunst. Wien 1972.

MITTELALTER

Allgemein

FRANKL, P.: Die frühmittelalterliche und romanische Baukunst (Handbuch der Kunstwissenschaft). Wildpark Potsdam 1926.
– Gothic Architecture (The Pelican History of Art). London 1962.
CONANT, K. J.: Carolingian and Romanesque Architecture: 800–1200. London 1959.
CLAPHAM, A. W.: Romanesque Architecture in Western Europe. Oxford 1936.
HAHNLOSER, H. R.: Villard de Honnecourt. Wien 1935.
JANTZEN, H.: Die Gotik des Abendlandes. Köln 1961.
GROSS, W.: Abendländische Architektur um 1300. Stuttgart 1948.
FITCHEN, J.: The Construction of Gothic Cathedrals. Oxford 1961.
KUBACH, H. E., und VERBEEK, A.: Die vorromanische und romanische Baukunst in Mitteleuropa. *Zeitschrift für Kunstgeschichte*, Bd. 16, 1951 und H. E. Kubach ebd., Bd. 18, 1955.

Frühes Mittelalter und Karolingerzeit

ELBERN, V. H.: Das erste Jahrtausend. 2 Bde., München 1962–64.
OSWALD, F., SCHAEFER, L., und SENNHAUSER, H. R.: Vorromanische Kirchenbauten. Katalog der Denkmäler bis zum Ausgang der Ottonen. München 1966.
VERZONE, P.: The Dark Ages from Theodoric to Charlemagne. London 1968.
KUBACH, H. E.: Übersicht über die wichtigsten Grabungen in Deutschland. *Kunstchronik*, Bd. 8, 1955.
HUBERT, J.: L'art pré-roman en France. Paris 1938.
– L'architecture religieuse du haut-moyen-âge en France. Paris 1952.
VERZONE, P.: L'architettura religiosa dell'alto medioevo nell'Italia settentrionale. Mailand 1942.
DEGANI, S.: L'architettura religiosa dell'alto medioevo (da lezioni di Luigi Crema). Mailand 1956.
LEHMANN, E.: Der frühe deutsche Kirchenbau. Berlin 1938, 2. Aufl., 1949.
BRAUNFELS, W., und SCHNITZLER, H.: Karolingische Kunst. Düsseldorf 1965.
GRODECKI, L.: L'architecture ottonienne. Paris 1958.
ZODIAQUE (Verleger), Paris: Bourgogne Romane, 1955; Auvergne Romane, 1955; Poitou Roman, 1957; Roussillon Roman, 1958; Anjou Roman, 1959; Quercy Roman, 1959; Limousin Roman, 1960; Angoumois Roman, 1961; Forez-Velay Roman, 1962; Rouergue Roman, 1963; Alsace Romane, 1965; Val de Loire Roman, Touraine Romane, 1965; Suisse Romane, 1958; Catalogne Romane, 1960; Castille Romane, 1966.
Aachen: SCHNITZLER, H.: Der Dom zu Aachen. Düsseldorf 1950.
Centula: EFFMANN, W.: Centula, eine Untersuchung zur Geschichte der kirchlichen Baukunst der Karolingerzeit. Münster 1912.

Corvey: RAVE, W.: Münster 1958.
KREUSCH, F.: Bonner Jahrbücher. Beiheft IX, 1963.
Lorsch: BEHN, F.: Die karolingische Klosterkirche von Lorsch a. d. Bergstr. n. d. Ausgrabungen von 1927–28 und 1932–33. Berlin 1934.
Werden: EFFMANN, W.: Die karolingischen und ottonischen Bauten zu Werden. Straßburg 1899 und Berlin 1922.
Ingelheim: Rheinhessen in seiner Vergangenheit. Bd. 9, 1949.

Deutschland und Österreich

ROMANISCH:

JANTZEN, H.: Ottonische Kunst. München 1947.
LEHMANN, E.: Der frühe deutsche Kirchenbau. Berlin 1938, 2. Aufl. 1949.
BAUM, J., und SCHMIDT-GLASSNER, H.: Zwölf deutsche Dome des Mittelalters Freiburg-Zürich 1963.

Hildesheim, St. Michael: BESELER, H., und ROGGENKAMP, H.: Berlin 1954.
Limburg a. d. H.: KUNZE, H.: Oberrheinische Kunst. Bd. X, 1942.
Speyer: KAUTZSCH, R.: Staedel-Jahrbuch. Bd. I, 1921.
KLIMM, F.: Der Kaiserdom zu Speyer. 2. Aufl., Speyer 1953.
Mainz: METZ, P.: Der Dom zu Mainz. Augsburg 1927.
Maria Laach: SCHIPPER, A.: Das Laacher Münster. Köln 1927.
Worms: KAUTZSCH, R : Der Wormser Dom. Berlin 1938.
Mittelrhein: WEIGERT, H.: Kaiserdome am Mittelrhein. Berlin 1933.
Köln: MEYER-BARKHAUSEN, W.: Das große Jahrhundert Kölnischer Kirchenbaukunst. 1952.
Hirsau: HOFFMANN, W.: Hirsau und die Hirsauer Bauschule. München 1950.
Westfalen: BURMEISTER, W., und HEGE, W.: Westfälische Dome. Berlin 1936.
Kaiserpfalzen: SCHLAG, G.: Die deutschen Kaiserpfalzen. Frankfurt 1940.
Goslarer Pfalz: HOELSCHER, U.: Die Kaiserpfalz Goslar. Berlin 1927.

GOTISCH:

GERSTENBERG, K.: Deutsche Sondergotik. München 1913.
SWOBODA, K. M.: Peter Parler, der Baukünstler und Bildhauer. Wien 1939.
HANFSTAENGL, E.: Hans Stetthaimer. Leipzig 1911.
BAUM, J., und SCHMIDT-GLASSNER, H.: Zwölf deutsche Dome des Mittelalters. Freiburg-Zürich 1963.

Marburg a. d. Lahn: WILHELM-KAESTNER, K.: Die Elisabethkirche zu Marburg und ihre künstlerische Nachfolge. Marburg 1924.
Limburg a. d. Lahn: STERNBERG, L.: Der Dom zu Limburg. Limburg 1935.
Norddeutschland: BURMEISTER, W.: Norddeutsche Backsteindome. Berlin 1930.
Deutschorden: CLAASEN, K. H.: Marienburg und Marienwerder. Berlin 1931. – LINDEMANN, E.: Das Problem des Deutschordensburgtypus. 1938.

Frankreich

FOCILLON, H.: Art d'Occident; le moyen âge roman et gothique. Paris 1938.
LASTEYRIE, R. de: L'architecture religieuse en France à l'époque romane. 2. Aufl., Paris 1929.
CROZET, R.: L'art roman en Poitou. Paris 1948.
AUBERT, M., und GOUBET, S.: Cathédrales, abbatiales, collégiales, prieurés romans de France. Grenoble 1965.
BAUM, J.: Romanische Baukunst in Frankreich. 2. Aufl., Stuttgart 1928.
EVANS, J.: The Romanesque Architecture of the Order of Cluny. Cambridge 1938.
CROZET, R.: L'art roman en Poitou. Paris 1948.

Panofsky, E.: Abbot Suger. Princeton 1946.
Gall, E.: Die gotische Baukunst in Frankreich und Deutschland. Bd. I Leipzig 1925. 2. Auflage 1957.
Lasteyrie, R. de: L'architecture religieuse en France à l'époque gothique. 2 Bde., Paris 1926–27.
Aubert, M.: Gotische Kathedralen und Kunstschätze in Frankreich. Wiesbaden, o. J.
Swaan, W.: Die großen Kathedralen, Köln 1969.
Branner, R.: Wichtige Beiträge in: *The Journal of the American Society of Architectural Historians,* Bd. XVIII, 1958, und Bd. XXI, 1962; *The Bulletin Monumental,* Bd. CXVIII, 1960; *Art de France,* Bd. II, 1962; *The Art Bulletin,* Bd. XLIV, 1962, und Bd. XLV, 1963.
Bony, J.: The Resistance to Chartres, *Journal of the British Archaeological Association,* 3. Folge, Bd. XX–XXI, 1957–58.
Branner, R.: St. Louis and the Court Style. London 1965.
Abraham, P.: Viollet-le-Duc et le rationalisme médiéval. Paris 1934.
Rey, R.: L'art gothique du midi de la France. Paris 1934.
Schürenberg, L.: Die kirchliche Baukunst in Frankreich zwischen 1270 und 1380. Berlin 1934.
Mâle, E.: L'art religieux du XIIe siècle en France. Paris 1922.
– L'art religieux du XIIIe siècle en France. Paris 1902.
St. Denis: K. Mck. Crosby, S.: Paris 1953.
Formigé, J.: Paris 1960.
Noyon: Seymour, C.: New Haven 1939.
Laon: Adenauer, H.: Düsseldorf 1934.
Paris: Aubert, M.: Paris 1928.
Bourges: Branner, R.: Paris 1960.
Reims: Reinhardt, H.: Paris 1963.
Amiens: Durand, G.: Paris 1901–03.
Troyes: Salet, F.: *Congrès Archéologique,* Bd. CXIII, 1955.

England

Harvey, J.: English Mediaeval Architects, a Biographical Dictionary. (London Art.) 1954.
Webb, G.: Architecture in Britain: The Middle Ages (The Pelican History of Art). London 1956.
Bony, J.: Wichtige Beiträge zur normannischen und frühen englischen Architektur in: *Bulletin Monumental,* Bd. 96, 1937, und Bd. 98, 1939; *Journal of the Warburg and Courtauld Institutes,* Bd. 12, 1949; Gedenkschrift Ernst Gall, München 1965. (Hrsg. von Margarete Kühn u. Louis Grodecki.)
Bond, F.: Gothic Architecture in England. London 1906.
– An Introduction to English Church Architecture. 2 Bde., London 1913.
Prior, E. S.: A History of Gothic Art in England. London 1900.
– The Cathedral Builders in England. London 1905.
Harvey, J.: The English Cathedral. London 1950.
Hürlimann, M., und Meyer, P.: Englische Kathedralen. Zürich 1950.
Escher, K.: Englische Kathedralen. Zürich 1929.
Hamilton Thompson, A.: The Ground Plan of the English Parish Church. Cambridge 1911.
– The Historical Growth of the English Parish Church. Cambridge 1913.
Cox, J. C.: The English Parish Church. London 1914.
Howard, F. E.: The Mediaeval Styles of the English Parish Church. London 1936.
Cook, G. H.: The English Mediaeval Parish Church. London 1954.
Hutton, G., und Smith, E.: English Parish Church. London 1952.
Hamilton Thompson, A.: Military Architecture in England during the Middle Ages. London 1912.

RENN, D.: Norman Castles in Britain. London 1968.
BRAUN, H.: The English Castle. 3. Aufl., London 1948.
WOOD, M.: The English Mediaeval House. London 1965.
BALDWIN BROWN, G.: The Arts in Early England. Bd. 2: Anglo-Saxon Architecture. 2. Aufl., London 1925.
TAYLOR, H. M., und J.: Anglo-Saxon Architecture. 2 Bde., London 1965.
CLAPHAM, A. W.: English Romanesque Architecture. 2 Bde., Oxford 1930–34.
BOASE, T. S. R.: English Art 1100–1216 (Oxford History of English Art). Oxford 1953.
BRIEGER, P.: English Art 1216–1307 (Oxford History of English Art). Oxford 1957.
BILSON, J.: Aufsätze über die frühesten Kreuzrippengewölbe, in: *Journal Royal Institute of British Architects.* Bd. 6, 1899; *Archaeological Journal.* Bd. 74, 1917 und *Archaeological Journal,* Bd. 79, 1922.
ENLART, C.: Du rôle d'Angleterre dans l'évolution de l'art gothique. Paris 1908.
PEVSNER, N.: Bristol, Troyes, Gloucester. *The Architectural Review,* Bd. 113, 1953.
HASTINGS, M.: St. Stephen's Chapel. Cambridge 1955.
EVANS, J.: English Art 1307–1461 (Oxford History of English Art). Oxford 1949.
BOCK, H.: Der Decorated Style. Heidelberg 1962.
ETHERTON, D.: The Morphology of Flowing Tracery, *The Architectural Review,* Bd. 138, 1965.

Italien

TOESCA, P.: Storia dell'arte italiana. Bd. I und II, Turin 1927 und 1951.
KINGSLEY PORTER, A.: Lombard Architecture. 4 Bde., New Haven 1915–17.
RIVOIRA, G. T.: Le origini della architettura lombarda... Rom 1901ff.
RICCI, C.: Romanische Baukunst in Italien. Stuttgart 1925.
SALMI, M.: L'architettura romanica in Toscana. Mailand 1927.
ENLART, C.: Les origines de l'architecture gothique française en Italie. Paris 1894.
WAGNER-RIEGER, R.: Die italienische Baukunst zu Beginn der Gotik. 2 Bde., Wien 1956–57.
WHITE, J.: Art and Architecture in Italy, 1250–1400 (Pelican History of Art). London 1966.
PAATZ, W.: Werden und Wesen der Trecento-Architektur in der Toskana. Burg bei Magdeburg 1937.
– Die Kirchen von Florenz. 6 Bde., Frankfurt 1940–55.

Spanien und Portugal

GUDIOL RICART, J., und GAYA NUÑO, J. A.: Arquitectura y escultura románicas. ›Ars Hispaniae‹, Bd. 5. Mailand 1948.
TORRES BALBÁS, L.: Arquitectura gótica. ›Ars Hispaniae‹, Bd. 7. Madrid 1952.
LAMPÉREZ Y ROMEA, V.: Historia de la arquitectura cristiana española en la edad media. 2. Aufl., Madrid 1930.
KING, G. G.: Pre-Romanesque Churches of Spain. Bryn Mawr 1924.
GOMEZ-MORENO, M.: El arte románico español. Madrid 1934.
LAMBERT, E.: L'art gothique en Espagne. Paris 1931.
LAVEDAN, P.: L'architecture religieuse gothique en Catalogne. Paris 1935.
SANTOS, R. dos: O estilo manuelino. Lissabon 1952.
SMITH, R. C.: The Art of Portugal. London 1968.

BURCKHARDT, J.: Geschichte der Renaissance in Italien. 5. Auflage, Eßlingen 1912.
MURRAY, P.: The Architecture of the Italian Renaissance. London 1963.
STEGMANN, C. von, und GEYMÜLLER, H. von: Die Architektur der Renaissance in der Toskana. 12 Bde., München 1909.
HAUPT, A.: Palast-Architektur von Oberitalien und Toskana. 3 Bde., Berlin 1930.
FREY, D.: Architettura della Rinascenza. Rom 1924.
D'ANCONA, P.: Umanesimo e Rinascimento. 3. Aufl., Turin 1948.
DE FUSCO, R.: Il Codice dell'Architettura; Antologia di Trattatisti. Neapel 1968.
BAUM, J.: Baukunst und dekorative Plastik der Frührenaissance in Italien. Stuttgart 1920.
RICCI, C.: Baukunst der Hoch- und Spätrenaissance in Italien. Stuttgart 1923.
GIOVANNONI, G.: Saggi sull'Architettura del Rinascimento. Mailand 1931.
PEVSNER, N.: The Architecture of Mannerism. *The Mint*, 1946.
– Gegenreformation und Manierismus. *Repertorium für Kunstwissenschaft*, Bd. 46, 1925.
SHEARMAN, J.: Mannerism. Penguin Books, London 1967.
WITTKOWER, R.: Art und Architecture in Italy: 1600–1750 (The Pelican History of Art). London 1958, 2. Auflage, 1966.
GOLZIO, V.: Seicento e Settecento. 2. Aufl., 2 Bde., Turin 1960.
BRINCKMANN, A. E.: Die Baukunst des 17. und 18. Jahrhunderts in den romanischen Ländern. Handbuch der Kunstwissenschaft, Neubabelsberg 1919ff.
RICCI, C.: Baukunst und dekorative Plastik der Barockzeit in Italien. Stuttgart 1922.
FREY, D.: Architettura barocca. Rom und Mailand, 1926.
MUÑOZ, A.: Roma barocca, Mailand 1919.
FOKKER, T. H.: Roman Baroque Art. 2 Bde., Oxford 1938.
PORTOGHESI, P.: Roma barocca. 2. Aufl., Rom 1967.
Brunelleschi: FOLNESICS, H.: Wien 1915.
HEYDENREICH, L. H.: *Jahrbuch der preußischen Kunstsammlungen.* Bd. 52, 1931.
SANPAOLESI, P.: La Cupola di S. Maria del Fiore. Rom 1941.
CARLI, E.: Florenz 1950.
ARGAN, G. C.: Mailand 1955.
SANPAOLESI, P.: Mailand 1962.
LUPORINI, E.: Mailand 1964.
Alberti: GENGARO, M. L.: Mailand 1939.
WITTKOWER, R.: *Journal of the Warburg and Courtauld Institutes.* Bd. 4, 1941.
ORLANDI, G., und PORTOGHESI, P.: L. B. Alberti, L'Architettura. Mailand 1966.
Filarete: TIGLER, P.: Berlin 1963.
SPENCER, J. R.: New Haven 1965.
Francesco di Giorgio: PAPINI, R.: 3 Bde., Florenz 1946.
MALLESE, C. (Herausgeber): Francesco di Giorgio, Trattati. Mailand 1967.
Bramante: BARONI, C.: Bergamo 1944.
Leonardo da Vinci: HEYDENREICH, L. H.: 2 Bde., Basel 1953.
RICHTER, J. P.: The literary works of Leonardo da Vinci. London 1883, 2. Aufl., London 1939.
Leonardo als Architekt: CHIERICI, G., und BARONI, C.: in: Leonardo da Vinci, Erinnerungsband an die Ausstellung von 1939. Novara und Berlin.
Michelangelo als Architekt: ACKERMANN, J. S.: 2 Bde., London 1961.
Michelozzo: HEYDENREICH, L. H.: *Mitteilungen des Kunsthistorischen Instituts in Florenz.* Bd. 5, 1932 und *Festschrift für Wilhelm Pinder.* Leipzig 1938.

PEDRETTI, C.: A chronology of Leonardo da Vinci's architectural drawings after 1500. Genf 1962.
MOROSINI, O., M.: Turin 1951.
Raffael: HOFMANN, T.: 4 Bde., Zittau 1900–14.
Giulio Romano: GOMBRICH, E.: *Jahrbuch der Kunsthistorischen Sammlungen in Wien,* N. F., Bd. 8 u. 9, 1935–36.
HARTT, F.: 2 Bde., New Haven (Conn.) 1958.
Serlio: ARGAN, G. C.: *L'Arte,* Neue Serie. Bd. 10, 1932.
DINSMOOR, W. B.: *The Art Bulletin.* Bd. 24, 1942.
Palladio: PANE, R.: Turin 1961.
ACKERMANN, J.: Penguin Books. London 1966, und Palladio's Villas. New York 1967.
FORSSMANN, E.: Stockholm 1964, und Palladios Lehrgebäude. Stockholm 1965.
ZORZI, G.: Le opere pubbliche e i palazzi privati di Andrea Palladio. Vicenza 1965.
SPIELMANN, H.: Andrea Palladio und die Antike. München 1966.
Vignola: WALCHER-CASOTTI, M.: 2 Bde., Triest 1960.
Bernini: FRASCHETTI, S.: Mailand 1900.
PANE, R.: Bernini architetto. Venedig 1953.
MARTINELLI, V.: Mailand 1953.
Borromini: HEMPEL, E.: Wien 1924.
SEDLMAYR, H.: München 1939.
PORTOGHESI, P.: Mailand 1967 und London 1968.
ARGAN, G. C.: Mailand 1952.
Quaderni dell'istituto di storia d'arte, ser. IV, 1955, 1957, 1959, 1961.
Guariui: PORTOGHESI, P.: Mailand 1956.

16. BIS 18. JAHRHUNDERT IN ENGLAND, FRANKREICH, DEUTSCHLAND UND SPANIEN

Allgemein

HEMPEL, E.: Baroque Art and Architecture in Central Europe (Pelican History of Art). London 1965.
Palladianismus: PEVSNER, N., in: ›Venezia e l'Europa‹. Atti del XVIII Congresso internazionale di Storia dell'Arte. Venedig 1957.
KAUFFMANN, E.: Architecture in the Age of Reason. Harvard U. P. 1955.

Deutschland

16. und frühes 17. Jahrhundert

STANGE, A.: Die deutsche Baukunst der Renaissance. München 1926.
LÜBKE, W., und HAUPT, A.: Geschichte der Renaissance in Deutschland (Geschichte der neueren Baukunst). 3. Aufl., Eßlingen 1914.
HAUPT, A.: Baukunst der Renaissance in Frankreich und Deutschland (Handbuch d. Kunstwissenschaft). Wildpark-Potsdam 1923.
HORST, C.: Die Architektur der deutschen Renaissance. Berlin 1928.
Elias Holl: HIEBER, H.: München 1923.
ALBRECHT, J.: *Münchner Jahrbuch der bildenden Kunst,* Bd. 12, 1937.

Spätes 17. und 18. Jahrhundert

PINDER, W.: Deutscher Barock. Königstein, 2. Aufl., 1924.
HAGER, W.: Die Bauten des deutschen Barock. Jena 1942.
HAUTTMANN, M.: Geschichte der kirchlichen Baukunst in Bayern, Schwaben und Franken. München 1924.
HITCHCOCK, H.-R.: Rococo Architecture in Southern Germany. London 1968.
LIEB, N.: Barockkirchen zwischen Donau und Alpen. München 1953.

BARTHEL, G., und HEGE, W.: Barockkirchen in Altbayern und Schwaben. München 1953.
KAUFFMANN, F. A.: Kirchen und Klöster des oberschwäbischen Barock. Freiburg i. Br. 1949.
Wies: LAMB, C.: Berlin 1937 und München 1948.
LILL, G., und HIRMER, M.: München 1950.
Ottobeuren: LILL, G., und HIRMER, M.: München 1954.
Schlüter: LADENDORF, H.: Berlin 1937.
Pöppelmann: DÖRING, B.: Dresden 1930.
Asam: HANFSTAENGEL, E.: München 1939 und München 1954.
HITCHCOCK, H.-R.: *Journal of the American Society of Architectural Historians*, Bd. XXIV–XXV, 1965–66.
Neumann: VON FREEDEN, M. H.: München und Berlin 1953, 2. Aufl., 1963.
Briefe: LOHMEYER, K.: 1911 und 1921.
Vierzehnheiligen: TEUFEL, R.: Berlin 1936.
ECKSTEIN, H.: Berlin 1939.
Neresheim: NEUMANN, E.: München 1947.
Cuvilliés: BRAUNFELS, W.: Würzburg 1938.
Joh. Mich. Fischer: HEILBRONNER, P.: München 1933.
Zimmermann: HITCHCOCK, H.-R.: German Rococo; The Zimmermann Brothers. London 1969.

Österreich

RIESENHUBER, M.: Die kirchliche Barockkunst Österreichs. Linz 1924.
LIEB, H., und DIETH, F.: Die Vorarlberger Barockbaumeister. 2. Aufl. München 1967.
Fischer von Erlach: SEDLMAYR, H.: Wien 1956.
Hildebrandt: GRIMSCHITZ, B.: Wien 1959.
Prandtauer: HANTSCH, W.: Wien 1926.

England

SUMMERSON, J.: Architecture in Britain: 1530–1830 (The Pelican History of Art). 4. Aufl., London 1963.
COLVIN, H. M.: A Biographical Dictionary of English Architects 1660–1840. London 1954.
GARNER, T., und STRATTON, A.: Domestic Architecture of England during the Tudor Period. 2. Aufl., 2 Bde., London 1929.
GOTCH, J. A.: Early Renaissance Architecture in England. London 1914.
LEES-MILNE, J.: Tudor Renaissance. London 1951.
HILL, O., und CORNFORTH, J.: English Country Houses. 1625–85.
WHINNEY, M. D., und MILLER, O.: English Art, 1625–1714 (Oxford History of English Art). Oxford 1957.
WHIFFEN, M.: An Introduction to Elizabethan and Jacobean Architecture. London 1952.
GIROUARD, M.: Robert Smythson and the Architecture of the Elizabethan Era. London 1966.
DOWNES, K.: English Baroque London 1966.
HUSSEY, C.: English Country Houses. 1715–1840. 3 Bde., 1955–58.
RASMUSSEN, S. E.: London, the Unique City. London 1937, neue Auflage 1960.
SUMMERSON, J.: Georgian London. London 1946 und 1962.
Inigo Jones: GOTCH, J. A.: London 1928.
LEES-MILNE, J.: London 1937.
SUMMERSON, J.: Penguin Books. London 1966.
Wren: WEBB, G.: London 1937.
SUMMERSON, J.: London 1953.
WREN Society, 20 Bde., London 1924–43.

Vanbrugh: TIPPING, H. A.. und HUSSEY, C.: (English Homes) London 1928, Bd. 4, Teil 2.
WHISTLER, L.: London 1938.
WHISTLER, L.: London 1954.
Hawksmoor: DOWNES, K.: London 1959.
LANG, S.: Vanbrugh's Theory and Hawksmoor's Buildings, Journal of the Soc. of Arch. Historians, XXIV, 1965.
Lord Burlington: WITTKOWER, R.: *Archaeological Journal,* Bd. 102, 1945.
Wood: ISON, W.: The Georgian Buildings of Bath. London 1948.
SUMMERSON, J.: Heavenly Mansions. London 1949.
Adam: BOLTON, A. T.: 2 Bde., London 1922.
LEES-MILNE, J.: London 1947.
FLEMING, J.: London 1962.

Frankreich

HAUTECOEUR, L.: Histoire de l'architecture classique en France. 4 Bde., in 6 Teilen (bis zum Ende des 18. Jahrhunderts). Paris 1943–52, 2. Aufl.: 1495 bis 1535/40, 1963; 1535/40–1589, 1965; Henri IV–Louis XIII, 1966.
BLUNT, Anthony: Art and Architecture in France. 1500–1700 (The Pelican History of Art). London 1953.
HAUPT, A.: Baukunst der Renaissance in Frankreich und Deutschland (Handbuch der Kunstwissenschaft). Wildpark-Potsdam 1923.
KALNEIN, W. V., und LEVEY, M.: Art and Architecture of the Eighteenth Century in France (The Pelican History). London 1972.
BRINCKMANN, A. E.: Die Baukunst des 17. und 18. Jahrhunderts in den romanischen Ländern. Handbuch der Kunstwissenschaft, Neubabelsberg 1919.
ROY, M.: Architectes et monuments de la Renaissance en France. Band I., Paris 1929
BABELON, J. P.: Demeures parisiennes sous Henri IV et Louis XIII. Paris 1965.
GALLET, M.: Demeures parisiennes, époque de Louis XVI. Paris 1964.
ROSE, H.: Spätbarock. München 1922.
KIMBALL, F.: The Creation of the Rococo. Philadelphia 1943.
– Le Style Louis XV. Paris 1950 (größtenteils Übersetzung des vorigen Bandes).
GANCEY, E. de: Châteaux de France. Paris 1949.
– Châteaux et Manoirs de France. 11 Bde., 1934–38.
VACQUIER, J. u. a.: Les anciens châteaux de France. 14 Bde.
GÉBELIN, F.: Les châteaux de la Renaissance. Paris 1927.
HAUTECOEUR, L.: L'histoire des châteaux du Louvre et des Tuileries. Paris und Brüssel 1927.
BRIÈRE, G.: Le château de Versailles. 2 Bde., Paris 1910.
NOLHAC, P. de: Versailles et la Cour de France. 10 Mappen, Paris 1925–30.
VERLET, P.: Versailles. Paris 1961.
VACQUIER, J., und Jarry: Les vieux hôtels de Paris. 22 Mappen, Paris 1910 bis 1934.
PILLEMENT, G.: Les hôtels de Paris, 2 Bde., Paris 1941–45.
François Mansart: BLUNT, A.: London 1941.
A. Le Nôtre: GUIFFREY, J. Paris 1912.
Hardouin-Mansart: BOURGET, P., und CATTANI, G. Paris 1960.
Gabriel: CONTE DE FELS. Paris 1912.
GROMORT, G. Paris 1933.
Soufflot: MONDAIN-MONVAL, J. Paris 1918.

Spanien

KUBLER, G., und SORIA, M.: Art and Architecture in Spain and Portugal and their American Dominions: 1500–1800 (The Pelican History of Art). London 1959.

Chueca Goitia, F.: Arquitectura del siglo xvi, ›Ars Hispaniae‹, Bd. 11, Madrid 1953.
Schubert, O.: Gesch. des Barocks in Spanien. Eßlingen 1908.
Kubler, G.: Arquitectura dos siglos xvii e xviii, ›Ars Hispaniae‹, Bd. 14, Madrid 1958.

Niederlande

Gerson, H., und Ter Kuile, E. H.: Art and Architecture in Belgium 1600 bis 1800 (Pelican History of Art). London 1960.
van Campen: Swillens, P. T. A. Assen 1961.

19. UND 20. JAHRHUNDERT

Allgemein

Hitchcock, H.-R.: Architecture of the Nineteenth and Twentieth Centuries (The Pelican History of Art). London 1958, 2. Auflage 1962.
Pevsner, N.: Architectur und Design. Von der Romantik zur Sachlichkeit München 1968.
Zeitler, R.: Die Kunst des 19. Jahrhunderts. Propyläen Kunstgeschichte, Bd. 11. Berlin 1966.
Zevi, B.: Storia dell'Architettura Moderna. Turin 1950, 3. Auflage 1955.
Benevolo, L.: Geschichte der Architektur des 19. und 20. Jahrhunderts. 2 Bde., München 1964.
Pevsner, N.: Pioneers of Modern Design, from William Morris to Walter Gropius. 3. Aufl., London 1960. Deutsche Übersetzung Hamburg 1957.
Geist, J. F.: Passagen, ein Bautyp des 19. Jahrhunderts. München 1969.
Becher, B., und H.: Die Architektur der Förder- und Wassertürme. München 1971.
Kidder Smith, G. E.: Moderne Architektur in Europa. München 1964.
Richards, J. M.: An Introduction to Modern Architecture. Penguin Books. Durchgesehene Ausgabe. London 1957.
Platz, G. A.: Die Baukunst der neuesten Zeit. 2. Aufl., Berlin 1930.
Jaspert R. (Hrsg).: Handbuch moderner Architektur. Berlin 1957.
Joedicke, J.: Geschichte der modernen Architektur. 2. Aufl., Stuttgart 1958.
– Moderne Architektur, Strömungen und Tendenzen. Stuttgart 1969.
Conrads, V.: Bauwelt – Fundamente. Ein Quellenwerk zur Architektur und Stadtplanung. Berlin 1963.
Blake, P.: Drei Meisterarchitekten – Le Corbusier – Mies van der Rohe – Frank Lloyd Wright. München 1962. 2. Aufl. 1963.
›Große Meister der Architektur‹: Gaudí – Nervi – Wright – Gropius – Mendelsohn – Neutra – Niemeyer. Ravensburg 1961/62.
›Architekten von heute‹: Philip Johnson – Louis J. Kahn – Kenzo Tange – R. Buckminster Fuller – Eero Saarinen. Ravensburg 1963/64.
›Il Balcone‹: Monographien über Aalto (G. Labò), Asplund) (B. Zevi), T. Garnier (G. Veronesi), J. Hoffmann (G. Veronesi), A. Loos (L. Münz,) Mies van der Rohe (M. Bill), Nervi (G. C. Argan), Oud (G. Veronesi), Perret (E. Rogers).

Englische Vorgeschichte

Hussey, C.: The Picturesque. London 1927.
Clark, Sir Kenneth: The Gothic Revival. London 1928, 2. Auflage, 1950.
Giedion, S.: Space, Time and Architecture. 3. Auflage, Harvard 1954, dt. Ausg. Raum, Zeit, Architektur. Ravensburg 1965.

Deutschland und Österreich

Schumacher, F.: Strömungen in deutscher Baukunst seit 1800. Leipzig 1935.
Herrmann, W.: Deutsche Baukunst des xix. und xx. Jahrhunderts. Bd. 1, Breslau 1932.

GIEDION, S.: Spätbarocker und Romantischer Klassizismus. München 1922.
BEENCKEN, H.: Schöpferische Bauideen der deutschen Romantik. Mainz 1952.
VOGEL, H.: Deutsche Baukunst des Klassizismus. Berlin 1937.
PLAGEMANN, V.: Das deutsche Kunstmuseum 1790–1870. München 1967.
›Die Blauen Bücher‹: Bände über Bauten der Gemeinschaft, Bauten der Arbeit, Wohnbauten und Siedlungen. Königstein i. T. 1928ff.
Die Kunst im Dritten Reich, 1937. (Später: ›*Die Kunst im Deutschen Reich*‹.)
Das Bauen im neuen Reich, 1941.
HOFFMANN, H.: Neue deutsche Architektur. Stuttgart 1956.
CONRADS, U.: Neue deutsche Architektur. Stuttgart 1962.
PEHNT, W.: Neue deutsche Architektur. Stuttgart 1970.
Gilly: ONCKEN, A. Berlin 1935.
Schinkel: GRISEBACH, A. Leipzig 1924.
RAVE, P. O. Berlin 1953.
Das Gesamtwerk. Berlin, seit 1939.
Leo von Klenze: HEDERER, O. München 1960.
Gaertner: EGGERT, K. München 1963.
Hoffmann: ROCHOWALSKI, L. W. Wien 1950.
Loos, A.: Sämtliche Schriften. Bd. 1, Wien 1962.
KULKA, H. Wien 1931.
MÜNZ, L., und KÜNSTLER, G. Wien und München 1965.
Wagner: GERETSEGGER, H., und PEINTNER, M. Salzburg 1964.
Poelzig: POSENER, J. Berlin 1970.
Gropius: ARGAN, G. C. Turin 1951.
GIEDION, S. Stuttgart 1954.
WINGLER, H. M.: Das Bauhaus. Bramsche 1962.
May: v. BUECKSCHMITT: Bauten und Planungen. Stuttgart 1963.
Mendelsohn: WHITTICK, A.: Eric Mendelsohn. 2. Aufl., London 1956.
ECKART, E. v. New York 1960. Deutsche Übersetzung, Ravensburg o. J.
Mies van der Rohe: JOHNSON, Ph. Stuttgart 1957.

Frankreich

HAUTECOEUR, L.: Histoire de l'architecture classique en France. Bd. 5–7 (1792–1900), 1953–57.
KAUFMANN, E.: Von Ledoux bis Le Corbusier. Wien 1933.
STEINHAUSER, M.: Die Architektur der Pariser Oper. München 1969.
Laugier: HERRMANN, W. London 1962.
Boullée: KAUFMANN, E.: Three Revolutionary Architects: Boullée, Ledoux and Lequeu. Transactions of the American Philosophical Society ..., New Series, vol. 42, Philadelphia 1952.
Boullée's ›Treatise on Architecture‹, hrsg. von H. Rosenau. London 1953.
Ledoux: KAUFMANN, E.: Three Revolutionary Architects: Boullée, Ledoux and Lequeu. (Siehe Boullée.)
LEVALLET-HAUG, G. Paris 1934.
RAVAL, M., und MOREUX, J.-C. Paris 1946.
Le Corbusier: Oeuvre Complète. 7 Bde., Zürich 1937–65.
Mein Werk. Stuttgart 1960.

England

HITCHCOCK, H.-R.: Early Victorian Architecture in Britain. 2 Bde., New Haven und London 1954.
FERRIDAY, P. (Herausgeber): Victorian Architecture. London 1963.
JORDAN, R. F.: Victorian Architecture. Penguin Books, London 1966.
BOASE, T. S. R.: English Art 1800–70 (Oxford History of English Art). Oxford 1959.

HITCHCOCK, H.-R., und BAUR, C.: Museum of Modern Art, New York 1937.
MILLS, E. D.: The New Architecture in Great Britain, 1946–53. London 1953.
SUMMERSON, J.: Ten years of British Architecture. Arts Council. London 1956.
DANNAT, T.: Modern Architecture in Britain. London 1959.
MAXWELL, R.: Neue Englische Architektur. Stuttgart 1972.

Soane: STROUD, D. London 1961.
SUMMERSON, J. London 1952.
– *Journal of the Royal Institute of British Architects.* Bd. 58, 1951.
BOLTON, A. T. London 1927.
Nash: SUMMERSON, J. London 1935.
DAVIS, T. London 1960.
William Morris: MACKAIL, J. W. 2. Aufl., London 1922.
THOMPSON, P. London 1967.
HENDERSON, P. London 1967.
P. Webb: LETHABY, W. R. London 1935.
Norman Shaw: BLOMFIELD, Sir Reginald. London 1940.
PEVSNER, N.: *The Architectural Review,* Bd. 89, 1941.
Mackintosh: HOWARTH, T. London 1952.
PEVSNER, N. Mailand 1950.
Frank Pick: PEVSNER, N.: Architektur und Design. München 1971.

Amerika

MORRISON, Hugh: Early American Architecture. New York 1952.
HAMLIN, T.: Greek Revival Architecture in America. New York 1944.
KIMBALL, F.: Domestic Architecture of the American Colonies and of the Early Republic. New York 1922.
CONDIT, C. W.: American Building Art: The Nineteenth Century. New York 1960.
ANDREWS, W.: Architecture in America, a photographic history. London 1960.
FITCH, J. M.: Architecture and the Esthetics of Plenty. New York 1961.
BURCHARD, J., und BUSH BROWN, A.: The Architecture of America, a social and cultural history. Boston 1961.

Vereinigte Staaten: BUILT in U.S.A., 1932–44. Museum of Modern Art. New York 1944.
BUILT in U.S.A., Post-War Architecture. Museum of Modern Art. New York 1952.
Machine-made America. *The Architectural Review,* Jahrgang 1957 (von I. McCallum).
MCCALLUM, I.: Architecture USA. London 1959.

Jefferson: KIMBALL, F. Boston 1916.
Latrobe: HAMLIN, T. New York 1956.
Strickland: ADDISON GILCHRIST, A. Philadelphia 1950.
Davis: HALE NEWTON, R. New York 1942.
Richardson: HITCHCOCK, H.-R. 2. Aufl., New York 1936.
Sullivan: MORRISON, H. New York 1935.
F. L. Wright: HITCHCOCK, H.-R.: In the Nature of Materials. New York 1942.
– Das natürliche Haus. München, o. J.
– Ein Testament. München, o. J.
SOM: Skidmore, Owings & Merrill. Stuttgart 1962.
Buckminster Fuller: MCHALE, J. R. B. F. Ravensburg 1964.
Lateinamerika: BUSCHIAZZO, M. J.: Estudios de arquitectura colonial en Hispano-América. Buenos Aires 1944.
KELEMEN, P.: Baroque and Rococo in Latin America. New York 1951.
ANGULO IÑIGUEZ, D.: Historia del arte hispano-americano. Madrid 1945.
Brasilien: BAZIN, G.: L'architecture religieuse baroque au Brésil. 2 Bde., Paris 1956–59.

GOODWIN, P. L., und KIDDER-SMITH, G. E.: Museum of Modern Art. New York 1943.
MINDLIN, H. E.: Neues Bauen in Brasilien. München 1957.
Mexico: ARMSTRONG BAIRD, J. Jr.: The Churches of Mexico 1530–1810. University of California Press 1963.
CETTO: Moderne Architektur in Mexiko. Stuttgart 1961.
Niemeyer: PAPADAKI, St.: The Work of Oscar Niemeyer. New York 1950.
Reidy: Bauten und Projekte. Stuttgart 1960.

Andere Länder

Dänemark: MILLECH, K.: Danske Arkitekturstromninger, 1850–1950. Kopenhagen 1951.
HIRST, E.: Kopenhagen 1949.
FABER, C.: Neue dänische Architektur. Stuttgart 1969.
Finnland: TEMPEL, E.: Neue finnische Architektur. Stuttgart 1969.
Italien: NESTLER, P.: Neues Bauen in Italien. München 1954.
PAGANI, C.: Architettura italiana oggi. Mailand 1955.
KIDDER-SMITH, G. E. London 1955.
ALOI, R.: Nuova architettura a Milano. Mailand 1959.
Japan: JOSHIDA: Japanische Architektur. Tübingen, o. J.
ALTHERR, A.: Japanische Architektur von Mayekawa, Tange und Sakakura 1950–67. Stuttgart 1968.
TEMPEL, E.: Neue Japanische Architektur. Stuttgart 1969.
v. RIANI, P.: Kenzo Tange. Luzern 1971.
Niederlande: (Bond van Nederlandsche Architecten) Hedendaagsche Architectuur in Nederland. Amsterdam 1937.
MIERAS, J. P.: Naoorlogse Boukunst in Nederland. Amsterdam 1955.
OUD, J. J. P.: Holländische Architektur. München 1926.
JOEDICKE, J.: Architektur und Städtebau. Das Werk der Architekten van den Broek und Bakema. Stuttgart 1963.
Schweden: KIDDER-SMITH, G. E. New York 1950 (Svenska Arkitektens Riksförbund). Trettiotales Byggnadskonst i Sverige. 1943.
Schweiz: VOLKART, H. Ravensburg 1951.
KIDDER-SMITH, G. E. New York 1950.
Aalto: NEUENSCHWANDER, Ed. u. Cl.: Atelier Aalto. Erlenbach 1954.
GUTHEIM, F.: New York 1960. Deutsche Übersetzung, Ravensburg, o. J.
AALTO: Gesamtwerk, 3 Bde., Stuttgart 1970 und 1971.
Asplund: HOLMDAHL, G., u. a. Stockholm 1950.
DE MARÉ, E. London 1955.
Borras: DOMENECH/MONTANER. Barcelona 1971.
Breuer: JONES, C. Stuttgart 1962.
Dudok: W. M. Dudok, hrsg. von einem Ehrenkomitee, Amsterdam 1954.
Gaudi: JOHNSON und SERT. Stuttgart 1960.
PANE, R. Mailand 1964.
Jacobsen: FABER, T. Stuttgart 1963.
Nervi: ROGERS, E. N.: Pier Luigi Nervi. Stuttgart 1957 u. 1963.
Saarinen: Eero Saarinen on his work, edited by Alina Saarinen. New Haven and London 1962.

Betonbau

PFAMMATTER, F.: Betonkirchen. Einsiedeln 1948.
OTTO, Frei: Das hängende Dach. Berlin 1954.
NERVI, P. L.: Costruire Correttamente. Mailand 1955.
Maillart: BILL, M. Erlenbach 1949, 3. Aufl., Zürich 1969.
Candela: FABER, C.: Candela und seine Schalen. München 1965.

Personenregister

Abbildungsnachweise

Adam, Robert: The Ruins of the palace of the Emperor Diocletian at Spalato in Dalmatia. o. O. 1764. 2; AEG-Foto, Berlin 290; Alinari, Florenz 6, 19, 20, 57, 110, 115, 145, 146, 147, 158, 164, 168, 175; Alterocca, Terni 159; Amerikanische Botschaft, Bad Godesberg 286, 305, 307, 321; Anderson, Rom 118, 128, 129, 136, 138, 140, 141, 165, 170; Annan, Glasgow 284; Architectural Review, London. 208; Archives Photographiques, Paris 61, 86, 200, 275; Aufsberg, Lala, Sonthofen 180, 181, 214.

Baerend, Dr. Hans, München 152; Bafile, Mario: Villa Giulia. Rom 1948. 150; Batsford, Messrs B. T., London 99; Baur, Max, Aschau (Chiemg.) 233; Bayerisches Staatslehramt für Photographie 58; Bayerische Verwaltung d. staatl. Schlösser, Gärten und Seen, München 191; Benevolo, Prof. Leonardo, Florenz 297; Blauel-Bavaria, München 143; BPR (Belgioioso, Peressutti, Rogers) 315; Breuer, Marcel, Stuttgart 1963. 312; Brogi, Florenz 116, 148; Builder, The (1892) 93; Busch, Dr. Harald, Frankfurt a. M. 23, 39.

Chicago Architectural Photographic Company 277, 287; Combier, Macon 59; Country Life, London 246, 247, 249; Crossley, F. H. (Courtauld Institute of Art, London) 90, (National Buildings Record) 94; Cserna, George 324; Curjel, Archiv Dr. Hans, Zürich 283.

Deutsche Fotothek, Dresden 98, 193, 273; Deutscher Kunstverlag, München 212.

Esparcieux, Claude, Fontainebleau 205.

Filarete, Antonio: Opera de Arquitectura. Universitätsbibliothek Valencia 122; Foto-Marburg 75, 109, 185, 222, 227, 250, 251, 255, 274, 282; Fototeca Centrale, F. S. Rom 328.

Gabinetto Fotografico Nazionale, Rom 125, 126, 127, 142, 156; Gemeentelijke Woningdienst, Amsterdam 296; Graphische Sammlung der Württembergischen Staatsgalerie, Stuttgart 213; Grimm, Kurt, Feucht bei Nürnberg 96; Grimschitz, Archiv Prof. Dr. Bruno, Wien 179; Gundermann, Leo, Würzburg 201; Hervé, Lucien, Paris 299; Hewicker, Friedrich, Kaltenkirchen (Holst.) 1; Hildebrandt, Archiv Prof. Dr. Hans, Stuttgart 291, 293; Hitchcock, Henry-Russel 254.

Jonals Co., Kopenhagen 295; Judges Ltd., Hastings 108.

Keetmann, Peter, Breitbrunn am Chiemsee 219; Kersting, F. A., London 33, 44, 81, 84, 91, 92, 103, 104, 105, 216, 225, 240, 243, 244, 253, 261, 269; Kidder-Smith, G. E., New York 303, 320; Knaurs Lexikon der modernen Architektur. München 1963. 310.

Landesdenkmalamt Rheinland-Pfalz, Speyer 38; Lange, G. G.: Ludwigstraße zu München. Stahlstich Münchner Stadtmuseum 271; Leonardo da Vinci: Zeichnungen. Bibliothèque Nationale, Paris. Archiv Prof. L. H. Heydenreich, München 134.

M. A. S., Barcelona 31, 32, 101, 113, 172, 173; Matt, Leonhard von, Buochs (Schweiz) 166; Medieval Academy of America 48; Mindlin, Henrique E.: Neues Bauen in Brasilien. München 1956. 309; Müller, Erich, Kassel 200.

Nairn, Jan, London 276; National Buildings Record, London 42, 88, 102, 106, 215, 229, 272, 278.

Oncken, Alste: Friedrich Gilly 1772–1800. Berlin 1935. 262.

Palladio, Andrea: L'Architecture de André Palladio de Vicense de l'architecte N. N., Venise 1744. 144; Pane, Roberto: Bernini architetto. Venedig 1953. 169; Photo Service d'Architecture de l'Oeuvre Notre Dame, Strasbourg 112; Planen

und Bauen im neuen Deutschland. Essen. 322; Ponti, Gio 314; Powell, Josephine, Rom 14.
Reece, Winstone, Bristol 242, 265; Renger-Patzsch, A., Wamel-Dorf über Soest i. W. 202; Retzlaff, Hans, Tann (Rhön) 29; Richter, E., Rom 12; Rijksdienst v. d. Monumentenzorg, s'Gravenhage 224; Rosenau, Helen: Boullée's Treatise on Architecture. London 1953. 256; Roubier, Jean, Paris 46, 47, 49, 50, 51, 52, 53, 55, 66, 69, 71, 77, 78, 207; Royal Commission on Historical Monuments (England), Crown Copyright 204; Ruf, Sep, München 323, 326.
Saebens, Hans, Worpswede 211; Sandrart, Joachim von: Teutsche Academie. Nürnberg 1768. 154; Savio, Oscar, Rom 306; Bertotti, Scamozzi, O.: Le fabbriche e i disegni de Palladio e le terme. Neuauflage Turin 1845. 149; Schlegel, Dr. Arthur, München 97, 218; Schmidt-Glassner, Helga, Stuttgart 76, 114, 176, 183, 186, 190, 195, 220; Schnell, Dr. Hugo, Scheidegg 188; Scott, Walter, Bradford 43; Smith, E. Baldwin: The Dome. Princeton 1950. 13; Smith, Edwin, London 85, 87, 230, 239, 241, 263, 264, 266; SOM (Skidmore, Owings & Merrill) 325; Staatl. Bildstelle, Berlin 203, 268; Stoedtner-Klemm, Düsseldorf 292, 298, 301; Süddeutscher Verlag, Bildarchiv, München 311; Swift, Emerson Howland: Hagia Sophia. New York 1940. 16.
TWA-Airlines Inc. 313.
Verlag Penguin Books, Harmondsworth 3, 56, 217, 281, 289, 308; Villard de Honnecourt: Skizzenbuch. Paris o. J. 62, 63; Vierzehnheiligen, Wallfahrtskirche, Bauaufnahmen von Thiersch, gezeichnet von Albertini und v. Rodt. Techn. Hochschule, München 182; Voelkers, Dr.-Ing., München 300; Voelkl, Ludwig: Der Kaiser Konstantin. München 1957. 4.
Weigert, Hans: Geschichte der europäischen Kunst. Stuttgart 54; Weingarten, Stift. Nachzeichnung des Stiches von 1723. Klosterbibliothek Weingarten 189; Whittick, Arnold: Eric Mendelsohn. London 1955. 294; Wolgensinger, Michael, Zürich 285.

Die in den Nachweisen nicht aufgeführten Abbildungen sind dem Werk von Georg Dehio und L. G. von Bezold ›Die kirchliche Baukunst des Abendlandes‹ entnommen oder stammen aus dem Archiv des Verfassers und des Verlages Penguin Books in Harmondsworth, Middlesex.

Allen, die durch Überlassung wertvoller Originalwerke, durch die Beschaffung seltener Bildvorlagen, durch freundliche Erteilung von Reproduktionserlaubnis oder durch liebenswürdige Auskunft am Zustandekommen dieses Werkes mitgeholfen haben, sagt der Verlag seinen aufrichtigen und herzlichen Dank. Besonderer Dank gebührt dem Zentralinstitut für Kunstgeschichte und der Architektursammlung der Technischen Hochschule in München.

Architektur bei Prestel (Auswahl)

Nikolaus Pevsner / Hugh Honour / John Fleming
Lexikon der Weltarchitektur
Umfassend erweiterte und neugestaltete Ausgabe 1987.
760 Seiten mit 3088 Abbildungen und 2760 Stichworten, davon 846 Architektenbiographien und 51 Länderartikel.
Leinen. ISBN 3-7913-0652-9.

Die Architekturzeichnung
Vom barocken Idealplan zur Axonometrie.
Herausgegeben von Winfried Nerdinger.
212 Seiten mit 95 Farbtafeln, 45 zweifarbigen Tafeln und 19 einfarbigen Abbildungen.
Bütten. ISBN 3-7913-0721-5.

New York Architektur 1970-1990
Herausgegeben von Heinrich Klotz unter Mitarbeit von Luminita Sabau.
336 Seiten mit 708 Abbildungen, davon 271 in Farbe.
Leinen. ISBN 3-7913-0923-4.
Englische Ausgabe: ISBN 3-7913-0923-7.

Chicago-Architektur 1872-1922
Die Entstehung der kosmopolitischen Architektur des 20. Jahrhunderts. Herausgegeben von John Zukowsky.
480 Seiten mit 585 Abb., davon 54 Farb- und 42 Duplextafeln.
Leinen. ISBN 3-7913-0820-3.
Engl. Ausgabe: ISBN 3-7913-0837-8.

Johann Friedrich Geist
Passagen
Ein Bautyp des 20. Jahrhunderts. 560 Seiten mit 265 Abbildungen auf 216 Tafeln und einem Katalog von 298 Passagen.
Paperback. ISBN 3-7913-0487-9.

Georg Kohlmaier / Barna von Satory
Das Glashaus
Ein Bautypus des 19. Jahrhunderts. 756 Seiten mit 745 Abbildungen und einem Katalog von 124 Glas-Eisenbauten.
Leinen. ISBN 3-7913-0506-9.

Ulrich Krings
Bahnhofsarchitektur
Deutsche Großstadtbahnhöfe des Historismus 1866-1906.
480 Seiten mit 302 Abbildungen, davon 12 in Farbe.
Leinen. ISBN 3-7913-0596-4.

Revision der Moderne
Postmoderne Architektur 1960-1980.
Herausgegeben von Heinrich Klotz.
360 Seiten mit 616 Abbildungen, davon 222 in Farbe.
Leinen. ISBN 3-7913-0664-2.

Vision der Moderne
Das Prinzip Konstruktion. Herausgegeben von Heinrich Klotz.
488 Seiten mit 806 Abbildungen, davon 238 in Farbe.
Leinen. ISBN 3-7913-0755-x.

Johann Friedrich Geist / Klaus Kürvers
Das Berliner Mietshaus
Band I: 1740-1862. 544 Seiten mit 400 Abbildungen.
Paperback. ISBN 3-7913-0524-7.
Gebunden. ISBN 3-7913-0581-6.
Band II: 1862-1945. 584 Seiten mit 755 Abbildungen.
Paperback. ISBN 3-7913-0696-0. Leinen. ISBN 3-7913-0690-1.
Band III: 1945-1988. Ca. 560 Seiten mit ca. 750 Abbildungen.
Paperback. ISBN 3-7913-0719-3. Leinen. ISBN 3-7913-0707-x.

Jeannot Simmen / Uwe Drepper
Der Fahrstuhl
Die Geschichte der vertikalen Eroberung.
256 Seiten mit 288 einfarbigen Abbildungen.
Leinen. ISBN 3-7913-0692-8.

Heinz Götze
Castel del Monte
Gestalt und Symbol der Architektur Friedrichs II.
116 Seiten mit 149 Abbildungen, davon 24 in Farbe.
Leinen. ISBN 3-7913-0693-6.

Chup Friemert
Die Gläserne Arche
Kristallpalast London 1851 und 1854.
248 Seiten mit 150 Duplex-Abbildungen und 75 Abb. im Text.
Leinen. ISBN 3-7913-0675-8.

Nikolaus Pevsner
Architektur und Design
Von der Romantik zur Sachlichkeit.
554 Seiten mit 663 Abbildungen und wissenschaftlichem Anhang.
Leinen. ISBN 3-7913-0326-0.